U0949552

JIANGSUSHENG DITAN FAZHAN BAOGAO

江苏省低碳发展报告

2012

江苏省发展和改革委员会 编

江苏人民出版社

图书在版编目(CIP)数据

江苏省低碳发展报告 2012/江苏省发展和改革委员会编.--南京:江苏人民出版社,2013.3
ISBN 978-7-214-09237-3

Ⅰ.①江… Ⅱ.①江… Ⅲ.①区域经济发展—研究报告—江苏省—2012 Ⅳ.①F127.53

中国版本图书馆 CIP 数据核字(2013)第 048850 号

书　　名	**江苏省低碳发展报告 2012**
编　　者	江苏省发展和改革委员会
责任编辑	韩　鑫　石　路
责任监制	王列丹
装帧设计	许文菲
出版发行	凤凰出版传媒股份有限公司 江苏人民出版社
出版社地址	南京市湖南路 1 号 A 楼,邮编:210009
出版社网址	http://www.jspph.com http://jspph.taobao.com
经　　销	凤凰出版传媒股份有限公司
照　　排	江苏凤凰制版有限公司
印 刷 者	江苏凤凰盐城印刷有限公司
开　　本	880×1230 毫米　1/16
印　　张	24.75　插页 5
字　　数	640 千字
版　　次	2013 年 3 月第 1 版　2013 年 3 月第 1 次印刷
标准书号	ISBN 978-7-214-09237-3
定　　价	160.00 元

编　委　会

编　辑　部

序

从2003年英国能源白皮书发布到2012年多哈气候大会召开，低碳发展从概念提出到较大范围付诸实践前后不到十年，已在全世界形成广泛共识，逐渐成为全球生产模式、生活方式、价值观念和国家权益变革的推动力。党的十八大站在全局和战略的高度，与时俱进地将生态文明建设纳入社会主义事业总布局，要求坚持节约资源和保护环境的基本国策，坚持节约优先、保护优先、自然恢复为主的方针，着力推进绿色发展、循环发展、低碳发展。推进低碳发展由此被摆上了更加突出的位置，成为党和国家的发展战略，成为建设美丽中国、实现永续发展的方向性选择，也成为当前和今后一个时期我国转变经济发展方式的重点任务和重要内涵。

作为我国东部经济先行先试省份，江苏在加快经济社会发展的同时，一直高度重视资源节约和生态环境保护工作，积极推进绿色低碳发展。近年来，在省委、省政府的正确领导下，全省上下坚持以科学发展观为指导，全面到位地落实国家关于节能减排和应对气候变化的一系列决策部署，及时将省节能减排工作领导小组调整为由省政府主要领导任组长的省应对气候变化及节能减排工作领导小组，并大力度推进转型升级工程和生态文明建设工程，多途径、多措施、多层面开展减缓气候变化的策略与行动，有效地控制了温室气体排放。“十一五”期间，江苏以年均8.2%的一次能源消费增长和5.6%的温室气体排放增长支撑了年均13.5%的经济增长，顺利完成国家下达的节能减排任务。2011年和2012年全省地区生产总值能耗同比又分别下降3.52%和4.5 %以上，2012年全省单位地区生产总值二氧化碳排放量、化学需氧排放量、二氧化硫排放量、氨氮排放量和氨氮化物排放量降幅分别达到4.5%、2.5%、3.0%、1.84%和2.0%，低碳发展取得了新的成效。

当前，江苏正处于全面建成更高水平小康社会、开启基本实现现代化新征程的关键时期。综观国际国内形势，世情国情省情都在发生着广泛而深刻的变化，全省经济社会发展基本面长期趋好，但发展中不平衡、不协调、不可持续问题依然比较突出，面临着资源约束趋紧、环境压力加大等诸多困难和挑战，必须更大力度地推进经济转型升级和生态文明建设，更加积极地促进绿色发展、循环发展、低碳发展。其中，在促进低碳发展过程中，应全面落实国家战略，并紧密结合省情实际，将工作着力点放在这样几个方面：

一是强化规划引领。要组织开展全省低碳发展战略研究和综合政策体系研究，适时启动全省促进低碳发展的专项规划编制工作，形成全省低碳发展的总体思路和基本路径，并加大政策规划执行力度，确保低碳发展取得预期成效。要根据十八大关于加快实施主体功能区战略的新要求，合理布局全省城镇化格局、农业发展格局和生态安全格局，推动各地区严格按照主体功能定位科学发展、转型发展、低碳发展，实现经济效益、社会效益、生态效益三个效益的有机统一。

二是强化产业支撑。生态问题是发展方式、经济结构和消费模式等共同衍生的问题，从根本上促进低碳发展，必须在转变发展方式、构建现代产业体系上下功夫、求突破。要大力发展战略性新兴产业，充分发挥其低污染、低排放、低消耗的特征功能，带动全省经济低碳化转型。要大力发展现代服务业，调整优化三次产业结构，将产业发展对环境的影响降到最低。要着力推动传统产业转型升级，加大技术改造和落后产能淘汰的力度，并严控"两高一资"产业新上项目，实现单位 GDP 能耗的大幅下降和主要污染物排放总量的显著减少。

三是强化重点突破。要把发展清洁能源和可再生能源作为低碳发展的重要着力点，进一步控制能源消费总量，不断提升能源利用效率、非化石能源比重、煤炭清洁化利用程度以及油气供给能力，有效降低能源消费的碳强度。要把开展低碳经济试点作为低碳发展的重要抓手，及时总结我省 3 家国家级低碳试点城市和 24 家省级低碳试点单位的试点经验，适时进行面上推广，发挥好试点的引领带动作用，推动低碳模式由生产供应链、消费循环链向整个经济体系延伸。要把增加生态碳汇作为低碳发展的重要环节，增强农业捕碳能力，强化农业湿地、农田林网和沿海滩涂的建设与保护，形成生态碳汇发展新模式。

四是强化创新驱动。要充分发挥科技进步在低碳绿色发展中的促进作用，着力围绕重点行业、重点领域、重点企业加大低碳技术的研发、集成、推广和应用步伐，努力形成持续降碳的解锁效应，在低碳新能源、智能电网、绿色制造、碳捕集与封存等关键领域形成低碳技术的领先优势。要积极推进机制创新，充分发挥市场对低碳绿色发展的导向作用，研究探索重点区域和重点行业碳交易试点可行性，通过绿色信贷、税收优惠、价格杠杆、政府采购等有效手段，引导企业自愿减排，逐步建立符合国情省情、规范有效的市场交易机制，形成低成本减排的长效机制。

五是强化能力建设。要进一步加强应对气候变化的教育培训，多层次、多渠道开展低碳科普宣传，营造有利于低碳发展的社会环境。要加强温室气体统计核算工作，积极开展温室气体清单编制，建立健全低碳城区、低碳园区、低碳社区等试点区域的评价指标体系，夯实低碳发展的工作基础，不断提高全省低碳发展的能力水平。

促进低碳发展是大势所趋，也是江苏"两个率先"的必然选择，我省必须充分认清形势，立足自身优势和基础，及早布局、积极行动，抢占低碳发展先机，高度重视气候变化问题、努力破解资源环境瓶颈、率先形成绿色发展优势。这本《江苏省低碳发展报告 2012》，综合归纳了 2011 年度江苏低碳发展情况，汇编了我省应对气候变化的最新政策和措施，并对 2012 年工作进行了展望，希望能够对我省节能减排和应对气候变化工作有所裨益，对促进我省低碳发展和生态文明建设有所帮助。

江苏省发展和改革委员会主任 **陈震宁**
2013 年 3 月

编写说明

绿色低碳发展已成为当今世界发展的主要潮流，各国纷纷把发展低碳经济作为引领未来的战略举措，绿色新兴产业和技术正进入加速成长期。积极应对气候变化、促进低碳绿色发展是党中央、国务院的一项重大战略决策，也是我省经济社会发展转型的重大战略机遇。

江苏省委、省政府高度重视节能降碳和气候变化问题。《江苏省国民经济和社会发展第十二个五年规划纲要》（以下简称《纲要》）首次将低碳发展作为重要内容正式纳入国民经济和社会发展中长期规划。《纲要》将非化石能源占一次能源消费比重达到7%左右、单位地区生产总值能源消耗降低和二氧化碳排放减少均完成国家下达指标作为约束性指标，明确了未来五年我省应对气候变化的目标任务和政策导向，提出了推进低碳发展、加强低碳技术研究应用和倡导低碳消费方式的重点任务。为落实“十二五”时期我省应对气候变化目标任务，推动绿色低碳发展，全省上下积极采取行动，采取综合性措施，有效控制温室气体排放，切实将应对气候变化与实施可持续发展战略、构建“两型”社会、建设生态文明有机结合起来，绿色低碳发展成效明显。为使各方面了解江苏省2011年以来应对气候变化采取的政策与行动及取得的成效，特编写本年度报告。

全书共分八篇：

第一篇为综述篇，从宏观的政策环境视野，对2011年以来国际、国内和我省绿色低碳发展最新趋势和政策导向进行了评述。

第二篇为省级减缓策略与行动篇，站在全省绿色低碳工作推进的层面上，详细阐述了全省2011年全年以及2012年上半年间应对气候变化工作的行动与成效。

第三篇为地方政策与行动篇，归集了十三个省辖市在2011年中绿色低碳发展的工作成果和经验，同时我们还遴选了部分省级低碳试点单位进行集中展示。

第四篇为国际合作篇，展示了我省推动低碳国际项巨合作、打造开放性的低碳发展工作平台的现状。

第五篇为研究成果与案例篇，遴选出近年来我省低碳研究领域中有代表性、具典型意义的成果，进行摘要介绍。

第六篇为低碳技术篇，结合我省发展需求，列举出“十二五”期间亟待突破、也行之有效的关键低碳技术。

第七篇为政策文件篇，挑选了国家和我省促进低碳绿色发展的重要政策举措，进行了专门汇编。

第八篇为资料和数据篇，多方面收集各部门公开发表的统计数据，从定量角度来展现出我省在2011年的低碳绿色发展成效。

本书在编写过程中，得到了德国国际合作机构的项目资助，得到了江苏省信息中心的全力配合与支持，得到了全省13个省辖市和24家省级低碳试点单位的大力支持，得到了南京大学、东南大学、江苏生产力促进中心、江苏布鲁斯达低碳研究中心等单位和方方面面的支持，在此表示衷心的感谢。编辑部经过半年努力，整合了多方面的信息资料，完成了报告。虽做出了较大的努力，但由于条件限制和水平有限，疏漏和谬误在所难免，感谢各位读者批评指正。

编辑委员会

2012年12月

Explanation to Compilation

Green low-carbon development is the key trend of world development nowadays. Every country in the world launches the one to develop low-carbon economy as the strategic measure to lead the future; the green new industry and technology are now expediting to grow. The one to actively cope with climate change and improve green low-carbon development is an important strategic decision of the Party Central Committee and the State Council of China, but also the important strategic opportunity of Jiangsu Province for economic and social development transformation.

Jiangsu Provincial Party Committee and Jiangsu Provincial Government attach great importance to the issue of energy conservation, carbon reduction and climate change. In the "12th 5-year Planning Outline of Jiangsu Province for National Economy and Social Development" (hereinafter referred to as the "Planning Outline"), the low-carbon development is firstly incorporated into the medium and long-term planning for national economy and social development as the important content. This Planning Outline, focusing on the restrictive indicators, such as the one to let the non-fossil energy resource share 7% approximately of the primary energy consumption, and let the reduction of the energy consumption per regional GDP and carbon dioxide emission achieve the national objective, clarifies the target task and policy guide of Jiangsu Province for coping with climate change in future five years, highlights the important task of improving low-carbon development and enhancing the research and application of low-carbon technology, and the advocation of low-carbon consumption modes. In order to implement the target task of our province for coping with climate change during the "12th 5-year plan" period and drive green low-carbon development, the whole province of Jiangsu is now taking active action and taking comprehensive measures to efficiently control greenhouse gas emission and practically integrate the measures to cope with climate change, implement sustainable development strategy, construct "two-oriented society" and construct ecological civilization, and thence some obvious achievements of green low-carbon development have been realized. For the purpose of letting all circles in the society to know the policies and actions taken by Jiangsu Province in the year of 2011 for coping with climate change and their achievements, we prepare and compile the Annual Report.

The book is composed of 8 parts:

Part 1: General discourse. In which the latest trend and the policy orientation of the international society, China and Jiangsu Province since the year of 2011, viewed from the macroscopically policy environment, was respectively reviewed.

Part 2: Provincial-level mitigation strategy and action. In which the action and achievements of Jiangsu Province for coping with climate change in the whole year of 2011 and in the first half year of 2012 were respectively expounded by focusing on the eyes on the provincial green low-carbon improvement level.

Part 3: Local policy and action. In which the achievements and experience of 13 municipalities directly under the central government of Jiangsu Province in sense of green low-carbon development in the year of 2011 were summed up, and some provincial-level low-carbon pilot organizations are selected for a centralized show.

Part 4: International cooperation. In which the international low-carbon project cooperation launched by Jiangsu Province for pushing low-carbon development and the open low-carbon development working platform created by Jiangsu Province were respectively shown and introduced.

Part 5: Research achievements and cases. In which the representative, typical and classical achievements of Jiangsu Province in the low-carbon research field in recent years were selected to give a brief introduction.

Part 6: Low-carbon technology. In which the key low-carbon technology that is needed to break through and is effective during the "12th 5-year plan" period was listed by integrating with the development demands of Jiangsu Province.

Part 7: Policy document. In which the important policies and measures of China and Jiangsu Province for improving low-carbon green development were selected, summed up and introduced.

Part 8: Information and data. In which the statistical data published and released by all organizations and departments were collected; which, focusing on the quantitative view, shown the low-carbon green development achievements of Jiangsu Province in the year of 2011.

We express our thanks and appreciations to German International Cooperative Institutions for its extensive support, 13 municipalities directly under the central government of Jiangsu Province and 24 provincial-level low-carbon pilot organizations in Jiangsu Province for their vigorous support, and Nanjing University, Southeast University, Jiangsu Productivity Promotion Centre, Jiangsu Province Blue Star Low-carbon Research Centre and other units and institutions for their great support extended to us whilst we prepared and compiled the book. By using the endeavors over half a year and collecting information and data from all available channels, the editorial staff of the book finished the report. Even a huge effort was made, but due to the restrictive conditions and limited compilation level, certain careless omission or error may not be avoided all; we shall appreciate very much if reader can point out or correct them.

Editorial Board

December 2012

目录

第四篇 国际合作

第五篇 研究成果与案例

第六篇　低碳技术

第七篇　政策文件

第八篇　资料和数据

Contents

PART 1: General Discourse

PART 2: Provincial-level Mitigation Strategy and Action

PART 3: Local Policy and Action

PART 4: International Cooperation

PART 5: Research Achievements and Cases

PART 6: Low-carbon Technology

PART 7: Policy Document

PART 8: Information and Data

第一篇　综　述

从 1992 年《联合国气候变化框架公约》通过到 1997 年《京都议定书》达成，从 2007 年的巴厘岛路线图到 2011 年的德班平台，应对气候变化已经成为当今世界面临的主要政治和经济问题，构建以低能耗、低污染、低排放为标志的低碳发展模式已经得到世界各国的普遍认可和积极响应。“低碳发展”逐渐从民间自愿行动上升到国家战略层面，成为引领全球生产模式、生活方式、价值观念和国家权益发生深刻变革的内生动力。

本篇为综合篇，将从政策环境和发展概况的角度，对 2011 年以来国际应对气候变化发展新趋势、国内应对气候变化政策与形势、我省低碳绿色发展的政策导向进行总体概括和描述。

一、国际低碳发展新趋势

进入21世纪以来，高能耗、高污染的传统工业文明和高碳经济发展方式带来的环境和能源问题日益凸显：一方面，随着全球人口和经济规模的不断增长，以化石资源为主的能源消费结构使得近百年来污染物和碳排放量剧增，导致环境严重污染、全球气候变暖、厄尔尼诺肆虐全球、极端恶劣天气频发，地球生态环境不断恶化；另一方面，随着工业革命带来的生产力变革，粗暴式的资源开采，低效率利用资源，使得自然界通过几十亿年形成的各种陆地化石资源，遭到过度开发与消耗，高碳能源逐渐面临枯竭，人类生存发展面临严峻挑战。

（一）全球气候变化在加剧

联合国政府间气候变化专门委员会（IPCC）2012年3月发布报告称，有证据表明气候变化导致了包括高温、强降雨等在内的极端天气在过去半个世纪中发生的频率、强度、持续时间和影响范围等等出现变化，未来，全球许多地区的强降水频率或比例、平均热带气旋的最大风速可能增加。同时，因气候变化加剧带来的经济损失也逐渐增加，在世界经济发展不稳定性、不确定性上升的当下，这些因素将为全球经济复苏带来更多变数。

1. 常规能源和自然资源消耗日益增多

以石油和煤炭为代表的化石能源是当今世界的主导能源，在世界能源平衡中占有关键地位。尽管替代能源勘探和节能技术不断发展，但世界经济特别是发展中国家对常规化石能源的需求仍将保持快速增长，供需矛盾仍在不断激化。作为应对措施，出现了两条路径：一条路径是核能、水力、光电、风能、地热等新能源和可再生能源的开发利用；另一条路径是页岩气、页岩油等非常规油气资源的开发利用，据统计全球非常规油产量超过7 500万吨，非常规天然气产量超过1 800亿立方米[①]。

随着世界人口的不断增加，能源紧缺的时期将会提前到来。根据经济学家和科学家的普遍估计，按照当前的人均能源消费速度，到本世纪中叶，石油资源将会开采殆尽，到2060年，核能及天然气也将终结[②]。如果新的能源体系尚未建立，能源危机将席卷全球，工业将大幅度萎缩，甚至会因为抢占剩余的石油资源而引发战争。分析来看，过于倾向非常规油气资源开发利用，仍是走非可再生资源耗竭的老路，只有坚持可再生能源开发利用才是长效可持续的路径。

自20世纪末以来，人类对资源与环境的需求超出了地球生态系统资源与环境的供给能力，逐渐开始面临严重的资源危机。人类开发利用自然资源的范围，由地表向地球深层和太空扩展，由陆地向近海和远洋扩展。现在全球每年开采各种矿产150亿吨以上，人类的农业活动每年可移动3 000立方公里的物质，农业用水22 901亿立方米，占总用水量的80%；人类每年从海洋中的捕鱼量约1亿吨。[③] 世界自然基金会（WWF）发布的报告称，人类每年消耗掉的自然资源要多于地球本身

---

① 《全球能源绘制新版图》，新华网，http://news.xinhuanet.com/politics/2012～08/15/c_123586313.html。

② 《世界能源的消费知多少?》，国际能源网，http://www.in-en.com/article/html/energy_20072007021469042.html。

③ 曹莉，《中国资源环境与可持续发展问题探讨》。

再生资源30%，由此造成毁林、土壤退化、空气和水污染、鱼类和其他物种明显减少。根据2005年的统计数据，全球生物多样性与1970年时相比已经下降了近1/3，其中热带物种种类减少了一半。如果到2030年情况依然如此，维持人类生计将需要2个地球。

2. 大气温室气体浓度在增加

荷兰环境评估机构PBL和欧盟联合研究中心(JRC)发布最新研究报告称，2011年，全球来自化石燃料和水泥的温室气体总排放量增加了3%，这让全球二氧化碳总排放量达到了创纪录的340亿吨，与过去十年总排放量增加的平均数2.7%相比可以得知，全球温室气体排放总量仍处于加快上升之中，报告分析，如果全球温室气体排放量继续其目前的趋势，在短短20年之内，我们就将面临气温升高2摄氏度的警戒值，而气温升高2摄氏度一直被认为是一个危险阈值。2012年3月，世界气象组织发出警告认为，2001年至2010年的完整数据已告诉人们，全球气候变化速度加剧，这10年也是全球有气象记录以来最热的10年。

欧洲航天局宣称，因为全球变暖，北极海冰融化正在加速，卫星观测结果显示，2011年北极地区有900立方千米的海冰消失，这比环境学家过去预估的融化速度高50%。这主要是全球变暖速度加快和温室气体排放增加所致。

联合国政府间气候变化专门委员会根据气候模型预测，到2100年为止，全球气温估计将上升大约1.4～5.8℃。根据这一预测，全球气温将出现过去1万年中从未有过的巨大变化，从而给全球环境带来潜在的重大影响。全球变暖将带来全球降水量重新分配、冰川和冻土消融、海平面上升等后果，既危害自然生态系统的平衡，更威胁人类的食物供应和居住环境。

3. 全球极端天气气候事件频发

近年来，高温、暴雨、干旱等极端天气频频在世界各地出现，由此引发的自然灾害也愈发频繁和严重。联合国环境规划署2012年6月发布的《全球环境展望》报告显示，自20世纪80年代至21世纪初，洪灾数量增加了230%，洪灾受灾人数增长了114%。2012年，强台风"苏拉"、"达维"和"海葵"先后袭击东南亚、中国、日本、印度等地区和国家。印度、孟加拉国多地6月底以来发生多起洪水和泥石流灾害，在印度东北部造成124人死亡，600万人因洪灾被迫离开家园，200多万人无家可归。日本九州地区7月中旬遭遇特大暴雨袭击，30人死亡，2人失踪。朝鲜自7月18日起进入雨季后，全国大部分地区降雨量增加。据朝鲜媒体统计资料显示，截至7月28日，全国共有88人死亡，5 000余栋住宅遭受完全或部分损坏，1.2万多户住宅被淹。菲律宾国家减灾委员会8月1日证实，"苏拉"连续多天夹带暴风雨袭击首都马尼拉和周围地区，已造成12人死亡，14.5万多人被疏散。中国国家减灾办8月13日初步统计，受台风"苏拉"、"达维"、"海葵"影响，河北、辽宁、上海等12省(直辖市)3 084.8万人次受灾，406.1万人次紧急转移，8.8万间房屋倒塌，50万间不同程度受损。世界气象组织近年来多次发布报告称，极端天气气候事件频发极不寻常，并预测随着全球气候变暖，今后极端天气的发生将更为频繁，强度更大，影响地区更广。

4. 对各国经济社会影响在加大

极端天气频发直接影响了各国经济发展，联合国政府间气候变化委员会(IPCC)报告称，过去50年来，由气候变化所导致极端天气事件在全球范围内发生的频率呈上升趋势，造成更多的人员伤亡和经济损失。据估计，自1980年以来，与天气和气候有关的自然灾害每年都在全球导致巨额经济损失，其中，2005年发生的卡特里娜飓风，造成损失超过2 000亿美元。东盟2011年10月首次发布的《东盟国家减灾融资和保险报告》称，东盟地区平均每年因自然灾害而遭受的损失约为46亿美元，约占该地区GDP的0.3%。墨西哥在2011年第四季度到2012年上半年期间遭遇了该国70年一遇的大范围极旱，据估计将造成该国GDP损失6%。加勒比共同体预测说，如果再不采取措施降低极端天气发生频率，到 2025 年该地区各国的 GDP 将因此损失 5%，到 2100 年增至 75% 之多。2012 年，台风"苏拉"、"达维"、"海葵"造成我国直接经济损失达 655.7 亿元。7 月 21 日的一场大暴雨让首都北京变成了洪泽之地，经初步统计，经济损失近百亿元人民币。

与此同时，在全球变暖的背景下，养活全球迅速增长的人口变得更为艰巨。受全球气候变暖、异常天气不断出现的影响，日本农作物的供应区域出现了变化。猕猴桃、菜椒等的种植区域已开始从南部地区逐步向北部地区推移，苹果、梨等不适应高温天气的水果产量开始下降。美国今年遭遇了半个世纪以来最严重的旱灾，受旱情影响，美国农产品大幅减产，进一步加剧农副产品价格上涨。根据全球谷物贸易巨头卡吉尔(Cargill)公司预计，粮食供应减少 3%到 4%，价格会上涨 40%到 50%。与此同时，世界其他国家的农作物前景也不理想，持续不断的雨天令许多欧洲国家的小麦收成减少；厄尔尼诺现象导致的恶劣天气将对从澳大利亚到印度的粮食生产造成损害；南非干旱也将导致全球大豆供应吃紧；俄罗斯、乌克兰和哈萨克斯坦的小麦收成因缺乏降水而受创。恶劣天气将这些农产品的国际市场价格推上高位。

(二) 国际社会的政策和行动

低碳发展不仅是未来全球发展大趋势，更是各国政府应对全球气候变化的重要战略选择，发展低碳经济、打造低碳生活已经逐渐成为全人类共同发展的目标。然而，由于发展程度不同、国情不同，不同国家和经济体在低碳发展的方向、程度和目标上，还存有很大争议与分歧。发达国家着眼于低碳化，其低碳经济目标是与控制温室气体排放的国际义务联系在一起的，但同时希望能淡化责任区分。目前，欧美等发达国家正掀起一场以低碳为核心的"新产业革命"，意在寻求新的经济增长点，占领新时期的国际竞争制高点。发展中国家更关注发展，强调在实现发展目标的同时，控制温室气体的排放，实现减排与发展的双赢，同时强调"共同但有区别的责任"，认为发达国家应该为污染承担更大的历史责任。

1. 南北对话和国际共识在艰难中前行

——德班会议：实施第二承诺期，启动绿色气候基金

2011 年 12 月，联合国气候变化大会在南非德班闭幕，会议批准一揽子决议：继续《京都议定书》第二承诺期；启动"绿色气候基金"；制定监督和核查减排的规则、保护森林、向发展中国家转移清洁能源技术；建立德班增强行动平台特设工作组。尽管欧盟和发展中国家对会议达成的决议作出乐观的表态，但美国、日本、加拿大等发达国家对《京都议定书》持消极态度，美国甚至不是《京都议定书》缔约方。

——波恩会议：德班平台的延续

2012 年 5 月，联合国首轮气候变化谈判在德国波恩闭幕，共有来自 180 多个国家和地区的近 3 000 名政府、公益组织和企业代表与会，会议对"加强行动德班平台特设工作组"最终达成谈判议程，并确定了主席团成员。

——里约+20 会议：我们期待的未来

2012 年 6 月，联合国可持续发展会议("里约+20"会议)在巴西里约热内卢召开，共有来自各国政府、国际组织、民间社会、学术界和私营部门的大约 5 万名代表参加了本次会议及相关活动，其中包括 100 多位国家元首和政府首脑。与会各国在谈判的基础上达成了一份题为《我们期待的未来》的成果文件，文件重申了"共同但有区别的责任"原则，决定发起可持续发展目标讨论进程，做出了可持续发展的体制安排，通过了关于可持续消费和生产方式的十年方案，并肯定绿色经济是实现可持续发展的重要手段之一。此外，文件还决定建立高级别政治论坛，并敦促发达国家履行官方发展

援助承诺，向发展中国家转让技术和帮助加强能力建设。

——多哈会议：第二承诺期

2012 年 12 月，联合国气候大会在多哈闭幕，会议深入讨论了 2020 年后进一步加强公约实施的德班平台谈判的原则、要素和框架，最终通过《京都议定书》修正案，从法律上确保了《议定书》第二承诺期在 2013 年实施，为期八年。大会还通过了有关长期气候资金、《联合国气候变化框架公约》长期合作工作组成果、德班平台以及损失损害补偿机制等方面的多项决议。在资金问题上，大会决议重申发达国家须为发展中国家应对气候变化提供资金支持，并在 2020 年前实现"绿色气候基金"每年入款 1 000 亿美元的目标。多哈会议在德班会议基础上，把联合国气候变化多边进程继续向前推进，向国际社会发出了积极信号。

2. 欧盟碳交易提振计划、航空碳税受到联合抵制

欧盟碳排放交易系统（EUETS）覆盖了欧盟 27 个成员国以及冰岛、挪威和列支敦士登的 11 000 多个电站和工厂，是全球第一个也是最大的温室气体排放交易市场，其交易量占全球交易量的六成以上。随着全球范围的气候谈判进入低潮以及欧债危机影响深化，国际碳市上 CDM（清洁发展机制）项目所产生的 CER（温室气体核证减排量）价格跌至历史低点，国际碳市前景愈加悲观，欧盟碳交易系统面临内外交困的局面。为拯救碳交易计划，欧盟委员会决定将 2013～2020 年碳配额拍卖的时间推后或暂缓，以提振持续下跌的碳价格。然而，拯救计划受到了一些行业的抵制，钢铁生产商等重工业企业坚决反对干预碳价，它们主张，如果该体系旨在将市场激励引入环保政策，那么干预价格就破坏了该体系存在的理由。目前，已有受到欧盟委员会内部支持的一些工业游说组织反对任何有助于提升碳价格的措施，一些欧盟委员会议员也反对欧洲议会对碳市场进行任何干预。

2012 年，欧盟将航空业纳入 EUETS，这种强行向国外航企收取"买路钱"的做法遭到了各国的抵制，2 月 22 日，32 个国际民航组织非欧盟成员国在莫斯科结束了有关航空业碳排放问题的国际会议，29 个国家签署了"莫斯科宣言"，共同反对欧盟单方面将国际航空纳入欧盟的碳排放交易体系，中国、美国、俄罗斯等 26 个国家代表联合制定出反对欧盟航空碳税的一揽子"报复性"方案，美国甚至将欧盟告上了法庭。但是欧盟仍然继续酝酿从 2013 年起将航海业也纳入 EUETS，7 月 31 日，全球 17 个航空大国在美国华盛顿举行会议，17 国重申，它们将继续强烈反对欧盟侵犯非欧盟国家主权，单方面将国际航空纳入其碳排放交易计划。此外，美国参议院商务委员会通过法案，禁止美国的航空公司参加欧盟碳排放交易计划。同时，欧盟内部对于贸易战的担忧随着政府间冲突的加剧正在逐步升级，空中客车公司和 6 家欧洲主要航空运营商联合致信英国、法国、德国和西班牙领导人，批评欧盟对所有出入境航班强制征收"碳排放税"。

3. 低碳政策创新层出不穷

——欧盟：继续完善气候变化和能源政策法规体系

尽管航空碳税遭到世界各国抵制，但欧盟在应对气候变化的问题上一直持积极的态度，欧盟委员会先后提出了一系列解决气候变化和能源问题的建议和法案，试图通过这些行动点燃新的工业革命火花和创建一个高能源效率和低二氧化碳排放的经济体系。2008 年欧盟发表了《气候行动计划：变化世界中的能源》，明确了 2020 年在 1990 年的基础上至少削减 20%的温室气体排放，能源消费中可再生能源比重增加到 20%，能源消耗降低 20%。① 为实现承诺目标，欧盟在 2009 年 4 月通过了气候和能源一揽子法令，形成了一系列以低碳为核心的政策体系：

一是欧盟总量控制下的碳排放权限额和交易政策。欧盟预先决定排放配额总量并分配到各个

① 段红霞，《国际低碳发展的趋势和中国气候政策的选择》。

受控实体，受控实体分到欧盟排放配额(EUA)后可通过场内、场外交易机制自由买卖配额，并最终于每年 4 月 30 日前上缴与其经核证的前一年实际排放量等量的配额，上缴的配额随即被注销不能再被使用，如果在规定的时间内企业无法上缴足够的配额则面临高额罚款。

二是以能源税(碳税)为主的税收政策。能源税或碳税也是欧洲一些国家采取的减排刺激政策，如芬兰、挪威、瑞典、丹麦、荷兰和英国都制定了碳税制度。英国对高能耗行业实施低税率(仅为其他行业的 20%)，但这些行业必须与政府签订气候变化协议。

三是可再生能源发展政策。欧盟成员国激励可再生能源特别是可再生电力发展的经济政策主要有可再生能源绿色证书和固定电价政策。意大利实施可再生能源绿色证书制度，所有的传统电力生产/进口者必须根据电力生产/进口量从可再生电力生产者手里购买相应数量的可再生能源绿色证书，从而使可再生电力生产者在正常出售电量之外还可获得可再生能源绿色证书的收益，以弥补额外的可再生能源发电成本。固定电价政策是由政府参考可再生能源发电成本和市场拓展程度制定优惠上网电价，保障可再生能源企业获得长期稳定的售电合同。总体预计，到 2020 年可再生能源对欧盟能源消费总量的贡献率可达到 20.7%。

四是能源效率提升政策。欧盟的能源效率政策以《能源效率绿皮书》及其行动计划为代表。该行动计划主要措施包括：长期的、有目标的提高能效行动，包括建筑能效等，尤其是公共建筑；努力提高运输部门能效，特别是迅速提高欧洲大城市市内运输的能效；利用金融手段，加强商业银行对节能项目和提高能效服务公司的投资力度；启动能源效率白色证书系统，能源利用效率高的公司，可将其盈余的碳信用额出售给低能效公司；广泛评估和标示主要耗能产品能耗，对装置、车辆和工业设备等制定最低能效标准，引导消费者和制造商合理消费和生产。由于实施了比较积极的能源和气候变化政策，再加上不断吸纳东欧经济转型国家作为新成员国以及近年来遭遇了较为严重的金融危机，综合原因促使欧盟 27 国 2009 年的整体温室气体排放量较 1990 年下降了 17.4%，其整体温室气体排放水平在 1990～2009 年间保持了大幅度的下降。

——英国：率先计划上市企业强制汇报温室气体排放数据

作为第一个强制公司在年度报告里汇报温室气体排放数据的国家，立志于领导世界经济“低碳转型”的英国正在加快战略布局的步伐。在英国的各项措施中，汇报碳排放数据是公司减少危险气体排放的首要步骤，英国政府计划从 2013 年 4 月起，伦敦证券交易所主要的上市企业，必须在年度报告里汇报自己的温室气体排放水平。英国政府认为，采用这种汇报的形式，将使投资者看到公司在有效控制温室气体排放方面的隐性成本。目前，大部分企业都响应了报告排放量的计划，政府的计划也获得了包括英国工商业联合会和阿尔德门集团等环保组织和龙头企业的支持。英国政府已经搜集了大量证据来证明这种强制汇报方法已具有广泛的民意共识基础。此外，英国政府在 4 月 3 日宣布启动新一轮的碳捕捉与储存(CSS)招标计划，将投入 10 亿英镑鼓励发展该技术，以便在应对气候变化的同时使英国在这个未来产业中抢占先机。计划主要内容包括：投入 10 亿英镑资金，为愿意发展大规模商业化碳捕捉与储存项目的企业提供支持，这将以项目招标形式实施；投入 1.25 亿英镑支持相关技术的研发，包括建立一个“英国碳捕捉与储存技术研究中心”；在电力市场改革中为采用碳捕捉与储存技术的发电项目提供优惠政策等。这已经是英国第二次推动相关计划。

——澳大利亚：开始向高碳排放企业强制征收碳税

继欧盟和新西兰之后，澳大利亚成为又一个在全国范围内引入碳交易机制的发达经济体。为碳排放定价是澳大利亚应对气候变化整体方案的核心部分，也是澳大利亚转变经济发展模式的开始。作为发达经济体中人均排放温室气体最多的国家，澳大利亚在 2012 年 7 月 1 日正式实施具有巨大争议的碳税法，碳税法对电力、交通、工业和矿业等 500 家高碳排放企业强制性征收碳排放税，每吨 23 澳元，除了帮助国际 NGO 和群众教育外，以碳价为寻向的政策主要包括下面 4 个内容：碳价格、提高可再生能源创新和投资、提高能效、提高土地管理和水资源利用。这是欧洲以外最大规模的碳排放限制方案。该法能改变碳价机制、增加就业竞争和促进经济增长。家庭计划将受到减少税收和增加收入的政策支持。就业增长和经济发展得益于应对气候变化。澳大利亚政府预计，碳税征收计划的实施可在 2020 年减少 1.59 亿吨碳排放量，与 2000 年相比减排 5%。新计划还纳入了一系列补偿措施，包括“就业和竞争力方案”，为排放密集的出口型行业提供价值 92 亿澳元的补偿；将碳排放税一半以上的收入通过增加补贴和减税等方式为 90%受影响家庭提供补偿；设立 12 亿澳元的“清洁技术方案”和 13 亿澳元的“煤矿工业就业计划”。澳大利亚政府希望将这一综合性的碳税征收计划实施 3 年，然后在 2015 年逐步向温室气体总量控制和碳排放交易机制过渡。

4. 可再生能源持续较快发展

近年来，随着国际石油价格的不断攀升以及《京都议定书》的生效，可再生能源成为实现能源多样化、应付气候变化和实现可持续发展的重要替代能源，得到世界许多国家的广泛关注，在世界范围内得到迅速发展。2011 年，全球可再生能源总投资达到了 2 500 亿美元，创历史新高。国际能源机构出版的《2012 年中期可再生能源市场报告》预计，同 2005～2011 年相比，全球 2011 年至 2017 年可再生能源产生的电能将增长 60%以上。此外，包括美国在内的 12 个经济合作和开发组织国家以及中国、印度和巴西的可再生能源发电量占全球总量的 80%左右。在未来几年内，随着可再生能源技术的成熟，全球可再生能源发电有望大幅增长，同时可再生能源发电利用的地域将更加广泛，其中在新兴国家中的发展显著加强。

一是可再生能源发电量迅速增长。随着可再生能源技术的逐步成熟，以及经合组织国家政策的大力支持，可再生能源占全球电力份额不断增加。国际能源署（IEA）在 2012 年可再生能源市场报告中表示，全球水电、风电、太阳能和其他可再生能源发电量将增长 40%，达到 6 400 太瓦时。他们预测，2011 年到 2017 年，可再生能源电力将增加 1 840 太瓦时，较 2005～2011 年几乎增长 60%。据英国石油公司调查，世界核能发电量自 2006 年峰值之后呈下降趋势，与此同时，2011 年，世界可再生能源发电量同比增长 17.7%，连续 8 年呈两位数增长，达 8 608 亿千瓦时。其中，美国、德国、法国、英国等可再生发电量均呈 10%～30%的幅度增长。日本只有 3.8%，增长缓慢。

二是可再生能源发电成本和传统发电成本逐步接近。尽管可再生能源发电的成本仍然高于传统能源发电，但根据可再生能源发电技术发展趋势，到 2030 年，所有可再生电力的成本都有潜力降低到目前的平均发电成本，在夏季高峰期，太阳能板发电的成本已接近传统电力的高峰价格；而居民家用的太阳能板发电成本已低于平均的电力零售价。各国目前电力补贴也非常普遍。整体来讲，全球传统电厂（包括核电）比可再生能源得到了更多补贴。国际能源署估计，2009 年全球针对可再生能源的补贴发放额是 570 亿美元，而对传统能源的补贴额高达 3 120 亿美元。据分析，2015 年这一差距预计将扩大，前者将为 1 000 亿美元，后者将为 6 000 亿美元。补贴等许多直接支持措施和税收优惠、市场价格机制等间接措施掩盖了真正的发电成本。

——欧盟可再生能源比重稳步上升。欧盟是世界上最推崇发展可再生能源的国家集团，目前已经成为风力发电、光伏发电技术和市场发展的中心。据欧盟统计署 2012 年 6 月发布的 2010 年欧盟能源统计数据显示，欧盟 27 国可再生能源占总能源消费平均比重为 12.4%，与 2008 年、2009 年比重分别为 10.5%、11.7%相比，正在稳步上升，其中，北欧地区可再生能源比重平均超过四成。

——英国把发展绿色能源放在绿色经济政策的首位。英国能源与气候变化部在 2011 年发布的《英国可再生能源路线图》中，提出重点发展八类能源技术及相关政策，风能在英国新能源战略中处于核心地位，据英国能源与气候变化部的统计，2011 年英国可再生能源发电占总发电量的比例为 9.5%，创历史新高，并一直处于上升趋势，而 2010 年这一比例还只有 6.8%。按照英国政府的计划，到 2020 年可再生能源在能源供应中要占 15%的份额，其中 40%的电力来自绿色能源领域，为鼓励风能等新能源发展，英国政府将在未来四年提供多达 3 000 万英镑的支持资金，以支持海上风电产业供给链的展开。此外，英国政府还宣布投资 1 亿英镑来鼓励国内外企业对可再生能源项目的发展。新公布的可再生能源法案把天然气产业视为未来的重点项目，陆上风力发电的补贴减少了 25%。

——德国启动 2050 年 100%可再生能源计划。德国把发展可再生能源作为确保能源安全、能源多元化供应和替代能源的重要战略选择，在太阳能、风能、生物质能、地热能、水力发电等开发利用方面居世界领先水平。根据德国联邦能源和水资源协会(BDEW)最近公布的统计数据显示，2012 年上半年(1～6 月)，德国国内的总发电量中可再生能源所占的比例达 25.1%。6 月，德国决定在 2022 年前关闭所有 17 座核电站，进而大幅推动可再生能源的发展。为保持和拓展该领域的强势地位，德国政府准备至 2013 年斥资 120 亿欧元用于支持技术革新，其中大部分资金将用在可再生能源开发、可再生原材料生产和能效提高方面。德国现任政府的目标是到 2020 年，可再生能源发电比重至少达到 35%。

——日本实施可再生能源"电力全量购入制度"。福岛核事故发生后，日本加快调整既有能源战略，向减少核电依存度方向发展，可再生能源产业发展势头开始加速。根据日本政府的最新规划，到 2030 年，可再生能源发电量在发电总量中的比例将从目前的约 10%增加到 30%左右。2012 年 6 月日本政府正式通过可再生能源激励措施，同时批准了太阳能补贴政策，根据上网电价补贴机制，日本政府将为太阳能发电支付每千瓦时 42 日元的费用，是德国补贴额的两倍，是中国补贴的三倍多。这一补贴政策将使得光伏制造商销量普遍提升，在日本国内掀起可再生能源发电事业的新热潮。为加快可再生能源普及，日本政府从政策层面加大引导和刺激力度，2012 年 7 月起，日本开始实行新的可再生能源"电力全量购入制度"。

——澳大利亚通过碳税政策推动可再生能源发展。澳大利亚在出台碳税法的同时发布了清洁能源计划，实施碳价机制最重要目的是为清洁能源的发展提供平台，碳价会为清洁能源技术特别是可再生能源的发展提供强有力的刺激。超过 130 亿澳元将被投向清洁能源项目，推动清洁能源技术研发和创新，组建独立的清洁能源金融公司，通过贷款和担保等商业化形式鼓励清洁能源、提高能效和低碳技术研发，成立澳大利亚可再生能源局，负责管理目前已设立的 32 亿澳元的可再生能源资金和 2 亿澳元的清洁技术创新计划。为确保能源发展方式平稳转型，澳大利亚将设立能源安全基金。目前，澳大利亚燃煤电厂发电量约占总发电量的 75%，政府将在 2020 年前通过谈判协商方式关停约 200 万千瓦的高污染燃煤发电厂，为清洁能源发展提供空间。受影响较大的电厂可在投资清洁能源项目时，享受资金支持和免费碳许可证等优惠。另外，政府还可为发电厂购买碳许可证提供短期贷款。

——印度和巴西成为发展中国家中可再生能源开发利用的佼佼者。2010～2011 年，巴西在可再生能源方面的投资增长了 13 亿美元，同比增长 20%，在世界处于领先地位。印度同期投资增长 37 亿美元，同比增长 65%。两国的增长率均高于 OECD 国家 4%的增长率。印度政府已经批准了 2012 年太阳能能源政策法案，将开发四个总装机量达 800 MW 的太阳能公园；该太阳能政策规定免除电费十年的税收和政府为增值税和入境费提供 4%的补贴。巴西通过实施光伏能源的拍卖促进了大型光伏设备的安装以及其他新能源技术的发展。

二、国内低碳发展的形势与政策

低碳发展是当今国际社会应对全球气候变化的战略选择。世界上的主要经济体，都在通过技术革新、能源体系的转型以及基于市场的政策促进低碳发展。作为世界上最大的温室气体排放国，中国低碳经济的发展不但为自身可持续发展所必需，而且对全球减排、遏制世界气候变化和促进世界可持续发展有重要意义。

（一）中国当前面临的形势

改革开放以来，我国经济社会发展取得了举世瞩目的成就，连续32年年均经济增长速度接近10%。但是，经济发展的资源环境代价也极其昂贵。总体上看，随着经济发展，环境状况还在继续恶化，资源短缺仍在不断加剧。中国的能源消耗量占世界总量的10.1%，中国每年增长的物质财富却只占世界总量的6%～7%，未来十年，中国将超过美国，成为世界上第一大能源消费国，能源供需缺口较大，我国能源政策面临巨大的压力，资源环境问题成为经济社会健康发展的瓶颈约束。所以绿色发展、循环发展、低碳发展是改善生态环境、缓解资源短缺、应对气候变化的根本途径，是保障人民群众安全、实现社会可持续发展的根本举措。

1. 能源短缺不断加剧

我国能源禀赋相对不足，人均能源拥有量在世界上处于较低水平，石油、天然气人均资源量仅为世界平均水平的1/14左右，即使储量相对丰富的煤炭资源也只有世界平均水平的67%，按人口平均占有量，只及全世界人均占有储量的一半，不仅储量有限，而且分布不均。华北地区煤的储量占全国60%以上，仅山西就占全国储量的1/3，而南部地区的上海、江苏、浙江、福建、江西、湖南、湖北、广东、广西，占全国人口的1/3以上，产值占全国产值的40%以上，煤的储量只占2%左右。

作为世界上最大的发展中国家，中国能源生产量仅次于美国和俄罗斯，居世界第3位；基本能源消费占世界总消费量的1/10，仅次于美国，居世界第2位。20世纪90年代以来，中国经济的持续高速发展带动了能源消费量的急剧上升。自1993年起，中国由能源净出口国变成净进口国，能源总消费已大于总供给，能源需求的对外依存度迅速增大。[①]

近年来中国的能源需求出现前所未有的高速增长态势。2010年，一次能源消费总量达到32.5亿吨标准煤，比2000年增长1.2倍。2011年，我国能源消费总量已达34.8亿吨标准煤，占世界能源消费的20%左右，而同期我国国内生产总值占世界的比重不到10%。目前，我国单位国内生产总值能耗约为日本的4.5倍、美国的2.9倍、世界平均水平的2.5倍。我国能源对外依存度不断提高，目前石油对外依存度已达到54.9%，2020年预计超过70%。煤炭、电力、石油和天然气等能源在中国都存在缺口，其中，石油需求量大增以及由其引起的结构性矛盾日益成为中国能源安全所面临的最大难题。西方经验表明，由于能源不足引起的国民经济损失，是能源本身价值的20～60倍。

---

① 任学成，《微乳化生物柴油发动机燃烧和排放特性研究》。

2. 资源约束更加凸显

一是人均资源禀赋不足。由于中国的经济增长主要是高投资、高消耗式的，采取大量耗费资源的增长模式使中国本来不宽裕的土地、淡水等资源迅速趋于紧张，稀缺资源更是不经济地被耗费。我国人均资源占有量与世界平均水平相比，明显偏低，人均水资源拥有量只及世界平均水平的 1/4，人均土地面积仅为世界人均土地资源量的 1/3，目前我国用水量已经接近合理利用水量的上限，缺水的城市达 66.7%，耕地面积以年均数十万公顷的速度递减。

二是资源利用效率不高。我国矿产资源总回收率只有 30%，比发达国家低约 20 个百分点，随着工业化和城镇化步伐加快，主要矿产资源供需矛盾将更加突出；我国水资源在农业灌溉用水利用系数上为 0.4，仅是国外先进水平的一半，工业万元产值用水量为 100 立方米，是国外先进水平的 10 倍，未来有可能出现严重水危机；全国耕地有机质含量平均已降到 1%，明显低于欧美国家 2.5%～4%的水平。约有 1/3 的耕地受到水土流失的危害，每年流失的土壤总量达 50 多亿吨，粮食安全问题越来越突出。2010 年我国资源产出率初步核算约 3 770 元/吨，仅是日本的 1/8，英国的 1/5，德国的 1/3，韩国的 1/2。

3. 生态环境持续恶化

目前我国生态环境总体恶化趋势没有得到根本扭转，一些地方生态环境承载能力已近极限，水、大气、土壤等污染严重，固体废物、汽车尾气、持久性有机物、重金属等污染持续增加。而随着人均收入水平的上升，人民群众对于优质的生态环境的需求迅速递增。人民群众日益增长的生态环境质量需求与政府不尽理想的生态环境质量供给之间的矛盾十分尖锐。①

4. 温室气体排放量增长较快

据有关专家测算，1990 年之后我国温室气体排放增量部分占世界增量的 59.1%，其中 2000～2009 年占世界排放增量的 65.2%。近年来，我国温室气体排放总量已超过美国、欧盟等主要经济体，成为世界第一排放大国，人均排放水平超过世界平均水平。尽管近年来我国碳强度实现了显著降低，但作为一个发展中国家，发展经济、改善民生需要能源消费合理增长，由于经济发展方式依然粗放，依靠能源资源消耗拉动经济增长的局面短期内难以根本改变，高消耗、高排放使得发达国家 200 多年工业化进程中分阶段出现的环境问题在我国集中出现，我国未来温室气体排放总量仍可能出现大幅增长。只有加强节能减排、大力发展循环经济，才能尽快扭转我国生态环境总体恶化的趋势。

5. 国际压力不断增强

1990 年，《联合国气候变化框架公约》签署时，占世界人口 20%的发达国家占世界温室气体排放总量的 80%，而占世界人口 80%的发展中国家仅占世界温室气体排放量的 20%，共同但有区别的责任十分明确。但 20 年后，发展中国家的温室气体排放量已上升到 60%左右。同期 OECD 国家排放总量仅增长了 7%，排放比重下降到 40%左右。我国排放总量和人均排放量的增速更快，这也使我国不可避免成为各方关注的焦点。在应对气候变化国际谈判中，国际社会对我国控制温室气体排放、承担更大国际责任的要求和期待不断上升。不仅是发达国家，部分发展中国家也开始要求中国等新兴发展中大国减排。

亚洲开发银行 2012 年 8 月 15 日发布的环境报告指出，世界上污染最严重的城市中超过一半位于亚洲，空气污染每年导致亚洲近 50 万人死亡。尽管中国近 5 年来在环境保护及可持续发展方面取得有目共睹的成就，特别是在增加环保投入、加强和改善行政执法等方面成效显著。但中国总

---

① 摘自解振华参加 2012 年联合国“可持续发展大会”前夕接受《瞭望》新闻周刊的专访时的讲话。

的环境状况仍令人担忧，建议中国对资源定价进行改革，引进绿色税收制度，并且财政改革应与经济激励相配套，提高环境治理效率，实现绿色增长目标。

（二）国内低碳发展情况

建设生态文明，实现绿色发展，不以牺牲后代人的利益来满足当代人的需求，已经成为当今中国社会的一个基本共识。我国将保护生态环境上升为国家意志，把加快建设资源节约型、环境友好型社会写进国家未来发展规划，“十一五”期间，我国以能源消费年均6.6%的增速支撑了国民经济年均11.2%的增速，能源消费弹性系数由“十五”时期的1.04下降到了0.59，缓解了能源供需矛盾，全国单位GDP能耗下降19.1%，全国二氧化硫排放量减少14.29%，节能6.3亿吨标准煤，减排二氧化碳14.6亿吨，遏制了能源消耗强度和主要污染物排放量大幅上升的势头。[①]“十二五”期间，中国又确定了“单位GDP能耗下降16%、碳强度下降17%”的目标。为了实现“十二五”节能减排的目标，中国正在转变发展方式、调整经济结构，并采取一系列行之有效的政策措施。

1. 完善顶层设计

中国政府一贯高度重视气候变化问题，把积极应对气候变化作为关系经济社会发展全局的重大议题，纳入经济社会发展中长期规划。胡锦涛主席于2007年APEC会议上，首次明确提出“发展低碳经济，研发低碳能源技术，促进碳吸收技术发展”的战略主张。2006年以来，中国政府先后制定了《应对气候变化国家方案》、《可再生能源中长期发展规划》、《可再生能源发展十一五规划》、《节约能源法》、《可再生能源法》、《清洁生产促进法》、《循环经济促进法》等相关立法，为节能减排和建设环境友好型社会奠定了制度基础。2009年，我国政府正式宣布控制温室气体排放的行动目标，“到2020年单位国内生产总值二氧化碳排放比2005年下降40%～45%”。

2011年1月，国务院发布“十二五”控制温室气体排放工作方案，提出了我国推进低碳发展重点任务和政策措施。在“十二五”规划《纲要》中，中国把应对全球气候变化作为重要内容正式纳入国民经济和社会发展中长期规划，《纲要》将单位国内生产总值二氧化碳排放下降17%作为约束性指标，明确了未来五年我国应对气候变化的目标任务和政策导向。

5月，16个部门联合发布了“十二五”国家应对气候变化科技发展专项规划，明确提出了“十二五”期间应对气候变化科技发展的指导思想与目标、重点方向，提出了十大关键减缓技术、十大关键适应技术等重点任务。

2012年6月，“中国低碳发展宏观战略研究项目”启动。该项目是国家发展改革委会同有关部门针对经济社会发展重大需求，组织开展的重大战略研究项目。

7月，胡锦涛总书记“7·23”重要讲话指出，要着力推进绿色发展、循环发展、低碳发展，为人民创造良好的生产生活环境。“三个发展”思想成为进一步推进生态文明建设的行动指南。

8月，国务院印发《节能减排“十二五”规划》，明确了10项节能减排重点工程。国家能源局组织制定《可再生能源发展“十二五”规划》和水电、风电、太阳能、生物质能四个专题规划。

2. 推进产业低碳转型

近年来，中国致力转变传统的高能耗、高污染经济增长方式，在能源、交通、建筑等重点行业大力推进节能减排技术，加快培育和发展战略性新兴产业，取得了令人瞩目的成效。特别是在新能源领域，中国近年来跃居全球第一大投资国，太阳能、风能装机容量跻身世界前列，且是风力发电设备制造能力最大的国家之一。彭博新能源财经2012年第二季度清洁能源投资研究报告指出，中国单

① 刘莉，《推进节能减排促进科学发展——关于推进节能减排的有关对策思考》。

季度183亿美元的投资奠定了中国在太阳能发电和风力发电行业的支配地位。世界自然基金会报告表明，中国已超越欧盟成为全球最大的清洁能源技术装备制造国，且拥有最大的市场份额。

"十二五"期间我国低碳经济发展要调整战略，实现传统产业升级改造和结构优化，促进钢铁、水泥、纺织、石化、有色、建材等产业的低碳化；同时开发新技术、培育新市场，发展新兴低碳产业。

3. 推进低碳试点工作

一是开展低碳省区和低碳城市试点工作。2010年，国家发展改革委确定首先在广东、辽宁、湖北、陕西、云南五省和天津、重庆、深圳、厦门、杭州、南昌、贵阳、保定八市开展低碳试点工作，2011年，五省八市试点工作继续推进，研究制定了低碳试点工作实施方案，并已陆续批准实施。试点省区和城市围绕落实试点工作实施方案，建立和完善低碳发展的政策措施，积极转变经济发展方式，开展重点行动，推进建设低碳发展重点工作，大力发展低碳产业，倡导低碳消费，取得了积极进展。

二是启动碳排放权交易试点。2011年10月，国家发改委发布《关于开展碳排放权交易试点工作的通知》，正式确定北京、天津、重庆、上海、湖北、广东等七省市作为全国首批实施碳排放交易试点省市，各试点地区抓紧研究制定碳排放权交易试点实施方案。2012年3月，北京举行了碳排放权交易试点启动仪式，北京碳排放权交易试点实施方案已编制完成，试点是建立基于总量控制的二氧化碳直接排放权和间接排放权交易综合制度试验，实行重点排放者二氧化碳排放权配额制度。8月16日，上海市正式启动碳排放交易试点工作，200家企业被纳入试点范围，上海将对试点企业初始碳排放配额免费分配。根据上海的试点方案，上海碳交易标的主要是二氧化碳排放配额，部分经国家或上海核证的基于项目的温室气体减排量可作为补充，纳入交易体系。目前，除北京和上海以外，各试点省份碳排放交易市场的筹建也在加紧推进。广东全省的碳排放总量摸底工作已大体完成，下一阶段将确定总量控制以及分配排放权。深圳碳交易试点筹备工作的核心任务是交易系统的开发及交易规则的制定，深圳排放权交易所将着力创新交易系统的开发和交易规则的制定，打造出更具市场化特色的碳交易市场信息支撑体系。

三是推进低碳小城镇、低碳交通、低碳港口等试点工作。2011年9月，财政部、住房和城乡建设部、国家发展改革委发布了《关于开展第一批绿色低碳重点小城镇试点示范工作的通知》。北京古北口镇、天津市大邱庄镇、江苏省海虞镇等7个城镇成功获得国家级"绿色低碳重点小城镇"荣誉称号。2011年2月，交通运输部启动首批10个城市（天津、重庆、深圳、厦门、杭州、南昌、贵阳、保定、武汉、无锡）作为低碳交通运输体系试点城市。2012年6月，交通运输部再次将北京、昆明、西安等16个城市纳入第二批试点。2012年3月，交通运输部下发了《关于组织开展交通运输节能减排专项资金区域性和主题性管理试点的通知》，根据通知，天津港、连云港港、青岛港和蛇口港4个港口被确定为"低碳港口建设"主题性管理试点单位，将获得重点政策支持、重点资金扶持，率先打造成为全国低碳示范港。

4. 加强舆论宣传

一是以多种形式提升全社会应对气候变化意识。发布《中国应对气候变化政策与行动（2011）》白皮书，并在德班会议前由国务院新闻办以七种语言向全球发布，白皮书系统介绍了"十一五"以来我国应对气候变化工作所取得的成就，在德班会议期间引起各国谈判代表和媒体的热烈反响，并获得联合国气候变化框架公约秘书处、联合国开发计划署等四家国际机构组织评选的"变革进步奖"；组织编写和出版了《中国应对气候变化政策与行动——2011年度报告》一书，全方位展示了我国应对气候变化的政策行动、成效及未来政策取向。积极利用《人民日报》、《求是》杂志等权威媒体宣传应对气候变化工作，加强与非政府组织的联系，组织召开了"2011年应对气候变化媒体培训班暨德班会议媒体吹风会"；组织编写《应对气候变化干部读本》，组织制作应对气候变化台历及知识手册，指导《中国低碳年鉴(2011卷)》编辑工作,宣传普及应对气候变化知识。

二是积极推动落实低碳发展理念。支持有关地方和有关部门举办了第二届中国(天津滨海)国际生态城市论坛暨博览会、2011生态文明贵阳会议、广州"绿色创新低碳发展"主题论坛、南昌"低碳与生态经济"高峰论坛等会议;充分利用国内外各种论坛和讲座,广泛宣传倡导绿色低碳发展理念;积极推动各行业、各部门在经济社会发展重大规划和政策制订中贯彻落实绿色低碳发展理念,认真落实和深化《"十二五"规划纲要》有关积极应对气候变化的要求,推动各相关领域政策低碳化,发挥应对气候变化对促进经济结构调整和发展方式转变的倒逼作用。

5. 开展对外合作

加强与世界各国政府、国际组织、国际研究机构的务实合作,取得了良好的效果。与英国能源和气候变化部签署了中英气候变化合作谅解备忘录;召开了中加、中德、中欧、中英工作组会议;在城市交通、低碳建筑、能力建设等领域开展了"中德气候变化项目"和"中德气候变化伙伴项目",与日本开展了CDM能力建设和低碳发展合作,与美国能源基金会开展了碳排放交易合作;组织召开了"应对气候变化与绿色低碳发展高级别研讨会"、"碳捕集和封存国际研讨会"及"碳收集领导人论坛"部长级会议;与世界银行开展"碳伙伴基金"、"市场伙伴准备基金"等机制下的合作。加强"南南合作",设立"南南合作"专项工作经费,在2011～2013年安排资金2亿元,用于支持发展中国家应对气候变化和能力建设。组织了两次针对最不发达国家、小岛屿国家和非洲国家等发展中国家官员的气候变化研修班,共有来自30多个国家的80余位代表参会。积极开展清洁发展机制项目合作,受理近1 000个CDM项目申请,组织召开了12次CDM审核理事会会议,批准约700个CDM项目。到2011年底,我国通过CDM机制引进资金约50亿美元,注册项目获得签发的减排量约5亿吨二氧化碳当量。

三、江苏省低碳发展最新制度框架

健全的法律法规体系和政策安排是做好应对气候变化工作的重要制度基础。近年来，江苏不断加强低碳发展的制度保障，积极推进并不断完善节能减排和应对气候变化立法相关工作，围绕节能减排重点领域出台了多部地方性法规规章和各项政策举措，为实现绿色低碳发展、全面建成更高水平的小康社会提供了法制基础。

（一）节能减排政策框架

江苏省认真贯彻落实党中央、国务院关于进一步加强节能减排的决策部署，制定实施了促进节能的一系列政策措施，健全了管理制度，完善了激励机制，强化了有关各方的法律责任，增强了法律的针对性和可操作性，为节能工作提供了法律保障，逐步建立完善以国家标准为主体，行业和地方、企业标准为补充，适应江苏节能工作实际，与产业政策相配套的节能标准体系。

1. 初步构建节能政策体系

“十一五”时期，江苏初步建立了节能工作基本制度和政策体系，先后出台了《省政府关于加强节能工作的意见》、《江苏省节能减排工作实施意见》（苏政发〔2007〕63 号）、《省委省政府关于进一步加强节能减排促进可持续发展的意见》（苏发〔2008〕9 号）等一系列文件，进一步突出了节能在经济社会发展中的战略性地位，明确了江苏节能减排的基本思路、重点环节、实现途径和手段，强化了有关各方的法律责任，增强了法律的针对性和可操作性，为全省节能降碳工作提供了法律保障。

制定《江苏省节能减排科技支撑行动实施方案（2007～2010）》、《节能减排综合性工作方案》、《清洁能源战略合作协议》和《江苏省资源综合利用认定实施细则》。建立单位 GDP 能耗统计、监测、考核体系，出台《关于建立 GDP 能耗指标公报制度的意见》、《江苏省单位 GDP 能耗统计指标体系实施方案》、《江苏省单位 GDP 能耗监测体系实施方案》。修订了《江苏省节约能源条例》，对于未经或未通过节能评估审查的项目，一律不予审批和核准，一律不准开工建设。颁布实施《江苏省节能目标责任评价考核暂行办法》以及《“十二五”市级人民政府节能目标责任评价考核办法》，将节能纳入领导干部业绩考核体系，并通过严把能耗源头关、坚决淘汰落后产能、编织节能监督网络来强化监督执法。

为严控工业能耗过快增长，江苏相继制定出台《江苏省固定资产投资项目节能评估和审查管理暂行办法（试行）》、《江苏省工业类固定资产投资项目节能评估和审查实施办法》、《固定资产投资项目节能评估文件委托评审暂行办法》。实施固定资产投资项目节能评估审查制度，颁布实施《江苏省公共机构节能管理地方性标准》和《江苏省公共机构能源统计、能源审计、能效公示、能耗分项计量系统建设》，制定水泥、烧碱等一批高耗能产品能耗限额标准。

2011 年，江苏继续加大节能工作力度，出台《江苏省政府关于进一步加强节能工作的意见》（苏政发〔2011〕99 号）。针对江苏省能源消耗量大、资源自给率低、环境承载力弱的特殊省情，提出六大举措，明确了工业、建筑、交通和公共机构四大节能领域，对节能工作进行再度强推。

2. 多种政策手段推进减排工作

江苏创新思路，利用价格政策、财税政策等环境经济手段，加快完成减排总目标，出台了《江苏省排放污染物总量控制暂行规定》、《江苏省重点污染源排放污染物总量监测报告制度》、《江苏省农业生态环境保护条例》、《江苏省排放水污染物许可证管理办法》、《海洋观测预报管理条例》。通过预警调控、区域限批和合同管理等手段，用制度之手为"减排"加码。2010 年，江苏推出污染物减排三级预警制度，出台《江苏省主要污染物总量减排监测和工作预警实施办法》和《江苏省主要污染物总量减排责任目标完成情况考核实施办法》，这两个文件对主要污染物总量减排、预警和考核作出了明确的规定，半年内减排不达标的地区都将受到不同程度的预警。若整治不力，环保部门还将暂缓该地区所有新增主要污染物排放建设项目的环评审批。江苏还对部分无法完成总量减排目标任务的地区施行区域限批。

加强脱硫电价管理，出台《江苏省征收二氧化硫排污费暂行办法》，在全省 147 家热电企业全面实行脱硫电价补贴政策，对于烟气脱硫设施未经江苏省环保厅验收合格或者未与省环保厅在线监测系统联网的发电机组，一律不享受脱硫电价的奖励。在企业中执行差别电价，提高电解铝、铁合金、钢铁、电石、烧碱、水泥等高耗能行业淘汰类企业和限制类企业电价加价标准，对省内部分产品能耗超限企业实施惩罚性电价和淘汰类差别电价。制定《江苏省按排放水污染物总量征收排污费暂行办法》。

深入推进排污权有偿使用和交易试点。制订了 COD 和二氧化硫排污权初始价格，出台《江苏省电力行业二氧化硫排污权交易管理暂行办法》。在太湖流域制定实施化学需氧量排污指标核定、申购等一系列配套管理办法，探索建立上下游污染赔付机制，建立"排污者付费、治污者赚钱"的利益导向机制，通过减半征收行政事业收费等一系列优惠政策，引导社会资本踊跃进入环境基础设施建设和运营市场。

强化减排执法监管，开展能源与环保专项监察审计，深入开展整治违法排污保障群众健康环保专项行动，加强污水处理厂和脱硫设施运行监管，建立集中式污水处理厂"旬检查、旬监测、旬抽查"的监管机制，严格脱硫电价管理，狠抓监测监控体系建设。

把太湖水污染防治作为重中之重，推进重点流域的治理，在太湖流域进行排污权有偿使用试点，排污权有偿分配和交易，成为江苏政策减排创新的一大亮点，在太湖流域的胥河率先开展了环境资源区域补偿试点工作，全面禁批化学制浆造纸等重污染项目。实施与国际先进标准接轨的《太湖地区城镇污水处理厂及重点工业行业主要水污染物排放限值》，通过大幅"提标"，要求太湖地区城镇污水处理厂的主要污染物排放限值全部达到国家一级 A 标准。2011 年，江苏下发《关于太湖流域氨氮、总磷排放指标有偿使用收费标准的通知》，决定对太湖流域纺织印染、化学工业、造纸、食品、电镀、电子等六大行业以及污水处理行业、农业重点污染源排污单位实行氨氮、总磷排放指标有偿使用试点，并对列入试点单位征收排放指标有偿使用费。

2011 年，江苏继续加快减排步伐，出台《江苏省政府关于进一步加强污染减排工作的意见》（苏政发〔2011〕119 号），突出重点领域和行业，淘汰落后产能，全力实施减排工程，进一步优化产业结构，切实减少新增排放，从源头上控制能耗过快增长和新增排放增多。

3. 建立健全监察(测)机构和问责机制

为了加快太湖治理监督体系的建立，江苏省首先成立了由省、市和省相关部门"一把手"担任主任或委员的太湖水污染防治委员会，积极协调各市和相关部门在太湖治污上实现"携手齐步走"。随后，省委、省政府又特批成立了江苏省太湖水污染防治办公室，以保证省委、省政府确立的各项太湖治污目标得到切实的落实和督办。与此同时，江苏组建了独立行使职权的太湖处，负责草拟和组织实施太湖流域水环境保护地方性法规、标准、中长期规划和年度工作计划；组织拟定和监督实施太湖流域水环境保护各专项治理方案和工作方案；负责太湖流域水环境保护信息发布和通报；并承担江苏省太湖水污染防治办公室的日常工作。2009 年，江苏成立了无锡市太湖水污染防治办公室，使得对减排监督机制的探索从省级层面拓展到基层。

为加强跨区域、跨流域环保统一监督管理，保障各项环保政令畅通，江苏组建了苏南、苏中、苏北环保督查中心，成为全国首批省级区域环境保护的监管机构。此外，江苏还出台了《重点环境违法问题挂牌督办和责任追究办法》，对重点环境违法挂牌督办的案件，未能在规定时间内完成整改任务的，直接实施责任追究；进一步加强节能监察执法能力建设和责任追究制度，初步形成了横向到边、纵向到底的监察(测)执法体系。

完善节能问责机制，形成较为完善的节能考评机制和严格的问责机制，市、县政府主要负责人是本地区节能减排的第一责任人，企业主要负责人是本企业节能减排的第一责任人。

(二) 产业低碳发展政策框架

改革开放以来，江苏省产业发展虽然取得了令人瞩目的成就，但与科学发展观的要求相比，还存在着产业结构不够优、自主创新能力不够强、可持续发展水平不够高等一些深层次矛盾和问题。为解决这些问题，江苏出台相关政策加快推进产业结构调整和转型升级，努力打造结构布局合理、自主创新能力强、技术含量和附加值高、能源资源消耗低、污染排放少、经济效益好的现代产业体系。

1. 推进企业转型升级

为深入实施创新驱动战略，实现产业转型升级，江苏着力调整产业结构，出台了《省政府关于加快推进工业结构调整和优化升级的实施意见》(苏政发〔2009〕69 号)、《省政府关于加强企业创新促进转型升级的实施意见》(苏政发〔2011〕117 号)、《省政府关于印发江苏省万企升级行动计划(2011～2015 年)的通知》、《产业结构调整指导目录(2011 年本)》、《江苏省新兴产业倍增计划》、《江苏省服务业提速计划》、《江苏省传统产业升级计划》、《江苏省“十二五”工业转型升级纲要》、《2010 年度省科技支撑计划(工业)项目指南》等一系列政策。

2012 年，江苏进一步推动转型升级工程迈出新步伐，出台了《江苏省推进重大项目加快转型发展的意见》(苏政发〔2012〕93 号)，对进一步推进重大项目建设工作进行了明确和强调。发布《转型升级工程推进计划》，明确通过 5 年努力，推动经济增长向集约节约、环境友好型转变，努力在经济结构调整、经济发展方式转变上走在全国前列。

2. 降低企业能耗

加快淘汰落后产能是转变经济发展方式、促进产业转型升级的必然要求，也是实现节能减排目标的重要举措，近年来，江苏着力通过技术改造、控制企业能耗等措施，淘汰落后产能，降低企业能耗。

2010 年，江苏出台《省政府关于加快淘汰落后产能工作的实施意见》(苏政发〔2010〕70 号)，针对江苏经济发展长期积累的结构性矛盾比较突出的问题，要求各地加强投资项目审核管理，加大执法处罚力度，形成倒逼机制加速淘汰落后产能。同时，对淘汰落后产能任务较重且完成较好的地区和企业，在财政专项资金、土地开发利用、融资担保支持等方面予以倾斜。

(三) 建筑领域低碳发展政策框架

我国建筑能耗占总能耗的 30%左右，是相近气候带国家的 2～3 倍且污染严重，江苏是建筑大省，建筑领域能源需求增长较快，建筑节能潜力巨大。近年来，在省委、省政府的正确领导下，江苏省建筑节能工作取得了较大的发展和进步，规范化建设取得突破，政策扶持力度逐步加大，推动了建筑节能工作逐步走上制度化轨道。

1. 结合省情出台建筑节能规范性文件

为加强建筑节能管理，降低建筑使用过程中的能源消耗，提高能源利用效率，2008 年，江苏省政府办公厅印发了《关于加强建筑节能工作的通知》(苏政办发〔2008〕17 号)，首次提出了“十一五”建筑节能实现节约 1 000 万吨标准煤的目标任务，并提出了加强新建建筑节能全过程监管、大力推动可再生能源在建筑中的规模化应用、积极推进既有建筑节能改造、加强建筑用能系统运行节能管理四方面重点工作。

2009 年，江苏根据有关法律、法规，结合江苏省实际制定出台了《江苏省建筑节能管理办法》(第 59 号省长令)。《办法》的出台标志着江苏省在依法推进建筑节能方面迈出了新的步伐。13 个省辖市全部出台了地方建筑节能管理规定，对节约能源资源、保护和改善环境、提高老百姓的居住舒适度，以及规范依法行政、加强建筑节能管理工作产生极为重要的作用。

2. 逐步完善公共机构节能制度

“十一五”期间，江苏省省级机关事务管理局设立公共机构节能管理处，负责指导、推进、协调、监督全省公共机构节能工作。13 个市级机关事务管理部门被赋予相应职责和设立专门机构。2011 年初，省政府建立江苏省公共机构节能工作联席会议制度，由常务副省长任联席会议主任，基本实现各司其职、分级负责、上下联动的节能管理体制。

制定出台了《江苏省公共机构节能管理办法》、《江苏省公共机构节能管理地方性标准》和《江苏省公共机构能源统计、能源审计、能效公示、能耗分项计量系统建设实施细则》。建立了公共机构能耗统计报送制度，将公共机构能耗统计纳入了地方性法规统计体系。全省各地各有关部门根据节能管理要求制定出台了《关于在省级机关开展资源节约的意见》、《关于建设节约型机关的几项具体规定》。推进公共机构能耗监测体系建设，通过能耗审计、能耗分项计量与监测，掌握江苏省公共机构能耗数据。制定了目标责任考核评价办法，强化了节能工作监督、检查和考核，公共机构节能管理更加规范。

3. 加强资金、技术方面的支持和配套法规

江苏制定出台了《江苏省省级节能减排(建筑节能)专项引导资金管理暂行办法》、《江苏省地源热泵系统取水许可和水资源费征收管理办法》、《建筑节能科技支撑行动方案》、《关于加强建筑设计方案节能审查工作的通知》等配套文件规定，进一步完善了建筑节能管理制度和扶持政策，形成了七项创新制度。

完成《江苏省建筑节能技术标准体系研究》课题，编制发布了 63 项建筑节能地方标准和标准设计。其中，《江苏省民用建筑节能工程施工质量验收规程》、《太阳能光伏与建筑一体化应用技术规程》等标准是江苏首创，《民用建筑节能工程现场热工性能检测标准》、《水泥基复合保温砂浆建筑保温系统技术规程》、《建筑外遮阳工程质量技术规程》等标准是江苏独创，充分体现了江苏地方特色和建筑节能标准编制水平。

为促进建设施工技术进步，实现节能减排目标，2011 年，江苏发布了《既有建筑节能改造技术规程》、《太阳能光伏与建筑一体化工程检测规程》、《预拌混凝土绿色生产管理规程》和《江苏省散装水泥促进条例》，作为江苏省工程建设标准和行业生产规范。

4. 规范建筑节能项目审核和评价标准

从 2008 年起，住房城乡建设部在江苏等省市开始试行建筑能效测评标识制度。江苏按照《关于试行民用建筑能效测评标识制度的通知》(建科〔2008〕80 号)的要求,以建筑能效测评标识实践为基础,以打造江苏特色的建筑能效测评体系为目标,出台了一系列政策文件:《关于加强建筑节能工作的通知》、《江苏省可再生能源建筑应用、低能耗建筑示范项目评审办法(暂行)》、《建筑节能推广应用项目核定暂行办法》、《江苏省绿色建筑评价技术细则》、《江苏省绿色建筑评价标准》、《江苏省绿色建筑评价标识实施细则(试行)》、《江苏省绿色建筑奖评审办法》和《2011 年全省建筑节能工作考核评价计划》。

江苏还先后在《江苏省建筑节能管理办法》和《江苏省节约能源条例》等法规、规章中,提出推进建筑能效测评标识工作的相关要求,修订出台了《江苏省建筑能效测评标识管理实施细则》,进一步明确了建筑能效测评对象、方法和要求。把建筑能效测评纳入工程质量监管程序,在《关于建筑节能分部工程质量验收中开展建筑能效测评工作的通知》中规定,应进行建筑能效测评的建筑工程项目未经建筑能效测评,或者建筑能效测评不合格的,不得组织验收。以江苏省建筑节能标准体系的相关技术要点为依据,充分考虑了江苏省两个气候区的地域特点,组织编制了江苏省工程建设标准《民用建筑能效测评标识标准》,首次提出相对节能率要求,明确了能效标识等级分为三个星级,具有很强的指导性和操作性。

2012 年,江苏印发了《江苏建筑业发展"十二五"规划》,要求到 2015 年,建筑产品施工过程的百元产值能耗下降 10%,碳排放降低 10%,新建工程 98%达到节能建筑标准,力争全省绿色施工覆盖率达到 50%以上。

(四) 交通领域低碳发展政策框架

交通运输行业是能源消耗的重点行业,也是节能减排的重点领域,随着交通运输业的快速发展,节能减排工作日益重要。为推动全省交通运输行业节能减排工作的深入开展,江苏把节能减排摆在更加突出的位置,重点围绕《江苏省交通行业节能减排工作实施方案》的目标和任务,研究制定相关的政策和监督考核办法,确保节能减排工作取得明显成效。

1. 优化交通行业节能减排的政策导向

为全面实施交通运输行业节能减排工作,江苏发布《关于印发江苏省交通行业节能减排工作实施方案》、《江苏省公路水路交通节能规划》、《关于进一步加强港口行业节能减排工作的实施方案》。指导全省交通运输行业全面开展节能减排工作,出台《江苏省交通运输行业节能减排工作考核办法》,组织实施了全行业的节能减排工作考核,对全面推行交通节能减排工作起到了积极的促进作用。

2. 推动交通行业节能减排的政策协同

2012 年,江苏先后发布《关于组织申报 2012 年交通运输行业节能与循环经济专项引导资金项目的通知》、《关于 2012 年度交通运输节能减排专项资金第二批项目申报相关事宜的补充通知》,充分发挥政策与资金引导作用,通过优惠政策和资金鼓励等措施,提高企业实施节能减排项目的积极性和主动性,提出《汽车驾驶节能行动纲要》,积极开展驾驶员操作技能培训,大力推广节能驾驶经验。

为提高城市环境质量,有效防治机动车排气污染和水域船舶污染,江苏于 2004 年修订了《江苏省机动车排气污染防治条例》,颁布《江苏省内河水域船舶污染防治条例》,《条例》实施以来,对防治污染排放、改善城市和水域环境质量、保护居民身体健康发挥了重要作用。江苏还出台了《江苏省公路绿化种植和养护技术规定(试行)》,进一步减少了污染气体排放,提高了公路空气质量。

3. 强化交通行业节能减排的科技创新

为鼓励交通行业关键技术科技攻关与成果推广应用,促进行业技术水平的整体提升,江苏编制了《2011年度江苏省交通运输科研项目选题指南》、《2010年度省科技支撑计划(工业)项目指南》,通过科技项目带动行业转型升级,更好地推进全省现代交通运输业的发展。

为进一步加快行业转型升级步伐,2011年,江苏出台《关于加快促进全省道路客运业转型升级的指导意见》。《意见》提出,加快构建全省道路客运综合信息服务平台,强化道路客运网络监控和服务功能,全面实施营运车辆燃料消耗量准入制度,到“十二五”末,全省将基本构建起结构优化、衔接顺畅、技术先进、运转高效、安全便捷的现代道路客运服务体系。

(五)生态环境领域发展政策框架

加强生态环境保护和建设是率先全面建成小康社会、率先基本实现现代化的必然要求。为深入实施可持续发展战略,建设生态省,江苏加快推进城乡环境综合整治步伐,不断完善农林生态环境保护和建设的规章制度,加强水资源保护和利用效率,通过一系列政策推动全省走上生产发展、生活富裕、生态良好的文明发展道路。

1. 优化城乡生态环境

为改善人居环境,维护生态安全,促进经济社会可持续发展,江苏先后出台《关于加强生态环境保护和建设的意见》、《江苏省生态省建设纲要》(苏政发〔2004〕106号)、《关于开展农村人居环境建设和环境综合整治试点工作》、《江苏省固体废物污染环境防治条例》等规章制度,为实施城乡综合环境整治工作奠定了法律依据。

2011年,江苏出台《关于加快推进生态省建设全面提升生态文明水平的意见》,《意见》确定了“十二五”期间推进生态省建设的首要任务和核心内容,提出了加强生态省建设的保障措施,对于江苏化解资源环境约束,实现可持续发展具有十分重要的战略意义。为实施生态文明建设工程,推进生态省建设,江苏进一步提出《关于推进生态文明建设工程的行动计划》,要求着力构建资源节约型、环境友好型社会,加快形成符合生态文明要求的生产方式、生活方式和消费模式,走出一条经济又好又快发展、人民生活富裕、生态环境良好、社会文明进步、人与自然和谐相处的发展道路。

2. 减少农业污染排放

江苏以调整农业产业结构、转变农业发展方式为突破口,积极构建农业节能减排平台,切实改善农村生产生活环境,相继颁布实施了《省政府关于加快发展高效外向农业的意见》(苏政发〔2006〕44号)、《省政府关于加强农业科技创新与推广工作的意见》(苏政发〔2006〕164号)、《省政府关于转变农业发展方式加快建设现代农业的意见》(苏政发〔2009〕11号)、《省政府关于加强农业科技创新工作的意见》(苏政发〔2011〕67号),充分利用现代科技改造传统农业、加快农业现代化建设的步伐,转变农业发展方式,实现农业节能目标。

为减轻传统农业生产方式对生态环境造成的污染,江苏还出台了《江苏省农业生态环境保护条例》、《省政府关于加快推进畜牧业转型升级的意见》、《关于促进农作物秸秆综合利用的决定》、《江苏省农作物秸秆综合利用规划(2010～2015年)的通知》和《江苏省农作物秸秆综合利用规划重点工作任务分解方案》,加大减少农业污染物排放力度,促进减排目标的实现。

3. 构建林业生态系统

“十一五”以来,江苏以实施“绿色江苏”现代林业工程为抓手,积极出台政策加强林地保护利用,努力提高森林覆盖率、林木蓄积量和碳汇总量。2007年,江苏出台《江苏省生态公益林条例》,对生态公益林林木采伐管理进行了分层次规范;对生态公益林林地征占用提出了“占一补一”的要求;对生态公益林林地征占用、开发利用、林木采伐等从严管理,确立了生态效益补偿制度。2011年,江苏颁布实施《省政府关于全省林地保护利用规划(2010～2020年)》(苏林政〔2011〕43号),这是江苏省第一个中长期林地保护利用规划，为实现林地科学管理、优化林地结构布局、落实林地用途管制、提高林地利用效益提供了重要依据。

4. 加强水域环境保护

"十一五"以来，按照中央和省政府的统一部署，江苏省进一步强化以中小河流为重点的区域治理，颁布实施《江苏省中小河流治理工程建设管理办法》、《江苏省河道管理实施办法》、《江苏省水文条例》、《江苏省防洪条例》、《江苏省中小河流治理工程建设管理办法》，通过规划引导区域治理，提升区域河网水系引排能力，改善水生态环境。

为提高水资源利用效率，减少资源浪费，江苏颁布实施了《江苏省水资源管理条例》、《建设项目水资源论证管理办法》、《江苏省农村饮水安全项目建设管理实施细则》、《水功能区管理办法》、《应对气候变化的水利管理措施建议》、《建设项目水资源论证管理办法》。

为进一步加强全省水资源综合调控能力，江苏以太湖流域节水减排工作为重点，颁布实施《江苏省太湖水污染防治条例》、《江苏省湖泊保护条例》、《江苏省长江水污染防治条例》、《江苏省长江防洪工程管理办法》等地方性法规，组织编制了太湖流域节水减排工程可行性研究报告，不断强化重点水资源利用和环境防控能力。

(六) 完善气象政策

1. 完善应对气象灾害政策体系

江苏作为典型的气象灾害频发区，每年都因气象灾害造成很大的损失，为加强气象灾害防御工作，实现经济社会的可持续发展，2006 年，江苏制定了第一部地方气象法规《江苏省气象灾害防御条例》，重点围绕气象灾害防御的监测、预报、预防及减灾活动等进行规范；明确气象主管机构和政府及其有关部门的职责，构建了气象灾害防御基本制度。为进一步防御气象灾害，提升全社会防灾避险能力，最大程度减轻气象灾害损失，保障人民生命财产安全，江苏还编制了《江苏省重大气象灾害预警应急预案》、《省政府办公厅关于加强气象灾害监测预警及信息发布工作的实施意见》以及《省政府办公厅关于加强农业气象服务和农村气象灾害防御体系建设的通知》。积极开展《江苏省气象灾害评估管理办法》立法征求意见工作，这将对江苏进一步健全气象灾害防御体系，理顺和加强气象灾害评估管理的组织、协调、分工与合作等起到强有力的支持和保障作用。

2. 积极推进地方气象立法

为推进全省气象事业发展，江苏坚持从实际出发，立足防灾减灾需要，出台了《江苏省气候资源开发利用管理办法》、《省政府关于实施蓝天工程改善大气环境的意见》、《省政府关于加快推进气象现代化建设的意见》、《江苏省"十二五"气象事业发展规划》、《省政府关于加快全省气象事业发展的通知》、《江苏省气象管理办法》、《江苏省"十二五"气象事业发展规划》、《省政府关于加快全省气象事业发展的通知》、《江苏省气象管理办法》等政策法规，气象立法工作进一步规范，立法质量和立法效率显著提高。

第二篇　省级减缓策略与行动

切实降低经济发展的碳排放强度，是应对气候变化的一项核心任务。近年来，江苏全面贯彻落实国家节能减排和应对气候变化的一系列决策部署，成立了以省长为组长的省应对气候变化及节能减排工作领导小组，紧紧围绕“调结构、抓重点、少排放、多吸收”的思路，多途径、多措施地开展减缓气候变化的策略与行动，有效地控制了温室气体排放。

本篇为省级减缓策略与行动，将从强化顶层设计、优化产业结构、节能与能效提升、优化能源结构、增加碳汇、试点示范、能力建设等7个方面来详细阐述省级层面上的减缓气候变化的策略与行动。

"十一五"期间，江苏以年均 8.2%的一次能源消费增长支撑了年均 13.5%的经济增长，每万元 GDP 能耗由 2005 年 0.923 吨下降到 2010 年 0.734 吨，累计下降 20.45%，超额完成国家下达任务，节约能源 5 200 万吨标准煤，相当于约少排放 1.3 亿吨二氧化碳。2011 年全省地区生产总值达到 49 110.27 亿元，同比增长 11%，能源消费 2.76 亿吨标准煤，同比增长 7.1%，单位 GDP 能耗同比下降 3.52%，碳生产率继续较快提升。

一、强化全局性工作部署

积极应对气候变化、促进低碳绿色发展是我国经济社会面临的一项重大战略任务。近年来，江苏省更是强化全局性工作部署，加强应对气候变化工作宏观指导，成立了江苏省应对气候变化及节能减排工作领导小组，制定了《江苏省应对气候变化方案》，切实将应对气候变化与实施可持续发展战略、构建"两型"社会、建设生态文明有机结合起来，坚持以转变经济发展方式、提高能源利用效率、优化能源结构、增加森林碳汇和倡导绿色消费为重点，坚持减缓与适应同举并重，坚持制度创新和科技创新相互促进，采取综合性措施大力推进应对气候变化工作。

（一）突出组织保障

2007 年 6 月，江苏省政府发布《江苏省政府关于成立省节能减排工作领导小组的通知》（苏政发〔2007〕64 号），成立省节能减排工作领导小组，梁保华省长任组长，赵克志、李全林、仇和副省长任副组长，省有关部门主要负责同志为领导小组成员。领导小组的主要任务是，部署节能减排工作，协调解决工作中的重大问题。2008 年 8 月，省政府发布《江苏省人民政府关于成立省应对气候变化及节能减排工作领导小组的通知》（苏政发〔2008〕76 号），决定将省节能减排工作领导小组调整为省应对气候变化及节能减排工作领导小组。领导小组下设节约能源办公室、污染减排办公室、应对气候变化办公室，以突出绿色低碳发展的组织保障力度。

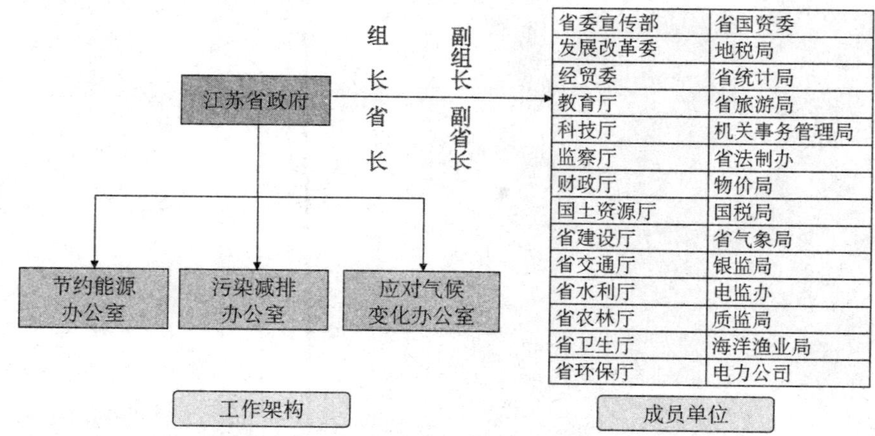

图 2－1 江苏省应对气候变化及节能减排工作领导小组机构图

2011年6月，江苏省成立以李学勇省长为组长的生态省建设领导小组，全面加强对生态省建设的组织领导。在生态省建设领导小组第一次全体会议上，李学勇省长提出，要完善组织协调机制，充分发挥生态省建设领导小组的作用，定期研究解决推进生态文明建设工程的重大事项，领导小组各成员单位要根据职责分工，切实负起责任，密切协调配合，增强工作合力，会议还印发了《江苏省生态省建设考核办法(试行)》和《江苏省生态省建设领导小组及成员单位职责》的通知。

(二)突出规划引领和战略导向

2011年初，省政府全文颁布了江苏省"十二五"规划纲要，将坚定不移实施可持续发展战略作为"十二五"期间实施的六大重点战略之一，提出要加快建设资源节约型、环境友好型社会，走生产发展、生活富裕、生态良好的文明发展之路。《纲要》点出"十二五"阶段的绿色增长阶段特征，明确指出随着全球低碳发展浪潮的兴起，世界各国特别是发达国家围绕减少碳排放，大力开发和积极应用低碳技术，我国已向全世界作出了降低温室气体排放强度的承诺。降低碳排放强度、减少资源消耗、发展绿色经济既是实现经济社会可持续发展的迫切要求，也是生产、生活方式的重大变革。江苏作为资源消耗大省，缓解资源环境瓶颈约束，建设资源节约型、环境友好型社会，已成为"十二五"发展的紧迫任务。加强生态文明建设，发展循环经济、推广低碳技术、推动绿色增长，是这一时期的发展趋势，将引领未来发展的潮流。

《纲要》明确提出到2015年，全省能源结构进一步优化，非化石能源占一次能源消费比重达到7%左右，单位地区生产总值能源消耗降低和二氧化碳排放减少均完成国家下达指标，森林覆盖率提高到22%的绿色低碳发展目标。并在《绿色引领提升可持续发展能力》一篇中，明确提出要加强低碳技术研究应用和倡导低碳消费方式。

专栏2-1 推进低碳发展(摘自《江苏省国民经济和社会发展第十二个五年规划纲要》)

加强低碳技术研究应用。积极应对气候变化，把发展低碳经济与产业结构调整、自主创新与节能减排有机结合起来，推进低碳技术向传统产业扩散和应用。推进碳捕捉和碳封存技术、能源高效清洁利用技术、低碳建筑设计与建造技术、绿色消费技术等重大关键技术攻关。推进低碳示范工程建设，支持常州等地开展省级低碳示范园区建设，加快无锡城市碳排放综合管理平台建设，加强国际合作，推进低碳生态城市建设。积极深索并推进碳排放指标交易制度和市场建设。

倡导低碳消费方式。加强低碳理念的普及与推广，引导消费者牢固树立节能环保意识，加快消费方式和生活方式转型，以低碳绿色消费引领低碳发展，在全社会形成节约消费、循环消费、绿色消费的良好氛围。倡导理性消费与清洁消费。研究制订低碳绿色产品、绿色企业的评价标准和认证制度，建立健全绿色产品质量监督体系。

2012年初，《省政府关于印发〈江苏省"十二五"节能减排综合性工作方案〉的通知》(苏政发〔2012〕24号)，提出了节能降碳的工作保障措施。提出要从分解落实节能减排目标、完善节能减排统计监测考核体系、加强目标责任评价考核等三个方面严格落实节能减排目标责任，从加快构建现代产业体系、严控高耗能高排放行业过快增长、加快淘汰落后产能、着力改善能源消费结构等四个角度进一步加强源头控制，同时合理控制能源消费总量，加强重点用能单位管理，加强工业、建筑、交通运输、农业和农村、商业和民用以及公共机构的节能减排。《方案》为全省切实控制温室气体排放、促进绿色低碳转型提供明确方向。

（三）大力实施转型升级工程和生态文明建设工程

切实贯彻落实两大工程，将转方式、调结构作为应对气候变化、促进绿色低碳发展的重要途径，着力提升全省应对气候变化综合能力。2011 年 4 月，中共江苏省委十一届十次全会审议通过了《中共江苏省委关于又好又快推进“两个率先”、在新的起点上开创科学发展新局面的决定》和全会《决议》，全会提出“十二五”期间全省要重点实施转型升级工程、生态文明建设工程在内的“八项工程”：

转型升级工程着眼于全省产业结构调整，重点实施“新兴产业倍增、服务业提速和传统产业升级改造”三大计划。《转型升级工程推进计划》明确提出要发展低碳经济和循环经济的重点任务，要求积极发展清洁能源和可再生能源，大力提高能源利用效率、非化石能源比重和天然气接收能力，加快低碳技术的研发、集成、推广和应用步伐，积极探索碳排放管理、低碳产品认证、碳交易等相关制度，支持 4 个城市、10 家园区和 10 家企业开展低碳经济试点，形成低碳示范效应，带动全省低碳经济的发展。开发应用源头减量、循环利用、再制造、“零”排放和产业链接技术，推进重点流域和重点行业开展清洁生产对标创先活动，开展工业园区生态化改造，省级以上开发园区要建成生态工业园区。加快改造提升传统产业，强化结构减排、落实工程减排、完善监管减排，实施一批重点减排项目。

生态文明建设工程要求坚定不移走生产发展、生活富裕、生态良好的文明发展之路，并对应对气候变化工作做出了具体部署，着力提升全省应对气候变化综合能力。《中共江苏省委、江苏省人民政府印发〈关于推进生态文明建设工程的行动计划〉的通知》明确提出大力发展低碳经济的重点任务，要求全面推进低碳经济试点示范，加快形成一批各具特色的低碳城市、低碳园区、低碳企业和低碳社区，研究开发一批共性关键低碳技术，应用示范一批典型低碳产品，加快建立以低碳排放为特征的工业、能源、交通、建筑等产业体系、生产方式和消费模式。进一步完善控制温室气体排放的政策体系和体制机制，基本建立温室气体排放统计核算体系，建立健全低碳产品标准、标识和认证制度，积极探索碳排放交易，深入推进低碳全民行动，切实加强应对气候变化综合能力。

目前，两大工程的目标任务已经分解落实，并建立了相应目标考核机制。

（四）扎实开展多项基础性工作

一是积极编制省级应对气候变化十年规划。根据国家规划编制指南，结合江苏省工作实际，成立规划领导小组，建立健全了规划工作推进机制，建立规划相关单位的定期联络机制，拟定规划框架、工作方案和任务分工，召开规划编制推进会，下达并实施规划编制任务。目前，规划技术支撑报告和初稿已基本完成。

二是加快研究制定《江苏省“十二五”控制温室气体排放工作方案》。从结构调整、强化试点示范、发展碳交易、加强统计核算、倡导全社会行动、强化政策保障、健全体制机制等方面全面落实国家部署。同时开展江苏省“十二五”碳强度目标分解的专题研究，并着手研究配套考核督查办法。目前，方案已报省政府审核，即将颁发。

三是全面开展省级温室气体排放清单编制工作，召开了由省应对气候变化领导小组成员单位参加的清单编制工作推进会，依托国电环境保护研究院、南京大学、省农科院、南京林业大学、省环境科学研究院等单位成立专题组进行五大领域清单研究，委托省工程咨询中心承担清单质量控制工作、委托省信息中心承担数据库建设。目前，2005 年和 2010 年省级清单报告已初步形成。

二、优化产业结构

产业结构状况是决定碳排放强度的关键因素。因此，要发展低碳经济、减缓碳排放，就必须率先推进产业结构调整，促进经济转型升级。促进产业结构调高、调优、调轻是实现碳强度下降的根本性举措。

“十一五”以来，在国家宏观调控的大背景下，江苏省委、省政府将产业结构调整放在突出重要的战略位置，加快经济转型升级步伐，通过大力实施新兴产业倍增、服务业提速和传统产业升级三大计划来实现经济结构战略性调整，从而带动全省经济的低碳化转型，结构性减排成效显著。近年来，全省新能源和智能电网、新材料、生物技术和新医药、节能环保、软件和服务外包、物联网等六大战略性新兴产业规模不断扩张，2011 年实现销售收入 2.61 万亿元，同比增长 26.4%，占规模以上工业销售收入比重达到 24.4%。“十一五”以来全省服务业增加值占 GDP 比重年均提高 1 个百分点以上，2011 年全省服务业占 GDP 比重达到 42.6%。同时，大力促进传统产业改造升级，加快纺织、冶金、轻工和建材等传统产业的工艺、技术和装备水平提升，近年来江苏传统产业技改投入年均增长 18%以上。进一步加大淘汰落后生产能力，“十一五”期间全省累计淘汰落后炼铁产能 505 万吨、炼钢产能 657 万吨、水泥产能 3 251 万吨、焦炭产能 444 万吨。2012 年上半年，高耗能行业平均用电量低于全省工业用电量增幅 5 个百分点。

（一）战略性新兴产业倍增

“十一五”以来，江苏省新兴产业总量迅速扩大，技术层次快步提升，竞争力显著增强，形成了较好的发展基础，已经成为拉动全省经济增长的重要力量。江苏省新兴产业的迅速崛起得益于省委、省政府的有效规划引导和超前战略部署。早在 2006 年，江苏就从比较优势出发，明确提出大力推动新能源、新医药、新材料和生物等新兴产业成长壮大；2010 年 8 月，江苏省委、省政府确定重点发展新能源、新材料、生物技术和新医药、节能环保、软件和服务外包、物联网等六大新兴产业，并出台了《江苏省新兴产业倍增计划》，推动实现新兴产业跨越发展。同年，全省新兴产业实现销售收入 20 647 亿元，同比增长 30%以上，占全国新兴产业比重达 25%左右。

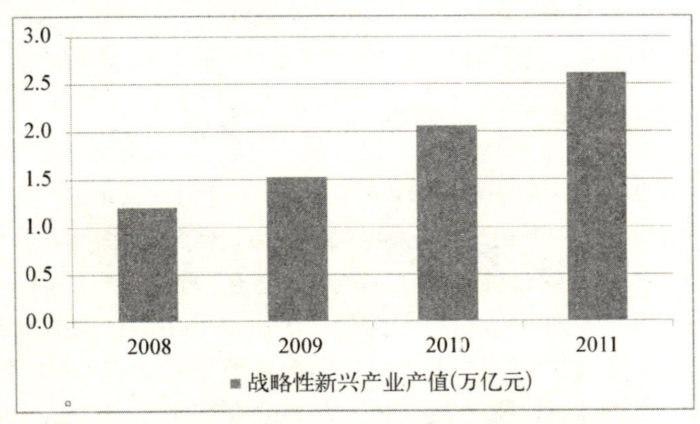

图 2-2 江苏省“十一五”以来战略性新兴产业发展

2012年1月，江苏省政府召开新闻发布会，全面解读江苏《“十二五”培育和发展战略性新兴产业规划》(以下简称《规划》)。《规划》中提出，江苏在“十二五”期间要着力发展一批引领省内乃至全国产业结构调整的高端产业。确定了新能源、新材料、生物技术和新医药、节能环保、新一代信息技术和软件、物联网和云计算、高端装备制造、新能源汽车、智能电网和海洋工程装备等十大战略性新兴产业。每个产业都体现了“高端性、战略性、需求性、标志性”特征，代表了未来科技和产业发展新方向。6月，江苏十大战略性新兴产业推进方案正式出台实施，这是加快经济转型升级的又一重大战略举措，各项推进方案对“十二五”发展目标，对产业布局如何优化、关键技术如何突破、龙头企业如何培育、政策支持如何实施等问题予以了重点关注。

预计到2012年底，全省十大战略性新兴产业实现销售收入超过3万亿元，年均增速超过30%，占规模以上工业销售收入的比重达30%，增加值占GDP比重确保超过15%，力争达18%，成为我省经济发展的支柱产业。到2015年，江苏省战略性新兴产业和新兴产业增加值占GDP的比重分别达10%和18%，战略性新兴产业领域骨干企业研发投入占销售收入的比重超过3%，企业授权专利量占全省企业的比重达40%以上。重点培育南京的软件和智能电网、苏州的纳米技术及材料应用、无锡的物联网和云计算、常州的智能制造装备和南通的海洋装备工程。此外，在生物技术和新医药领域，形成以泰州为重点，南京、无锡、苏州和连云港等相互促进的发展格局；在太阳能光伏领域，形成以无锡为重点，徐州、常州、南京、苏州、扬州等相互支撑的发展格局；在平板显示领域，形成以苏州、南京、昆山等为重点的发展格局；在新能源汽车领域，形成以盐城、扬州等为重点的发展格局；在节能环保领域，形成以盐城、宜兴等为重点的发展格局；在高性能材料和碳纤维领域，形成以镇江、连云港、淮安、宿迁等为重点的发展格局。未来，江苏将重点发展50条技术含量高、特色鲜明的战略性新兴产业链，建设50个省级以上战略性新兴产业特色产业基地，围绕100个以上重大技术方向，着力攻克和掌握核心技术，组织实施100个以上重大自主创新和产业化项目，培育100个重大自主创新产品，形成100个国内外知名品牌，培育100家具有自主创新能力和技术引领作用的骨干企业、500家重点创新型企业。

2011年全省高新技术产业投资增长34.4%，共完成投资3 759.4亿元，比全部投资增速高12.9个百分点，占全省投资总量的比重由上年同期的12.9%提高到14.3%，实现销售收入2.61万亿元，同比增长26.4%，占规模以上工业销售收入比重达到24.4%。在7个高新技术产业中，增长最快的航空航天器制造业共完成投资31.4亿元，同比增长258.1%；占比最大的是电子及通信设备制造业，占比达31.6%，共完成投资1 186.5亿元，同比增长42.2%；唯一下降的是计算机及办公设备制造业，完成投资153.3亿元，同比下降30.2%。2012年，我省22个重大科技成果转化项目获国家资金支持。项目均具有重大自主创新成果，集中在战略性新兴产业领域，其中高端装备制造项目8个、节能环保项目4个、智能电网项目4个、新材料项目3个、生物技术和新医药项目3个。截至6月底，两年来累计总投资22.7亿元，获国家专项补助资金2.56亿元。

(二) 服务业提速发展

从能源消费和碳排放角度看，服务业单位GDP能耗仅为全社会的一半，每实现万元增加值的过程中，三产可比二产少产生约1.7吨二氧化碳。服务业整体能耗水平和碳排放强度较低，提高服务业比重是实现低碳和增长双赢的最佳路径之一。“十二五”时期，是江苏深入贯彻落实科学发展观、加快转变经济发展方式的攻坚时期，也是全面建成更高水平小康社会并向基本实现现代化迈进的关键时期。加快发展现代服务业对于江苏推进经济转型升级和实现“两个率先”具有十分重要的意义。现代服务业作为一个能耗低、环境污染小、吸纳就业能力强的低碳产业，有着巨大的发展空间。

"十一五"以来，江苏各地纷纷出台鼓励和促进服务业发展的政策措施，促使服务业加速发展，呈现出"速度保持高位、比重加快上升、结构不断优化、效益稳步提高、发展后劲趋于增强"的良好态势。"十一五"以来全省服务业产值不断提高，从 2006 年的 7 914.11 亿元上升到 2011 年的 20 842.21 亿元，比上年增长 11%，年均提高 1.1 个百分点，服务业占 GDP 比重达到 42.6%，成为东部沿海省市中比重提升最快的省份，且每年的增长速度均高于当年 GDP 增速。

2011 年江苏围绕贯彻落实全省推进转型升级工程暨加快发展现代服务业工作会议和全省经济工作会议精神，进一步统一思想认识，明确发展思路，制定政策办法，加大推进力度，共安排各类省级现代服务业发展专项引导资金 17.75 亿元，较 2010 年增长 32%，支持服务业发展项目 1 408 个；同时，进一步完善专项资金使用管理办法，加强对专项资金使用的监督检查，切实开展专项资金绩效评价，努力提高专项资金使用效益，有力地推动了江苏省服务业的快速发展。

一是服务业总体保持平稳增长态势，占比进一步提升。服务业总量持续攀升，服务业增加值突破两万亿元。据初步核算，2011 年全年实现服务业增加值 20 686 亿元，在苏、鲁、粤、浙、沪四省一市中保持第 2 位。服务业增加值占 GDP 比重达 42.6%，比上年提高 1 个百分点，如期完成提速计划年度目标。从服务业行业增加值来看，包括信息传输计算机服务、租赁和商务服务业等在内的营利性服务业、批发和零售业、住宿和餐饮业增速相对较快。

二是服务业固定资产投资较快增长，房地产投资比重仍然较大。全省服务业固定资产投资保持较快增长，完成额达 12 250.14 亿元，在苏、鲁、粤、浙、沪四省一市中居第 2 位，略低于山东。服务业固定资产额同比增长 22.3%，增幅高于全省固定资产投资增速 0.8 个百分点，服务业投资占全省固定资产投资总额的 46.6%。分行业看，科学研究技术服务和地质勘查业、卫生社会保障和社会服务业、房地产业、金融业等行业保持 30%以上的较快增长。房地产业固定资产投资 6 571.84 亿元，占服务业固定资产投资的 53.6%，仍是拉动服务业投资的主要力量。

三是服务业重点项目进展顺利。2012 年上半年，全省各地进一步加大服务业有效投入，不断增强服务业重大项目推进力度，全省 150 个服务业重点项目进展顺利，截至 6 月底，150 个重大项目新增投资 410.5 亿元，比去年同期增长 5.1%，完成年度投资计划的 45.7%。在 46 个计划新开工项目中，41 个项目已完成项目前期各项手续，相继开工建设，开工率达 90%。一批重大产业载体项目加快推进，南京河西金融城二期、南京青奥城、常州综合物流园、苏州金鸡湖金融商贸区、苏州独墅湖科教创新区、盐城环保产业园智慧谷、宿迁运河文化城等项目建设超过序时进度。一批特色功能性项目进展顺利，南京生命科技创新园、徐州金驹物流园、大丰东方一号创意产业园、扬州西安交大科技园、镇江国家中低压监测中心等项目服务功能不断完善，产业支撑效益显著提升。上半年，全省实现服务业增加值 10 471.1 亿元，同比增长 9.1%。现代服务业、重点服务业企业发展势头较好，软件与信息服务业收入增长约 34%，邮政业务收入增长约 25%，电信业务收入增长 13.1%；铁路、公路、水路客货运周转量同比分别增长 8%、11.3%、24.1%，规模以上港口外贸货物吞吐量增长 17.3%。服务业税收收入较快增长，实现税收总额 2 044.1 亿元，同比增长 8.7%，增速比一季度提高 5.8 个百分点；占全省国地税收入比重为 45.3%。

2011 年 7 月江苏出台了《关于进一步加快发展现代服务业的若干意见》，明确今后五年的主要目标。确保服务业增速高于 GDP 增速，服务业占比每年提高一个百分点以上。到 2012 年，服务业增加值占 GDP 比重达到 43%，力争 45%；生产服务业增加值占全省服务业增加值比重力争达到 40%；省级现代服务业集聚区营业收入占相关行业营业总收入比重力争达到 45%；营业收入超 1 000亿元的服务业企业 2 家，超 500 亿元的 5 家。到 2015 年，服务业增加值占 GDP 比重达到

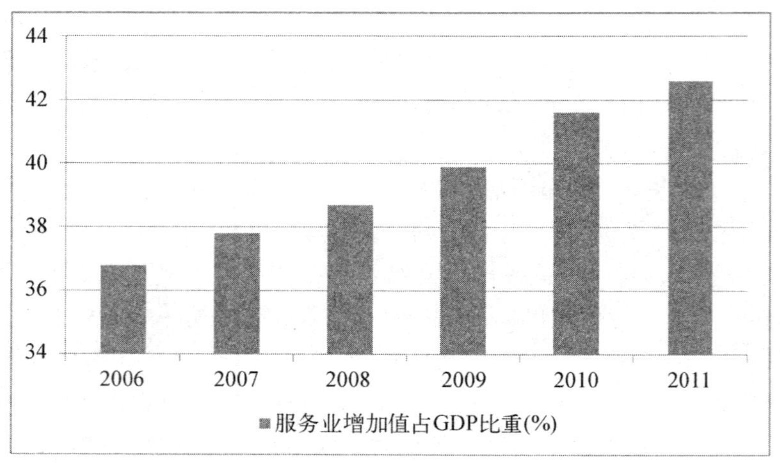

图 2-3　江苏省"十一五"服务业发展情况

48%；生产服务业增加值占全省服务业增加值比重达到40%以上，力争43%；省级现代服务业集聚区营业收入占相关行业营业总收入比重达到55%；营业收入超2 000亿元的服务业企业1家，超1 000亿元的2～3家，全省百强企业中服务业企业达40家。形成一批在全国具有先导性、示范性的现代服务业新兴产业，一批在全国有较强影响力和辐射力的现代服务业集聚区，一批水平高、业态新、品牌优的服务业龙头企业，努力使全省服务业创新发展、集聚发展和规模发展水平走在全国前列，树立"江苏服务"崭新形象。

2012年3月和4月，省政府办公厅相继下发了《关于进一步加快发展现代服务业若干意见目标任务分解方案的通知》和《江苏省"十二五"服务业发展规划》，再次对"十二五"时期服务业整体发展目标和任务进行了明确，围绕信息服务、现代物流、工业设计、金融及融资担保、科技与咨询服务、节能服务、现代会展等生产性服务业，以网络化、现代化和社会化为方向，以促进制造业与服务业联动发展和经营模式创新为重点，促进服务业提速发展，实施服务业品牌创建工程，提高企业服务增值和配套能力，加快培植总集成、总承包等整体解决方案提供商，着力培育与先进制造业融合发展的生产性服务供给主体。

（三）传统产业改造升级

江苏省作为制造业大省，传统制造产业，尤其是纺织、冶金、轻工和建材等传统优势产业，产业规模位居全国前列，是促进全省经济增长的重要力量。"十一五"以来，江苏在大力发展现代服务业和战略性新兴产业的同时，也在一直努力推进传统产业的技术升级改造。2009年，省经贸委推出《2009年江苏省百项千亿技术改造重点项目建设计划》，确定了依托重点企业实施的115项重点技术改造项目，项目总投资1 135亿元。通过"百项千亿技术改造工程"等一批技改项目，加大新产品开发和品牌创建力度，纺织、冶金、轻工和建材等四大传统产业的工艺、技术和装备水平得到了提升。"十一五"期间，江苏提前2年完成"十一五"淘汰小水泥任务，提前1年完成关闭小化工三年计划，累计淘汰落后炼铁505万吨、炼钢657.2万吨；关停小火电机组728.6万千瓦；淘汰落后水泥3 251万吨、玻璃14.5万标箱、焦炭444万吨、造纸50.3万吨、酒精13.9万吨、制革25万标张、印染4.2亿米、化纤16.5万吨，连续开展两轮化工企业专项整治，累计关停并转5 000余家化工企业。2012年上半年，高耗能行业平均用电量低于全省工业用电量增幅5个百分点。传统产业升级改造、淘汰落后产能的措施有效缓解了化石燃料排放和工业过程排放的压力，降低了碳排放强度。

2011年，省政府印发《江苏省万企升级行动计划（2011～2015年）的通知》，明确以科学发展为主题，以加快转变经济发展方式为主线，以技术创新、机制创新、管理创新为动力，以培育自主知识产权、自主品牌和创新型企业为重点，大力实施创新驱动核心战略，推动企业由一般制造向创新创造转变，增强核心竞争力，抢占市场制高点，争创发展新优势，全面提升江苏工业经济的整体素质。到2015年，全省现有4万余家规模以上工业企业实现阶段性转型升级目标；万家科技型、高成长型小微企业进入规模以上企业行列；一批综合实力强、现代化水平高的生产性服务业企业脱颖而出。大力推动绿色制造升级，全省单位工业增加值能耗下降20%以上，单位工业增加值用水量下降25%左右；工业化学需氧量、氨氮、二氧化硫、氮氧化物排放量的下降完成既定目标任务；工业固体废弃物综合利用率保持在95%以上；建成一批资源节约型、环境友好型企业。实施重点耗能企业能效提升工程。推动重点耗能企业建立健全节能管理体系，强化能源计量、统计工作，建立能源利用状况分析、评价和报告制度。扩大"能效之星"试点范围，组织开展能效水平对标达标活动，落实节能措施，促进重点耗能企业能效整体水平的大幅度提高。推动节能技术改造，突出冶金、化工、建材、纺织、电力等主要耗能行业，大力组织实施锅炉(窑炉)、电机系统、余热余压利用、能量系统优化等节能改造，力争节能1 200万吨标准煤。继续组织能效电厂建设，五年建成100万千瓦能效电厂；促进工业循环经济发展。推动源头减量、循环利用、再制造和产业生态链接技术推广应用；全面推行清洁生产，以化工、酿造、造纸、电镀、纺织、印染、建材、钢铁等行业为重点，培育创建一批清洁生产企业，建设一批资源综合利用企业；加快淘汰落后产能。以冶金、建材、轻工、纺织、化工等行业为重点，依法关停淘汰能耗高、污染重、安全隐患多的落后产能。结合江苏实际和产业转型升级要求，提高淘汰标准，主动和提前淘汰相对落后产能及低端产品制造能力。

2012年5月，省经济和信息化委召开江苏省工业和信息化"十二五"规划新闻发布会，发布了《江苏省"十二五"工业转型升级纲要》、《江苏省企业技术进步"十二五"规划》、《江苏省"十二五"工业循环经济发展规划》等一系列规划。《江苏省"十二五"工业转型升级纲要》是指导"十二五"我省工业转型升级的行动指南，它的发布和实施对于解决我省工业经济发展中的结构性矛盾和深层次问题、加快转变发展方式、促进江苏产业转型升级具有重要意义。《纲要》提出了"十二五"我省工业转型升级的总体目标：到2015年，全省工业结构不断优化、创新能力显著提升、规模效益明显提高，产业布局进一步优化，可持续发展能力明显增强，现有4万余家规模以上工业企业实现阶段性转型升级目标，万家科技型、高成长型小微企业进入规模以上企业行列，重点培育一批综合实力强、现代化水平高的生产性服务业企业。具体指标包括规模效益、创新能力、产业结构、两化融合和绿色制造等5个方面29类预期性和约束性指标，使之充分发挥政策导向作用，引领江苏工业的转型升级。

《江苏省企业技术进步"十二五"规划》从技术进步的角度给出了全省传统行业企业的转型路径。提出了"十二五"时期江苏企业在创新能力、绿色制造、项目推进、规模效益四大方面技术进步的总体目标方向，明确了"十二五"期间四类产业在技术、工艺、产品方向上的发展重点，详细介绍了18个行业71类重点发展的领域，对每个领域的重点产品、技术提出了明确导向。规划还提出"十二五"期间要强化政策措施导向、加大技术创新力度、加强人才队伍建设、加快重点项目建设、加大择优扶强力度、大力拓展融资渠道、建立健全工作体系等七项推进企业技术进步的保障措施。突出各方力量、各方资源的整合，形成全社会支持和推进企业技术进步的合力。

《江苏省"十二五"工业循环经济发展规划》从发展循环经济、促进传统行业的循环化改造的角度，提出了传统行业的改造升级，并提出到2015年末要建成一批符合循环经济发展要求的企业和工业园区。

三、节约能源

（一）加强目标责任考核

“十一五”以来，江苏切实加强了节能目标责任考核力度，加大行政问责力度，把节能减排指标完成情况纳入各地经济社会发展综合评价体系，进一步细化分解节能目标责任，切实将省下达的节能目标任务逐级分解落实到各县（市、区）、有关部门和重点用能单位。进一步完善能耗指标公报制度，省按月公布各市相关能耗指标，按季公布各市单位地区生产总值能耗和单位工业增加值能耗指标，对能耗增长过快和完成目标进度滞后的地区及时发出预警。将节能政策措施落实情况作为监督检查转变经济发展方式的主要内容之一，开展节能专项督查，针对发现的问题，督促有关地区明确整改目标，制定整改措施，落实整改责任，确保整改到位。将节能目标任务完成和工作措施落实情况作为地方政府及部门领导班子、领导干部综合考核评价的重要内容，对未完成任务、工作不力的地区和单位，在创优评先中实行“一票否决”，并严肃追究相关责任人的责任。鼓励相关地区、单位和个人为完成节能目标任务多作贡献，并对先进单位和个人予以表彰。

2011 年，省政府相继发布了《江苏省国民经济和社会发展第十二个五年规划纲要》和《关于落实江苏省国民经济和社会发展第十二个五年规划纲要主要目标和任务工作分工的通知》，确定了低碳发展的约束性指标：非化石能源占一次能源消费比重 7%左右，完成国家下达的单位地区生产总值能耗降低指标、单位生产总值二氧化碳排放减少指标及化学需氧量、二氧化硫、氨氮和氮氧化物排放减少指标，林木覆盖率 22%、森林蓄积量 9 000 万立方米，《纲要》确定的约束性指标，具有法律效力，各地和省各有关部门必须确保完成。建立约束性指标公报制度，每年上半年发布全省和各地上年度约束性指标完成情况公报。建立约束性指标考核制度，将约束性指标纳入各地、各部门经济社会发展综合评价和绩效考核，纳入各地、各相关部门领导干部政绩考核。

2011 年，《省政府关于进一步加强节能工作的意见》提出，要严格落实节能目标责任。各市要进一步细化分解节能目标责任，切实将省下达的节能目标任务逐级分解落实到各县（市、区）、有关部门和重点用能单位。进一步完善能耗指标公报制度，省按月公布各市相关能耗指标，按季公布各市单位地区生产总值能耗和单位工业增加值能耗指标，对能耗增长过快和完成目标进度滞后的地区及时发出预警。将节能政策措施落实情况作为监督检查转变经济发展方式的主要内容之一，开展节能专项督查，针对发现的问题，督促有关地区明确整改目标，制定整改措施，落实整改责任，确保整改到位。将节能目标任务完成和工作措施落实情况作为地方政府及部门领导班子、领导干部综合考核评价的重要内容，对未完成任务、工作不力的地区和单位，在创优评先中实行“一票否决”，并严肃追究相关责任人的责任。鼓励相关地区、单位和个人为完成节能目标任务多作贡献，并对先进单位和个人予以表彰。

2012 年，省政府发布的《关于印发江苏省“十二五”节能减排综合性工作方案的通知》提出，到 2015 年，全省万元地区生产总值能耗下降到 0.602 吨标准煤（按 2005 年价格计算），比 2010 年的 0.734 吨标准煤下降 18%；“十二五”期间，实现节能量 6 200 万吨标准煤。并再次提出严格落实节能减排目标责任。一是分解落实节能减排目标。综合考虑地区经济发展水平、能源消费量、环境管理水平、节能减排潜力等，分解下达各市节能减排目标。各市要将省下达的节能减排目标层层分解落实，明确各地人民政府、有关部门、重点用能和重点排污单位责任。建立节能减排预警机制，对能耗增长过快、完成节能目标进度滞后和重点减排工程建设进展滞后、减排设施运营不正常的地区提出预警，督促各地人民政府及相关部门及时采取调控措施。二是完善节能减排统计监测考核体系。加强能源生产、流通、消费统计，建立和完善建筑、交通运输、公共机构能源消费统计制度，完善统计核算与监测方法，提高能源统计的准确性和及时性。进一步完善能耗指标公报制度，按月公告各市规模以上工业能耗指标，按季公告单位地区生产总值能耗、单位工业增加值能耗指标。进一步完善减排统计、监测与考核体系，在继续控制化学需氧量和二氧化硫排放的基础上，加强氨氮、氮氧化物、总磷排放统计监测，建立农业源和机动车排放统计监测指标体系，定期通报各地重点减排工程建设进展情况和重点减排设施运营情况。三是加强目标责任评价考核。坚持落实5年目标与完成年度目标相结合、年度目标考核与进度跟踪相结合，修订市级人民政府节能减排目标责任评价考核办法。各市人民政府每年要向省人民政府报告节能减排目标完成情况。省人民政府每年组织开展市级人民政府节能减排目标责任评价考核，向社会公布考核结果，将节能减排目标任务完成情况和工作措施落实情况作为各地人民政府及有关部门领导班子、领导干部综合考核评价的重要内容，纳入政府绩效和国有企业业绩管理，实行问责制和“一票否决制”，并对成绩突出的地区、单位和个人给予表彰奖励。

2011年下半年，为确保完成“十二五”节能要求，江苏在全国首创三色预警系统，按月公布各市节能目标完成进度晴雨表，对能耗增长过快和完成目标进度滞后的地区及时预警，从源头控制能源过快增长。根据对各省辖市单位GDP能耗下降率及年度节能目标进行对比分析，确定了13个省辖市的预警等级，并根据不同的预警等级采取不同的有效节能措施。

专栏2-2　2012年上半年节能目标完成情况晴雨表

常州、连云港等2个市预警等级为一级；徐州、宿迁等2个市预警等级为二级；南京、无锡、苏州、南通、淮安、盐城、扬州、镇江、泰州等9市预警等级为三级。与一季度相比，连云港由三级预警提高为一级预警，徐州、宿迁两市由一级预警降为二级预警，苏州由二级预警降为三级预警。节能形势严峻的一级、二级预警地区要加强分析监测，及时采取有效调控措施。

表2-1 节能目标完成情况晴雨表

地区	一季度 预警等级	上半年 预警等级
南京	◉	◉
无锡	◉	◉
徐州	●	○
常州	●	●
苏州	○	◉
南通	◉	◉
连云港	◉	●
淮安	◉	◉
盐城	◉	◉
扬州	◉	◉
镇江	◉	◉
泰州	◉	◉
宿迁	●	○

注：
● 为一级预警，节能形势十分严峻；
○ 为二级预警，节能形势比较严峻；
◉ 为三级预警，节能工作进展比较顺利。

（二）推动重点领域节能

1. 实施节能重点工程

江苏通过加快实施节能改造、节能技术和产品推广、节能服务体系建设、重点耗能企业能效提升和数字化能源管理工程等五大节能重点工程，提高能源利用效率，推进先进节能技术的推广应用，促进了节能环保产业发展。“十一五”期间，全省累计组织实施节能改造项目1 400多项，形成节能能力约2 000万吨标准煤，相当于少排放5 000万吨二氧化碳。“十二五”期间，通过组织实施以锅炉窑炉改造、电机系统节能、能量系统优化、余热余压利用、节约替代石油等为重点的节能改造工程，力争实现节能1 200万吨标准煤；以组织实施国家节能产品惠民工程为抓手，大力推广高效节能产品，主要商业企业、学校和各级公共机构基本实现绿色照明，城市居民小区节能灯普及率达到85%以上；到2015年，建立比较完善的节能服务体系，形成一批具有较强竞争力的大型服务企业，合同能源管理成为用能单位实施节能改造的重要方式之一；推进企业能源管理中心和区域性及重点领域的能效监测与管理平台建设，树立一批“感知能源、智慧监管”的数字化能源管理体系示范工程。

2. 万吨千企节能行动

为强化节能工作措施，推动能源利用效率不断提高，2011年12月国家发改委印发了《万家企业节能低碳行动实施方案》，确定全国“万家企业节能低碳行动”名单及“十二五”期间节能量目标。“万家企业”是指年综合能源消费量1万吨标准煤以上，以及有关部门指定的年综合能源消费量5 000吨标准煤以上的重点用能单位，其能源消费量占全国能源消费总量的60%以上，是国家确定的“十二五”节能减排工作的重点对象。《方案》要求万家企业节能低碳加强节能工作组织领导，落实目标责任，建立能源管理体系，加强能源计量统计工作，按要求开展能源审计和编制节能规划，加大节能技术改造力度，淘汰落后用能设备和生产工艺，积极开展能效达标对标工作，建立和完善节能奖惩制度，做好节能宣传与培训。国家发改委明确要求列入全国“万家企业节能低碳行动”名单的企业，才可以申报节能技术改造财政奖励备选项目。

2011年7月，省政府下发《关于进一步加强节能工作的意见》，推出进一步强化节能工作的新举措，其中在工业领域，江苏启动实施“万吨千企节能行动”，制定考核办法，公布企业名单，逐户开展能源审计，指导督促企业采取综合性措施，挖掘节能潜力，实现节能500万吨标准煤目标。确立节能目标，实施严格考核，加强对年耗能5 000吨标准煤以上重点用能单位的节能监管，认真落实能源利用状况报告制度，组织开展重点耗能行业能效水平对标活动，指导企业在深入分析能源利用状况并与国内外同行业能效指标对比分析基础上，确定追赶的标杆，落实管理和技术改造等措施，创建一批清洁生产先进企业，促进重点耗能企业整体节能水平进一步提高。2012年6月，省经信委下发了《关于推进我省万家企业节能低碳行动的通知》，全省列入国家万家企业节能低碳行动的企业（单位）包括工业、交通运输、宾馆、饭店、商贸企业和学校共1 221家，“十二五”节能目标为2 205万吨标准煤，其中工业企业1 151家、节能2 195.9万吨标准煤，交通运输企业19家、节能5.9万吨标准煤，宾馆饭店企业4家、节能0.3万吨标准煤，商贸企业19家、节能2.2万吨标准煤，学校28家、节能0.7万吨标准煤。

3. 加强建筑领域节能

建筑节能是三大重点节能领域之一，也是国家确定的十大重点节能工程之一。在哥本哈根世界气候大会期间，联合国环境规划署发表了一份气候报告称，全球能源使用以及与此相关的温室气体排放，有三分之一与建筑物耗能有关。2011年8月31日，国务院印发的《“十二五”节能减排综合性工作方案》确定了"制定并实施绿色建筑行动方案、新建建筑严格执行建筑节能标准、推进建筑节能改造、推动可再生能源与建筑一体化应用、加强公共建筑节能监管体系建设、建立建筑使用全寿命周期管理制度、加强城市照明管理"等建筑节能主要工作任务。9 月 27 日，国务院召开全国节能减排工作电视电话会议，温家宝总理强调"建筑节能要科学合理改造已有建筑，积极发展绿色建筑、智能建筑，最大限度地节能、节地、节水、节材"。江苏严格建筑节能监管制度，确保新建建筑设计、施工全过程执行节能标准。大力推进建筑能效测评标识工作，逐步推行建筑能耗限额管理。研究制定全省绿色建筑行动方案，推动既有建筑节能改造，进一步完善建筑节能市场服务机制。2011 年，全省新建节能建筑 8 000 万平方米，新增太阳能热水系统应用面积 2 000 万平方米、地(水)源热泵系统应用面积 120 万平方米，既有建筑节能改造面积达 200 万平方米。全省低碳建筑实现节约标准煤 1 070 万吨(相当于节电 345 亿千瓦时)，减少二氧化碳排放 2 409 万吨，减少社会能源费支出超过 200 亿元，超额完成了江苏省人民政府确定的节约 1 000 万吨标准煤目标任务，并形成了每年节约 445 万吨标准煤、减少二氧化碳排放 1 000 万吨的持续节能减排能力。

根据《江苏省"十二五"建筑节能规划》，"十二五"期间，江苏将进一步发展建筑节能，确保新建建筑全面执行节能设计标准，加快既有建筑节能改造步伐，大力推动可再生能源在建筑中的规模化应用，开展可再生能源资源量调查和规划编制工作，加强相关气象和能源资源基础数据研究，积极发展绿色建筑。通过这些措施，全省低碳建筑将累计节能 1 300 万吨标煤，减排二氧化碳 3 000 万吨。其中，新建建筑累计节能约 1 140 万吨标煤、既有建筑节能改造累计节能约 100 万吨标煤、可再生能源建筑应用替代常规能源 60 万吨标准煤。

4. 发展低碳交通

"十一五"期间，江苏建设了全国领先的综合交通运输体系，铁路、水运等低碳节能集约运输方式的基础设施建设累计投资约 1 150 亿元，占"十一五"交通基础设施建设投资的 39%。扎实推进信息化和智能化建设，推广应用高速公路不停车收费(ETC)、地理信息系统(GIS)、港口电子数据交换(EDI)等现代通讯和信息技术，建成江苏省运输管理综合信息服务平台，率先在全国实现公路客运联网售票，截至"十一五"期末，江苏省已开通 224 条 ETC 专用车道，力争到 2012 年新发展苏通卡 ETC 客户 24 万以上，力争总客户达到 50 万，ETC 车道流量达到总流量的 20%，非现金支付达收费额 15%。

一是加强节能减排监管能力建设，加强交通基础设施建设节能减排管理，严格执行交通固定资产投资项目节能评估和审查、规划与建设项目环境影响评价等级制度；逐步完善运输行业能源消耗统计工作体系，研究制定节能减排考核办法并组织试点，节能减排监管能力得到一定提升。2011 年编制完成《江苏省交通运输"十二五"发展规划纲要》以及多个专项规划。大力推进交通节能减排监测考核，截至 2011 年，全省交通运输行业共有 9 家企事业单位的 10 个项目被交通运输部列为行业节能减排示范项目，41 家企事业单位有望获得近 3 400 万元部、省节能减排专项资金的补助支持，项目总数和获补金额均为全国第一；积极参与交通运输部"车船路港千家企业低碳交通运输专项行动"，2011 年，全省 30 家交通运输企业参与交通运输部"车船路港千家企业低碳交通运输专项行动"，与前一年相比，典型客运企业单位运输能耗降低 6.3%，典型货运企业降耗 6.5%，港口企业单位作业能耗平均降低 6%。2011 年，全省新辟和优化调整公交线路共计 419 条(新辟公交线路 182 条，优化调整公交线路 237 条)，完成省政府年度重点工作目标的 139.7%；新增和更新节能环保公交客运车辆共计 4 026 辆(新增公交车辆 2 081 辆，更新公交车辆 1 945 辆)，完成省政府年度重点工作目标任务的 134.2%。至"十二五"期末，力争全省 LNG 营运客货运输车辆达到 6 000 辆以上，其中，城际客运班车和旅游包车 5 000 辆，营运货车 1 000 辆。城市公交、出租车使用天然气清洁能源比例较“十一五”末分别增长5%和10%以上。

二是严格实施营运车辆燃料消耗量准入制度，从源头上限制高油耗运输车辆进入运输市场。共核查营运车辆12万辆，1 300多辆车辆由于油耗不达标而未予进入运输市场，有800辆由于油耗参数不达标被强制退出运输市场。

三是城市公共交通事业取得了长足发展。常州、盐城等城市快速公交(BRT)的建成使用，在推动城市发展、促进节能减排等方面发挥了重要作用。BRT线网形成后，该市快速公交出行比例将占10%左右，公交出行比例也将提高到30%左右。下一步，将组织开展“全省公交优先发展实施年”活动。指导南京、苏州加快推进国家“公交都市”示范工程，启动8～10个“公交优先”示范城市创建活动。组织开展苏州轨道交通一号线试运营基本条件的审查认定工作。积极争取省政府出台《关于进一步落实全省城市公交优先发展战略的若干意见》、《全省城市客运工作联席会议制度》。加快研究制定城市公共汽车、出租汽车、轨道交通运营服务规范。进一步加强出租汽车从业资格管理，实施服务质量信誉管理，积极推进出租汽车“一号召车”，稳步落实新增运力和更新改造，试点投放一批电调专用出租汽车、农村区域出租汽车。

(三) 实行激励政策

1. 设立财政专项资金

充分发挥政府资金的引导作用，建立多元化的投融资机制，引导社会各界增加低碳绿色发展的投入。“十一五”后3年，江苏每年设立1亿元的省级节能减排专项引导资金，用于支持建筑节能重点工作领域，包括机关办公建筑和大型公共建筑节能监管体系建设、新建建筑节能示范工程、既有建筑节能改造、建筑节能适用成熟技术的推广等方面。各市县财政也基本建立了节能专项资金。2011年共争取资源节约环境保护中央预算内资金26 465万元，项目总投资295 167万元，有力推进了我省节能减排工作。

2. 实施差别电价

为限制高耗能行业的增长，加快淘汰落后生产能力，从2007年7月起提高差别电价标准。将高耗能行业分为限制类和淘汰类分别实施差别电价。淘汰类企业电价每千瓦时提高0.236元，加价幅度较大，企业受到明显影响，部分企业因此退出市场。对限制类企业用电加价标准稍低，每千瓦时提高0.196元，主要是为引导其进行技术升级和更新改造，避免出现新一轮盲目投资和低水平扩张。差别电价的实施范围由原来的6个行业扩大到8个行业，即在原来对电解铝、铁合金、电石、烧碱、水泥、钢铁等6个行业实行差别电价的基础上，进一步将黄磷、锌冶炼2个行业纳入差别电价政策实施范围。2008年9月，《省委省政府关于加快转变经济发展方式的决定等7个指导性文件中提出的目标任务和改革措施分解落实方案》出台，提出加快淘汰落后产能，将差别电价执行范围从八大高耗能行业中的限制类和淘汰类企业，扩大到建材、化工、有色金属冶炼等行业中的限制类和淘汰类企业；足额收取可再生能源电价附加，支持可再生能源发展。对风力发电、垃圾发电、秸秆发电等可再生能源项目上网电价给予补贴，支持“太阳能发电示范工程”和“屋顶计划”。将服务业用户的非居照明与普通工业电价类别进行归并。2012年，江苏对今年第二批完成淘汰落后产能的10家企业停止执行差别电价和惩罚性电价，截至2012年6月，全省已对40家企业分别停止实行差别电价和惩罚性电价。

3. 完善资源环境价格体系

进一步完善资源环境价格体系，切实反映市场供求关系、资源稀缺程度、环境损害成本。加大生产要素差别价格实施力度，鼓励发展清洁能源、可再生能源，倒逼高能耗、高污染产品尽快退出市场。加快环境价格改革，完善排污收费政策。加大排放指标有偿使用力度，探索建立排污权交易市场，建立生态补偿机制。

4. 落实节能减排财政政策

2012 年省财政下达 19 970 万元支持农业生态环境保护，支持建设畜禽规模养殖场沼气治理工程 601 处、秸秆集中供气工程 38 处，支持农业可再生资源循环利用（包括秸秆大棚生态种植、设施农业利用和大田循环利用）项目 64 个，支持秸秆固化成型、收贮、饲料加工、食用菌料等多种形式利用项目 30 个（共安排 1 500 万元，重点扶持 30 个年收贮秸秆 5 万吨以上、年利用秸秆 1 万吨以上的秸秆收贮和利用企业，其中秸秆固化成型 14 个、秸秆作食用菌基料 4 个、秸秆收贮中心 10 个、秸秆饲料化 2 个）。2012 年 5 月 24～25 日，财政部召开全国财政节能减排工作会议，明确今明两年突出抓好节能减排财政政策综合试点、扩大节能环保产品消费和国内光伏发电规模化应用等八项重点工作，并安排 255 亿元用于支持扩大节能产品消费。省财政厅将会议精神传达到各市、县财政部门，抓好会议确定的政策和任务的贯彻落实。同时，积极向财政部争取在全省开展节能减排财政政策综合示范，将省重点城市、重点园区、重点城镇、重点项目纳入国家现代服务业综合试点、公共建筑节能改造示范、绿色低碳小城镇示范以及战略性新兴产业等扶持范围，并会同省有关部门和市县，积极组织项目申报，争取国家政策资金支持。

5. 实施价格补贴和税收优惠

2011 年下半年以来，受欧债危机影响，世界主要光伏应用大国纷纷调低光伏应用目标和补贴标准，再加上美国等国“双反”调查影响，使得江苏以出口为主的光伏产品“雪上加霜”。为缓解企业困难，帮助企业渡过难关，省发展改革委会同物价部门开展了专门的调研，研究了相关省市出台的有关政策，与一些地方、企业、协会进行了座谈，并结合人大政协代表的建议，研究提出新一轮光伏发电政策，提交省政府。2012 年，江苏出台《关于继续扶持光伏发电的政策意见》（苏政办发〔2012〕111 号），对我省新一轮光伏发电进行电价补贴，明确 2012～2015 年新投产的非国家财政补贴光伏发电项目每千瓦时上网电价分别为：2012 年 1.3 元、2013 年 1.25 元、2014 年 1.2 元、2015 年 1.15 元。政策意见指出，对《江苏省光伏发电推进意见》（苏政办发〔2009〕85 号）中明确的 2009 年至 2011 年的电价补贴政策仍按照原规定执行。同时，鼓励地方进一步加大对光伏发电的扶持力度。在实施光伏发电价格补贴的同时，全面落实资源综合利用增值税和资源综合利用所得税政策，取得明显效果。2008 年增值税即征即退税额为 6.57 亿元，2009 年达 3.39 亿元，2010 年 1～9 月 3.92 亿元。资源综合利用所得税政策执行方面，2008 年减计收入 6.54 亿元，2009 年 7.46 亿元。同时，认真执行国家的减征车辆购置税政策，2010 年办理暂减按 7.5%税率征收 1.6L 及以下排量乘用车 41.2 万辆，比去年同期增长 34.6%，减税金额 7.5 亿元。

6. 强化科技支撑

2011 年，省科技厅深入实施节能减排科技支撑行动，组织实施 22 项省科技支撑计划项目，总投资 12 585 万元，省拨款 1 480 万元。一是积极推进国家“十城千辆”和“十城万盏”试点工程。支持苏州、南通深入开展“十城千辆”试点工作，推荐无锡市申报国家“十城千辆”试点城市，常州成为继扬州之后我省第二个“十城万盏”试点城市。二是深入推进中小企业节能减排科研项目。我省 7 个项目获科技部 2011 年度中欧中小企业节能减排科研合作资金项目，获资金支持 1 240 万元，立项数和经费总数均居全国第一。三是继续实施百家节能减排科技创新示范企业培育计划。围绕十大节能减排关键技术领域，累计培育节能减排科技创新示范企业 136 家。

四、推动能源结构调整

“十一五”期间，江苏能源系统认真贯彻省委、省政府决策部署，积极推动能源生产和利用方式变革。

一方面，江苏以早起步、高起点、大投入发展清洁能源和可再生能源，在风力发电、光伏产业等方面处于全国领先位势。“十一五”期间，新能源和可再生能源发电从无到有，装机比重提升到8%，核能、风能、生物质能发电量五年累计超过700亿千瓦时，替代标煤2 360万吨，相当于少排放5 900万吨二氧化碳。另一方面，能源效率显著提高。通过“上大压小”，大力优化火电装机结构，提高能源技术水平，使能源消费总量增速趋缓，能效水平持续上升，吨标准煤创造的地区生产总值是全国的1.4倍，处于全国领先水平。“十一五”期间，全省累计关停小火电机组728.6万千瓦，关停容量位居全国第三，为全省节能减排工作作出了积极贡献。截至2010年底，省内符合国发〔2007〕2号文件和国家发展改革委9号令关停标准的小火电机组已全部关停，2011年国家下达我省小火电关停计划为零。

2011年是“十二五”开局之年，全省能源系统科学谋划“十二五”能源发展，加强供应保障能力建设，大力调整能源结构，推进能源科技创新，确保能源供需总体平衡，为“十二五”经济社会发展良好开局作出了积极贡献。坚持一手抓总量控制，一手抓结构调整，积极引导全社会科学合理高效利用能源。2015年，全省一次能源消费总量力争控制在3.36亿吨标准煤(包括国家政策允许的非化石能源“增量”)，年均增长5.44%。到2015年，全省全部电力可供装机容量达到11 000万千瓦(包括风电600万千瓦等省内可再生能源发电装机以及各类区外来电装机)。

(一)精心谋划“十二五”能源发展布局

加强前瞻性、战略性、综合性问题研究，结合世情、国情、省情，优化发展思路，努力提高规划水平。

一是能源规划陆续编制完成。创新发展理念，研究提出全省“十二五”能源发展目标和重点任务。《江苏省“十二五”能源发展规划》已上报省政府待批。煤炭、电力、电网、新能源产业、石油基础设施、天然气6个子规划也已编制完成，即将下发执行。《江苏省海上风电场工程规划》经进一步完善，已上报国家能源局待批。同时，着手编制了《江苏省“十二五”生物质秸秆发电规划》和《江苏省“十二五”光伏发电规划》。

二是合理控制能源消费总量工作开始启动。根据国家层面总体部署，按照“统筹谋划、相互衔接、积极探索、稳妥推进”的原则，启动总量控制工作。省能源局召开专题会议，传达了国家能源局的工作部署，通报了全省合理控制能源消费总量工作的初步安排，听取了各市情况和意见建议，在此基础上，初步拟定了合理控制能源消费总量《实施方案》、《目标考核暂行办法》、《政策措施意见》以及《江苏省合理控制能源消费总量部门联席会议制度》等相关操作性文件。

三是低碳能源重点领域专题研究不断深化。结合编制能源发展规划和相关专项规划，对全省低碳能源发展的重大思路、重大问题进行深入调研，提出意见建议，完成《江苏省光伏发电建设运行总结和分析报告》、《LNG 在交通领域的应用研究》、“十二五”区外来电调研报告、“十二五”新增气规划布局方案等一批调研课题。

（二）积极推进重大低碳绿色能源项目

全力以赴推进能源建设，充分挖掘省内产能，积极扩大能源生产，努力增加有效供给。

一是加快电力“上大压小”。国家首批启动的5个天然气调峰发电项目中，江苏华电戚墅堰、东亚无锡等3个项目均已获得国家能源局下发的“路条”。电力建设取得新进展，谏壁、徐州等“上大压小”项目建成投产，2011年新增发电装机618万千瓦，超额完成省政府年初确定的500万千瓦目标任务。全省可供电装机达到7 742万千瓦，其中省内装机6 992万千瓦，位居全国第三。发电量近4 000亿千瓦时，位居全国第一，发电利用小时数5 670小时，其中燃煤机组5 805小时，比全国平均水平高511小时。完成电网投资285亿元。新增220千伏及以上线路2 890公里、变电容量2 250万千伏安。在全国率先启动第一轮农网改造升级工程，首批试点单位完成改造任务。

2012年8月，国家发改委下达了2012年能源自主创新、重点产业振兴和技术改造（能源装备）项目中央预算内投资计划，本批项目共下达中央补助投资计划14亿元。江苏共有5个项目列入计划，涉及风电、智能电网、核电等领域，获得7 749万元中央资金支持，约占总量的6%。其中能源自主创新项目4个，分别为华锐风电科技（集团）股份有限公司10 MW级超大型海上风电机组研制及示范项目，扬州电力设备修造厂超超临界火电机组及核电站用阀门驱动装置产业化项目，江苏安靠智能输电工程科技有限责任公司超、特高压智能地下输电研究中心建设项目，江苏天地龙电缆有限公司第三代核电站核岛用1E级K1类高性能电缆研制项目，共争取中央补助7 038万元；能源装备项目1个，为无锡华光锅炉股份有限公司燃气—蒸汽联合循环余热锅炉技改项目，争取中央补助711万元。这批项目均已开工或具备开工条件，项目的实施将进一步提升全省新能源产业发展水平。

二是完善油气基础设施。中石油如东LNG接收站正式投产并接收海外气源，实现了天然气供应的“内外兼顾、水陆并举”。全省主干输气管网和城市天然气管网逐步完善，新增天然气主管线243公里，城市管网2 000公里，新增天然气居民用户50万户。储气调峰能力不断提高，中石油金坛、刘庄储气库新增库容7 000万立方米。推动沿海千万吨级LNG接收基地建设，引导城市LNG储气站建设。加快金陵和扬子石化油品升级改造，核准中石化江北成品油管道及配套油库项目。

（三）调整优化能源结构

江苏省煤炭、石油、天然气等矿产资源较少，太阳能、风能、生物质能等可再生能源资源较为丰富，具备较为良好的开发利用价值。为适应气候变化和减缓温室气体排放，必须优化能源结构，大力发展清洁能源，改变江苏省目前以煤为主的能源消费结构，大力发展风能、核能、太阳能、生物质能等清洁能源。近年来，江苏加大能源结构调整步伐，大力推动电源结构由单一煤电向煤电、气电、核电、抽水蓄能和可再生能源发电并举的方向发展。“十一五”以来，我省新能源和可再生能源起步好、投入大、发展快，走在了全国的前列。到2010年底，全省非煤发电装机并网规模达到777万千瓦，占全省发电装机12%，其中核电200万千瓦、天然气366万千瓦、风电131万千瓦、光伏发电9万千瓦、秸秆发电33万千瓦、垃圾发电38万千瓦。预计2015年底，全省一次能源生产量力争达到3 250万吨标准煤，年均增长3.78%。其中，非化石能源1 415万吨标准煤，占43.53%，比重提高9.79个百分点，年均增长9.21%；可再生能源908万吨标准煤，占27.93%，比重提高12.93个百分点，年均增长17.52%。全省非煤比重达到30%以上，其中，天然气占比10%，核能达到1.4%，风能达到 1.3%。

1. 积极优化煤电结构

充分利用国家“上大压小”政策，按照国家要求，加大煤电行业落后产能淘汰力度，淘汰运行满20年、单机容量10万千瓦及以下常规燃煤机组，服役期届满、单机容量20万千瓦以下各类机组，供电标准煤耗高于全省2010年平均水平10%或全国平均水平15%的各类燃煤机组，以及未达到污染物排放标准的其他各类机组。充分挖掘省内潜力，积极开展跨省辖市关停。开展燃煤自备电厂、热电厂调查研究，引导和推动燃煤自备电厂、热电厂淘汰落后产能。

“十一五”期间，江苏制定实施方案，出台配套措施，全力推进“上大压小”，主动增加关停计划，助推火力发电厂降低能耗，成绩斐然：国家核准电力“上大压小”装机850万千瓦，总量全国第一，加上省内核准的天然气发电项目，合计核准装机近1 000万千瓦，创全省历年来核准规模新高。

2011年，江苏又通过主动加大关停力度，采取比国家更为严格的淘汰标准，全省累计关停华能淮阴、板桥电厂等小火电机组125.3万千瓦，超额完成国家下达的关停任务，环保部核实年减排二氧化硫0.64万吨，减排氮氧化物0.66万吨；同时推动大容量、高参数发电机组加快核准和建设，化解了一批历史遗留问题，全省30万千瓦及以上机组占总装机的比重从“十一五”末的80.93%提高到82.43%，提升了1.5个百分点；2011年全省60万千瓦及以上机组比重已接近50%，平均供电标煤耗比2010年下降了4克/千瓦时。

根据《国家能源局关于下达2012年电力行业淘汰落后产能目标任务的通知》要求，2012年国家下达江苏淘汰小机组容量计划30.55万千瓦。“上大压小”推进重大项目省内增加淘汰计划容量58.9万千瓦。总计2012年淘汰落后产能计划为89.45万千瓦。2012年上半年，在各地区和有关部门的共同努力下，我省已完成淘汰关停小火电机组69.2万千瓦，关停容量主要用于常熟、利港等“上大压小”项目，圆满实现“时间过半，任务过半”。预计下半年，随着国华徐州电厂6号、7号和华电扬州5号等机组的陆续关停，全省年度关停任务将超额完成。

2. 着力加快天然气利用

将提高天然气利用比重作为调整能源结构的重要取向，加强与中石油、中石化的沟通协调，在确保协议、计划落实的基础上，逐年增加资源供应。全省天然气利用量首次“破百”，达到105亿立方米，仅次于产气大省四川，位居全国第二，比上年增长38.2%。尤其值得肯定的是，在国家能源局大力支持和气源供应企业、电力调度部门的全力配合下，迎峰度夏期间，全省8台天然气调峰机组充分发挥了“双调峰”作用，有效缓解了电力紧张矛盾。以复查中心为重点，有序发展天然气调峰发电项目和天然气热电联产项目，稳妥推进天然气分布式能源系统试点示范，近10个项目正在开展前期工作，其中2个项目已报经国家能源局组织评审，分列同类项目第一名和第二名，有望列入国家首批天然气分布式能源试点示范。

3. 核能利用实现突破

“十一五”以来，田湾核电1、2号机组建成投产，运行稳定，多项指标在同行业评估中处于领先水平，累计发电562.8亿千瓦时，2011年累计发电量达160亿千瓦时，其中1号机组发电79.66亿千瓦时，2号机组发电80.34亿千瓦时；累计缴纳各项税费18.39亿元，其中入库增值税9.18亿元，企业所得税7.38亿元，地方税费1.83亿元，是并网发电综合效益最好的一年。2012年，由江苏核电有限公司承担的“田湾核电站长周期换料技术与高性能燃料组件国产化研究”项目，通过科技部组织的专家审查，并获得国家2 860万元财政支持。项目建成后，田湾核电1、2号百万千瓦级机组的换料周期将从12个月延长至18个月，每台机组平均每年可增加运行时间约20天，两台机组将增发电量9.6亿千瓦时，并大幅降低大修费用。田湾核电3—6号机组前期工作进展顺利，其中3、4

号机组总合同已经签订，5、6 号机组已上报国家等待核准。“十二五”期间，将按照国家统一部署，推进田湾核电扩建等项目前期工作，争取 3—6 号机组全面开工建设。新开工核电规模 400 万千瓦，为建设沿海千万千瓦核电基地奠定坚实基础。

4. 大力发展风电

在国家的新能源战略版图中，江苏省与甘肃、内蒙、吉林等内陆省份同被列入七大“风电三峡”基地。为改变火电单一结构和一次性能源贫乏的局面，江苏把发展风电作为一项重要措施，积极实施风电项目，打造风电产业，有序推进风能的开发利用。

“十一五”期间，江苏省北起连云港、南至南通的陆上风电建设全面推进，并向潮间带和近海延伸，风电装机容量达到 150 万千瓦，累计发电 47.4 亿千瓦时，实现了风电规划阶段性目标。江苏既是国家规划的八个千万千瓦级风电基地之一，也是唯一的海上千万千瓦级风电基地，“十一五”期间，江苏海上“风电三峡”建设也全面展开，在国家能源局指导下，2010 年在全国率先启动大丰、滨海、射阳、东台等 4 个项目合计 100 万千瓦海上风电特许权招标，确定了投资业主和上网电价，推动风电发展由陆地向海上迈进。其他 7 个海上示范项目也在稳步推进，为海上风电规模化发展奠定了基础。2011 年，全年吊装风电机组 50 万千瓦，其中并网风电装机 21 万千瓦。国内单体规模最大的潮间带风电项目开工建设，海上风电并网规模超过 13 万千瓦，江苏已成为全国海上风电建成规模最大的省份。继续推进陆上风电项目建设。2015 年将建成接近 600 万千瓦的风力发电装机容量，2020 年超过 1 000 万千瓦的风力发电装机容量。

表 2-2 “十一五”期间江苏已建风电场(不完全统计)

项目名称	装机容量(MW)
华能启东风电场	100
龙源启东东元风电场	100
江苏联能如东风电场	100
龙源如东东凌风电场	40.5
龙源如东环港风电场	60
龙源如东凌洋风电场	49.5
国华东台风电一期	200
中电投大丰风电场	200
龙源通州风电场	100
江苏如东风电一期	70.5
三峡总公司响水风电场	200
灌云风电场	100

专栏 2-3 江苏海上“风电三峡”呼之欲出

目前，随着风力发电的迅速发展，陆上风力发电在一些人口密集、土地资源稀缺的地方出现了瓶颈。毕竟它需要占用土地，影响自然景观，视觉和噪音污染明显，对周围居民生活带来不便。近海风速高且平稳，湍流强度小，风电机组发电量多，风资源容易预测。 海上风电场已成为世界风电发展的新领域。江苏省近海蕴藏的可开发风能资源潜力巨大，约为2 500万千瓦，是陆上可开发风能资源的2至3倍。而且风能品质比较好，风功率密度比陆上大25%至30%，可以安装单机容量2兆瓦以上的风电机组。同时，近海岸无风的时间很少，可以使机组多发电、海上风电机组故障降低，寿命可达25年以上、不会因为视觉污染、噪音等环境因素影响项目进展。

2001年，在顾为东主持的江苏省重点研究课题《融入全球产业链的江苏沿海经济带发展战略》调研时，发现我国长三角东台、如东、大丰3市所辖的浅海辐射沙洲风能资源十分优良，非常适合发展大规模风电，且这一区域每年以100米左右的速度向大海延伸，总面积达2.4万平方公里。经过系统、广泛的考察调研，感到此地可以实现：投1个三峡的钱，建2～3个三峡规模的风电场，打造海上"风电三峡"，而且不占用一亩耕地(还可产生200万亩新耕地)、不产生一个移民(还提供10万新就业岗位)、也没有严重生态安全问题(还向长三角源源不断输送强大的绿色能源)。并多次邀请世界泰斗级风电专家如麦加德、凯恩等及国内倪维斗、黄其励、杨裕生、王景全、王颖等院士进行调研论证、形成共识，并得到国家发展改革委、能源局和中国工程院的认可和大力支持，顾为东建议的"中国风电产业发展新战略"也和国家能源局"中华人民共和国可再生能源法立法研究"等成果并列国家发改优秀成果二等奖(一等奖空缺)。至此，海上"风电三峡"建设全面展开。

在国家的新能源战略版图中，江苏省与甘肃、内蒙、吉林等内陆省份同被列入七大"风电三峡"基地，要求经过20年左右的发展，江苏省的风电装机容量超过1 000万千瓦。

"十一五"期间，江苏风电装机容量达到150万千瓦，累计发电47.4亿千瓦时。2010年，国家正式推出了4个位于江苏的、总计100万千瓦的特许权招标项目，多家风电运营商中标。这些项目可行性研究报告已经通过审查，计划8月前完成全部报告的评审，9月提交项目申请报告。到2015年底，江苏基地的海上风电装机将实现投产200万千瓦。到2020年，江苏风电装机容量达到1 000万千瓦，其中，陆地风电300万千瓦，近海风电700万千瓦。远期，海岸线5公里以外的辐射沙洲风电装机2 100～4 000万千瓦，实现海上"风电三峡"。

5. 大力开发太阳能资源

江苏是光伏制造大省，产能占全国一半以上，在全世界也举足轻重。2011年以来，江苏积极开发利用太阳能资源，正实现由光伏制造大省向应用大省的转变。仅2011年全省新增装机容量达到300兆瓦，对光伏发电的补贴力度也位居全国前列。

2009年6月率先出台《江苏省光伏发电推进意见》，首次宣布对光伏发电实施固定电价政策，成为国内第一个实施太阳能电价买回政策的省份。并出台了一系列的政策进行扶持，其中对符合规定的项目进行电价补贴尤为引人注目，设立一个基金，专门对光伏发电项目进行补贴。2012年，国家财政部等单位联合下发《关于公布2012年金太阳示范项目目录的通知》，共安排了61个项目，总规模1 709兆瓦；江苏有33个项目入选、总规模272.975兆瓦，项目总量位居全国第一，约占全国的16%，规模创历史新高，预计可获国家财政补贴15亿元。"十一五"以来，江苏充分利用光伏产业发展基础，按照科学规划、适度发展的原则，圆满完成省政府《光伏发电推进意见》确定的既定目标。通过经济和行政手段并举，2011年形成300兆瓦光伏发电能力，累计装机达到400兆瓦，对推进江苏由光伏制造大省向光伏应用大省转变发挥了重要作用。目前，全省光伏产业总产能位居全国首位，已形成一个科技含量高、产业集聚度高、配套环节完整的产业链。"十二五"期间，将稳步启动太阳能发电市场，选择沿海滩涂、园区、厂房等设施和场地，继续实施一批示范工程，建设一批光伏应用示范园(区)。到 2015 年,建成光伏并网发电装机容量 80 万千瓦,其中,屋顶和建筑一体化电站 30 万千瓦,地面光伏电站 50 万千瓦。

专栏 2-4 徐州协鑫 20 MW 地面并网型光伏电站

2009 年 12 月,徐州协鑫 20 MW 地面并网型光伏电站正式投运,是当时国内装机容量最大的太阳能发电站,也是江苏省光伏产业建设的示范性工程。这个项目的建成投产,不仅在大规模光伏电站、多项光伏并网技术运用等方面填补了国内空白、缩短了与世界先进水平的差距,而且有助于进一步带动江苏省光伏产业一体化发展,促进全省能源结构的优化,推动经济社会可持续发展。该项目每年可节约标煤 7 550 吨,减排温室效应气体二氧化碳约 2 万吨,大气污染气体二氧化硫约 150 吨,二氧化氮约 50 吨,在节约用水的同时,还将减少相应的废水和温排水等对水环境的污染。

图 2-4 2009 年 12 月 30 日中国最大的地面并网型光伏发电站正式投运

6. 生物质秸秆发电稳步发展

全省秸秆发电装机 30 万千瓦,累计发电 37.6 亿千瓦时。通过加强规划引导,合理项目布局,加快技术研发,完善收集机制,争取 CDM 补贴,特别是国家调整秸秆发电上网电价,企业亏损面逐步减少,国能射阳、国信楚州、中节能宿迁等秸秆发电项目年利用时间已达 7 000 小时左右,运行良好,实现盈利。通过发电全省年利用秸秆 360 万吨,带动农民年均增收 10 亿元。

2012 年,省财政安排 2.1 亿元扶持秸秆机械化还田工作,比上年增加 6 000 万元。地方各级财政配套资金 1.2 亿元。对实施秸秆机械化还田的农机户、农机服务组织和相关农业企业,以及秸秆固化燃料项目、秸秆收贮项目,将给予补贴。对购置秸秆机械化还田机具,也将给予定额补贴。全省计划完成秸秆机械化还田 2 400 万亩、还田率超过 35%。

2012 年,国内最大的沼气发电工程项目落户溧阳市。总投资 1.15 亿元的中荷合资江苏华杰生物能源有限公司 3 MW 沼气发电项目落户溧阳市。该项目通过对农业废弃物的无害化处理和资源综合利用,每年可处理秸秆、畜禽粪便及其他农业废弃物 7 万吨,减排二氧化碳当量的温室气体达 14.18 万吨;年可发电 2 240 万度,生产沼液 11.38 万吨,沼渣有机肥 4.28 万吨。项目预计 2013 年 4 月建成投产。

“十二五”期间,江苏省将新建生物质能发电项目 16～20 个,装机容量 50～60 万千瓦。

表 2-3 截至 2011 年底江苏省秸秆发电项目情况

序号	项目名称	投资主体	建设地点
1	连云港协鑫生物质发电项目	连云港协鑫生物质发电有限公司	赣榆
2	国信如东发电项目	江苏国信如东发电有限公司	如东
3	宝应协鑫发电项目	宝应协鑫生物质发电有限公司	宝应
4	国信盐城发电项目	江苏国信盐城生物质发电有限公司	盐城
5	江苏龙源东海秸秆发电项目	东海龙源生物质发电有限公司	东海
6	淮安市楚州秸秆发电项目	江苏国信淮安生物质发电有限公司	淮安
7	中电洪泽生物质发电项目	中电洪泽生物质发电有限公司	淮安
8	中节能宿迁生物质发电项目	中节能(宿迁)生物质发电有限公司	宿迁
9	国能射阳生物发电项目	国能射阳生物发电有限公司	射阳
10	江苏国信泗阳秸秆发电工程项目	江苏国信泗阳生物质发电有限公司	泗阳
11	宿迁凯迪生物质发电项目	宿迁市凯迪绿色能源开发有限公司	宿迁
12	江苏华晟生物发电有限公司生物质热电项目	江苏华晟生物发电有限公司	丹阳
13	江苏联美生物能源有限公司生物质发电项目	江苏联美生物能源有限公司	泰州

专栏 2-5 泗阳县秸秆收储流通机制

泗阳县面积 1 418 平方公里，人口 100 万，可用耕地 105 万亩，年产秸秆总量 65 万吨。2007 年，江苏国信集团在泗阳县投资 3 亿元建设秸秆发电项目。该项目于 2009 年 3 月投入运行，当年消耗秸秆 23 万吨，发电 1.1 亿千瓦时，实现产值 8 200 万元、利税 1 000 万元，带动 200 多人本地就业，促进农民增收 5 000 多万元。为推动秸秆综合利用，保障电厂稳定运行，泗阳县政府出台《关于秸秆收储与综合利用工作的意见》，建立了"3+1"秸秆收储流通机制。"3"是指由 2 个县级收储基地、14 个乡镇收储中转站、数十个村级收储点构成的 3 个层次，"1"是指以农机手为主体的秸秆运输队。

五、增加碳汇

（一）造林再造林汇碳

江苏作为一个以平原为主的省份，平原占全省国土面积的69%，水域占17%，低山丘陵面积占14%，林业发展基础较为薄弱。但是自提出绿色江苏建设以来，江苏省新增造林面积1 660.5万亩，超过此前35年造林总和，造林面积相当于1.3个苏州市国土面积。林木覆盖率也提高至21.6%，年均增长1个百分点，增幅位居全国前列。近年来，江苏省高度重视绿色江苏建设，大力开展沿江、沿海、沿湖、沿河防护林、绿色通道、城郊人居森林等生态林业工程建设，努力提高森林覆盖率、林木蓄积量和碳汇总量。“十一五”期间，全省共造林878万亩，增速是全国同期3倍，到2011年底森林覆盖率由“十五”末的14.8%提高到21.64%，实现了全省森林覆盖率年均递增1个百分点的奋斗目标。全省活立木蓄积量由2005年的5 648万立方米提高到2011年的8 700万立方米，森林碳汇增加到2011年的15 484万吨，汇碳能力大大增强。

表2-4 不同时期江苏森林资源状况①

调查年度	调查简称	林地面积（万公顷）	森林面积（万公顷）	人工林（万公顷）	活立木蓄积量（万立方米）	森林覆盖率（%）	森林蓄积量（万立方米）
1994～1998	第五次清查	59.26	46.24	43.68	3 633.57	4.51	865.77
1999～2003	第六次清查	99.88	77.41	74.17	4 073.18	7.54	2 285.27
2004～2008	第七次清查	128.64	107.51	104.15	5 022.59	10.48	3 501.7

江苏省造林绿化采取大工程带动，地方财政加大投入，有力保障了工程建设质量。据不完全统计，仅“十一五”期间，全省各级财政累计投入城乡绿化资金达300多亿元。对于重点造林工程，每亩造林投入普遍在3 000元以上。近年来，省级财政每年安排2 000万元至3 000万元资金专门用于林业新品种、新技术、新知识三项示范工程，有效提升了工程科技含量和质量。

表2-5 江苏“十一五”城市森林发展

年份	建成区绿化覆盖面积（公顷）	人均公园绿地面积（平方米）	建成区绿化覆盖率（%）
2006	107 752	11.6	41.7
2007	116 157	12.6	42.8
2008	123 801	13.1	42.6
2009	127 930	13.2	42.0
2010	137 623	13.3	44.1

① 数据来源：江苏第五次、第六次、第七次森林资源清查结果。

同时，重视建设城市绿化工程，多渠道拓展绿化空间，把营造城市森林作为城市“氧补偿”和气候“降温”的重要措施。近年来，江苏省在城市森林建设方面做了大量工作，各市也根据自身特色，启动了建设城市森林的相关行动。到2010年底，全省城市建成区绿地总面积达137 623公顷，绿化覆盖率44.1%，人均公园绿地面积13.3公顷，走在全国前列。

到2020年，江苏林地保有量将增加到143万公顷，占国土面积的13.9%；江苏森林保有量达到118万公顷，比2010年增加9.5万公顷左右，森林覆盖率（含四旁树覆盖率）达到23%；重点公益林地（指国家级公益林和省级公益林，下同）达到37.6万公顷，占林地总面积的26.3%；重点商品林地达到79.0万公顷，占林地总面积的55.2%；全省乔木林地生产率达到65立方米/公顷。2011～2020年，全省占用征收林地面积控制在7 380公顷以内。一是实施林业重点工程，增加森林资源总量。按照“发展现代林业、建设生态文明、推动科学发展”的要求，以森林覆盖率增长、森林蓄积量增加为主要目标，通过实施沿海防护林体系、沿江河湖防护林体系、高标准农田林网、绿色通道、绿色家园和丘陵岗地森林植被恢复等6项重点林业工程增加森林资源总量，提升绿色江苏的建设水平。二是加强森林抚育改造，提升森林资源质量。森林抚育是大幅度提高森林质量和林地生产力水平的重要措施，也是实现森林可持续发展的主要途径。坚持突出重点，规模推进，以点带面，逐步实现由“注重数量”向“数量质量并重”转变；建立林地质量等级评定制度，科学经营林地，提高森林经营水平；实施中幼林抚育和低产低效林改造工程，增加单位面积林地的蓄积量和林业综合效益，提高生态效能和固碳能力，提升林业应对气候变化能力。三是统筹林地保护利用，优化区域结构布局。围绕全省可持续发展战略，分区分类分级分等确定林地保护利用方向、重点、政策和主要措施，重点发展防护林、特种用途林等公益林，优化林地资源配置。根据全省不同区域林地现状实行有针对性的差别化保护利用政策，规范林地利用秩序，促进林地利用的区域协调，确保全省林地保护利用效益最大化。

（二）生态系统固碳

江苏省在强化森林汇碳的同时，也注重生态系统综合固碳，大力加强森林管理、加强测土配方管理和农业捕碳固碳，开展耕地、湿地等资源保护与建设，生态系统综合碳汇能力得到有效加强；森林防火、植被保护及自然保护区建设、征占用林地管理和重大林业有害生物防控等都取得长足发展，也间接促进了碳汇增加。

六、试点示范

低碳绿色发展是一项崭新的工作，需通过试点示范来积累经验。近年来，江苏将低碳试点示范工作放在了重要突出位置，切实加大这项工作的推进力度。

（一）全面开展省级低碳经济试点工作

2011年，国家启动了5省8区低碳试点工作后，江苏省根据有关精神，组织召开全省低碳经济试点工作推进会议，全面部署并启动省级低碳试点工作，并突出了以下四点：

一是统筹不同试点载体特征。在考虑不同地域、不同发展阶段、不同载体差异和特色的基础上，全省共批复确定了4个城市、10家园区和10家企业开展低碳经济试点工作并集中授牌。

二是明确不同层面试点要求。城市是生产和消费的结合体，要突出战略引导和布局优化；园区是企业载体，要突出产业优化和指标控制；企业是技术和工程的实体，要突出技术、管理的低碳集成。

三是组织试点单位开展低碳发展规划编制，并邀请知名专家，逐一过堂、审批。要求各单位建立三年行动计划，将温室气体排放控制落实到具体行动、工程和负责人上。如沙钢集团将节能降碳的目标落实到8项具体工程，提出"十二五"减排250万吨二氧化碳的目标。

四是建立工作推进机制。建立联络员制度，落实配套扶持措施，强化督查考核，有序推进试点工作。淮安市成立了以书记、市长为组长的低碳城市创建工作领导小组，下设办公室，负责低碳城市创建的具体工作，并扩充人员，增拨专项财政经费，确保工作顺利推进。

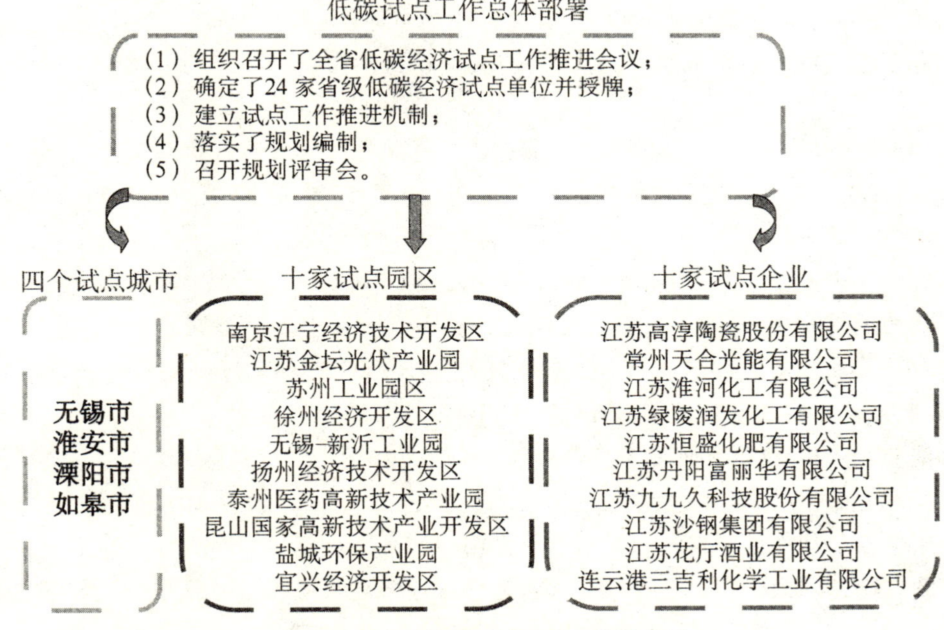

图2-5 省级低碳经济试点工作的部署

1. 试点城市

2011年2月，在江苏省召开的低碳经济试点工作推进会上，无锡、淮安、溧阳、如皋成为我省低碳经济发展的首批试点城市，由此揭开了江苏探索低碳城市发展路径的新篇章。根据试点推进要求，结合全省"十二五"规划关于单位GDP二氧化碳排放强度下降的约束性要求，4个试点城市分别编制了"十二五"低碳城市发展规划（2011～2015年），明确了温室气体排放目标，制定了实施低碳绿色发展的城市框架和政策保障体系。2011年9月26日，江苏省发展改革委组织专家对4个试点城市的规划编制进行了专题评审，这标志着试点城市在低碳经济发展道路上迈出了成功的第一步。4个试点城市通过不同的区域引领作用、城市发展层次、阶段定位特色，进行低碳绿色发展的先行先试，为全省城市节能降碳、生态文明建设积累有益的经验和做法。

一是系统化提出低碳目标和考评体系。无锡、淮安、溧阳、如皋在各自《规划》编制过程中，均对本市的低碳发展条件和碳排放现状进行了深入分析，结合国内外低碳经济发展的背景与趋势以及本市产业、资源、环境特点和低碳城市发展规律，提出了本市发展低碳经济的目标和框架，从低碳角度对生产体系、社会模式、基础设施、支撑能力等方面进行了详细规划，并通过低碳试点示范工程和系统化的组织保障措施深入推动低碳发展。基于低碳经济试点工作的探索性和试点单位的标杆示范效应，四个试点城市在未来发展中提出了更大幅度降低碳排放强度的目标，在全省单位GDP二氧化碳排放强度指标要求上提高1个百分点，到2015年，试点城市单位GDP二氧化碳排放强度相比"十一五"末累计下降20%。

二是整体构架低碳经济社会发展模式。试点城市在《规划》中也充分突出城市特点，注重思路创新。无锡市高标准制定低碳发展的远景目标，提出要建设成为具有一流创新力的低碳技术创新核心区，具有国际竞争力的低碳产业发展集聚区，围绕低碳技术创新应用，在加强关键核心技术创新的同时，大胆提出编制低碳技术领域相关行业标准和技术规范，构建无锡低碳产业技术标准体系的创新思路，统筹谋划低碳技术标准的掌握。溧阳市则围绕城市发展水平和层次及低碳发展的产业基础、生态基础和社会基础等，科学提出了三个定位，即以大力发展低碳经济和生态产业，引导低碳生活和低碳消费，加快形成以高新技术产业为导向、先进制造业为主体、现代服务业和现代农业为支撑的现代产业体系，建成名副其实的国家生态市的总体定位；以生态景观系统、保护水体环境、建立区域生态安全格局的景观屏障，成为以碳捕获和碳封存为主要功能的森林碳汇系统区的生态定位。

三是突出重点领域和工程节能降碳的标杆效应。无锡积极注重现代信息技术对城市低碳发展的推动作用，提出"感知无锡"建设，促进实施交通、电力、工业、农业、环保、水利、健康、安保等领域的感知应用示范工程项目建设，到2015年，力争基本建成"感知城市"。

淮安市围绕发展循环经济和静脉产业，提出构建特色园区产业生态链，打造盐卤—纯碱—芒硝—化工新材料的盐化工产业链、废钢冶炼—普通钢材—特种钢材—金属制品—废钢回收的钢铁低碳产业链、电厂（粉煤灰）脱硫副产品低碳产业链，构建以废旧汽车、废旧家电、废金属以及废纸张、废电池和废旧塑料回收利用为主的静脉产业链。

溧阳以建成全国重要的LED新型光源、信息软件、太阳能光伏、水电、风电装备及智能输变电设备等低碳型产业的生产、研发、设计基地作为产业定位。

四是突出低碳空间规划和要素布局的引导作用。如皋市在规划中创造性地提出低碳城市空间布局，形成"两城两区四板块"的空间格局结构，为城市低碳空间发展和构造提供了科学的系统化的指导。

专栏2-6 无锡市低碳城市建设目标

指导思想：以科学发展观为统领，以建设生态文明先驱城市为契机，积极应对气候变化，统筹经济社会发展和生态环境建设，加快转变经济发展方式，以全面协调可持续发展为目标，以优化结构、节约能源、提高能效、增加碳汇、控制温室气体排放为重点，大力发展低碳型新兴产业，推进技术进步，促进制度创新，完善政策体系，倡导低碳绿色生活方式和消费模式，努力成为省内低碳发展的先行区、绿色发展的示范区和科学发展的先导区，低碳城市建设走在全国前列。

基本原则：以人为本、生态为先的原则。把以人为本、生态为先作为发展的出发点和落脚点。发展低碳经济，创造更多绿色就业机会。营造低碳环境，建设低碳生态文明。倡导低碳生活，享受健康生活方式。加强低碳意识培养，节约资源，保护环境，促进人民生活水平不断提高。创新融合、循序渐进的原则。坚持以理念创新带动体制机制创新，促进科技管理创新。坚持循序渐进的原则，以促进生产生活低碳化方面为抓手，加强企业和市民节能减碳，逐渐降低对高碳能源的依赖程度。政府引导、全民参与的原则。充分发挥政府规划引导作用，促进企业积极发挥主体作用，调动社会各界积极主动参与，形成以政府为主导、企业为主体、市场为平台、社会为基础的全市人民共同参与推动低碳城市建设的合力模式。试点先行、城乡统筹的原则。坚持城乡统筹原则，因地制宜，合理开发，以打造先行先试示范亮点为龙头，以建设低碳实践区为重点，以点带面推进城市生产生活低碳化发展。

总体目标："十二五"期间，无锡市要以科学发展、率先发展、低碳发展、和谐发展为指引，以在省内率先实现基本现代化为目标，坚持低碳发展理念，不断增强无锡综合实力、自主创新能力、国际竞争力和可持续发展能力，将无锡建设成为生产生活环境优美、资源能源高效节约利用、二氧化碳排放保持较低水平、低碳文明理念深入人心、低碳建设走在全国前列的低碳示范城市。

低碳经济。把结构战略调整作为转型发展的主攻方向，加快构建以高新技术产业为先导、服务经济为主体、先进制造业为支撑、现代农业为基础的现代产业体系，到2015年，服务业增加值占GDP比重达49.5%以上。大力发展循环经济，不断提高资源综合利用效率，促进产业低碳化发展水平。

低碳社会。加快城市现代化综合交通系统建设，大力推广纯电动及混合动力等新能源交通工具，加快发展智能交通，提高交通职能管理水平。2015年，公共交通分担率达到30%。大力发展低碳节能建筑，加快改造既有高能耗建筑，加强建筑能耗监管，加快推进低碳示范城市建设，力争2015年完成中心城区173平方公里建筑低碳化改造。构建低碳生活理念，提倡低碳消费，普及低碳绿色生活方式，不断提高资源综合利用率，到2015年，单位工业增加值用水下降20%，工业用水重复利用率达到80%以上，再生水重复利用率达到33%，工业固体废弃物综合利用率达到100%。

低碳生态。优化城市空间和功能布局，继续加强生态绿化、湿地保护和生态功能区的建设与保护，提高碳汇质量，增强碳汇总量。到2015年，全市林木覆盖率达27%以上，城镇绿化覆盖率达45%以上，碳汇能力大幅增强，建成国家生态园林城市和全国最佳人居环境城市。

专栏 2-7　无锡市"十二五"低碳城市建设主要指标

类别	指标名称	单位	2010 年	2015 年
低碳经济	单位 GDP 水耗	立方米/万元 GDP	31.7	≤30
	第三产业增加值占比	%	42.5	49.5
	万元 GDP 能耗下降率	%	累计 20 以上	累计 20
	单位 GDP 二氧化碳排放减少率	%	——	20
	非化石能源占一次能源消耗比重	%	——	5
	高新技术产业增加值占规模以上工业增加值比重	%	45.7	55
	工业固体废物综合处置利用率	%	99	100
	主要污染物排放下降率	%	——	20

2. 试点园区

园区是产业空间集聚的载体，众多企业集中布局和相互配套，提高了分工协作效率，同时也产生碳排放集中管理的格局，强化园区的碳排放承载力。因此，园区低碳发展是全省低碳经济发展的重要组成部分。2011 年 2 月，江苏省低碳经济试点工作推进会上，确定了南京江宁经济技术开发区、江苏宜兴经济开发区、徐州经济技术开发区、无锡-新沂工业园、金坛光伏产业园、苏州工业园区、昆山国家高新技术产业开发区、江苏盐城环保产业园、扬州经济技术开发区、泰州医药高新技术产业开发区等 10 家园区为首批省级试点园区单位。试点园区以国家和省级的特色产业园区为主体，覆盖了传统高能耗产业、高新技术产业、新兴产业等各行业类型，代表江苏产业发展水平现状，通过试点打造节能低碳的试点园区，有助于从示范效应和先导作用的角度上，在全省范围内全面推进江苏园区经济的低碳绿色发展。

根据全省试点推进要求，各试点园区分别编制了低碳发展规划，以更高的排放标准确定温室气体排放目标，制定控制排放的保障机制和实施举措。2011 年 9 月 27～28 日，江苏省发展改革委在南京组织专家召开的低碳经济试点单位规划评审会对十个试点园区的规划进行了专题评审。与会专家高度评价了试点园区的低碳发展规划，认为《规划》确定的各项发展指标满足省和各地关于节能降碳的各项约束性指标和预期性指标的要求，与各地重大规划衔接较好，对完成"十二五"节能减排目标有较大作用，对带动周边地区发展低碳经济可起到积极影响。这标志着各试点园区在低碳经济发展道路上迈出了成功的第一步。

在规划编制中，试点园区围绕低碳绿色发展的总体要求，结合各自实际，从不同层面提出了有特色、有亮点的思路举措：

一是突出园区发展的低碳绿色门槛。如南京江宁经济技术开发区提出探索制定低碳园区建设指标体系，从碳排放的角度限制高碳产业进入，打造绿色准入门槛。

二是全方面打造园区低碳产业体系。一方面是以要素集中的优势，积极发展新型低碳产业：如金坛光伏产业园提出以太阳能光伏利用为基础，统筹构建低碳产业、能源、交通、物流体系，推动新能源汽车和可再生能源应用推广。另一方面是以空间集聚、分工协作的优势，主动打造低碳产业链条，如扬州经济技术开发区提出发展光伏循环经济产业链，致力于形成多晶硅→单晶硅→单晶硅片→电池芯片→电池组的太阳能电池产业链、纺织原料—纱线—布匹—染整—服装及其他制成品的纺织产业链和汽车零部件制造→整车生产→销售→旧车回收→废弃物综合利用的循环型汽车工业链。

三是强化节能低碳技术的创新和应用。昆山市高新区提出推进碳排放在线监测技术的研究，并在重点排放企业和大型商务中心开展碳排放在线监测示范工程，为以后大范围实施碳排放在线监测提供实践经验和理论依据。扬州经济技术开发区提出在重点行业大力推进信息技术运用，年耗能10万吨标准煤以上的企业建设能源管理信息中心，用信息化促进能源管理水平的提高，带动制造技术和制造装备的升级换代；昆山市高新区提出从信息化、网络化、智能化等方面入手推动智能低碳物流发展。苏州工业园区则提出加快建设“低碳技术转让、低碳经济认证、低碳经济展示和低碳教育培训”等公共服务平台，服务于既有产业的低碳化转型需求。

四是突出绿色园区的机制保障建设。扬州经济技术开发区提出基于开发区电子政务系统建设低碳信息交流平台、技术研发转让平台、低碳经济咨询服务平台。泰州医药高新技术开发区提出实施新药研发链式公共服务平台建设工程，形成业务领域覆盖全国的新药临床研究技术服务平台，构建国际CMO、CRO技术服务体系。无锡—新沂工业园提出整合低碳社会服务资源的全新思路，开展低碳发展的研发平台、基础设施以及低碳服务体系建设。徐州经济技术开发区提出了建立生态补偿基金，实行政府主导、市场推进的多样化生态补偿方式的生态补偿机制。

专栏2－8 苏州工业园区低碳试点目标

指导思想：秉承科学发展观和可持续发展观，立足于园区实际情况，综合考虑园区定位，坚持经济发展与低碳化并重，充分发挥园区中新合作、先行先试、生态基础及政策优势。以产业转型升级、技术创新和制度完善为核心，逐步形成低碳经济增长方式，实现生产低碳化；积极倡导低碳生活理念，建设低碳社区，营造良好的低碳文化氛围，实现消费低碳化；建立健全与低碳经济发展相适应的管理机制，努力将苏州工业园区打造成为省内低碳发展的先行区、绿色发展的示范区和科学发展的实验区，使低碳产业园区建设走在全国前列。

基本原则：可持续发展、循序渐进、政府推动与市场主导相结合。

总体目标：以科学发展观为统领，以生态优化和可持续发展理念为指导，以节能减排和循环经济为抓手，发挥园区区位优势、产业优势和政策优势。在区域经济保持平稳较快发展和确保完成节能减排任务的前提下，合理降低能耗强度和碳排放强度。通过推进转型升级加快产业低碳化发展；推进技术革新，实现能源低碳化；做好低碳宣传引导，加快推进低碳社区试点、发展低碳交通、普及低碳建筑，适当提高碳汇能力，实现城市低碳化发展。瞄准“科学发展的新示范，开发开放的新品牌”的发展目标，以“低碳经济发展”助推建设“全国水平最高、竞争力最强园区之一”。

阶段性目标：三年行动计划（2011～2013），低碳发展起步阶段，从低碳产业体系构建、低碳能源发展、低碳城市建设（包括低碳社区建设、低碳交通推广、低碳建筑普及）、低碳政策探索四个方面着手开展低碳产业、低碳能源、低碳城市、低碳制度的试点，初步形成具有园区特色的低碳文化。五年行动计划（2011～2015），低碳发展推进阶段，结合园区“十二五”发展规划，实现产业创新转型。节能减排工作重心由重点用能单位覆盖全社会的各个层面。长期行动计划（2016～2020），低碳发展成熟阶段，低碳发展进一步推进，形成可复制可推广的低碳园区的发展模式，实现经济、社会、环境和谐有序发展。发展成为具有国际先进水平、体现中国特色的低碳样板新城区。

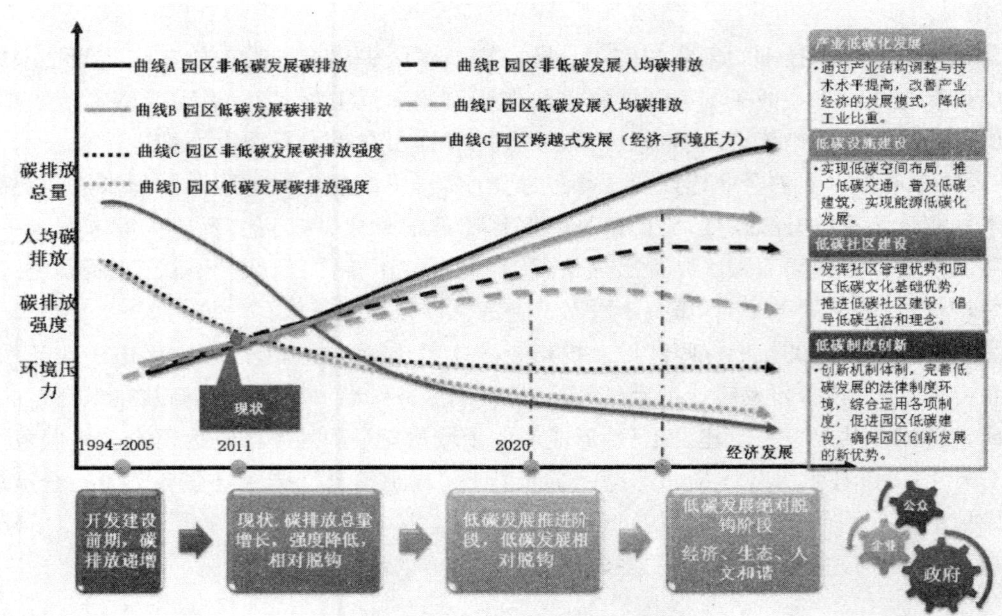

图 2-6 苏州工业园区低碳发展情况

3. 试点企业

企业是创造价值的主体，也是温室气体排放的重要来源。江苏省工业能源消耗占全社会能耗80%左右，因此抓好企业节能降碳，特别是工业企业的节能降碳，是我省减缓温室气体排放的重要着力点。2011 年 2 月，江苏省明确江苏高淳陶瓷股份有限公司、江苏花厅酒业有限公司、常州天合光能有限公司、江苏恒盛化肥有限公司、江苏沙钢集团有限公司、江苏九九久科技股份有限公司、连云港三吉利化学工业有限公司、江苏淮河化工有限公司、江苏丹阳富丽华有限公司及江苏绿陵润发化工有限公司等 10 家试点企业为首批低碳经济试点单位。

上述试点企业综合考虑区域平衡，兼顾行业特点和排放现状，结合自身的实际情况和发展特色，编制了低碳发展规划，力求着眼于生产经营的全过程，寻找降碳潜力及途径，加快低碳技术的创新和应用，推进低碳化生产经营。这些试点企业的规划，形成显著的试点示范效应，有助于推动同类企业进行低碳化的技术创新、管理创新和模式创新，以有效降低生产性排放。

10 家试点企业的低碳发展规划，是在摸清企业目前的能源利用、排放现状以及总结近年低碳经济发展成效基础上，提出“十二五”低碳发展总体思路和目标，为完成具体目标，确立“十二五”期间发展低碳经济的路径及重点工作，并提出建立健全保障体系措施。同时，试点企业围绕低碳绿色发展的总体要求，结合各自实际，从不同层面，在应用低碳技术、促进可再生能源应用、大幅度降低碳排放等方面提出了许多有特色、有亮点的试点举措。这些特色鲜明、理念先进的举措为我省企业层面低碳经济深入推进提供了有效动力。

一是突出低碳项目工程的整体策划和运作。如江苏沙钢集团，作为能源消耗大的钢铁企业，“十二五”期间将实施高炉脱湿鼓风、高炉干法除尘、热卷板加热炉蓄热室和气化技术改造、烧结机烟气脱硫等五大低碳技术改造工程，同时通过优化品种结构增加产品附加值和延伸产业链等举措，促进低碳经济发展，加速转型升级，“十二五”期间力争减少二氧化碳排放 250 万吨。

二是超前提出零排放或碳中和的理念和目标。江苏丹阳富丽华有限公司提出要致力于打造“零碳”企业，采取多种措施进行碳中和以减少碳排放：根据循环经济模式，对农业废弃物资源化利用，实现“资源—产品—废物—再生资源”的农业循环经济模式，减少废弃物排放；对城市生活污水处理产生的污泥资源化利用，实现负排放；通过采用新技术、新工艺或技术革新，降低企业关键生产环节的能耗和水耗；利用秸秆等生物质原料替代煤炭进行燃烧发电，实现二氧化碳的零排放。

三是突出低碳的企业管理模式。根据试点企业的低碳经济发展规划，江苏省将认真组织实施好试点工作，注重从技术研发、生产制造、管理服务和制度创新等各个环节倡导低碳绿色发展的理念和行动，切实推动低碳技术创新示范、低碳产品应用示范和低碳政策制度示范，全方位发挥引领带动作用，努力为我省低碳经济发展提供有益的经验借鉴，切实推动面上工作。

四是突出与循环经济和清洁生产的统筹。“十二五”期间，江苏淮河化工有限公司提出利用循环经济理念，进一步推行清洁生产，从生产的全流程削减和控制碳排放，实现单位工业增加值温室气体减排 30%左右。

专栏 2 - 9　沙钢低碳试点目标

指导思想：以科学发展观为指导，以“打造百年沙钢，建设绿色钢城”为战略目标，加快结构优化调整，持续转变经济发展方式；坚持技术创新，加大节能减排低碳生产投入，积极采用世界钢铁生产前沿技术，把节能、环保和发展低碳经济、循环经济有机地结合起来；通过实现生产装备大型化、提高工艺装备水平，调整产品结构、减少社会用钢量，实施余热余压回收利用项目，做好资源综合利用、发展循环经济和充分利用社会废弃资源等五个途径实现企业低碳生产和又好又快发展的目标。

基本目标：通过创建低碳经济企业试点工作，沙钢将全力实施技术改造，开发新钢种，各项产品单位能源、水、原材料消耗达到或接近清洁生产一级标准，远低于行业平均实绩；废物循环利用水平大幅度提高，固废在目前 100%利用的基础上，进一步提高利用深度和利用价值；各类余热余压资源充分利用；年减少二氧化碳排放 50 万吨，低碳经济指标在国内同行业中处于先进水平。

主要节能目标：

序号	目标名称	单位	规划目标	2010 年指标	清洁生产一级标准
1	吨钢综合能耗	公斤标煤/吨钢	560	580	
2	吨钢可比能耗	公斤标煤/吨钢	520	523	≤650
3	焦化工序能耗	公斤标煤/吨焦	95	98.8	≤150
4	烧结工序能耗	公斤标煤/吨矿	47	52.5	≤47
5	球团工序能耗	公斤标煤/吨矿	26	26.1	
6	炼铁工序能耗	公斤标煤/吨铁	385	425.6	≤385
7	转炉工序能耗	公斤标煤/吨钢	−12.8	−12.6	
8	电炉工序能耗	公斤标煤/吨钢	40	40.1	≤90
9	轧钢工序能耗	公斤标煤/吨材	52	52.3	
	其中中厚板	公斤标煤/吨材	56	58.45	≤58(1.7GJ)

下一步，江苏将全面推进低碳经济试点示范，加快形成一批各具特色的低碳城市、低碳园区、低碳企业和低碳社区，研究开发一批共性关键低碳技术，应用示范一批典型低碳产品，加快建立以低碳排放为特征的工业、能源、交通、建筑等产业体系、生产方式和消费模式，使控制温室气体排放能力得到全面提升。

（二）积极争取国家级低碳试点示范

在抓好省级低碳试点工作的同时，江苏还积极争取国家层面的试点示范。根据《国家发展改革委关于开展低碳省区和低碳城市试点工作的通知》要求，组织苏州等市申报国家低碳城市试点，并在以下领域积极争取了国家层面的试点示范。

1. 国家级低碳城市试点申报

《苏州市申请国家低碳城市试点工作方案》提出了实施低碳城市建设的“1234”总体发展思路，即：一条主线——以产业低碳转型升级为主线；两个重点——以工业领域节能减碳和交通建筑排放控制为重点；三个助推——以优化能源结构、增强碳汇能力和建设低碳社会为助推；四项支撑——以低碳管理创新、低碳技术创新、低碳人才培养和低碳试点示范为支撑。同时，《方案》确立了具有示范意义的发展目标：总体目标，通过低碳城市的建设，形成“城市发展贯彻低碳理念、经济转型依靠低碳产业、社会公众营造低碳氛围”的可持续发展局面，在全国率先实现总量和强度两大指标的突破。总量上，“十三五”期间逐步开展二氧化碳排放总量控制，力争2020年二氧化碳排放总量达到峰值；强度上，2015年二氧化碳排放强度比2005年下降36%，2020年碳排放强度比2005年下降超过50%。同时，提出了经济结构调整、能源消费结构、能耗控制、碳汇建设、低碳管理和试点建设等6个方面的具体指标。围绕总体思路和发展目标，《方案》提出了加快转型升级，构建低碳产业体系，创新节能技术，控制重点领域排放，创新体制机制，保障试点有效推进等6大任务、38项重点行动和9项保障措施。

“十一五”以来，淮安市始终坚持“创建低碳城市，实现绿色发展”理念，以发展“低能耗、低排放、低污染”产业为主，加快可再生能源、资源再利用等低碳基础设施建设，加大节能减排力度，取得了积极效果。特别是2011年2月获全省首批“十二五”低碳经济试点城市后，市委、市政府积极推进低碳建筑、低碳交通等建设，大力倡导低碳生活方式，全市上下形成了争创低碳城市、建设绿色淮安的浓厚氛围。2012年，又积极争创国家级第二批低碳试点城市，编制完成《淮安市低碳城市试点工作实施方案》，8月，成功通过国家发展改革委组织的低碳城市创建工作专题调研与检查，在9月国家发展改革委组织的专家评审中，“实施方案”得到一致好评，认为比较符合实际、具有可操作性，并顺利通过初审，现已上报国家发展改革委待批。

2. 绿色低碳重点小城镇

根据国家财政部、住房和城乡建设部、国家发展改革委2011年9月下旬联合发出的《关于开展第一批绿色低碳重点小城镇试点示范工作的通知》，江苏省常熟市海虞镇入选全国首批7个试点示范绿色低碳重点小城镇。

根据要求，试点示范镇将编写执行期2～3年的绿色低碳重点小城镇试点示范总体实施方案与专项实施方案。总体实施方案应包括试点示范镇建设发展目标，以及加强基础设施、公共服务，降低单位GDP能耗和碳排放强度，减少主要污染物排放的主要措施、资金概算和政策保障等内容。专项实施方案应包括推广应用可再生能源和新能源实施方案、建筑节能及发展绿色建筑实施方案、城镇污水管网建设实施方案、环境污染防治实施方案、商贸流通服务业发展实施方案等五项，国家三部委将从2012年开始对该五方面的项目给予资助，每个镇大约补助2 000万元左右。

2011年底，全国第二批绿色低碳重点小城镇试点的申报工作已开展，省财政厅、省住房和城乡建设厅、省发展改革委联合下达《关于组织申报全国绿色低碳重点小城镇示范备选名单有关工作的通知》，并初步筛选了10个省内小城镇，拟向国家层面进行申报。

3. 低碳交通运输体系试点城市

2011 年 2 月，交通运输部召开“车、船、路、港”千家企业低碳交通运输专项行动总结会暨低碳交通运输体系试点城市启动会，确定 10 个城市作为全国低碳交通运输体系建设试点城市，江苏省无锡市入选。低碳交通运输体系试点城市的主要工作包括建设低碳型交通基础设施、建设智能交通工程、完善交通公众信息服务、建立健全交通运输碳排放管理体系等，通过试点，探索检验建设低碳交通体系的规律和途径，为全面建设低碳交通运输体系提供经验。

同时，无锡市率先启动编制《无锡市低碳交通运输体系建设试点实施方案》和《无锡市低碳交通体系建设战略规划》，并加快建设综合交通枢纽和大力发展水运、借助物联网技术和智能化技术应用提高交通运输效率、优先发展公交和开发新能源技术，低碳交通运输体系建设试点城市初现实效。

4. 绿色能源示范县

2011 年 7 月召开的全国农村能源工作会议暨国家绿色能源示范县授牌仪式上，全国共有 108 个县入选“国家首批绿色能源示范县”，江苏如东县、东台市、东海县、泗阳县、句容市 5 县获此称号。为支持新能源示范县建设，国家设立了专项资金，根据财政部、国家能源局和农业部三部委联合发布的《绿色能源示范县建设补助资金管理暂行办法》，补贴范围主要包括沼气集中供气、生物质气化、生物质成型燃料等工程以及其他可再生能源开发利用工程和农村能源服务体系，并需整体达到一定的能源消费预期。该补助资金由财政预算安排，按照“政府引导、市场运作、县级统筹、绩效挂钩”的原则使用管理。在中央财政补贴之外，地方也需拿出一定的财政配套资金。地方配套资金可采取财政补贴、以奖代补、贷款贴息等补助方式支持示范项目建设，具体补助标准由地方综合考虑项目建设内容、投资规模、企业自筹资金等因素自行确定，地方财政支持情况将作为审核示范县实施方案和中央财政安排补助资金的因素之一。

5. 低碳港口试点

2012 年初，交通运输部下发了《关于组织开展交通运输节能减排专项资金区域性和主题性管理试点的通知》，初定连云港港与天津港、青岛港、蛇口港等 4 港为“低碳港口建设”主题性管理试点单位，并要求各港根据实际情况尽快启动试点项目申报和争取等工作。按照通知要求，连云港港口集团迅速作出反应，及时联合交通运输部水运科学研究院在较短时间内编制完成了《方案》，确定了“十二五”期间力争建成具备“低能耗、低污染、低排放和高效能、高效率、高效益”(三低三高)新型绿色低碳港口发展模式的连云港港低碳港口建设发展思路和任务目标，主要从低碳基础设施建设、低碳运输智能系统信息技术应用、清洁能源推广应用等 4 个方面提出 13 个低碳港口建设项目，并领先其他 3 港创新编制了独具特色的连云港港低碳港口建设保障体系。项目建设完成后，港口将实现年节能 6 559.26 吨标准煤，二氧化碳减排 13 515.7 吨。经过连云港港口集团的积极争取，凭借连云港岸电技术引领全国等诸多优势支撑，连云港港在各港中脱颖而出，2012 年 5 月，《连云港港低碳港口建设实施方案》(简称《方案》)进行专家评审会并获通过。这标志着交通运输部确定连云港港为全国首个“一城一港”节能减排专项资金区域性和主题性管理试点港，试点工作将全面进入具体实施阶段，并将获得由财政部批准的全国唯一的专项扶持资金补贴。

(三) 其他试点示范工作

1. 市县级试点逐步展开

2010 年，省发展改革委批复常州市武进高新区为江苏首家低碳示范区，并在上海世博会联合国会馆中授牌，产生较好社会反响。2011 年，南通市发展改革委在全省率先开展了市级低碳经济试点，确定了海安经济开发区等7个产业园区和南通联荣集团有限公司等17家企业为首批市级试点单位。无锡市要求所辖区县选择一批基础好、代表性较强、组织保障有力的试点单位，培育一批具有示范作用和推广意义、体现当地特点的低碳地区、低碳园区和低碳企业。

2. 企业盘查认证试点

2011年11月，中国质量认证中心（简称CQC）召开“江苏省低碳管理贯标、研讨暨颁证会”，为建立ISO14064国际碳排放核查标准的企业集中授牌。此次为获证的低碳管理试点企业集中授牌的模式在国内尚属首次，不仅参与企业多、且涉及行业广，为江苏省更好地推进节能低碳工作起到了较好作用。

目前，CQC南京分中心已对省内千余家企业完成了ISO14064标准的宣贯，并在输配电设备、机电设备、电线电缆、电子、服装、建材等不同行业分别选取典型企业完成了碳排放核查，开创了碳核查工作的多项全国第一，已完成了物流行业（吴江经济技术开发区物流中心）、建材行业（信益陶瓷[中国]有限公司）、服装行业（江苏利步瑞服装有限公司）、电线电缆行业（无锡江南电缆有限公司）、电焊机行业（南通富力机电设备有限责任公司）、电动工具行业（百得苏州公司）、输配电行业（华鹏集团有限公司）等多个行业全国首家企业的碳排放核查工作，为推动江苏乃至全国的碳排放核查工作作出了较大的贡献。

3. 环境交易试点

2011年3月，由梦兰集团、苏州工业园区管委会、南京大学联合筹建的苏州环境交易所挂牌成立。该交易所为充分利用市场化手段促进区域环境资源合理配置、环境污染物排放总量控制以及静脉资源发掘和再利用提供了一个创新载体，将主要开展环境污染物排放权、环境权益类产品、低碳技术及温室气体等产品的交易、交流和创新研究，为政府、企业等提供优质的增值服务。目前该所已初步获准在苏州地区开展环境交易的试点工作，为建设江苏环境交易所积累经验。

4. 排污权有偿使用和环境资源区域补偿试点

排污权有偿使用和环境资源区域补偿试点取得突破性进展，制订了《江苏省太湖流域主要水污染物排污权有偿使用和交易试点方案细则》，制定统一的收费办法，各地制定具体的实施细则，各级环保行政主管部门按照分级管理权限，核定排污单位排放指标并征收排放指标有偿使用费。太湖流域排污指标有偿使用和交易平台基本建成，为下一步全面开展排污指标有偿使用和交易创造条件，推动稀缺的环境资源从无价向有价、从无序利用向有序利用转变。

七、能力建设

（一）机构建设

“十一五”以来，为适应绿色经济、低碳经济发展的客观形势和江苏生态省建设的目标要求，江苏着力加强节能减排、新能源发展领域的组织领导，先后成立了省级层面的组织协调小组和专职业务部门，对低碳经济发展形成了有力的领导和管理格局。

2007 年 6 月，为加强节能减排工作的组织领导，江苏省政府成立了以梁保华省长为组长，发展改革、环保等省级职能部门主要负责人为组成成员的省节能减排工作领导小组。

2008 年 8 月，为切实加强对应对气候变化和节能减排工作的组织领导，省政府将省节能减排工作领导小组调整为以罗志军省长任组长的省应对气候变化及节能减排工作领导小组，下设节约能源办公室、污染减排办公室、应对气候变化办公室。同时，省政府对省能源领导小组组成人员进行了调整，进一步强化了对全省能源发展的组织协调。

2008 年 12 月，江苏省气候变化中心正式成立。该中心将针对全省应对气候变化工作中亟待解决的热点和难点问题，开展多形式、深层次的科研攻关，以全球气候变暖背景下极端气象灾害发生发展规律和影响为重点，做好防灾减灾的决策服务工作，同时为开发利用风能、太阳能提供决策服务和开发建议，为大型工程建设做好气候可行性论证工作。

2010 年 5 月，江苏省能源局成立，作为全省能源领域的专职业务管理部门，承担统一规划和协调能源发展、利用职能，这为节能减排工作推进增添了新的组织协调力量。

（二）能力培训

在目前低碳发展起步阶段，能力培训是关键，是推动低碳工作上台阶的举措。“十一五”以来，江苏省在能力培训方面做了很多工作，并取得了积极成效。

1. 积极参加国家组织的各种能力培训班

为加强温室气体清单编制能力建设，了解前沿动态，掌握政策规章，为开展和指导低碳工作奠定基础，2011 年 7 月，江苏积极组织了国电环保院、南京大学、省农科院、南京林业大学、省环科院、省工程咨询中心等机构的专家及相关工作成员参加了国家发展改革委应对气候变化司在北京举办了省级温室气体清单编制指南培训班。培训班分别邀请国家发改委能源所、中科院、中国农科院、林科院等专家对能源活动、工业生产过程、农业、土地利用变化和林业及废弃物处理等五个领域进行授课。同时邀请试点省份（辽宁、云南、浙江、陕西、天津、广东和湖北）介绍省级温室气体清单编制经验。此次培训加强了省级清单编制的科学性、规划性和可操作性，为编制方法科学、数据透明、格式一致、结果可比的省级温室气体清单提供指导。

2. 加强对领导干部低碳发展知识的培训

近年来，江苏省组织全省各方面力量，围绕低碳经济发展，面向地方领导干部、地方发展改革委系统、省有关部门、单位和企业相关负责人举办了多次专题培训班和多场专题汇报会，以切实加强能力建设,有效提高领导干部低碳发展意识和科学管理水平。2010 年 7 月,省委组织部和省发改委共同举办了江苏省低碳发展战略培训班。本届培训是"中美气候行动伙伴计划"在未来三年中一系列"气候领导学院培训项目"的开始,该项目还将在涉及低碳发展的各个方面为中国的城市决策者提供深入细化的信息及咨询支持。2011 年 3 月,省发改委联合国家发改委能源研究所,在南京举办全省低碳经济能力建设培训班。对国内外低碳发展形势、"十二五"低碳发展规划编制、温室气体排放清单编制、如何实现低碳发展转型和以技术创新促进低碳经济发展等问题进行了讲授,省辖市发改委分管主任和相关业务处室、各县(市)发改委分管主任、24 家低碳经济试点单位代表参加了培训,各市发改委组织有关单位参加了培训。2011 年 11 月,为落实"十二五"碳强度下降目标,摸清全省温室气体排放家底,探讨碳排放交易体系,促进全省绿色低碳发展,省发改委召开了省级温室气体排放清单编制培训班和碳排放交易体系专题研讨会,介绍了能源活动、工业生产过程、农业、林业、废弃物处理等五大领域温室气体排放清单编制的基本方法、重点难点和数据需求,有效提高了各级发改部门、省各有关部门、单位、重点企业对温室气体清单编制工作的理解。

(三)国际合作

充分利用国际社会和有关机构对我国应对气候变化在项目、技术和资金等方面的支持,推动低碳国际项目合作。江苏省发改委与德国环境部合作,实施为期四年的"江苏省低碳合作项目",重点围绕低碳发展战略、低碳发展能力建设和低碳发展试点项目开展了一系列合作,目前在无锡市低碳发展综合路线图等课题方面开展了大量工作,已取得阶段性成果。积极与美国可持续发展社区协会合作。该协会与江苏省发改委共同签署了"江苏省低碳发展能力建设项目"2 年合作框架协议,开展了与苏州的低碳城市建设及与南京大学的江苏环境、健康与安全(EHS)中心等一系列合作。支持英国外交与联邦事务部在我省的多个合作项目,包括武进低碳垃圾处理繁荣基金项目、苏州工业园区低碳发展工具开发与使用等合作。

积极开展清洁发展机制(CDM)项目合作管理。截止到 2011 年底,我省获批 CDM 项目 104 个,签发二氧化碳减排量 419.2 万吨,其中 2011 年内我省获批 CDM 项目 20 个,签发二氧化碳减排量 241.8 万吨。全面加强对外宣传。2011 年底,江苏省发改委参加了南非德班会议,在中国角边会上全面介绍了江苏低碳发展的情况和做法,并专门分发了淮安市和武进低碳示范区宣传资料,产生积极效果。

(四)科研支撑

1. 推进低碳领域技术研发

"十一五"以来,江苏省充分发挥科技进步在低碳发展领域的促进作用,围绕低碳建设总体目标,以项目为抓手,在重点行业、重点领域、重点企业加大低碳技术的研发、集成、推广和应用步伐,实施了一大批节能降碳技改工程,累计实现节能 1 400 多万吨标准煤,约减排二氧化碳 3 200 多万吨。2010 年实施省级科技项目 122 项,总投入 53.5 亿元,省拨经费 2 亿多元。目前,"10111"工程已顺利完成,围绕高效清洁燃烧、工业余热利用、高效机电节能、半导体照明、建筑节能、新能源应用、工业清洁生产、工业废水处理、烟气控制治理、固废物资源化等十大节能减排关键技术领域,重点攻克 100 项制约节能减排的关键共性技术及装备并实现转化应用,开发推广 100 项潜力大、应用面广的节能减排先进实用技术,培育扶持 100 家创新能力居国内前列或能耗与排放指标属省内先进的节能减排科技创新示范企业,使全省重点行业、重点企业、重点工程节能减排的技术瓶颈取得突破,明显提高科技进步对节能减排工作的支撑作用。

2. 建设技术支撑平台

2011年，苏州工业园区—清华大学环境科学技术研发基地低碳实验室成立。该实验室致力于开展节能管理和温室气体减排的研发、设计与服务，满足用户节能减排、能耗监测的需求。2011年3月，南京大学环境与低碳技术研究中心成立。这是一家以低碳理论研究、科研合作、技术转让和咨询服务为一体的综合性研究机构。2011年3月，苏州环境交易所成立。主要功能为充分利用市场化手段促进区域环境资源合理配置、环境污染物排放总量控制以及静脉资源发掘和再利用。目前该所已初步获准在苏州地区开展环境交易的试点工作，为建设江苏环境交易所积累经验。2011年5月，南京大学- ISC环境、健康与安全中心（江苏EHS中心）正式落户苏州，该中心由美国可持续发展社区协会（ISC）和南京大学环境学院联合组建，通过提供建筑和交通能效、减缓气候变化及应对措施、市区可持续发展的专业课程，旨在为中国企业培养一批高素质的环境、健康与安全（EHS）职业经理人。同时，南京大学依托综合地学优势，成立二氧化碳封存实验室，开展不同地质体与地质原料（岩体，矿物）的二氧化碳封存能力评价与封存试验，编制中国地质与矿物二氧化碳路线图。

3. 加强重大课题的研究

2011年以来，依托国家和省级各类科技重大专项和技术创新工程，全省各部门、各科研院所围绕低碳发展领域的前沿性和基础性问题，有针对性地开展了一系列应对气候变化、节能降碳的重大课题研究。如省发改委开展了循环经济"十二五"发展指标体系与目标研究、碳交易市场发展思路研究、园区循环化改造实施方案研究、应对气候变化能力建设需求分析研究等。科技部门则委托南京大学开展了江苏省低碳技术路线图研制，资助了低碳视角下江苏省创新型城市建设评价及发展模式、江苏发展低碳交通的对策措施等一系列软科学研究。同时，绿色建筑标准、建筑减排潜力、绿色智能交通等一系列指导实践的科学研究也在积极开展之中。

第三篇　地方政策与行动

“十二五”以来，各级政府和部门高度重视应对气候变化问题，充分认识到绿色低碳发展的重要性和紧迫性，积极贯彻落实国家和省委、省政府节能降碳相关的各项工作部署，强化组织领导、健全绿色发展机制、深化节能降碳举措、广泛开展舆论宣传、深入参与国际合作，各地应对气候变化工作取得了显著成效，呈现出“百花齐放”的喜人态势。在本篇中，我们将对十三个省辖市和部分省级低碳试点园区和企业在2011年的发展情况进行集中展示。

南京市2011年度绿色低碳发展概况

南京市发展和改革委员会

一、总体概况

2011年，南京市把应对气候变化、发展低碳经济工作放在突出位置，针对经济社会发展中的不可持续问题，积极适应国内外经济发展新形势，主动应对国际经济环境新变化，加快转变发展方式，扎实推进绿色低碳发展，各项工作取得显著成效。

1. 节能降碳概况

2011年，南京市万元GDP能耗为0.842吨标煤，与2010年相比，下降3.71%，完成了江苏省政府下达的年度目标任务。狠抓“三高两低”企业整治和淘汰落后产能工作，全面完成173家“三高两低”企业整治任务，其中关闭企业100家，减少能源消耗近10万吨标煤。加快“绿色南京”建设，实施绿色通道、生态景观林建设工程，2011年完成新造林8.2万亩。2011年12月，南京市政府出台了《南京绿色都市建设十大行动计划》，为进一步推进绿色南京建设做出了新的工作部署。

2. 战略目标

2011年，南京市委出台了《关于坚持生态为基　加强资源节约环境保护的意见》，提出了实现“两个率先”带好头、转型升级作示范和率先基本实现现代化的目标，力争2012年创建成为国家森林城市，2013年创建成为国家生态市和国家生态园林城市。到2015年，把南京建设成为经济生态高效、环境生态优美、社会生态文明、自然生态与人类文明高度和谐统一的独具魅力的绿色都市。

二、工作与成效

1. 抓好规划引领工作

起草编制了《南京市“十二五”绿色城市发展规划》，绿色城市发展规划把应对气候变化、发展低碳经济列为绿色发展重点任务之一，紧紧围绕率先基本实现现代化的要求，紧扣发展方式根本性转变，根据《南京市国民经济和社会发展第十二个五年规划纲要》中有关“提高生态文明水平”建设的要求，提出了今后五年南京绿色城市发展的指导思想、发展目标、主要任务、重点项目和保障措施，落实绿色发展战略，推进生态现代化，提高生态文明水平。

2. 积极推动低碳试点工作

以转变经济发展方式为着力点，以各类开发园区、企业为重点，选择一批基础条件较好、代表性较强、组织保障有力的试点单位，找准定位，科学示范，努力培育一批具有示范作用和推广意义，体现南京特点的低碳企业、低碳园区，江苏高淳陶瓷股份有限公司、江宁开发区已经被列为全省低碳经济试点单位。积极推动河西新城区加入欧洲“低碳智慧城市”网络，通过开展国际合作，引进国外的先进发展理念和低碳技术，打造南京市的低碳品牌。

3. 加快发展清洁能源

(1) 加快新兴能源的开发和利用

结合国家、省新能源开发利用政策，南京市开始着手推进铁路南京南站屋顶太阳能发电项目(7兆瓦)、高新开发区农业大棚太阳能发电项目(2兆瓦)、江宁轿子山垃圾填埋场太阳能发电项目(7兆瓦)等一批新能源示范应用项目，其中铁路南京南站屋顶太阳能发电项目建成后将成为全球最大的建筑一体化太阳能发电系统。

(2) 秸秆能源化利用发展较快

通过加大财政扶持力度，推进秸秆综合利用工作，南京市秸秆能源化利用发展较快。近年来，南京市在江宁区、浦口区、六合区、溧水县共建设秸秆固化成型燃料基地3个，秸秆气化集中供气站40多座。2011年，南京市能源化利用秸秆40多万吨，有效地促进了农村经济的发展，取得了显著的经济效益、生态效益和社会效益。

4. 加强节能管理工作

(1)加快推进节能技术进步

一是着力推进重点节能工程和项目建设。2011年南京市安排了102项重点节能项目，实现节能能力约100万吨标准煤。二是不断完善节能改造新机制。2011年，南京市以合同能源管理的模式与用能单位签订节能改造项目合同77个，总投资额达16.5亿元。三是大力推广节能新技术和新产品。为了给节能工作提供强有力的技术和产品支撑，南京市加快推进节能环保产业的发展，推动节能新技术、新产品的应用，编制印发了《南京市节能节水产品(设备)目录》和《南京市节能节水、环境保护及安全生产专用设备使用企业所得税优惠政策管理办法》，通过举办产品现场展示会、生产厂商和用户对接会等形式，广泛宣传推广应用。

(2) 实行最严格的节能制度

一是强化节能目标责任制。年初召开了各区(县)、开发区及重点用能单位节能主管部门工作推进会议，与年耗能5 000吨标煤以上的重点用能单位签订了以节能减排目标为主要内容的创建环境友好型企业责任书。二是加强固定资产投资项目节能评估和审查。为从源头控制高耗能、低效益项目的建设，南京市认真开展固定资产投资项目节能评估和审查工作。2011年以来，南京市共对1 100多个项目开展了节能评估审查。

(3) 加快淘汰落后生产能力

2011年6月，南京市启动了173家高污染、高能耗、高排放、低效益、低产出的“三高两低”企业整治行动，其中包括南京市年综合能耗5 000吨以上的中石化南京化学工业公司、南京海宏炉料有限公司等单位，主要采取停产、转产、改造、搬迁或关闭等措施，由点到面，不断推进。加快推进企业清洁生产审核工作。2011年，完成108家企业清洁生产审核，通过审核的企业，当年投资各种节能、节水和污染减排改造资金共2.95亿元，实现节能6.5万吨标煤，节水489万立方米，减少COD、SO_2、氮氧化物、粉尘排放分别为80吨、50吨、130吨、613吨。

5. 增强城市碳汇能力

以国家森林城市创建为目标，全力推进城乡造林绿化。完善城市绿色生态系统，加快形成覆盖整个市域、城乡一体化的绿地系统，为城市绿色发展构建有效的碳汇体系。2011年市级财政投入2亿元绿化专项资金，完成新造林8.2万亩，城区建成小游园20个，建成区绿化覆盖率达到44.42%。南京已经形成了以主城绿化为中心，以城市两环与城郊结合部环城森林圈、进出主城干道绿色通道和沿江、沿河、沿湖的保护林带网为骨架的新的城市绿化格局。

保护农村生态碳汇。大力推广生态农业模式和低碳农业技术，发挥农业生态系统的整体碳汇功能。在农村地区，大力推广秸秆还田和免(少)耕技术，增加农村土壤碳贮存，严格控制在生态环境脆弱的地区开垦土地，保护基本农田林地，全面实施农村环境连片综合整治。

6. 大力倡导绿色生活

广泛宣传发动，在南京市民中积极倡导绿色低碳的生活方式。推广高效节电照明系统，2011年推广节能灯数量超过100万只。大力发展公共交通，特别是清洁能源公交和轨道交通，倡导市民乘坐公交出行。倡导“慢生活”，为市民自行车出行或步行创造更加舒适宜人的环境。鼓励市民从事社区绿化和家庭园艺，让绿色走进社区、走进家庭。在市民中倡导垃圾分类，发展垃圾回收利用的相关技术和产业。推进农村地区垃圾无害化处理，着力解决农村安全饮水、清洁能源、卫生公厕、污水和垃圾处理等问题，不断改善农村生产生活环境，提高农民生活品质。与迎青奥系列活动相衔接，在南京市特别是广大青少年中，深入开展“青奥绿色行动”，让绿色成为社会的风尚、青春的自觉。

三、基础能力建设

1. 推进管理体制机制创新

加强政策法规保障。积极借鉴国内外先进理念和新思路、新方法，南京市委出台了《关于坚持生态为基加强资源节约环境保护的意见》，引领南京市绿色发展工作。南京市发改委牵头编制了《南京市“十二五”绿色城市发展规划》、《南京“十二五”循环经济规划》等一系列规划，用于指导城市发展。为保障规划顺利实施，南京市还出台一系列环境保护、资源利用等方面的政策法规，如《南京市水环境保护条例》、《南京市节能监察条例》等政府规章和一系列规范性文件，为绿色低碳发展工作提供了政策依据和法律保障。

加大监督管理力度。南京市重视环境、能耗、电耗、水耗等监管能力建设，加大投入，监管硬件和软件建设取得显著进步，监测仪器装备、在线监控和信息化建设在全省乃至全国都处在领先水平，成为跟踪监督、评估绿色发展各项工作的有力支撑。

2. 加强能力培训工作

一是加大宣传培训力度，将绿色低碳培训列入市管干部培训和党校授课内容。广泛开展各种形式的绿色发展宣传活动，提高全民意识，促进绿色低碳工作的开展。二是积极组织区县相关部门参加国家、省组织的低碳能力建设培训班，及时熟悉、掌握绿色发展最新动态。

四、下一步打算

“十二五”南京市绿色低碳发展工作的总体思路是：以邓小平理论和“三个代表”重要思想为指导，深入贯彻落实科学发展观，坚持绿色发展，突出经济结构调整，突出能源结构优化，进一步培育以低碳排放为特征的新经济增长点，进一步引导自然环保的低碳生活方式，进一步加强应对气候变化能力建设，推动南京经济、社会和环境协调可持续发展。

1. 抓好绿色发展规划引领工作

推进《南京市“十二五”绿色城市发展规划》的落实工作，督促和指导区（县）、开发区和相关部门制定有效措施，切实保障《南京市“十二五”绿色城市发展规划》建设任务的落实。把降低能源消耗强度和二氧化碳排放强度作为经济社会发展的约束性指标，建立健全应对气候变化的工作责任制和科学考评体系。全面树立绿色低碳发展理念，加快形成节约能源资源、保护生态环境和适应气候变化的产业结构、增长方式和消费模式。

2. 促进产业结构的优化升级

（1）提升产业整体竞争力

加速实施新兴产业“双倍增”计划和特色产业培育计划，组织实施新型显示、智能电网、风电、光伏、软件和未来网络、节能环保、生物医药、轨道交通等新兴产业发展规划。加快推进国家智能电网科研产业基地、南瑞继保产业园、中电熊猫电子装备及系统制造产业基地、国电南自工业自动化产业园、北斗导航产业基地等新兴产业基地建设。实施汉能薄膜太阳能电池、扬子石化三轮乙烯改造等一批项目。引导区县共建培育区域特色的新兴产业和重点产业。全力打造高世代面板和新型显示、智能电网、软件信息等千亿级产业和微电子、创新药物、节能与环保、智能交通等 10 个重点高新技术特色产品集群，培育一批产值 100 亿级的重点高新技术产品集群，力争集成电路设计、医药研发外包、现代制造服务、软件外包等高技术服务业的销售收入达百亿级。

(2) 提升服务业发展层次和水平

抓紧枢纽城市、智慧南京建设，构建区域金融、物流、商务、科技创新服务中心，提升现代服务业发展水平；积极发展节能环保技术服务、生态工程咨询、碳交易等低碳服务产业，重点推广合同能源管理等模式；抓住产业结构调整的方向，加快优势特色服务业发展，巩固提升服务业占地区生产总值比重。

(3) 加快淘汰落后产能

突出抓好重点领域、重点行业、重点企业的节能减排，把推进节能减排与调整产业结构、优化产业布局结合起来，继续开展“三高两低”企业关停整治行动，实施绕城公路以内一批工业生产类企业的“退城入园”。按照国家要求，逐步淘汰水泥产业产能落后的生产线；推动梅钢与南钢以新带老工程，淘汰小高炉、小焦炉，清理关闭不符合产业政策要求的生产线和钢铁企业。

3. 加强应对气候变化基础能力建设

(1) 启动应对气候变化规划的编制工作

通过规划编制，进一步提高各方面应对气候变化意识，统筹协调应对气候变化各项任务，推动绿色低碳发展。

(2) 启动温室气体清单的编制工作

为建立温室气体排放数据统计和管理体系提前做好准备，确定温室气体排放清单编制工作计划和方案，提前收集相关基础数据资料、完善技术路线，组织开展南京市温室气体清单的编制工作，摸清南京市温室气体的排放底数，为争取国家低碳试点奠定扎实的工作基础。

(3) 落实碳强度下降指标

根据国家、省“十二五”碳强度下降指标的分解要求，加强温室气体监测工作，建立温室气体监测规范，开展温室气体排放统计工作，做好碳强度下降指标在南京市的核算工作，研究制定碳强度指标考核评价体系和实施办法，推动“十二五”碳强度下降目标的实现。

4. 努力提高资源利用效率

(1) 建设节约型社会

发展节能型工业和节水型农业，开展节材、节能、节水、节地活动，加快废旧物资回收系统建设，加强再生资源回收，最大限度地利用各种废弃物；进一步拓展粉煤灰(渣)、脱硫石膏、冶炼废渣等工业固体废弃物和建筑垃圾的资源化利用渠道，减少生产、建设、流通、消费各个环节的资源消耗。

(2) 优化能源结构

构建安全稳定、经济清洁的城市能源支撑体系，优化燃煤发电机组结构，继续鼓励热电联产，稳妥推进城市分布式能源技术。推进新城、新市镇天然气管道建设，逐步实现燃气管道对城镇的全面覆盖。发展清洁公交，结合 2014 年青奥会的举行，进一步加大天然气汽车和电动汽车的推广使用。大力发展新能源和可再生能源，推进太阳能、风能和垃圾发电，提高可再生能源比重，全面推进阶梯电价，提高全民节能意识。

(3) 统筹推进循环经济发展

一是加快宏观指导。编制完成《“十二五”南京市循环经济发展规划》。二是做好南京市“十一五”循环经济试点的评估考核工作，总结推广成功的做法和典型工作经验，推进南京市循环经济发展。三是拓展循环经济工作领域，全面发展循环经济。在工业节能、节水、节地、综合利用、清洁生产的基础上，要推进农业领域、消费领域、社会层面的循环经济发展，支持实施餐厨垃圾资源化、产业园区循环化改造、资源循环利用技术示范推广。

（4）建立节能长效管理机制

一是加强目标管理。督促和指导区（县）、开发区和重点用能单位落实有效措施，确保分解到区县、开发区的年度节能考核目标顺利完成。二是加强机制创新。通过三到五年的有效实践，使合同能源管理成为推动南京市企业开展节能技术改造最主要的手段。三是加强节能执法。以《南京市节能监察条例》的实施为契机，进一步探索节能执法的新理念和新方法，创新执法模式，真正提高用能单位的节能意识和管理水平，促进南京市节能工作再上新台阶。

5. 推进低碳发展模式

（1）支持低碳技术的研发应用

充分利用南京市高等院校、科研院所、各类人才集中的优势，把发展低碳经济与产业结构调整、自主创新和节能减排有机结合起来。推进能源高效清洁利用技术、低碳建筑设计与建造技术、绿色消费技术等重大关键技术攻关，适时将减排重点由关停、治理为主转变为发展减排新技术，改进工艺、改造设备、改善生产流程上来，以减排技术的提高降低生产成本、提升经济效益。

（2）推动低碳示范建设

努力培育一批具有示范作用和推广意义，体现南京特点的低碳企业、低碳园区；推动绿色社区试点建设，打造以低碳生活为理念及行为特征的绿色社区，提倡对现代科学低碳技术的运用，提升社区服务主体的科技水平及居民生活质量，并通过绿色社区示范引导市民进行低碳生活和消费。

（3）引导低碳生活方式

一是加快培育绿色市场，倡导居民使用绿色产品，不断扩大节能产品应用范围，引导消费向清洁能源、节约资源、保护环境的方向发展；二是广泛推广绿色节能建筑，强化建筑节能管理，提高建筑节能标准，所有新建建筑严格执行65%的节能标准，开展公共建筑75%节能标准的试点；三是努力提升公共交通出行率，发展低碳化交通方式，建设安全、便捷、绿色的低碳出行系统。

（4）认真做好适应气候变化工作

针对农业、城市安全、河流湖泊防汛、交通安全等气象高影响行业和领域面临的气象灾害威胁，建立完善气象业务服务系统，提高气象灾害监测预警能力，开展气候变化和大气生态环境监测评估。加强极端天气应急能力建设，建立完善城市突发气象灾害和气象衍生灾害的各类应急预案，建立多灾种多部门早期联动预警防御平台和工作机制。

无锡市2011年度绿色低碳发展概况

无锡市发展和改革委员会

根据国家、省有关发展低碳经济的精神，以及江苏省低碳经济试点城市的工作要求，无锡紧紧围绕江苏省委、省政府的决策部署，创新思维，扎实工作，有序推进绿色低碳发展工作。

一、2011年绿色低碳发展工作情况

1. 总体概况

(1) 2011年节能降碳情况

2011年单位GDP能耗同比下降4.05%，下降幅度位列全省第一。在江苏省每季度公布的节能预警三色调控中，仅有无锡一直保持绿灯，多次得到省政府及有关部门的表扬。据初步预测，单位GDP能耗下降0.587吨标准煤/万元，完成省下达的节能目标。

(2) 绿色低碳战略发展目标

“十二五”期间，无锡将以科学发展观为指导，以打造生态文明先驱城市为导向，以低碳经济试点为引领，突出抓好产业、能源、建筑、交通等领域的低碳化，扎实推进低碳城市建设“十大工程”。

——低碳经济。把结构战略调整作为转型发展的主攻方向，加快构建以高新技术产业为先导、服务经济为主体、先进制造业为支撑、现代农业为基础的现代产业体系，到2015年，服务业增加值占GDP比重达49.5%以上。大力发展循环经济，不断提高资源综合利用效率，促进产业低碳化发展水平。到2015年，无锡市单位GDP二氧化碳排放量累计下降20%。

——低碳社会。加快城市现代化综合交通系统建设，大力推广纯电动及混合动力等新能源交通工具，加快发展智能交通，提高交通职能管理水平。2015年，公共交通分担率达到30%。大力发展低碳节能建筑，加快改造既有高能耗建筑，加强建筑能耗监管，加快推进低碳示范城市建设，力争2015年完成中心城区173平方公里建筑低碳化改造。构建低碳生活理念，提倡低碳消费，普及低碳绿色生活方式，不断提高资源综合利用率，到2015年，单位工业增加值用水下降20%，工业用水重复利用率达到80%以上，再生水重复利用率达到33%，工业固体废弃物综合利用率达到100%。

——低碳生态。优化城市空间和功能布局，继续加强生态绿化、湿地保护和生态功能区的建设与保护，提高碳汇质量，增强碳汇总量。到2015年，无锡市林木覆盖率达27%以上，城镇绿化覆盖率达45%以上，碳汇能力大幅增强，建成国家生态园林城市和全国最佳人居环境城市。

2. 工作与成效

(1) 稳步推进固定资产投资项目节能评估和审查工作

为从源头上控制能源消费，促进节能减碳，2011年3月，无锡市发改委正式建立了无锡市固定资产投资项目节能评估和审查工作制度，出台了《固定资产投资项目节能评估和审查实施办法(试行)》、《节能评估文件编制机构备案管理办法(试行)》、窗口办事指南等系列文件，形成了规范开展能评工作的政策文件体系和规章制度，编写了《关于无锡市开展固定资产投资项目节能评估和审查工作有关情况的问答》资料，更好地服务项目单位，为能评工作顺利开展打下了良好基础。并加强了能评业务衔接和管理，无锡市有审批权限的二市(县)、四区能审工作全面启动。通过开展固定资产投资项目节能评估和审查工作，促进了科学合理利用能源，从源头上杜绝能源浪费，提高了能源

利用效率，对无锡市能源结构调整和节能降耗起到了重要作用。

（2）推进无锡市能源结构调整工作

一是完成能源结构调整实施方案。编制并下发《无锡市能源结构调整实施方案》，方案明确了无锡市能源结构优化的目标、任务和保障措施，并提出了年度工作目标和任务分解，确保工作落实到位，从源头推动无锡市低碳发展。

二是推进重点行业能源结构调整、电力领域结构调整、热电联产、交通领域能源结构调整、天然气利用、可再生能源利用以及清洁能源区建设等六项重点工作，定期跟踪工作进度，汇总进展情况、分析存在的问题上报市领导。

三是培育和发展十大重点产业。组织实施重点产业项目计划，对重大装备、云计算和物联网、光伏太阳能、微电子、环保产业、生物医药等行业重点围绕重大项目推进、创新能力提升、骨干企业培育、高端人才引进、特色基地建设等方面，加强协调和推进，全力推进无锡市十大重点产业快速发展。

四是积极发展低碳农业。注重挖掘利用农业资源，开发农村清洁能源，实现能源结构优化调整；加大造林绿化建设，加强农业面源污染治理，发挥农业碳汇功能，减少农业源温室气体排放。

（3）推动光伏太阳能应用示范工作

一是编制了《无锡市光伏太阳能推广应用示范工程实施方案》，提出了加快推进光伏太阳能推广应用示范工作的政策措施，明确对市区范围内列入示范工程项目的业主单位按照实际获得的定额补贴给予50％～100％的配套资金扶持。

二是根据能源结构调整工作要求，加大推进光伏太阳能推广应用示范项目工作力度，目前，无锡市已建成无锡（国家）工业设计园0.3兆瓦、无锡机场0.075兆瓦、江阴博润0.15兆瓦、华西村0.47兆瓦屋顶光伏并网电站，尚德生态大楼1兆瓦光电建筑一体化并网电站，锡山区政府机关0.25兆瓦屋顶光伏并网电站以及江阴临港国际物流园屋顶太阳能光伏电站2兆瓦项目等7个示范工程，总装机容量共4.245兆瓦。已建和在建的项目合计11.474兆瓦。

（4）启动无锡市低碳经济试点示范工作

为贯彻落实省低碳经济试点工作精神，更好地推进无锡市低碳试点工作，研究下发了《关于开展低碳经济试点示范工作的通知》，要求在两市（县）七区选择一批基础好、代表性较强、组织保障有力的试点单位，从地区、园区和企业三个层面开展无锡市低碳经济试点工作。经无锡市发改委、经信委、建设局、商务局、环保局等部门和无锡市工程咨询评审中心、江南大学有关专家集体评审，确定滨湖区、江苏宜兴经济开发区、江阴临港新天地、无锡江南电缆有限公司、无锡中彩新材料股份有限公司、施朗德（无锡）电力科技有限责任公司、无锡马盛环境能源科技有限公司等7家单位为无锡市低碳经济试点单位。

（5）推广合同能源管理工作

出台了扶持合同能源管理的发展意见和管理办法，无锡市2011年实施合同能源管理项目已超过50项。同时，建立了合同能源管理项目库，包括工业节能、建筑节能、商贸节能和公共机构节能项目，并对项目库实行资源共享和动态管理。215个项目入库，节能量达到85万吨标煤。2011年，无锡市共组织申报150个重点节能与循环经济项目。

（6）继续实施重点行业整治工作

全面实施化工、冶金、琉璃瓦和市区热电行业整合整治三年行动计划，深入推进“五小”和“三高两低”企业整治，预计全年完成关停192家（其中小化工92家），整改“三高两低”企业190家，沿湖企业关停并转迁47家。按照《关于进一步加强淘汰落后产能工作的通知》（国发〔2010〕7号）和工信部《部分工业行业淘汰落后生产工艺装备和产品指导目录(2010年本)》要求，开展相关行业落后产能调查摸底，明确淘汰目标任务，全年淘汰水泥95万吨、造纸10万吨、印染3 000万米的落后产能淘汰任务已圆满完成。通过能源审计、清洁生产等行政措施及财政补助资金引导扶持，推动企业淘汰落后用能设备1 000多台(套)。

(7) 开展清洁能源区建设达标活动

制定出台了《无锡市清洁能源区建设达标活动工作方案》，明确2011～2012年清洁能源区建设工作目标、验收标准和重点工作。各地全面实施燃煤工业窑炉改造(淘汰)工作，崇安区、南长区、北塘区所辖街道建成清洁能源区建设达标街道，江阴市、宜兴市、锡山区、惠山区、滨湖区和新区分别建成1～2个清洁能源示范区。截至目前，无锡市已完成75座燃煤工业炉窑节能技术改造，完成淘汰燃煤工业炉窑355座，每年可以减少原煤消费50多万吨。同时，大力推广绿色照明，2011年推广节能灯51.9万只，超额完成省下达的目标任务。

(8) 优先发展公交倡导低碳出行

目前，无锡市区4家公交企业，公交线路229条，营运车辆3 116辆，日均客流量近118.3万人次，公交分担率26.38%，同时，进一步深入推进城乡公交一体化，不断拓展“镇村公交”覆盖范围，已实现了无锡市域(包括江阴、宜兴)行政村公交通达率100%的目标，无锡城乡公交一体化格局已形成。为了推动无锡市低碳城市建设工作，投入纯天然气公交车220辆和11辆油电混合动力公交车。现市区公交基本实现无排放不达标的“黄标车”，空调车有2 829辆，占比90.7%，天然气公交车475辆，100万元的油电混合动力公交车11辆；江阴88路投放了10辆纯电动公交车运行。积极引导并推广“油改气”工作，目前现有CNG汽车5 619辆，其中公交618辆，出租3 805辆，驾培及社会车辆1 196辆。

无锡市在2011年12月28日由经济日报社主办的“2011中国自主创新年会”上，被评定为“2011中国十大低碳城市”(大连、三亚、贵阳、南昌、杭州、无锡、南宁、保定、厦门、长春)，江苏省仅无锡市上榜。

3. 基础能力建设

(1) 编制低碳城市建设规划

根据国家、江苏省有关规划编制的要求，结合无锡市实际，编制完成《无锡市低碳城市建设规划》。规划作为无锡市开展低碳城市试点工作的总体纲领，对试点工作具有重要的指导作用。目前，规划已通过江苏省发改委组织的专家论证。

(2) 研究制定《无锡市低碳城市建设实施方案》

制定出台《无锡市低碳城市建设实施方案》，由市政府办公室正式发文实施(锡政办发〔2011〕169号)。该方案提出了无锡市推进低碳城市建设的总体要求和重点任务，并对工作目标任务进行了分解，明确责任部门，力争无锡市形成合力，共同推进。

(3) 研究制定《无锡市控制原煤消费量工作方案》

制定出台了《无锡市控制原煤消费量工作方案》，由市政府办公室正式发文实施(锡政办发〔2011〕278号)。该方案提出大力引进和发展清洁能源，用清洁能源替代原煤，逐步减少并严格控制原煤消费量，将目前以原煤为主的污染型能源结构逐步转变为以天然气、电力等为主的清洁型能源结构。

(4) 加强国际间绿色低碳工作交流

中德“低碳未来城市”项目是由德国墨卡托基金会出资支持，由江南大学—无锡低碳城市发展研究中心和德国伍珀塔尔研究所联合开展的国际合作项目。项目以无锡市和德国杜塞尔多夫市为案例分别研究一套低碳绿色发展战略，为未来低碳城市发展提供依据和指导。2011 年以来，该项目已分别在德国杜塞尔多夫市和无锡各举办了一次研讨会，双方有关政府部门、专家学者和企业参会，项目陆续形成了一些研究成果，合作顺利。

二、下一步打算

1. 主要任务

(1) 加快构建低碳产业体系

一是积极培育和发展重点支柱产业。组织实施重点新兴产业项目计划，对重大装备、云计算、物联网、光伏太阳能、微电子、环保产业、生物医药等行业重点围绕重大项目推进、创新能力提升、企业培育、人才引进、物色基地建设等方面，加强协调和推进，全力推进无锡市重点新兴产业快速发展。

二是进一步提升服务业发展水平。在推动服务业在总量提升基础上优化内部结构，着力发展工业设计、文化创意、服务外包等新兴领域，扩大发展现代商贸、现代旅游、现代物流等优势领域，创新思路与举措，通过载体建设与招商引资并举，完善政策和服务环境，进一步推进服务业大发展。

三是推进低碳农业的产业化、标准化建设。实施低碳品牌战略，提升农产品的品牌竞争力，形成低碳农业产业链，促进无锡市农业进一步转变发展方式。

(2) 着力推进结构减碳

一是加快淘汰落后产能和落后用能设备。继续实施化工、冶金、琉璃瓦和市区热电行业整合整治，深入推进“五小”和“三高两低”企业整治。

二是加强能源行业运行监测，对新增高能耗、特殊行业、供热、油品等重点能源设施项目实施严格节能评估和审查，从源头控制能源消费的不合理增长，加快推进合同能源管理。

三是加快发展热电联产，加快新能源、清洁能源和可再生能源利用。

四是合理引导能源需求，调控能源需求总量，全面推进清洁能源区建设。

(3) 加快发展低碳交通

一是完善基础设施网络，加快构建综合交通运输体系，科学推进交通基础设施建设，促进各种运输方式之间和区域间、城乡间交通统筹协调发展，优化交通基础设施布局，提升网络化水平。

二是积极完善工作框架和机制，加快完成《无锡市低碳交通运输体系建设发展规划》，明确绿色低碳交通发展目标和方向；结合低碳交通运输体系建设试点实施方案，以试点项目为载体，制定无锡低碳交通发展的具体实施意见和行动计划，并对各项关键技术及政策措施等开展相应的研究，建立健全有利于低碳交通发展的良好的框架和机制。

三是打造绿色公共交通体系，优先发展公交，优化市民出行方式结构，构筑符合低碳要求的新型城市公共交通体系；加快公交车辆的新增和更新，加快公交车辆的“节能减排”进程，提高车辆的舒适化和低碳化程度，不断提高公交分担率。

四是加强并完善能耗统计，做好监测考核工作，加强节能减排监管能力建设，逐步建立健全交通运输行业节能减排的监管体系，形成权责明确、协调顺畅、运行高效、保障有力的交通运输节能减排监管网络。

(4) 积极打造低碳建筑

一是在新建建筑中加快建设绿色节能建筑，新建建筑严格执行节能标准；在新建大型公共建筑、在建建筑中，全面推广区域供冷或水冷式空调系统、建筑外墙保温隔热、屋顶绿化等先进节能技术，建设一批具有示范意义的低能耗、超低能耗和绿色建筑的示范项目。

二是分步骤改造既有高能耗建筑。积极开展既有建筑状况调查、能耗统计，制定既有建筑节能改造计划，明确节能改造的目标、范围和要求，分步骤实施分类改造；积极鼓励统一设计、安装太阳能热水系统，大力推广应用新型建筑节能结构体系和新技术在城乡建筑中的应用。

(5) 加快推广新能源应用

一是积极实施太阳能屋顶并网发电、建筑一体化并网发电和地面光伏并网电站工程，加强光伏发电在建筑领域和城市照明领域的应用。

二是组织光电建筑、金太阳示范工程项目的申报，加大项目和资金争取力度，推进无锡市光伏太阳能领域向上争取工作。

三是加快秸秆能源化工程建设。推进秸秆气化、秸秆发电、秸秆固化成型等多种利用方式，新建秸秆气化集中供气项目、秸秆发电项目等，有效提高秸秆利用效率。

四是加快推广绿色照明的应用。启动绿色照明改造工程，计划全年改造高耗低效高压汞灯光源7千盏，提高照明设施质量和安全运行保障，利用照明传感控制中心对市区的照明和亮化全面启动节能控制模式，创建无锡特色的绿色照明新模式。

(6) 大力推进资源能源综合利用

一是切实抓好工业"三废"综合利用，加大资源综合利用优惠政策宣贯，提升资源的再生利用水平。

二是加强土地节约集约利用，严格无锡市节约集约用地管理，研究制定《无锡市工业用地指南》、《节约集约用地考核评估办法》、《工业用地竣工验收办法》等一系列配套文件；积极盘活存量，提高土地利用效率。

三是加快新型墙材企业的技术改造和新产品开发，鼓励发展以固体废弃物为原料的新型墙材。

四是深入推进循环经济试点。选择一批企业发展循环经济，进一步扩大试点范围。

五是持续推进清洁生产，对已通过清洁生产审核的企业，开展"回头看"活动，督促企业持续推进清洁生产；对污染物排放不能稳定达标或污染物排放总量超过核定指标的企业，以及使用有毒原材料、排放有毒物质的企业，实施强制性清洁生产审核。

2. 保障措施

(1) 建立健全政策体系

制定鼓励和支持低碳经济的法规和政策措施，加强对低碳产业发展扶持、低碳技术高端人才引进、降碳技术产品推广应用等方面的政策优惠。建立健全温室气体统计、监测和考核体系。健全完善节能减排的激励约束机制，完善行业能耗监管体系。

(2) 加大监督检查力度

加快无锡市"十二五"能源发展规划、能源结构调整方案、控制原煤消费量工作方案落地和实施，切实落实光伏太阳能推广应用示范工程实施方案的相关政策。根据有关法规和政策文件，在重点区域、重点领域、重点企业中定期组织开展专项检查和监察行动，督促法规、政策措施的落实，严肃查处违反节能法律法规的案件，依法加大处罚力度。

(3) 广泛开展先行先试

根据低碳城市总体建设目标，突出重点、因地制宜加快开展低碳地区、低碳园区和低碳企业的试点示范工作，推进具有示范作用和推广意义、体现无锡特点的低碳示范试点工程。

(4) 加强低碳宣传教育

深入开展低碳主题宣传活动，提升全民生态环保低碳意识。加快低碳教育基地建设，提高公众保护环境的参与度，拓展壮大环保志愿者队伍，引导建立非政府性环保公益社团组织。

徐州市2011年度绿色低碳发展概况

徐州市发展和改革委员会

近年来，徐州市按照江苏省绿色低碳发展总体工作部署，以推进产业转型升级为主线，上下联动、多措并举、强化落实，徐州市绿色低碳发展取得了积极成效。

一、总体概况

近年来，徐州市以发展清洁能源和新能源、推进重点领域节能、积极增加碳汇、推进示范试点和加大宣传力度为重点，全力推进低碳发展工作。徐州市节能降碳取得实效、组织领导体系逐步完善、各项战略目标全部实现。2011年徐州市单位GDP能耗下降3.68%，超额完成省下达降低3.5%的目标；单位工业增加值能耗下降10.84%；顺利完成淘汰落后产能和污染减排年度任务。市区空气质量优良率达91.8%；水域功能区水质达标率为100%，所有国控断面水质实现了全部达标，集中式饮用水水源地水质达标率为100%，市区新增日处理污水能力20万吨、污水管网102公里；创建成功国家级生态镇4个，国家级生态村3个，实现徐州国家级生态镇、村创建零的突破；完成造林13万亩，徐州市森林覆盖率达31.5%，居全省第1位；2011年5月，环保部正式授予徐州市"国家环境保护模范城市"称号。

二、主要成效

1. 能源结构进一步优化

为突破传统能源发展空间制约，徐州市在巩固传统煤电能源优势的基础上，坚持走绿色、环保、可持续发展之路，把发展光伏光电、风电、生物质发电等非化石清洁能源作为主攻方向，加大政策扶持力度，加快科技创新步伐，走多能互补、多源并举、综合利用的能源发展道路，加快推进能源结构优化升级和低碳化转型。2011年，徐州市能源产业规模突破千亿大关，新能源产业实现产值287亿元，成功实现了由传统资源型城市向"新能源之都"的华丽转身。

（1）新能源产业发展迅速

① 光伏光电产业异军突起。一是建成了全球最大的硅材料生产基地。中能硅业多晶硅产能连续迈上新台阶，节能环保水平和产品成本质量行业领先，2011年总产能达6.5万吨，居世界第1位；协鑫硅材料硅片形成8吉瓦铸锭、硅片产能，产量约4.5吉瓦。徐州经济技术开发区已成为世界产量第一、质量最好的多晶硅和多晶硅切片基地，全球市场占有率今年有望提升至30%以上。二是形成了上下游一体化的光伏光电产业链。坚持区域集中、产业集聚、企业集群，徐州经济技术开发区成为国家级新能源特色产业基地，太阳能电池片产能达400兆瓦，组件产能达1 000兆瓦，建成世界单体规模最大的23.8兆瓦生态农业屋顶光伏发电和国内最大的20兆瓦光伏地面发电站，形成了从高纯多晶硅、拉棒、切片、电池板、组件到太阳能发电系统的完整光伏产业链。加快延伸发展光电产业，成功引进LED外延片、芯片、封装、应用等项目，具备年产1 000万片蓝宝石衬底、3 000万片蓝宝石晶体及切片、58万片高亮度蓝光LED外延片、155亿粒高亮度LED管芯、11.54万套电子触摸屏的产能，力争通过5年努力，把徐州建成全国一流、全球知名的LED产业中心。三是构建了强有力的政策扶持体系。围绕打造千亿级光伏光电产业集群，制定实施《光伏光电产业发展战略纲要》、《能源产业调整和振兴规划纲要》等政策性文件，在土地、税费、项目建设、人才等方面出台特

殊优惠政策，对重点企业实行“一企一策”个性化帮扶。高水平建设协鑫科技园、力晶半导体产业园、光伏产业园、清洁技术产业园等特色功能园区，依托中国矿大等高校建立十多个光伏光电研发平台和实验室，形成了产学研紧密结合的产业创新体系。实施建筑一体光伏并网发电示范项目，对自主创新的新能源和清洁技术产品实行政府首购制度，加快了光伏光电产品应用推广步伐。四是太阳能光电光热广泛应用。目前，徐州市已建成世界单体最大生态农业晖泽 23.8 兆瓦屋顶光伏发电项目、国内最大的协鑫 20 兆瓦地面电站、艾德 0.5 兆瓦屋顶光伏发电等一批光伏发电项目。徐州市太阳能光热建筑应用面积达 653 万平方米，2011 年新增太阳能光热建筑应用面积 364 万平方米，新增地(水)源热泵应用面积 8.53 万平方米。

② 风电产业规模快速扩张。一是风电装备产业发展迅速。从 2002 年罗特艾德在徐州合资成立徐州罗特艾德回转支承有限公司以来，徐州风电装备产业规模不断扩大，产业基础得到进一步夯实，逐步吸引了力士(徐州)回转支承有限公司、维斯塔斯铸件(徐州)有限公司。目前，徐州风电产业发展主要侧重于风电用回转支承产品及配件制造方面，已形成以徐州罗特艾德、维斯塔斯等为龙头的产业集群。二是风能利用提上日程。近年来，徐州也在逐步探索风能利用，充分挖掘风能资源。协合风电投资有限公司、国华(江苏)风电有限公司等风电企业已在微山湖江苏段沿岸、大运河邳州段沿岸等地风力资源丰富地区建立测风站，目前，贾汪协合风电场一期工程 48 兆瓦、铜山协合风电场一期工程 48 兆瓦已上报省发改委列入 2012 年风电项目核准计划。“十二五”期间拟在贾汪、铜山、沛县等区域建设一批风力发电项目，总装机容量约 60 万千瓦。

③ 生物质能源发展应用呈现新亮点。近年来，随着沼气发电、污泥发电和垃圾发电等一批生物质发电项目的建成投运，进一步推动了徐州生物质能源产业的发展。一是秸秆利用发展加快。国能邳州 30 兆瓦秸秆发电、宜丰 30 兆瓦秸秆发电等一批项目正加快推进，徐州市秸秆发电装机容量将达 60 兆瓦。大力推进秸秆肥料化、饲料化和基料化综合利用，2011 年徐州市秸秆肥料化还田率达 33%，消耗秸秆 85 万吨；饲料化利用量达 30 万吨；基料化利用量 12 万吨。积极推广秸秆固化成型点和秸秆收储中心建设。2011 年徐州市建成固化成型点 91 处，秸秆压块生产能力达 39.67 万吨。已建成秸秆收储中心 34 处，年收储能力在 42.6 万吨，在建和拟建 23 处，年收储能力达 19.5 万吨。加快推进秸秆气化集中供气工程建设，2011 年徐州市共建成秸秆气化集中供气工程 33 处，年产秸秆燃气 2 500 万立方米。二是沼气利用方式多样。已建成目前国内最先进的维维集团万头奶牛场沼气发电和花厅生物科技沼气发电等一批项目，总装机容量 7.5 兆瓦。已建成使用“一池三改”户用沼气工程 8.34 万户，池容总量 66.7 万立方米，年产沼气 2 768 万立方米、沼肥 83 万吨；已建规模畜禽场沼气治理工程 312 处，其中：沼气发电装机容量 2 228 千瓦，年发电量 619 万千瓦时，池容总量 4.73 万立方米，年处理畜禽粪便 400 多万吨，年产沼气 838.6 万立方米。三是污泥、垃圾利用发展加速。已建成投运保利协鑫徐州垃圾发电和建平实业造纸污泥发电项目，总装机容量 54 兆瓦。国丰新能源 30 兆瓦垃圾发电项目正在推进。

④ 工业余能综合利用发展加速。目前，徐州市已建成投运的资源综合利用发电项目有利国钢铁、中联水泥、龙山水泥、天能姚庄、佳园化工、夹河煤矿等 6 个资源综合利用发电项目，总装机容量 6.3 万千瓦；2011 年发电量约 3.8 亿千瓦时，年节约标准煤约 4.7 万吨。东方热电焦炉煤气综合利用热电联产、天裕焦炉煤气发电、伟天化工焦炉煤气发电、泰发特钢高炉煤气发电等 9 个项目正加快建设，装机容量 42.7 万千瓦；东兴能源、华裕煤气、东南钢铁等 10 个工业余能综合利用项目正有序推进，装机容量约 27 万千瓦。

(2) 清洁能源消费快速增长

到 2011 年，徐州市已有天然气供气企业 10 家，共建设高压管线 25.3 公里，中压管线 480 公里，低压管线 1 270 公里，CNG 储罐 2 100 立方米，LNG 储罐 230 立方米，天然气使用覆盖主城区、贾汪区、铜山区、邳州市、沛县、新沂。消费情况：2005 年徐州市使用天然气为空白，自 2006 年开始使用天然气，2006 年徐州市消费量为 200 万立方米，到 2011 年，徐州市居民用天然气 34 万户、利用天然气工业企业达 50 余家、公共服务场所 540 余家、徐州市 CNG 加气站点 14 个，2011 年徐州市消费天然气量达 2.6 亿立方，较 2006 年增长 130 倍，增长势头迅猛。

2. 重点领域能效水平进一步提升

通过在工业和其他重点领域实施一系列节能措施，全社会能效水平进一步提升。2011 年徐州市单位 GDP 能耗下降 3.68%，单位工业增加值能耗下降 10.84%。

(1) 工业领域

一是加快推进主导产业高端化、新兴产业规模化、传统产业品牌化，推动产业结构优化升级，促进资源型城市转型和经济发展方式转变。2011 年装备制造业、食品及农副产品加工业、能源产业分别完成产值 2 068.6 亿元、1 612 亿元和 1 017 亿元，全面完成老工业基地振兴产业发展目标。煤盐化工首次突破千亿元大关。高新技术产业产值增长 89%，占规模以上工业产值的 28%，当年提高 8 个百分点以上。二是提高电力行业能效水平。近年来，徐州市通过落后产能淘汰，关停小火电机组 166.4 万千瓦，改造 126 万千瓦。到 2011 年底徐州市有 11 家统调电厂，装机容量 1 039 万千瓦，30 万千瓦及以上机组达到 14 台，占徐州市总装机容量的 82%，电力行业能源效率得到大幅提升。三是推进产业废物综合利用。推进大宗固体废物综合利用，目前，徐州市已形成利用煤矸石、粉煤灰等工业废渣生产烧结砖产品 30 亿块、非烧结的非粘土新型墙材产品 10 亿块标砖的生产规模，仅从新型墙材生产方面，年利用工业废渣 425 万吨，节约土地 5 600 多亩，节能近 16 万吨标煤。2011 年，徐州市新产煤矸石综合利用达 90.2%；新产粉煤灰、脱硫石膏、冶炼渣综合利用率均达到 100%。四是大力推动节能技术进步。在冶金、煤炭、化工、建材等重点行业实施余热余压利用、电机系统改造、能量系统优化等示范工程，已形成年节能 30 万吨标煤的能力。五是严把能耗准入关。依据《固定资产投资项目节能评估和审查暂行办法》(国家发展改革委令第 6 号)和《省发展改革委关于印发〈固定资产投资项目节能评估和审查实施办法(试行)〉的通知》(苏发改规发〔2011〕1 号)等文件精神，进一步加强对固定资产投资项目的能源消费审查，坚决把住能耗过快增长源头关。节能审查工作的顺利开展有效地确保了徐州市新上的项目能耗水平达到同行业先进水平，有效遏制了高耗能、高污染项目盲目投资和低水平重复建设，从源头控制污染物排放总量的增长。六是开展节能专项执法活动。切实加强对年耗能 3 000 吨标煤以上企业节能工作的监督管理，促使节能由引导逐步转向依法强制执行。2011 年，对 181 家年耗能 3 000～5 000 吨标煤企业和 142 家年能耗 5 000 吨以上企业进行了拉网式排查和重点监督检查。

(2) 其他重点领域

交通领域：在交通节能方面，努力提升运输集约化程度，优先发展公共交通。目前徐州市 95% 以上出租车使用天然气，徐州市已建成 CNG 加气站 14 座，年供气量达 7 000 万立方米。2011 年徐州市优化调整城市公交线网 32 条，新增、更新节能环保公交车辆 218 台，更新客车 314 台。建筑领域：在建筑节能方面，严格执行建筑节能强制性标准，大力发展绿色建筑。目前，徐州市 12 层以下太阳能热水系统应用率为 90%，多数采用屋顶安装分户式太阳能热水器，个别采用阳台栏板壁挂分户式；12 层以上高层住宅建筑中太阳能热水系统使用较少，应用比率为 24.8%，主要采用阳台栏板壁挂分户式或屋面集中式。管道二公司南二区、徐州人家(白云南区)和东方明珠等小区 2 万多户居民使用了预先安装好的太阳能热水器。市区太阳能安装数量约 60 万户，集热器安装面积约 90 万平方米，可节约 10.8 万吨标准煤。2011 年新建节能建筑 764 万平方米，完成既有住宅改造 5 万平方米，建筑节能标准执行率达100%。公共领域：在公共节能方面，一是加大宣传力度。通过节能理念、节能知识的宣传，努力营造人人参与、人人有责的全社会节能氛围。二是加强公共能耗管理。充分利用自然光照，全面推行高效节能照明产品，大力推广公共节能新技术。通过一系列节能措施，2011年徐州市公共机构人均综合能耗较2010年下降5%。

3. 碳汇能力进一步增强

主要通过绿化造林、秸秆还田等建立多种形式碳汇体系，增加碳汇能力，推进徐州市低碳发展。

(1) 增加林业碳汇

利用森林的储碳功能，通过植树造林、加强森林经营管理、减少毁林、保护和恢复森林植被等活动，吸收和固定大气中的二氧化碳。2011年，徐州市各级政府积极组织义务植树造林、城市绿化。全年完成造林13万亩，徐州市森林覆盖率达31.5%，居全省第1位，市区建成区绿化覆盖率达到41.87%，较2010年提高1.27个百分点，极大地增强了徐州市的碳汇能力。

(2) 保护耕地碳汇

耕地固碳的主要形式是农作物秸秆还田固碳。2011年，徐州市大力宣传秸秆还田的好处、焚烧秸秆的坏处，积极倡导农民实行保护性耕作，采取措施促进秸秆还田，提高土壤有机质含量，确保耕地用养结合，土地永续利用。全年徐州市秸秆肥料化还田率达33%，消耗秸秆85万吨。

4. 试点示范工作扎实推进

(1) 规划编制顺利进行

根据江苏省发改委对全省低碳经济试点工作的部署，组织徐州经济技术开发区、无锡—新沂工业园、江苏花厅酒业有限公司和江苏恒盛化肥有限公司4家低碳试点示范单位编制《"十二五"低碳发展规划》。目前，各试点单位规划已通过江苏省发改委专家组评审。

(2) 低碳发展工作取得实效

各试点单位充分利用自身特点，通过规划引导、政策扶持、技术创新等措施打造了各具特色的低碳产业链。徐州经济技术开发区大力发展低能耗、循环型、低碳型产业，促进节能减排和资源综合利用，基本形成了以光伏光电、智能化工程机械、再制造、节能环保等为主的低碳产业体系。花厅生物科技实现了以资源的高效循环利用、清洁生产为核心，以低消耗、低排放、高效率循环利用为基本特征的生产模式，通过对废水、废气、废渣的综合治理利用，实现了低碳运行的目标。

(3) 探索建立碳交易取得突破

积极鼓励有实力的企业进行碳交易，淮海中联公司余热发电项目成功在联合国注册，年减排CO_2约10万吨，年获得收益约800万元；徐州宜丰三堡环保热电有限公司已与欧盟正式签署了徐州宜丰农林生物质环保热电CDM项目的二氧化碳减排量交易合同(ERPA)，欧盟以9 057.5万欧元(约合8亿元人民币)购买了徐州宜丰农林生物质环保热电项目19年共计925万吨二氧化碳减排量。

5. 公共意识不断增强

徐州市充分利用广播、电视、标语、简报等新闻媒介以及其他形式宣传"低碳"理念，积极倡导资源节约和环境保护的生产方式、生活方式和消费方式，引导广大人民群众建立低碳生活理念。徐州经济技术开发区还特别邀请《新华日报》、《徐州日报》、徐州电视台和徐州电台等新闻媒体单位，对其创建生态工业园区、建设低碳经济试点园区等重点工作进行系列报道。

三、基础能力建设

徐州市各管理部门观念创新、制度创新、体制创新，用全新的视角和手段建立健全体制机制、完善政策法规、提高科技创新能力、积极参加国际交流和能力培训。

1. 建立健全体制机制

一是加强组织领导。成立低碳经济发展工作领导小组，从全局角度形成行政合力，保障促进低碳经济发展工作顺利开展。二是完善服务平台。加强低碳公共服务平台管理，增强低碳公共服务平台功能。三是提升管理水平。建立健全节水、清洁生产审核、废旧物资处置、可再生能源利用等有利于低碳经济发展的系列制度措施。四是落实配套政策。争取市财政对新引进低碳型企业给予适当税收减免，对制造企业的低碳改造工程给予适当优惠。

2. 逐步完善政策法规

2011 年徐州市组织编制了《徐州市"十二五"循环经济发展规划》、《徐州市"十二五"墙体改革和建筑节能规划》、《徐州市生态建设和环境保护"十二五"规划》和《徐州市"十二五"大气污染物联防联控规划》等规划，为如期实现各规划目标，徐州市先后研究出台了《关于加强节能工作的实施意见》等一系列政策性文件。进一步明确了节能降耗和发展循环经济的目标、政策和措施，完善了低碳循环经济建设的政策保障体系。同时，还委托中国矿业大学低碳研究院编制《徐州市温室气体排放清单》，为下一步徐州市开展二氧化碳检测统计工作做好基础工作。

3. 加强科技支撑能力

一是科技创新投入大幅增长。2011 年徐州市直属科技财政经费达 3 160 万元，同比增幅 46%，徐州市财政科技总投入达 5 亿元以上。全社会科技研发(R&D)投入达到 53 亿元，占 GDP 比重达到 1.6%，比上年增加 0.1 个百分点。二是企业研发机构建设稳步推进。2011 年，徐州市拥有国家级研发机构 17 家，省级研发机构 165 家，市级企业研发机构由 2010 年末的 309 家增加到现在的 1 503 家，总数翻两番，95%的本土大中型企业和 43%的规模以上工业企业建立了市级以上企业研发机构，提前完成了年度目标任务，8 个县(市)区实现了本土大中型企业市级研发机构全覆盖。三是科技创新体系建设成效显著。2011 年徐州市 22 人入选省高层次人才引进计划，26 人入选省企业博士聚集计划创新类，分别位居全省第 7 和第 2 位。市级以上高层次人才创新创业基地达 24 家，大学生创业企业已达 1 000 家。

4. 积极参加国际交流

徐州市以建设中德共建徐州生态示范区项目为契机，先后邀请德国爱姆舍水务公司、劳齐茨与中部德国地区矿区管理有限公司等专家就有关采煤塌陷地复垦与整治进行洽谈。市政府经济代表团赴德参加中德中心第二届理事会活动期间，深入考察欧盟重点企业，进一步推动了中德合作实际进展。与包索市、圣马丁市共同签署了友好交流城市协议。积极鼓励在徐的科研院所积极参加国际交流，其中中国矿业大学低碳研究院参加了一系列国际交流活动，如 CO_2 地质处置以及 CO_2-ECBM 国际专题研讨会、中国—加拿大清洁煤与碳捕集及封存技术研讨会、城市环境与低碳经济高层论坛、2011 低碳能源与应对气候变化国际会议、采煤塌陷地生态修复治理国际会议和 2011 年低碳城市与国土规划论坛研讨会等国际低碳交流会议。

5. 能力培训得到增强

按照省要求，徐州市组织各县市区发改部门相关人员赴低碳经济发展较好的国家参加培训学习，组织研修生赴德培训。积极组织部门、企业相关人员参加江苏省发改委组织的省级温室气体排放清单编制培训班和碳排放交易体系研讨会。

四、下一步打算

徐州市将以产业转型升级为主线，全力推进低碳和循环经济发展、能源结构优化升级、重大工程项目建设和引导公众积极参与，积极构建适合徐州市经济社会发展需要的一、二、三次产业相互耦合的绿色经济产业体系和整体框架。

1. 推进产业转型升级

加快产业结构调整，大力推进新型工业化进程、优势传统产业转型发展、战略性新兴产业规模发展、现代服务业集聚发展，构筑经济转型升级新优势。在巩固传统煤电能源优势的基础上，把发展光伏光电、生物质发电等非化石清洁能源作为主攻方向，积极创建国家新能源示范城市、分布式光伏发电规模化应用示范区，推动徐州市由传统能源、资源型城市向新能源、可持续发展城市转型。加强固定资产投资项目节能审查，严格加大力度淘汰和关闭高能耗、高污染、高危险、低效益的劣势企业，着力构建绿色低碳产业体系，加快推进工业经济绿色增长。

2. 抓好示范试点工作

认真组织徐州经济技术开发区、无锡—新沂工业园、晋煤恒盛、江苏花厅生物科技 4 家试点单位加快重要技术攻关、重大项目推进、重点产品研发，推进低碳产业发展，形成绿色低碳产业体系。以创建国家新能源示范城市、分布式光伏发电示范区和资源综合利用“双百工程”示范基地为契机，促进新能源产业和资源综合利用产业加快发展。适时开展园区循环化改造，实现园区资源高效、循环利用和废物“零排放”。

3. 支持新技术开发应用

加快节能减排和资源综合利用技术的开发，推动建立以企业为主体、产学研相结合的技术创新与成果转化体系。在焦化、煤炭、电力、化工、建材等重点行业中，鼓励使用“零排放”技术、废弃物综合利用技术等循环经济的减量化技术，以及再利用技术和再循环技术，推动企业内循环经济发展。各类企业专项资金要将企业节能减排作为支持重点，促进企业节能技术改造和节能新技术、新工艺、新产品的推广应用。

4. 制定相关扶持政策

积极研究探索在财政、税收、土地等方面出台相关支持政策，鼓励支持园区、企业绿色低碳化改造，进行低碳技改，支持企业推广清洁生产技术，支持企业节能降耗，支持企业集约发展等。目前，徐州市正着手研究制定《徐州市新能源专项扶持资金管理办法》。

5. 推进重大项目建设

坚持以产业转型升级为主线，通过实施节水节能节材工程、污染控制工程、环境整治工程等，促进徐州市低碳产业体系加快形成。全力推进徐州经济开发区规划实施的低碳技术研发孵化中心、低碳技术及产品交易中心、低碳总部经济园、低碳国际人才创业园、低碳技术教育学校、低碳社区体验区等工程，无锡—新沂工业园规划建设的低碳科技产业创业园、低碳行政会议中心、低碳国际招商城、低碳生活社区、低碳湿地文化公园等工程建设。积极推进花厅生物科技有限公司的常压蒸馏装置改造、冷却水系统节能改造、发酵工艺改造、二氧化碳回收、资源综合利用、清洁能源生产等重点项目建设。

6. 引导公众积极参与

组织开展形式多样的宣传活动，普及绿色、低碳、循环经济知识，增强全民可持续发展观念、绿色消费观念。积极引导各类环保民间组织投身环保公益活动，开展“绿色学校”、“绿色社区”等创建绿色系列活动，建立绿色消费体系，打造绿色社区，引导社会实行垃圾分类管理，加强资源回收利用。

常州市2011年度绿色低碳发展概况

常州市发展和改革委员会

2011年是"十二五"规划的开局之年，常州市在省委、省政府的领导下，在市委、市政府的具体指导下，以加快绿色低碳发展为手段，以促进经济结构转型为目的，紧紧围绕建设资源节约和环境友好型城市的总体要求，开展各项工作。

一、总体目标和战略要求

坚持以科学发展为主题，以加快转变经济发展方式为主线，以经济发展循环化、低碳化为重要抓手，综合运用节能降耗、结构调整、政策引领等措施，着力推进低碳试点示范，大力加强低碳技术研发推广应用，加快形成节能减排、发展方式转变的倒逼机制，促进实现经济效益、社会效益和生态效益三者的有机统一，走一条科技含量高、资源消耗低、环境污染少、经济效益好的低碳发展之路。

常州市严格按照江苏省"在发展中节能减排，在挑战中把握机遇，走低碳绿色的可持续发展之路"的低碳发展思路，结合本市实际情况，制定常州市低碳发展目标。《常州率先基本实现现代化指标体系(试行)》明确，到2015年，单位GDP能耗要低于0.5吨标煤/万元，单位GDP化学需氧量排放强度低于2千克/万元，单位GDP二氧化硫排放强度低于1.2千克/万元，单位GDP氨氮排放强度低于0.2千克/万元，单位GDP氮氧化物排放强度低于1.5千克/万元，林木覆盖率23%，城镇绿化覆盖率40%。

在总体战略布局方面，常州市要求把绿色低碳发展与经济结构调整、发展方式转变结合起来，通过调结构、转方式、培育低碳产业、加强低碳管理等途径，将绿色低碳发展产业培育成本市经济发展的新的增长点。

二、多措并举，促进常州市低碳发展

1. 加强组织领导，构建低碳发展管理体系

2011年，常州市通过低碳服务平台建设，成立由市发展改革委牵头，市经信委、科技局、财政局、城乡建设局、交通局、水利局、环保局组成的低碳发展联络小组，促进了各部门的联动和信息的交流沟通。各辖市区发展改革系统明确了分管领导和责任科室，确保了政策的上传下达，责任到人。

2. 加快产业结构转型升级，推进经济低碳发展

一是积极淘汰落后产能。近年来，按照上级部署，对常州市钢铁、电力等落后产能的情况进行了调查，并根据上级要求，制订了关停淘汰工作方案，先后关停小火电机组16.36万千瓦，淘汰落后炼铁能力40万吨、炼钢能力20万吨，完成了上级下达的关停淘汰落后产能的任务。

二是大力发展现代服务业。"十一五"以来，常州市服务业总体规模不断扩大。"十一五"以来，服务业增加值、税收和投资额均呈现较大幅度的增长，2005年到2009年年均增长率分别为22%、16.8%和24.2%。其中，服务业增加值由450亿元增长到997亿元，占GDP的比重从34.6%增长到39.6%；服务业税收总量由70.5亿元增长到131.4亿元，占全部税收的比重达到35%；服务业固定资产投资额从303.3亿元增加到722亿元，占全社会固定资产投资额的比重从39.4%上升到42.4%。

2011年，常州市采取载体建设、重大平台建设、示范试点推进等措施，促进现代服务业的发展。通过列入省重点项目、争取省服务业引导资金、点供土地等途径支持常州市服务业的发展，推动常州津通服务业研究中心、空港物流公共服务平台、常州现代服务业研究中心、服务业GIS辅助决策服务系统、机器人与智能装备公共技术服务平台等一批重大平台项目的建设。

三是促进热电联产集中供热。目前，常州市热电联产已形成一定规模，承担区域供热的热电联产装机57.2万千瓦，占常州市总电力装机容量的20%以上，热电机组逐步向高效率、低煤耗发展；锅炉额定蒸发量为每小时4 010吨，设计供汽能力为每小时3 029吨，两市五区省级以上开发区和工业集中区基本实现集中供热。

四是全力支持文化创意产业。中国（常州）国际动漫艺术周是江苏省唯一的动漫节展，始于2004年的常州动漫周是国内最早的以动漫为主题的艺术周。通过八年的积累，正成为推进动漫产业发展的一个国家级的、国际性的交流交易平台，被列入“江苏省文化建设信息交易平台”三大重点品牌之一。

五是旅游业蓬勃发展。环球恐龙城、春秋古淹城、环球动漫嬉戏谷，这些平地而起的旅游景点每年吸引大批游客旅游观光，带动了常州市旅游业的发展，为常州市绿色低碳发展作出了极大的贡献。

3. 积极争取国家政策，培育低碳产业发展

一是大力扶持资源再生产业发展。常州市积极帮助企业争取资源节约、循环经济和节能减排方面的国债。近年来已先后协助江苏中再生投资开发有限公司、中天钢铁集团有限公司等企业争取到中央预算内资金支持共计3 550万元人民币。江苏中再生投资开发有限公司列为国家级循环经济试点单位，江苏逸盛投资集团有限公司列为国家发改委资源综合利用“双百工程”骨干企业，常州翔宇资源再生科技有限公司、常州盛洲铜业有限公司等3个企业将获得江苏省“城市矿产”示范试点单位称号，这些争取工作有力地促进了企业的发展。

二是深入推进循环经济产业发展。2006年，常州市被认定为省级循环经济试点城市。按照循环经济试点城市的发展要求，常州市积极扶持循环经济类企业发展，目前，常州市建成了以回收废旧塑料、废钢为主的江苏中再生投资开发有限公司，以电子废弃物为原料提取金、银、钯、铜、塑料等资源的常州翔宇资源再生科技有限公司，专业从事翻新轮胎生产、研发的江苏逸盛投资集团有限公司，利用废纸进行纸包装制品生产的江苏旺达纸品包装有限公司，利用电厂废料粉煤灰制造加气混凝土制品的常州浩威建材有限公司，利用废镍生产高纯镍铁合金的常州市兴昌盛合金制品有限公司，回收废溶剂的江苏盈天化学有限公司，玻璃循环化使用的江苏金坛康达克光电科技有限公司，对精对苯二甲酸（PTA）残渣、丙烯酸与酯类废油、医疗废物与化工废渣等废弃物进行资源化利用与处理的江苏福昌化工残渣处理有限公司，利用粉煤灰、采矿选矿废渣、废塑料泡沫进行再生产的江苏尼高科技有限公司等，这些企业构成了常州市资源再生、资源回收体系，有效地推动了常州市的经济循环化、绿色低碳化发展。

三是重点抓好城市餐厨废弃物资源化、无害化处理工作。根据江苏省人民政府第70号令《江苏省餐厨废弃物管理办法》，常州市发布了《常州市政府关于加强常州市餐厨废弃物管理工作实施意见》（常政发〔2012〕16号），成立了由城管局、发改委、财政局等十二个部门组成的餐厨废弃物处理工作小组，规划建设常州市餐厨废弃物综合处置工程，项目工程匡算总投资为15 095万元，项目建成后，将形成日处理餐厨废弃物200吨、废弃食用油脂40吨的能力，常州市委托上海市政工程设计研究总院（集团）编制的《常州市餐厨废弃物综合处置一期工程项目建议书》已获得省发改委批准，项目可行性研究报告编制工作已经基本完成，土地、环保、节能评估等其他前期手续正加紧办

理，计划于2013年7月建成投产。

四是积极促进新能源产业和节能环保产业发展。常州市依托光伏产业基础，积极贯彻国家金太阳示范工程、太阳能光电建筑应用示范工程和省光伏发电推进等有关政策，着力推进太阳能发电应用。截至2011年底，常州市完成光伏发电装机容量20兆瓦，其中并网型18.1兆瓦，离网型1.9兆瓦。同时，积极开展国家光伏发电示范项目的申报工作，目前有多个项目正在建设和前期准备中。在光伏产业方面，常州产业链完整，优势明显，有天合光能、亿晶光电、亚玛顿、天龙光电、裕兴股份等一批带动性强的上市公司以及在国内有一定影响力的金坛光伏产业园；在风能产业方面，常州拥有风力发电部件制造企业20余家，有新誉风能、卓润重工等一批骨干企业，风机产量位居全国同行业前茅。在节能环保方面，常州从事资源节约环境保护方面的企业门类齐全，有光大环保、维尔利、河海新能源等一批在全国有一定影响的企业，目前这些企业正准备参与苏北城市的垃圾发电、垃圾渗滤液处理、餐厨废弃物资源化利用和无害化处理项目以及分布式能源、地源热泵和水源热泵等一批节能环保项目的建设。

4. 着力加强低碳化管理，促进低碳经济有序发展

一是积极开展低碳试点工作。常州市已有四个省级低碳试点示范单位，分别是江苏省首个低碳示范单位武进高新区低碳示范园区，省级低碳试点城市溧阳市，省级低碳试点园区金坛光伏产业园和省级低碳试点企业常州天合光能有限公司。目前以上低碳试点示范单位的“十二五”低碳发展规划获省发改委的批复。特别是武进高新区低碳示范园区进展较快，有关材料由省发改委带到南非德班会议上分发。常州市发改委还与财政局、城乡建设局联合向省有关部门申报常州市嘉泽镇、雪堰镇为全国绿色低碳重点小城镇，相关工作正在积极推进中。

二是开展节能评估审查工作。根据国家发改委关于《固定资产投资项目节能评估和审查暂行办法》(第6号令)和省发改委印发的《固定资产投资项目节能评估和审查实施办法(试行)》的要求，截至年底完成146个项目节能登记表的备案工作，上报的37家节能评估项目，其中7家节能评估报告表，30家节能评估报告书，审查通过了36家，1家因能耗太高暂未通过。在通过的36个项目中，1个项目进行了二次评审，4个项目被要求修改节能评估文件。评审通过项目的单位工业增加值能耗绝大部分不超过常州市“十二五”规划能耗控制目标。在审查过程中，要求企业在工艺选择、设备选型上本着“高能效”的原则择优选取，能耗必须在同行业处于领先水平，落实必要的节能措施，起到了从源头杜绝能源浪费、提高能源利用效率的作用，促进了常州市节能减排低碳发展工作。

5. 依托有效资源，加强低碳能力建设

一是依托常州市发改委外网，建成了常州市低碳信息服务平台，用于低碳政策宣传、低碳方案收集、低碳技术推广等，目前已受理一家企业的技术推广申报资料，接听各类节能减排咨询电话百余人次。

二是依托常州大学建立常州市低碳研究中心，开展低碳城市建设相关专题研究，参与规划编制、节能评估、碳排放清单编制及核算、低碳技术认定等一系列工作，为政府决策提供参考。

三是促进中介机构健康发展。根据国家发改委关于《固定资产投资项目节能评估和审查暂行办法》(第6号令)，常州市认定了27家中介机构对本市固定资产投资项目进行节能评估和项目评审，这些中介机构在项目把关、节能措施应用等方面发挥了重要的作用。

6. 以秸秆综合利用为抓手，促进农业低碳化发展

常州市总面积4 375平方公里，现有耕地面积243万亩，全年农作物播种面积达350万亩，年秸秆量基本稳定在120万吨左右，秸秆的综合利用将为常州市农业低碳化发展打下重要基础。2011年，常州市制定了《常州市“十二五”秸秆综合利用规划》，拟利用五年时间，在全省率先形成布局合理、多元、深层次利用的秸秆产业化综合利用格局，最终建立秸秆综合利用长效机制，常州市秸秆综合利用率在 95.00%以上，实现农业生产与资源、环境和谐发展，打造低碳、循环、绿色、宜居的现代化城市。

7. 倡导绿色出行，建设低碳城市

一是大力发展公共交通，确定公交优先战略。“十一五”期间，常州市公交事业投入超过 40 亿元，公交出行已成为居民出行的首选，常州公交日均运行 41.53 万公里，客运量日均 122.64 万人次。二是实行车辆“油改气”。自 2009 年 10 月，常州市通过发改委、公安局、财政局等八个部门联动，以城市公交车、出租车和环卫车为重点，大力推广“油改气”工作，截至 2011 年底，市区出租汽车实行“油改气”2 189 辆，占车辆总数的 86%，教练车“油改气”426 辆，公交车中 CNG 清洁能源车辆为 659 辆。

三、下一步工作打算

1. 加快产业低碳化行动

常州市提出了新能源产业、新材料产业、高端装备制造业、生物技术和新医药产业、节能环保产业、软件和服务外包及物联网产业等新兴产业发展重点方向，这些产业大部分与低碳有关。常州市将重点抓住国家重点扶持新兴产业发展这一机遇，依托常州产业优势和常州科教城平台，广泛与大院、大所、大校等科研机构合作，重点向新能源、新材料、高端装备制造、节能环保、软件和服务业外包及物联网产业等新兴产业方向突破，引导新兴产业向“一核八园”集中，积极推动产业低碳化，把推进低碳发展与优化结构结合起来，坚持科技创新，从“制造”向“智造”跨越，改造和提升传统产业，确保新兴产业年均增长 30%以上，努力形成以先进制造业和现代服务业为主的产业结构，实现产业转型升级。

2. 继续做好固定资产投资项目节能评估和审查工作

进一步加强固定资产投资项目节能评估审查和监督管理工作，重点对能源消耗总量大、单位能源消耗高的项目严格把关，将节能评估文件和审查意见作为项目审批前置性条件，未经节能评估和审查的项目，一律不得业扩报装接电；对未通过节能评估和审查的项目，一律不准开工建设；对建成后未通过验收的项目，一律不得投产，努力从源头上控制能耗过快增长。具体将从以下四个方面加强固定资产投资项目节能评估和审查工作：一是对于年耗 5 000 吨标煤以上的项目要从严审查，要求企业建立能源管理机构，落实能源利用状况报告制度，加强能源管理工作；二是对于单位 GDP 能耗高于“十二五”常州市控制目标的项目要从严控制，要从同行业能耗先进性、与当地产业的关联度、对经济带动作用、是否属于新兴产业等多方面从严把关；三是对钢铁、有色金属、化工、造纸、建材及单(多)晶硅等高耗能新建及扩能项目实行限批或暂停审批；四是调整和新认定一批节能评估中介机构，充分发挥中介机构在节能减排、低碳发展和转型升级中的作用，促进常州市节能评估市场的培育和发展。切实通过开展固定资产投资项目节能评估和审查工作，控制高耗能行业过快增长，真正从源头上杜绝能源浪费，提高能源使用效率，为全面完成“十二五”的节能减排、节能减碳目标打下良好基础。

3. 加大考核力度

将省政府下达给常州市的单位地区生产总值二氧化碳排放削减率、非化石能源占一次性能源消费比重、单位地区生产总值能耗下降率、单位工业增加值用水下降率、主要污染物排放削减率等指标分解落实到各辖市区和有关部门，列入常州市目标管理考核体系，作为考核各级政府领导班子和主要领导干部政绩的重要内容，与主要领导的工作业绩考核挂钩。

4. 加大宣传力度

继续开展全国低碳日、节能宣传周、节水宣传周、世界地球日、世界水日、世界环境日等活动，通过电视、报纸、网络、电台等新闻传媒加大对绿色低碳发展的宣传力度,营造绿色低碳发展的良好氛围,增强全社会的节约观念和节约意识,宣传常州市各行业、企业在低碳发展方面的先进典型、先进事例,报道资源节约环境保护方面的主要成果。举办各种形式的培训和讲座,宣传和普及节约知识,倡导低碳生活方式和消费模式。

5. 推进合同能源管理

国家有关部门相继出台了一批鼓励合同能源管理的政策,常州将鼓励引导社会资本投资节能服务公司参与到合同能源管理工作中来,利用先进的节能技术改造和提升传统行业,用足用好国家的政策,推进节能改造和节能减排项目建设,促进常州市节能降耗工作。

6. 加强能源利用高效化

一是积极推动天然气分布式能源应用,在城市综合体等天然气用量较大的用户中推广应用分布式能源,争取建成分布式能源应用试点示范。

二是督促太阳能、地源热泵等可再生能源系统的应用。

苏州市 2011 年度绿色低碳发展概况

苏州市发展和改革委员会

一、总体概况

2011 年，苏州市万元 GDP 能耗同比下降 3.93%，超额完成了江苏省政府下达的 3.7%的约束性目标任务，以 7.6%的能耗增长支撑了 12%的经济增长，被江苏省政府评为 2011 年度节能目标完成优秀奖。2010 年，苏州市二氧化碳排放量为 1.59 亿吨，排放强度为 2.0 吨/万元 GDP，比 2005 年下降 15.72%。

1. 政府率先转变理念，推进政策型减碳

成立苏州市低碳城市建设工作领导小组，由市政府主要领导挂帅、23 个部门和五市七区政府领导组成，全力保障低碳城市建设。出台实施《苏州市"十二五"循环经济发展规划》、《苏州市加强节能工作的实施意见》、《苏州市新能源产业提升发展计划》等一系列政策文件；建立专项资金，加大财政扶持力度，引导地方经济和社会发展加快向低碳化方向转变。全面开展试点示范工作，苏州工业园区、苏州高新区先后成为国家循环经济标准化试点单位，张家港成功获批国家再制造示范基地，江苏沙钢集团入选江苏省首批低碳试点企业，为推进低碳城市建设提供示范、积累经验。

2. 大力调整产业结构，加快结构型减碳

坚持创新引领战略，以企业为主体加大研发投入，加快建设国家创新型城市。推动先进制造业和现代服务业"双轮驱动"，大力发展金融、物流、服务外包等生产性服务业，着力培育发展新能源、新材料、新医药等低碳型战略新兴产业，加快淘汰落后产能，为低碳城市建设提供了良好的经济、技术与产业基础。2011 年，苏州市服务业增加值占 GDP 比重达 42.7%，比 2005 年提高 9.7 个百分点，新兴产业实现产值 10 758 亿元，占规模以上工业产值的比重达 38.1%。全社会研究与试验发展经费支出占地区生产总值的比重达到 2.45%。"十一五"期间，累计关停小火电机组 21 台(套)110 万千瓦，关停并转污染重、工艺(设备)落后企业 1 650 家。

3. 抓住耗能重点项目，实现管理型减碳

全面启动固定资产投资节能评估和审查工作，从源头上减少碳排放。2011 年，苏州市万元 GDP 能耗同比下降 3.93%，以 7.6%的能耗增长支撑了 12%的经济增长，被省政府评为 2011 年度节能目标完成优秀奖。加强重点节能工程建设，2011 年苏州市实施重点节能技改项目 300 多个，累计投入资金 30 亿元以上，实现节能量 120 万吨标煤以上。强化能源使用管理，实施"能效之星"计划，自愿参与的 126 家能效之星实施单位，实现年节能超过 103 万吨标准煤；苏州市制定的《"能效之星"评价规范》作为省标发布，填补了国内对企业综合能效评价的空白。创新电能管理服务模式，开展电力需求侧管理，在实现"有序用电、科学用电、节约用电"方面取得了明显成效。推广合同能源管理，支持一批合同能源管理项目，发展一批节能服务机构，目前通过苏州市第一批节能服务公司备案企业 38 家，29 家通过国家发改委备案，占全省四分之一。

4. 城乡绿化同步推进，发展绿色"碳汇"

率先出台《苏州市湿地保护条例》，成为全省首个湿地保护的地方性法规。"绿色苏州"行动计划加快实施，基本形成了布局合理、物种多样、水绿相融、碳汇能力逐步增强的城乡绿色生态系统。

截至2011年,苏州森林资源总量达到183.25万亩,比2000年前翻了一番,陆地森林覆盖率上升到25%,林木覆盖率上升至17%;"十一五"以来,共实施太湖流域湿地保护与恢复工程21项,恢复湿地面积2.8万亩,投入资金2.8亿元。

5. 提高公众低碳意识,构建生活型减碳

围绕资源节约型、环境友好型社会建设要求,加强低碳理念的普及与推广,倡导低碳的生活方式。一方面加强低碳知识宣传。积极开展低碳宣传周活动,通过公益广告、广场宣传、市民大讲堂等多种形式,向市民普及低碳生活理念。另一方面构建低碳的生活方式。发展公交出行系统,2011年市区公交日均客流突破150万人次,市区公交出行分担率达24.7%。提升公共自行车服务,目前已形成683个站点、14 410辆车的运营规模。推广绿色低碳建筑,苏州市新建的民用建筑100%执行节能设计标准,"绿色、低碳、节能"逐渐成为建筑设计和居住时尚。

二、工作与成效

1. 大力推进节能减排

一是传统产业加快提升发展,落后产能加速退出。2011年,苏州市关闭6家小水泥厂合计380万吨落后产能,淘汰落后印染生产能力4 918万米,关停并转化工企业125家。二是大力组织实施节能工程,实现技术节能。实施十大国家级节能工程,2011年苏州市共58个项目列入国家、省扶持项目,获得国家和省级奖励资金近亿元。空压机余热回收、太阳能光伏发电等38个节能新技术和新产品得到推广应用。三是齐抓共管,突击重点领域。工业领域内,2011年,苏州市在能源审计、淘汰落后、节能技术改造、节能产品惠民、资源综合利用等方面累计实施354个重点项目。循环经济和清洁生产稳步推进,"苏州城市循环经济发展共性技术开发和应用研究"项目顺利通过国家科技部验收;沙钢等4家企业被评为省级第一批循环经济示范企业,苏州工业园区和苏州高新区被评为省级第一批循环经济示范基地。工业增加值能耗下降5.16%。建筑领域,紧紧围绕节约型城乡建设,以绿色引领和可持续发展为主题,重点推进建筑能耗监测工作,搭建机关办公大楼和大型公建为主的能耗监测平台,开展了"苏州市工业建筑能耗调查"工作,目前已有34个项目获得国家住建部绿色建筑标识,数量及质量全省领先。交通运输领域,加快苏州市综合运输体系的建设步伐,完善城市公交线网布局,初步建成公交智能化调度平台。公共机构领域,实行公共机构能耗统计和信息化制度,以建立能源资源消耗统计台账为抓手,强化点滴精细管理,积极倡导节能、环保、低碳的办公生活环境,切实降低了公共机构能源资源消耗。

2. 积极发展可再生能源

为缓解资源环境压力,积极规划和发展太阳能、风能和生物质能等可再生能源。2011年,苏州市规模以上工业企业发电产出效率为41.2%;规模以上工业企业垃圾焚烧发电处理垃圾92.7万吨,累计发电4.8亿千瓦时,相当于年节约标煤14.2万吨;共建有100万平方米太阳能热水器,相当于装机8.5万千瓦,年节约标煤15.1万吨;苏州市秸秆多种形式利用量为26.2万吨,秸秆综合利用率达到95.6%;累计处置餐厨废弃物11万吨,地沟油1.8万吨,生产出生物柴油9 000多吨,沼气250万立方。

3. 组织城市、园区和企业三个层面的低碳试点工作

一是积极申报国家低碳城市试点。根据《国家发展改革委关于开展低碳省区和低碳城市试点工作的通知》要求,完成了具有苏州特色的《苏州市申请国家低碳城市试点工作方案》,组织申报国家低碳城市试点,成为江苏省唯一一家申报国家低碳城市试点的地市。经多轮的征集部门材料和征求部门意见,在省发改委的大力支持下,经苏州、北京两场专家咨询会的完善,最终由周乃翔市长向国家发改委解振华副主任、应对气候变化司等汇报并取得认同,目前,《苏州市国家低碳试点城市

工作初步实施方案》顺利通过国家发改委组织的专家评审，近期又获得300万第二批低碳试点清洁发展机制基金赠款项目的申报资格，苏州市国家低碳试点城市的申建工作取得了阶段性胜利。二是循序推进省级低碳经济试点单位工作。组织苏州工业园区和昆山高新区专题学习常州武进低碳建设先进经验和成功做法，苏州工业园区、昆山国家高新区和江苏沙钢集团有限公司成功入选江苏省首批低碳试点单位，占全省24家试点单位的八分之一，三个试点单位均编制了低碳发展规划，全部顺利通过省级专家的评审。

4. 增强低碳宣导与指引

一是参加全国低碳发展现场交流会。为了解全国低碳发展情况，扩大苏州市低碳经济方面的影响力，苏州市应邀参加了由国家发改委主办的全国低碳发展现场交流会，周玉龙副市长出席会议并作了《苏州：人文古城与现代名城的低碳之路》的主题演讲，向全国介绍"苏州经验"。二是召开低碳主题论坛。在第十届苏州电子信息博览会期间，以"低碳·助力转型升级"为主题，成功举办了"低碳经济论坛"。论坛邀请了关注低碳领域发展的市人大代表、市政协委员、大专院校师生代表及企业代表等130多人参加，在全社会引起了广泛好评。苏州市委常委、常务副市长曹福龙及省发改委王汉春副主任致辞并给予了充分肯定。三是编发苏州低碳经济发展简报。从2月开始，每月编制一期《苏州低碳经济发展简报》，分送至国家、省发改委及苏州市各相关部门领导。《简报》得到了各级领导的充分肯定，江苏省发改委王汉春副主任作了批示，并在全省资环工作会议（张家港）上表彰了苏州的做法。四是开展2011年首届低碳宣传周活动。在"六·五"世界环境日期间，苏州市发改委联合苏州大学、苏州市环保局、苏州市图书馆举办低碳宣传周活动，包括低碳知识讲座、苏州大学"低碳日"活动、低碳使者和低碳明星评选、广场宣传、低碳经济网站启动等系列活动。通过对低碳理念的普及与推广，提高了公众环境保护的意识和能力，掀起了全社会"低碳生活，低碳生产"的风潮，扩大了"低碳苏州"的社会影响力。

三、基础能力建设

1. 综合推进能力建设

积极组织五县七区低碳工作相关负责同志参加江苏省低碳经济能力建设培训班、低碳发展专题研讨会、江苏省省级温室气体排放清单编制培训班和碳排放交易体系专题研讨会、中澳应对气候变化战略规划能力建设项目总结会暨项目成果国际交流会等。通过培训和研讨，全面了解低碳发展形势、思路、政策要求以及技术措施等。

作为推进苏州低碳经济发展的举措之一，积极筹备2012年5月6日至10日与市委组织部、市委党校联合在清华大学举办的"低碳经济与可持续发展专题研修班"，以此启动苏州市级层面的、综合型的应对气候变化能力建设。各市、区分管领导及发改部门的主要负责同志，市级机关相关部门分管领导，以及省级低碳试点园区、企业、产权交易中心、工业园区低碳产业联盟的负责同志等参加学习研修。

2. 加强调研、科研课题研究

一是调研课题。为配合《苏州市"十二五"循环经济发展规划》编制工作，了解苏州市循环经济发展的现状、存在的问题及今后的发展方向，开展了"苏州市循环经济发展现状及对策研究"专题调研，完成调研报告，并确立了2012年调研重点为"发展新兴低碳产业，助建绿色现代苏州"。二是科研课题。苏州市低碳研究中心的"IT行业重（贵）金属废水的吸附处置技术研究与示范及专用功能性吸附纤维的制备"和苏州膜华材料有限公司洪耀良博士申报的"高含氮印染废水处理及回用技术研究与示范"课题成功入选江苏省太湖水环境综合治理科研项目，分别获得120万专项资金，实现了苏州市在太湖水环境综合治理科研项目申报上的重大突破。

3. 开展国际交流与合作

苏州市在应对气候变化、发展低碳经济、建设低碳城市等方面不断加强国际交流与合作，共享先进经验，共商发展对策。2011 年 10 月，苏州友好城市——美国波特兰市市长山姆·亚当斯先生访苏，就如何推进城市低碳事业举行圆桌会谈，对苏州市的低碳工作提出了许多建设性的建议；美国可持续发展社区协会(ISC)项目主任麦文·莱斯访苏，就“低碳行动计划”与中方的合作及项目推进情况作了介绍，并展望了与苏州的合作前景；11 月，德国、奥地利及瑞士等国高效能建筑代表团考察苏州市节能建筑和低碳发展，听取苏州市建筑科学研究院关于苏州节能建筑的技术研发、运用情况和示范项目的报告，为双方在高效能建筑领域的合作奠定了良好基础；12 月，丹麦埃斯比约市代表团访问苏州，与苏州就应对气候变化、保障城市可持续发展等方面进行了广泛而深入的交流，并初步确定了未来的合作方向。日益频繁的国际交流与合作，一方面积极宣传了苏州低碳经济发展成果，另一方面也有效推动苏州低碳经济向更高层次发展。

4. 推动产学研相结合

为促进应对气候变化、低碳经济等相关技术和产业的发展与融合，苏州市力促清华大学、人民大学、中国科学院等科研院所在苏设立专门研究机构，集聚生态领域专家学者，着力培养高端人才，为全面开展低碳城市建设等提供理论研究和技术支撑，促进产业生态化发展。苏州市政府与清华大学合作创建“国家低碳经济示范区”，探讨低碳技术、低碳产业与低碳金融三位一体的发展模式；苏州工业园区与中国人民大学签署协议，成立苏州研究院，针对气候变化与低碳研究成立专门的研究基地，并制定了园区“十二五”低碳发展规划。苏州市发改委与苏州大学共同成立了低碳经济研究中心，下设低碳资源与技术、低碳经济与产业两个研究所，围绕苏州低碳城市建设任务，着力构建信息、设计、检测和产业四大平台，全面开展低碳城市建设相关课题研究，加快低碳技术转让、低碳经济认证等公共服务平台建设，提供低碳城市建设的理论和技术支持。另外，苏州市节能低碳产业协会、苏州环境能源交易所、苏州工业园区低碳产业联盟协会等，也共同推动着低碳技术、产品和行业的发展。

四、下一步打算

1. 推进国家低碳试点城市建设

围绕《苏州市申请国家低碳城市试点工作方案》的总体思路和发展目标，苏州将加快转型升级、构建低碳产业体系、创新节能技术、控制重点领域排放、创新体制机制、保障试点有效推进等 6 大任务、38 项重点行动和 9 项保障措施。近期工作主要包括：推进国家低碳试点城市的创建工作，做好 3 个省低碳试点示范单位的推进工作，做好碳排放清单编制、区域碳交易市场的调研和碳交易平台建设以及苏州市级低碳试点工作等。

2. 落实国家发改委指示，创建国家级“绿色发展先行区”

为落实国家发改委解振华副主任指示，在更高层面、更大范围探索苏州转型升级、绿色发展的新路径，打造新的产业模式、城市形态和生活模式，努力在全国率先建成具有示范意义和引领作用的先行区，下一步，苏州以建设国家低碳城市为基础，以推动绿色发展为方向，努力创建国家级“绿色发展先行区”。

3. 加快编制低碳发展规划

一是尽早出台苏州低碳城市建设规划，以低碳理念充实城市总体规划，调整各项控制性详规、修建性详规。二是以低碳理念和转型升级的要求谋划产业布局，提升创新能力，建设高技术产业群和现代服务业密集区。三是按照低碳要求优化城市功能，实现紧凑发展，合理利用有限空间、避免低密度蔓延式扩张，建立以公共交通为导向的城市发展和土地配置模式，营造生态走廊和开敞空间，保护好历史文化名城风貌。

4. 加快构建低碳产业体系

一是培育壮大新能源、新材料、生物技术和新医药、节能环保等战略性新兴产业，打造一批新兴低碳产业发展载体。二是提升现代服务业比重，重点发展金融、现代物流、商务服务、软件与服务外包等低能耗、高附加值的低碳型产业。三是加快传统产业改造升级，控制五大能耗行业能耗总量，以单位产品能耗及碳排放量控制为手段，控制既有产业碳排放强度。四是推动低碳技术发展，加快节能减排技术的研发，攻克一批促进节能减排的关键和共性技术，加快培育节能和环保服务产业体系。力争成为国家首批电力需求侧管理综合试点城市，通过 3 年努力和 3 000 个企业的参与，实现降低最高电力负荷 100 万千瓦的目标。

5. 着力改善能源利用结构

构建低碳的能源利用体系是实现低碳发展的重要基础。一是提高可再生能源比重。大力推进新能源的开发利用，重点加快太阳能、风能等新能源项目建设，推广太阳能照明改造工程，至"十二五"末，实现光伏发电装机容量 50 万千瓦，风电装机容量 9.9 万千瓦。二是提高清洁能源的使用比例。加快清洁能源接收配套工程和储运补给基地建设，完善城市供气管网设施，提升天然气、热力、电力等清洁能源在能源消费中的比重。三是提高能源利用效率。开展天然气分布式能源项目建设，争取"十二五"期间，苏州市建设 50 座分布式能源站；优化天然气加气站建站布局，促进资源效益最大化。

6. 着力控制重点领域排放

以重点领域为突破，带动全社会降低碳排放强度。一是工业领域。推进各类节能改造项目，扩大能源审计覆盖范围，创新应用节能模式，推广节能技术应用，提高电能服务管理水平。到 2015 年万元工业增加值能耗强度比 2010 年下降 21%。二是交通领域。加快交通运输结构优化调整，推进交通领域的节能技术改造，开展新能源交通工具的试点和推广工作，实现高铁、城铁、公路客运、城市轻轨、公交、公共自行车等各种交通方式之间"无缝隙衔接、零距离换乘"，到 2015 年城市居民公交出行分担率达到 30%。三是建筑领域。推动既有建筑节能改造，大力提升新建建筑中绿色建筑比例，推广绿色建筑产品，加强建筑使用过程碳排放管理，努力降低建筑能耗。

7. 加强碳汇体系建设

加大河流、湖泊的生态修复力度，将提高碳汇能力与改善地区生态环境有机结合。一是发挥农业生态功能。保护好耕地资源，发展生态农业，提升其涵养水土、净化水质、美化环境、调节区域气候等生态功能。二是增强森林碳汇能力。实施河湖林网构建、绿色通道提档、生态片林建设、村镇环境美化、果茶苗木增效、森林质量提升"六大工程"，确保到 2015 年陆地森林覆盖率达到 27%。三是注重湿地保护与恢复。实现湿地分区域、分级别保护，开展太湖、阳澄湖等大型湖泊的生态修复，建设太湖湿地公园等生态工程，到 2015 年自然湿地保护面积达 40%以上。

8. 加强低碳社会建设

发挥政府、企业、居民三类主体的作用，合力推进低碳社会建设。一是开展企业低碳行动。建立健全企业自愿和政府推动相结合的清洁发展机制，大力发展循环经济，培育一批低碳企业示范典型，促进资源综合利用。二是培育居民低碳意识。树立低碳消费观念、倡导低碳生活方式、培育低碳先进典型，鼓励公众广泛参与低碳建设。三是健全政府低碳管理。政府带头积极贯彻实施节能环保和低碳技术创新激励政策，推进各级政府部门低碳采购，支持低碳产品发展，引导和指导社会经济各领域全面开展低碳建设。进一步深化低碳方面的能力建设，与南京大学、英国领事馆合作，开展分领域的低碳培训。

南通市2011年度绿色低碳发展概况

南通市发展和改革委员会

一、2011年南通市绿色低碳发展工作情况

2011年，南通市上下认真贯彻落实科学发展观，坚持资源节约和环境保护，走绿色、低碳、可持续发展的道路，扎实推进绿色低碳发展工作，推进资源节约型和环境友好型社会建设，取得明显成效。单位GDP能耗为0.539吨标准煤/万元，比2010年下降3.65%，超额完成省下达的年度目标任务。化学需氧量、氨氮、二氧化硫分别比2010年下降2.73%、1.03%、2.3%，顺利完成年度任务。国家模范城市复核顺利通过省级评估。生态创建取得重大突破，海安建成江苏江北地区第一个国家生态县，海门、如皋通过环保部考核验收，如东、通州、启东通过省级考核验收。环境质量稳中有升，“城市环境综合整治定量考核”再次名列全省第一。如皋市、九九久科技分别被授予省级低碳试点城市、企业。主要开展了八个方面的工作：

1. 注重规划引导，强化责任落实

2011年是“十二五”开局之年，南通市委、市政府高度重视绿色低碳发展工作，明确要求坚定不移推进节能减排，以《南通市“十二五”节能减排规划》、《南通市环境保护“十二五”规划》等相关规划为引领，强化各项责任及工作的落实。市和各县（市）、区均建立了节能减排工作机构，形成了纵向到底、横向到边的组织推进体系和“主要领导亲自抓、分管领导具体抓、职能部门为主抓”的工作格局。市政府常务会议多次专题研究“十二五”节能减排重大问题，出台了《2011年南通市节能工作意见》、《南通市2011年度主要污染物减排计划》。2011年，南通市在综合考虑各县（市）、区的发展现状、产业结构、能耗基础、污染物排放新增量和减排潜力因素的基础上，对省下达南通市的“十二五”节能减排目标进行了测算分解，及时下达到各县（市）、区政府。同时，加强考核预警和督办，严格奖励问责。

2. 注重结构优化，强化转型升级

通过实施转型升级和科技创新工程，着力构建以先进制造业为主体、现代服务业为支撑、现代农业为基础的产业新格局。一是提升产业层次。市政府先后出台《加快新兴产业发展的实施意见》、《南通市推进新兴产业发展目标管理考核办法》等文件，2011年，南通市高新技术产业产值3 199.2亿元，增长29.7%；六大工业类新兴产业产值2 002.92亿元，增长29.8%。深入实施服务业发展三年行动计划，2011年，南通市实现第三产业增加值1 571.53亿元，增长13.2%。二是严把项目关口。严格执行固定资产投资项目节能评估和审查程序，未经节能评估和审查的项目，一律不予核准和备案。同时，发挥好环评审批“控制阀”、“调节器”、“杀手锏”作用，源头上引导环境与经济社会协调发展。全年否定重污染项目95个。三是淘汰落后产能。加快淘汰关闭能源消耗高、污染排放多、经济效益差的企业，列入国家、省淘汰计划的12家企业和列入市淘汰计划的2家企业，均提前关停生产线并拆除落后产能主体设备。2011年，南通市减少皮革产能22万标张、印染产能1.28亿米、纺织产能392万米、焦化产能4.5万吨、造纸产能0.4万吨，关停小火电装机1.2万千瓦。

3. 注重宣传引导，强化政策激励

一是加大扶持力度。2011年，南通市政府修订了市区工业经济转型升级的若干政策意见，鼓

励实施绿色制造战略。对节能项目、资源综合利用项目、清洁生产项目，按技术设备投资额的10%给予补助；对列入市级淘汰落后产能工作计划且完成任务的企业，参照省里标准给予补助。市和县(市)、区财政均设立了节能专项资金，并逐年加大财政专项资金投入。2011年，南通市共落实节能专项资金3 096.5万元，比上年增长30.33%。二是积极向上争取。2011年，南通市有8个项目(总投资6.01亿元)获国家发改委资源节约和环境保护中央预算内投资扶持，获中央预算内资金4 580万元，分别比上年增长9%和47%；有10个项目获省节能与循环经济专项资金590万元，比上年增长28.5%。南通公交公司GPS智能营运调度系统获交通运输部支持节能减排专项资金108万元。三是狠抓政策到位。南通市各级税务部门认真贯彻落实国家节能减排工作要求，正确处理经济下行压力对税收的影响，及时落实税收优惠政策。依托12366纳税服务热线、网络等媒介，有针对性地宣传介绍节能减排税收优惠政策，不折不扣地落实好资源综合利用企业增值税、企业所得税优惠政策，落实好从事环境保护、节能节水项目及购置环境保护、节能节水等专用设备企业所得税优惠政策，落实好促进节能服务产业发展的各项税收优惠政策。2011年，南通市享受资源综合利用增值税征前减免的企业达到240户，免税销售收入14.05亿元；享受资源综合利用即征即退的企业37户，即征即退增值税1.046亿元。

4. 注重关键领域，强化齐抓共进

在建筑方面，市政府多次召开专题协调会，明确市财政投资项目全部实行65%建筑节能标准，社会投资项目如自愿采用65%建筑节能标准，给予每平方米50元的奖励。把建筑节能作为土地拍卖环节特别条款要求，实行了关口前移。同时，大力推广太阳能等可再生能源在建筑中的应用，进一步加强新型墙材的推广应用。2011年，南通市新墙材产量占墙材总量的93%，新墙材建筑竣工面积占总竣工面积的95%，新墙材使用后年节能36.5万吨标煤。海安县被列入国家建筑节能示范县。在交通方面，不断强化运输组织程度，调整运力结构，促进现代物流发展。通过优化客运组织和班线资源，合理控制运力增长，提高客车的里程利用率和实载率，进而实现道路客运的集约化经营。2011年，南通市道路客运班车公司化经营率达到80%，危险品运输车辆和船舶公司化经营率均保持100%。同时，积极发展重型车、集装箱车、厢式车、大运量甩挂运输车，提高公共交通车辆中新能源车辆的比例。加快公交电子站牌建设，积极引导公众低碳出行。完善能源使用责任制，加强能源消耗控制。2011年，南通汽运集团公营车比定额节约燃油255万升。在商业和民用领域方面，积极推进商贸企业、宾馆饭店加强节能管理，实施了一批照明和空调系统的节能改造；大力实施家用电器以旧换新和节能惠民工程，组织商贸企业全方面、多层面地宣传国家相关政策，引导消费者优先选购节能家电。2011年，南通市面向学校、医院、企业和居民用户推广高效照明产品30.77万支，节电约2 000万kWh，节约能源折合标准煤7 000吨，减排二氧化碳1.76万吨。在公共机构方面，将公共机构节能考核列入市级机关综合绩效考评体系，并提升节能考评权重。利用物联网技术，建成了全省首家公共机构实时能耗数据监管中心，实现对8万平方米的市民中心用户端实时监控。从源头抓好新建公共机构建筑能耗分项计量建设，确保市民服务中心、海外联谊大厦、市图书馆、海事与规划大楼等新建公共机构分项计量率达100%。以新建产业园区和公共机构建筑为重点，逐步推广新能源应用和合同能源管理，对400多万平方米的公共机构建筑面积进行了节能改造。2011年，南通市公共机构节能灯具、节水器具应用率达到95%以上，市级机关人均综合能耗同比下降2%。

5. 注重典型意识，强化聚力推进

一是低碳经济试点方面。在如皋市、九九久科技分别被列入省级低碳试点城市、试点企业的基础上，南通市发改委确定7家低碳发展试点园区、17家低碳发展试点企业，在全省范围内率先开展市级低碳发展试点工作，营造低碳发展良好氛围；二是在循环经济试点方面。南通市共有1家国家级循环经济试点企业、2个省级循环经济试点城市、1家省级循环经济试点园区、11家省级循环经济试点企业，形成多条循环经济产业链，成为循环经济发展典型企业。三是相关部门齐心协力、齐头并进。南通市经信委建立了百家用能大户能源季度跟踪台账，及时掌握分析重点企业能耗变动情况，组织企业开展能效对标工作，帮助企业挖掘节能潜力。市环保局组织的生态村、绿色学校、绿色社区、绿色宾馆等绿色创建取得新的进展，“三重”（重点区域流域、重点行业、重点污染源）治污取得新的成效，钢丝绳污泥废酸资源化中心正式运行，收集处置污泥近1万吨，市区“清水工程”三年行动基本完成，“蓝天工程”全面启动。市质监局进驻重点用能单位开展能效对标评估试点，帮助企业分析、查找节能差距，提出技改项目7项，实现年节能量0.75万吨标准煤。在南通市开展了能源管理体系认证试点工作，南通醋酸纤维有限公司成为全省第一家自主申请通过能源体系认证的企业。大力推进节能降耗工程，组织工业企业实施节能降耗、资源综合利用和清洁生产项目299项，对60家企业实施了清洁生产审核。2011年，南通市重点用能企业的万元产值能耗比上年降低了10.26%。

6. 注重科技创新，强化技术支撑

一方面，在研发环节抓导向。2011年，南通市在科技计划项目指南中，进一步明确“新能源、新材料、环保节能、高效节能减排技术与设备”为市科技创新瞪羚计划、科技领军人才创新创业计划和社会事业科技创新与示范计划支持的重点。支持了“节能型耐强腐蚀大型石墨列管换热器”等40个节能降耗关键技术装备和先进实用技术，共落实市级财政科技经费2 500多万元，比上年增加1 000余万元。同时，对获国家、省科技计划扶持的节能项目给予匹配资金近600万元。另一方面，在重点领域抓推广。工业节能方面，重点在工况负荷变化较大的风机、水泵、空压机和中央空调等设备中推广变频调速技术；在化工、钢铁等行业推广无填料、水动能等新型节能型冷却塔技术；在纺织服装等行业中推广和实施空调用水冬灌夏用技术、节能型高效空压机等新产品。建筑节能方面，做好建筑节能新技术、新材料、新工艺和新设备“四新”成果推广应用，积极推广以长江淤泥保温砖砌体、加气混凝土、陶粒混凝土为核心的自保温墙体技术、复合自保温墙体技术及相配套的节能墙体材料等，在公共建筑中推广了地源、水源热泵技术，在城市路灯照明和部分企事业单位实施了一批LED照明和调压节能试点工作。交通节能方面，加快推进节能与新能源公交车示范运行项目，自主研发船员仿真训练与考试系统，在南通市海事系统及盐城、无锡等地推广使用。

7. 注重科学监管，强化执法监察

在政策体系上，南通市印发了《关于加速推进生态市建设攻坚全面提升生态文明水平的意见》、《南通市国家环保模范城市复核工作方案》、《2011年南通市建筑节能与墙体材料革新工作目标任务分解表》、《2011年南通市交通行业节能减排工作要点》等文件，确保了绿色低碳工作规范有序开展。在专项监察上，南通市发改委牵头多个部门开展了“限塑”专项整治行动。南通市经信委在全市范围内开展了为期三个月的节能执法专项行动，对南通市年综合能耗3 000吨标准煤以上的178家企业进行了专项监察审计，对主要用能设备进行拉网式排查，对101家重点用能企业进行了节能监测（监察），完成主要用能设备监测检测计692台（套）。市环保局做到污水处理厂每旬监察一次、国控污染源每月监察两次、市区重点污染源每月监察一次，对80余个减排重点项目进行了多轮现场督查和指导，先后3次召集华能、大唐、天生港电厂进行座谈，大力推进氮氧化物减排工作。市质监部门对40台电动机进行了能效测试，对南通市448台在用的燃煤蒸汽锅炉进行了测试；对市区41家重点用能单位开展能源计量执法检查，所检查企业的进出用能计量器具配备率达到100%，受检合格率均能达到95%。

8. 注重基础建设，强化服务效能

南通市环保局制作并发放《环境影响评价文件审批服务指南》，指导做好环评审批工作；通过整合，将环评编制时间缩短 1/2，环评费用降低 1/3；实施环保送批制，对需上级环保部门审批的重大项目，项目管理负责同志全程做好与上级部门的沟通对接，报上级环保部门审批的重大项目环评预审意见，随到随办；推行服务对象回访制，对 113 家重点企业回访，广泛征求业主意见；推行号脉服务制，11 次召开集中号脉式服务企业现场会，帮助企业解决难题。市节能监测站投资 30 多万元更新检测仪器设备，完善了检验、测试手段，并通过省级实验室资质认定。市机关事务管理局建立了全省第一支公共机构节能监管队伍，经过培训考核，共有 23 人获得公共机构节能管理行政执法证书。如东县成立了节能技术服务中心，自主地开展了固定资产投资项目节能评估审查、节能检查等工作。南通供电公司成立电力能效服务活动小组，帮助成员单位分享节电经验，加快推进电力节能技术服务体系建设。

二、下一步工作打算

南通市将按照中央、省的部署和要求，切实增强使命感和责任感，进一步加强绿色低碳工作的统筹协调、组织推进和政策措施落实，突出抓好四个重点：

1. 超前谋划部署，进一步落实绿色低碳发展指标

加大绿色低碳发展宣传力度，形成全民意识。制定完善低碳绿色发展规划或行动计划，积极寻找增加碳汇、降碳潜力及途径，注重湿地保护与恢复，科学制定低碳发展路线图，明确降低碳排放的关键环节和实践节点，认真实施低碳发展规划，落实相关指标。一是抓目标任务分解落实。对节能减排工作进行再动员、再部署、再落实。二是抓预测预警指标考评。强化过程控制，及时对各地节能减排指标进展情况进行测算分析，发布预警晴雨表，督促完成目标进度。三是抓项目源头控制。进一步强化固定资产投资项目节能评估和审查工作、环评审查，把好项目准入关。四是抓重点企业跟踪监测。及时掌握分析重点用能企业、重点排放企业动态，开展重大项目环境风险排查化解工作，做到防患于未然。

2. 把握工作重点，进一步强化绿色低碳产业体系的培育

以生态市创建为龙头，深入落实生态文明建设工程，推广绿色消费和绿色采购，发展低碳交通，提倡绿色出行。加快发展现代服务业，大力发展资源节约型产业，加快发展循环性产业链条，形成资源开发、加工与废弃物回收利用的良性循环，加快农作物秸秆综合利用项目、城市矿产基地、餐厨废弃物综合利用项目、建筑垃圾废弃物综合利用等项目的实施步伐。要加快园区循环化改造进程，力争南通经济技术开发区及多个省级开发区尽早完成园区循环化改造，形成更多绿色低碳产业链、产业体系。加快淘汰落后产能，从源头上减少资源消耗，突出抓好节煤、节电、节油、节水和降低重要原材料消耗工作，大力推行清洁生产，避免环境污染。

3. 加快科技创新，进一步支撑绿色低碳发展有效运行

对南通市而言，重要的是大力推进绿色低碳技术开发应用，改变目前以煤炭为主的能源结构，提高能源利用效率。一要积极开发低碳发展的新技术、新工艺，将节能降耗、清洁生产、再生资源回收利用等作为技术创新和技术改造的重点，以发展高新技术为基础，以开发经济体系生态链接技术为关键，形成废弃物资源化利用、清洁生产技术等在内的低碳经济的绿色技术支撑体系。二要开展多层次、多形式的国际、国内经济技术合作和交流，加大科技投入力度，加强国际合作、“产学研”联合攻关，引进、消化、吸收先进的低碳发展设备和技术。

4. 突出项目抓手，加速绿色低碳跨越发展

进一步推进国家级、省级循环经济试点发展工作，加快省、市级低碳发展试点发展，树立绿色、

低碳发展典型榜样。积极争取国家发改委资源节约和环境保护中央预算内资金、省节能和循环经济专项资金，调动企业发展绿色低碳产业的主动性、积极性，营造绿色低碳发展良好氛围。充分利用当前“扩大内需、稳定外需”的政策环境，发展绿色经济、低碳经济，推进“十二五”规划重大项目的实施，淘汰落后过剩产能，控制重点领域节能减排，启动一批事关全局、带动性强的重大项目，加快节能环保、信息化等领域的项目的前期工作进度，加快转变经济发展方式，积极推进经济调整，不断增强发展后劲和市场竞争力。

连云港市2011年度绿色低碳发展概况

连云港市发展和改革委员会

近年来，连云港市以科学发展观为指导，以加快转变经济发展方式为主线，以节约优先为方针，坚持源头控制、科技支撑和管理创新相结合，积极推进经济发展方式的转变，注重发展绿色经济，取得了重要进展。

一、连云港市绿色低碳发展概况

2011年，连云港市实现地区生产总值1 410.52亿元，增长13.0%。单位GDP能耗0.82吨标准煤/万元，单位工业增加值能耗1.238吨标准煤/万元，单位GDP电耗769.34千瓦时/万元。连云港市实际减排化学需氧量2 480吨、氨氮191吨、二氧化硫1 150吨、氮氧化物821吨。

1. 健全领导机制，坚持政策引领

一是节能减排政策。近几年来，连云港市把节能减排作为约束性指标列入全市发展规划，成立节能工作领导小组和节能减排工作领导小组。构建节能减排工作机制，严格实行“一票否决”。连云港市政府与各县区政府、重点耗能企业签订节能减排工作目标责任状；制定下发《节能减排工作实施意见》、《节能减排工作实施方案》、《节能目标责任评价考核暂行办法》等政策性文件。2011年，市委、市政府多次召开专题会议研究部署节能减排工作，精心编制《连云港市“十二五”节能规划》、《连云港市“十二五”应对气候变化规划》等一系列专项规划，出台《关于进一步加强节能减排工作的意见》、《连云港市“十二五”节能降耗实施方案》，对连云港市“十二五”期间节能降耗提出34条具体要求，涉及11个方面，用以指导连云港市节能降耗的有效推进工作。二是循环经济政策。出台《连云港市发展循环经济工作意见》、《连云港市节能与发展循环经济专项扶持资金管理办法》等，提出把循环经济理念贯穿于新型工业化全过程，明确了循环经济发展重点、各部门的责任分工，同时进一步加强财政专项资金的使用管理，支持企业节能降耗和发展循环经济。

2. 突出工作重点，推动低碳经济

（1）新能源产业蓬勃发展

新能源产业发展较快，规模不断壮大，技术水平得到大幅提升，初步形成了以核能、风能、太阳能和生物质能为代表的新能源产业集群。田湾核电站2台1 060 MW压水堆机组投入商业运行。风电开发加快推进，华电新能源公司200 MW风力发电项目开工建设；中复连众开发出6个系列20个叶型的兆瓦级风力机叶片产品，年生产能力达到3 000套；重山风力具备年产750套风塔塔架的生产能力；国电联合动力1.5兆瓦风力发电机组技术处于国内领先水平。太阳能产业发展势头良好，拥有太阳雨、响亮等太阳能热水器生产企业36家；阳光晶源、中彩多晶硅、晶海洋等一批光伏产业企业快速成长。生物质能利用不断推广，赣榆协鑫、东海龙源、灌云宝鑫和灌南华夏热电机组均并网发电。大力发展秸秆气化、沼气工程等，如东海县全县2011年建设秸秆气化集中供气站12处，年利用秸秆0.48万吨，生产秸秆气876万立方米，折标煤0.53万吨。

（2）循环经济成效明显

一是建造企业废物回用链。引进新工艺、新技术，对传统工业生产流程进行技术改造和创新，

促进资源能源循环利用。近年来，连云港市工业粉煤灰、炉渣利用率100%；酒精行业每年产生的50多万吨废酒糟，全部得到循环利用。企业更加注重处理好发展与高耗能、“三废”的矛盾，如南化连云港碱厂、江苏德邦化学工业集团有限公司、江苏新海发电有限公司等企业发展循环经济取得了良好效果。南化连云港碱厂针对连云港水资源比较匮乏的问题，实施一系列技术改造项目，先后完成循环水闭路系统节水改造等十余项技改项目，解决了高能耗、高水耗的“瓶颈”，年节约水40余万立方米，节约电费及清洗费用200多万元，水的重复利用率超过了90%。投资5 000万元在全国纯碱行业率先从国外引进废液压滤装置，首次将世界最先进的压滤技术用于纯碱废液治理，同时废液压滤后产生的碱渣可混和制成工程填垫材料，为氨碱废渣的处理找到了一条经济环保的最佳出路。德邦公司对于化工产品生产工程中出现的“三废”问题，通过技术改造，增添了小苏打生产线，废料随之成为了生产原料，年获利300万元以上；通过技术改造上马的混合煤及废气余热锅炉，不仅解决了污染问题，还给企业每年节约了近千万元的资金，拓宽了企业新的发展之路。江苏新海发电有限公司投资235万元完善干出灰系统改造，水耗减少48%，电耗减少45%，灰水排放量减少48%，实现湿灰“零排放”目标，同时将干灰全部作为铺设公路的建筑材料。连云港市灌南县钢铁、化工、有色金属冶炼等重化工产业，通过实施的165个节能技术改造项目，节水能力进一步提高。其中连云港亚晖医药化工有限公司的综合节能工艺改造项目年可实现节水1.7万吨；连云港兴鑫钢铁有限公司与江苏亚邦投资有限公司共同实施的余热利用工程，年可产生150万吨的90度左右的热水供给化工园区企业使用。

二是编织园区循环产业链。工业园区纷纷制定出符合发展循环经济要求的项目规划，通过产业链的连接，在各个企业间形成资源共享、副产品互用的大循环圈。园区内的企业从传统的竞争关系转变为上下游配套的伙伴关系，各类资源在精心组织的产业链中得到最大限度利用。“十一五”期间，连云港经济技术开发区已初步形成循环经济产业集群，形成了以新能源、新材料、新医药、高端装备制造和现代服务业为核心的高新技术产业集群，低碳产业特色鲜明。2011年以“三新一高”产业为核心的产业产值已经到达园区总产值的70%以上，产值年增速达30%以上。低碳产业已经成为开发区经济的核心，为开发区加快低碳经济发展奠定了良好基础。新能源产业方面，已形成以清洁能源、风电、光伏装备为主的产业发展格局。清洁能源方面，以中国科学院能源动力技术研究中心IGCC、联产、近零排放重大关键技术与系统的工程化研究为重点，带动相关清洁能源设备、能源环保设备企业的入驻和发展，清洁能源创新产业园被列为江苏十大创新园区之一；风电装备领域，集聚了国电联合动力、中复连众等一批行业领军企业，形成了集风电整机、关键零部件、控制系统配套发展的产业链；光伏领域，正着力打造从硅料、太阳能电池（组件）到系统集成的产业链。新医药产业方面，连云港是全国知名“药港”，拥有国家级新医药产业基地，建成了国内抗肿瘤药物等六大生产基地，培育了恒瑞医药、康缘药业、豪森药业、正大天晴4个行业领军企业，建立了国内领先、接轨国际的创新研发体系。新材料产业方面，连云港是新材料产业国家高技术产业基地，已形成高性能纤维、高分子复合材料、IC封装材料三个产业方向，是国务院《江苏沿海地区发展规划》确定的万吨碳纤维生产基地。新型装备制造产业方面，已形成了以汽车及零部件、船舶和机械等为主导的产业，培育了天洋汽车制造、韩国汽车轮毂、东方集装箱等骨干企业，装备制造业总量在连云港重点行业中位居第一，已成为全省重要的先进制造业基地。进驻园区企业项目必须符合园区产业规划布局，普通小规模企业、高耗能企业、污染型企业一律禁止入园。制定清洁生产准入条件，不引进一些与园区产业配套不符的、高耗能、高耗水、污染严重、档次低的工业项目；建立清洁生产技术信息网络、废弃物综合利用资源信息网络，制定促进清洁生产和废弃物综合利用的政策和管理制度，“减量化，资源化，再利用”的循环经济效果已初步显现。据测算，园区万元工业增加值综合能耗

0.48 吨标煤，万元工业增加值新鲜水耗 10.3 立方米，一般工业固废综合利用率为 86.1%，不能综合利用的一般固废和危险废物处置率均达到 100%，危险废物委托处置率 62.2%，综合利用率为 0.4%，生活垃圾收集率为 89%，处置率 100%。

（3）节能减排扎实推进

抓好资源节约和环境保护，根本的是构建符合科学发展、和谐发展的经济结构。为此，连云港市把国家对节能降耗的强制性要求，作为改变发展方式、优化产业结构的原动力，有规划、有步骤地推动产业结构向高效型、节约型转变。

一是大力发展高新技术产业。积极发展以新医药、新材料、新能源“三新”产业和现代装备制造业为代表的高新技术产业，提升核心竞争力，提高在经济总量中的比重。2011 年，连云港市高新技术产业实现产值 1 214.8 亿元，增长 45.5%，占连云港市规模以上工业产值的 46.4%。

二是改造提升传统产业，加强节能技术开发和推广应用。重点改造提升化工、农产品加工、纺织等传统产业，不断降低单位产出的能源资源消耗，进一步强化传统优势产业的竞争地位。加快提升节能降耗的整体科技水平和自主创新能力。在连云港市年耗能 5 000 吨标准煤以上的 67 家高耗能企业中，加快节能技术开发和推广应用，突出冶金、电力、化工、建材等重点耗能行业，组织实施锅炉（窑炉）、电机系统、余热余压利用、能量系统优化等重点工程，推动节能技术改造。组织企业申报国家、省、市三级节能专项资金项目，桃盛熔融石英有限公司年产 3.6 万吨熔融石英生产线能量系统优化工程、金蔷薇化工有限公司年产 10 万吨固体硅酸钠窑炉节能技术改造 2 个国家级节能技术改造项目竣工投产。三吉利化学工业有限公司系统能量优化工程获得国家级节能技术改造资金扶持，中复神鹰碳纤维有限公司等 17 家企业获得省级节能专项资金扶持，金桥盐化上元节能建材有限公司、佳普石化机械有限公司等 7 家企业单位获得市级节能专项资金扶持。

三是加快淘汰落后产能。把降低能源消耗、减少污染排放、节约土地使用作为市场准入强制性门槛，严格控制新开工高能耗、高污染项目，依法淘汰消耗高、污染重、危及安全生产、技术落后的装备和产品。在连云港市开展节能执法专项行动，对全市 47 家年综合能源消费量 3 000 吨标准煤以上的企业，进行能源监察审计。

四是推动实施减排项目。2011 年连云港市共安排了 37 个减排项目，其中水污染物减排项目 26 个，气污染物减排项目 11 个。截至 2011 年底，列入计划的项目中共有 31 个项目按时形成减排能力，其中 11 个气污染物减排项目全部完成，26 个水污染物减排项目完成 20 个。

五是积极开展限制生产销售使用塑料购物袋专项检查工作。狠抓国家“限塑令”落实，市“限塑”工作领导小组各成员单位通力合作，采取召开座谈会、宣传发动、实地检查和暗访相结合的方式，多次深入商场、超市、集贸市场和各类商品交易市场，对各县区塑料购物袋生产、使用、销售情况进行了专项检查和整治，据不完全统计，自 2008 年以来，连云港市累计出动执法人员 15 572 人次，共检查商品零售场所 3 116 个，检查经营户 23 333 户，查处并销毁不合格塑料购物袋 135.7 万个，查处案件 21 起。

六是推进低碳试点建设。做好低碳发展的宣传工作，组织申报省级低碳试点，连云港三吉利化学工业有限公司被列为省级低碳企业试点单位。试点单位成立了试点工作领导小组，完成了低碳经济发展规划制定、试点方案编制等工作。

七是全面建设节约型社会。在水资源方面，水利部门强化用水考核，不断规范用水行为，对超计划、超定额用水单位，严格按照有关规定征收超计划加价水费，有效规范了广大用水单位的用水行为，减少了水资源的浪费。在规范建设用地管理的同时，加强闲置土地清理，建立连云港市所有已批土地的信息管理系统，定期对已供土地的利用情况进行动态跟踪检查。加强宣传，营造社会氛围。通过各种途径，利用广播、报纸、电视、宣传资料等多种形式，大力宣传资源节约和环境保护工作法律法规、方针政策。增强全社会资源忧患意识和节约意识，使节约成为全社会的自觉行动。

（4）绿色农业取得实效

一是逐渐改变过去依靠化肥农药增产的传统种植模式，走提质节本增效发展绿色生态外向的绿色农业之路。

二是积极开展沿海防护林和成片造林建设，森林覆盖率稳步提高，目前超过 20%，高于全省平均水平。

三是积极发展生态循环农业，大力推广生态农业生产技术。着重推广秸秆机械还田，减少秸秆焚烧污染。2011 年连云港市秸秆综合利用率超过 80%，秸秆机械化还田率超过 28.8%，均超过了省下达的年度目标任务。

四是加快推进农业标准化。连云港市累计认定“三品”农产品基地面积 4 455 多万亩，占耕地面积的 60%以上，居全国前列。通过国家认定的无公害农产品 359 个、绿色食品 29 个。建成国家级农业标准化示范区 4 个，省级 14 个。

五是不断延伸农业产业功能，着力推进观光休闲农业建设，农业观光、休闲景点达到 50 家以上。

3. 开展低碳行动，推动绿色发展

发展低碳经济，倡导低碳生活，引导全社会形成低碳化、低能耗、低排放的绿色消费生活模式。对所有新建固定资产投资项目严格开展节能评估和节能审查，2011 年连云港市共受理投资项目 660 个，建成投产后年综合能源消费量 248.79 万吨标准煤（电力折算系数按当量值），经过专家的评估、论证，提出生产工艺优化、推荐使用节能设备，达到了项目用能下降 5%以上，达到了从源头管理、源头控制新上项目用能的目的。在建筑节能方面，2011 年，连云港市新建节能建筑 400 万平方米，新增太阳能热水系统应用面积 100 万平方米、地（水）源热泵系统应用面积 15 万平方米，既有建筑节能改造面积 2 万平方米。徐圩新区被江苏省住建厅、财政厅确定为“江苏省建筑节能与绿色建筑示范区”创建单位。在交通节能方面，制订《2011 年连云港市交通运输行业节能减排工作要点》，积极打造低碳运输体系，禁止油耗大、不符合运输条件的车辆进入运输市场，鼓励运输企业淘汰老旧汽车。连云港市徐圩新区建设 4 500 平方米的节能环保展示馆，充分展示了生态徐圩、低碳徐圩、循环徐圩、智能徐圩的发展思路和模式及推广应用的先进绿色低碳发展技术。积极开展绿色校园、绿色社区创建活动，宣传教育绿色发展理念。连云港市赣榆县开展“创建节约型企业，低碳经济再立功”宣传活动，引导全社会树立良好的绿色低碳行为。

二、绿色低碳发展中存在的问题

1. 对发展绿色经济的认识尚需深化

目前连云港市上下对发展绿色经济的认识还普遍比较模糊，绿色经济、生活、消费等理念还没有在全社会真正形成。

2. 以煤为主的能源结构制约绿色经济发展

连云港市主要消费的能源品种有原煤、电力、成品油等。在耗能总量中，煤炭是连云港市消费的主要能源。“十一五”以来，连云港市煤炭消费量年均增长 8.3%，电力消费年均增长 10.8%，以煤为主的能源结构在目前以及今后相当长的时期内，都很难改变。随着经济快速发展，连云港市对能源的需求将越来越大，煤炭消耗也会随之大幅度提高，由此带来的碳排放强度也将进一步增大，对连云港市环境容量及绿色经济发展的要求挑战越来越大。

3. 发展阶段与绿色经济发展的矛盾日益显现

长期以来，连云港市经济呈现粗放式发展的特点，对能源和资源依赖度较高。目前连云港三次产业结构中，服务业占GDP比重低于低收入国家平均45%的水平，尤其是具有绿色特征的文化、旅游、物流、金融、信息等第三产业发展滞后，与此同时，工业重型化特征日益明显，必然会带来能源消耗强度的上升。加上在未来发展规划中，连云港市将重点布局大型钢铁和石油炼化产业，这些产业均属典型的高碳经济。工业重化趋势的加快，产业高耗能的特征，给发展绿色经济带来巨大压力。

4. 技术水平落后成为发展绿色经济的现实障碍

连云港目前专业科研机构较少，人才培养引进力度难以满足产业发展需求，企业自主创新能力不强，研发投入不足，这是由高碳经济向绿色经济转型的最大挑战。

5. 体制机制缺位导致政策支持力度不足

连云港的绿色经济仍然处于起步、探索阶段，还缺乏强有力的政策支持体系，尚未形成稳定的政府、企业等多元投入机制，金融体系对绿色技术和项目的支持力度不够，政府对产业园区规划的落实，对高排放、高污染等行为的监督制约，对各级政府和干部的绿色政绩考核约束制度还有待进一步加强。

三、绿色低碳发展具体举措

目前，连云港市和全国大多数城市一样，正处于工业化、城市化进程加速的关键时期，面临的资源环境问题日趋严峻。如何把发展绿色经济和调结构、转变发展方式、培育新的经济增长极等问题结合起来，形成良性互动，不仅是全球及中国的重大课题，也是连云港市“十二五”期间及未来很长一段时期必须予以研究的重大课题。发展绿色经济是调整经济结构、转变发展方式、促进节能减排的重大举措，对连云港市来说既是一个难得的机遇，又有极大的发展潜力。连云港市应充分利用沿海开发的后发优势，在全国形成示范效应，率先建成国内真正的“绿色城市”。具体举措如下：

1. 建立和完善发展绿色经济的管理和评价体制

加强领导，完善管理组织体制。发展绿色经济是一项跨地区、跨部门、跨行业的系统工程，涉及面广，工作难度大、要求高，必须切实加强组织领导，建立和完善连云港市发展绿色经济工作机构，充分发挥专家咨询作用，为各级政府和管理部门提供必要的信息服务。严格考核，建立绿色经济评价考核体系。将发展绿色经济纳入到连云港市科学发展评价考核体系和领导干部评价考核体系之中，使各级政府、有关部门在综合决策时把是否符合绿色经济发展方式、是否有利于连云港市环境资源保护作为工作的重点。

2. 转变经济发展方式，推动产业结构优化升级

逐步降低能源体系中高能耗、高排放所占比例，大幅度提高连云港市能源利用效率。在加快工业结构调整、大力发展优势主导产业、改造提升传统工业的同时，着力发展现代服务业和生态农业，努力形成高技术、高效益、低污染、低能耗的绿色产业体系。按照“低能耗、低污染、低排放”经济运行模式的要求，加大招商选资力度，加快形成以高新技术为主导、先进制造业和现代服务业为支撑的产业结构。

3. 增强自主创新能力，建立区域创新体系

建立布局合理、良性互动、开放配置、运行高效、富有特色的区域创新体系，在重点应用领域的关键技术上取得突破，在高新技术产业培育上取得突破，走产学研与外经贸相结合的联盟之路，为发展绿色经济奠定坚实的基础。到2015年，研发投入占GDP比重达到2%以上，科技进步贡献率达到50%以上，每十万人专利授权数、科技创新成果数、科技成果市场转化率和形成产业率接近国内发达地区水平。

4. 强化重点行业管理，全面推行清洁生产、高效管理

加快运用高新技术和先进适用技术改造提升传统产业，大力推动传统产业向深加工、精加工、高附加值和低消耗方向发展。强化重点高耗能行业和企业的能源基础管理，加快节能技术进步。大力开展合同制能源管理实施工作，重点鼓励和扶持有技术、有条件的企业开展、实施合同制能源管理项目。对钢铁、水泥、造纸、石化、纺织等高污染、高能耗行业全面实行准入制，坚决淘汰落后产能，提高行业生产管理和污染治理水平。对重点传统产业以节能、降耗、减污、增效为目标，全面推行清洁生产、高效管理。

5. 积极宣传，倡导绿色生活方式和消费模式

大力开展宣传教育普及活动，鼓励绿色生活方式和行为，推广使用绿色产品，弘扬绿色生活理念，推动全民广泛参与和自觉行动。

淮安市2011年度绿色低碳发展概况

淮安市发展和改革委员会

一、基本概况

“十一五”以来，淮安市始终坚持“创建低碳城市，实现绿色发展”理念，以发展“低能耗、低排放、低污染”产业为主，加快可再生能源、资源再利用等低碳基础设施建设，加大节能减排力度，取得了积极效果。特别是去年2月份淮安市获批全省首批“十二五”低碳经济试点城市后，市委、市政府积极推进低碳建筑、低碳交通等建设，大力倡导低碳生活方式，淮安市上下形成了争创低碳城市、建设绿色淮安的浓厚氛围。今年，淮安市又积极争创国家级第二批低碳试点城市，编制完成《淮安市低碳城市试点工作实施方案》，8月份，成功通过国家发改委组织的低碳城市创建工作专题调研与检查，在9月份国家发改委组织的专家评审中，淮安市的实施方案得到一致好评，认为比较符合实际、具有可操作性，并顺利通过初审，现已上报国家发改委待批。

二、工作与成效

1. 坚持低碳经济发展与产业转型升级相结合，积极构建现代产业体系

坚持把低碳经济发展作为产业转型升级的重要途径，积极推动主导产业低碳化改造，大力发展高新技术产业和现代服务业，加快发展高效、生态农业，努力构建一个低能耗、低排放的低碳生产体系。

一是加快推进新型工业化。2011年，实现规模以上工业增加值661.2亿元，年均增长25.2%。特钢、电子信息、盐化工新材料、节能环保、食品五大主导产业迅速壮大，占规模以上工业总产值比重达到55%；新材料、新能源、新医药、软件和信息服务业四大新兴产业快速发展，实现产值370亿元；科技创新力度不断加大，高新技术产业产值占规模以上工业总产值比重突破20%，创建国家火炬计划特色产业基地1个、国家级科技企业孵化器2个。

二是加快提升现代服务业。2011年，实现服务业增加值672亿元，增长14.3%。积极推进大旅游，围绕“伟人故里、运河之都、大湖胜地、美食之乡”旅游品牌打造，重点实施了白马湖生态景区综合开发利用、天泉湖旅游度假区、洪泽湖旅游开发等投入超5 000万元旅游项目90个，4A级旅游景区总数居江北第一；加快培育现代集聚区，共获批省级现代服务业集聚区4家、市级服务业集聚区25家，省级服务业集聚区数量位居苏北第二；金融业、商务服务业等生产性服务业收入增长较快，增速均保持在20%左右，金融机构存贷款余额先后跃过千亿元大关。

三是加快发展现代农业。大力推进高效农业发展，淮安市新增设施农业面积8万亩，设施农业、特色水产面积分别达87万亩、55万亩，生猪、家禽规模养殖比重分别提高到82%和93%；积极发展绿色生态农业，新增无公害农产品、绿色食品、有机农产品生产基地面积30.1万亩；成功申创国家级淮阴台湾农民创业园，建成省级现代农业产业园区5个、农产品加工集中区2个。

2. 坚持低碳经济发展与中心城市建设相结合，全力打造宜业宜居城市

坚持把低碳经济发展作为苏北重要中心城市建设的重要内容，加快推进低碳交通、低碳建筑和新能源等基础设施建设，逐步完善城市功能，不断提升城市品位，努力把淮安打造成为长三角北部具有较强城市吸引力和辐射带动力的宜业宜居城市。

一是加快构建低碳交通网络体系。大力实施"公路升级、航道整治、铁路联网、机场建设、港埠配套"等五大建设工程，累计完成交通基础设施投资192.9亿元，推动"公、铁、水、空"多种运输方式共同发展、有效衔接；积极实施城市交通"畅通工程"，优先发展城市公交，淘汰油耗较大的公交车200多辆，新增低油耗、低排放公交车500多辆；加快改造城市主次干道和支路系统，积极推行慢行交通，引导低碳出行。今年2月份，淮安市获批全国第二批低碳交通运输体系建设试点城市。

二是积极推广绿色建筑。累计完成节能建筑建设面积2 510万平方米、既有建筑节能改造面积4.3万平方米、新型墙体材料建筑应用竣工面积1 300万平方米，节约标煤18万吨，减少二氧化碳、二氧化硫排放46万吨。2011年，淮安市被住建部批准为全国可再生能源建筑应用示范市。

三是大力发展新能源。以创建国家新能源示范市为契机，积极推进新能源建设。淮安市已建成生物质电厂、燃气电厂、光伏电厂6座，年发电量达34.47亿千瓦时。垃圾发电厂即将竣工，龙源低风速风力发电投入运营，核电项目快速推进。

3. 坚持低碳经济发展与生态市建设相结合，努力提高人民群众幸福感和满意度

坚持把低碳经济发展作为生态市建设的重要支撑，深入实施"绿色淮安"行动，加强森林和湿地保护，不断改善人民群众生产生活环境，努力提高人民群众幸福感和满意度。

一是推进绿色淮安建设。大力推进花园城市建设，大运河景观提升工程等基本建成，新增绿地面积1 500公顷，城市绿化覆盖率达39.8%；拒批高能耗高污染项目70多个，对20家企业实施强制性清洁生产审核；对26家涉铅企业开展专项整治，对14家未能稳定达标排放的企业进行限期整改；淮安市空气质量优良天数341天；集中饮用水源地水质达标率100%，地表水功能区水质达标率稳定在90%以上，声环境质量符合功能区划标准，危险废弃物安全处置率100%，城市环境综合整治定量考核名列全省前列。

二是加大森林保护力度。加快入江、入海水道沿线、白马湖周边以及新建高等级公路两侧的防护林建设，淮安市共完成防护林面积3万亩；推进绿色村庄建设，建成73个绿化示范村；推进绿色通道提升工程，新建宁连外环路、淮阴区红色大道、327省道涟水段等绿色通道120公里，绿化面积达2 000亩以上；加大农田林网建设力度，新建和完善农田林网控制面积达21.5万亩。2011年，淮安市森林覆盖率达23.5%。

三是加强湿地保护。在建好现有自然保护区的基础上，加快建设洪泽湖东部湿地和白马湖湿地等重要生态湿地保护区，不断提升保护区级别，扩大保护区面积，至2011年，淮安市受保护自然湿地面积为48 975.94公顷(含渔业保护区面积)，自然湿地受保护率达45.8%，位居全省第一。

4. 坚持加强组织领导，不断营造低碳发展良好氛围

市委、市政府高度重视低碳发展工作，2011年2月份淮安市获批全省首批"十二五"低碳经济试点城市以后，淮安市上下更是掀起了一轮轮发展低碳经济、实现绿色发展的工作热潮。

一是建立健全低碳发展组织体系。淮安专门成立了低碳城市创建工作领导小组，并从相关部门抽调专门人员充实市低碳办，市财政给予专项经费支持。

二是夯实低碳发展基础。科学编制《淮安市"十二五"低碳经济发展规划》，先后组织人员四次深入市直部门、县(区)、重点园区和重点企业开展调研，全面了解淮安市碳排放现状及低碳发展情况。并召开多次规划研讨会，充分听取各部门、县区和有关专家的意见、建议，确保规划编制具有较强的科学性、指导性和可操作性。同时，出台了《淮安市"十二五"低碳城市创建工作实施意见》等文件。

三是强化低碳发展宣传引导。自获得江苏省首批低碳试点城市以来，淮安充分利用报纸、电视、网络、户外平面广告等媒体进行低碳知识普及性宣传，发动全民参与创建低碳城市活动。共刊

登低碳宣传文章 100 余篇，播放低碳城市创建动态新闻 60 余篇，发布户外公益宣传广告 20 余面，张贴低碳宣传海报 1 万余张；举办“万人自行车环市行活动暨低碳城市你我同行主题活动”启动仪式，面向全国的“我眼中的低碳城市”有奖征文比赛和“我心中的低碳淮安”书画大赛，在淮安市乃至全国引起强烈反响。2011 年 12 月上旬，在南非德班全球气候大会上，淮安市还作为江苏省唯一的低碳试点城市进行对外推介，引起广泛关注。

三、下一步工作打算

“十二五”期间，淮安市将按照《淮安市“十二五”低碳经济发展规划》确定的目标，围绕构建低碳生产体系、打造低碳社会模式、完善低碳基础设施和增强低碳支撑能力等“四大”创建路径，扎实推进产业体系、节能降耗、能源、交通、建筑、碳汇、试点示范、能力支撑等“八大”领域建设，确保完成淮安市单位 GDP 二氧化碳排放强度比“十一五”末降低 20%的总目标。

1. 加快产业结构调整，构建低碳生产体系

积极推动主导产业低碳化改造，大力发展低碳的高新技术产业和现代服务业，发展生态、高效农业，加强节能管理，严格控制“三高”产业发展，严格执行固定资产投资项目节能评估和审查，努力构建一个低能耗、低排放的低碳生产体系，从源头上控制碳排放。“十二五”末，服务业增加值占 GDP 比重达到 44.5%，高新技术产业产值占规模以上工业总产值比重达到 25%。

2. 积极发展低碳能源，不断提高能效水平

大力发展清洁能源和可再生能源，加大生物质电厂、燃气电厂、光伏电厂、风能电厂的建设力度，继续推进盱眙核电项目，积极推广热电联产、合同能源管理等先进用能模式，提高能源利用效率，进一步推广应用户用太阳能、户用沼气和各类节能电器产品。“十二五”末，新能源装机容量达到 460 MW，非化石能源占一次能源比重达到 6%。

3. 完善低碳基础设施，发展低碳交通和建筑

加快构建低碳交通网络体系，优先发展公共交通，积极推行慢行交通，推广应用新能源汽车，推进智能交通及物流信息化；推广应用建筑节能技术和绿色建筑材料，要求新建建筑严格执行节能标准，有序推进既有建筑节能改造，推动光伏光热技术在建筑工程中的应用。“十二五”末，新能源汽车占比达到 3%，既有公共建筑节能改造比例达到 50%。

4. 加大森林资源保护，增强森林碳汇能力

大力开展植树造林和城乡绿化保护工作，抓好铁路、高速公路、城市道路和乡村道路绿化，推进环湖泊周边、主要河道两侧及河口、饮用水源地周边生态隔离带及防护林体系工程建设，强化现有森林资源的保护，改造低产低效林，提高森林覆盖率和活立木蓄积量，增强区域碳汇能力。“十二五”末，淮安市森林覆盖率达到 22%，建成区人均绿地面积达到 12 m^2。

5. 推进低碳试点示范，塑造低碳城市发展典型

结合淮安市作为国家级低碳交通试点和省级低碳试点城市已有的工作基础，进一步扩大试点范围，着力推进市生态新城低碳示范建设，努力创建一批低碳示范产业园区，打造低碳示范社区、示范机关，积极开展农村建筑节能试点和绿色低碳建筑示范，开展低碳试点乡村创建工作。加快出台试点示范评价考核办法，对试点示范目标任务完成情况进行跟踪评估，开展试点示范经验交流。

6. 建立健全体制机制，增强低碳支撑能力

组织实施《淮安市“十二五”低碳经济发展规划》及年度行动计划，建立低碳城市指标体系，指导低碳城市建设。探索建立政府推动与市场运作相结合的控制温室气体排放体制机制，在冶金、盐化工、电力等行业试行年度二氧化碳排放总量控制。创新金融支持低碳发展的政策举措，探索建立绿色信贷、证券、保险、信托等金融体系，拓宽低碳企业融资渠道。建立温室气体排放统计、核算和考

核制度，建立淮安市温室气体排放清单报告编制工作机制，完成 2005～2010 年淮安市温室气体排放清单报告编制工作。研究实施低碳产品认证和标准标识制度，鼓励低碳产品的推广和应用。

淮安市将按照中央、省有关决策部署，认真做好低碳城市创建这件利市、利民、利长远的大事，进一步增强责任感和紧迫感，紧紧抓住省委、省政府实施的苏北重要中心城市的重大机遇，以争创第二批国家级低碳经济试点城市为契机，加快经济转型升级，大力推进节能减排，积极发展绿色经济，走出一条具有样本意义的节能、低碳、绿色发展之路。

盐城市2011年度绿色低碳发展概况

盐城市发展和改革委员会

发展绿色经济、低碳经济是破解资源环境压力、实现转型升级的重要途径。盐城市委、市政府一直高度重视绿色经济、低碳经济的发展，“十一五”以来，坚持将发展循环绿色经济、低碳经济作为推进经济社会转型升级的重要抓手和关键，大力实施新型工业化、城市现代化、农业产业化战略，加快推进产业结构调整和发展转型，加快发展新能源、节能环保等战略性新兴产业，积极组织开展绿色经济、循环经济试点示范和节能减排、循环技术改造工程，积极推进节能减排、资源高效利用和循环利用，低碳经济社会发展取得了明显成效。2011年盐城市万元GDP能耗0.54吨标准煤，比全国、全省平均水平分别低0.253吨、0.06吨。

一、绿色低碳经济社会发展基本情况

1. 绿色低碳农业发展成效显著

一是大力发展高效农业、绿色农业，不断增强农业的减碳固碳能力。近年来，大力推进科技创新，积极利用农业、生物、工程等措施改良盐碱荒滩55万亩，改造中低产田220万亩，建成高产稳产农田520万亩，占耕地面积的43%。盐城市已拥有有机食品52个、绿色食品150个、无公害农产品492个。有100多种优质农产品进入家乐福、农工商等国内外大型超市。高效农业、绿色农业的快速发展，有效增强了农业的减碳固碳能力，据测算年固碳3 000万吨左右。

二是大力发展节约型农业，不断提升农业的减碳固碳效率。从节能、节水、节肥、节地、节种、节药等环节入手，积极发展资源节约型农业，控减农业物耗，提高农业固碳效率。测土配方施肥技术覆盖面积达800多万亩次，化肥投入量的增速明显放缓，耕地肥力、基础地力、总产和单产明显提高。盐城市耕地平均生物量(以水稻、小麦两熟计算)由上世纪80年代的1.4吨/亩提高到2011年的2吨/亩，相当于每年增加吸收$CO_2$960万吨(以1 000万亩耕地计)。每公顷农药施用量由2006年的1.99千克，下降到2010年的1.54千克。大力发展循环型农业，有效控减农业碳排放。

三是加强秸秆综合利用。通过重点推广秸秆燃料、秸秆饲料、秸秆菌料、秸秆原料、秸秆垫料等技术，2011年，盐城市通过多种形式利用秸秆446.83万吨。其中：秸秆能源化利用量为242.08万吨，肥料化利用秸秆量113.78万吨，基料化利用秸秆量8.92万吨，饲料化利用秸秆量37.38万吨，工业原料化利用秸秆量17.72万吨，其他方式利用秸秆量26.95万吨，机械化全量还田秸秆126.4万吨，盐城市稻麦秸秆综合利用率达到71.6%。秸秆资源的综合利用大大缓解了秸秆对环境的污染。

四是大力发展生态养殖。按照环境容量标准和要求，实行农牧结合、林牧结合，发展立体种养新模式，实现循环利用、种养平衡。盐城市累计创建标准化规模生态养殖示范场154个，无害化处理农作物秸秆12万吨。大力推广生态循环模式。以“资源综合利用、物质良性循环、环境有力保护”为目标，发展物质循环转化、资源有效利用的循环型农业，打造了一批具有盐城特色的秸秆综合利用循环产业链、农副产品加工循环产业链、畜禽粪便综合利用循环产业链、沼气综合利用循环产业链。循环型农业的快速发展，为控减农业碳排放作出了积极贡献。

五是大力开展植树造林，不断拓展固碳空间。强力推进绿色盐城建设，取得显著成效。2011

年四旁植树造林 7.5 万亩，成片造林 18.1 万亩，进一步扩大森林固碳空间。

2. 绿色低碳工业发展初具规模

一是不断优化产业结构，努力实现结构性控碳。一方面，严格控制新建高耗能、高排放项目，加大淘汰落后产能、设备工作力度。“十五”以来，累计关闭化工企业 390 家，转产 44 家、搬迁 59 家，关停小钢铁企业 6 个，小造纸生产企业 2 个，拆除 1 个锌生产企业的生产设备，淘汰锅炉、窑炉、电动机等用能设备 11 512 台。另一方面，从盐城实际出发，坚持有所为有所不为，按照“四有三聚”要求，强势推进“新能源、节能环保、新能源汽车、海洋生物”四大战略性新兴产业发展。2011 年，“四大”新兴产业完成主营业务收入 635.9 亿元、利税 71.6 亿元，实现三年翻一番，成为盐城市经济发展新亮点。产业结构的持续优化，为持续控碳奠定了重要基础。

二是加快新能源开发进程，努力实现能源供给源头性减碳。加快沿海滩涂风光资源的综合开发，发展“风光互补”产业。2011 年末，盐城市风力发电装机容量 80 万千瓦，占盐城市电力装机容量的比重达 46.6%，占全省可再生能源并网装机的 37.9%。2010 年盐城市新能源发电 13 亿度，占全社会用电量的 8.1%，相当于节约标准煤 50 万吨，减排二氧化碳 120 万吨。建成秸秆焚烧发电项目 2 个，装机 4 万千瓦，年转化秸秆 50 多万吨。盐城垃圾发电厂装机 3 万千瓦，日处理生活垃圾 1 100 吨。建湖永林公司年产 10 万吨生物柴油项目竣工投产。至 2010 年，盐城市建成标准化规模畜禽养殖场沼气工程 289 个，秸秆气化站 7 个，相当于节约标准煤 7 万吨。东台被授予全国首批“绿色能源示范县”。新能源的开发利用，有效减少了化石能源消耗，大大减少了碳排放。

三是加快开发废弃物资源，努力实现产业链低碳。依托盐城电力有限公司、射阳港电厂等电力企业，利用其粉煤灰、脱硫石膏等废弃物生产建筑材料，加快了电厂粉煤灰、脱硫石膏等资源循环利用产业化步伐。2011 年，盐城市工业固体废物总量为 203.77 万吨，工业固体废物综合利用率达 96.8%。培植了东台磊达水泥等一批粉煤灰综合利月大型企业。废弃物资源的综合利用，既减少环境污染，又减少原生材料的用量，有效降低产业链能源和资源的消耗，直接减少了碳排放。

四是大力回收利用再生资源，努力实现资源型减碳。“十一五”期间盐城市再生资源行业快速发展，再生资源交易额呈逐年提高态势。2010 年盐城市再生资源交易额为 115.3 亿元，年均增长 27.2%。盐城市再生资源回收、加工和利用行业呈现经营主体多元化、加工利用产业化的良性发展趋势。形成了以滨海南亚公司废铜电线回收、中大公司汽车维修厂废旧轮胎回收、建湖神力制绳公司废旧塑料再生利用等再生资源利用企业为代表，重点回收综合利用废旧金属、废旧轮胎、废旧塑料等废旧物资，实现废旧资源的循环使用，初步形成了以再生资源回收利用为特征的循环经济产业链。再生资源的回收利用，促进了全社会减碳行动。

3. 绿色低碳服务业发展步伐加快

积极开拓碳排放交易市场。盐城环保产业园与上海环境能源交易所合作，建立了上海环境能源交易所盐城分中心和盐城环境能源交易所。目前盐城市成功运作 2 个低碳排放交易项目。东台国华风电 CDM 项目，2008 年 7 月份该项目通过联合国 CDM 执行理事会减排量注册，成功将碳排放权出售给法国电力，协议每年出售减排量为 16 万吨二氧化碳，每吨价格 9 欧元。射阳国能生物质发电 CDM 项目，该项目已经获得国家发改委批准，联合国注册机构正在进行核查，即将通过联合国 CDM 执行理事会减排量注册。大丰风电场 CDM 项目正在与有关方面洽谈，可望很快通过联合国注册机构注册。

大力发展循环型商贸流通。倡导包装绿色化，降低塑料包装袋或一次性物品使用量，选用符合国家标准的、可降解的环保型替代产品，初步实现销售过程中包装物可降解或重复利用；连锁超市实现净菜销售，从源头减少厨房垃圾的产生量；对流通企业产生的生活垃圾、废弃包装物进行分类收集、回收、资源化利用。目前，大型商场、超市在使用绿色包装，推广节能环保产品，生活垃圾、废弃包装物处置等方面发挥了较好的示范作用。培育绿色商贸流通载体。积极推进绿色市场、特色商业街区、大型购物中心和连锁经营网点生态化、绿色化和循环化建设，不断扩大绿色产品在消费市场中的份额，开设了一批“绿色商店”、“绿色超市”，设立了一批能效标识产品、节能节水认证产品、环境标识产品、绿色标识食品和有机标识食品专柜，绿色消费市场体系建设初见成效。构建绿色生态运输模式。以城北物流园区、大丰港区物流中心作为试点示范，构建生态运输模式。鼓励使用环保包装材料，限制使用难以降解或有潜在危险的包装材料；严格执行国家货物绿色包装规范和生态物流标准，选取基础较好的悦达物流等重点企业，建立绿色示范，引导运输企业向环境友好型方向发展；在现代物流业相对集中的盐城市十大服务集聚区，设置了合理的运输车辆行驶路线，缩小了其噪声污染对周边居民的影响范围。构建生态旅游的绿色环境。加强旅游景区的环保设施的建设，建立了垃圾、生活污水收集和处理体系，实现了垃圾和生活污水的无害化处置。通过对旅游者、旅行社、饭店（宾馆）、旅游开发者和管理者进行尊重自然、资源节约、保护环境和社会文化的宣传教育，提高了大众保护环境的意识。推进绿色餐饮业的发展。以星级宾馆饭店和旅游景点餐饮机构为切入点，建立绿色餐饮标准和认证体系，打造“绿色餐饮”品牌，实施绿色管理和卫生管理，大力倡导采购绿色、安全、卫生的原材料，尽量减少提供和使用一次性用品，对酒店设施实行节能改造，减少废气和废水排放量。目前，所有星级宾馆饭店基本达到绿色餐饮标准。

4. 绿色低碳社会建设稳步推进

以政府主导、市场推动为原则，以节约资源、循环利用为目标，加快推进绿色低碳社会建设。

一是全面推广节水综合利用。以节水为核心，通过推广使用节水器具，中水回用、雨水利用、开发新水源等非常规水资源的利用，构建了安全、高效、人水和谐的水循环利用体系。2011 年城镇节水器具普及率达 82％，工业用水重复利用率达 63％。

二是推进综合节能系统建设。重点实施了建筑、照明等领域的节能减排，大力推广新能源，减少化石能源消耗，提高能源利用率，推进全社会综合节能系统的发展。盐城环保产业园成为全省首批低碳示范园区，新建甲类公共建筑严格执行 65％的节能标准。加快推广新能源应用。太阳能热水器使用面积达 400 万平方米。构建城市绿色照明系统。以高效、节电、环保、安全为核心，加快 LED 照明、高压钠灯等绿色节能照明产品的应用，全部淘汰了传统白炽灯等高耗能照明产品；景观照明、路灯照明、交通信号灯、商业广告灯等公共照明全部采用绿色照明；商业、工业、学校、酒店等公共建筑全部采用绿色节能灯具。

三是大力发展绿色交通。实施公交优先发展战略，初步构建了综合交通、区域交通、城乡交通、社区交通四位一体化的综合绿色道路交通网络；严格汽车市场准入制度，实施机动车辆排污许可制度，强化检测和维护制度，70％以上的机动车排放符合排放标准。

四是引导绿色消费方式。以绿色产品的销售和消费环节为重点，以政府绿色采购为切入点，大力推广绿色标识产品，规范和鼓励产品的资源化和再利用。倡导公众绿色消费模式，构建节约资源、低碳环保的新型绿色消费方式。目前，实施的政府绿色采购计划中，可循环使用的产品、再生产品以及节能、节水、无污染的绿色产品的比例明显提高，不再采购能源效率低的产品和国家明令淘汰的产品和设备。

二、主要做法

1. 加强组织领导，加快推动绿色低碳发展

为切实加大绿色低碳经济社会发展推进力度，盐城市成立了由分管副市长挂帅，市各相关部门分管领导为成员的盐城市循环经济发展工作领导小组，各县（市、区）也成立了相应机构，建立了目标明确、责任落实、上下联动、左右协调、合力推进的工作体系和机制，为促进循环经济发展提供了强有力的组织保障。

2. 注重规划引领，有序推进绿色低碳发展

先后组织编制了《盐城市"十一五"循环经济发展规划》和《盐城市"十二五"循环经济发展规划》。"十一五"规划按照"统筹兼顾、循序渐进"的发展战略，重点从企业层面推进清洁生产、工业园区发展生态工业、社会层面推进绿色消费、废旧资源处置层面推进循环利用。"十二五"规划按照"培植循环经济产业、转变发展方式、构建两型社会"的发展战略，着力创新体制机制，培植循环型农业、工业、服务业、静脉产业和社会体系。

3. 重视科技创新，着力推进重点领域发展

盐城市在推进绿色低碳经济社会发展中，注重关键技术的研发和应用，积极与高校科研院所进行专业合作，引进、研发和转化了一批绿色低碳发展新技术，有效推动了绿色低碳经济社会发展。江苏华泰纸业有限公司通过与江苏省环境科学研究院合作，对原有造纸生产工艺、污水处理工艺进行技术改造，将所有工艺废水全部回用于生产，最终实现了废水零排放，年节水 150 多万吨；盐城神力制绳有限公司与北京化工大学、东华大学、中国船舶研究所等高校和科研院所进行技术合作，不断提高项目产品的各项性能指标，利用废旧塑料等资源年生产各种缆绳、网带 8 000 多吨，与中国远洋集团、中国船舶工业物资总公司等单位建立了长期的供货合作关系。

4. 突出重点企业，积极推动试点示范

"十一五"期间盐城市共有 10 家企业被确认为省级循环经济试点单位，其中第一批：江苏大亚装饰材料有限公司、江苏亭湖经济开发区华泰纸业有限公司、江苏劲力化肥有限责任公司、江苏双昌肥业有限公司、江苏永林油脂化工有限公司；第二批：东台市绿源化工有限公司、江苏峰峰钨钼制品股份有限公司、建湖县永达有色金属制造有限公司、江苏鑫磐道路器材有限公司、江苏绿叶农化有限公司。除东台市绿源化工有限公司、江苏大亚装饰材料有限公司因县城规划调整停产搬迁外，其他 8 家循环经济试点单位按照省要求完成了循环经济试点单位实施方案规定的目标和任务，并且通过了市考核评估。

5. 优化政策环境，扶持引导低碳经济发展

为更好推动低碳经济发展，盐城市研究制定了《盐城市秸秆资源综合管理利用考核办法》、《盐城市城市生活垃圾无害化处置管理实施办法》、《盐城市废旧物资回收、加工、利用管理实施办法》等政策文件，明确秸秆、生活垃圾和废旧物资资源化利用的目标任务和责任，各级财政每年多渠道安排资金 4 700 多万元，用于扶持循环经济、低碳经济发展。盐城垃圾发电厂每年无害化处置城市生活垃圾 37.4 万吨，年发电达 2 亿度左右，供热近 1 万吨；两座生物质发电厂每年转化秸秆近 60 万吨，年发电 4.3 亿度。

6. 加强宣传教育，营造绿色低碳发展氛围

充分利用世界环境日、世界气象日、世界水日、国际臭氧层保护日等重要日期，通过电视、报刊、网站等各种途径、多种形式，大力宣传关于节约能源资源的政策法规、标准标识、典型事迹和案例，普及循环经济的基本知识，进一步增强了环境友好和资源永续利用的社会意识。利用社区画廊、学校板报、街道阅报栏，将绿色经济、低碳经济、循环经济理念和知识作为科普教育的重要内容，面向学生、家庭、社会广泛宣传，有效增强了全社会节约资源、保护环境和应对气候变化的责任意识。组织开展了行政执法人员、从业人员的教育培训工作，有效增强了执法守法意识和业务能力。

三、下一步打算

1. 建立健全体制机制

建立健全低碳发展工作领导小组，研究低碳发展战略，编制低碳发展规划，制定低碳发展配套政策；建立支撑低碳发展的重大项目推进机制，设立支持低碳发展的专项资金，促进低碳经济社会持续健康发展；建立健全低碳发展目标考核体系，强化年度工作目标考核力度，进一步落实目标责任。

2. 大力培植低碳产业

进一步优化产业结构，重点培植风电、光伏和环保等战略性新兴产业，走出一条盐城特色低碳经济之路。切实加大高耗能企业的节能技术改选力度，大力推进企业清洁生产审核和能源审计，不断促进企业节能降耗和控碳减碳。加快发展现代高效农业，进一步做大做优绿色农业、生态农业，切实提升农业整体固碳规模和吸碳效率。大力培植低碳服务业，进一步建立健全再生资源回收利用体系、服务行业绿色低碳发展体系，不断提高低碳服务对控碳固碳减碳贡献率。

3. 切实加强科技支撑

积极支持鼓励重点企业，进一步加强与国内外低碳技术研究机构和知名企业建立科技合作联盟和产学研联合攻关合作平台，紧紧围绕本地区急需解决的“减量化、资源化、再利用”方面的突出问题，加快引进、研发、转化、突破一批低碳关键技术，有力促进低碳经济产业化、规模化、集约化发展。

4. 不断加大扶持力度

研究制定加快低碳经济发展的扶持政策，重点在项目用地、资金、税收、信贷等方面，切实加大扶持力度，进一步增强低碳经济发展的动力和活力；积极建立低碳经济发展的重大项目储备库，逐步形成低碳经济重大项目开发、储备、实施的滚动投入推进机制，切实增强低碳经济发展后劲；鼓励支持低碳经济企业通过资产重组、联大靠强、技改扩能等多种途径，做大做强，发行企业债券和上市融资，进一步提升企业、产业规模和特色，切实增强竞争能力。

5. 努力营造良好氛围

充分利用广播、电视、报刊、网络、市民讲坛、低碳经济论坛等形式，广泛开展多层次、多方位的舆论宣传和科普教育，积极策划和制作宣传低碳经济理念的各类公益广告、电视专题片等，普及低碳经济基本知识和理念，增强社会各界资源意识、节约意识和环境意识，形成崇尚节约、保护环境的良好社会风尚。深入开展“两型”社会建设全民行动，大力推进“两型”机关、企业、社区、村镇、家庭、学校示范创建活动，倡导盐城市人民树立绿色消费、环保生活观念，培育推动低碳经济发展的文化氛围和社会环境。

扬州市2011年度绿色低碳发展概况

扬州市发展和改革委员会

近年来，扬州市高度重视绿色低碳经济发展，大力推进生态市建设，大力发展清洁能源，大力开展环境综合整治，大力推广低碳技术，大力开展工业污染源治理，绿色低碳经济发展取得了一定的成效。

一、总体概况

1. 节能减排成效明显

2011年，扬州市万元GDP能耗0.561吨标煤，同比下降3.32%，比2006年下降32.2%；万元工业增加值新鲜水耗13立方米，比2006年降低38%；城市生活污水集中处理率85.64%，比2006年提高4.1个百分点。“十一五”以来，实施清洁生产审核的企业共有785家；综合利用各种废弃资源1 248万吨。2011年，扬州市化学需氧量和二氧化硫排放量同比分别下降2.1%、2.5%，化学需氧量和二氧化硫排放量等约束性指标完成省下达目标。

2. 切实加强组织领导

2007年，扬州市成立了以市政府主要领导为组长，各相关职能部门主要负责人为成员的节能与循环经济领导小组，为扬州市发展循环经济工作提供了强有力的组织保障。同时各县（市、区）也相应地成立了领导小组，统筹本地区发展循环经济的工作，形成了全市上下共同发展循环经济的组织体系和工作网络。2011年5月，扬州市政府成立了扬州市应对气候变化工作领导小组，负责加强对应对气候变化工作的领导，研究制订扬州市应对气候变化的战略、方针和对策，部署扬州市应对气候变化工作，协调解决应对气候变化工作中的重大问题，统一部署节能减排工作，研究审议节能减排重大政策建议。

3. 切实制订战略目标

扬州市委、市政府相继制定出台了《关于加快建设节约型城市的意见》、《关于加强节能工作与发展循环经济的意见》、《扬州市生态市建设行动计划（2006～2010）》、《扬州市循环经济“十二五”发展规划》等政策意见，为扬州市绿色低碳发展提供了政策依据和指导。编制了《扬州市循环经济建设规划》和《扬州市循环经济试点实施方案》，明确了发展循环经济的目标和评价体系，拟定了农业、工业、三产、社会等四个重点领域的专项规划。同进，衔接落实“十二五”单位地区生产总值二氧化碳排放强度降低指标分解方案，落实具体措施和行动；拟定、更新并实施扬州市应对气候变化工作方案，指导和协助部门、行业和县（市、区）拟订和实施应对气候变化工作方案。

二、工作成效

1. 大力发展清洁能源和新能源

大力发展以生物质能和太阳能光伏为主的可再生能源产业，提高资源利用效率，减少污染物排放。宝应协鑫生物质热电、扬州港口环保热电、高邮秸秆发电等项目采用新技术、新工艺、新装备，利用秸秆、煤泥、污泥、沼气等原料发电，总装机容量达到9万千瓦，年可发电6.7亿千瓦时，相当于减少30多万吨原煤的消耗以及相应的废气排放。2011年扬州市新能源产业实现产值323.2亿元，同比增长47.6%，发展势头强劲。

2. 成功创建国家森林城市

2011年6月,扬州市获得国家森林城市称号。在创建森林城市建设中,扬州市始终坚持“为民、靠民、惠民”的理念,让森林走进城市,让城市拥抱森林,增加城市“绿”量,提高城市品质,让百姓赢绿色收益,享绿色生活。近年来,扬州通过持续的城市森林建设,“绿杨城郭”名副其实,更绿更美了。扬州荣膺“国家森林城市”称号,在中国这是对一座城市生态建设的最高评价,意味着这座城市被森林环抱。截至2010年底,扬州市森林—湿地覆盖率达51.2%,陆地森林覆盖率达35.1%,市区建成区绿化覆盖率达47.72%,人均公园绿地面积近13平方米。形成了“林城一体、林水结合、林文相融”,独具平原水乡特色的城市森林生态体系、高效优质的林业产业体系和繁荣文明的林业文化体系。同时,扬州市人大常委会制定永久性绿地保护制度,先后作出了《关于建立城市永久性绿地保护制度的决议》、《关于同意确定第二批城市永久性保护绿地的决议》,要求市政府每2年至3年提请审议确定一批永久性保护绿地。目前,蜀冈西峰生态公园、万花园、笔架山景区等绿地得到永久保护,共保护绿地218万平方米。“国家森林城市”是目前评价一个城市绿化成绩的最高荣誉,最能反映城市生态建设整体水平。

3. 国家生态市创建取得新突破

围绕2012年创成国家生态市的奋斗目标,秉持“创建为民、创建惠民、创建育民、创建靠民”的理念,大力实施环境治理和生态建设工程;始终围绕关键问题和核心环节,不断加大创建力度,推动创建工作取得阶段性成效。一是生态县(市、区)创建实现全覆盖。对照国家创建标准的5项基本条件、22大项共26小项技术性指标,江都区、邗江区、宝应县、高邮市先后通过国家考核,仪征市通过国家技术评估,扬州大市在苏中、苏北第一家通过国家技术评估。二是生态细胞创建锦上添花。今年新增5个乡镇(宝应县泾河镇、山阳镇,高邮市周山镇、汤庄镇,邗江区平山乡)通过国家生态乡镇考核,扬州市73个涉农乡镇全部获得国家生态乡镇命名或通过考核待命名,生态镇创成率100%。扬州市1 108个行政村中创成市级生态村949个、省级生态村65个、国家级生态村3个,生态村创成率91.8%。三是乡镇环境基础设施日趋完善。扬州市73个涉农乡镇全部建成污水集中处理设施和垃圾中转站;358个镇级以上卫生院、1 236个村级医疗卫生单位和私人诊所,全部实现了医疗废物安全集中处置,在全国处于领先地位。

4. 大力开展循环经济试点示范

一是围绕重点园区,大力开展循环经济试点示范。目前,扬州市有国家级循环经济试点城市1家、国家级循环经济试点园区1家、省级循环经济试点园区1家。扬州经济开发区于2007年12月被确定为第二批国家循环经济试点单位,2011年被国家发改委确定为国家级循环经济教育示范基地。扬州经济开发区重点打造了蒸汽综合利用、中水循环利用、循环水梯级利用、粉煤灰综合利用、光伏循环经济和废旧轮胎及废纸回收等六个循环经济产业链,资源节约型、环境友好型、可持续发展的新型工业化园区建设取得了明显成效。二是围绕重点企业,大力开展循环经济试点示范。目前,扬州市有省级循环经济试点企业10家。2012年10月,扬州市上报的扬州宁达贵金属有限公司、扬州天富龙科技纤维有限公司“城市矿产”示范试点企业实施方案通过了省发改委、财政厅组织的专家评审,被确定为省级“城市矿产”示范试点企业,并将授予“省级城市矿产示范试点企业”铜牌。三是大力扶持绿色低碳发展。每年,市政府设立了300万元的节能与发展循环经济专项资金,用以对企业实施循环经济项目的奖励,激发企业发展循环经济的积极性。此外,积极组织指导企业争取各项政策扶持。2008年以来,扬州市发改委先后为亚东水泥、日兴生物、双环活塞、诚德钢管等17家企业争取省级以上扶持资金9 980万元,推动了扬州市绿色低碳经济的发展。

5. 大力宣传增加公共意识

近年来，扬州市充分利用电视、报纸、影像等多种媒介，宣传普及气候变化和绿色低碳知识，广大居民充分认识到应对气候变化和发展低碳经济的重要性，树立低碳意识，主动形成了低碳的生产方式消费行为。同时，在扬州市积极开展“绿满扬州”创建活动，组织开展了“绿在我家、绿在社区、绿在学校、绿在机关、绿在企业、绿在医院、绿在社会”等多个主题生态实践行动；举办了第四届运河名城博览会暨运河名城专家论坛，围绕“低碳与产业发展”、“低碳与市民生活”等多个专题，探讨低碳之路，推动经济社会发展走上可持续发展的生态文明新路，扬州市初步形成了全民参与、植根基层、覆盖全社会的低碳氛围。同时，扬州市委、市政府在全市范围内多次开展了“百万人清洁家园大行动”活动，城乡环境面貌发生明显改善。

6. 生态文明建设和节能减排工作成效明显

扎实推进扬州市生态文明建设。2011 年，扬州市以全省第一、全国第三的优秀成绩，成功摘取“全国文明城市”这块含金量最高、影响力最大的城市金牌。扎实推进节能减排工作。2011 年，扬州市完成节能技改项目 108 个，淘汰落后用能设备 2 259 台(套)，关闭“五小”企业 73 家，实施节能监察企业 151 家。大力发展清洁能源，新增太阳能光伏装机 5.7 兆瓦、农村沼气用户 7 700 户。加快推进减排工程，市区汤汪、六圩、高邮海潮污水处理厂污水日处理量达到 29.34 万吨，扬州市 51 个建设项目实施了主要污染物排放总量平衡。2011 年，扬州市单位地区生产总值综合能耗比上年下降 3.32%；二氧化硫、化学需氧量排放比上年削减 2.5%，氨氮和氮氧化物排放分别比上年削减 2%和 2.8%，全年空气质量达到或优于二级的天数达 323 天。

三、下一步打算

1. 进一步完善政策体系

将绿色低碳发展贯穿于经济社会发展的整个过程中，在进行产业结构调整、优化产业布局和产业组织形式的同时，统筹考虑发展绿色低碳经济，制定和完善有利于绿色低碳发展的政策体系。综合利用税费以及水、电费等调控手段，制定利于绿色低碳发展的优惠政策。

2. 进一步健全服务体系

完善现有的绿色低碳发展服务平台，充分发挥其在开发和推广节能与循环经济先进技术、设备和产品，为企业发展绿色低碳经济提供技术支撑和业务指导等方面的作用。鼓励产学研横向联合，采用多种形式的合作，开展绿色低碳发展关键技术研究。建立清洁生产技术创新开发平台和转让推广网络系统，开展传统产业技术的升级改造、清洁技术推广服务、国外先进技术的消化吸收及其综合集成和应用等工作。积极探索循环经济项目融资、企业间循环经济合作链接等方面的循环经济服务模式和体系。

3. 进一步抓好载体建设

按照资源循环利用、规模经济效益、专业化分工的原则，合理构建循环经济产业链，形成各具特色、优势互补、互利共赢的生态产业网络，实现资源共享和副产品互换的产业共生组合。工业园区要抓好项目布局和产业链接，集中建设污水处理、中水回用、固体废物处理、热电联供等项目，形成集约利用的公用工程，推动产业集聚发展、企业集中布局、污染集中处理和废弃物循环利用，努力降低资源消耗和废物排放。最终实现单位企业内部的小循环、园区内部的中循环和园区与社会的大循环。

4. 进一步推进重点项目

加大循环经济重点项目的推进力度，协调项目实施过程中遇到的问题和阻碍，加强对重点项目的引导扶持，大力推进循环经济重点项目的实施。一是抓好项目管理。对于被列入计划的项目，督促企业按照计划书要求，认真组织实施，正常开工建设。对项目实行跟踪管理，不定期地调度项目实施情况，及时了解和掌握项目的进展，协调解决项目实施中的问题。二是加强政策引导。充分利用市循环经济专项资金，对节能、节水和循环经济等重点项目进行支持；同时积极争取上级政策支持，筛选重大的、有示范意义的项目积极争取国债项目和省节能节水专项资金的支持。三是做好项目示范推广。通过大会交流、现场观摩等形式，介绍推广项目在节能降耗技术改造、综合利用等方面的经验和先进理念，以点促面，最大限度地促进项目的示范和带动作用。

5. 严格标准推进生态市建设

2013年是创建国家生态市的关键之年、决战之年。要严格对照国家“两个80%”的标准的目标要求，抓紧建设完善乡镇污水处理、垃圾中转站等环境基础设施，积极开展农村环境综合整治，巩固提升创建成果。在现有生态市创建成果的基础上，强化督促考核，推动宝应、高邮、邗江、江都进一步巩固创建成果。在实现国家生态乡镇全覆盖的基础上，继续深入开展农村生态示范建设，高标准推进生态村创建，力争“十二五”末新增国家生态村10个。委托江苏省环科院编制《扬州市生态文明建设规划》初稿，广泛征求意见，修改完善规划文本，尽快印发实施，努力使扬州市生态文明建设进入全省先进行列。

镇江市2011年度绿色低碳发展概况

镇江市发展和改革委员会

一、镇江创建低碳试点城市及发展低碳经济总体情况

1. 镇江市委、市政府高度重视

成立了以镇江市主要领导为负责人的低碳城市建设工作领导小组，负责贯彻国家、省有关方针政策，协调各领域低碳工作的开展，统筹解决在低碳城市建设工作中遇到的重大问题，对低碳城市建设工作开展情况进行跟踪、监督和评估。镇江市高度重视相关政策的制定和落实。近年来，先后出台了《镇江市人民政府关于进一步加强节能减排工作促进可持续发展的实施意见》、《镇江市实施转型升级工程的意见》、《镇江现代化服务业两年(2011～2012)跨越发展指导意见》、《镇江市固定资产投资项目节能评估和审查办法》、《关于加强节能评估审查从源头上强化能耗控制的通知》、《关于推进镇江市万家企业节能低碳行动的通知》等一系列政策性文件，从多方面、多层次为有效推进低碳城市建设提供政策保障。同时，认真贯彻落实省和国家相关政策。2011年起，所有投资项目，都必须开展节能评估和审查工作，在全省率先推行了投资项目节能竣工验收制度，对未组织节能竣工验收或未通过节能竣工验收的项目，实行不接电、不供水的硬性措施。

2. 具有良好的生态基础

加强碳汇建设，在推进植树造林增加森林覆盖率的基础上，不断强化湿地等生态系统的保护和修复。镇江以“城市山林”、“真山真水”自然条件著称，森林、湿地资源丰富。2011年镇江市森林覆盖率达22.7%，城镇绿化覆盖率41.8%。市域范围内丘陵特色明显(仅城区就有26座山体)，水库湖泊众多，水域面积526平方公里，占总面积的13.7%，河流60余条，总长700余公里；湿地总面积约4.2万公顷。镇江自然禀赋丰富，为低碳城市建设奠定了良好的碳汇生态基础。

3. 低碳产业体系初步建立

低碳生态农业发展较快。建成25家省、市级现代农业产业园区，7个循环农业示范基地。完成83个发酵床养殖技术推广工程，建成41家低碳生态养殖示范场。规模化畜禽养殖场粪便综合利用率97%，秸秆综合利用率95%以上。淘汰落后产能成效显著。“十一五”期间，共关停小化工企业175家、关停小砖瓦窑210座。2011年，淘汰落后水泥产能65万吨，关停33家高能耗、高排放企业。丹阳富丽华生物质发电、江苏鹤林水泥公司余热发电等项目经国家发改委审核，成为“碳交易”项目。高端商贸、现代物流业、软件服务外包、文化创意等现代服务业不断提速。2011年镇江市服务业增加值实现约950亿元，同比增长12.6%，服务业增加值占地区生产总值比重达到41.2%，同比增长1.1个百分点。

4. 循环经济发展态势良好

镇江市、丹阳市是江苏省循环经济试点城市，镇江经济技术开发区等9家园区、企业是江苏省循环经济试点园区、试点企业。镇江市共有省、市级循环经济试点企业34家。近年来，镇江市积极申报创建国家再制造试点、国家循环经济教育示范基地、国家资源综合利用双百工程及省级“城市矿产”试点示范基地、企业，省级餐厨废弃物资源综合利用和无害化处理试点等，循环经济工作成效

明显。国家级开发区——镇江经济技术开发区，经过20年的建设，实力不断增强，为克服快速发展中出现的资源消耗大、排放多的问题，大力推进园区循环化改造，拟投入近30亿元，实施一批循环化改造项目，实现低碳发展、循环发展。这些都得到了国家和省的大力支持。

5. 低碳城市雏形显现

近年来，镇江市全面实施了青山绿水、蓝天行动、生态修复、绿化造林、城乡污水处理设施、环境综合整治等一系列工程。集中整治了主城区内11座山体和3条通江河道，建设景观型、游憩型“步行绿道”近百公里，复垦整理土地近5.5万亩。“十一五”以来，新增造林面积46.4万亩，建成国道、省道和高速公路绿色通道500多公里，建成绿化示范村296个。淘汰燃煤锅炉、茶水炉600多台。完成加油站、油库和油罐车的油气回收改造。在全省率先实现秸秆焚烧全境覆盖。全面开展村庄环境整治，目前已完成973个。建成城市绿化工程项目140项。到2011年末，镇江市森林覆盖率达到22.7%，城镇绿化覆盖率达42.2%，人均公共绿地面积达16.5平方米，居全省前列。上述工程的实施，有效地彰显了低碳城市特色。

6. 低碳模式和理念逐步融入市民生活

2011年1月12日召开的镇江市第六届人大五次会议明确提出：“统筹利用好有限资源，积极申报国家低碳试点城市。打制城市新名片，塑造城市新形象。”通过各类媒体和学校，广泛宣传普及低碳知识，低碳理念潜移默化地融入到广大市民生活的衣、食、住、行、用等多方面，生活消费逐步从传统的高碳向低碳模式转变。

二、下一步工作设想

镇江市将在国家和省指导下，积极践行低碳理念，全力完成《镇江市低碳城市试点工作初步实施方案》所提出的目标任务，下一阶段将着力抓好以下八个方面重点工作。

1. 进一步优化空间布局

根据国家、省主体功能区规划精神，镇江市发改委牵头，组织编制并于年内完成镇江市主体功能区规划，目的是进一步优化生产、生活、生态三大空间布局，该规划要以乡镇作为主体功能区的划分单元。推进形成主体功能区，明确优化开发、限制开发、禁止开发主体功能区的功能定位、发展目标和发展方向。以资源环境承载能力为依据，明确空间开发的战略格局，调整开发方向，创新开发方式，规范开发秩序，提高开发效率，提高城市化地区的开发密度，促进经济和人口的集中集聚，增强集约开发能力，为率先基本实现现代化，构建高效、集约、低碳镇江提供空间支撑。

2. 实施产业集中集聚集约发展

坚持企业集中布局。原则上新建规模以上制造业项目，均须布局于工业园区。以现代服务业集聚区和现代农业园区为核心，引导同类企业集中发展，发挥集群协同效应。坚持产业集聚发展。着力引进培育一批关联度高、辐射力大、带动力强的龙头型、基地型大项目，不断延长和完善产业链条，促进上下游企业联动发展。坚持资源集约利用。坚持绿色低碳增长，大力发展循环经济，加强资源综合利用，合理高效配置土地、资金、劳动力等要素资源，避免重复建设和无序竞争，提升资源产出效率。坚持机制集合创新。理顺管理体制，优化管理方式，创新开发机制，建立健全财税分成、利益共享的集合机制。努力打造一批现代服务业集聚区、先进制造业基地和现代农业产业园区，培育一批龙头型骨干企业，加速形成以服务经济为主体、高新技术产业为主导、先进制造业为支撑、现代农业为基础的现代产业体系，为建设低碳市奠定坚实基础。到2015年，建成6家营业收入超千亿的现代服务业集聚区，形成6个销售收入超千亿的制造业主导产业，建成40个市级以上现代农业产业园区，培育形成20家以上销售超百亿的重点骨干企业。产业集中集聚集约工作将实施市领导挂钩考核责任制。

3. 加快构建低碳生产模式

“点面结合”，加快生产模式由高排放向低排放的转变。“点”就是单个企业抓好清洁生产，“面”是企业内部、企业之间的“循环利用”。加大清洁生产力度，加快发展循环经济。加强能源计量、审计工作，全面推行能源消费计量数据在线采集、实时监测，深入开展能效对标活动，培植一批先进标杆企业，全面开展清洁生产审核。加强节能、节水、节电、节材新技术应用，实施差别电价、水价、气价，最大限度地实现“三废”资源化、利用梯度化和效益最大化。以镇江经济开发区园区循环化改造为示范，认真总结经验，在镇江市相关园区中全面推广，加快构建企业间、产业间横向共生、纵向耦合、资源共享的循环产业链。

4. 着力建设现代化“山水花园”低碳城市

镇江市将充分发挥山水相依优势，进一步加大实施“青山绿水、蓝天行动”力度。在老城区拆迁改造中，优化布局，建设紧凑型城市，全面推进低碳化。推行建筑物强制性节能和节水标准，新建建筑节能标准执行率必须达到100%。建设一批国家和省级低碳节能示范工程，加快14平方公里的镇江官塘低碳新城示范区建设。加大宣传低碳知识，使低碳生活方式理念逐步体现在市民的衣、食、住、行、用等方面，自觉地从传统的高碳模式向低碳模式转变，营造全民自觉参与低碳行动的良好氛围。加强森林碳汇建设，强化句容、丹徒等低山丘陵地带的森林覆盖，以生态公益林和速生林基地建设为主，把城镇绿地和农田林网连成一体，实施沿公路铁路、沿江沿河为重点的绿色通道工程，丘陵植被恢复工程，村庄绿化工程，进一步改善生态环境，努力将镇江城市打造为特色鲜明、品质高雅、业态领先、令人向往的现代化山水花园低碳城市。

5. 构建低碳能源体系

积极推进沼气、秸秆和垃圾焚烧等生物质发电，建设一批低碳示范工程。利用镇江市现有的生态畜禽养殖技术，集中处理规模养殖产生的畜禽粪便，重点引进推广“畜禽粪便—沼气—果蔬”、“畜禽粪便—微生物处理—清洁生产”生态循环技术。支持企业开发适合于建筑、采暖、制冷以及其他工业应用的太阳能新技术和新产品，推广太阳能热水器的运用范围。按照“适度规模、就近接入、当地消纳”的原则，适度建设太阳能光伏电站，推广光伏建筑一体化。淘汰落后小火电机组，加快高效节能发电机组建设。加快推进镇江市句容抽水蓄能电站建设，该电站总装机容量135万千瓦，总投资约70亿。

6. 着力推进低碳交通

镇江市将坚持“公交优先”的发展战略。到2015年城乡居民公共交通出行分担率达26%，村镇公交开通率100%。鼓励公交低碳出行，实施乘坐公交15公里内0.5元，用价格手段支持推进公共交通，这一鼓励公交出行政策在省内、国内都属先行一步。合理布局公交线网，打造大运量公交运输系统，提升公交覆盖率，增加10条左右大运量公交线路。建立财政补偿机制，加大公交扶持和公共交通基础设施建设力度，每年市财政将补贴公交近2亿元。建设镇江市城市公共交通系统智能指挥调度中心，提升公共交通效率。每年新增或替换100台左右的LNG客运车辆，2015年镇江市CNG出租车实现100%全覆盖。积极规划建设城市轨道交通；鼓励发展甩挂运输，提高运输企业生产效率和能源利用水平；加强落后船型淘汰；实行黄标车区域限行。

7. 着力加强低碳能力建设

超前谋划，试点示范，加快建设“镇江城市碳排放核算与管理平台”。镇江市发改委、经信委等部门与江苏擎天科技集团紧密合作，在深入调研基础上，尽快拿出建设方案，全面实施。“镇江城市碳排放核算与管理平台”具备较完整的碳排放数据智能化收集、核算和智能分析、智能反馈和监管整改系统，将为编制符合镇江实际的碳排放清单提供第一手资料，为政府管理决策、企业落实节能减排措施提供辅助服务。同时，积极创建设立国家级高新技术产业区，搭建创新平台。加强与国际相关组织、国内外先进地区和研究机构在技术、人才等方面的合作，重点培育一批企业技术中心和工程中心，提高以企业为主体的低碳产业自主创新能力，培养和建立一支高水平的低碳研究和管理队伍。

8. 创新体制，加强考核，拓展低碳建设资金渠道

有针对性地将低碳城市建设目标任务分解下达到区域和重点排放企业，强化监管考核，明确奖罚制度，确保低碳城市建设目标的落实。实行研究国外成熟经验，借鉴广东、杭州等首批低碳试点省区和城市的试点经验，结合镇江发展实际，建立镇江市开展碳排放交易的体制机制。搭建交易平台、畅通交易渠道，引导有社会责任感和低碳意识的企业、机构、家庭和个人参与自愿减排市场交易，积极推进实施零排放企业、零排放家庭和零排放汽车创建活动。各级政府要在财政预算内安排低碳城市建设专项资金，积极争取国家、省的支持，重点支持低碳技术研发、产业化和服务平台建设，支持碳排放核算体系及清单编制等能力建设。以“低碳环保、绿色循环”理念打造南山生态科技试验区，力争建成全国低碳示范区。南山生态科技试验区规划 100 平方公里，拟争取国家支持，纳入苏南规划，上升为国家战略。

泰州市2011年度绿色低碳发展概况

泰州市发展和改革委员会

当前，发展低碳经济已成为一场涉及生产模式、生活方式、价值观念和国家权益的全球性革命，成为可持续发展的必然选择和重要方向。作为中国医药名城和长三角先进制造业基地，泰州有基础、也有必要在低碳经济上率先发展，探索出一条适合自身特点、具有一定推广意义的低碳经济发展之路。

一、泰州市低碳发展总体概况

1. 环境质量整体情况

2011年泰州市环境质量综合指数达90分以上，四市两区空气质量良好以上天数的比例均超过85%，保持在330天以上。泰州市共实施195个重点减排项目，其中化学需氧量减排项目58个、氨氮减排项目58个、二氧化硫减排项目40个、氮氧化物减排项目39个。主要污染物中化学需氧量削减2.2%，二氧化硫削减1.94%，氨氮削减1.95%，氮氧化物削减1.97%。

2. 能源消费增速放缓

近几年，随着泰州资源节约型、环境友好型社会建设的进一步深入，泰州市能源消费量增速和单位GDP能耗实现双降。工业企业在科学用能、效率用能等方面，开展了积极有效的节能降耗工作，泰州市规模以上工业企业单位产出能耗稳步下降。2010年，泰州市规模以上工业总产值为4 861.1亿元，同比增长31.7%，同期规模以上工业企业全年综合能源消费量为1 403.47万吨标准煤，同比增长6.2%。尽管泰州市全年综合能源消费量同比上升，但由于工业总产值增幅远远大于综合能源消费量增幅，2011年泰州市万元产值能耗为0.124 8吨标准煤，同比下降28.04%，节能降耗工作取得了显著成绩。

3. 低碳产业快速发展

目前泰州市以低碳为标志的新兴产业、第三产业快速发展。首先，新能源产业初具规模，形成了以太阳能光伏、风电装备、蓄能电池等产业为主的具有较高科技含量和广阔市场前景的低碳产业链。其中，光伏产业已具有一定规模，并呈爆炸式增长。中盛光电2010年产值已经超过60亿元，是我国第一个、世界上屈指可数的可提供包括光伏电站设计、建造、运维等一体化解决方案的提供商。其地面与屋顶追日系统，以及以此为平台开发的第三代光伏电站技术领先世界，聚光电站技术、BIPV技术等代表国际光伏产业发展前沿的技术取得重大进展。其他企业的大面积全固态染料敏化太阳电池、非晶硅微晶硅薄膜太阳电池、新型电池材料等也在研发当中。这些项目的建成投产为泰州市低碳产业发展注入了生机和活力。其次，第三产业发展活跃。2011年，第三产业增加值达到939.29亿元，对GDP的贡献率达到44.95%，第三产业已成为推动泰州市经济快速发展的重要力量。现代服务业方面，泰州市大力发展现代物流业，靖江三江现代物流中心、泰州城北物流园、高港综合物流中心、兴化戴南不锈钢综合物流中心等项目都已逐步建成并投入营运，这些项目的顺利营运有力地促进了泰州市经济发展的能源消耗和碳排放强度的降低。

4. 强力推进节能减排

近年来，泰州强力推进节能减排。2011年实施亿元以上重大技改项目210个，实施重点行业和工业企业节能降耗工程，大力发展循环经济，推进清洁生产，严格实施固定资产投资项目节能评审制度。对重点耗能企业开展能源审计和节能监测，坚持节约优先，把节能作为调整经济结构、转变发展方式的重要抓手。2011 年认定 12 家资源综合利用企业，可享受国家税收优惠政策，预计每年可减免 1 000 万元以上的税收。2011 年泰州市万元 GDP 能耗下降 3.5%以上，超额完成省定目标。一大批符合国家产业政策、技术和工艺先进的环保型工业项目，如扬子江药业集团废水治理项目、南化集团泰州化纤公司废水综合治理工程、陵光集团废水处理扩建工程等污染治理重点工程均已建成并投入使用；泰州市集中供热和烟气脱硫等大气污染治理重点工程进展顺利，国电泰州发电厂、泰州梅兰热电公司、中海黄桥热电公司等相关热电企业脱硫工程也已建成并投入使用，有效消减了二氧化硫排放量。

二、泰州市低碳发展的重点工作

根据泰州经济社会发展和能源消费、碳排放现状，把“大力发展循环经济”、“节能减排”和“开发利用清洁能源”作为泰州市发展低碳经济的重点。

1. 提高资源利用效率，建立循环经济发展模式

循环经济和低碳经济的宗旨都是在市场机制基础上，通过制度创新和技术创新，推动高投入、高消耗、高排放、低效益的经济发展模式向低投入、低消耗、低排放、高效益的模式转型，使社会经济步入可持续发展的良性循环轨道。要实现低碳经济，就必须把实行循环经济和清洁生产作为重中之重。最大限度地减少高碳能源的使用和二氧化碳的排放。使循环经济与低碳经济达到互动发展，借助发展循环经济基础来构筑低碳经济发展的产业体系。

目前，泰州在化工、机电、造船以及农业等重点行业、重点领域，利用产业向园区集中、经济集群发展的特点，积极开展了循环经济和清洁生产的试点和示范，初步形成了“政府主导、企业主体、市场运作、全民参与”的循环经济运行体制与机制。例如，在以中医药为龙头而打造的泰州市低碳经济高新示范区，园区从成立开始，就正视原料药制造行业消耗相对较高、污染相对较大的特点，把医药产业低碳化作为发展目标，把企业的产能消耗情况作为常年的考核指标，合理设置产业链，通过技术进步实现节能、降耗、减排。目前已有不少大型药企与其他行业联手开展循环经济。如在巴比妥产品生产中需用溴乙烷，并会产生副产物溴化钠，而溴乙烷产品正是利用溴化钠制造出来的。于是生产巴比妥产品的医药企业可以和生产溴乙烷产品的化工企业双方进行合作，制药企业将溴化钠交给化工企业，然后化工企业按一定数量返还给制药企业溴乙烷。这样，制药企业便以最小的成本处理了副产物，并换取了生产所需的原料，而化工企业也有了稳定的原料供应和产品销售渠道。双方各取所需，实现了资源的循环。对于开展资源循环利用厂家规模较大、污染治理设施健全、综合利用效果好的企业，园区在财政、税收、投资、土地、排污费返还等方面给予一定的政策扶持。

此外，要大力推进生态农业和农业循环经济发展，大幅度减少化肥和农药使用量，农林剩余物可综合利用作为饲料、肥料、菌类基料、工业原料和发电原料，减轻焚烧对城市和机场周边的环境污染；加快太阳能和沼气技术的推广普及，既增加农村能源供应，又改善农民的卫生状况，保障食品安全。

2. 以工业为重点、全面推进节能减排

推进节能减排，当前的重点首先应放在工业节能上，这是由泰州市发展阶段和工业能耗所占比例决定的。要控制高耗能高排放行业过快增长，加快淘汰落后生产能力，推进重点节能减排工程建设；其次，要控制建筑和交通能耗的快速增长，做好建筑节能工作，大力发展绿色交通；第三要大力推进生态农业和农业循环经济发展；最后还要加强制度建设，强化目标责任制的落实和评价考核。

3. 打造先进产业体系，降低高耗能产业比重

一是提高“高碳”产业准入门槛，逐步淘汰落后产能，有效降低单位GDP碳排放的强度，实现低碳发展。二是发展以高新技术产业武装起来的基础产业。促进以船舶为重点的装备制造业抢占产业制高点，用高新技术提升化工、冶金、纺织等传统产业，切实加大烟气脱硫、节能减排技术的战略投资，要依靠科技引领，来解决低碳经济、循环发展的问题，使大的基础产业实现闭合式循环，降低碳强度。三是加快发展第三产业，特别是发展现代服务业，减少国民经济发展对工业增长的过度依赖。四是合理引导产业发展，预防低碳泡沫。由于我国经济发展水平的限制，低碳技术和产品在我国还不能为市场所接受，国内市场需求很小，目前低碳产业主要依赖国际市场。在国际市场需求爆发性增长和降低的反复下，我国的低碳产业盲目跟风，导致了爆发性的增长和泡沫的形成。泰州在发展低碳产业的过程中，要坚决抵制粗放型的低水平重复建设，尤其是要避免出口对低碳产业的绑架。

4. 发展新能源产业，提高清洁能源利用比例

泰州地处长江中下游平原，阴雨天气较少，太阳能辐射程度较高。农作物资源丰富，具有丰富的城市生活垃圾、禽畜粪便、生活污水与畜牧场、酒厂以及生物燃料企业排出的废弃物资源。太阳能、木炭、沼气利用等已具有一定的基础。

三、泰州市低碳经济发展的保障措施

1. 严格实施节能评审工作

积极应对日益严峻的节能形势，严格执行项目审批程序，积极推进固定资产投资项目节能评估和审查工作，通过对项目的整体把握、合理控制和审批，泰州市能源利用更加合理、能源利用效率逐步提高，2012年1～7月，泰州市共完成了329个固定资产投资项目的节能评审，其中市本级完成了41个固定资产投资项目的节能评审工作，项目总投资97.74亿元，综合能耗3.02万吨标准煤，通过项目节能评估和审查，泰州市共核减标准煤2.53万吨，占新增项目总能耗的22.5%。节能评审工作的有序推进，一方面控制了高耗能、高污染行业的盲目扩张，另一方面也使项目用能效率进一步提高，节能措施更加合理可行，评审的节能效果日益显著。

2. 建设低碳经济试点基地

首先，在电力、交通、建筑、冶金、化工等能耗高、污染重的行业先行试点，作为探索低碳经济发展的重点领域，寻求低碳经济发展之路。其次，要积极打造“低碳经济发展区”、“低碳工业园区”，在医药城、新能源园区等重点基地进行试验试点，创建具地方特色的低碳文化品牌。

目前，泰州医药高新技术产业开发区已获批江苏省低碳经济试点园区，立足园区经济、社会和环境实际，探索适合园区的低碳发展模式，力争到2020年，可再生能源消费总量比重达到15%以上，清洁能源占园区综合能源消费的90%以上，园区单位地区生产总值碳排放降至0.67吨/万元，高新区把新上项目用能评估作为前置条件，加快淘汰落后产能进程，大力实施节能技术改造项目，推广高效节能产品，为泰州低碳经济的发展提供了有力支持。加强对新能源、新医药产业的培植，促进产业结构调整，狠抓节能减排关键措施，把园区打造成省市乃至全国的以医药为龙头的重点低碳经济高新示范区。

3. 加大投资和政策扶持力度

一是充分开发太阳能。积极推广太阳能集热器的使用，吸引国内外机构和社会团体、企业投资太阳能光伏发电、太阳能热发电项目。光伏产业是泰州市新能源产业发展的重点，要依托现有企业，向产业链中高附加值生产环节延伸，尽快形成产业规模。二是积极开发地热能。大力推广现有成熟技术，充分利用地热资源进行发电和集中供暖。三是加快发展生物质能。积极推进农户沼气

池和养殖场沼气示范工程建设，开展秸秆气化等新能源项目，改善泰州市能源结构。此外，还要依靠技术进步不断降低利用成本，切实解决新能源发电上网难题，多途径利用可再生能源，逐步提高其在能源中的比例，使之成为满足未来能源需求的重要补充，成为控制温室气体排放、保障能源安全的重要措施。

4. 构建低碳发展价值体系

在政府的主导下，通过政策引导、科学规划、理念教育等手段，推动低碳产品、低碳技术、低碳服务的市场化，以每年的节能宣传周活动为契机，提高全民节能意识，充分调动各方力量参与节能降耗，把绿色、节能、低碳的生产方式、消费模式和生活习惯作为宣传的重点，从而调动企业和居民的积极性，让低碳的生产方式和生活方式逐渐被企业和居民接受，最终才能构建起符合低碳经济和低碳社会双重要求的低碳化城市以及低碳视域下的文化价值观。

四、下一步打算

1. 加大科技攻关，促进低碳技术创新

面对低碳发展的技术瓶颈，政府应增强自主创新能力，开发低碳技术和低碳产品。高度重视研发工作，重点着眼于中长期战略技术的储备。整合市场现有的低碳技术，加以迅速推广和应用。理顺企业风险投融资体制，鼓励企业开发低碳先进技术。加强国际间交流与合作，促进发达国家的技术转让。

2. 加大资金投入，制定鼓励政策

积极鼓励并重点支持低碳产业发展，加大对当地科技、特别是企业技改的投入。制定长远战略，出台鼓励科技创新、节能减排、可再生能源使用的政策，实施减免税收、财政补贴、政府采购、绿色信贷等措施，对政府可控的资源进行充分利用和整合，并通过大力宣传，来引领和助推低碳经济发展。

3. 抢抓机遇，大力发展清洁能源

大力发展生物产业、清洁能源产业和高新技术产业，加快结构调整。目前，泰州市传统工业产业比重过大，工业结构明显偏重，资源依赖型和“双高”行业比重较高，工业能耗居高不下。向低碳方向调整优化产业结构是主攻方向，积极创办节能洁净、高端高效的产业和项目，加快发展太阳能、风能、生物质能等可再生能源和新能源，发展生物技术等无碳产业和高新技术产业，并对各清洁能源产业进行政策和税收方面的支持和引导，以此加快产业结构调整步伐。

宿迁市2011年度绿色低碳发展概况

宿迁市发展和改革委员会

2011年，宿迁市在市委、市政府的正确领导下，深入贯彻科学发展观，积极践行绿色发展、低碳发展的理念。把节能低碳作为加快转变经济发展方式的重要抓手，扎实推进各项重点工作，取得了较好的成绩。

一、总体概况

1. 节能降耗概况

2011年宿迁市单位GDP能耗为0.49吨标准煤/万元①，继续保持全省最低水平。

2. 组织领导

宿迁市进一步强化组织领导，多次召开常务会议进行专题研究，强化落实责任，完善节能减排政策体系，形成政府为主导、企业为主体、市场驱动、全社会参与的工作格局。通过强化考核，加大问责力度，严格落实节能减排第一责任人、“一票否决”制度和“四不一奖”规定。严格执法，强化日常监察与专项监察，严厉查处浪费资源、污染环境和统计数据造假等违法违规行为。

3. 战略目标

计划到2015年，宿迁市万元GDP综合能耗由2010年的0.765吨标准煤下降到0.665吨标准煤(2005年不变价)，下降13%；规模以上企业万元增加值能耗由2010年的0.781吨标准煤下降到0.624吨标准煤，下降20%。“十二五”期间，累计实现节约能源150万吨标准煤。

二、工作与成效

宿迁市近年来致力转变传统的经济增长方式，大力推进节能减排，加快培育和发展战略性新兴产业。特别是在新能源领域，发展取得了显著成效，太阳能和生物质能的装机容量在省内已经属于前列。

1. 新能源和清洁利用取得长足进展

2011年宿迁市天然气和液化石油气的使用得到了有效推广，清洁能源和可再生能源的使用比率有了较大的提高。经初步测算，2011年市区清洁能源使用率为22.72%，可再生能源使用比例也超过20%。

(1) 制定相关规划

制定出台了《宿迁市新兴产业发展规划》、《宿迁市“十二五”新能源发展规划》、《宿迁市新能源产业重点政策扶持意见》等，明确了宿迁市未来可再生能源的发展方向。

(2) 积极引导和组织实施

依托《宿迁市“十二五”新兴能源发展规划》优先编排投资项目，积极开展招商引资，认真组织项目报批、资金争取工作，加快推动新能源利用，审批、核报了一批新能源投资项目。

一是宿迁市生物质发电产业走在全省前列。全省已批13家生物质发电厂，其中宿迁市就有5家，合计装机容量12.1万千瓦，在各市中项目最多，规模最大。其中宿迁凯迪、中节能和国信泗阳

① 根据省统计局文件，单位GDP能耗计算依据由2005年不变价转为2010年不变价。

已经投产运营，沭阳、泗洪生物质电厂在建。

二是太阳能发电成效显著。今年以来宿迁市围绕重点突破光伏发电项目开展招商引资工作，初步勘察确定了市区可以建设光伏发电站建筑物，主要建筑物可利用屋顶面积达158万平方米，具备建设100兆瓦光伏发电机组能力。已经获批光伏发电项目10个，装机容量61.66兆瓦，占全省规划总量的15.4%。年内将建成光大洋河、协合淮海建材城和国信泗阳两座光伏发电站等光伏电站。

三是垃圾利用产业取得新进展。光大环保产业园建设进展顺利，日处理垃圾600吨，总投资3.24亿元的垃圾发电项目已经竣工，目前已经进行试生产调试。该项目装机容量12兆瓦，预计年发电500万度。

四是风能发电稳步推进。风电集团将在宿迁市建设洪泽湖、骆马湖发电场，目前省能源局已经同意洪泽湖风电场项目开展前期工作，正在编制项目核准报告及环评。

五是大力发展节能环保低碳公交系统。从2010年起，先后购买、更新节能环保公交车174辆，其中压缩天然气公交车154辆，双燃料汽车20辆，占市区公交车总数570辆的30.5%。政策方面，宿迁市政府出台了《优先发展公共交通实施意见》和《宿迁市加快推进市区公交一体化升级改造工作实施方案》，提出了“优先发展公共交通，推进节能减排、倡导低碳运输”的发展理念。

2. 节能和能效提升方面的主要工作

(1) 严格落实节能目标责任

一是科学分解节能目标。将省政府下达宿迁市的“十二五”及2011年度节能目标，以目标责任书的形式分解到各县区和开发区。建立定期通报制度，按季度公布各地节能目标完成情况。二是加强督促检查。市政府多次召开市政府常务会、工作推进会，对节能工作进行专题研究和部署。市经信、发改、住建等部门采取现场检查、情况通报、下达整改通知书、交办单等多种形式，加强对各地节能工作目标落实情况的督促检查力度。三是出台政策文件。针对节能形势及节能工作新情况，研究出台《市政府关于进一步加强节能工作的意见》(宿政发〔2011〕132号)，从目标责任、源头控制、监督检查等方面进一步加大工作力度。在充分调研的基础上，编制完成《宿迁市“十二五”节能和循环经济发展规划》。

(2) 严控高耗能产业过快增长

一是加强节能源头控制。宿迁市发改委制定了《固定资产投资项目节能评估和审查工作细则》，对所有新建项目进行节能评估分级审查，累计审查项目412件。市经信委加强对技改项目的节能评估审查，共审查了11个年耗能3 000吨标煤以上的改扩建项目。二是加大淘汰落后产能、落后高耗能设备力度。完成省下达的淘汰80万米印染、8万吨硫酸落后产能淘汰任务，宿迁市结合“十五小”、“新五小”企业整治，淘汰落后高耗能设备929台(套)。三是强化高耗能行业用能管理。结合电力迎峰度夏，将有序用电管理和节能减排相结合，控制“两高一低”企业用电。

(3) 大力实施节能重点工程

宿迁市累计完成重点节能和工业循环经济项目40个，总投资13.2亿元，实现年节能量约12万吨标准煤。其中，江苏洋河酒厂沼气利用、苏华达新材料全氧助燃等4个项目获得国家资金支持，江苏禾友化工余热回收等23个项目获得省级资金支持。共组织实施清洁生产项目20个，完成8户重点耗能企业的能源审计任务。通过省资源综合利用认定企业28户，年可利用废弃资源308.5万吨。累计推广财政补贴高效照明产品10万支。积极培育和发展节能服务市场，公布《宿迁市第一批推荐的节能服务公司名单》，通过资金引导、信息对接、广泛宣传等方式，积极推进合同能源管理等市场化节能改造模式。

(4) 着力抓好重点领域节能

建筑节能上，加强新建建筑节能监管，推进现有建筑节能改造。泗阳县、沭阳县成功申报国家级可再生能源建筑应用示范县，启动宿迁市国际饭店、市级机关大楼等建筑节能改造工作。交通节能上，严格规范道路运输车辆燃料消耗量检测核查工作，加大新能源公交、出租车辆的投入力度，新增燃气公交车100辆、燃气出租车200辆，同时开展“绿色汽修”、“绿色驾培”创建工作。公共机构节能上，制订出台了《关于进一步在宿迁市机关开展资源节约活动的指导意见》、《关于建设资源节约型机关的几项具体规定》等制度规定。市委党校、水务大楼、科技大楼等9个单位相继实施了节能改造。农业节能上，加快“一池三改”示范户建设，引导支持规模化畜禽养殖场、养殖大户配套建设大中型沼气工程，宿迁市户用沼气池达69.74万座，年产沼气2.23亿立方米。

(5) 深入开展节能监察执法活动

结合省节能专项执法行动，在宿迁市范围内组织开展了年耗能3 000吨标准煤以上工业企业“四个一”节能活动，制定并下达工作目标和计划。重点查处使用国家明令淘汰的用能设备或生产工艺、单位产品能耗超国家或省限额标准、未按规定进行节能评估审查等行为。监察活动历时3个月，共监察企业53家，发现淘汰设备20台套，产品单耗超限额2家，下达整改通知书15份，监察意见书3份，提出改进意见115余条，对使用明令淘汰设备的6家企业执行了惩罚性电价。在节能宣传上，宿迁各部门积极开展多项节能活动。节能宣传周期间，宿迁市经信委等14个部门在市内人员密集地区联合举办宣传咨询活动，发放宣传资料5 000多份，发送节能宣传短信近20 000条，各县区也组织各种主题宣传活动，营造了浓厚的节能氛围。

3. 提高森林覆盖面积，增加碳汇

宿迁所辖各县、区均为全国平原绿化先进单位。目前，宿迁市用材防护林面积165万亩，高标准农田林网面积620万亩，杨树总株数1.6亿株，四旁植树保存株数1亿余株，绿化苗木面积33万亩，造林苗木面积7万亩，林木种苗花卉面积40万亩，宿迁市森林覆盖率达到23.51%，活立木蓄积量达到1 000万立方米，年可采伐利用100万立方米。

2011年宿迁市造林抚育深入开展，新增造林面积8.3万亩，林木覆盖率达28.18%；义务植树300余万株；全年新建绿化示范村72个；林木管护面积达40余万亩。宿迁正在创建全国绿化模范城市，积极推进植树造林，扩大森林资源总量；加强森林经营，提高林地产出；强化林业“三防”，保障森林资源安全；加强资源可持续管理，巩固林业建设阵地；力推产业升级，有序拉长产业链条。

4. 试点企业节能降碳效果显著

2011年度江苏绿陵润发化工有限公司获得江苏省低碳经济试点企业，企业加快淘汰高能耗落后工艺、技术和设备，大力调整企业产品、工艺和能源消费结构，采取综合性措施确保低碳经济试点示范工作取得明显成效。2011年企业实现节约标准煤2 508.3吨，折合碳排量1 705.64吨。

5. 开展低碳绿色发展活动提高公众意识

2011年宿迁市围绕低碳绿色发展主题开展了一系列活动，以增强公众意识，宣传低碳绿色发展。其中影响力比较大的活动是：

2011年3月，宿迁市文明办、宿迁市妇联、宿迁市环保局开展“低碳家庭”评选活动，共有115个家庭获得此项殊荣。活动旨在做低碳生活的倡导者，家庭成员自觉学习低碳生活知识，牢固树立绿色生活理念，养成低碳生活习惯。活动开展以来，涌现出一大批具有低碳环保意识、为建设生态宿迁作出积极贡献的模范家庭。

2011年7月，宿迁市开展十大低碳企业系列评选活动，活动旨在引领低碳理念，探索以低能耗、低排放、低污染为基础的新型工业化模式，倡导全社会支持低碳产业、响应低碳消费、呵护生态文明，以实际行动贯彻落实宿迁市委工作会议提出的“生态立市”发展战略。此次评选活动自 2011 年 7 月开展，共收到 162 家企业和个人提出的申报，范围涉及生产制造、能源矿产、交通运输、金融商贸、文化信息、旅游服务等众多产业。最终青岛啤酒(宿迁)有限公司等 20 家企业和王志伟等 30 位企业家分获宿迁市十大低碳贡献企业、十大低碳创新企业、十大低碳功勋人物、十大生态低碳人物和十大低碳贡献精英五个奖项。

三、基础能力建设

1. 积极出台政策法规推动节能减排

针对节能形势及节能工作新情况，宿迁市及时研究制定出台了《市政府关于进一步加强节能工作的意见》(宿政发〔2011〕132 号)，从目标责任、源头控制、监督检查等方面进一步加大工作力度。在充分调研的基础上，编制完成《宿迁市“十二五”节能和循环经济发展规划》。制定出台《固定资产投资项目节能评估和审查工作细则》、《关于进一步在宿迁市机关开展资源节约活动的指导意见》、《关于建设资源节约型机关的几项具体规定》等政策法规。

2. 不断引进先进技术引领低碳经济发展

2011 年船用 LNG(液化天然气)示范项目获省能源局批准，成为宿迁市泗阳县船舶修造集中区建设船用 LNG 示范项目。船用 LNG 示范项目是将船用动力传统的柴油燃料改为柴油和液化天然气混合动力的生态项目，对于优化船舶燃料结构、降低船舶航行费用、减少对生态环境的影响具有重要的意义，该项目已被列入国家交通部、国家南水北调办、江苏省交通运输厅节能减排重点项目。船用 LNG 示范项目由江苏蓝色船舶动力有限公司在泗阳县船舶修造集中区投资兴建，泗阳县船舶修造集中区主要建造 1 000 吨～3 000 吨散货船、集装箱船、游艇和工程船等，年可改装船舶上千艘。江苏蓝色船舶动力有限公司将在京杭运河泗阳段两岸新建 LNG 加气站、加气加油合一站 8 座及相关配套设施，凭借泗阳县船舶修造集中区船舶制造相对集中的优势，船用 LNG 项目的试点、示范、推广工作将大大加快。

3. 加强国际交流达成合作框架协议

2011 年 10 月 12 日，国际节能环保协会(IEEPA)与联合国工业发展组织(UNIDO)联合赴江苏省宿迁市进行节能环保工作考察与合作交流，国际节能环保协会秘书长李军洋，联合国工发组织驻华及东北亚首席代表柯文斯，国际节能环保协会常务委员、中共中央党校校务委员、中国市场经济研究会常务副会长王瑞璞，国际节能环保协会财税领域高级专家委员、国家财政部财政科学研究院副所长苏明，以及国际节能环保协会研究部、中国国际合作中心等一行考察团，重点针对宿迁市在节能环保发展及城市环境领域进行了考察交流，并与宿迁市人民政府开展了节能环保工作座谈会，同时国际节能环保协会中国国际合作中心与宿迁市人民政府湖滨新城委员会达成了框架合作协议。

4. 组织开展能力建设活动，增进低碳发展意识

宿迁市发改委组织了试点企业和县区发改局及相关单位参与全省低碳能力建设培训。培训内容包括碳排放核算、低碳建筑、清洁发展机制等方面。宿迁市千润发项目咨询服务有限公司组织开展宿迁清洁发展能力建设培训，主要内容包括：着重于对公共、半公共官员和企业负责人、企业研究人员进行应对气候变化知识培训，强化对全社会应对气候变化知识的宣传与普及，也包括宿迁及淮海地区气象资料的统计分析，研究影响宿迁及淮海地区气候的主要原因，开展 30 场针对公共、半公共官员的应对气候变化培训学习活动。全面提高了政府官员、机关领导干部、企业负责人和公众应对气候变化的认识，使政府的发展决策更加注重环境保护、更加注重生态建设、更加注重节能减排、更加注重低碳建设，让企业生产过程自觉实施低碳经济，开展清洁生产，减少废物排放，减少能源使

用，尽量减少对气侯的影响；促进人们保护环境、爱护环境、节约资源、节约能源的自觉行动和行为。

四、下一步打算

1. 进一步落实节能目标责任

一是分解落实节能任务。根据江苏省下达的节能目标要求，以责任状的形式将节能目标任务分解落实到各县区政府和开发区管委会。同时要将市政府下达的年度节能目标分解落实到各乡镇、园区、有关部门和重点用能单位。二是健全节能统计监测体系。完善统计核算与监测方法，提高能源统计的准确性和及时性。市经信和统计部门将按季度公布各县区、开发区主要能耗指标，对能耗增长过快和完成目标进度滞后的地区发出预警，督促地方政府及相关部门及时采取调控措施。三是进一步强化考核。进一步修订完善对各地"十二五"节能目标责任评价考核办法，进一步健全奖惩约束机制，加大监督考核力度，确保年度目标任务的完成。

2. 严控高耗能行业过快增长

坚决把住能耗过快增长源头关，实施更加严格的固定资产投资项目节能评估和审查制度。对本地区完成"十二五"节能目标有重大负面影响的固定资产投资项目实施能评限批；对未通过能评审查的投资项目，有关部门不得审批、核准和批准开工；没有能评审查报告的项目，不得业扩报装接电。将有序用电与节能降耗、促进发展方式转变相结合，重点限制高能耗、高排放和产能过剩企业用电。加大淘汰落后产能力度，结合市政府"五城同创"工作，全面排查落后产能、落后用能设备，抓紧制定实施方案，将任务按年度分解落实到各地区、各企业。确保完成省下达的淘汰 88 万吨水泥落后产能任务。

3. 更大力度实施节能重点工程

突出重点耗能行业，继续实施锅炉（窑炉）、电机系统、余热余压利用、能量系统优化等节能改造，"十二五"期间，每年力争通过节能改造，实现节能 10 万吨标准煤。继续深入推广高效照明产品、节能保温建材、高压变频调速等节能产品和技术。培育一批有特色、高水平的专业节能服务公司，为用能单位提供节能咨询和改造服务。组织节能产品和技术推介会，搭建节能服务公司和重点用能单位的对接平台。推动公共机构、大型公共建筑及重点用能单位优先采用合同能源管理方式实施改造，推进一批示范项目建设。

4. 全面推进重点领域节能

工业领域主要抓好重点用能企业监管。严格执行逐户开展企业节能考核工作，确保完成年节能 5 万吨标准煤和"十二五"节能 25 万吨标准煤的目标任务。对其中纳入国家"万家企业节能低碳行动"的 31 户企业，按照国家和省里的要求，组织开展能源审计，编制"十二五"节能规划并组织实施。建筑领域加强新建建筑节能监管，逐步提高节能标准，推进既有建筑节能改造，推进可再生能源建筑应用。交通领域加快发展城市公共交通和甩挂运输，引导运输企业淘汰高耗能、高污染车辆，全面推进"绿色汽修"创建工作。公共机构领域建立健全政府机构节能目标责任考核制度，确保年度人均综合能耗下降不低于 2%。

5. 进一步强化节能监察

加强对节能目标完成情况、节能法律法规贯彻落实情况的监督检查。将坚持开展工业领域节能专项执法行动，每年现场监察企业不得少于 20 家。对产品能耗超限额、未按规定进行节能评估审查、违规使用明令淘汰用能设备等行为，进行公开通报、限期整改、实施惩罚性电价，情节严重的，依法责令停业整顿或者关闭，对有关责任人进行严肃处理。加强节能监察机构能力建设，出台宿迁市节能监察办法，全面提高节能监察中心的软硬件水平。同时，将加强节能宣传教育，营造良好的节能氛围。

6. 加强应对气候变化能力

加强对气候变化的研究，关于劳动力技能方面，不仅涉及高端的劳动力技能，还要涉及普通技术工人的技能。在金融机制上，应在政府的积极引导下，结合市场手段与行政手段，对现有资源进行最优化配置，促进企业参与碳排放交易。在管理方面，需要侧重企业和社会的管理，增强企业和社会脆弱人群的气候变化适应能力。此外，重视系统整合与协同能力建设，加强在各个层次上进行能力建设，通过制定相关策略，使得各个层次能力都得到加强。

溧阳市2011年度绿色低碳发展概况

溧阳市发展和改革委员会

2011年2月12日，溧阳市获省发改委批准，成为全省4家低碳经济试点城市之一。同年3月17日，成立溧阳市低碳经济试点城市发展规划编制工作领导小组。同年底，《规划》得到省发改委批复。

溧阳市坚持走绿色发展路线，淘汰落后产能，倒逼工业经济脱胎换骨，加快构建以新兴产业为主导、先进制造业为支撑、服务业为特色的产业结构。在此基础上，瞄准最具本地有利条件和竞争优势的"一先二新"产业，推动先进装备制造业、新能源、新材料等新兴产业，形成规模、快出成效、放大效应。

一、总体概况

加快技术改造，提升传统产业能级。制定重点调整振兴实施方案，重点推进新兴产业示范建设，初步实现了由以往离散式地抓项目向抓产业链、产业群建设的转变，增强了产业的市场竞争力和发展后劲，促进了传统优势产业的发展壮大。装备工业通过调整改造，自主创新能力、先进制造能力和成套化、高技术化、国产化水平明显提升，主导产品达到当代国际水平，部分产品开始成套出口。

加强规划扶持，促进新兴产业发展。围绕大力发展新能源、新材料、节能环保、生物、信息、现代装备等六大战略性新兴产业，相继出台了发展规划及配套扶持政策，启动实施了发展三年倍增行动计划，重点产业重大项目建设，力争今年新兴产业主营业务收入比2009年翻一番。目前，产业开始呈现出良好的发展态势。

优化产业布局，推动工业集约发展。围绕优化区域经济布局，促进产业转型和结构升级，产业布局总体规划和基地发展规划，呈现良好的发展势头。按照"统一规划、分区开发、突出优势、错位发展"的原则，初步达到了"有投入、有形象、有企业、有增量"的目标。

围绕低碳经济试点城市建设目标，扎实推进了水泥行业的环境专项整治，力促企业转型升级，长远发展，节能降耗，综合利用，绿色崛起，科学发展。

二、存在问题及主要表现

产业结构亟待升级。溧阳市综合经济实力连续多年位居全国百强市，但是产业结构不够合理。农业贡献率偏低、重工业比重偏高、工业产品科技含量低、服务业增加值比重和贡献率偏低。传统产业居多，高能耗、高污染的建材、化工、冶金企业比例较大，经济增长粗放型特征比较明显，资源环境压力大。工业结构偏重，钢铁、水泥、冶金等"两高一资"产业比重较大。2010年重工业占工业经济总量的比重达85%左右，其中钢铁、水泥工业占45%以上。结构调整任务艰巨。经济外向型不足，服务业发展水平相对偏低，特别是生产性服务业配套不足。到"十一五"期末，服务业增加值占比仅35.5%，落后于全省、常州市平均水平。能耗结构有待改善。溧阳市一次能源消费以煤、焦炭和电力为主，优质清洁能源比例偏低，新能源贡献小，能源结构仍需进一步优化。溧阳市单位GDP能耗高于江苏省及常州市平均水平，与国内先进城市以及国际先进水平相比更是有较大差距，有待进一步挖掘潜力。

低碳创新技术不足。由于缺乏相应的专业技术人才和机构，以及国外发达国家对低碳技术的封锁控制，低碳研发创新能力不足，虽然已经掌握一些新技术，但不能满足低碳发展的需求，可产业化的低碳新技术稀少，难以支撑低碳城市建设。一些重点骨干企业对本市产业的带动效应不明显，没有形成一个重点企业发展带动形成一个产业的良好局面。企业数量相对周边县（市）偏少，尤其是科技创新型企业较少，创业、创新能力有待进一步提高。

城市交通压力越来越大。作为能源消耗的大户，交通低碳的作用突出，从出行方式看，溧阳市是以公路运输为主，而公路运输相对于铁路和水运属于高碳排放交通方式，同时，随着溧阳市居民生活消费水平的提升，机动车数量增长迅速，给低碳交通带来压力。

低碳城市建设的配套机制尚不完善。2010 年溧阳市城市化率为 46%，城市化进程明显滞后。由于长期形成的消费观念与低碳经济发展理念有较大差距，对低碳城市的认识也较模糊，各个县（镇、区）之间地区差异大，低碳城市作为一个新生事物，配套的政策、资金、考核、项目等推进机制需要进一步完善。

此外，溧阳市外向依存度不高，区域竞争压力明显加大，社会事业发展相对滞后，公共服务水平有待提高，普遍性、偶发性不稳定因素仍然存在，等等。对此，将予以重点关注，着力解决。

三、下一步打算

政策引导，加大扶持。认真落实国家有关支持低碳经济发展的法规政策，加大对低碳产业的扶持力度，优先保证低碳产业项目建设用地。积极争取国家资金、金融机构和社会资金支持低碳重点工程、低碳产品和低碳新技术推广应用。在财政预算内安排低碳城市建设专项资金，用于支持低碳示范工程建设和低碳城市研究相关工作。在政府采购、城市建设等方面，优先考虑本地化的低碳产品。

加强宣传，全员参与。将节能减排和建设低碳城市宣传作为重大主题，制定宣传方案，开展宣传活动。通过产业发展、技术交流等途径加大对外宣传力度，在更广范围、更深层次树立“低碳溧阳”形象。主要新闻媒体要在重要版面、重要时段进行系列报道，刊播低碳城市建设公益性广告，形成政府引导、重点工程示范、企业与居民广泛参与的“低碳溧阳”建设格局。

加强执法，确保成效。严格执行国家有关节约能源、环境保护、清洁生产等法律法规，加强对高耗能、高污染行业监督检查，进一步淘汰落后生产能力。对国家明令禁止和淘汰的高耗能、高污染企业，坚决采取关停措施，对国家限制类企业，通过执行差别电价、运用价格杠杆等经济手段，推进企业进行技术改造。

如皋市2011年度绿色低碳发展概况

如皋市发展和改革委员会

为促进经济可持续健康发展，拓宽绿色环保发展之路，2010年8月，如皋市经过近半年的努力，精心组织开展了“低碳经济试点城市”申报、编制大纲与工作方案、邀请专家评估等大量的工作，目前已列入江苏省创建低碳经济试点城市序列，并于2011年2月23日由省发改委正式授牌，从而使创建工作进入到实质性阶段。

一、加强领导，搭建组织平台

建设低碳城市是一个复杂性、综合性、技术性较强的系统工程，必须建立高效的领导组织机构和完善的协调服务体系，以组织保障到位，促进工作举措到位。

一是成立如皋市低碳经济试点领导小组。小组由市委副书记、市长姜永华为组长，常务副市长任副组长，22个市属相关部门的主要领导担任成员，统筹创建过程中的重大事项。领导小组办公室设在市发展改革委员会，负责协调制定建设低碳如皋的战略规划、方针和政策，协调解决建设低碳如皋工作中遇到的具体问题，组织指导和推动工作的全面展开。

二是制定发展规划和政策措施。结合如皋市实际和国民经济发展规划，出台了《如皋低碳示范城市建设三年行动纲要》，委托省工程咨询中心编制了《江苏省如皋市低碳试点城市发展规划》，规划于9月26日通过了省发改委组织的专家评审，提出打造如皋低碳产业、低碳能源、低碳建筑、低碳交通、低碳生活、陆地碳汇等目标任务、发展思路和保障措施，确定了七大低碳建设先导工程，并迅速启动进入工程实施阶段。

三是强化宣传教育。建设低碳如皋，宣传和发动市民群众和社会参与是创建工作的重要一环，必须凝聚全社会力量，才能确保推进工作有序进行。

去年8月份如皋市开始低碳城市试点申报工作之后，同年10月份成功举办了“江苏如皋低碳经济论坛”，论坛邀请了国家能源专家委员会主任、国务院参事徐锭明，中国科学院院士何祚庥、陈达、王越、郭孔辉，剑桥大学博士张一熙，清华大学教授庄大明，美国西图公司高级工程师丁仲康等高层次专家学者和知名企业家参与讨论。借助论坛这一平台，同时组织了国内外知名企业与如皋经济开发区进行了项目签约，签约的六个项目分别是美能得二期、神农光伏、盛康光伏、华冠光伏、如意基金、神农农业，总金额为内资5.5亿元人民币、外资4.5亿美元。

2012年11月21日，江苏生态文明建设暨低碳经济论坛在如皋市召开。环保部科学技术委员会委员、国际低碳研究中心学术委员会副主任彭近新，省环保厅副厅长赵挺等领导参加。江苏生态文明建设暨低碳经济论坛作为一个综合性的学术交流平台，它的成功举办必将为如皋经济社会的又好又快发展产生积极而深远的影响。“十二五”时期，如皋面临着长三角一体化、江苏沿海开发和上海两大中心建设等三大国家战略叠加的重大机遇，在长三角乃至中国沿海经济布局中的战略地位日益凸显，政策优势富集效应更加突出，如皋市将抢抓新一轮跨越发展的难得机遇，以创建国家生态文明建设试点市和低碳经济示范城市为抓手，以能源结构清洁化和产业结构低碳化为导向，大力发展低碳产业、低碳技术、低碳建筑、低碳交通，着力建设资源节约型、环境友好型社会。该市将以此次论坛为契机，认真学习和吸收现代发展理念，借鉴先进地区发展经验，加快建成生态文明建设和低碳经济发展的示范城市，勇当江苏基本实现现代化先行军。

为强化低碳城市知识的普及，如皋市先后组织了各项系列活动，举办了低碳知识讲座，通过专家授课，使大家对低碳经济以及对地方经济可持续发展的作用，有了更为深刻的了解，发改委则与妇联共同举办了“低碳家庭时尚生活”主题活动推进会，在广大妇女和家庭中倡导绿色环保意识，在实践以绿色经济、低碳经济为核心的“绿色新政”中建功立业；同时在如城镇孔庙社区举行了“倡导绿色低碳环保生活”签名活动，举行了“低碳经济与低碳生活”讲座等活动。

二、培育低碳产业，搭建实体平台

一个城市低碳经济水平发展高低，是检验城市综合竞争力的重要标志。而产业层次的发展水平则决定了一个城市低碳的发展水平，为此，如皋把建设高端产业作为创建工作的主抓手、主战场，以实实在在的举措促进创建工作迈上新台阶。

一是提升发展主导产业。依托现有的特色专业园区，着力推进船舶海工及配套、汽车及零部件两大主导产业高端化。船舶及配套产业：围绕建设集研发设计、高端制造和配套服务于一体，具有国际水平的“中国现代造船第一城”和海洋工程装备产业基地的目标，以熔盛重工为龙头，通过不断加大投入和创新力度，打造千亿级低碳绿色船舶制造基地和千亿级海工产业基地；以熔韩船舶配套园和欧洲动力系统配套产业园为载体，以船舶动力系统、通信导航系统、船舶环保设施为重点，加快推进 1 000 台船用中速柴油机和 500 万马力船用低速柴油机项目，做大做强船舶高端配套产业。汽车及零部件产业：加快推进 20 万辆电动汽车项目，加快英田汽车 20 万辆轻卡系列产品扩能改造；依托金属表面处理园，大力发展汽车模具、高分子材料和电动车电池、电机等项目，打造 500 亿级汽车及配套产业基地。

二是全力发展新兴产业。重点培育发展以低能耗、低排放为特征的新能源、新材料、高端装备制造、软件和信息服务外包等四大战略性新兴产业，同时积极发展节能环保、物联网等新兴产业。大力发展风电、光伏、光热等新能源产业，大力发展软件和信息服务外包产业，充分发挥信息化在推进新型工业化中的倍增作用，以科技城（桃园镇）为主体，力争“十二五”期末软件和信息服务外包营业额达到 200 亿元。同时大力发展节能环保产业，打造 500 亿级绿色、环保、低碳建材板块。到“十二五”期末，力争低碳产业销售收入占全市规模工业比重超过 30%。

三是大力提升传统产业。大力实施品牌化、信息化、标准化战略，推动机械电力冶金、长寿食品、纺织服装等传统产业实施以新装备、新技术、新工艺为重点的技术改造，加快由传统优势向研发优势、产品竞争向品牌竞争、规模发展向集群发展的跃升，不断提高传统产业附加值和核心竞争力。

三、推广低碳建筑，搭建阳光平台

着重建立和完善绿色建筑技术标准和政策体系，以规范和引导新建建筑低碳化。

一是加强新建住宅的节能设计与建造。从规划设计层面开始贯彻节能低碳的理念，落实了新建筑低碳设计、加强节能新材料的应用、低碳施工和低碳验收等系列举措。推广了外遮阳、自然通风、自然采光、雨水回收、立体绿化等节能技术，应用了太阳能制冷制热、照明、节水器具等低碳新产品，明确规定新建住宅小区、公共设施、办公设施均要采用低碳设计、低碳技术、低碳建材的要求，多管齐下，使低碳理念全面融入城市新建筑之中。

二是对大型公共建筑进行能耗监测及节能改造。在公共建筑领域，以 5000 平米以上的大型公共建筑为重点，精心组织设计，强化适宜性节能技术的集成运用，同时加强了节能各个环节的施工验收。对大型公共建筑逐步推广能耗监测系统，根据能耗监测数据，有针对性地对大型公共建筑实施低碳改造。

三是重点打造多个低碳建筑示范工程。选择在“十二五”期间将完成建设的、由政府主导的大型公共建筑进行低碳示范，包括如皋环境检测中心、如皋市档案馆、如皋市公共卫生中心、如皋市人武部机关大楼等。在园区层面，则选择了规划面积8.6平方公里的如皋软件园进行低碳园区的设计和建设示范，通过对软件园的碳排放计量、碳汇计量、情景分析等技术手段，控制园区的碳排放指标，实现园区低碳发展。精心组织了重点企业及园区申报南通市低碳经济试点企业及试点园区，认真编制低碳经济试点具体实施方案，经过大量工作，双钱集团(如皋)轮胎有限公司、江苏九鼎新材料股份有限公司、江苏康恒化工有限公司被南通市定为首批低碳经济试点企业，如皋软件园为低碳经济试点园区，如皋将以此为契机，以点带面，全面加快低碳经济建设。

四、发展低碳交通，构建清洁出行平台

一是加快新能源汽车配套设施建设。根据加快推广应用新能源汽车市场要求，拟在2015年前选址建设1～2座中型电动车充电站，预先布局和建设新能源汽车标准化充电站等公共基础设施。

二是构建低碳出行示范工程。加大对公共交通的投入，通过增加公交线路、在主干道开通公交专用车道等措施，提供便捷、高效、安全、低碳的交通出行方式。同时着力推进公交线网优化、交通信息化建设、自行车系统优化等项目建设。

三是优化路网建设工程。继续加大路网工程建设投入，不断完善路网结构，构建以高速公路、国省道、疏港码头、干线航道为主骨架，以连接县城、港区、主要城镇的公路和等级航道为区域干线，覆盖所有乡镇的层次分明、有机协调的综合交通体系，建设“八横八纵”路网，推进村组公路建设，实现居民出行方便，减少出行距离。

五、打造碳汇工程，搭建绿色生活平台

一是实施绿色农业。着力推进四级农业园区全覆盖工程，主要示范园区有丁堰镇高效现代农业综合示范园区、磨头镇顾沈村高效设施农业园、南通圣果现代农业园、下原锦标有机农业园等；实施绿色稻米面积60万亩，建成有机水稻基地10万亩；实施推进桑园套夹以及桑枝综合利用，全市桑园稳定在10万亩，建成6～8个万亩以上桑园镇和20～30个桑园村，建成2～3个蚕桑专业村；实施休闲观光旅游农业提质增效工程，发展休闲观光农业3万亩，新增规模休闲观光园50家；推广太阳能诱虫灯生物杀虫技术，推广面积2.5万亩。

二是发展林业碳汇。加快花木大世界交易市场建设，市场面积扩大300亩；新建千亩花木城，运行美树城；建设2～3个种苗繁育基地和4～6个特色花木盆景基地。

三是建设湿地碳汇。在长江沿岸建设一个湿地保护示范工程。

六、加强基础设施建设，构建低碳能源平台

一是推动低碳能源体系建设，实施能源供应基础设施工程，重点实施天然气供应基础设施建设项目、华电如皋电厂4＊1200 MW超超临界机组项目、大唐燃气热电冷三联供等项目。

二是实施可再生能源利用示范工程，加强太阳能、沼气等清洁能源的综合利用及推广，重点实施农村沼气利用项目、如皋经济开发区职工公寓20万平方米屋顶太阳能光伏电站项目、“万顷良田”高效设施农业与太阳能发电相结合示范基地等项目。

金坛经济开发区 2011 年度绿色低碳发展概况

金坛经济开发区

为积极贯彻国家关于发展低碳经济和资源集约利用的精神要求，充分发挥开发区产业优势，抢抓发展机遇，金坛经济开发区审时度势，积极推进低碳经济发展模式。今年初开发区光伏产业园被评为江苏省低碳经济试点园区，今年以来开发区围绕低碳经济，积极转变发展方式，抓好项目。现将今年以来推进低碳经济发展所做的工作总结如下。

一、加强管理，做好规划

2011 年初，开发区成立了低碳经济和资源集约利用工作领导小组，具体负责低碳经济和资源集约利用日常工作的组织、协调、推进。根据省发改委的统一部署，组织编制了“十二五”低碳园区发展规划，并于 9 月份通过省发改委组织的专家评审。随后根据规划指导意见，结合开发区实际，编制了金坛开发区低碳经济工作方案。

二、依托企业，抓好低碳示范项目

碳排放和资源集约利用的主体就是开发区的企业，今年以来积极推进园区企业的低碳亮点工程的建设，企业在碳排放和资源集约利用工作中发挥了积极的主干作用。

1. 利布瑞服装光伏建筑一体化工程

推进江苏利布瑞服装有限公司 2.04 MW 太阳能示范建筑一体化工程，该项目利用该公司厂区既有和新建建筑物屋顶、南立面建设太阳能光伏系统，项目建成后年平均发电量 200.18 万 KWh，每年可间接减少 CO_2 约 1 720 吨。目前，作为首期试点的一分厂、综合办公楼屋顶光伏项目，已于 2010 年 8 月完成组件安装及调试，截至 2011 年 6 月，已累计发电 11.63 万度，实现减排 CO_2 约 100 吨。

2. 亿晶光电科技有限公司 10 MW 光伏电站项目

常州亿晶光电科技有限公司新建了 10 MW 屋顶太阳能光伏发电项目，总投资约 2.5 亿元。本项目采用分块发电、集中并网的方案。项目建成后，可年产近 1 300 万度电能，年减排约 13 000 吨温室气体。按本地区工业平均电价 0.8 元/度计算，公司可节约电费 1 040 万元/年，年节约 4 681.3 吨标准燃煤，年减少 90 吨氮氧化物、160 吨氧化硫及 13 000 吨二氧化碳的排放量。

三、立足生态，发展循环经济

重点推进了中盐公司的中水回用工程，开发区中盐金坛盐化有限责任公司，针对 60 万吨真空制盐生产工艺尾水回矿采卤，投资 3 000 万元建设再生水回用工程示范项目。项目投入使用后，不仅每年节约清洁水近 200 万立方米，还完全满足了盐矿采卤的用水需求，对金坛开发区的经济社会发展、环境保护起到了不可替代的作用，尤其是对苏南地区中水利用和推广起到了积极的示范作用。

四、提升园区形象，推广低碳照明

大力推广太阳能照明应用，成为产业园作为省级低碳经济试点主要的示范工程。包括在道路照明、景观照明以及内部办公楼、工厂厂房等推广太阳能照明，在有效利用绿色清洁能源的同时，提升园区的整体形象。目前园区已在金武路 7 公里长路段建设完成太阳能路灯示范工程，每盏灯功率可以达到 40 瓦，完全可以满足路面的照明需要。该项目的实施年可节省电能约 5.11 万千瓦时，与此同时年可间接减少 CO_2 约 100 吨。

通过在开发区、企业、园区三个层面开展资源集约利用和低碳经济试点工作，推动企业科技创新、生产工艺升级改造，发挥园区示范作用，营造出具有可持续发展和低碳经济理念的生产方式，在更高层次上初步实现了园区生态与经济的和谐共生。

苏州工业园区 2011 年度绿色低碳发展概况

苏州工业园区

苏州工业园区一直以建成具有国际竞争力的高科技园区和国际化、现代化、信息化的创新型、生态型、幸福型新城区作为发展目标。自 2005 年起，园区就相继启动实施了生态优化、制造业升级、服务业倍增、科技跨越等"四大计划"，不断优化提升结构，率先建成创新型园区，园区各项发展取得的成就令人瞩目。

一、总体概况

1. 产业发展现状

"十一五"期间，园区经济逐步向二产比重逐年减少、三产比重逐年增加的产业结构高度化趋势发展，有利于进一步推动低碳试点工作的顺利开展。工业内部行业，制造业占主导地位，其中电子信息制造业和机械制造业经济产值分别占到制造业经济产值的 50.72%和 28.07%，是园区经济发展的两大传统主导产业。

在电子信息、精密机械等产业链延伸方面，针对区内电子信息、精密机械等产业密集的特点，园区有针对性地开展绿色补链招商，一批采用国际最先进技术的电子废弃物资源化利用厂商相继进入园区，变废为宝、变害为利，构建了高水平的资源回收体系。美加金属环保科技（苏州）有限公司在园区进行着十分先进的贵金属回收利用生产；台湾最具规模环保上市公司佳龙环保科技（苏州）有限公司，在园区投资有大型电子废物回收利用项目。在此基础上，又引入了体现"生产者责任延伸"理念的富士施乐爱科制造公司。该公司通过对废旧复印机、鼓粉组件进行回收和资源化利用，追求"零排放"，获得国家工信部"国家机电产品再制造试点单位"称号。

在化工行业产业链延长方面，园区主攻挥发性有机溶剂循环利用项目。园区有国内第一家 TFT 专用化学品回收再生企业——安智电子材料（苏州）有限公司；此外，苏州瑞环化工有限公司专业进行有机溶剂回收再生和有机溶剂精制。同时，计划和园区旭化成、日立化成两家企业合作，对废溶剂气体进行回收再利用。项目全部实施后，将在节能、资源回收和污染减排这三方面同时进行优化，年累计经济效益约 3 000 万元，减少 CO_2 排放 2.5 万吨，节约能源折合标准煤 1 100 吨。

在餐饮业产业链延长方面，早在 2008 年苏州市已经出台了《苏州市餐厨垃圾管理办法》，其中三十一条规定苏州工业园区、高新区、吴中区、相城区以及各县级市的餐厨垃圾管理参照本办法执行。目前，苏州市洁净废植物油回收有限公司，是苏州市唯一一家废植物油回收定点企业，负责餐厨废油的收集与无害化、资源化处理工作，最终将餐厨垃圾制成饲料添加剂、生物柴油、液态有机肥料和沼气发电。园区还计划向小区居民发放可降解餐厨垃圾袋，用于居民餐厨垃圾回收利用。

2. 能源消费现状

园区万元 GDP 能耗数据每年保持下降趋势，年均下降 3.9%，园区能源消费总量从 2005 年的 233.44 万吨标煤增长到 2010 年的 438.18 万吨标煤，年均增长 13.42%。

3. 园区低碳规划总体目标

在区域经济保持平稳较快发展和完成减排任务的前提下，继续贯彻园区低碳理念，综合考虑园区未来减排潜力与成本投入，继续降低能耗强度和碳排放强度。以突破土地资源制约瓶颈下的经济发展为工作重心，实现经济发展与低碳融会贯通。通过推进转型升级加快产业低碳化发展；加快技术革新，实现能源低碳化发展；做好低碳宣传引导工作，加快推进低碳社区试点、发展低碳交通、普及低碳建筑，提高碳汇能力，实现城市低碳化发展。瞄准"科学发展的新示范，开发开放的新品牌"的发展目标，以"低碳经济发展"助推建设"全国水平最高、竞争力最强园区之一"，探索城市发展低碳经济之路，进一步弘扬园区品牌示范。

二、工作与成效

1. 清洁能源工作状况

目前，园区正处于清洁能源大力发展阶段，化石能源比例逐年递减，清洁能源比例不断升高，2010 年已达 70%左右，且其发展空间仍旧很大。加快淘汰落后产能生产线，逐步淘汰高能耗、高碳排放产业（纺织业、造纸业），削减煤电比重，依靠技术革新和管理创新，推进天然气、电力、热力等清洁能源的应用，依照园区实际情况，预计到 2015 年清洁能源比重占园区综合能耗的 85%，到 2020 年该比重达到 90%。

2. 园区新能源工作状况

目前工业园区可再生能源利用还处于探索前行阶段，园区具有较为丰富的屋顶资源，同时在光伏发电应用方面也走在苏州各县市区前列。近两年来，在星港街太阳能路灯（244 套）、中新生态科技城（太阳能路灯 400 盏，年发电量 17 万度）、市政公用大楼（年太阳能发电 9 480 度）、新加坡国际学校（66 千瓦太阳能/风互补路灯项目，日发电 200 度）、AMD（25 千瓦光伏并网/6 千瓦风力离网）、瑞新科技（50 千瓦光伏并网系统）等项目进行了小规模太阳能光伏发电应用的积极尝试。苏州市首个获得国家金太阳项目补贴的 1.5 兆瓦光伏发电项目也落户园区欧莱雅，目前已经完工。

今年以来，园区新能源利用取得较大进展。4 月，财政部、科技部、国家能源局联合发布了"2012 年金太阳示范项目目录"。园区保利协鑫、友达光电、金红叶及大族科技申报的光伏发电项目列入目录。合计申报的光伏发电装机容量达 36901 千瓦，占苏州地区此次入围总装机容量的 48%。

3. 节能与能效工作的开展

在推动企业节能减排方面，园区通过能源审计、清洁生产审核，进一步挖掘园区节能空间；通过引导资金推动企业节能技改，进一步降低园区企业能耗；通过固定资产投资项目能评审查，进一步管控园区新项目的能耗增量。

园区开展能源审计、清洁生产审核、能管员培训、引导企业实施 ISO14001 认证、碳排放评测等工作。"十一五"以来，园区已有 44 家企业通过清洁生产审核验收，挖掘各类节能减排、循环经济项目 300 余个，企业投入改造资金 3.87 亿元，年增经济效益近 6 500 万元，项目完成实现节能量 11.8 万吨标煤，其中节电 11 830 万千瓦时、节水 160 万吨，天然气 346 立方米。园区 3 000 吨标准煤以上重点用能单位已全部实施能源审计。同时，园区通过 ISO14001 认证的企业数已达 312 家，在全市位于领先地位。

在循环经济试点企业推动方面，园区 2011 年单位 GDP 能耗较上年下降 3.29%，达成苏州市下达的 3%降幅；2011 年园区规模以上工业企业耗能折合标准煤 171 万吨，达成苏州市下达上限不超过 172 万吨标准煤的目标，顺利通过市政府 2011 年度节能目标责任考核。循环经济试点企业方面，迄今园区已成功创建省级循环经济试点 1 家（金华盛），市级循环经济试点 34 家，市级循环经济示范企业 3 家，在全市位于领先地位。

4. 碳汇工作状况

园区的碳汇主要指园区内的植被在进行光合作用过程中，吸收固定的二氧化碳并将之转化成有机物的部分，主要由园林绿化和农田组成。至2011年底，园区建成区绿化覆盖率达到45.81%，建成区绿地率达到37.61%，人均公园绿地面积超过12 m²，道路绿化普及率100%，新建、改建居住区绿地达标率100%。园区的碳汇量由2005年的2.39万吨增长到2010年的4.50万吨；但由于碳排放量的逐年递增，碳汇与碳源的比重变化并不是很大。同时，园区率先在国内开展碳排放核查工作，2010年底，10家园区企事业单位签订了组织碳盘查或产品碳足迹的核查协议，其中科文中心、罗杰斯科技(苏州)有限公司等通过了ISO14064环境管理体系认证。

5. 低碳公共意识与行动

在引导居民低碳生活方面，管委会组织开展"倡导低碳生活、共建和谐社会"进社区主题活动。通过现场海报宣传、发放节能环保小手册、环保购物袋等方式向社区居民宣传倡导节能低碳的生活好习惯。此外，园区采取多种管理办法，通过经济补贴等政策手段向社区居民推广了1万多支财政补贴高效照明产品。各社区通过宣传，鼓励居民养成少开车、少开空调、节约水电、少使用塑料袋等生活习惯，倡导绿色节能的生活方式。在园区相关组织的协调带动下，通过定期举办"跳蚤市场"，帮助区内外居民实现闲置物品交换。迄今，园区以"邻里互助广场"、"跳蚤市场"、"汽车后备箱跳蚤市场"等主题，组织开展大型跳蚤市场活动近40次，有力地促进了物品再次利用。此外，园区建成省市级绿色社区50个、绿色学校47所。

三、综合保障机制

1. 组织保障

园区低碳经济试点工作在统一领导的基础上，紧密结合园区实际情况，合理制定低碳发展进度目标，并对进度目标进行全方位的监督、检查，逐步建立起统筹安排、分级实施、相互协调、良性互动的低碳发展推进机制。从园区全面协调发展的大局出发，确保园区低碳发展规划的顺利实施。推行政府绿色采购、绿色办公。构建新型的学习型组织，提升政府人员的低碳管理能力。

2. 政策保障

以园区生态优化和生态文明建设为契机，强化政府在低碳经济试点工作中的主导地位，制定和完善有利于低碳发展的政策。综合考虑经济、社会、环境因素，把低碳发展纳入到园区经济和社会发展的年度计划和长远规划中；制定园区低碳发展目标，围绕园区低碳经济试点工作的中长期目标，分阶段制定符合园区实际的政策，为园区低碳发展提供政策保障。

围绕低碳经济试点工作，制定具体的奖惩措施，形成激励机制，提高相关部门和单位推动低碳经济试点工作的积极性与主动性。充分发挥政府政策引导优势，鼓励和扶持企业推进产业低碳化发展。

3. 技术保障

加强与国内外高校院所的合作，积极引进国内外成功的低碳发展经验与技术案例；拓展与已有合作关系的中国人民大学、清华大学、南京大学等著名高校大所的合作，新建一批国家级、省级、市级重点低碳实验室、低碳工程研究中心和企业低碳技术中心，推动建立以企业为主体、产学研相结合的低碳技术创新与成果转化体系。

充分发挥大学科技园在促进大学和企业对接、支持低碳技术转移和培育低碳创新企业等方面的桥梁作用。推进低碳技术联盟建设，形成产学研相结合的协同创新队伍，研发形成国际领先的低碳技术成果并实现产业化，此外，开展低碳技术转让，实现成果共享。

对低碳技术进行有效的知识产权保护，健全低碳创新服务，鼓励低碳技术专利申请。引导政府科技投入以及R&D投入向低碳技术领域倾斜；充分发挥各类风险投资及担保机构，尤其是沙湖股权投资中心，促进低碳技术发展的作用，引进一批低碳科技创新与服务种子项目，建立低碳风险投资服务平台。最后加大技术研究经费投入，完善奖励机制。

4. 资金保障

加大节能减排专项资金投入力度，继续加大《苏州工业园区建筑节能与绿色建筑专项引导资金管理办法》、《苏州工业园区节能专项资金管理暂行办法》的执行力度，并适当出台覆盖面更为广泛的节能减排专项资金鼓励措施，加大绿色交通、消费型服务业节能减排、低碳社区及个人低碳行动方面的奖励。

5. 人才保障

一方面大力引进国内外人才，借助金鸡湖“双百”人才计划和“纳星”人才计划，着力引进具有世界眼光、现代理念、现代知识的国际人才。另一方面完善人才管理机制，优化人才发展环境，确保整体素质的提升。加快推进桑田岛国际名校区建设，进一步为园区发展聚集高层次人才。发挥中新生态科技城作为园区生态建设重要示范和转型升级重要带头作用。

利用独墅湖科教创新区的科研及人才聚集优势，加快开发低碳产品和低碳技术，增强自主创新能力，积极争夺国内外在低碳经济领域的顶尖人才。与中国低碳研究领先的中国人民大学、世界第一所开设低碳管理专业的爱丁堡大学、汇聚世界低碳研究资源的联合国大学等机构合作成立低碳人才培训基地，占领低碳发展制高点，成为国内低碳人才的输出高地。

6. 宣传保障

通过主办低碳经济论坛，扩大园区发展低碳经济的影响。与清华大学、人民大学、南京大学等国内低碳经济研究处于领先地位的高等院校或科研机构合作，增加低碳经济论坛的举办力度，分享低碳经济城市建设、低碳技术应用、低碳生活方式等经验做法，扩大园区在全国建设低碳园区方面的影响力。加大国际交流与合作，借助与 NRDC、ISC、AQA、SGS 等国际机构的项目合作，借鉴国外低碳发展成功经验。积极报道园区低碳发展各项成果和经验。

增进对外交流，邀请国内外环保企业、研发机构、高等院校开展各种形式的技术交流，积极举办生态节能环保产业论坛、研讨会，为环保企业提供信息共享及技术展示平台。

四、下一步打算

1. 推进能源低碳化发展，加快能源结构调整，推进传统能源清洁化发展

适当发展太阳能、地热能、风能和生物质等可再生能源，提高可再生能源在能源消费结构中的比重，改善用能结构。

2. 推进能源监管系统完善

（1）电能智能化管理。一是充分发挥能源服务企业的引导作用。政府层面继续推动“电能智能化管理”推广对接活动在园区的开展，鼓励企业实施电能智能化管理。二是配合能效监测系统在园区的应用推广，积极引导公共建筑安装电能监测系统。推进建筑使用期的内部能耗管理，重点实现大型建筑群电能智能化管理，与管委会办公室一道启动公共机构节能工作。

（2）合同能源管理。加大对合同能源管理宣传力度，加强政府对合同能源管理的指导，搭建合同能源管理公司和高能耗企业的对接平台，建立和完善第三方审核机构，切实保障该项工作的进行。加大合同能源管理项目的政策扶持力度，通过技术扶持和资金鼓励等办法推动合同能源管理在园区的发展。

3. 能效监控系统建设

在园区进行能效监控平台建设工作，开展重点企业和单位的能效监控试点工作，逐步扩展到所有用能企业的监控；从公建能耗监控到居民住宅能耗监控，实现从重点到一般、从工业到服务业到居民生活的逐步推广过程。实现“能效监控系统建设—碳排放核查机制建设—碳排放交易机制建

设—低碳发展绩效评估机制建设”一体化。

4. 加快节能改造工程建设

（1）加大公共机构节能管理。大力推进节约型机关建设，在园区形成政府带头、国资推进的工作格局，进而带动工业企业、社会公众的节能减排工作。

（2）以能效监控系统为切入点，帮助企业摸清能耗情况。通过能效监控平台试点工作的开展，摸清企业能耗状况，帮助其完善节能降耗的具体措施，落实节能减排的具体任务，推进既有企业生产车间、办公楼节能改造工程。

（3）通过能源审计、清洁生产审核，进一步挖掘园区节能空间。加大《苏州工业园区节能专项资金管理暂行办法》的宣传与推行力度，推动节能评估介绍会的召开；继续推动清洁生产审核启动工作会议的开展，进一步挖掘工业企业节能潜力。同时，拓宽节能管理空间，从侧重高能源消耗的企业和单位的能源审计工作，逐步扩展到所有用能企业和公建节能、公众节能等方面。

（4）通过引导资金推动企业节能技改，进一步降低园区企业能耗。加大节能技改项目申报备案制度实施力度，鼓励园区企业按照“先备案、后实施、再申报”的原则，积极实施节能改造项目。加大节能专项资金管理制度，增加资金投入力度；此外，设立专项资金，推动需求侧电力管理系统的建设。

（5）争取上级财政资金扶持，推动项目顺利实施。由园区政府牵头，选择一批典型园区循环经济重点项目，帮助企业申请国家重点扶持项目，以此获得国家、省、市相关部门的支持和引导资金补贴，拓宽资金渠道，在推动项目顺利实施的同时也鼓励其他企业积极申报。

5. 加快集中供暖、供冷工程

在园区生态优化规划中提到的一系列重点项目中推动新建集中供热管网项目建设，委托中新远大公司承担独墅湖高教创新区集中供冷供热基础设施及配套项目。对新建酒店，要求基本采用太阳能集中供热系统。

对已有建筑，促进酒店采用能源合同管理的方式完成集中供热工程改造。到 2012 年新建宾馆酒店太阳能集中供热系统覆盖率 80%，到 2015 年达到 100%。

在园区管委会的政策激励、经济刺激以及宣传引导下，依托科教创新区集中供热和供冷基础设施项目，在实现区域热、电、冷三联供的同时，进一步推进能源梯级综合利用。

徐州经济技术开发区2011年度绿色低碳发展概况

徐州经济技术开发区

一、绿色低碳发展总体情况

近年来，徐州经济技术开发区深入贯彻落实科学发展观，把发展低碳经济、培育低碳产业，作为推动产业转型升级的重大战略举措，大力发展低能耗、循环型、低碳型产业，促进节能减排和资源综合利用水平，全区绿色低碳发展工作取得了显著成效。截至2011年底，徐州经济技术开发区已成功创建省级生态工业示范园区，荣获“中国2010低碳新锐园区”称号，启动建设国家级生态工业园区，成功获批江苏省低碳经济试点园区。

获批省低碳经济试点园区以来，徐州经济技术开发区成立了以管委会主要领导为组长、分管领导为副组长、相关部门负责人为成员的试点园区建设领导小组，编制出台了试点园区建设规划和实施方案，以建设低碳试点园区、低碳示范企业为抓手，大力发展绿色制造、绿色能源等绿色经济，依靠科技进步，全力推进能源结构低碳化、产业结构低碳化、社会生活环境低碳化，力争到“十二五”末实现单位工业增加值碳排放量比2010年大幅下降，碳强度降低至全省平均水平19%以下，用5年时间建成省内绿色低碳发展水平领先的低碳经济示范区。

目前，区内集聚了中能硅业、星丰金属、浩通新材料、燃控科技、青岛啤酒等具有低碳循环经济代表性的重点企业，基本形成了以光伏光电、智能化工程机械、再制造、节能环保、资源回收利用等为主的绿色低碳产业体系。2011年，全区规模以上工业增加值能耗为0.32吨标准煤，单位地区生产总值能耗下降率达4.4%；工业固体废物综合利用率达99.2%；化学需氧量、二氧化硫排放量分别为1 081.07吨和1 000.5吨，均控制在年度预期目标之内，完成了徐州市下达的主要污染物排放控制目标。

二、主要工作及成效

1. 坚持政策引领，健全发展绿色低碳经济的政策保障体系

制定出台了徐州经济技术开发区《产业结构调整指导目录》、《关于开展循环经济环境保护工作的实施意见》、《关于节能降耗环境保护项目奖励办法》、《关于创建国家生态工业示范园区的实施意见》、《关于对区内企业节能降耗环境保护考核管理的意见》等保障体系和实施办法，利用财政资金的杠杆作用和激励作用，促进企业低碳发展、绿色发展。仅2011年一年，向区内中能、浩通、天虹纺织等20多家企业和单位的26个低碳循环经济项目兑现了节能降耗环境保护奖励资金，共计58万元。与此同时，还为区内企业兑现和争取上级技术改造、科技创新专项引导资金500多万元。

2. 强化项目带动，加快构建绿色低碳产业体系

坚持以产业转型升级为主线，通过实施节水节能节材工程、污染控制工程、中水回收工程、垃圾发电工程、生态环境整治工程等绿色低碳发展项目，促进了绿色低碳产业体系的加快形成。

一是节水节能节材工程。2011年以来，徐州经济技术开发区逐步更换了原来的高压钠路灯，使用LED户外节能照明路灯，年节电6.5万千瓦时。还在科技大厦安装了1 472平方米太阳能电池板，所转换电能全部用于办公区域景观照明，每年节约电费支出近20万元。另外，徐州经济技术开发区鼓励企业开展节能研发改造和绿色低碳经济项目，区内的中能硅业公司通过引进国际高端

装置和技术，深化组合、集成再造，打造出了具有自主知识产权的 GCL 法工艺，实现了具有特色的多晶硅生产“绿色”制造，目前已成为世界范围内生产工艺、技术装备和成本控制领先的多晶硅企业，成为国家工信部首批“两型企业”创建试点企业。2011 年产能位居全球首位，占据了 20%的全球市场份额，打破了国际上多晶硅生产领域的技术封锁和行业垄断，极大促进和带动了全省光伏产业的快速发展。徐工集团自主研发的以液化天然气为燃料的装载机、混合动力装载机等一批节能产品打破了工程机械产品能源动力主要依赖汽柴油的传统格局。另外，总投资 20.2 亿元的智能化装载机升级扩建项目已于 2012 年 6 月投产。智能化装载机项目的上马，对于徐工集团加速向世界级企业目标迈进起到了良好的促进作用。艾德太阳能公司与区内的海伦哲、卡特彼勒、徐工等企业签订了总投资额约 2 亿元的 13.5 MW 金太阳示范工程项目协议，并向江苏省住建厅、财政厅申报了 21.6 MW 的徐州经济技术开发区光电建筑一体化项目。燃控科技公司自主研发的“燃煤锅炉双强少油点火”和“等离子无油点火”节能产品实现了在少油状态下锅炉的正常启动和低负荷稳燃，节油率达 90%以上，使 60 万千瓦发电机组耗油从 5 000 吨下降到 460 吨。另外，燃控科技还计划在区内实施总投资 1 460 万元的秸秆气化站项目，将在大黄山、大庙两个镇建设 3 台气化设备及入户管道，目前这一项目已列入年度为民办实事工程，年内可建成投入使用。青岛啤酒徐州公司开展了水、废渣的回收利用。其中，水循环方面每年可以节约新鲜水 25 万吨，废渣循环利用方面每年可综合利用固废 2 万多吨。除此以外，区内还有一批资源回收利用的重点企业和项目。其中，星丰金属公司主要从事废旧钢材加工，已形成年 284 万吨废钢加工生产能力。浩通新材料公司主要从事贵金属资源再生利用回收，已形成年处理各类贵金属催化剂 800 吨，回收以铂为主的贵金属 1 000 多公斤，高纯化合物 2 000 公斤，副产硫酸铝净水剂 3 300 吨的生产能力，技术实力和生产能力居全国之首，成功入选国家发改委首批资源节约和环境保护项目。目前，公司正在实施二手废旧家电稀贵金属提炼项目，项目建成后可形成年 75 万台废旧家电的拆解加工能力。联合文具公司正在实施回收农用秸秆制造办公用品的新项目，年可生产秸秆铅笔 30 亿支，年可处理秸秆 50 万吨，可节约木材资源 22 万立方。

二是污染控制工程。坚持理念先行，对入区项目实行严格的环保一票否决制度，从源头上杜绝高能耗、高物耗、高污染项目进入。对新上固定资产投资项目实施节能评估和审查，工业项目万元增加值能耗不得高于徐州市工业万元增加值能耗平均水平，对不符合国家产业政策，达不到行业准入条件，高污染、高耗能以及节能、环保设计规范不符合要求的投资项目，不引进，不立项，遏制高耗能行业过快增长。高度重视环境基础设施建设，至 2011 年底累计铺设污水管网 500 多公里，规划区范围内污水管网覆盖率已达到 100%，区内所有生活污水、工业废水均纳入了污水处理厂集中处理后达标排放。大力淘汰落后产能，关闭了 13 家水泥厂和 43 家石灰窑，共淘汰机立窑水泥产能 150 万吨，削减二氧化硫排放量 985.2 吨。

三是中水回用工程。2011 年，徐州经济技术开发区的中水回用厂正式投入运营。目前，中水回用厂已形成日处理 4 万吨的能力，待二期工程投产后，可形成 6 万吨的处理能力，每年将节约清洁水源近 700 万立方米。

四是垃圾发电工程。徐州经济技术开发区保利协鑫垃圾发电厂利用生活垃圾和无毒无害的工业垃圾进行焚烧发电，日处理垃圾近 1 000 吨，日发电约 28 万千瓦时。该工程实施不仅处理了大量垃圾，实现垃圾无害化、减量化和资源化，而且利用余热发电，缓解了中能硅业用电紧张的局面，产生了较好的经济效益与环境效益。

五是生态环境整治工程。为保障河道水环境质量，徐州经济技术开发区自 2007 年以来，每年都要把水环境治理项目纳入年度为民办实事工程。2011 年，徐州经济技术开发区对园区内主要河道实施生态清淤、动力调水、生态修复等水环境综合治理工程，完成河道疏浚43条，村庄河塘整治10个，清淤土方43.7万方；实施了杨山大沟和杨石大沟清淤治理工程，大大改善了周边居住环境。先后投入2亿元用于生态建设，新增绿地200公顷，绿化覆盖率达45%，建成国内首家珠山宕口遗址公园、独具人文底蕴的蟠桃山佛教文化景区等旅游景观。

3. 突出重点领域，提升节能减排实效

以年耗能3 000吨标煤以上企业为抓手，突出工业领域节能减排在全区绿色低碳发展中的地位和作用，统筹开展清洁生产、能源审计、能效对标达标、资源综合利用、节能监测监察、节能环保产业统计等节能重点工作。2011年组织实施近20项循环经济、清洁生产审核、能源审计等节能降耗项目，并帮助企业积极申报国家和省、市专项资金补贴。其中，通过清洁生产审核验收企业5家；资源综合利用认定、年检企业7家；开展能源审计企业3家，完成审计报告编制2家；完成专项能源监察审计10家；组织实施节能技改项目14个。通过实施系列节能减排项目，有效提升了开发区节能减排实效。仅通过开展清洁生产审核工作，2011年开发区就实现节水46万吨，节电1 321万度，减少废水排放量2.36万吨，减排二氧化碳560吨，二氧化硫8吨。强化对环境的监控，投资490万元建立了徐州经济技术开发区环境监控平台，完善了二氧化硫和化学需氧量在线监测系统。

4. 坚持平台支撑，加快优化绿色低碳发展环境

徐州经济技术开发区创立了生产力促进中心，并建成了北京航空航天大学（徐州）智能技术与机器人工程研究中心、博世力士乐电液控制研发中心、徐州金桥工程装备研究院、大连理工大学技术开发研究中心徐州分中心、燕大徐州传动与控制技术研究中心、徐工研究院、徐州开发区技术创新公共服务中心等公共服务平台，为区内企业开展低碳技术改造和循环经济试点提供了良好的技术支撑。同时，进一步鼓励企业加大科研投入，建立了江苏省氯氢化技术工程中心、国城科绿色照明科技研究中心成产基地、国家低碳照明研究中心新能源与新光源研究室等研发平台。徐州经济技术开发区投资完成了清洁技术产业园、光伏产业园、工程机械产业园、装备制造产业园等专业园区建设，还高标准规划了总面积42.2平方公里的徐州高铁生态商务区，努力打造依托高铁，连接京沪、汇聚高科技、节能环保企业和高端服务业的全新平台。目前，占地8.2平方公里的高铁生态商务区一期初具规模。徐州经济技术开发区还将借鉴美国北卡三角科技园的成功经验，正在启动高铁生态商务区二期建设。规划面积20平方公里，起步区3平方公里，主要吸引绿色低碳和循环经济类的重大产业项目以及科技研发中心等入驻。

5. 加强氛围营造，催生绿色低碳发展的持久动力

通过多种形式的宣传发动，引导公众参与到低碳经济试点园区建设中来。在重要街道、重点场所、重要路口设立公益广告；邀请了《新华日报》、《徐州日报》、徐州电视台和徐州电台等新闻媒体单位，对徐州经济技术开发区创建生态工业园区、建设低碳经济试点园区等重点工作进行系列报道。2011年，中国开发区网、江苏开发区网、《中国开发区》杂志等媒体先后刊载了徐州经济技术开发区《六大举措推进国家生态工业示范园区建设》、《发展绿色低碳循环经济打造生态工业新名片》等文章。大力开展“绿色社区”、“绿色学校”、“节能宣传周”、“3·22世界水日”、“6·5世界环境日”和工业废物生态管理标识等创建、宣传活动。截至2011年底，徐州经济技术开发区企业、社区、学校等企事业单位开展各类宣传、创建活动100余场次，孟家沟社区、桃园社区被评为省级“绿色社区”，城东中学、徐州经济技术开发区中学分别被评为省、市“绿色学校”，有省级循环经济试点企业1家（浩通新材料），市级循环经济试点企业4家（万邦医药、中能硅业、徐工随车起重机、青岛啤酒）。

三、下一步工作思路

当前及今后一段时期，徐州经济技术开发区将以转变经济发展方式为主线，以发展低碳经济、

循环经济为导向，积极推进产业结构优化升级，继续实施节水节能节材工程、污染控制工程、中水回收工程、垃圾发电工程、生态环境整治工程等五大工程，加快培育壮大绿色低碳产业体系，努力建成一流的国家级经济技术开发区。

1. 以规划为引领，加快低碳经济试点园区开发建设步伐

目前，徐州经济技术开发区已经编制了低碳经济试点园区规划。下一步，徐州经济技术开发区将把规划先行、规划引领作为推动低碳经济试点工作的灵魂和核心，按照建成"国家生态工业示范园区，全省资源节约型、环境友好型示范区和一流的低碳经济试点园区"的总目标，按照省发改委对低碳试点工作的新要求，以国际化的理念、视野和标准，丰富和完善低碳试点园区规划及相关空间布局规划，使规划充分满足未来 5～10 年低碳园区发展的需要。

2. 以企业为主体，不断完善绿色低碳产业体系

徐州经济技术开发区将认真贯彻落实省发改委支持低碳经济试点的各项政策措施，引导区内企业走"技术水平高端化、产品制造智能化、生产过程清洁化"的发展道路，全力支持重点企业加大低碳技术改造，加快培育光伏光电、智能化工程机械、再制造、节能环保、资源回收利用等重点领域中与国际接轨、能够打破行业垄断的低碳新产品、新工艺、新装备，力争通过 3～5 年努力，培育中能硅业、徐工集团、燃控科技、星丰金属、浩通新材料等一批低碳循环示范效应明显的大企业、大集团。

3. 以创新为抓手，集聚融合有助于推动低碳试点园区提升核心竞争力的要素资源

进一步完善生产力促进中心的公共孵化器功能，加快完善北京航空航天大学(徐州)智能技术与机器人工程研究中心、徐州金桥工程装备研究院、大连理工大学技术开发研究中心徐州分中心、燕大徐州传动与控制技术研究中心、徐工研究院、博世力士乐电液控制研究中心等公共服务平台科技服务功能，深入推进与国内外知名高校的战略合作，加快引进低碳、循环经济类的公共研发机构。同时，以培育循环经济试点企业、资源节约型和环境友好型企业为重点，强化政策扶持，引导企业充分发挥主体作用，加快走自主知识产权、自主品牌、自主创新的路子，大力实施专利、品牌、标准化战略，加快形成一批具有核心竞争优势的新产品，占领国际行业技术制高点。

4. 以项目为支撑，加快形成推进低碳产业发展的新经济增长点

今年，徐州经济技术开发区共安排实施总投资 402.7 亿元的重大产业项目 40 项，总投资 146 亿元的重大城建项目 34 项，总投资 48 亿元的重大基础设施项目 24 项，总投资 28.1 亿元的重大为民办实事项目 57 项。下一步徐州经济技术开发区将加快项目建设进度，确保年内投产。牢固确立招商引资的生命线地位，紧盯光伏光电、智能化工程机械、再制造、节能环保、资源回收利用等重点领域，重点引进高科技、高成长、高利润、低资源占用、行业排名靠前的各类龙头企业，支撑低碳循环产业的发展壮大和技术提升。

5. 以政策为保障，加大低碳试点工作力度

2012 年初，徐州经济技术开发区研究出台了《关于支持企业科学发展，推动产业转型升级的意见》，从企业跨越发展、转型发展、创新发展和低碳循环发展等四个方面，提出了一系列扶持措施。下一步，徐州经济技术开发区将利用财政资金的激励杠杆作用，推动太阳能屋顶计划的快速实施，引导中能硅业、艾德太阳能、星丰金属、浩通新材料等重点企业，加快重要技术攻关、重大项目推进、重点产品研发，促进企业健康发展，更好地发挥低碳示范效应。

无锡—新沂工业园2011年度绿色低碳发展概况

无锡—新沂工业园管理委员会

2011年，在省、市发改委的正确领导和科学指导下，无锡—新沂工业园(以下简称园区)全面落实省低碳经济试点园区的各项工作要求，全力推进绿色低碳经济发展工作再上新台阶。

一、工作开展情况

1. 加强低碳试点工作的组织领导

园区成立无锡—新沂工业园低碳试点工作领导小组，从全市角度形成行政合力，对园区开展低碳经济试点园区过程中的重大问题尤其是对重大项目的土地供给、大型基础设施建设等事项，进行讨论、协调并做出决策，统一制定有关优惠政策，集聚各方面的资源，保障园区低碳试点工作顺利开展。

2. 明确战略目标，制定试点规划

园区按照低碳经济试点工作的指导思想与原则要求，聘请江苏省工程咨询中心作为指导单位，编写园区低碳经济发展的规划，借鉴国内外同类园区的发展经验，继续壮大现有主导产业，加快建设低碳试点示范工程，积极推进低碳科技和服务创新，争取在5年时间将园区打造成为高科技引领与服务集聚的战略性新兴产业基地，以清洁生产、循环经济、低碳社区为特色的乐业宜居生态新城，成为推动淮海铁路沿线乃至整个苏北地区低碳经济发展的先行示范区。① 近期：按照推概念、打基础、专项突破的思路，培育主导产业、延伸产业链，建设低碳试点示范，使低碳园区轮廓初现，力争打下比较良好的发展基础。到2012年末，单位GDP碳排放强度比“十一五”末下降10%。② 中期：按照树品牌、铸模式、功能提升的思路，通过产学研结合、多元化功能复合，建成省内知名的低碳工业园，铸成比较科学先进的发展模式。到2015年末，单位GDP碳排放强度比“十一五”末下降20%。③ 远期：按照优结构、定格局、链条完善的思路，力争发展为具有持续活力的、建设以低碳产业为主导的国家级低碳示范园区，奠定在国内外竞争中的格局。到2020年末，单位GDP碳排放强度比“十一五”末下降35%。

3. 节能降碳工作概况

(1) 空间布局规划与设计是影响园区低碳化水平的重要因素。园区在符合城市总体规划的前提下，从优化总体空间架构、科学划分功能分区、采用低碳空间设计等方面入手，来构筑一个符合绿色、生态、低碳理念的园区空间。根据新城市主义、可持续发展、生态绿网等低碳空间设计理念，立足“新新沂、大新沂”的区域发展视角，基于园区基本条件和发展现状，以区域联动、多极带动、低碳示范为战略，打造以“两核一轴、八点四廊”为增长极的城市发展战略空间和以“两带”为支撑的生态基底空间。

① 打造城市发展战略空间

两核：一是现代综合服务核，是整个园区综合服务中心，也是园区的产业示范核心。主要承担园区的行政办公、管理服务、商务会展、技术研发、科技成果孵化、金融交易、展示交易、交流培训等公共服务功能，以及低碳产业、低碳社区、低碳建筑等低碳工程的示范和展示功能。二是科教研发孵化核，是低碳产业技术支撑平台所在地，体现了园区“智城”与“低碳”的核心特色。

一轴：基于园区地貌特征，规划重点打造沭河、黄墩河之间的南北向城市核心综合景观轴。

八点：基于多层次中心布局原则，结合生活邻里中心和产业分布，规划布局八个次级服务中心，以利于园区均衡发展。

四廊：基于园区产业分布现状，规划布局大桥路、黄沭路、焦墨路、金山路四条产业发展廊道。

② 构筑生态基底空间

两带：依托沭河、黄墩河两大河流湿地及两边的生态防护林打造沭河景观带、黄墩河景观带，它们将是城市的重要景观带，也是园区对外空气流通、净化空气和美化环境的两条重要轴带，更是园区的碳汇骨架。

(2) 园区根据发展现状与远期发展要求，采用“分区、集聚、集群”的发展方式，构建功能板块，使园区的功能布局更符合“低碳”、“高效”、“弹性”的发展要求。

① 商住混合功能片区

主要分为两块：北部片区位于黄沭北路以东、沭东大道以北，南部片区位于沭南路以东、嵩山路以南。主要承担园区的生活功能和部分商业功能，包括办公、文化、体育、公园和酒店等。目标是打造高品质、现代化的分区中心。通过多样化的土地利用以形成方便居民生活的小环境，从而体现低碳生活的生活理念。

② 低碳生态居住示范区

位于沭河两岸，是以环保和低碳为主题，展示世界最前沿环保产品和创意的居住体验社区。建设过程中，采用多项先进的低碳建筑技术以及新型墙体材料，同时建设大面积生态绿地，倡导低碳的生活方式，从各方面营造一个高档次的低碳居住示范基地。

③ 低碳产业功能区

位于雁荡山路以南，朱江路以东，泰山路以北，赣江路、乌江路以西，是园区主要的产业发展载体。园区大力发展战略新兴产业为主的高新技术产业，辅助发展一些适合本地的地方产业(包括玻璃制品、纺织服装等)，并与周边的现代综合服务区、低碳生态居住区、物流服务区等相呼应，形成一个具有良好支撑的低碳产业功能区。

(3) 建筑、绿地也是影响园区碳排放情况的重要因素。其中，建筑是仅次于产业活动的重要排放源，占园区排放总量的近30%；绿地系统除了具有美化城市环境、城市组团隔离功能外，还拥有重要的碳汇功能。

① 低碳建筑：园区在建筑空间布局、建筑设计、建筑工程中积极采用低碳理念和技术，努力实现建筑节能，园区建筑中融合了包括雨水收集回用、太阳能光伏发电、风力发电、地源热泵、屋顶花园系统、LED应用等多项低碳技术，具有较为明显的推广示范作用。园区通过在新建建筑中使用环保型建材、推广可再生能源利用、资源回收再利用、建设标准化厂房等措施，大量节约了土地资源、水资源，降低了一次性能源资源的消耗，实现了园区建筑的节能与环保目标。

② 低碳设施：在基础配套设施建设中，园区以提高能源、资源利用效率为重要目标，采用了大量的低碳产品和技术。园区主干道路使用LED节能路灯；采用中水回用技术设计总规模8万吨/日的污水处理厂，其中一期日处理2万吨工程已经完工，园区所有生活污水和工业污水全部接管至污水厂，设计出水水质严格执行一级A标准；园区内实行雨污分流的排水体制，已建有污水管、雨水管两套排水管线；按照合理布局原则，园区建有垃圾收容器、垃圾箱房、垃圾收集站和垃圾转运站，进行生活垃圾的回收处理；现给工业园提供10 kV电源的变电所主要为110 kV田吴变电所和35 kV北沟变电所，工业园现状电源支撑点为220 kV姚湖变电所；园区高度重视生态环境建设，道路两侧均种植绿化林带，并根据原有自然地形地貌及土壤特征，规划建设黄墩河滨水景观带、沭河

滨水景观带、文化湿地公园、中央湖公园、社区公园等，改善园区生态环境质量。

二、低碳经济试点工作成效

1. 在园区企业中大力推广清洁生产技术

园区大力贯彻落实清洁生产政策法规和标准，大力推广清洁生产技术、工艺和管理手段，尽可能减少企业生产过程中的能源资源消耗，同时严格控制污染物达标排放，实现园区企业在日常生产运营过程中的最大程度低碳化。鼓励企业综合采用节能、降耗、节水以及短缺资源的代用、二次能源的利用等多种手段，合理利用每一分自然资源，减缓能源资源的耗竭，达到能源资源利用的最合理化以及经济效益的最大化；鼓励企业采用清洁生产技术、工艺和设备，提高节能管理水平，对超标排放和排放总量较大的企业，实行强制性清洁生产改造，限期实现节能减排目标。同时园区支持龙头型企业进一步贯彻落实清洁生产理念，增加企业节能减排投入，加大技术创新和技术改造力度，要求园区龙头加工企业应用工业固体废弃物、残渣处理装置以及废油处理装置，并逐渐向整个园区企业推广，提高对固废和废油的收集效率，减少资源浪费；要求园区内所有玻璃、建材、医药类企业限期采用最先进的烟气治理、粉尘处理装置和水处理装置，以减少废气、粉尘和废水的排放量，保障园区有一个良好的水环境和空气环境。

2. 提高招商引资的门槛，大力引进新能源等新兴产业

园区制定招商引资的发展规划，目前园区发展已形成了一定的产业规模和空间集聚，特别是电子信息、新能源、新材料、新医药等新兴产业已经初具规模，风力发电装备、光伏发电设备、智能控制、新能源运用等一批新能源、低碳生产企业纷纷落户和建设，进一步推进全市新能源产业的爆发式增长。在此基础上，随着环境保护的发展以及全市产业结构的调整与优化，新能源、新材料等低碳经济特色明显的产业门类在园区具有很大的发展空间。

3. 园区重点建设低碳示范工程，彰显园区建设的低碳特色

（1）打造低碳科技创业园

科技创业园东至钱塘江路，南至黄山路，西临生态公园，北至灵山路，总投资 21 500 万元，总用地面积 4.8 万平方米，建筑面积约 9.6 万平方米，建筑密度 19%，绿化率 35%。该创业园在建设过程中，将采用绿色节能建材，屋顶预留花园平台，实现住宅信息化、智能化，合理布局组团并辅以绿化沟通等低碳手段，以追求社会经济和环境综合效益的整合。创业园建成后，包括专家楼、商务办公楼、科研中心、会议中心等，可为前来创业的高层次人员科技创业提供优质高效的商务服务、商务咨询、创业辅导、人才推荐、财税咨询、法律服务、市场开发、房屋租赁等服务，为高端人才入驻创业、创新、实践提供一流的基地和发展平台，打造园区高新技术研发的“人才高地”，以增强园区创新能力，加快科技成果研发与转化。

（2）低碳教育学校

低碳示范学校田吴小学位于黄山西路南与新东路交叉口，总投资 3 200 万元，占地面积约 48 亩，建筑面积约 1.7 万平方米。该学校将在外观、采光、照明、隔音、隔热等设计和用材方面采用多种低碳技术和产品，力争成为一个环境优美、布局合理、配套齐全、交通便捷的校园。项目建成后，将形成 36 班的教育规模，承担周边地区的小学义务教育，在日常教学活动中定期对小学生开展低碳宣传教育，教育小学生从节电、节水、爱护花草、拒绝一次性筷子等身边小事做起，并在学校内部形成资源循环利用系统，打造苏北乃至江苏省第一所低碳环保学校。

（3）江南国际大酒店

五星级江南国际大酒店位于珠江路西侧、太行山路南侧，总投资 15 000 万元，一期占地面积 12 793 平方米，建筑面积 33 000 平方米。作为江苏新沂第一家五星级大酒店，该酒店将采用热泵原

理，配套安装2台大型地温中央空调和热水供应设备，力争成为真正体现新沂环保低碳特色的建筑亮点。项目建成后，该酒店冬天通过热交换将地下水或土壤中的热量提出用于室内采暖，而夏天利用地下土壤或地下水带走热量，达到制冷效果，同时提供最经济的生活热水，预计年节约用电180万度，展现良好的节能降碳示范效果。

4. 提升公共低碳意识，开展低碳发展实施行动

园区深入贯彻低碳理念，政务工作实行一站式服务、一窗式受理、一次性告知等相关制度，推行延时服务、预约服务、错时服务等，提高行政服务效率，节约行政服务资源；建立政府部门信息共享机制，开发园区环境管理的信息系统，提供园区绿化、土地使用、基础设施、废弃物方面的信息，形成历史动态数据；引导园区企业建立企业信息系统，统一纳入园区综合数据系统进行管理。园区通过节能减排目标责任制和问责追究制的落实，强化园区企业的责任意识、大局意识，督促其充分重视低碳经济发展，赢得园区低碳经济发展的公信力，使低碳经济发展从根本上得到应有的重视。树立园区低碳发展观，改革传统的考核机制，建立健全新型的以低碳为核心的奖惩体系，包括公众环境质量评价、空气环境质量变化、饮用水质量变化、植被覆盖率、生态环境保护投资增长率、群众性环境诉求事件发生等指标，对绩效显著的企业予以相应激励，对反绩效者予以相应惩罚。

三、低碳经济试点工作中的基础能力建设

1. 理顺体制机制，充分发挥优势

作为无锡新区与新沂市合力打造的工业园区，基于双方的产业特点和资源优势，园区以承接无锡的产业转移为契机，主攻煤基清洁能源、太阳能光伏、风电装备、电子信息等新能源、新材料产业，低碳特色显著。最近，园区又进一步制定了对不同的产业类型实施不同的产业政策，电子信息、新能源、新材料、医药工业作为园区发展的方向性产业，而物流商贸、研发创意、总部商务等作为园区鼓励发展的新产业。

目前，已有78个项目落户园区，如亚华新材料项目、容纳光伏项目、斯坦福新型墙材项目、高创风电项目，这些项目投资规模大、科技含量高、带动能力强、发展前景广，不仅完善了园区的产业链条，也增强了园区的发展后劲，是新沂市全面对接沿海开发的丰硕成果，对新沂市加快产业结构调整、促进产业优化升级都将产生积极的推动作用。

园区现有的新兴低碳领域的龙头骨干企业发展欲望强烈，创新思维超前，注重产品技术研发，具有较高的市场开拓能力，能为园区发展不断注入新鲜活力，对相关产业延伸发展具有极大的带动作用。它们长期坚持采用产学研合作方式，工艺技术水平较高，大都是国家或省级高新技术企业，拥有多项国家专利；在生产制造过程中，注重节能降耗和资源综合利用，环境污染很小；有些骨干企业已建设了展览厅专门展示自己的技术和成果，效果明显。长期积累的信誉和品牌，使得这些骨干企业在同行业甚至某区域内的影响和带动作用极强，开展示范将作用倍增。

2. 制定出台多项产业扶持政策

园区进一步落实财税优惠政策，确保低碳试点财税优惠政策在工业园建设中能够予以落实，市财政对产业园新引进低碳型的科技企业给予适当税收减免，对制造企业的低碳改造过程也给予适当补贴，形成发展低碳环保产业的良好氛围；园区全面优化土地供应政策，市政府对工业园内各类低碳环保产业以及现代低碳服务业项目用地优先安排指标，尤其是要保证重点骨干型低碳环保企业的用地供应，同时根据项目的投资规模与低碳技术层次，在出让地价上予以相应的优惠。

3. 鼓励科研经费投入，大力开展科技研发

一是鼓励低碳友好型技术的研究、开发和推广应用，着重解决制约低碳经济发展的关键障碍，并对不同层次的低碳技术创新给予不同的支持。短期内，园区大力发展新一代电子信息技术、新能

源技术和新材料制造技术;中长期,园区的主要技术研究领域应当包括:节能与能效提高技术,如煤炭、石油和天然气的清洁、高效开发和利用技术,主要行业的二氧化碳和甲烷等温室气体排放控制与处理利用技术,生物与工程固碳技术,先进煤电、风电等重大能源装备制造技术。二是提升技术创新能力,园区建设科技创业园即将投入使用,积极吸引一批国内外知名专家入驻,推动它与已入驻的企业研发机构一起共同发挥作用,鼓励它们与高校、科研院所共建低碳技术研发平台、成果转化平台,早日研发出一些具有良好市场前景的高新技术产品,推动一批即将产业化、市场化的新技术、新产品、新装备早日投入市场,形成以企业为主体、以科研机构、高等院校为支持、以科技服务机构为保障的技术服务体系,从而大大提升园区的低碳技术创新能力。

4. 加强人才队伍工作能力培训

园区积极参加省低碳能力建设专题培训班等活动,培养低碳经济意识机制,使人们重视环境与气候变化带来的挑战,增强全民低碳经济发展意识,通过制度化的合理安排充分发挥媒体的作用,通过宣传单、报纸、杂志等,对广大民众进行节能、减排、低碳等方面的宣传和教育,树立全民低碳理念,促进形成全民低碳观。

四、下一步工作打算

1. 设立低碳建设专项资金,园区应当将各类与低碳发展相关的财政资金统筹整合起来,设立低碳建设专项资金,用于低碳新政的落实和实施。对低碳试点示范项目,分别给予一定的奖励,以保障园区低碳建设能够落到实处。

2. 增强金融机构信贷支持,园区积极支持低碳项目申请银行信贷,进行设备租赁融资,发行企业债券和上市融资。通过政策性贷款支持园区信用担保体系建设,增强担保公司的担保能力;搭建银行、企业和担保机构合作平台,拓宽信用担保贷款渠道,解决工业园内中小企业资金短缺问题。

3. 进一步加大招商力度,全面采用专业招商、小分队招商、定点招商、以企招商等多种招商形式,在世界500强、国内100强、行业10强企业中大力宣传园区的产业特色,重点招进一批符合低碳环保要求的重大项目,不断延长园区产业链,进一步增强园区的产业特色。

4. 极力做好项目推进服务,建立市领导及部门负责人与园区相关重大工程及项目的联系挂钩、蹲点、问责制度,对于重大建设项目实行挂钩联系推进制度,对项目所需手续实行集中会办制度,以最快速度、最大精力、最高质量来推动工业园低碳试点工作。

5. 做好与苏南地区的对接,利用好园区的南北合作机制,在资金、技术、人才、管理等方面积极开展与无锡新区的合作。同时,以各种交流活动为契机,拓宽与苏南发达地区的合作渠道,争取引进一些符合园区本地实际的项目,特别是低碳类项目,逐步提升园区经济实力。

6. 加强试点工作宣传,通过举办低碳环保产品技术会展等形式,加大对低碳环保产品的宣传力度,提高广大市民低碳意识。以市政府名义与有关机构共同举办"低碳经济与园区发展"中国低碳环保发展论坛,邀请国内外专家学者来新沂演讲,提高工业园的国际化程度。

7. 扩大公众参与程度,开通网站,让公众能及时了解和参与低碳试点动态,对重大规划和建设项目设置现场公示牌,调动广大群众参与低碳试点工作的积极性,对园区的发展定位、重点项目、配套政策等核心内容广泛征求民众意见,提高社会支持程度。

扬州经济技术开发区2011年度绿色低碳发展概况

扬州经济技术开发区

一、总体概况

2007年12月扬州经济技术开发区被国家发改委、原环保总局、科技部、财政部、商务部和统计局等六部委批准为国家第二批循环经济示范试点单位；2010年被国家发改委、教育部、财政部、旅游局批准为国家首批循环教育示范基地。

1. 产业结构情况

近年来，围绕低碳化发展方向，扬州经济技术开发区摈弃了“大而全”的发展模式，抓好传统的汽车装备等产业改造提升，更加突出发展太阳能光伏、半导体照明、高性能材料、智能电网及电子阅读等绿色、低碳产业，加快产业结构调整，促进经济发展方式转变。

半导体照明产业方面。目前，开发区已经集聚了中科半导体、璨扬光电、隆耀光电、南京大学扬州光电研究院、乾照光电、川奇光电、帝豪电子、东贝峻茂、艾笛森光电等一批核心企业和研发机构，形成了“蓝宝石衬底—外延片—芯片—封装—应用”完整的产业链条。2007年国家科技部正式批复以扬州经济技术开发区为核心在扬州建立“国家半导体照明工程产业化基地”。

太阳能光伏产业方面。落户了顺大、晶澳、尚德、力铼光电、天威新能源、挪威MK、国家光电产品检测中心等一批核心企业和研发机构。形成了“多晶硅—单晶硅—单晶硅片—电池芯片—电池组”完整的产业链条。2009年国家科技部又正式认定扬州经济技术开发区为国家绿色新能源特色产业基地。

智能电网产业方面。已完成智谷一期工程建设，引进美国GE、德国Siemens、韩国LS、台湾大同、美国群硕软件等生产企业和清华大学、西安交通大学等高校研发机构。2010年5月，被科技部批准为“国家智能电网产业基地”。

同时，高性能碳纤维、多晶硅、镭射激光材料、复合材料箱板、高性能粉末冶金产品和特殊合金等多个高新技术新材料生产、研发企业与国际领先的电子书及其零配件生产企业也在扬州经济技术开发区投产运营。

2. 组织领导情况

为了更有力地推进扬州经济技术开发区低碳经济试点工作，扬州经济技术开发区成立了以主要领导为组长、分管领导为副组长，扬州经济技术开发区经发局、招商局、城乡局、建设局、环保局、商务局、规划局、城管局、街道和乡镇相关部门负责人为成员的“扬州经济技术开发区低碳经济试点工作领导小组”。

3. 节能降碳概况

(1) 加快产业结构调整，强化“结构节能”

一是高新技术产业较快增长。2011年全区高新技术产业完成产值519亿元，同比增长73%，占规模以上工业产值的比重达57%。二是加快产业结构调整。近年来，扬州经济技术开发区突出发展太阳能光伏、半导体照明、智能电网及电子阅读为主的“三新一网一书”战略新兴产业，着力发展现代服务业，努力构建以高新技术产业和现代服务业为支撑的环境友好型产业体系，“三新一网一书"产业产值占工业总产值的比重由去年同期的34.8%上升到47.2%，同比提高了12.4个百分点，呈现快速发展的趋势。三是实施强制淘汰制度。全年共淘汰被列入国家和省政府明令淘汰关停的落后工艺、设备及产品106台(套)，关闭"五小"企业1家，进一步提升了产业层次。

(2) 加大重点技改投入，强化"工程节能"

一是建立节能专项扶持资金。2011年扬州经济技术开发区为企业申报国家、省、市节能减排项目，共获批各级资金1 400余万元，全面落实市资源综合利用工作会议精神，深入企业一线进行实地调研，有针对性地推进资源综合利用企业认定工作。2011年扬州经济技术开发区共对7家单位的产品开展了资源综合利用新认定和年检工作，并协助企业做好减免增值税和所得税落实工作，全年资源综合利用企业享受税收减免1 200余万元。同时，扬州经济技术开发区继续加大财政对节能减排专项资金扶持，组织推广节能产品、技术和节能服务新机制，实施一批节能技术示范项目，对获得国家、省、市节能减排奖励，通过清洁生产审计及ISO14000环境管理体系认证，获得节能环保型企业称号的企业给予资金奖励，从物质方面引导鼓励企业加强能源管理，加大节能投入。二是大力实施企业节能改造项目。2011年扬州经济技术开发区企业共完成重点节能改造项目6项，全面完成年初下达的计划目标。其中，永丰余造纸共投资近5 000万元，对各生产车间进行工艺优化，节约能源，提高能源利用率，实施PM1烘缸系统和白水回收机改造、200吨/小时锅炉辅助系统节能改造等一系列项目，节能共1万余吨标煤。阿波罗蓄电池投资2 700万元的拉网极板蓄电池项目，节能共2 500吨。三是积极开展清洁生产审核工作。2011年扬州经济技术开发区有12家企业开展清洁生产审核，共实施清洁生产方案164项，其中中高费方案60项，投入8 600余万元，当年产生经济效益3 000余万元，共节约用水98万吨，节约用电2 831万度，节约标煤2 100吨，蒸汽1 200吨，削减COD82吨，$CO_2$338吨，固废1 297吨。

(3) 加强企业能源管理，强调"管理节能"

一是实行能耗准入制度。严格执行《扬州市固定资产投资项目节能评估和审核管理制度办法》，将能耗标准作为项目准入的强制性门槛，对高耗能产品能耗执行限额标准，切实加强对相关产品能耗情况的监督管理。对协鑫光伏等4家企业的新上项目进行了节能评估和审查，同时扬州经济技术开发区能耗5 000吨标煤以上的重点用能企业均已实施专项能源监察审计，保证了项目的单位产品能耗处于先进水平。二是开展各项能源管理工作。持续开展清洁生产、ISO14000环境管理体系认证、节能监察和能源审计等工作。亚东水泥、同扬光电等12家企业完成了清洁生产审核，并通过了专家验收，4家规模以上企业通过ISO14000环境管理体系认证，目前园区规模以上企业ISO14000认证率达40%以上。完成区内30家企业的节能监察工作。

二、工作与成效

1. 低碳示范工程

(1) 绿色社区、学校

扬州经济技术开发区在加强和完善绿色社区、绿色学校建设的基础上，将低碳意识和行动贯穿于社区和学校的建设、管理、教育、教学活动中，引导教师、学生关注环境问题，2011年扬州经济技术开发区创建绿色社区5家，绿色学校5家。

(2) 低碳交通(LED路灯)建设

2011年扬州经济技术开发区组织实施了南部临港新城马港河路、玉带河路、纵一路、邗江河北路、九龙湖路、九龙湖南路等6条道路LED路灯工程，共安装LED路灯9 000盏，投资额约10 880万元。LED路灯的显色性高于金卤灯和高压钠灯，照明效果好，对环境没有任何污染，该工程实施之后节能量在70%以上。

(3) 碳汇体系建设

"十一五"期间扬州经济技术开发区实施了数十条道路和景观的绿化工程，总绿化面积达到50万平方米，投资总额达到6 101万元。"十二五"期间正在建设的扬子津生态园将新建绿化200亩，种植乔木12 000株，植物覆盖率将达75%以上。其中，重点打造占地50亩的扬州适生植物博览园，集中展示扬州适生植物600余种，打造院士林、巾帼林等主题园林。蝶湖公园也是2012年扬州经济技术开发区城市建设和环境提升重点工程之一，目前公园建设已进入尾声，扬城南区又增添了一个天然"氧吧"。

2. 低碳消费

(1) 低碳采购

政府低碳采购是公共财政的一个重要组成部分。扬州经济技术开发区政府充分重视管委会政府的模范带头作用，主动优先采购节能环保产品，2011年管委会办公大楼共采购更换LED节能灯泡300只。

(2) 低碳旅游

扬州经济技术开发区倡导旅游景区的低碳旅游习惯，加强景区的原生态化维护，使得来到园区的游客都能够体验到最具有扬州本色的文化和生态景观，同时积极提升旅游景区低碳服务水准，在具备条件的景区试点提供自行车租赁服务，鼓励游客选择低碳旅游模式，推进绿色饭店创建，鼓励宾馆酒店宣传节能减排和低碳旅游理念，高星级饭店在不降低服务质量的前提下，制定落实切实可行的节能减排方案，实施低碳软硬件改造，通过完善服务减少旅游一次性用品的使用。低碳旅游作为一种新的旅游形态，具有观光、度假、休养、考察、探险和科普教育等多重功能。

3. 低碳建筑

一是加强建筑项目节能评估和审查，所有新建民用建筑要符合国家和省建筑节能50%设计标准，大力推进符合节能65%设计标准的低能耗低碳建筑的建设；二是抓好既有公共建筑，特别是政府办公楼、商业场所和宾馆酒店的节能改造和用能定额管理；三是大规模推广建筑节能产品和技术，包括各种新型墙体材料、中空玻璃、节能门窗、节能电梯、节能家用电器等，重点推广中央空调系统风机、可调节式按需通风系统、水泵变频调速节电技术等在园区公共建筑中的应用，加快开发推广太阳能、地热等可再生资源在公共与民用建筑上的应用技术；四是完善建筑节能监管体系，建立建筑节能材料产品备案、登记、公示制度，采取市场抽查、巡查和专项检查等措施。

三、基础能力建设

1. 加强政策保障体系建设，高起点编制发展规划

为促进扬州经济技术开发区低碳经济发展，提高资源能源利用效率，构建工业共生网络，建设温室气体排放最小化工业园区，扬州经济技术开发区管委会发挥政府主导引领作用，制定低碳经济政策保障体系，通过积极的财政政策，鼓励园区企业从原料采购、物流体系、营销管理等方面进行资源整合，推动企业产品供应链的低碳化，建立健全相应的政策保障体系。

扬州经济技术开发区管委会还聘请了国内权威的科研机构编制《扬州经济技术开发区低碳经济"十二五"发展规划》，并出台《扬州经济技术开发区促进低碳经济发展暂行规定》，鼓励产业结构调整，推进企业开展清洁生产、资源综合利用等循环经济建设和服务体系的发展。

2. 实施"绿色招商"，走可持续发展之路

扬州经济技术开发区建立了投资项目的环境保护与资源能源消耗的准入指标体系，研究制定扬州经济技术开发区主要低碳产业能效指南，并逐步实施低碳产业年度统计，围绕土地、能源、水资源等内容考察区域资源生产效率、消耗降低成本、循环利用和污染排放减少等状况，高质量、高标

准、高要求地完成环保审批工作，确保审批过程中的科学决策，与招商及规划部门密切配合，合理确定项目选址，严格落实低碳产业规划布局。

3. 推进节能减排，打造低碳开发区

鼓励与扶持企业内部和企业之间副产品与能源梯级利用，废弃物减量化、资源化、循环利用。以建立和完善“八大体系”为基础，以实施“六个一批”为抓手，强力推进企业节能减排工作，将清洁生产、节能改造、节能监察、能源审计等工作作为促进资源节约、实施污染减排和开展低碳经济活动的重要手段，联合各相关部门，为企业提供低碳行政和技术上的支持。

4. 加强环境管理，提升环境质量

加大环境执法力度，杜绝企业环境违法行为，保障环境安全；严格监督管理高消耗、高污染、高投入的重点污染源企业；控制污染物排放总量；不断加强监测工作能力建设，提高各类环境介质及环境污染源的自动监测能力以及突发环境污染事件的快速反应及应急监测能力，保持环境监测工作的高服务水平；严格查处环境违规事件，严厉打击环境犯罪行为，为低碳经济试点工作打下坚实基础。

5. 加强国际合作，引进先进管理技术

根据应对气候变化领域对外合作的要求，紧紧抓住国家大力实施低碳产业的契机，积极有序地促进低碳发展的国际合作。国际合作将有利于推动低碳经济建设，开拓市场经济为基础的管理体系。扬州经济技术开发区在与德国GTZ公司合作的基础上，不断加强低碳经济国际合作项目的申请和组织，为扬州经济技术开发区、扬州市及至江苏省的低碳经济建设引进新力量，提高区域综合环境管理能力，提供人力资源保障，为低碳经济试点工作的发展奠定良好的意识形态基础。

6. 健全公众决策参与和监督机制

扬州经济技术开发区持续不断地提高公众参与低碳经济的水平，调动公众参与的积极性，提高居民生态环境保护意识，积极投身环境教育、向政府部门提供低碳经济建设建议，进而推动园区低碳经济事业的进一步发展。利用公众监督机制，促进规划的实施；定期公布规划的实施进展情况，定期召开规划实施听证会，供公众参与和监督；建立健全广泛的公众决策参与和监督机制，促进研究机构与政府部门合作制度化，公众决策参与的制度化。

倡导环境友好的区域生态文化，通过加强党政干部、企业人员、在校学生的生态培训教育，发掘公共媒体的宣传效能，逐渐普及循环经济理念和生态工业内涵，达成发展循环经济的共识；倡导和实施环保实践和绿色消费，营造建设资源节约型、环境友好型社会的发展氛围；开展独具特色的丰富多彩的公益活动，使低碳经济的发展具有可持续性，最终建立环境友好的区域文化。

泰州医药高新区2011年度绿色低碳发展概况

泰州医药高新区发改委

2011年，泰州医药高新区以科学发展观统领全局，以可持续发展和低碳经济思想为指导，以发展循环经济和节能减排为抓手，加快园区低碳建设进程。

一、总体概况

1. 组织领导

为切实加强低碳工作组织领导，泰州医药高新区分别成立了低碳经济领导小组、工作小组和专家小组，从决策、执行和技术线路上保障低碳建设工作的管理与协调。

领导小组承担重大问题的决策和审批，定期召开工作会议，听取办公室和专家组的工作汇报，商讨各种项目推广应用中的重大决策、批准实施方案、把握时间节点，是园区各项工作的决策机构。工作小组承担日常管理与示范项目的督察，负责项目计划的跟踪管理。工作小组应实行例会制度，定期召开专题例会，由园区相关管理部门共同参加，就园区低碳建设各项工作中的问题和难点进行专题研究，技术难题提交专家小组讨论并给出意见，重大问题上报领导小组。专家小组讨论决策项目的技术路线并承担验收和督察责任。专家小组由江苏省相关科研院所、高等院校、设计院、设备厂家和施工单位的资深专家组成，承担技术方案的评审和项目的验收，解决工程实施中出现的问题，定期召开会议，掌握实地的详尽情况和参数，明确项目特点、发展潜力及今后园区推广项目的重点和方向。

2. 战略目标

把低碳经济、循环经济、绿色经济的理念贯穿于园区建设和产业发展的全范围、全链条、全过程，充分利用特色产业、清洁能源、好项目和大品牌，吸引投资者到园区发展，加快新药研发链式公共服务平台建设。争取到2015年，园区基本实现生产低碳化、消费低碳化、流通低碳化及分配低碳化，低碳产业形成规模，低碳经济效益明显，争取成为全国低碳产业示范园区。到2020年，园区完成国家部署单位GDP碳减排任务，实现经济效益与环境效益的双赢局面，低碳发展理念深入人心，依靠产业低碳经济发展基础，带动园区低碳化建设，将园区建成具有现代生态文明的低碳经济示范区。

节能减排指标：到2015年，力争使园区单位GDP能耗由2010年的0.29吨标煤/万元降至0.235吨标煤/万元，单位GDP碳排放强度由2010年0.97吨/万元降至0.81吨/万元。

低碳产业发展指标：到2015年，力争使服务业增加值占园区生产总值比重上升到40%，生物医药占园区工业生产总值比重上升到42%。

低碳能源目标：到2015年，力争太阳能、地热能等可再生能源占总能耗的12%以上，清洁能源占园区综合能耗的80%以上。

低碳建筑目标：所有新建公共建筑，均按照65%节能标准设计施工建设。

二、工作成效

围绕低碳城市建设，立足于“中国第一，世界有名”的发展目标，把医药城发展成为“康健之城，医药名城”，落实园区低碳经济发展建设任务，扎实推进实施低碳园区建设“六大工程”。

1. 太阳光热和地源热泵应用工程

园区厂房、科研办公楼等工用、公共建筑优先采用地源热泵和水源热泵技术供热制冷和与太阳能结合的复合性热泵，建设东方小镇二期、会展中心二期、商务2号楼、商务3号楼、大学城和医疗康健区二期等节能建筑示范项目，充分利用可再生能源资源，优化能源应用形式，提高可再生能源利用率。

2. 太阳光伏应用工程

应用光伏屋顶发电技术，在园区中试三期、四期和五期建设多个光伏发电站。项目建成后理论上网电量为1 072万千瓦时/年，按每千瓦时电平均消耗305克标准煤计算，年可节省标煤3 271吨，可减少二氧化碳排放8 177吨。

3. 绿色照明工程

医药教学区采用太阳能LED路灯作为照明光源，新建500盏太阳能LED路灯，每盏路灯120瓦计算，年可节约电力21.9万千瓦时，减少二氧化碳排放168吨。东部核心区、西部区域次干道采用LED路灯，新增908盏LED路灯，年耗电量约80万千瓦时，按节电率40%计算，年可节电32万千瓦时，减少二氧化碳排放246吨。

4. 分布式能源站建设工程

重点建设二座天然气分布式能源站，一期在西部医药生产区中试四期建设4 MW的分布式能源站，二期在祥泰路与姜高路交口建设150 MW的分布式能源站。项目建成后，年可减少化石能源消耗1.475万吨。

5. 低碳社区示范工程

不断探索建筑节能的新路子，以低碳示范社区为牵引，着力做好可再生能源建筑应用，实施"6+X"建设模式。"6"就是强制推行太阳能光热建筑一体化、墙体保温材料与节能门窗、供热分户计量装置、节能照明产品、地源热泵新技术和绿化率；"X"就是根据实际，优先应用太阳能光伏建筑一体化、智能新风系统、雨水收集、中水回用、生活垃圾处理等新技术和新设施。"十二五"时期园区重点打造东方小镇示范社区。低碳社区与常规社区相比，二氧化碳排放量可减少50%以上，可再生能源消耗占总消耗量的20%以上，58万平方米的东方小镇，每年可减少二氧化碳排放量10 400吨。

6. 低碳企业示范工程

企业是循环技术、低碳技术和生态技术等方面应用的主体，是发展低碳经济的实践者。低碳企业通过构建温室气体管理系统、化学物质等污染物质排放管理系统及能源综合信息系统，以温室气体管理系统为基础管理生产过程中产生的二氧化碳和新事业拓展过程中二氧化碳排放量的影响，通过能源综合信息系统管理节能中长期计划、温室气体活动现状、不同工厂的能源使用情况等。通过政府引导，充分发挥先进典型在低碳经济中的示范效应和辐射带动作用，助推经济和社会快速发展。"十二五"时期园区重点打造2个低碳示范企业，包括江苏万全特创医药生物技术有限公司、江苏中盛医学诊断试剂有限公司。江苏万全特创医药生物技术有限公司2010年单位工业增加值能耗为0.106吨标煤/万元，单位工业增加值二氧化碳排放量(统计口径1)0.66吨/万元，力争到2015年单位工业增加值能耗目标值为0.086吨标煤/万元，单位工业增加值二氧化碳排放目标值为0.52吨/万元；江苏中盛医学诊断试剂有限公司2010年单位工业增加值能耗0.033吨标煤/万元，单位工业增加值二氧化碳排放量(统计口径1)0.069吨/万元，到2015年单位工业增加值能耗目标值为0.027吨标煤/万元，单位工业增加值二氧化碳排放目标值为0.055吨/万元。

7. 公共机构节能示范工程

认真贯彻《公共机构节能条例》，以提高资源综合利用率为核心，强化节约意识，完善政策措施，加强制度建设，大力推进节约型机关建设。确定“十二五”公共机构节能目标，完善管理体系，全面落实公共机构负责人对本单位节能工作责任，严格实行能源管理岗位责任制，形成一级抓一级的工作局面。推行节能量化管理和目标考核。建立机关能耗监测平台，逐步推进水、电、气实时监测，进一步做好高效照明产品推广活动，将公共机构节能纳入部门年度综合考核和节能考核内容。设立政府采购节能标准门槛；对政府机构电耗、油耗、气耗等能耗科目，制定和实施政府机构能耗使用定额预算标准和用能支出标准。

三、基础能力建设

1. 完善节能与低碳排放的监管体系

建设行政主管部门应充分发挥监管职能，建立建筑物全生命周期内相互衔接的绿色生态与节能监管体系。进一步制定和完善能源供给在实施过程中的监督要点，在建设项目全过程，各有关单位严格按照建筑能源规划确定的技术要求，抓好土地出让关、固定资产审批关、节能设计图审关、工程监理关、验收备案关，在建设各阶段严格执行能源规划制定的目标。实施全过程封闭式管理，对不符合建筑能源规划、不符合节能强制性标准和环保要求的建设项目，坚决不予审批、验收备案、销售和使用。

强化施工现场的动态监管力度，将绿色建筑的标准要求、节能标准现场执行情况纳入合同价格调整机制、建设项目各类监督检查等监管范畴和各类奖项评比活动，确保节能标准落实到项目。制定和实施施工监管、验收备案制度。

建立健全绿色生态园区建设的工作季报和情况通报制度，加强绿色生态园区建设工作进展情况的信息统计。对所有新建建筑要建立专项档案，对其建设进度各阶段是否达到能源规划要求和节能标准进行监管，对工程中出现的问题及时进行登记和处理。

2. 加强舆论宣传培训工作

加强宣传，提高公众节能意识、低碳意识。充分发挥主流媒体的作用，广泛宣传建筑节能与低碳发展的重要性和紧迫性，引导广大群众形成科学理性的消费习惯，树立生态道德观，形成具有泰州特色的绿色低碳生活模式。

3. 建立高能耗的制约政策

制定高能耗的制约政策。定期评估政府办公建筑、大型公共建筑的能耗，应向社会公布高能耗建筑的名单，供电、供气、供油部门均应对高能耗建筑实行定额管理，并由泰州国家医药高新技术产业开发区建设局责令其限期整改。

4. 建立指标体系，加强调控能力

逐步建立健全一套园区建设和发展的技术经济评估指标体系，定期测评园区运作的状态和水平；及时发现和调控带倾向性的正负两方面问题，为园区发展和改善经营管理方面提供方向和依据；有效地树立和鼓励先进，驱动相对后进者；为进一步开发现代化和规范化的园区管理奠定基础。

高度重视低碳产业、低碳建筑、低碳交通等领域人才的引进和培养，对引进相关高端优秀人才给予政策性的倾斜，成立低碳产业、低碳建筑、低碳交通等相关领域的专项人才引进资金，对于高端技术人才提供安家费、科研启动费等，对于在高端紧缺领域具有较强技术开发能力的技术团队制定专项人才激励政策，提高园区企业的核心竞争力。鼓励企业建立以技术资本化为核心的分配制度，实行技术、专利等知识产权入股制度和技术创新人员核心技术控股制度。

5. 建立项目联系挂钩、蹲点、问责制度

建立园区领导及其部门负责人与园区相关低碳项目的联系挂钩、蹲点问责制度。对重点低碳项目的建议进行现场办公，从项目前期准备、项目申报以及项目所需的用地、基础设施配套、融资、

财政贴息等问题，根据需要，可在区级层面上进行研究并提出解决办法。对于重大低碳项目实行挂钩联系推进制度，对项目所需手续实行集中会办制度。在招商引资、项目服务过程中，建立个人问责、考核制度，由入驻企业对政府服务的满意度进行考核、问责。

6. 争取省级及国家各项专项资金

优先推荐园区相关低碳企业申报国债投资计划以及省级以上技术改造、经济增长点、民营经济发展资金、火炬计划、星火计划、攻关计划、高新技术产业化、国家重点新产品等专项计划，对列入省和国家各类专项计划的低碳项目，根据国家和省规定，由泰州市、新区财政安排配套贴息资金。

7. 完善公共参与机制

在园区适当位置建立规划和建设项目公示场所，对重大规划和建设项目设置现场公示牌，开通规划公示网站，让公众能及时了解规划动态，调动广大群众参与规划的积极性；并对低碳示范区发展定位、发展策略、配套政策等核心内容进行广泛讨论，广泛征求民众意见，实行规划社会监督员制度，邀请社会监督员对规划全过程以及实施全过程进行监督，不断完善公共参与机制。

昆山国家高新技术产业开发区2011年度绿色低碳发展概况

昆山国家高新技术产业开发区

低碳发展是指在可持续发展理念指导下，通过技术和制度创新、产业转型和消费模式转变、低碳和无碳能源开发等多种手段，尽可能降低二氧化碳排放，达到经济社会发展与控制温室气体排放双赢的发展方式。2011 年度，昆山高新区全面落实《昆山高新技术产业开发区“十二五”低碳发展规划》要求，全力推进低碳经济发展各项工作再上新台阶。

一、总体概况

昆山高新区目前处于工业化的中期阶段，正在探索一条低碳园区的发展与经济发展相结合，实现双赢的低碳发展路线。以发展低碳产业为主线，同时坚持节能减排工作的开展，使高新区中高能耗、高排放企业最大限度地减少能源消耗和温室气体的排放。

1. 指导思想

以加快转变经济发展方式为主线，以创新发展、转型发展、低碳发展、和谐发展为导向，坚持自主创新、重点跨越、支撑发展、引领未来的方针，按照建设创新型科技园区的基本思路和总体目标，以提升产业低碳化水平和减少温室气体排放为重点，以创新驱动发展，以创新引领发展，全面推动发展观念创新、体制机制创新和科学技术创新，逐步建立节能减排、清洁能源、自然碳汇等低碳技术研发、推广和应用体系。集成政府、社会和企业的力量，建立低碳技术开发利用的激励与约束机制，为产业低碳转型、发展方式转变、实现经济社会又好又快发展提供强有力的科技支撑。努力将昆山高新区建设成为中国区域科技经济一体化发展的低碳示范区；以建设高科技产业为先导，以低碳产业、低碳建筑和低碳交通为特色的现代化园区。

2. 组织领导

为加快推进省级低碳经济试点园区创建工作，进一步推动低碳宜居园区建设，实现绿色低碳可持续发展，从园区全面协调发展的大局出发，成立多层级、多部门的低碳试点工作组织机构，成立“一个小组领导，多个部门牵头”的低碳经济发展领导机制。领导小组下设工作组，主要负责创建低碳示范园区中各部门的协调工作，重点解决低碳转型中的重大问题，确保园区低碳发展规划的顺利实施。推行政府绿色采购、绿色办公。构建新型的学习型组织，提升政府人员的低碳管理能力。

3. 战略目标

为进一步提高应对气候变化能力，履行我国大幅降低碳排放的国际承诺，遵循可持续发展战略思想，把握低碳经济发展的机遇，强化生态环境保护和建设，整合现有优势资源，优化产业结构，淘汰落后产能，广泛引进战略性新兴产业，充分释放昆山高新区产业发展的动力和潜力，加快产业环境质量提升步伐，促进昆山高新区经济大发展。到 2012 年昆山高新区要在江苏省内率先建成低碳产业基地。到 2015 年，园区基本实现生产低碳化、消费低碳化、流通低碳化及分配低碳化，低碳产业形成规模，低碳经济效益明显，争取成为全国低碳产业示范园区。到 2020 年，昆山高新区完成国家部署单位 GDP 碳减排任务，实现经济效益与环境效益的双赢局面，低碳发展理念深入人心，依靠产业低碳经济发展基础，带动园区低碳化建设，将昆山高新区建成具有现代生态文明的低碳经济示范区。

二、工作与成效

1. 能源结构进一步优化

昆山高新区主要消费的能源种类为：原煤、焦炭、天然气、汽油、煤油、柴油、燃料油、液化石油气、热力及电力。从能源结构来看，开发区规模以上企业（鑫源环保热电除外）的能源结构以电力为主，占耗能总量的60.22%，其次，原煤占13.52%，热力占10.98%，天然气占6.83%，焦炭、柴油、煤油、液化石油气占比较少；若包括鑫源环保热电，则原煤消耗量占总能源消耗量的60%以上。可见开发区能源结构依然不平衡，而且清洁能源所占比例偏低。

今年以来开发区采取一系列措施来引导和支持区内企业开展节能减排工作，使高新区的能源结构得到优化。一是综合运用信贷、土地、价格、税收以及提高环保准入门槛等措施，控制高能耗、高排放行业投资，淘汰落后生产能力，为能效技术开发利用和产业投资创造条件。二是推动实施重点节能工程，推广节能技术。鼓励企业自主进行节能技改项目的开展，同时，政府安排必要的引导资金予以支持和奖励。三是严格建筑节能管理，对达不到标准的建筑，政府不给办理开工和竣工验收备案手续，不准销售使用；并要求所有新建商品房销售时在买卖合同等文件中要载明耗能量、节能措施等信息，从而引导企业的建筑节能投资。

2. 加快新能源项目建设

立足区域内资源禀赋及发展状况，积极发展和利用可再生能源，提高低碳能源技术，加强推进对传统产业的节能减排。大力推进水电、风电等循环能源经济。利用园区光伏产业良好的基础条件，依托茂迪（苏州）新能源太阳能电池片、电池组件和太阳能硅晶切片，通用硅单晶硅棒、太阳能电池片和电池组件，迅力光能薄膜太阳能电池等项目，打造从太阳能电池材料、电池组件、太阳能发电到太阳能系统应用的产业链条，推进昆山低碳产业主题公园、中国节能（昆山）循环经济产业基地、昆山新能源技术检测与发展中心、阳澄湖科技园等项目的建设。

目前，开发区正在低碳产业主题公园内筹建低碳科技馆，建筑面积为9 992平方米，本馆是具有生态特色的节能建筑，发挥低碳技术集成的特点，将低碳科技馆打造成为先进的节能环保技术展示、示范、教育中心。为积极响应国务院和江苏省委、省政府关于节能减排、发展低碳经济和实施“十城千辆”工程的号召，认真落实苏州市节能与新能源汽车示范推广实施方案，国家电网公司在园区内新建昆山南星渎充换电站一座。该项目占地面积约3 200平方米，设置一幢综合办公楼，一座电池库和其他相关辅助设施，配备8台充电机（6台DC500 V/200 A中型充电机，2台DC500 V/100 A小型充电机）和3台交流充电桩，静态投资约3 403.28万元。

3. 大力发展低碳产业

推进产业的绿色化、低碳化。进一步优化产业结构，推进传统产业的低碳化转型。园区从推动第三产业的大力发展、壮大本地区的特色低碳产业、培育发展战略性新兴产业、改造提升传统产业以及积极促进能源工业的低碳发展等五个方面入手，加快高新区低碳产业的建设发展。

（1）积极推进电厂燃料替代工程。昆山鑫源环保热电有限公司是园区唯一一家传统能源企业，目前新厂区地址已确定，煤改气搬迁改造工作正在有序推进中，项目将建设2套180兆瓦级燃气-蒸汽热电联产供热机组及各配套系统与设备。项目建成后保持原热用户和供热规模不变，全年将消耗天然气约2亿立方米，减少原煤消耗30万吨，全年可减少二氧化碳排放量约20万吨，占2010年昆山高新区二氧化碳直接排放量的15.7%，其节能、环保和社会综合效益显著。

（2）大力实施传统高排放产业关停、搬迁、改造工作。对昆山恒发工业基布有限公司、昆山市鑫泰印染厂、昆山协青绒制品有限公司、昆山玉山化工厂等进行关停，龙博士纤维整理昆山有限公司、三友医药辅料厂污染工段停止作业，凯达电子昆山有限公司10条喷涂线停止生产，宏基混凝土昆山有限公司、翔峰塑料制品昆山有限公司、昆山阿基里斯人造皮有限公司搬迁等活动大大推进了园区低碳示范区的建设进程，直接减少园区二氧化碳的排放量。

4. 大力推进低碳基础设施建设

规范区域建设的节约化、低碳化，倡导区域景观建设的生态化和低碳化，进一步改进园林绿化方式，开展区域立体绿化，减少城市热岛效应，增加城市碳汇。

(1) 改造城镇轨道交通。园区为响应实现现代化目标和建设低碳城市的要求，提供更好的慢行交通和公共交通，一方面从完善园区步行系统出发，开工建设南淞路、锦淞路、美丰路、紫竹路、汉浦路人行道约 30 000 平方米。另一方面，大力推动公共交通系统，借助高新区区域公交公司的平台，逐步消除公交覆盖的盲区，重点解决吴淞江小学的公交配套服务，所定的三条线路同时解决茗景苑、新城域、中大柏庐天下三个小区至吴淞江小学的区域公交，调配 6 辆公交车，接送 660 名中小学生。

(2) 全面推广城镇太阳能路灯。今年以来将区内 4 条道路路灯共计 65 盏改造成 LED 节能灯，对比传统钠灯，理论上可节能 50%以上。

(3) 加大园区园林绿化建设力度。今年以来，园区投资 1 379 万元，新增道路绿化面积 418 050 平方米，投资 359 万元，新增河道绿化面积 88 820 平方米，投资 200 万元，新增公园、广场绿地 113 300 平方米，投资 2 267 万元，新增苗圃、林带 626 500 平方米，大大提升了园区绿化水平，改善生态环境。

5. 大力推进建筑节能

园区的建筑业在全区经济和社会发展中具有十分重要的地位和作用。新建建筑中太阳能建筑所占比重将大大提升，为使园区的低碳建筑快速可持续发展，园区从“遏制建筑物大拆大建”、“加快既有建筑节能改造”、“引导扶持新建低碳建筑”三个主要方面进行重点发展。

(1) 遏制建筑物大拆大建。树立科学发展观，坚持资源节约和可持续利用，对旧有建筑不能一拆了之，要最大限度地发挥资源效能，延长它的生命周期，充分利用其结构的使用年限，做到物尽其用。

(2) 加快既有建筑节能改造。今年以来园区投资 198 万元对城中幼儿园共青分园实施节能改造，不仅降低能耗、节约能源，也减少污染、改善园区环境。

(3) 引导扶持新建低碳建筑。园区抓住建设低碳园区的契机，以节能、节地、节水、节材、环保为目标，推广低碳建筑技术、应用绿色建筑材料、促进资源综合利用为重点，加大低碳建筑政策引导和扶持力度，促进新建低碳建筑的发展，积极推进低碳社会建设。今年完成对大公花园七期、八期以及广福村新建建筑太阳能示范项目的安装。

6. 培育低碳文化，倡导低碳消费方式。

社区管理机构充分利用社区硬件和软件设施，构建社区文化网络，营造低碳文化。如通过社区百姓讲坛宣传节能科普知识，通过社区课堂开展专家授课、法律宣传、政策讲解、节能经验介绍、节能技术培训，通过社区网络宣传节能产品、介绍国内外节能典型、交流节能减排经验，通过社区标语横幅、宣传布告栏、贴画等形式展示社区节能典型、节能规章制度和节能成果。今年以来，园区承办了环太湖公路自行车赛昆山序幕赛暨江浙万人绿色骑行启动仪式，组织了机关党委自行车骑行队成立启动仪式，共吸引近 1 000 人次参加，园区通过自行车骑行活动的普及和开展，树立绿色环保、低碳出行理念，引导市民逐渐形成骑车上班、低碳出行的良好习惯。

三、基础能力建设

1. 政策保障

以园区生态优化和生态文明建设为契机，强化政府在低碳试点工作中的主导地位，制定和完善有利于低碳发展的政策。在政策的制定过程中，既坚持经济社会健康发展，又体现低碳环保的理念。综合考虑经济、社会、环境因素，把低碳发展纳入到园区经济和社会发展的年度计划和长远规划中；制定园区低碳发展目标，围绕园区低碳经济试点工作的中长期目标，分阶段制定符合园区实际的政策，为园区低碳发展提供政策保障。

2. 制度保障

以“市场主导、政策引导”为重要原则，创新运作机制，园区从政府职能出发，以“市场主导、政策引导”为重要原则，实施“政府＋企业”的市场化运作模式，实现区内专业化分工、协作以及区内的自我管理。具体体现在由政府推动、重点龙头企业主导，在区内建设公共研发平台，深化整合科研资源、产业资本和金融资本，保证更多高水平的先进低碳设备（电动汽车等）、新能源（太阳能产品、风电设备等）、新显示（OLED 等）、生物医药、经济机械，以及低碳建筑、低碳交通等低碳科技成果在区内的孵化、转化和市场化。

四、下一步打算

紧紧围绕《昆山高新技术产业开发区“十二五”低碳发展规划》的要求，加大开展园区低碳发展力度，全力打造低碳经济实验区。

1. 优化产业结构，大力发展低碳产业

一是现有产业提升。加快民营企业“退二优二”、“退二进三”步伐，退出用工量大、占地面积多的加工制造部分，保留科技研发、销售展示等高附加值部分，促进企业再造提升。二是新兴产业培育计划。研究新兴产业发展路径，围绕小核酸生物医药、机器人、新能源等低碳产业重点攻坚，探索国内外高端技术领域，落实功能载体、体制机制、高校合作、产业链条、工作流程“五位一体”发展保障机制，实现低碳产业上水平、上规模。三是现代服务业跨越计划。打造科技研发、成果转化、科技培训、科技金融、科技咨询“五大组团”，加速科技服务业发展。以综保区（西区）封关运作为契机，加快发展第三方、第四方、冷链等现代物流业和展示中心。

2. 推动产城融合，提升科技新城承载力

一是现代产业新城。开展分区规划研究，进一步落实未来产业及用地空间发展方向。调整城北地区布局，完善区域骨干路网。按照“产城融合”的要求科学确定产业和生活设施比例，强化邻里中心、人才公寓、休闲文体设施、商务酒店等公共服务配套，打造人性化、特色化、专业化的创新创业环境。二是生态宜居新城。抓住老城区改造、建设西部新城的契机，打造中心湖、南淞湖、玉湖、城北湖生态区，加快沿河景观、湿地公园等景观建设。结合国家级生态工业示范园区创建，开展全区环境管理体系认证工作，启动中节能低碳主题公园，抓好节能减排和环境保护，重点推进团结河、吴淞江流域水环境整治，全面提升生态环境。三是绿色智慧新城。推动智慧低碳社区等重点项目，建设智能低耗办公楼宇，打造绿色节能建筑示范园区。按照“智慧昆山”建设总体部署，发挥阳澄湖科技园资源整合、功能叠加、政策创新的优势，以信息安全产业园、北斗产业园、移动互联产业园、智慧社区等项目为带动，助推新一代信息技术产业发展，提升信息化建设水平，打造智慧园区。

盐城环保产业园2011年度绿色低碳发展概况

盐城环保产业园

2011年以来盐城环保产业园紧紧围绕国家和省、市应对气候变化的基本方针政策，以“低能耗、低排放、低污染”为主线，立足园区现有环保装备制造业基础，按照“以快补晚、以高定位、以特取胜、以新争优、以干为先”的要求，以大工程、大企业、大项目为抓手，加快产业结构转型升级和经济发展方式转变，大力推进低碳技术和制度创新，积极推行清洁生产和循环经济理念，不断提高能源和资源利用效率，逐步扩大新能源利用比例，努力实现园区经济效益、环境效益和社会效益的和谐统一。始终坚持政府调控、企业主体、全民参与的原则，积极推进环保科技和服务创新，不断延伸环保产业链，加快建设低碳小镇，努力打造以清洁生产、循环经济、低碳小镇为特色的低碳经济示范园区，成为推动苏北沿海乃至整个长三角地区新兴产业发展的第一增长极。

一、构建节能、低碳的产业体系

园区紧紧围绕低碳经济发展目标，立足园区现有的产业基础，综合运用多种手段和措施，加快升级现有产业结构和层次，积极推广清洁生产理念，大力实施循环经济模式，努力形成“低能耗、低排放、低污染”的新型低碳产业体系。

（一）升级产业结构和层次，减少对能源的源头需求，大力发展节能环保装备及产品制造业；逐步淘汰传统低端高耗能行业；加快培育新兴节能环保和低碳服务业，目前已形成以上海环境能源交易所盐城分所和闽盛环保城为核心的现代低碳交易服务平台。

（二）推广清洁生产理念，提高生产运营低碳化水平。生产运营低碳化水平也是低碳园区的一个重要考核指标。未来发展中，要深入贯彻落实清洁生产政策法规和标准，大力推广清洁生产技术、工艺和管理手段，尽可能减少企业生产过程中的能源资源消耗，同时严格控制污染物达标排放，实现园区企业在日常生产运营过程中的最大程度低碳化。进一步加强企业节能降耗工作，严格控制企业污染物达标排放，提升资源能源综合利用水平。

（三）实行循环经济模式，实现资源能源的综合利用。构建以产业集群为依托的生态产业链，和以再生资源为特色的循环经济链，根据园区内部各企业的上下游前后向关系，运用工业生态学原理，构建一条代谢和共生耦合关系，使一个企业的产品成为另一个企业的原材料，引导它们在空间上集聚发展，从而形成一种产业链条生态互补、产品再生循环的产业集群。

二、打造环保、低碳的园区环境

园区2011年完成绿化2 000亩，增加碳汇1 500吨，园区内路网广泛使用风光互补路灯；占地50亩、综合使用28项绿色低碳技术的低碳示范社区已投入使用；16项节能环保低碳技术的公共服务平台大楼“绿巢”已全面使用，成为盐城地区的低碳地标；采用多项绿色节能建筑的国际会展中心于11月18日举办第一届环保产业博览会。

（一）低碳建筑

核心示范区内公共建筑、居住用房、工业厂房等全部按照低碳建筑的要求，节能标准达到国家新建公共建筑和住宅节能65％的设计标准；园区内核心示范区以外的工业厂房和住宅用房节能标准达到国家新建建筑节能50％的设计标准，特别是屋内照明、供暖和供电等建筑室内设备方面须达到低碳水平。

1. 采用低碳建筑材料或技术

主要包括屋顶、屋面、门窗、涂料等方面的低碳节能，通过低碳建筑材料和技术双方面达到低碳节能的效果。

2. 建筑施工过程采用低碳技术

据测算，与传统施工方式相比，绿色环保施工方式每平方米能耗可以减少约 20%，水耗可以减少 63%，木模板消耗量减少 87%，产生的施工垃圾量减少 91%。施工阶段按建筑节能标准 50%以上进行，采用低碳环保技术推动住宅产业化、工业化，施工过程采取装配式低碳施工，推广全装修；在房间内配置实时 CO_2 排放动态监测评价和能源监控与传输系统。

3. 制定和严格执行建筑节能标准

在标准制定上，需要进一步完善园区范围内的建筑节能标准体系，包括基础标准、技术标准、产品标准、工程标准、管理标准等。在标准执行上，在建筑设计和施工阶段，严格执行节能 50%以上的标准，其中施工环节允许存在 10%左右的建筑没有执行节能标准。

（二）低碳交通

倡导交通出行方式低碳化，促进道路交通系统结构达到低碳要求，从交通政策引导、交通设施建设、配套功能完善等多个方面共同促进碳减排目标的实现。

1. 选择低碳交通出行方式

根据低碳交通的发展理念，结合园区的布局特征，实施“公共交通导向（TOD）”发展战略。

2. 鼓励使用新能源的机动交通工具

在核心示范区内部，积极发展使用新能源的绿色交通工具，如混合动力汽车、纯电动汽车、氢能和燃料电池汽车等新型动力机车类型，逐步替代原来的传统石化能源机动车，从根源上节约能源消耗和减少碳排放。

对园区内部的核心示范区以外地区，建议逐步采取推行新能源机动车，提高机动车尾气排放标准，严格汽车市场准入制度，实施机动车辆排污许可制度，加速淘汰污染严重的石化能源车辆和高耗能的老旧车辆。

3. 规划低碳型道路交通系统

结合园区现状地貌地形，构建综合交通、区域交通、城乡交通、社区交通四位一体化的综合绿色道路交通网络。注重建设轨道交通和现代快速公交系统，倡导慢行系统，以步行—自行车—公共交通—私人小汽车为先后次序，重新设计和建造园区的道路交通系统；在核心示范区内大幅度地减少机动车停车位，提高泊车费，或大量增加严格限制机动车进入的范围；在社区内部需设计高密度小街区，以便于非机动化的交通或步行出行。

（三）绿色碳汇

加强绿色碳汇系统的建设，构建点、线、面一体化的全覆盖式绿色碳汇体系，打造以森林、园林和湿地为主体的绿色碳汇系统。核心示范区内的绿地率不低于 40%，园区内核心示范区以外地区绿地率不低于 35%。2011 年已完成绿化 2 000 亩。

三、推进具有示范意义的低碳工程及技术

省级低碳经济试点工作的关键在于能否扎实推广若干个低碳示范。园区除了培育一批高标准的“低碳示范企业”外，还将全方位打造一个“低碳示范小镇”，特别是要高起点建设八大“低碳示范工程”。

（一）低碳技术研发中心

低碳技术研发中心是指规划建设中的 10 栋科学家工作室，位于低碳小镇西侧，规划占地面积

约2.0万平方米，其中建筑面积1.0万平方米，容积率控制在1.0以下。采用生态别墅建设模式，应用屋顶绿化、外遮阳设计、地源热泵等多项低碳技术，打造舒适安逸的创新创业环境。

（二）低碳成果孵化中心

低碳成果孵化中心依托复旦盐城创业孵化中心，紧邻科学家工作室，规划占地面积约8.0万平方米，其中建筑面积12.0万平方米，容积率控制在1.5左右。采用双层标准厂房设计，采用多项低碳技术，整个生产运营过程全部采用节能环保材料，无废水、废气、废渣等污染物排出，真正实现无污染、零排放。

（三）低碳行政服务中心

低碳行政服务中心是园区行政管理枢纽和投资服务中心，位于低碳小镇核心，以“绿巢”办公大楼为核心进行扩展，规划占地面积约为12.0万平方米，其中建筑面积6.0万平方米，容积率控制在1.5左右。包括行政管理中心、人才资源服务中心、网络服务中心、增值服务中心等高档写字楼。

（四）低碳教育学院

低碳教育学院是园区的人才培训中心，位于低碳小镇东侧，规划占地面积约8.0万平方米，其中建筑面积6.4万平方米，它将采用多种低碳技术，承担低碳技术的教育培训、低碳理念的普及与社会传播功能。目标是建设江苏省乃至全国第一所低碳环保技术高等教育院校和人才培训中心。

（五）低碳技术产品交易及展示中心

低碳技术产品交易及展示中心位于低碳小镇南侧，规划占地面积约32.0万平方米，其中建筑面积48.0万平方米，容积率控制在1.5左右。建设内容包括低碳技术交易中心、低碳产品交易中心、低碳产业增值服务中心和碳权交易中心等集展示、参观、教育于一体的低碳技术及产品展示中心。

（六）低碳生活睦邻体验区

低碳生活睦邻体验区位于低碳小镇的南部，总占地面积约66.0万平方米，其中建筑面积约61.0万平方米。所有建筑都将大力应用智能楼宇技术、智能调控技术、太阳能光伏光热技术、地源热泵与水源热泵技术、自然通风等先进低碳建筑技术以及新型墙体材料，努力建成国内外一流的低碳型国际居住社区。

（七）低碳主题公园

低碳主题公园位于低碳小镇中部的生态湖四周，规划面积约50.0万平方米（包括300亩的生态湖）。结合湖体生态景观、湖体湿地与道路生态廊道进行建设，大力应用“雨水回收利用”、“太阳能光伏发电”、“风能发电”、“绿色喷灌”等多项国际领先的低碳环保技术以及LED节能高光效荧光灯等绿色产品，是全区的低碳产品应用示范和绿色碳汇中心。

（八）低碳商业配套中心

低碳商业配套中心位于生态湖南侧湖岸，占地面积6.25万平方米，建筑面积5.0万平方米。利用临湖优势，在建筑、功能及服务上进行一流的低碳化设计，在运行管理中采用多项节能降耗措施，打造充满特色的低碳、环保和绿色商贸环境。

四、保障措施

为推进上述重大工程及项目尽快启动，顺利完成低碳试点园区建设任务，早日实现建设国家级低碳试点示范园区的远大目标，加强如下几个方面的保障工作。

（一）加强组织领导

成立江苏省盐城环保产业园低碳试点工作领导小组，从全区、全市角度形成行政合力，对环保产业园创建低碳经济试点园区过程中的重大问题尤其是对重大项目的土地供给、大型基础设施建设等事项，进行讨论、协调并做出决策，统一制定有关优惠政策，集聚各方面的资源，保障环保产业园低碳试点工作顺利开展。完善各部门及工作人员的目标考核体系，使园区上下都能够参与到低碳试点工作中来，最大程度发挥每一个人的作用，推动环保产业园低碳试点工作早日完成。加大低碳经济试点工作经费投入支持，设立环保产业园低碳经济试点工作专项基金。

（二）完善配套政策

确保低碳试点发展财税优惠政策在环保产业园建设中能够予以落实，市、区两级财政要对产业园新引进低碳型企业给予适当税收减免，并将地方留成部分返还给园区，形成发展低碳环保产业的良好氛围。成立低碳发展领域的技术人才奖励资金，激励在高端紧缺领域具有较强技术开发能力的技术团队进行低碳产品技术开发。鼓励企业形成内部独立的培训机制，提高技术人员的专业水平，对在本行业向低碳化迈进过程中有突出贡献的技术人员要给予一定奖励。对环保产业园内各类低碳环保产业以及现代低碳服务业项目用地优先安排指标，尤其是要保证重点骨干型低碳环保企业的用地供应，同时根据项目的投资规模与低碳技术层次，在出让地价上予以相应的优惠。

（三）确保资金支持

加强银行与企业之间的沟通联系，促进银企建立战略合作关系，为企业融资创造有利条件；推动商业银行对重点项目采用银团贷款、总行直贷和总分行联贷等多种方式予以信贷支持，争取扩大对重点企业授信额度。积极支持低碳项目申请银行信贷和国家专项资金，进行设备租赁融资，发行企业债券和上市融资。通过政策性贷款支持环保产业园信用担保体系建设；搭建银行、企业和担保机构合作平台，解决环保产业园内中小企业资金短缺问题。认真研究国家宏观政策，准确把握项目争取方向。结合部门实际，了解和掌握国家关于低碳经济的投资方向，有针对性地提出相应的低碳经济项目，力求获得更多的资金，促进园区经济社会又好又快发展。

（四）扩大宣传与交流

通过举办低碳环保产品技术会展等形式，加大对低碳环保产品的宣传力度，提高广大市民低碳意识。以市政府名义与有关机构共同举办“低碳经济与园区发展”中国低碳环保发展论坛，邀请国内外专家学者来盐城演讲，提高环保产业园的国际化程度。开通公示网站，让公众能及时了解和参与低碳试点动态，对重大规划和建设项目设置现场公示牌，调动广大群众参与低碳试点工作的积极性，对环保产业园的发展定位、重点项目、配套政策等核心内容广泛征求民众意见，提高社会支持程度。适应经济全球化要求，在资金、技术、人才、管理等方面积极开展国际交流与合作。以对外合作为契机，拓宽利用外资渠道，积极利用世行、亚行、全球环境基金、联合国开发计划署等国际组织以及各国政府的贷款或赠款。利用产业导向和优惠政策，鼓励外资投资园区低碳产业项目。

五、下阶段计划

下阶段园区将以发展低碳经济为契机，坚持以科学发展观为指导，以调整产业结构、转变增长方式为着力点，以市场为导向，以改革开放和自主创新为动力，以产城共建为载体，做大做强低碳环保产业，立足“科技立园、生态建园、特色兴园、创新活园”的战略思路，将盐城环保产业园建设成为经济繁荣，环境优美，环保低碳，创新创业，江苏著名、国内一流、国际知名的资源节约型、环境友好型、安全发展型的国家新型工业化环保产业基地和环保生态名城。力争到“十二五”期末将盐城环保产业园建设成低碳产业链条完整、低碳文化元素集中、低碳服务功能齐全的新特产业集聚区、产城融合先导区、乐创宜居示范区，努力实现盐城低碳环保产业园发展的新跨越。建成5平方公里环保小镇，努力将盐城环保产业园建设成全国加快发展战略性新兴产业的低碳示范区。

宜兴经济开发区低碳园区 2011 年度绿色低碳发展概况

宜兴经济开发区低碳园区

江苏宜兴经济开发区是 2006 年 4 月经国家发改委和江苏省人民政府批准成立的省级开发区，主要由产业园区、物流园区、科创新城三部分组成。初步形成了以光电材料产业、光伏太阳能新材料、先进设备制造业为主的三大产业集群，正在向低碳化方向阔步发展，在不久的将来有望成为国内一流的低碳示范园区。

一、总体概况

2011 年，开发区水、电、气、热等资源消耗的增长速度低于经济增长速度。综合能耗从 2007 年的 47 万吨标煤下降为 2010 年的 37 万吨标煤，年平均下降 7.7%，COD 排放量从 2007 年的 55 万吨/年下降为 2010 年的 15 万吨/年，年平均下降 25%。

从目前开发区发展现状看，产业发展已形成了优势明显、特色显著的发展格局，初步形成了以光电材料产业、光伏太阳能新材料、先进设备制造业为主的三大产业集群。

新能源产业——以国电晶德、佳诚、天润、东气迈吉太阳能为龙头的 20 多家新能源规模企业，项目计划总投资 169 亿元，还有一批项目正在推进之中，尤其以光伏、风电为代表的新能源产业，在开发区已形成急剧扩张之势，产业集聚效应显著。

新材料产业——新材料产业已经基本确立了核电材料和新型包装材料的发展方向，依托境内外资本市场和牵手央企，一批新材料企业迅速崛起，雅克科技、华耐国际成功上市，产业优势和发展空间十分巨大。

光电子产业——实现了从无到有、由小变大，从当时为手机显示屏配套的小产品发展到如今传真机、复印机、上网本、MP4 等整机产品，光电产品门类日益丰富，已经形成 TFT-LCD、LED、RFID、线路板、半导体、数码产品研发制造 6 个重点分项产业。

先进装备制造产业——先进装备制造业作为园区重点打造的四大优先发展产业，在开发区内形成了完善的产业配套。园区内拥有各类机械模具厂家 50 多家，拥有五轴加工中心、车削中心、数控车床、数控磨床、数控切割机以及数控冲、剪、弯机床等一大批进口精密加工设备，主要从事精密机械零配件、模具、钣金等机加工业务，可满足制造业企业的不同需求。

二、工作与成效

1. 创新管理理念，增强低碳发展领导力

低碳经济发展转型是一项浩大的系统工程，只有政府能担当而且必须担当这场变革的领导者，因而强化政府责任至关重要。政府承担的责任主要体现在社会发展理念转变的引导、政策激励和制度安排的导向、低碳技术创新的环境培育、低碳要素服务市场的构建、利益相关者参与治理的组织等方面。政府应在这些方面强化领导能力的培养，制定切实有效的推动政策和服务措施，并妥善处理好转型过程中可能出现的矛盾与问题。

建立低碳生态园区建设联席工作会议制度。定期召开工作会议，听取关于低碳生态园区建设情况汇报，协调解决低碳生态园区建设面临的重大问题。

2. 建立低碳人才引进、服务机制

低碳战略决策、资源管理、资本运作、研究开发等相关业务和技术的实现，都离不开人力资源的支持，因此，特别重视低碳人才的引进、培养与可持续发展。秉承"视才如珍宝"的引才理念，创新"聚才有良方"的整合机制，打造"用才有舞台"的"三创载体"，构建"以招才引智引领招商引资、以领军人物组织新兴产业"的发展模式，开展差异化竞争，形成独具特色的人才竞争比较优势，赢得了各种人才纷至沓来的喜人局面。首先，建立专门的低碳人才资源储备库及培训和交流中心，降低企业所需人才的获得成本，园区通过与高校科研机构合作的方式，实施低碳人才引进的特殊机制；其次，完善低碳人才资源开发与培训体制，组织专业人士对园区管理人员、企业管理人员和科技创新人员进行低碳经济的培训，拓宽和更新低碳知识构成，保证园区低碳发展各层次、各阶段人才的持续供给，积极开拓人才市场，挖掘内部潜力，派出去挂职锻炼，培养跨世纪的复合型人才。

3. 扶持研发平台建设，培育创新能力

建设功能一流、配套完善的孵化平台，为开发区自主创新能力的培育提供舞台空间。"十二五"期间，重点建设以下公共平台：瑞典皇家学院国家物联网研发中心中国基地项目、邦普和华中科技大学设立物联网研究中心项目、中国东方电气集团中央研究院设立华东新能源分院项目、中科院设立太阳能级物理法多晶硅研发中心项目、日本高科技公司设立中国事务项目、清华大学和北极浩天设立 LED 研发中心项目、开发区和韩国产业园公团光州支社企业设立研发中心项目、迈吉太阳能和德国公司设立研发中心项目、光伏新能源产业清洁生产研发平台、开发区"智能园区"管理平台。

4. 加大低碳财政投入

健全财政投入政策，加大财政预算资金投入是促进发展低碳经济最直接最有效的手段之一。在财政预算安排中，重视对节能减排、清洁能源开发、低碳技术研发、低碳产业发展的投入，形成稳定的多元化资金投入，为低碳经济的发展提供资金保障。继续加大对节能减排方面的投入，加快推进产业结构调整和优化；加大对技术创新的资金投入力度，支持低碳技术的研发，支持新能源产业和低能耗产业的发展；加大对污水管网、污染减排监管体系等节能环保工程建设的支持，推进大型公共建筑和既有居住建筑节能改造；加大对已设立的节能减排专项资金和可再生能源专项资金的支持力度，确保专项资金的合理增长，建立财政预算支持低碳经济发展的长效机制，从而促进低碳经济的发展。

充分运用财政补贴政策，鼓励企业发展低碳经济，是有效推动低碳经济发展的手段之一。通过财政补贴，补偿生产企业对环境治理的费用并保护稀缺资源，引导和鼓励企业进行环境保护和节约资源。

进一步完善政府的低碳采购制度，加大政府采购对环保节能产品的支持力度。首先，完善政府采购的实施机制，明确政府采购对环保产品的支持，规范采购实施过程；其次，建立绩效考评机制，把对环保产品采购的评价指标纳入政府绩效考评中，强制政府对环保产品的采购；最后，扩大政府低碳采购产品的范围，扩大政府环保产品采购的引导和示范效应，引导社会团体和公众参与低碳消费活动，促进低碳经济的发展。

5. 建立低碳经济发展考核体系

将单位 GDP 的碳排放作为约束性指标纳入国民经济和社会发展中长期规划，制订相应的统计、监测、考核、奖惩办法，使园区各级管理部门在综合决策时把是否符合低碳经济发展方式、是否有利于节能降耗作为考虑的重点。进一步完善多部门参与的决策协调机制，建立政府推动、企业和公众广泛参与的发展体制和行动机制，形成与未来低碳经济发展相适应的、高效的组织机构和管理体系。

武进高新区 2011 年度绿色低碳发展概况

武进高新区

为积极贯彻《关于低碳武进建设的意见》、《低碳武进建设三年行动纲要》文件精神，加快构建发展新优势，着力打造低碳新名片，武进高新区上下以低碳示范区建设为重点，紧紧围绕低碳生产方式、低碳生活方式、低碳施政方式三大领域，凝心聚力，开拓创新，各项工作有序推进。

一、总体概况

1. 节能降碳概况

武进以高新区为示范引领，加快中心城区绿色建筑步伐，逐步启动全区绿色建筑建设工作，初步形成以绿色建筑产业集聚示范区为核心、中心城区为重点、全区全面启动的“低碳武进”建设格局。

2. 示范区项目领导小组情况

武进高新区管委会设领导小组办公室，具体负责低碳小镇日常工作的组织、协调和推进。成立示范区工作小组，由园区主要领导负责。办公室设立在规划建设局，具体管理示范区日常工作。

3. 战略目标

(1) 发展低碳经济

到 2013 年，高新区内低碳产业完成 GDP 200 亿元，其中低碳产业工业增加值达到 150 亿元。实现业务总收入 660 亿元。

(2) 实现能耗指标

到 2013 年，低碳示范区内耗能总量控制在 57 万吨标煤以内，其中非化石能源比重不低于 12%。应用示范区(启动区)内居民 30%的生活用能由太阳能等清洁能源供给；单位 GDP 能耗不高于 0.38 吨标煤/万元，单位工业增加值能耗不高于 0.29 吨标煤/万元。示范区单位 GDP CO_2 排放强度降至 1 吨/万元左右，其中示范区的低碳产业单位工业增加值 CO_2 排放强度控制在 0.68 吨/万元以内。

(3) 建设低碳社区

对照耗能控制、自然环境、人工环境、生活模式、基础设施、社会就业等方面的建设指标，全面建设低碳社区。到 2013 年，完成低碳社区建设 3 个，改造老社区为低碳社区 1 个，积极提高职住比，将比例提高至 50%，低碳社区改造完成 1 个，开展低碳节能知识讲座 155 场、低碳文艺宣传演出 37 场，创建低碳家庭 200 家，建立低碳文化宣传墙 600 平方米。

(4) 普及低碳交通

低碳示范区内加快低碳交通规划，大力发展电动公交、公共电动车等公共低碳交通设施，积极倡导自行车、步行等绿色出行。到 2013 年，建设低碳道路 10 公里，引入低碳巴士 100 辆，新建智能公交站台 10 座，新建自行车租售点 10 个，建设充电站 3 座。

(5) 打造低碳建筑

低碳示范区内的各类建筑高度注重节能、节材、节水，能源利用与材料资源利用充分，室内环境质量、运营管理等方面的指标达到并超过绿色建筑评价标准。新建低碳建筑 150 万平方米，改造既有建筑 150 万平方米，其中新建建筑节能率在居住建筑中不小于 70%，公共建筑不小于 65%，可再生能源比例不小于 10%。

(6) 营造低碳环境

遵循“高起点、高标准”的原则，积极引导全民参与的原则，到 2013 年，示范区内空气质量好于或等于二级标准的天数在 330 天/年，地表水环境质量不低于Ⅲ类水质，住宅日照达标覆盖率在 100%，住区室外日照平均热岛强度不大于 1.5 ℃，城市绿地率达 45%，人均公共绿地率不小于 17%。建成森林固碳区面积不低于 50 万平方米。

二、工作与成效

1. 清洁能源和新能源

武进高新区将与江苏河海新能源有限公司就低碳小镇能源供应进行合作，利用武宜运河河水建设能源供应站，对低碳小镇的入住项目提供暖气、冷气、热水服务。

2. 节能和能效提升

(1) 绿色建筑

低碳经济作为低能耗、低污染、低排放的经济模式，是加快转型升级，建设资源节约型、环境友好型社会的重要途径，已成为世界经济发展的新潮流和各地争相进入的新领域。当前，建筑能耗已占到我国总能耗的 30%，成为全社会最大的耗能领域之一。大力发展建筑节能服务产业，对推进节能减排、打造低碳城市、建设生态文明都具有十分重要的现实意义。

2011 年 2 月，低碳小镇一期启动示范项目即低碳木质用房正式启动，项目占地约 74 亩，建筑面积 1.8 万 m^2，所有建筑遵循微资源、微能源、微排放、微污染、零距离、零工地“四微两个零”的设计理念，真正达到建筑节能相关指标要求，

2011 年初，武进出口加工区综合服务大楼正式开工建设，项目位于阳湖路与风林路西南交叉口，建筑面积约 2.5 万 m^2，该项目申报国家绿色建筑设计三星级评价标识和国家绿色建筑三星级评价标识，目前，设计标识已经获得。

2011 年 8 月，示范区开工建设了第一个全装修住宅项目-公共租赁住房(出口加工区便利中心一期)，项目规划总建筑面积约 8 万 m^2，正申报国家绿色建筑设计一星级评价标识，项目采用了诸如室外环境优化、高效照明系统、节水灌溉、土建装修一体化等绿色建筑技术。

(2) 绿色照明

低碳小镇已完成滨湖路、阳湖路、龙起北路、龙起南路、龙泽北路的建设，道路共设置 129 盏 LED 路灯。

3. 增加碳汇

通过扩大造林、增加绿化、保护湿地等手段增加绿化率，提高碳汇，上半年，低碳科普基地已进入实施阶段。

4. 试点示范

试点示范涉及项目包括低碳示范区一期启动示范项目，光、热、电一体化示范建筑，新型低碳建材应用示范项目，科创中心，工业设计园、太湖上游生态观测试验中心项目等。另外，低碳科普基地处在开工建设阶段，占地约 55 公顷，现正进行一期场地填土工作。

5. 公共意识与行动

武进高新区专门邀请中国建筑科学研究院结合高新区实际，创造性地编制了《武进高新区低碳单位创建评价办法(试行)》，从组织创建、低碳宣传、低碳行为、低碳环境、低碳建筑、低碳应用、低碳创新、产业标准等方面指导各单位(家庭)创建低碳单位(家庭)。专题召开“武进高新区创建低碳单

位动员大会”，下发了《关于开展创建低碳单位活动的实施意见》，全面发动高新区机关、企业、社区、医院、学校、家庭开展低碳单位创建活动，营造了浓厚的低碳单位创建氛围。

三、基础能力建设

1. 体制机制

武进高新区加快绿色建筑的培育和建筑节能技术的创新。坚持把建筑节能作为重点，最大限度地节约资源（节能、节地、节水、节材）、保护环境和减少污染，积极推广低碳建造工艺、技术和材料。大力推行绿色施工，推动建筑业绿色发展和节能减排工作，为居民提供健康、适用和高效的使用空间、人与自然和谐共生的建筑产品。积极开展绿色建筑星级评价标识工作，在土地挂牌时，规划部门必须明确该项目的绿色建筑星级标准要求。对竣工投用阶段获得绿色建筑一星标识的项目，从已征收的基础设施配套费中返还30%用于奖励建设单位；获得二星标识的项目，从已征收的基础设施配套费中返还50%用于奖励建设单位；获得三星标识的项目，已征收的基础设施配套费全额返还用于奖励建设单位。各房地产开发企业要加快商品房建设产业化、集约化发展步伐，积极推广商品房精装修或菜单式装修模式，避免二次装修造成的污染环境、浪费资源、破坏结构、装修市场行为不规范和扰民等现象。大力推进既有建筑的节能改造工作，支持机关办公建筑和医院、学校的建筑实施节能改造，对已完成既有建筑改造并通过验收的相关建设单位，按项目建成投入使用后第一个年度节能效益的3倍给予奖励。推广合同能源管理工作，支持节能服务机构按照合同能源管理模式实施年节能量达到100吨标煤以上的建筑节能改造以及可再生能源建筑应用项目。对节能服务机构，按照项目建成投入使用后年度节能效果给予差别奖励：即在年度节能量达到100吨标煤以上（含100吨）的前提下，与项目实施前用能量相比，年度节能量达50%以上的，按照项目新增投资的50%给予奖励，最高不超过300万元；节能量达30%以上的，按照项目新增投资的30%给予奖励，最高不超过200万元；节能量达20%以上的，按照项目新增投资的20%给予奖励，最高不超过100万元；并积极争取国家、省、市建筑节能专项资金。抓住建筑装备、建筑制品、建筑材料市场需求旺盛的重要机遇，充分发挥武进高新区在装备制造业领域的人才、技术优势，支持鼓励有条件的企业发展低碳环保型和科技型建筑产业。引导施工企业加快建筑工业化进程，在建设工程中强制推广使用预拌砂浆，运用先进适用技术，以构件预制化生产、装配式施工为生产方式，以设计标准化、构件部品化、施工机械化为特征，整合设计、生产、施工等整个产业链，实现建造产品节能、环保、全生命周期价值最大化的可持续发展。

2. 激励制度

2011年，高新区从财政预算中安排5 000万元，作为示范区建设的专项扶持配套资金。入驻单位建设的建筑达到绿色星级技术标准并申报成功的将给予一次性奖励和补贴，奖励标准分别为三星60元/平方米、二星40元/平方米、一星30元/平方米，同时给予申报补贴，分别为三星30万元、二星20万元、一星10万元。获得美国建筑环保认证LEED白金奖、金奖、银奖的分别按三星、二星、一星标准给予一次性奖励和补贴；建筑系统利用可再生能源的，每项给予5～30万元的一次性奖励。

3. 国际交流

8月，中德“江苏低碳发展国际合作项目”调研组成员到高新区调研低碳示范区建设，先后参观了光宝华东营运中心及低碳示范区建设现场。11月，江苏省发改委陪同德国ILF集团、APPAN建筑设计与工程公司及奥地利CPSI有限公司客商及江苏省驻德办事处一行到江苏省低碳示范区参观。11月3日，越南共产党中央对外部中东—非洲—拉丁美洲司司长杨明率越南干部考察团一行参观高新区。考察团一行首先参观了位于武进高新区绿色建筑小镇的低碳会所。这是一座三层公寓式木结构小楼，由100多块墙面、10多块屋顶现场拼装而成。会所墙体都是在工厂预制生产，实行现场安装，可以减少污染浪费。同时，会所采用了太阳能、相变储能等八大技术，从进场施工到整体建筑完成仅用48小时。

4. 能力培训

由江苏省武进高新技术产业开发区、中国建筑科学研究院、中国建筑技术集团有限公司、江苏金谷房地产集团有限公司作为投资主体共同组建常州滨湖低碳技术管理有限公司，充分发挥股东的技术背景优势，多次组织示范区周边的规划设计单位、监理单位、施工单位参加以低碳技术、绿色建筑、节能降耗和环境保护方面为主要内容的理论与技术培训，在为高新区各相关机构提供技术咨询服务、评估评审、接洽谈判等方面发挥着越来越大的作用，获得了包括前来进行技术交流与介绍的中外方的一致好评。

2011建筑节能服务与合同能源管理模式交流会在武进区举行。国家住建部科技发展促进中心、江苏省住建厅领导出席会议。会上，有关专家对政策进行了解读，并就体制创新、商业模式创新、技术创新、融资模式、低碳绿色照明与合同能源管理等进行了交流。

四、下一步打算

低碳建设，既涉及经济发展，又涉及社会生活；既涉及生态文明，又涉及园区建设；既涉及发展方式，又涉及施政方式，是武进高新区经济社会科学发展的一次重大革命，也是武进高新区打造三型机关的一次重要探索。下半年，武进高新技术产业开发区将把低碳建设作为一项事关全局的战略性任务，作为检验和衡量各单位工作的重要内容和标准，加强领导，狠抓落实，充分发挥社会各方面资源优势，充分发挥人民群众的积极性、主动性和创造性，整体推进低碳建设工作。

1. 进一步完善指标体系

在低碳示范区技术标准、规范认证与评价指标体系编制完成并指导第一批低碳示范建筑实施的基础上，重点对第一批部分低碳示范建筑进行指标体系数据采集，以对指标体系进行进一步修正。

2. 进一步加大低碳投入

发挥《加快推进低碳示范区建设的扶持政策》的引导作用，成立低碳、科研、政策奖励等专项资金，引导50亿元低碳投入。

3. 进一步发展低碳产业

继续加大招商引资力度，全年力争引进50家低碳制造业项目和50家低碳服务业项目。继续加大重点低碳制造业项目的扶持力度，力争全年完成半导体照明产业产值55亿元、风电装备产业产值15亿元、光伏产业产值45亿元、新能源汽车及动力电池产业产值0.01亿元。继续加大低碳服务业项目的培育力度，力争全年完成低碳产业研发孵化中心建筑面积3.5万平方米、低碳国际留学生创业园建筑面积1.5万平方米、总部经济园建筑面积2万平方米，建成常州信息产业园、低碳信息中心，启动工业设计园、LED现代服务集聚区建设。

4. 进一步推进企业节能改造

把科技创新作为园区企业节能改造的重要手段，建立和完善以政府为引导、企业为主体、市场为导向、产学研政相结合的节能技术创新体系，积极推进企业清洁生产，引导企业自愿开展清洁生产审核，淘汰落后工艺和设备，推行合同能源管理。

5. 进一步打造低碳建筑

深入贯彻国家有关节能政策，坚持低碳、绿色、环保的超前理念，所有新建建筑及改造建筑全部达到低碳指标体系的要求。全年力争完成占地239亩的低碳会所及睦邻体验区（一期），完成总建筑面积约 6 296 平方米的光、热、电一体化示范建筑，开工建设建筑面积为 8 000 平方米的低碳博物馆，开工建设远大可持续建筑以及集福光电一体化建筑。同时，加快既有建筑改造步伐，全年力争完成 10 000 平方米高新区管委会办公楼、20 202 平方米海关商检滨湖公司办公楼、7 824 平方米清英外国语学校行政楼、237 000 平方米光宝晶品厂房的建筑改造目标。

6. 进一步构建低碳交通

鼓励使用新型再生能源驱动的交通工具，鼓励使用混合动力的公交车、天然气汽车、电动汽车、以内燃机—电池为动力的混合电动汽车、太阳能汽车、氢燃料汽车，使用比例大于50%以上，全年力争新建自行车租赁点 2 个，完成 2 246 米低碳产品道路建设，投入运营 20 辆电动公交车。

7. 进一步建设低碳社区

引导园区群众从节电、节气、节水、节油和再利用等环节改变生活习惯，从传统的高碳模式向低碳模式转变，养成健康、低碳的生活方式和生活习惯，消除碳依赖，全年力争进行公共节能知识讲座 50 场，宣传节目 10 场，建立低碳文化宣传墙 100 平方米。同时，以节电节水、低碳交通出行、参与植树绿化、垃圾分类处理等为主要内容，积极开展低碳家庭创建，全年力争创建低碳家庭文明称号 50 家，评选绿色消费家庭 10 家，认养 100 株绿树，建立 5 家低碳工作坊。

8. 进一步营造低碳环境

重点围绕相关环境指标，加大工作力度，加强日常管理，全年力争完成投资一亿元，建设 50 公顷低碳主题公园。

9. 进一步集聚低碳人才

积极推进"人才＋团队＋项目"的引才模式，大量引进领军型创新创业人才和海外留学创业人才，培育和发展高科技、知识密集型的低碳产业，全年力争引进 50 名低碳高端人才及项目。

10. 进一步推进低碳单位创建

加大督促检查力度，深入一线，深入基层，深入群众，了解创建低碳单位工作的进展情况，了解群众对创建低碳单位工作的要求，并及时发现问题、解决问题，全年力争创成 50 个低碳单位（包括低碳社区、低碳学校、低碳企业等）。

江苏高淳陶瓷股份有限公司2011年度绿色低碳发展概况

江苏高淳陶瓷股份有限公司

一、总体概况

江苏高淳陶瓷股份有限公司创建于1958年，原以生产内销粗陶为主。1979年开发炻器，次年打入国际市场；80年代末发展成为国内陶瓷出口骨干和知名企业。1994年实行股份制，2003年在上海证券交易所上市。公司行业地位居全国前茅、全省第一，被认定和评选为"高新技术企业"、"江苏省低碳经济试点单位"、"中国陶瓷行业杰出企业"、"江苏省创新型企业"、"清洁生产审核验收一级标准企业"、"国家出口商品免验企业"、"中国陶瓷文化创意产业示范基地"、"国家文化出口重点企业"、"江苏省科技型企业"、"江苏省创新能力建设示范企业"、"江苏省五星级数字企业"、"全国轻工系统先进集体"、"江苏省文明单位"、"中国质量诚信企业"、"南京市有功单位"等上百项荣誉称号。

二、绿色低碳发展工作情况

1. 制定保障措施

公司把节能减排工作摆上战略的高度，明确节能减排工作的总体要求、基本原则和主要目标，立足当前，着眼长远，以科学发展观为指导、提高能源利用效率为核心、调整经济结构和转变增长方式为重点、加快技术进步为根本，增强全公司的节能减排意识，建立健全节能减排机制，促进经济可持续发展。

一是成立节能减排工作领导小组。小组负责法律法规、节能减排政策、知识的宣传、贯彻，目标的制订、实施、检查和考评考核，节能减排新技术、新设备、新材料的推广。

二是实施节能减排改造。制订和实施节能减排技术改造计划，应用节能减排新技术、设备、工艺和材料改造提升传统产业；组织实施工业锅炉（窑炉）改造、余热余压利用、电机系统节能、能量系统优化、绿色照明等重点节能减排工程。

三是实行奖励制度。各部门研究制定科学合理的节能减排奖励办法，对在节能减排管理、科学技术研究和推广工作中作出显著成绩的部门和个人给予表彰和奖励。

四是广泛开展宣传、教育和培训。组织开展形式多样的宣传教育活动，宣传节能减排形势和意义，增强意识，形成全员节能减排的良好氛围。

五是建立企业能源消耗定额管理、能源统计、节能投资、降耗管理、能源的输送、降耗综合技术开发与利用、节能技术利用与开发方案、节电技术与降损措施、无功补偿节能、电动机变频调速技术、电动机的合理使用、余热利用技术与应用开发、余热利用与蒸汽回收、凝结水回收等。

六是建立能源消费统计和能源利用状况报告制度。重点用能部门指定专人负责能源统计，建立原始记录和统计台账，报告包括能源购入、能源加工转换与消费、单位产品能耗、主要耗能设备和工艺能耗、能源利用效率、能源管理、节能措施和节能经济效益分析、预测能源消费等。

七是定期对主要用能设备、工艺系统以及全公司的能源利用状况进行技术经济分析，并采用必要的测试和能源消费统计分析相结合。通过能源利用状况分析可确定用能水平，查找节能潜力，明确节能方向，为改进能源管理、进行节能技术改造、提高能源利用率提供科学依据。

2. 节能减排技术改造项目

公司实施了六项节能减排技术改造项目，分别是利用新式窑炉替代原有窑炉、对原料制备设备进行改造、优化原料处理工序、进行变频技术改造、进行工房轴流风机改造、进行水循环利用技术改造。

3. 发展低碳经济的重点项目

（1）结构减碳项目

① 加快日用陶瓷产品升级

要抓住国际市场复苏和国内高端消费逐步形成的难得机遇，加快现有日用陶瓷项目达产，满足市场需求。骨质瓷项目以生产国际一流质量为目标，强化企业管理，完善工艺技术，充分发挥生产能力，产品质量达到国内领先、国际先进水平，在礼品瓷、酒店用瓷和家庭用瓷三方面均有重大突破；出口炻器生产线积极进行更新改造，加大国际市场适销对路的特色产品生产。

② 大力发展高新技术陶瓷

蜂窝陶瓷要在热冲击性能等关键技术上取得突破，开发生产热膨胀系数低于 1.0、壁厚小于 0.15 毫米、热冲击达到 600 度的新品，加快研发 600 孔薄壁型模具，2015 年产量达到 500 万立升，在高技术陶瓷的规模化生产方面取得新突破，成为我国内资最大的汽车尾气处理用蜂窝陶瓷专业厂家；同时，大力发展蜂窝陶瓷催化器、工业脱硝等新技术，积极进行技术改造，加快成果转化，实现蜂窝陶瓷催化器和工业脱硝项目的产业化，实现产业链延伸。

③ 开发先进制造业

积极发展具有自主知识产权和核心技术的橡塑机械、非开挖设备、余热制冷设备等先进制造业，投资 3 000 万至 5 000 万元，建设先进制造业产业园，使先进制造业成为公司的主要产业之一，不断培植新的经济增长点。

④ 大力提升日用陶瓷品牌

充分发挥企业影响力、产品特色和品质优势，高起点做好品牌策划，大力提升创意设计，充分发挥“陶艺苑”功能，加大广告宣传和市场建设力度，继续提高骨瓷质量，发展文化艺术陶瓷，形成具有产品特色和时代特点的品牌形象，以取得国家出口商品免验企业称号为契机，创中国驰名商标，成为国内家喻户晓的知名品牌。

（2）创建高淳陶瓷文化创意园

陶器是人类创造的第一个新物质，瓷器是中国古代劳动人民对世界文明的重大贡献。为提高我国陶瓷文化创意水平，弘扬民族文化，实现振兴陶瓷、培育世界品牌、增强我国陶瓷国际竞争力的目标，公司决定投资建设高淳陶瓷文化创意园。

文化创意产业处于技术创新和研发等产业价值链的高端环节，是一种高附加值的产业和低碳消耗的绿色产业。陶瓷文化创意产业是富有民族特色和广泛影响力的服务业项目，对于弘扬我国陶瓷文化、提升我国陶瓷创意水平、增强国际竞争力、实现产业升级和产业转型具有重要的意义，大力发展文化创意服务业，不仅能够为社会创造巨大的财富，还避免了能源过度消耗和环境污染问题。

（3）技术减碳项目和管理减碳项目

公司在技术减碳方面开展了锅炉改造、炉窑改造、煤气站改造等三个项目，在管理减碳方面实施了新的能源计量控制系统。

常州天合光能有限公司2011年度绿色低碳发展概况

常州天合光能有限公司

一、总体概况

1. 公司简介

常州天合光能有限公司(Trina Solar)是一家在纽约股票市场上市的美资跨国企业,总投资3.075亿美元,注册资本1.5亿美元,是常州最大的外资项目之一。常州天合光能有限公司占地面积约20万平方米,拥有一个由来自6个国家优秀管理人才组成的高层管理团队。常州天合光能有限公司大规模生产绿色环保新能源产品太阳能电池板,产品主要出口到欧洲国家以及世界各地。常州天合光能有限公司生产从单晶硅棒、硅片、电池到高质量组件和安装的垂直一体化产业链的太阳能光伏产品,这种完整的价值链有助于不断改善生产过程的每一步工序,并保证向终端客户提供高质量的产品。

2. 组织领导

天合光能一直是全球碳减排的参与者和推动者,致力于太阳能光伏产品的研发和制造,为人类提供清洁能源产品。为了更好地承担企业社会责任,投入了大量的资源和精力,并将持续不断地应用技术、服务、影响、解决方案和价值观去解决气候变化问题,推动全球能源向可再生能源的方向发展。为此,天合光能建立了EHS安全环境健康委员会来组织和推动相关的活动,以保证业绩的持续改进。EHS安全环境健康委员会由各相关部门及制造厂区的负责人组成,他们制定和回顾常州天合光能有限公司的可持续发展方针、计划及行动,并定期将其进度和行动计划向董事长和首席执行官进行汇报。目前这个部门拥有超过40人的EHS专业团队,其中具有本科以上学历18人,具有国家注册安全工程师执业资格6人,中、高级以上职称4人。EHS部门的主要职责是持续不断地推动和改进常州天合光能有限公司的EHS绩效。EHS团队通过制定EHS方针,建立EHS程序,开展EHS活动,来不断推动EHS工作的开展。

3. 战略目标

常州天合光能有限公司的总体低碳发展目标是在2015年将常州天合光能有限公司初步建设成为光伏行业领先的低碳标杆企业,树立良好的低碳企业形象。常州天合光能有限公司“十二五”期间(2011～2015年)主要低碳发展目标概况为:

单位营业额温室气体排放在2010年的基础上实现温室气体减排22%以上;

2015年单位兆瓦的垂直一体化太阳能电池组件的碳排放减少20%;

实施产品碳足迹认证,到2015年底,产品碳足迹与2010年相比减少20%以上;

减少常州天合光能有限公司单位产品电耗,到2015年底时不超过280 MWh/MW,降低22%;

实现常州天合光能有限公司单位产品新鲜水消耗不超过2 800 m^3/MW,比2010年减少20%以上;

进一步加强对外合作与联系,积极发起与参与相关活动,力争期间主动参与碳披露计划(CDP),树立应对气候变化行业领军企业形象。

表 3-1 总体低碳发展目标

指标层	序号	指标名称	2010 年指标值	2013 年目标	2015 年目标	2015 年目标值
碳排放	1	温室气体总排放	~307 032.1(不含范围 3)	N/A	N/A	N/A
	2	万元工业增加值碳排放	1.45 t CO_2 e/万元工业增加值	降低 12%以上	降低 20%以上	1.16 t CO_2 e/万元工业增加值
	3	万元工业总产值碳排放	0.28 t CO_2 e/万元工业总产值	降低 10%以上	降低 18%以上	0.23 t CO_2 e/万元工业总产值
	4	单位产品碳足迹	尚未审核	降低 15%以上	降低 25%以上	N/A
	5	单位产品碳排放	293 t CO_2 e/MW	降低 15%以上	降低 25%以上	220 t CO_2 e/MW
能源与水资源	6	单位产品电耗	359.6 MWh/MW	降低 15%以上	降低 25%以上	270 MWh/MW
	7	可再生能源利用量	~15 MWh	3 000 MWh	3 000 MWh	3 000 MWh
	8	单位产品新鲜水耗	3 494 m^3/MW	降低 12%	降低 20%	2 800 m^3/MW
低碳办公	9	年人均行政用电	71 kWh	降低 7%	降低 10%	64 kWh
	10	年人均生活用水	55 m^3	降低 7%	降低 10%	49.5 m^3

4. 节能降碳概况

2011 年天合光能成功地被江苏省发展和改革委员会授予首批省级 24 家低碳经济试点单位之一。天合光能组织编制了低碳经济试点企业"十二五"发展规划，确定了"十二五"期间实现单位 GDP 二氧化碳排放强度在 2010 年的基础上下降 20%的节能减排目标。同时天合光能也投入了大量的资源来建立温室气体盘查量化和报告系统，在 2011 年 10 月 24 日成功获得了英国标准协会(British Standard Institute)颁发的 ISO14064-1:2006 核查申明书，这为今后开展节能降耗、温室气体减排量化、跟踪监测和报告提供了坚实的基础。

2011 年天合光能通过实施一系列节能降耗项目，全年减少二氧化碳排放 6 000 多吨：

表 3-2 2011 年天合光能主要节能降耗项目

序号	企业及项目名称	改造前年用能量(吨标准煤)	改造后年节能量(吨标准煤)
1	多晶车间变百叶窗封堵，节约冷量	55	22
2	WCM 废水站增加板框压滤机压滤砂浆污泥，节约电能	163.46	139.97
3	一台工频泵和一台变频泵运转	239.01	103.4
4	CDA 余热回收	383	383
5	空压机余热回收	346	346
6	节能-压泥方式改善	14.7	8.97
7	照明节电	100.8	50.4

二、工作与成效

1. 节能和能效的提升

2008 年，天合光能实施了 ISO 14001 环境管理体系，加强了对电、水等能源资源的管理，通过工艺改进、设备改造等措施实施了一系列节能降耗项目，大大提高了企业的核心竞争力。ISO 14064 核查则帮助识别出工业用电、柴油、汽油、冷媒等各项碳排放源，拓展了节能减排空间，从更多角度提高能源利用率，减少碳排放。2011 年天合光能通过实施一系列节能降耗项目，全年减少二氧化碳排放 6 000 多吨。

（1）用电量

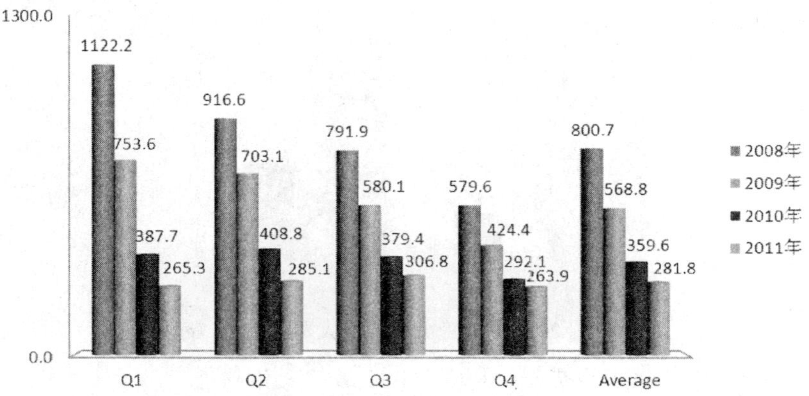

图 3－1　天合光能单位产量耗电量（MWh/MW）

（2）天然气

实施空压机（CDA）余热回收项目，每年可节约天然气 34.3 万 m^3，节约用电 66.2 万度，减少 CO_2 排放 1 300 多吨。

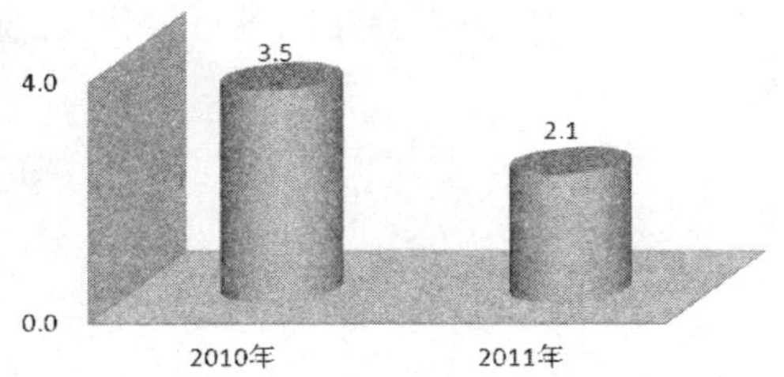

图 3－2　天合光能天然气单位产量使用量（m^3/MW）

2. 资源保护和利用

（1）节约用水

实施硅片车间浓水回收利用项目，每年可节约自来水用量 13.6 万吨。和无锡德宝水务公司一起合作东北厂区中水回用项目，该项目在工艺及科技运用上借鉴德国和新加坡再生水的成功经验和设计理念，利用国际最先进的超滤和反渗透技术，把污水制成再生水，作为天合光能的原水供应。不仅可以节约宝贵的水资源，而且减轻了水环境污染负荷，为经济发展、环境保护和社会责任的可持续发展探索出了一条新路。

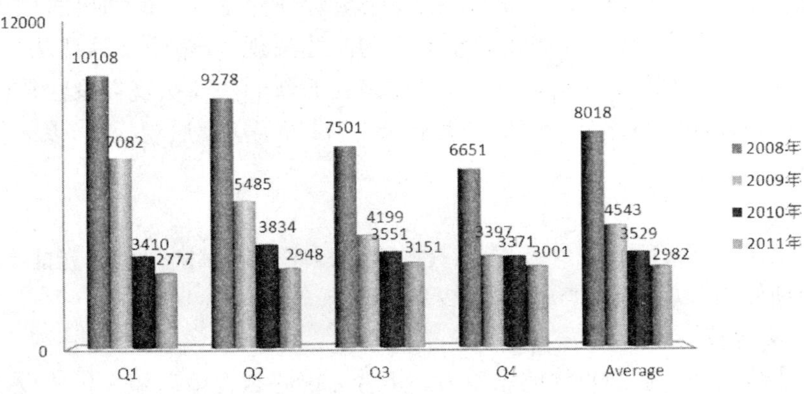

图 3－3　天合光能单位产量耗水量（吨/MW）

（2）保护森林，节约用纸

为了落实低碳理念，逐步推进无纸化办公，最大限度地减少用纸，天合光能 EHS 部门不断推出“节约用纸”宣传活动，并持续统计各部门管理人员季度人均耗纸量，无论是生产部门还是非生产部门，人均耗纸量均有大幅度的降低。

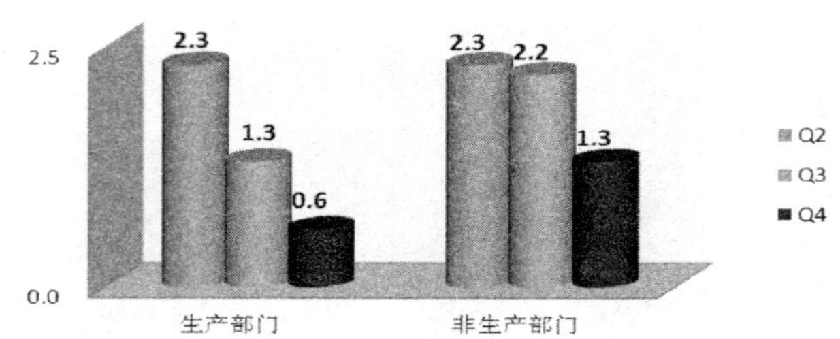

图 3-4　2011 年管理人员季度人均耗纸量(kg/人)

3. 贯彻绿色生产，践行低碳承诺——ISO 14064 温室气体核查

天合光能于 2011 年 5 月份开展温室气体盘查，并于 2011 年 10 月份顺利通过英国标准协会(BSI)核查团队的专业核查，核查结果为：天合光能投入了大量的资源建立温室气体盘查量化和报告系统，提供了扎实的数据来证明天合光能的温室气体盘查清单满足 ISO14064 国际标准，提供的数据合理、完整、一致、精确和公开，天合光能通过 ISO14064 核查。这反映了天合光能在建立量化及报告温室气体系统方面做出的重大努力，为天合光能进行量化、监测、报告及制定温室气体减排提供了一个坚实的基础和框架。

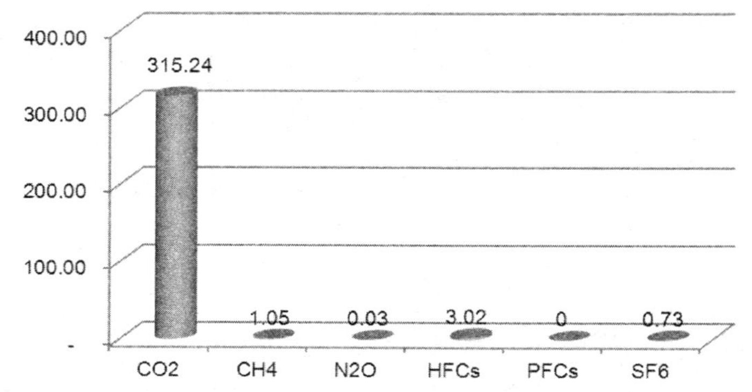

图 3-5　2010 年天合光能单位产量温室气体排放量(吨 CO_2 当量/MW)

三、基础能力建设

1. 政策法规

天合光能制定了《TS-EHS-2002 EHS 法律法规管理程序》，以识别出适用于常州天合光能有限公司活动、产品和服务的环境和职业健康安全的法律法规，严格遵守这些法律法规的要求，并积极建立获取这些法律法规的渠道，除了及时将收集到的新的法律法规以及法律法规的修订内容及时传达给相关岗位及相关方之外，在部门网站中专门设置了法律法规板块，以方便常州天合光能有限公司所有员工获取。

2. 体制机制

天合光能制定了《TS-EHS-2009 能源资源管理程序》，确保常州天合光能有限公司能源、资源正常供给及合理使用，以降低生产成本，减少环境影响。

3. 能力培训及活动

高素质的人才队伍是企业最重要的竞争力。天合光能将教育培训和文化建设作为管理体系中的一个重要环节，通过双向交流和沟通机制不断提高员工的知识水平、首创精神和创新能力、工作热情和合作精神以及工作满意度和成就感，从而提高员工队伍的整体素质，形成统一、和谐的工作集体，增强企业竞争力。

（1）“环保卫士”演讲比赛

2011 年 6 月 4 日，“环保卫士”演讲比赛拉开帷幕，全体员工踊跃参加，演讲主题有《保护环境，我的责任》、《环保节能，与我同行》、《倡导低碳，还地球健康》等，作者均用自己的文字和语言表达了自己对环保的认识和呼吁。演讲比赛现场，选手们全身心地投入，带动全体观众的环保心，让天合的环保理念更深入每一位员工的思想。

（2）环保安全知识竞赛

基于 2010 年环保安全知识竞赛的影响，2011 年环保安全知识竞赛再次得到了常州天合光能有限公司各部门的广泛关注，共有 44 支队伍报名参加。比赛结束后，进行了安全生产月的闭幕仪式，仪式上为主要活动的获奖选手颁发了奖状及奖杯。

（3）地球日活动

2011 年 4 月，天合光能 50 多名环保志愿者骑单车穿越常州城区，利用单车出行的宣传方式，向市民倡导低碳生活方式，保护城市与环境。同时在常州天合光能有限公司发出倡议：上下班多采用步行、自行车或公共交通。

4. 2012 年度低碳发展方向

为了更好地承担企业社会责任，发展低碳经济，公司将继续投入大量的资源和精力，并持续不断地应用技术、服务、影响、解决方案和价值观去解决气候变化和 CO_2 减排的问题：

（1）继续开展 ISO14064 温室气体盘查，建立温室气体排放清单；

（2）开展产品碳足迹 PAS2050 评价与认证；

（3）提高生产效率，通过各项节能降耗项目来降低碳排放；

（4）根据节约用水的原则，开展各项用水改造项目，提高用水效率，推进中水回用项目，充分利用雨水，达到节约用水的目的；

（5）继续推进无纸化低碳办公，引导形成低碳的生产方式和工作习惯；

（6）积极开展培训活动，从价值观念、工作习惯等方面大力倡导低碳生产意识，提升员工低碳办公方式和文化认知水平，倡导在日常工作中节电、节水，持续开展环保教育，使低碳节能观念深入人心。

总之，天合光能在过去一年中取得的绿色低碳和可持续发展方面的成就进一步证明了天合光能的能力及其对光伏产业的可持续发展和减排的承诺。天合光能将秉承可持续发展的理念，坚持“科技创新、经济循环、资源节约、环境友好、清洁生产”为一体的发展之路，引领全球光伏产业走绿色发展的道路。企业相信，低碳生产和绿色发展是提升企业竞争力和保持优势的制胜之道，也是为全体利益相关方创造价值的正确方向。

江苏淮河化工有限公司 2011 年度绿色低碳发展概况

江苏淮河化工有限公司

一、总体概况

1. 企业概况

江苏淮河化工有限公司(以下简称淮河化工)位于盱眙县三河农场境内,始建于 1965 年,2007 年改制并入中国化工集团公司中国农化总公司,是江苏省精细化工生产骨干企业,国家大型化工企业。公司现有职工 1 000 余名,其中工程技术人员 100 多名。公司先后荣获“特级信用企业 AAA 级”、“江苏省环境保护先进企业”、“江苏省技术改造先进集体”、“江苏省第三批清洁生产试点先进集体”等称号。公司建有省级企业技术中心,通过了 ISO9001 质量体系认证,并拥有自主经营进出口权。

淮河化工是一家以合成氨为基础,以甲苯硝化、加氢为特色的化工中间体生产企业。主要有机类产品有 80 000 吨一硝基甲苯(对硝基甲苯、邻硝基甲苯、间硝基甲苯)及其 30 000 吨加氢产品(对甲苯胺、间甲苯胺)等,主要无机类产品有:40 000 吨合成氨、20 000 吨硝酸等。2011 年公司工业总产值达到 75 000 万元,年销售收入 12 亿元。

2. 低碳经济开展概况

(1) 开展低碳经济的总体目标(2011～2015 年)

为积极贯彻落实科学发展观,减少温室气体排放,建设生态厂区,实现可持续发展,淮河化工充分发挥企业的产业优势、创新优势和资源优势,针对企业温室气体排放量较大的现状,委托江苏省生产力促进中心在对公司现状进行详细调研和论证的基础上,提出了建设低碳经济示范企业的战略设想,形成了《江苏淮河化工有限公司低碳企业规划研究报告(2011～2015)》,制定了《江苏淮河化工有限公司“十二五”低碳企业发展规划》,并根据省发改委苏发改资环发〔2010〕1341 号文件要求,重点围绕企业需要承担的社会责任、重点建设项目以及相关保障措施,制定了《江苏淮河化工有限公司低碳经济试点示范工作方案》及《江苏淮河化工有限公司“十二五”低碳企业发展总体目标》。

淮河化工在低碳领域的发展目标是在 2015 年将公司初步建设成为一个具有活力和持续发展能力的低碳化工企业。公司“十二五”期间(2011～2015 年)的低碳发展目标是:

① 单位工业增加值温室气体排放目标为 12 tCO_2/万元工业增加值,即在 2010 年的基础上实现温室气体减排 30%左右;

② 单位工业总产值温室气体排放目标为 3.3 tCO_2/万元工业总产值,即在 2010 年的基础上实现温室气体减排 30%左右;

③ 对生产工艺设备中的薄弱环节进行节能改造和升级,使企业具备低碳发展的硬件条件;

④ 初步建立起低碳的管理体系和低碳的办公体系;

⑤ 实现公司单位水资源利用量下降 20%以上;

⑥ 工业用水重复率达到 92%以上。

(2) 低碳企业建设与发展实施路径

淮河化工在借鉴国内外低碳企业规划建设案例的基础上,结合自身的实际情况和发展特色,规划从以下 7 个技术路径实现公司低碳企业的发展目标:

① 进行温室气体排放核算，建立温室气体排放清单

对公司进行温室气体排放核算有助于为公司对低碳发展提供量化目标，并且是制定、实施和评估相关措施的依据。

② 改进生产工艺，降低生产能耗与碳排放

淮河化工主要生产一硝基甲苯、合成氨及浓硝酸等产品，其生产环节的能耗与碳排放占到了公司总体能耗和碳排放的绝大部分，因此要从根本上保证公司实现低碳发展目标，降低碳排放强度，必须从生产环节入手，改进生产工艺，提升生产环节能源利用效率。

③ 提高能源系统效率

提高公司整体能源利用效率是控制碳排放量的重要战略措施。公司要通过锅炉系统升级改造、探索利用生物质能、余热回收利用、实现能源多级利用等措施尽量减少化石能源消耗。

④ 建立低碳管理体系，倡导低碳办公方式

淮河化工在推动低碳发展过程中，除从技术改进着手外，注重从管理方面着手，形成以管理和技术互相依托、互为促进的企业低碳发展模式。如从制度建设、优化操作、责任分解、强化考核、改进采购与物流体系等方面保障企业切实降低碳排放。

⑤ 建筑节能

改善建筑物围护结构，推行照明、空调系统改造等工作，可一定程度上降低建筑碳排放，为员工提供健康、适用、高效的办公和生产工作空间，也是公司深化低碳办公、塑造低碳企业形象的必要途径之一。

⑥ 高效的水资源利用与废物管理系统

低水资源消耗水平及水资源可持续利用是低碳企业建设必然的要求。低碳化水资源利用的核心是降低水资源消耗量，提高用水效率。

在废弃物管理方面，企业应坚持废物处理减量化、资源化、无害化的原则，并实现资源再生和各类废物的循环利用，降低碳排放。

⑦ 保护生态环境，提升公司园林碳汇功能

淮河化工在厂区西侧拥有约 20 亩的乔木林及绿地，公司可充分利用这些树木绿地的碳汇功能，为公司提供健康良好的自然生态环境、提升公司整体企业形象，并抵消公司部分碳排放。

二、工作与成效

1. 组织与培训

淮河化工为保证低碳经济发展目标顺利完成，一方面成立由总经理及分管副总挂帅的低碳经济发展领导小组办公室，负责全公司低碳经济发展工作的运行和管理，并明确责任、实施考核；另一方面利用网络平台、报纸、黑板报、班组会等形式积极对员工开展教育培训工作，提高员工低碳生产和生活意识。从价值观念、工作习惯等方面大力倡导低碳意识，提升员工对低碳文化的认知水平，倡导在日常工作中时刻注意低碳环保，使低碳观念深入人心。

2. 降低生产能耗与碳排放

(1) 合成氨生产

淮河化工与无锡圣马气体公司合作，采用中压法工艺，通过分离、脱硫、压缩等工序，将原来直排的脱碳工艺解析气中的 CO_2 回收并制成液态产品，实现 CO_2 年减排 8 万吨左右，大幅削减公司整体温室气体排放，每年还可获得约 1 000 万元的直接经济效益。该项目已正常运行。

(2) 硝酸生产

淮河化工采用先进、成熟、可靠的“双加压法”硝酸生产技术，对原有硝酸生产装置进行节能改

造，新建一套 10 万吨硝酸生产装置。采用蒸汽透平和尾气透平技术回收系统反应热，减少原煤消耗，年节能折合标煤 36 967 吨；年削减 SO_2 排放量 212 吨；削减 NO_X 排放量 181 吨；削减 CO_2 排放量 98 406 吨；削减烟尘排放量 2 711 吨，减少热源排放 124 万 GJ。该项目即将于 2013 年 5 月投入运行。

（3）一硝基甲苯生产

淮河化工采用绝热硝化工艺技术对一硝基甲苯生产工艺实施工艺改造，提升生产效率，减少单位产品碳排放。预计全年节约能源折合标准煤 10 032.39 吨，可减少二氧化碳排放约 35 000 吨。该项目已进入工艺设计阶段。

（4）锅炉系统改造

淮河化工采用 1 台 65t/h 循环流化床锅炉替代原有的 10 t/h、20 t/h 链条锅炉和 35t/h 沸腾床锅炉，并采用减温减压器对过热汽进行绝热减温减压，提高锅炉效率，提升系统整体能效水平，降低公司总能耗，年节能 1.55 万吨标准煤。该项目运行正常。

（5）水资源管理

淮河化工按照节流优先，治污为本，提高用水效率，减少废水温室气体排放的目标，通过技术工艺手段，从给水系统、污水收集处理系统、再生水回用、城市雨水利用等四个方面采取有力节水措施，有效利用各种水资源，努力提高用水效率和水循环利用率，降低水资源的消耗及其能耗，减少用水和水处理过程中的碳排放；在实施雨污分流的基础上实施“补充新水—工业用水—污水处理—替代新水”的水循环利用系统，使回收、处理的生产废水代替新水回用，节约水资源。力争到 2015 年底时，中水回用量不低于所用新鲜水量的 10%。

（6）废弃物管理

淮河化工实行废弃物管理策略，包括树立源头减量、分类、再使用及资源再利用等理念，建立源头削减、分类收集运输、综合回收利用和处理的废弃物管理体系，结合严格的考核制度，防止二次污染。

3. 清洁生产

淮河化工根据《中华人民共和国清洁生产促进法》和环境保护部《关于深入推进重点企业清洁生产的通知》（环发〔2010〕54 号）及江苏省环保厅《关于公布江苏省第八批清洁生产审核重点企业名单的通知》（苏环办〔2012〕3 号）等文件的规定和要求，于 2012 年开展了新一轮清洁生产审核工作。在公司领导的高度重视和广大职工的积极参与下，取得了良好的经济效益和环境效益，并于 2012 年 11 月顺利通过了淮安市环保局验收。

淮河化工本轮清洁生产审核实施清洁生产方案 24 个，其中中/高费方案 2 个，总计投入资金近 500 万元。通过这些方案的实施，公司取得了良好的环境和经济效益，节水总计 2 840 000 m^3/年，节电 68.38 万 kwh/年，节标煤 3 098.5t/年，污水减排 5 975 吨/年，COD 减排 2.6 吨/年，减少 SO_2 排放 12 吨/年，NO_X 排放 10.32 吨/年，烟尘排放 9.36 吨/年，总经济效益为 1 100.4 万元/年。

4. 其他

淮河化工正在推行低碳的办公方式、建立低碳供应链及低碳物流系统、实施节能建筑、采用高碳汇效益绿化模式等有效措施减少碳排放。

三、下一步打算

今后淮河化工为实现低碳经济发展目标，一方面采取措施巩固目前产生的效果，另一方面进一步深挖节能潜力，拟对现有部分生产工艺和装置进行优化，达到节能、降耗、减排的目的。

1. 合成氨能量系统优化（系统节能）工程建设项目

为了提高企业的生产技术水平和装备水平，有效提高资源综合利用率，降低消耗，减少碳排放，推动企业可持续发展，淮河化工决定对制约生产、消耗、环保的部分工艺流程进行节能技术改造，拟投资建设以合成氨生产系统为主的能量系统优化工程，具体方案如下：

合成氨工艺升级改造：拟用目前先进的煤气化技术及装置代替原有的能耗高、煤利用率低、蒸汽分解率低的固定床造气炉；采用等温反应器取代常规的绝热反应器进行变换反应；采用合成氨醇烷化技术替代铜洗精炼；本项目建成后，合成氨单位产品综合能耗将达到 1 222 kgce/t，同比下降 379 kgce/t，年可节约标煤 12 076 tce。

甲基苯胺还原以大代小：新建一套新型的甲基苯胺还原装置，以大代小等容量替代原有的技术落后、出率低的还原生产线；本子项目建成后，甲基苯胺单位产品能耗将达到 202 kgce/t，同比下降 69 kgce/t，年可节约标煤 484 tce。

凝结水、塔顶热回收：利用防汽蚀 DCS 自控装置回收蒸汽凝结水，利用溴化锂制冷装置转换精馏塔塔顶热量；本子项目建成后，余热利用产品一硝基甲苯，其单位产品能耗将达到 290 kgce/t，同比下降 16 kgce/t，年可节约标煤 1 424 tce；锅炉供热年均标准煤耗将达到 125 kgce/t，同比下降 12 kgce/t，年可节约标煤 4 586 tce；共计年节约标煤 6 010 tce。

废弃物回收附产蒸汽：拟建造一套焚烧炉系统，用于集中处理工厂收集来的工业尾气、残渣、废液。用除盐水回收焚烧过程产生的热量，附产蒸汽，综合利用。本子项目建成后，年可处理废弃酚渣 370 t，附产蒸汽 3 858 t，折标煤 404 tce。

综上，技改项目实施后，合计年可节约标煤 18 973 t，年削减污染物排放量 370 吨。项目经济效益、环境效益、社会效益显著。项目总投资 15 779. 89 万元，年节能收益为 2 466. 52 万元。项目预计 2013 年 12 月建成投产。

2. 65 吨/小时蒸汽锅炉脱硝改造

目前公司锅炉烟气通过自动脱硫系统处理后达标排放，但氮氧化物未采取有效的措施进行处理，每年排放的氮氧化物多达 120 吨，严重影响了公司低碳经济发展目标的完成。为进一步减少碳排放，保护区域的生态环境，根据上级环保部门要求以及公司自身发展需要，公司已制定了锅炉脱硝改造计划，预计 2014 年底完成。

总之，作为全球最大的一硝基甲苯及下游衍生产品的生产企业，淮河化工将积极推行“安全、绿色、低碳、环保”的可持续发展理念，全力实施“规模化、精细化、国际化”战略，把“创新、发展、提效、信息化”作为工作重点，以世界级制造为目标，通过精益生产和卓越管理使企业成为创新能力强和有强烈社会责任感的绿色、低碳、环保的全球一硝基甲苯生产领袖企业。

江苏绿陵润发化工有限公司2011年度绿色低碳发展概况

江苏绿陵润发化工有限公司

一、总体概况

1. 公司简介

江苏绿陵润发化工有限公司是以生产磷硫化工产品和化学肥料为主的综合型民营省级高新技术企业，已被确定为农业部测土配方施肥定点生产企业。主要产品有：高浓复合肥、磷酸一铵、液氨、碳酸氢铵、过磷酸钙、工业浓硫酸、发烟硫酸、精制硫酸（分析纯、化学纯）、液体二氧化硫、煤矿、磷矿、硫铁矿采选以及余热发电等。公司生产的"绿陵"牌磷酸一铵、普通过磷酸钙、高浓复合肥等被国家质量检验检疫总局评为"国家免检产品"、"全国无公害农产品生产推荐用肥"、"江苏名牌产品"、"江苏省质量信得过产品"。2001年3月江苏绿陵润发化工有限公司通过了ISO9001-2000国际质量管理体系认证。2007年4月江苏绿陵润发化工有限公司通过职业健康安全管理体系GB/T28001-2001和环境管理体系论证ISO14001:2004标准要求。2009年9月江苏绿陵润发化工有限公司被确定为省级低碳试点单位。

企业建有ERP信息化管理网络，生产系统采用DCS集散监控系统进行自动化控制。"十二五"期间，江苏绿陵润发化工有限公司依托磷矿、硫矿、煤炭资源优势，围绕国家的产业政策，按照科学发展观，以磷化工为发展主线，形成配套合理的产业链。

江苏绿陵润发化工有限公司将实施资本运作和低成本扩张、品牌运营、技术人才引进、企业文化和可持续发展五大战略，使企业得到快速、健康、可持续发展。

2. 节能降碳概况

2011年度江苏绿陵润发化工有限公司按照江苏省发展和改革委员会《关于开展低碳经济试点示范工作的通知》的指导思想和主要目标，通过加大节能新技术、新工艺、新设备的研究开发和推广应用，加快淘汰高能耗落后工艺、技术和设备，大力调整企业产品、工艺和能源消费结构，采取综合性措施确保低碳经济试点示范工作取得明显成效，把节能降耗技术改造作为增长方式转变和结构调整的根本措施来抓，促进企业生产工艺的优化和产品结构的升级，从而实现技术节能和结构节能，达到碳减排目标。

2011年江苏绿陵润发化工有限公司通过淘汰两台SL型变压器，对生产线部分风机、水泵改造增加变频调速控制，综合利用硫酸生产线的余热，办公照明系统更换为节能灯，空调及电脑等办公室用能设备的规范使用管理等措施，实现节约标准煤2 508.3吨，折合碳排量1 705.64吨。

3. 低碳经济管理机构

江苏绿陵润发化工有限公司的能源管理系统实行公司、车间科室以及班组三级能源管理体系。公司成立了能源管理办公室，能源管理办公室由项目建设部和企管部负责人任主要职务，相关职能部门的同志为科员。能源管理办公室全面负责江苏绿陵润发化工有限公司日常能源管理的组织、监督、检查和协调工作。

二、工作与成效

1. 节能降碳实施工作

(1) 加强和完善了节能机构的建设。成立节能领导小组,按《节能法》要求设立专职的能源管理岗位,聘任熟悉国家节能法律、法规、方针、政策,具有节能知识、三年以上实际工作经验,具有工程师以上(含工程师)职称的人员为能源管理员,负责本企业的能源管理工作并对本单位的能源利用状况进行监督检查。

(2) 计量管理方面。按照GB17167－2006《用能单位能源计量器具配备和管理通则》完善计量器具配置,改进计量方法,同时建立健全计量环节的制约机制,加强对进出用能单位计量系统的监督,减少和防止能源消耗过程中的不明损失。

(3) 将碳减排纳入各部门经济考核。按各生产车间工艺特性,制定对应考核指标的合理考核权重,以调动工人的积极性。同时建议江苏绿陵润发化工有限公司财务部门紧密结合动力部门的抄表记录与核算情况,科学核定能源成本,以准确反映实际消耗数量与价值;并且适时进行能源成本分析,以便于在企业内部的毛利润考核方面,提高全员对能源成本的重视,激发全员的节能积极性。

(4) 设备管理方面。加强对设备的定期巡检管理及润滑管理,配置了必要的检测仪器,如电机运行温度、电流、电压等监视仪表,坚持预防为主、维修为辅的原则,严格对机配件的质量进行把关,提高维护维修的工作质量。及时发现和排除设备故障隐患,确保设备处于良好的运行状态。

(5) 淘汰改进SL型变压器,更换为S10或S11型节能变压器。

(6) 硫酸热利用优化。硫酸生产过程中,回收利用硫铁矿制酸工艺废热进行发电上网,同时替代煤锅炉为磷铵复合肥生产供热,从而减少了华东电网燃煤发电和煤锅炉燃煤供热所产生的CO_2排放。

(7) 变频改造。对江苏绿陵润发化工有限公司机泵中适合增设变频调速装置的设备(平均负载率60%)进行变频调速控制。

2. 节能降碳工作效果

(1) 主要经济指标方面。2011年江苏绿陵润发化工有限公司完成工业总产值125 800万元,工业增加值12 742万元。

(2) 产品产量方面。2011年江苏绿陵润发化工有限公司生产复合肥297 853.8吨、硫酸280 886.08吨、磷酸一铵183 665.33吨。

(3) 能源消耗方面。2011年江苏绿陵润发化工有限公司终端的能源消耗量为:电力7 215万千瓦时、原煤8 196吨、柴油249吨。按等价折标煤30 026.72吨,按当量折标煤15 084.46吨。

(4) 产品能耗方面。2011年江苏绿陵润发化工有限公司复合肥单位产品综合能耗(等价)为66.97千克标煤/吨,与2010年相比下降了4.72%,折合产品产量节约标煤988.87吨,;硫酸单位产品综合能耗(等价)为36.17千克标煤/吨,与2010年相比下降了5.58%,折合产品产量节约标煤601.1吨;磷酸一铵单位产品综合能耗(等价)为132.43千克标煤/吨,与2010年相比下降了3.63%,折合产品产量节约标煤918.33吨。

各产品单位能耗的降低,折合各产品产量,2011年比2010年合计节约标煤2 508.3吨。江苏绿陵润发化工有限公司2011年度单位产品能耗及节能减碳量详见下表。

表 3-3　2011 年度单位产品能耗及节能减碳量

产品名称	单位产品能耗(千克标煤/吨)		差值(千克标煤/吨)	产品产量(吨)	节约标煤(吨)	折标系数	节能降碳量(吨)
	2010 年	2011 年		2011 年			
复合肥	70.29	66.97	3.32	297 853.8	988.87	0.68	672.43
硫酸	38.31	36.17	2.14	280 886.08	601.1	0.68	408.75
磷酸一铵	137.43	132.43	5	183 665.33	918.33	0.68	624.46
合计					2 508.3	0.68	1 705.64

(5) 工业总产值及工业增加值能耗方面。2011 年江苏绿陵润发化工有限公司万元工业总产值能耗按等价计算为 0.251 吨标煤/万元，与 2010 年相比下降了 9.06%；按当量计算为 0.132 吨标煤/万元，与 2010 年相比下降了 6.38%。万元工业增加值能耗按等价计算为 2.476 吨标煤/万元，与 2010 年相比下降了 5.71%；按当量计算为 1.303 吨标煤/万元，与 2010 年相比下降了 2.47%。

万元工业总产值能耗 0.238 吨标煤/万元，优于国家统计局、国家发展和改革委员会、国家能源局 2012 年 8 月 16 日联合发布的《2011 年分省区市万元地区生产总值(GDP)能耗等指标公报》中江苏省平均水平 0.600 吨标煤/万元的指标，其能耗在全省处于较好水平。

三、基础能力建设

1. 低碳经济管理制度

江苏绿陵润发化工有限公司在原有《能源计量管理制度》、《能源统计管理制度》等各项规章制度基础上，按照企业能源管理相关国家标准要求，进一步补充、细化现有能源管理制度，同时完善能源消耗的考核及监督管理制度，细化能源考核项目，以对江苏绿陵润发化工有限公司能源消耗起到监督管理作用，提高员工的生产节约积极性。

2. 企业低碳经济宣传和教育

公司定期举办节能培训和节能知识讲座，如日常生活如何节能、高耗能设备的管理和维护等等。提倡大家携手节约一滴水、节约一度电、节约一铲煤，做到人走水断流，及时开关灯，紧握手中铲，以杜绝不良的浪费行为；针对生产中高耗能设备，江苏绿陵润发化工有限公司还召集一线操作工进行专业知识的培训和学习，加强对设备的管理和维护，避免因设备带病运转、空转或低负荷运转造成不必要的能源损耗；注重宣传，经常张贴一些节能简报，悬挂节能横幅等，努力开展节能的普及工作。表彰和奖励节能先进部门和个人，宣传先进事迹，推广先进经验等，以多种宣传方式充分调动了员工参与节能减排的积极性，此举对江苏绿陵润发化工有限公司完成年度的节能指标起到了良好的推动作用。

3. 推行节能奖惩机制

单位的节能减排工作是一个系统工程，不仅要有全体工作人员的配合，还必须有合理的规划和得力的措施。江苏绿陵润发化工有限公司根据实际情况，制定切实可行的节能减排工作方案并且细化工作细节，按年度将节能目标分解到车间、班组和个人身上，并及时对目标落实情况进行考评，推行节能奖惩机制，走可持续发展道路。江苏绿陵润发化工有限公司鼓励员工为节能减排出谋划策，对年度节能先进的个人予以表扬和适当奖励，并作为年终评优的依据，让其分享节能带来的实惠；对没有完成节能任务的车间、班组和个人，与其奖金和绩效挂钩，且年终不得参与先进评选。通过这项措施的努力，为节能工作的长期开展和高效、创新打下了坚实的基础。

四、下一步节能技改计划

1. 硫酸生产吸收工段低温位废热回收节能项目

江苏绿陵润发化工有限公司从 2011 年 1 月份实施的硫酸生产吸收工段低温位废热回收节能项目，是在原有的硫磺制酸装置基础上进行低温位余热回收技术改造，进一步回收硫酸生产过程的低温位余热。低温热回收系统包括高温吸收塔、高温循环酸泵、蒸汽发生器、混合器、给水加热器等。预算投资 4 410 万元，计划于 2012 年 12 月份改造完成。改造完成后能综合利用 15 万吨低压蒸汽，折算节约标准煤 18 900 吨，折合碳排量 12 852 吨。

2. 年产 30 万吨氨酸法复合肥生产系统节能技术改造项目

由于江苏绿陵润发化工有限公司复合肥生产线采用传统生产工艺，生产工艺技术落后，造粒工艺和生产机电能耗高，生产周期长，生产效率低等问题，造成单位产品能耗过高。江苏绿陵润发化工有限公司下一步计划对其实施技术改造：

（1）工艺技术改造。利用氨酸法造粒代替传统的团粒法造粒，采用先进新工艺，增加管式反应器、造粒机头尾密封、尾气洗涤和氨酸计量、对造粒机内衬进行改造，并自行设计循环用水系统。将产品水分减到 1.5％以下，节约蒸汽用量，大大降低用蒸汽烘干能耗，提高生产能力、产品成球率和产品质量。改造后的新工艺氨酸法造粒技术主要是靠节约蒸汽节能。另外，节能技术改造后造粒工艺节省约 78％的水量，烘干节省约 50％的水量，新工艺采用循环用水和环保设备节约用水，预计年节约用水量 48 000 吨，折标煤 4.11 吨。

（2）机电设备改造。选用节能生产设备、节能变压器、节能电机和变频设备，改造后年节约用电 390.69 kWh，折标准煤 1 578.39 吨。

项目实施后，节能效果明显，合计年节约能源折标煤 1 582.5 吨，折合减碳排量 1 070.1 吨。

江苏晋煤恒盛化工有限公司 2011 年度绿色低碳发展概况

江苏晋煤恒盛化工有限公司

一、企业概况

江苏晋煤恒盛化工有限公司是以生产农用化学肥料为主的化工企业，是年产 60 万吨合成氨、80 万吨尿素、6 万吨磷酸、7 万吨硫酸、20 万吨硫基复合肥、各种磷复肥 50 万吨、甲醇 20 万吨及发电能力为 30 MW/H 的国家大型企业集团，是苏北地区最大的肥料生产基地和农化服务中心。企业生产的“沭河牌”尿素、磷酸一铵、硫酸钾复合肥均荣获“江苏名牌产品”、“江苏省质量信得过产品”称号，被评为“江苏省质量服务信得过单位”、“江苏省质量诚信企业”。企业于 2001 年通过 ISO9001:2000 质量体系认证，逐步成为江苏化肥行业的骨干企业，从 2004 年起，就入围中国化肥行业百强企业，中国化工 500 强，化工效益 100 强，化肥行业 50 强企业之一。

企业现有固定资产 27.7 亿元，总资产为 40.6 亿元，占地 90 万平方米。公司以氮肥厂为主体，拥有生物化工有限公司、邳州恒鑫公司(原邳州化肥厂)、新磷公司等子公司，职工 3 000 余人，工程技术人员 700 余人。

二、“十一五”期间，公司发展低碳经济的具体措施及成效

围绕“十一五”节能目标，公司按照节能规划的要求，分步组织实施了节能技改项目，实施情况如下：

1. 氮肥生产污水综合治理工程

该项目实际投资 3 106 万元，共分 7 个子项目，自 2005 年初起该工程已陆续开工，现已全部建成投产，具体情况如下：

(1) 合成氨、尿素循环水完善及清污分流分级使用水网改造

为提高合成氨及尿素循环水的冷却效果和循环倍率，减少补水和排污水量，2005 年分别上马了 5 000 m^3/h、2 400 m^3/h 处理能力循环水系统各一套，项目实施后公司循环水系统得以完善，使循环水系统循环倍率由 1.8 提高到 2.5 以上，提高了水的重复利用率，循环水系统漂水及渗漏损失大大减少。同时把全厂的中水清污分流、分级使用，如冷却水倒淋、蒸汽冷凝液、除盐水岗位冲洗等较好水质，通过管网“点滴”回收，作为各级循环水的补水，较差水质作为适应性较强的造气循环水补水，从而减少补水 105 m^3/h，减少外排水 90 m^3/h。每年为企业减少成本 166.32 万元。

(2) 造气、脱硫污水处理系统完善改造

早期，公司造气、脱硫污水处理属同一个系统，脱硫液中夹带的碱液使系统碱度超标，加之造气脱硫污水处理工艺落后，水浊度偏高，造成系统管道、设备堵塞。为降低碱度和浊度，系统不得不定期外排污水。为此，公司投资 376.4 万元上马了造气循环水涡流除泥器、脱硫污水单独循环系统、脱硫循环水系统旁滤器。项目建成后，年减少新鲜水用量 12 m^3/h，减少废水的排放量 10 m^3/h，为企业减少成本 109 万元/年。

(3) 建设尿素工艺冷凝液深度水解及回用装置

为减少含氨氮废水外排，公司对尿素冷凝液进行深度水解，使出装置的冷凝液含氨和尿素小于 5 ppm，再通过冷凝液回用装置去除其中的少量硬度、Fe、CL 等有害物质，加入气相保护剂后作为

造气锅炉的用水而不外排。项目建成后,减少废水的排放量24.8吨/小时,年减少尿素及氨的排放量1 950吨/年,年效益292.25万元。

(4) 全厂的废油回收

氮肥企业动设备较多,机泵排水中油含量较大,不但造成污染而且浪费较大,为此2006年底公司投资200万元建成了一套300 t/年处理能力的废油回收装置,项目投产后年减少废油的排放量260吨,节约成本110.24万元/年。

(5) 建设在线监测系统

为使环保部门能够准确及时地了解和掌握污染企业的各种污染物排放情况、污水设施的运行情况,公司投资20万元建成了一套在线监测系统。

(6) 污水终端处理及中水回用设施

公司污水终端处理设施设计处理能力为60吨/小时,工程由江苏省环科院总体设计,采用较为先进的H/O工艺,总排口出水已经达到江苏省污染物排放标准,COD小于100 mg/L、NH3-N小于40 mg/L,SS小于60 mg/L.同时,经过过滤、吸附及杀菌后,可以回用中水15吨/小时,用于喷洒煤场、打扫卫生及冲刷厕所,每年节约新鲜水13万吨。

(7) 反渗透除盐水系统

为减少除盐水系统再生酸碱废液排放,公司废除原有阴阳离子除盐工艺,2007年投资约1 000万元建设了处理能力为360 m^3/h的反渗透除盐水装置一套,目前已投入正常运行。项目建成后,每年可减少外排酸碱废水43万吨。

2. 开展废气、废渣的综合利用

合成氨生产中产生大量的废气废渣,2007年新上一套35 t/h吹风气余热回收装置,2009年又上马一台60吨/小时的三废混燃炉,通过该装置的使用,对以前只能排入大气的吹风气及全厂放空气和造气炉产生的炉渣进行彻底的回收利用,减少了对大气的污染,保护了环境,同时回收吹风气入炉燃烧,利用吹风气的显热和潜热副产蒸汽,变废为宝,又节约了能源,再次起到了环境保护作用。

三废炉每年又产生大量的废灰,如果处理不慎将会浪费资源又污染环境。为此公司建设了一套年产5 000万块方粉煤灰蒸压砖及年产30万立方粉煤灰加气混凝土砌块生产线,整个生产线全自动化电脑程序控制,该生产线设备先进,技术实力雄厚。该装置投资7 200万元左右,年消耗粉煤灰15万多吨,能基本用完全厂的现有粉煤灰产量,还能用掉磷石膏3 000吨,产创效益1 500多万元,年可节约标煤3万多吨。

3. 膜分离提氢装置

投资120万元上马了膜分离提氢装置,该装置运行后可从合成氨驰放气中提取浓度大于95%的氢气,氢回收率大于92%。年节电费67.2万元,年增收369.6万元。

4. 醇烃化工艺取代铜洗工艺

合成氨原料气净化是一个很关键的环节,净化工艺的新技术、新设备不断出现,节能型、环保型工艺已成为各厂家的首选,为此公司投资建设了醇烃化净化工艺取代原有铜洗工艺,既减少了污染又得到副产品甲醇,是一条清洁环保经济之路。

5. 变频调速节电技术

化肥企业是一个用电大户,公司用电量几乎占新沂市用电量的30%,厂内大小电动机上千台,为合理优化配置,公司对全厂电机进行了排查、调整,杜绝了大马拉小车的现象,同时对负荷变化较大的电机配套变频调速器,改变了以阀门调节的方法,最大限度地节约了电能。

6. 变压吸附脱碳动力回收

公司脱碳工段采用碳丙脱碳工艺，碳丙液脱碳前经加压泵加压到 27 公斤，脱碳后必须强制降压到 4 公斤左右，相当于 200 多米的液位落差白白浪费，如果将这部分动能加以回收，每年可节电 1 000多万度，实在是一本万利的好项目，经调研，公司上马了 5 台涡轮传动机，作为原有电动机的辅助传动力，年经济效益 500 多万元。

7. 溴化锂制冷

2008 年 3 月，投资建设了一套溴化锂制冷装置，该装置利用尿素系统产生的蒸汽冷凝液通过制冷机组制取冷媒水用于冷却碳丙液、压缩机一入煤气，降低了碳丙液及煤气温度，提高了变换气中二氧化碳的脱除效果和压缩机打气量。该装置投资了 650 万元，年创效益 400 万元。

通过以上技术改造，合成氨综合能耗(当量值)由 2006 年的 1 576 吨标煤/吨氨，降低到 2010 年的 1.30 吨标煤/吨氨，“十一五”期间，共计完成节能量 6.8 万吨标准煤(定比当量值)，减少二氧化碳排放约 18.3 万吨。

三、企业目前碳排放重点环节及现状

企业目前碳排放的重点环节在合成氨生产过程多余的 CO_2，甲醇生产过程产生的 CO_2 和锅炉产生烟气中的 CO_2。

其现状为：

1. 煤炭用量较大，每年可达到 100 万吨。造气炉渣中残碳含量在 10%。
2. 合成氨生产过程的 CO_2 排放约 25 万吨。
3. 甲醇生产过程的 CO_2 排放约 5 万吨。
4. 锅炉烟气中的 CO_2。

降低碳排放的有效途径为：

1. 采用新技术、新工艺，有效降低能源消耗，减少 CO、CO_2 的排放量。
2. 对现有排放的碳，进行充分的回收利用。

四、下一步打算

1. 采取措施

可采用如下措施：

(1) 从技术创新上找出降低能源消耗和降低碳排放的办法。

(2) 从管理创新上找出节约能源和降低碳排放的办法。

(3) 从发展模式上找出降低能源消耗和降低碳排放的有效办法。

(4) 从 CO_2 回收利用上找出降低能源消耗和降低碳排放的有效办法。

2. 拟实施项目

“十二五”期间，拟实施六大项目，分别为造气工段采用新型炉篦项目、全燃渣旋风炉项目、循环水高效水泵应用项目、年产 40 万吨合成氨造气系统节能技术改造项目、余热余压及蒸汽梯级利用项目、二氧化碳回收装置项目。在项目全部建成投产后，年节约煤炭 7.5 万吨。发展低碳经济，利国利民利社会，更有利于企业，是环境效益和社会效益的双丰收。

公司将在今后三到五年内，全力发展低碳经济，加快技术更新，积极实施资源节约和综合利用，推广清洁生产技术，以管理引导低碳经济工作，以技术促进低碳经济工作，以措施保障低碳经济工作，秉承可持续发展战略，扎扎实实做好低碳经济、循环经济、节能减排各项工作，把公司建成资源节约型、环境友好型、江苏一流、全国领先的大型化工企业。

江苏九九久科技股份有限公司2011年度绿色低碳发展概况

江苏九九久科技股份有限公司

近年来，按照建设资源节约型和环境友好型社会要求，九九久科技始终将发展低碳经济作为促进企业可持续发展的重要举措，以节能、节水、减排、能源资源综合利用为重点，把低碳经济工作贯穿于生产各个环节，逐步形成了低消耗、低排放和高效益的节约型增长模式，探索出一条具有九九久企业特色的低碳经济发展之路，被列入江苏省低碳经济试点企业。2011年实现销售收入10.12亿元，利税总额9 183万元，企业总资产10.6亿元。

一、低碳经济发展思路

围绕“四个努力”，突出“三个重点”，实现“一个转变”。

1.“四个努力”

努力从管理节能、系统节能、技术节能、结构节能来保证低碳经济运行。

2.“三个重点”

一是结合生产系统改造，以淘汰高耗能设备为重点，减少二氧化碳的排放。

二是依靠科技，加快技术创新，以提高能源利用率为重点，实现总的资源整合，整体联动，发挥规模效益，实现低碳减排。

三是以开发新型节能、环保利用项目为重点。通过调整产品结构、优化产业结构、改变经济增长方式、发展绿色低碳经济产品等长期措施来降低能源消费，控制二氧化碳排放增速，实现节能减排的可持续发展。

3.“一个转变”

实现从“资源-产品-废弃物”到“资源-产品-再生资源”新型资源利用方式的根本转变，制定详实的低碳经济工作计划和目标。实现资源综合、充分利用和废物的再利用。

二、低碳经济的进展情况

1. 采用新型节能设备，实现节能减排

为了适应北区生产发展的需要，同时淘汰落后的用电设备，2011年北区新上了一座变电所，经调研，该变电所从设计开始，就全部采用新型节能设备，该变电所安装投运后，实现年节电109万kwh，折标煤360吨，减少二氧化碳排放897.5吨，增加经济效益93万元。

2. 通过技术改造，实施低碳经济

(1) 天时液氯气化改造，实现节能增效，减少二氧化碳排放。

天时公司需要氯气，氯气气化需要吸收大量的热量，原来的方法是用蒸汽进行加热，这样既需要使用大量的蒸汽，液氯气化的冷量又得不到利用。公司从节能的角度出发，对此进行技术改造，采用多级气化的方法，充分回收液氯气化的冷量：一级采用盐水对液氯进行初气化，液氯经盘管与盐水换热后，一方面制得低温盐水供生产系统使用，另一方面液氯换热后，大部分液氯得到气化；液氯与氯气混合体进入深井水池中，进一步与深井水进行换热，一方面混合体中的剩余液氯进一步气化，另一方面制得浅冷水供系统使用；为了防止液氯气化不彻底，最后进入生产系统的密闭的循环水回水池，利用高温的循环水回水加热其中的液氯，使其中的液氯得到完全气化，这样既把好了液氯气化关，同时又减轻了循环水的负荷，降低了循环水冷水的温度，满足生产需要。

天时公司通过对液氯气化的冷量回收改造，制得的冷冻盐水与浅冷水省去了一台 250 kW 的大功率冰机，同时，年减少蒸汽用量 2 035 吨，仅此一项年节电达 153 万 kWh，节汽 2 035 吨，实现经济效益 167.2 万元，节电折标煤 504.9 吨，节汽折标煤 221 吨，共折标煤 725.9 吨，减少二氧化碳排放 1 810 吨。

（2）通过公司内部资源整合，提高能量循环使用率，实行低碳运行。

① 目前公司年生产 7 - ADCA1 400 吨，每吨产品需要使用溶剂 40 吨，该溶剂是循环套用的。在循环的过程中需要对溶剂进行净化处理，净化过程是通过精馏技术实现的，以往通常是采用蒸汽先加热溶剂气化，再通过冷冻盐水冷凝分离去除杂质，提高溶剂纯度，循环使用。在溶剂的加热过程中，需要消耗大量的蒸汽热能，在溶剂冷凝分离时，需要消耗大量的冷能。而生产 7 - ADCA 时同时还副产含$(NH_4)_2SO_4$的废水，原采用三效蒸发装置进行蒸发结晶将$(NH_4)_2SO_4$取出，每吨废水需消耗 350 kg蒸汽，现通过资源整合，将精馏塔顶的溶剂冷凝热量作为三效蒸发的热源，每年可节约蒸汽约 2.5 万吨，折标煤 2 715 吨，增加经济效益 550 万元，同时还减少了 1 台 15 kW 的冷冻盐水泵的运行，节约电为 9.2 万 kWh，折标煤 30.4 吨，增加经济效益 7.8 万元，共折标煤 2 745.4 吨，年减少二氧化碳排放 6 844.2 吨，增加经济效益 557.8 万元。

② 在公司产品三氯吡啶醇钠生产过程中，产生高 COD 高含盐的有机废水，废水处理是通过先用蒸汽的热能浓缩蒸去大部分的水分，剩余的含更高 COD 的废水通过焚烧炉处理，焚烧高 COD 的废水产生大量的热能。

公司通过优化、组合目前的生产工艺，将三氯吡啶醇钠的“废水”，作为冷却介质，冷却三氯吡啶醇钠生产反应过程中产生的反应热。这样减少了冷冻盐水的使用，节约了给冷冻盐水降温的冰机的电力消耗，同时吸收了热能的三氯吡啶醇钠的“废水”蒸发掉大部分的水分，直接进行焚烧处理，对于焚烧后产生的热量，设置了余热锅炉进行回收，每小时可产蒸汽约 1 吨，年节约蒸汽 7 200 吨，折标煤约 781.9 吨，减少二氧化碳排放 1 949.3 吨，增加经济效益 158.4 万元。

3. 向低碳产业发展

公司与中国矿业大学合作，研发锂电池原料六氟磷酸锂新产品。该产品是我国“十二五”期间鼓励发展的新能源项目。《江苏省新能源汽车产业发展专项规划纲要》将电解液材料列为动力电池及管理系统领域的关键技术。项目的实施可以突破六氟磷酸锂生产设备与工艺瓶颈，形成具有自主知识产权的六氟磷酸锂整套设备和工艺，打破国外技术壁垒，扭转国内六氟磷酸锂少而不精、长期依赖进口、电解液材料受制于国外的局面，提升锂电池产业竞争力，降低我国锂离子电池研发和生产费用，促进锂电池产业健康发展，降低动力汽车成本，推动动力汽车产业发展。项目关键是向新能源产业方向转化，促进地方低碳经济发展。该项目已经研发出无氟气法清洁生产新工艺，申请国家专利 7 件，其中已经授权专利 4 件，成果经省经信委组织专家鉴定，认为填补了国内无氟气法工业化生产六氟磷酸锂的空白，技术处于国际先进水平。项目现已具备工业扩大生产的条件，投产后将大大降低公司单位产值二氧化碳排放量，为地方低碳经济发展迈出了重要一步。

4. 全方位实现低碳经济

为了保证低碳经济措施有序、切实的实行，在公司的经营管理中，原料采购环节注重考虑低碳经济，优先采购再生原料作为公司的原料，优先采购使用节能减排技术生产的产品，优先在本地区采购原料，减少运输费用，降低运输过程中汽车尾气的排放。

生产管理中奖励低碳运行。根据年度低碳经济方针制定经济责任考核制度，各系统按照公司的考核制度，把考核指标分解落实到各车间、班组、岗位，并开展大轮班生产竞赛和小指标竞赛，把节能降耗工作纳入各部门业绩考核范畴，公司每月进行考核，做到奖惩分明。同时完善节能激励机制，公司在年底评选出十大节能减排首席员工。对于未完成低碳经济的项目，除按照规定进行考核外，还抽调技术人员进行会诊，查找原因，找出解决问题的办法，确保既定目标的完成。

在生活中鼓励低碳行为。公司已经购买了节能型公交大巴 2 辆，职工免费乘坐，改变了大家都开车上班的现状，在确保安全上下班的同时节约了能源，减少二氧化碳排放。同时，组织学习低碳生活知识，在日常生活中使用节能产品，每年评选出"十大低碳生活家庭"，公司奖励一年的子女教育费用，并和节能减排首席员工一起外出旅游。

综上所述，去年在原有基础上节能共实现经济效益约 976.4 万元，节能折标煤 4 613.2 吨，减排二氧化碳约 11 501 吨。

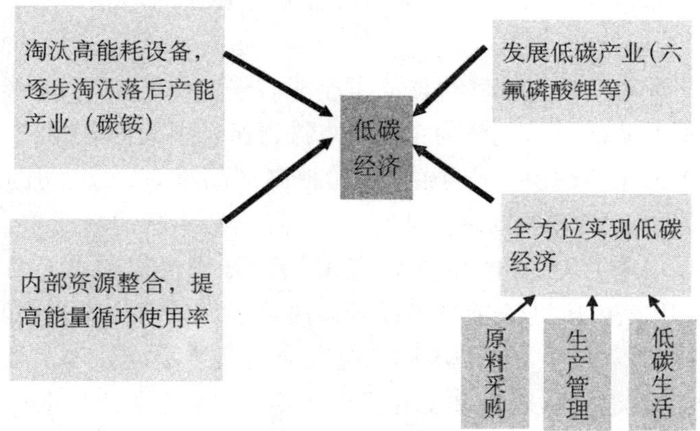

图 3－6　低碳线路图

三、发展低碳经济下一步打算和措施

企业作为社会的基础元素，是发展低碳经济的载体。公司坚持国家应对气候变化的基本方针政策，全面贯彻落实科学发展观，以可持续发展理论和低碳经济理念为指导，着眼于推动企业低碳化发展。在做大做强现有医药中间体和化工中间体产品前提下，大力发展系列化、高技术含量、竞争能力强、符合国家产业政策的同类产品项目。实行公司范围内生产要素的合理配置和协调运作，发挥公司的技术竞争优势、综合功能效应，努力打造以低碳产品应用示范为核心、具有经济增长和社会可持续发展典型示范作用的省级低碳示范企业。

1. 总体谋划、分步实施

公司坚持生产经营与低碳发展共同促进，从 2009 年开始公司每年年初就制定出年度节能降耗指标，同时每年拿出数十万元用于专项奖励，2009 年公司节能降耗创造效益达 2 000 万元，2010 年公司通过大规模节能技术改造年创效益更是达到了 3 000 多万元。2011 年通过采取生产节能改造等措施，节约标煤 8 000 吨，减排二氧化碳约 2.3 万吨，减排二氧化硫 600 吨，碳强度下降 5％，通过对焚烧炉的改造使得工业固体废弃物综合利用率达到 100％；通过加强企业管理、技术创新等手段，推动产品的升级换代，优胜劣汰，降低高碳强度产品的比重，大力发展低碳、节能产品，到 2020 年碳强度下降 45％～50％。

2. 通过新品研发，进入规模低碳经济

公司通过技术创新、新产品研发、调整产品结构、淘汰落后产品，计划在 2013 年完成二氧化碳排放总量减少 50 000 多吨，达到碳强度下降 25％～30％的目标。

（1）技术改造和新产品开发项目立项前，公司均委托有资质的能评机构对项目进行用能评估，项目实施过程中，充分采用新技术、新产品以节约产品能耗，如采用节能灯具、高压电机，设置余热锅炉等，以即将投入试产的天时公司搬迁工程为例，节能设施总投入约 800 万元，约占设备总投资的 20%。

(2) 拓展已有减排产品。公司利用自有发明专利技术——CO_2 合成法生产 5,5-二甲基海因，建有年产 5 000 吨 5,5-二甲基海因的装置，年可吸收二氧化碳 2 750 吨。目前，10 000 吨 5,5-二甲基海因的生产装置扩建工程已基本竣工，进入试生产准备阶段。预计年可以吸收二氧化碳5 500 吨，在原有的基础上继续减少排放二氧化碳 2 750 吨。同时回收 7-ADCA 生产的副产物溴化铵中的溴素，用于生产 5,5-二甲基海因的下游产品，进一步提高产品的附加值，实现资源的综合利用。

(3) 借公司成功上市的机遇，大力涉足新能源产业，在现有的年产 400 吨六氟磷酸锂装置的基础上，投资 13 960 万元，新增年产 1 600 吨六氟磷酸锂生产装置，形成年产 2 000 吨六氟磷酸锂的生产规模。

(4) 公司 2010 年 9 月与浙江大学联合建立了企业院士工作站，在企业形成较高层次的创新平台，充分利用院士及创新团队的技术优势为企业重点进行医药中间体、农药中间体绿色工艺及尖端化工新材料技术研究，帮助企业解决生产中的难题，提高产品收率，使公司的医药中间体等精细化工产品的生产达到国际先进乃至领先水平。同时引进院士及团队的新成果、新技术，在企业实施、转化，快速提高企业的创新能力、调整产品结构，培育自主知识产权和自主品牌。帮助企业进行更科学、准确、合理的产品开发决策，为企业新产品开发决策提供最有价值的建议。

(5) 公司与南京工业大学合作，利用"不同工况反应与蒸馏集成技术及其在化工中间体生产中的应用"国家技术发明二等奖技术，自有和受让发明专利 13 项等高新技术对原有生产装置进行技术升级，该技术应用于一系列氯化产品等产品的生产，可大幅度提高化工中间体生产过程的转化率和选择性，降低能耗，减少甚至杜绝废弃物排放，节能减排效果显著。本项目将该反应-蒸馏强化技术、原子经济反应工艺、光催化和非均相催化技术等应用于芳香醛、系列有机氯、系列酰氯和环氧氯丙烷的生产中，通过产品链延伸和副产物综合利用实现氯资源的高效利用，建立发展循环经济的技术示范模式。同时，本项目将低附加值的副产氯化氢与生物柴油副产甘油反应转化为高附加值的环氧氯丙烷，从而避免了氯化氢吸收制成副产盐酸二次利用带来的大量废水排放。根据化工行业集中搬迁至园区的要求，公司在原有苯甲醛和氯代环己烷生产的基础上，项目整体搬迁的同时并在洋口化工园区新上"万吨级药物中间体苯甲醛与系列脂肪酰氯联产工艺的产业化"项目。该项目计划总投资 1.7 亿元，前期准备工作已经完成，项目已经进入实质性工程建设阶段。项目计划 2012 年前建成后，形成年产 1.5 万吨苯甲醛、5 000 吨氯乙酰氯、5 000 吨特戊酰氯、2 000 吨氯代特戊酰氯、1 500 吨氯代环己烷、1 500 吨氯代环戊烷、1 万吨三氯乙酰氯、8 100 吨苯甲酰氯、4.33 万吨环氧氯丙烷。项目年可实现销售收入 53 779 万元，利润 8 322 万元，税收 6 226 万元，年少产生废盐酸 12 万吨，实现氯化氢综合循环利用，节约氯气资源 3.5 万吨，相当于减少碳排放 3.5 万吨。实现节能减排、清洁生产的循环经济生产模式。

江苏沙钢集团有限公司2011年度绿色低碳发展概况

江苏沙钢集团有限公司

江苏沙钢集团有限公司目前拥有总资产800多亿元，职工17 000余名。年产铁、钢、材的能力分别为1 700万吨、2 050万吨和2 150万吨。沙钢坚持走创发展之路，不断优化产品结构，深化节能减排，发展低碳经济、循环经济，企业生产经营持续保持良好的发展态势。2009年全年完成铁产量1 232万吨、钢产量1 500万吨、材产量1 485万吨；实现销售收入750亿元、利税42亿元。2010年在限电限产的情况下，完成炼铁1 580万吨，炼钢1 860万吨，轧材1 940万吨。沙钢是目前国内最大的电炉钢和优特钢生产基地、国家特大型工业企业、江苏省重点企业集团。

一、总体概况

2011年2月，经省发改委苏发改资环发〔2011〕130号文批复，沙钢成为全省低碳经济试点企业。公司加强对低碳经济工作的组织领导，成立了由总经理任组长的低碳经济工作小组，明确了各自的工作职责。建立完善了公司节能减排三级管理网络，使企业节能减排低碳生产的各项工作层层级级有人抓、有人管。

围绕低碳生产、节能降耗，企业编制了《清洁生产管理制度》、《能源运行管理程序》、《能源评审管理程序》、《能源管理基准、标杆管理程序》、《经济责任制实施细则》、《环保管理制度》、《能源计量器具配备管理程序》、《测量设备管理程序》等管理制度。

为了扎实推进企业的低碳生产工作，公司建立健全既有压力，又有动力的低碳生产激励机制，完善了能耗指标体系和考核体系。按照先进合理的原则，制订各项能耗考核指标，纳入各分厂（部门）的年度承包合同。所有能耗指标实绩都与月度经济责任制挂钩，按月对标考核，实施严格的节奖超罚措施，有效地调动了各级干部职工的节能积极性和主动性。

在低碳生产管理工作中，沙钢不断完善能源基准和能源标杆，将国内外钢铁企业先进的能耗指标作为沙钢的能源标杆。通过与能源基准和能源标杆比对，查找企业存在的差距，明确节能潜力，推进企业能耗水平不断创造新水平。

在低碳生产管理工作中，沙钢坚持能耗分析制度，每月对各部门的工序能耗指标完成情况进行分析，明确节能重点，并为公司提供决策依据。同时坚持节能例会和节能减排专项检查考核制度，并对检查情况进行通报，将能源浪费现象纳入经济责任制考核，促进企业低碳生产、能耗实绩不断创造新水平。

通过创建低碳经济企业试点工作，沙钢全力实施技术改造、开发新钢种，各项产品单位能源、水、原材料消耗达到或接近清洁生产一级标准，远低于行业平均实绩；废物循环利用水平大幅度提高，高炉水渣、转炉渣、电炉渣、除尘灰、含铁尘泥在目前100%利用的基础上，进一步提高利用深度和利用价值；工业用水循环率达98%及以上；吸收社会生活废水，经处理合格后进入工业用水循环系统，废水实现“零”排放或“负”排放；各类余热余压资源充分利用，高炉水渣余热、电炉烟气余热等100%回收利用；各类环保指标均达到清洁生产一级标准，达到国内先进水平；年减少CO_2排放50万吨，低碳经济指标在国内同行业中处于先进水平。

二、工作与成效

沙钢推行低碳生产，建设绿色钢铁企业，主要有以下几方面的做法：

1. 坚持以人为本，确立低碳生产新理念

坚持经济建设与节能减排齐头并进，协调发展，树立“绿色钢铁工业”的理念，是沙钢人始终不变的追求。沙钢坚持不断向全体员工灌输建设低碳生产型企业的理念，对员工进行节能减排方面的技术培训，使全公司员工充分认识到节能减排、低碳生产既是企业对社会必须履行的一种责任，也是钢铁企业实现可持续发展、提高竞争力的必由之路，不断增强广大员工参与企业节能减排、低碳生产和循环经济活动的自觉性和主动性，倡导低碳办公、低碳生活、低碳生产新观念，为沙钢建设低碳生产型企业、健康高效发展和应对世界金融风暴，奠定了坚实的思想基础。

2. 深化能源管理，完善能源管理体系

为了提高能源的现代化管理水平，切实加强企业成本管理和信息化建设，沙钢建设能源管理中心。该工程覆盖基础自动化、过程监控及管理三个功能层次，完成监测、控制、优化、故障诊断等功能，实现对供配电、给排水、动力等能源系统的集中控制和监测，进而完成能源的优化管理和调度。

为了推进节能和能源保供，沙钢作为冶金行业建立能源管理体系首批试点企业，2009 年 4 月开始建立和完善企业能源管理体系。沙钢按照 GB/T23331—2009《能源管理体系要求》，从铁素流、能源流和信息流三个方面对企业能源管理情况进行调查，对能源因素和能控因子进行辨识评价，确定了优先控制的能源因素，并找到了能源管理上的薄弱环节和节能潜力；同时完善能源体系文件，建立能源基准、树立降耗标杆、明确目标和指标，通过制订能源管理改进方案，对优先控制的能源因素进行重点管理和控制，全方位开展能耗指标对标活动，大力开展节能技术改造，取得了显著的能源管理绩效。在 2010 年 9 月和 11 月首家通过了北京国金恒信管理体系认证有限公司能源体系一阶段审核和二阶段审核，取得认证证书。

3. 依靠科技进步，不断提高节能减排水平，减少碳排放

为了搞好企业的节能减排工作，实施清洁生产，沙钢建成了钢铁研究院、国家级理化实验室，设立了博士后工作站。同时又聘请国内外知名学者与冶金专家到公司指导技术创新工作。并与国内外著名大专院校、科研单位建立产学研合作平台，为快速结构调整、深化节能减排、发展低碳经济提供了体制保证和人才支撑。

公司先后自主开发了“电炉热装铁水节能新工艺”、“铁水一包到底炼铁炼钢节能新工艺”、“轧钢坯料热装热送技术”、“轧钢多切分轧制技术”等多项节能减排新工艺、新技术，其中“电炉热装铁水节能新工艺”等获国家专利局颁发的发明专利。

从 2007 年 9 月开始实施新一轮节能减排、调整结构技改工程，提高节能减排能力，减少二氧化碳的排放。这些项目总投资 182 亿元，主要包括华盛炼铁大型高炉、荣盛炼钢 180 吨转炉、荣盛轧钢 1450 热轧带钢和宽厚板二期等技改工程项目及配套工辅设施。2009 年技改工程相继建成投产，为沙钢调优调高产品结构、实行产业优化升级、延伸产业链条、提高节能减排能力、减少二氧化碳的排放、壮大规模实力创造新的条件。

近年来，沙钢在产品研发方面，积极响应国家钢铁产业政策，十分注重节能环保型“绿色”钢铁产品研发和市场推广，发展低碳经济，注重新技术、新设备、新工艺、新材料开发与应用。

近年来在产品开发方面取得的突破性成绩主要有：

① 采用 OHTP(优化的高温轧制)技术，采用低碳、高铌及低钼、低铬、低铜微合金化的低成本设计生产的大壁厚高强韧性管线钢板用于国家重点工程“西气东输二线”干线建设。其中 27.5 mm 厚的×80 填补了世界上该类产品的空白，替代了进口，支援了国家能源建设的重点项目。

② 超高强度、高低温韧性要求、超厚(钢板厚度 85 mm)海洋平台用钢板 E690 成功开发和应用,替代了进口,成功应用于中远船务集团制造的海上风电安装船侧腿。

③ 开发洁净钢冶炼技术和新的轧制工艺技术,应用这些工艺技术成功开发大变形高强韧性管线钢钢板,该钢板具有较低的屈强比、较高的延伸率,用该钢板制造的管线在穿过冻土、山谷、河流时具有较强的变形能力和抗裂能力。

④ 高低温韧性、高耐磨、超厚耐磨钢板开发,目前开发的 NM500 低温(－40℃)冲击韧性达到了 45 J,可以替代进口产品。

⑤ 高强度、超高强度、超高洁净、极低成分偏析、组织均匀汽车轮胎骨架结构用帘线钢盘条开发、批量生产,该产品已经替代进口,成为国际知名钢帘线生产商比利时贝卡尔特合格供应商。

⑥ 弹簧钢 60Si2MnA、55SiCr 等盘条产品质量改进、优化,通过钢质洁净化、成分偏析低化、组织均匀化,使得上述弹簧钢盘条质量得到了极大提高,制簧后弹簧的疲劳寿命明显提高。

⑦ 极低氧含量轴承钢开发,公司开发的轴承钢氧含量平均水平达到了 8 ppm,最小值达到了 6 ppm。

⑧ 1 860 级 PC 钢绞线用小方坯连铸连轧盘条的产业化研究及批量生产,该产品用于大跨度桥梁斜拉索、缆索制造,盘条产品出口欧美及东南亚地区,国内占有量达 70%。

在钢铁生产过程中,沙钢坚持从生产的源头抓起,努力采用清洁的能源和原材料,采用清洁的生产工艺、节能技术,实施全过程控制,最大限度地减少了资源能源的消耗量、污染物的生成量和碳排放量。

① 搞好洗精煤、原煤的储存管理,投资 8 亿元建设全球最大的储煤仓工程。建设储煤仓 64 个,每个储煤 1 万吨,改变原来洗精煤露天堆放的状况,既减少因刮风下雨造成的洗精煤的流失,为实施焦化煤调湿技术提供了保证,又杜绝了煤粉尘飘洒和水源污染。2009 年底,公司又投资 1 亿多元建设 13 个储煤仓,用于储存高炉喷煤用原煤。

② 焦化实施全干熄。沙钢在建设 6 米 55 孔与 7.63 米 70 孔大焦炉的过程中,同时配套引进 5 套由日本 JSP 提供的大型干熄焦装置(140 t/h),实现全干熄。干熄焦产生的蒸汽实施高、低压蒸汽两次发电,即干熄焦高压蒸汽发电后产生的低压蒸汽再次发电,解决了低压蒸汽难以大量利用的技术难题。2010 年干熄焦蒸汽共发电 3.77 亿 kWh。焦化工序能耗也大幅度下降,从 2005 年的 176.6 公斤标准煤/吨焦下降到 2011 年的 86.7 公斤标准煤/吨焦。

③ 烧结工序选用低硫精矿粉,采用烧结终点控制、低温烧结、小球烧结和厚料层操作等先进技术,料层厚度达到 750 mm。同时搞好烧结矿显热回收,利用环冷机高温段余热锅炉产生蒸汽,用于发电、生产、生活。2011 年烧结工序能耗为 50.7 kgce/t 矿。

④ 高炉采用无料钟炉顶、铜冷却壁、薄壁炉衬、软化水密闭循环、炉渣英巴法处理、富氧喷煤和专家系统等技术,有效地降低了高炉综合焦比,提高了高炉的利用系数和炉渣的利用价值。高炉专家系统通过采集大量的数据(一般 3～6 个月高炉正常生产的数据)来建立模型,以此来达到高炉生产的最优化,实现配料和喷煤闭环操作。高炉炉顶配置了煤气余压发电装置(TRT)。通过采用以上技术和管理措施,炼铁工序能耗明显下降。2011 年炼铁工序能耗为 396.7 kgce/t 铁。

⑤ 在高炉与转炉之间,公司改变传统的混铁炉工艺,国内首家采用铁水一罐到底节能新工艺。取消混铁炉和鱼雷罐车,既减少因铁水倒包引起的热量损失,又节省了混铁炉的铁水保温能耗。不但可节约 23.12 万吨标准煤/年,而且为高炉至转炉的铁水调度提供了创新工艺的成功经验。

⑥ 转炉实施“负能”炼钢技术。转炉炼钢系统采用脱硫扒渣、溅渣护炉、副枪和专家系统等先进技术和煤气、蒸汽回收系统,大力搞好转炉煤气、蒸汽的回收利用。2011 年转炉工序能耗为

—14.1公斤标煤/吨钢。

⑦ 电炉首家采用烟气余热回收、热装铁水新技术，使冶炼电耗大幅度下降。公司先后投资7 900 万元建设 110 吨、90 吨电炉烟气余热回收项目，设置内排高温烟气余热回收系统，产生蒸汽供VD 炉使用及并网外供，年节约标准煤 3 万多吨。2011 年全公司电炉钢平均冶炼电耗又下降到191 kWh/t。

⑧ 轧钢采用坯料热装热送和蓄热式燃烧技术。沙钢彻底淘汰横列式轧机，大力采用国际上流行的平立交替、无扭控冷全连轧生产技术和设备，积极采用多切分轧制技术、轧钢加热炉热工操作采用计算机自动控制技术和蓄热式燃烧技术。轧钢燃料实现无油化。轧钢还采用连铸坯热装热送节能技术，热装比达 80%以上，热装温度 600～700℃，轧钢产量增加 20%左右，单位能耗下降 20%以上。

⑨ 在引进国内外低碳、清洁生产工艺、技术、实现装备大型化的同时，沙钢大力淘汰落后产能；2007 年，淘汰能耗较高、污染较大的 2 台 24 m^2 环型烧结机和 3 座 20 吨电炉，2008 年到 2010 年又淘汰落后的 S_7 型电力变压器 33 台。

4. 以发展循环经济为平台，打造绿色产业链，实现二氧化碳减排

多年来，沙钢坚持“资源—产品—再生资源”的循环经济理念，从源头抓起，通过延长和拓宽生产技术链，不断提高资源的利用率。实现分厂、车间内部的小循环，分厂、车间之间的中循环和企业与社会之间的大循环，进一步降低二氧化碳排放强度。

一是根据优化利用的原则，实现煤气的高效利用。

沙钢将回收的煤气按照优化利用的原则，首先用于石灰窑、烧结机生产，炼钢取代柴油烘包，用于轧钢加热炉。目前沙钢有 16 座蓄热式加热炉燃烧低热值高炉煤气，使轧钢燃料实现无油化。年取代重油 32 万吨，减排 SO_2 9 600 多吨。

其次将多余的煤气用于发电。投资 15.3 亿元建设资源综合利用热电厂，利用放散的高炉煤气作燃料。目前沙钢资源综合利用电厂装机容量为 418 MW，其中 4 台 50 MW 为燃气－蒸汽联合循环发电机组(CCPP)。CCPP 热电转换效率高达 39%，比常规的蒸汽轮机发电机组的热电转换效率高 20%左右，实现煤气资源的高效转化和优化利用。2011 年利用煤气发电 27.9 亿 kWh。

二是全力搞好余热蒸汽的回收利用。

将回收轧钢加热炉汽化冷却产生的蒸汽，取代电力带动加热炉风机作功；回收烧结环冷余热、电炉烟气余热、转炉除尘烟道余热产生的蒸汽用于生产、生活，同时还向周边企业、服务行业供汽。目前已投入资金 3 000 多万元，建成外供蒸汽管网 20 公里，年供应蒸汽 30 万吨以上，减少社会燃煤4 万吨。目前已有 20 多家企业、服务行业与沙钢实现蒸汽资源共享，为社会节能减排作出了贡献。

三是坚持深度利用，提高固体废弃物的利用价值。

公司目前年产生的各类工业废渣等固体废弃物达 600 多万吨。沙钢及时对固体废弃物进行处理，并坚持深度利用，既提高固体废弃物的利用价值，减少碳排放，又节约土地、保护环境。

① 矿渣微粉项目。公司已形成年产矿渣微粉 360 万吨的生产能力。2011 年生产矿渣微粉 324 万吨，主要用作混凝土添加料，减少水泥消耗，公司矿渣微粉已用于上海世博会场馆和京沪高速铁路等重要工程。

② 钢渣处理和利用项目。采用闷罐法、重锤法等技术处理转炉渣、电炉渣，形成年处理钢渣250 万吨的能力。2011 年处理钢渣 224 万吨，用于烧结、炼钢及建筑用材。

③ 建设转底炉项目。该项目投产后，每年将处理含铁污泥、除尘灰等冶金固废 37 万吨，可生产 30 万吨金属化球团，并回收氧化锌 1.5 万吨、蒸汽 16 万吨。

除上述项目外，还回收除尘灰、转炉粒化渣、含铁尘泥、轧钢氧化铁皮送烧结厂生产烧结矿。2011 年共计利用固体废弃物生产烧结矿 120.03 万吨，其中利用除尘灰 16.59 万吨、转炉粒化渣 26.65 万吨、含铁尘泥 24.84 万吨、轧钢氧化铁皮 51.95 万吨。

目前沙钢固体废弃物的处理利用率已达到 100%。

5. 切实加强环保治理，确保企业及周边地区的生态环境

沙钢全面采用先进的清洁生产工艺和污染控制新技术，实施了烟(粉)尘治理、烧结机烟气脱硫、污水治理中水回用等工程，建成了一批重点环保项目，包括建设 64 只万吨级筒仓、4 万吨污水处理厂、矿渣微粉、钢渣处理、转底炉、废钢破碎、烧结机烟气脱硫等项目。目前共建成各类环保设施 310 套，其中除尘设施 270 套，水处理设施 40 套；除尘设施总过滤面积 91 万 m^2；总风量 7 000 万 m^3/h；水处理能力 35 万 m^3/h。与此同时，沙钢积极采用先进的环保技术改造现有的环保设备，提升环保设施的运行效果。切实解决环境治理的重点难点问题，对环保设施实施技术改造，2011 年的吨钢环保运行费用为 90 元/吨。

为了对环境治理状况做到心中有数，沙钢加强了污染物排放在线监测工作。投资 1 000 多万元，选择有代表性的生产装置安装了 12 套废气、水质在线监测仪器，对各类污染物实施全天候的实时监测，对各排放口实行月度取样抽检制度，排放合格率列入公司月度考核；监测数据与张家港市环境监测站联网，接受市环保局的检查与监督。

三、基础能力建设

1. 创新管理机制，开创低碳生产管理新局面。根据企业不断发展的具体情况不断完善低碳生产管理网络。进一步完善低碳生产管理经济责任制度，健全能源计量、在线监测、统计和审计制度。使动力生产运行与能源环保综合管理一致，使能源结构合理化与企业低耗高效一致、污染物排放达标与保护环境一致，促进沙钢低碳生产管理迈上新台阶。

2. 进一步完善既有压力又有动力的低碳生产激励机制，实施严格的奖罚措施。

3. 大力开展指标争先进位竞赛活动，与企业降本增效活动结合起来。

4. 强化系统节能的观点，坚持以炼铁为中心，认真搞好节能减排工作。进一步发挥能源调度中心的调度功能，充分利用能源介质平衡调度系统，实现各类能源及资源的产生与消耗的在线动态调度，全部回收优化利用生产过程中产生的二次能源，提高二次能源的转化率和利用率。

5. 大力推进科技进步，不断完善创新机制，开展节能和资源综合利用新技术的研发、推广和应用，拓展低碳经济发展空间。

6. 建立铁金属资源、能源、水资源、固体废弃物资源四大循环体系，使沙钢的资源利用率达到国内同行业最先进水平。

7. 加强企业科技进步，引进技术人才，实行企业生产技术的自主开发与研究，及时跟踪国内外先进的生产工艺、污染防治技术，大力推广冶金新技术的应用，以先进、高效、节能、节水和污染防治工艺技术，更新改造现有设施，并深入开展“三废”综合利用，实现副产品资源化。提高企业低碳生产和循环经济的水平。

四、下一步打算

按照省发改委在全省组织开展低碳经济试点示范工作的要求，大力推进科技进步，积极开展节能、节水、节地、节材和资源综合利用技术的研发、推广和应用，拓展循环经济发展空间。建立铁金属资源、能源、水资源、固体废弃物资源四大循环体系，使沙钢的二氧化碳排放强度和资源利用率达到国内同行业最先进水平，全面实现低碳生产。计划在未来三年内投资 35 亿元，实施七大低碳生产技改项目，二氧化碳排放强度控制在 2.0 t/t 钢，年减少 CO_2 排放 500 万吨。

1. 工艺改造

一是采用国际先进的非高炉还原炼铁 FINEX 冶炼工艺，更好地回收和利用煤气资源，稳定供应、可靠调峰及稳定管网压力，提高煤气利用率。投资 30 亿元，利用 FINEX 高炉煤气，建设 2 套 190 MW CCPP 发电机组，年发电 23 亿 kWh。

二是投资 8 000 万元，运用高炉脱湿鼓风技术，降低炼铁能耗。目前，全国大部分高炉采用自然湿度鼓风，由于大气湿度的波动将会引起风口燃烧温度的波动，影响到高炉炉况的波动。通过实施脱湿鼓风技术，可提高入炉风温，降低焦比消耗，稳定高炉炉况，项目建成后可年节约焦炭 6 万吨。

三是投资 7 000 万元对 1 座 2 680 m^3 高炉实施干法除尘改造，节水节电，提高煤气热值。

2. 装备升级，淘汰落后产能

近年来，公司先后淘汰 2 台 24 m^2 烧结机、3 座 20 吨小电炉等落后设备。今后，沙钢将进一步加快节能环保项目建设步伐，全方位推进低碳生产和资源综合利用，根据企业发展规划，适时淘汰落后产能，促进企业经济增长方式的转变，达到降低生产能耗、减排二氧化碳的目的。

3. 产品更新换代

围绕沙钢已有的热轧卷、宽厚板、线材产品，进行产品深加工，在提高产品附加值的同时，降低万元工业增加值能耗。如，针对不同用户的具体要求，对宽厚板、热卷板进行剪切加工配送；用宽厚板生产油气输送焊管；利用热轧卷，采用镀锌、彩涂技术，生产家电、汽车用板；对线材产品进行延伸，生产钢绞线、钢帘线等。

4. 充分回收利用余热余能

加大投资，对烧结环冷机、石灰窑尾废气实施余热回收，对热卷板加热炉采用蓄热式和汽化冷却技术改造。

江苏花厅生物科技有限公司2011年度绿色低碳发展概况

江苏花厅生物科技有限公司

一、总体概况

1. 企业概况

江苏花厅生物科技有限公司(原名江苏花厅酒业有限公司)是集生产、科研、商贸为一体的综合大型现代化工业企业,拥有主导产品"花厅牌"优级食用酒精、无水酒精20万吨、食品级二氧化碳5万吨、DDGS蛋白饲料10万吨、有机肥10万吨、发电5 000万度的生产能力。2011年完成销售收入10.1亿元,实现利税1.3亿元,其中上交税金10 800万元。

公司先后获得"全国守合同重信用企业"、"江苏省人民政府AAA级重合同守信用企业"、"全国私企纳税百强企业"。

2. 节能降碳概况

花厅生物科技有限公司"十一五"以来认真落实科学发展观,节能减排科技创新,综合利用,用现代环保理念和先进节能技术改造传统酒精工业,大力推行"减量化、再利用、资源化"循环经济和节能减排生产方式,节能降耗,减污增效,化害为利,变废为宝,着力实施"三零排放"和"负能酿造"计划,不断提升节能减排和资源综合利用水平。通过近几年的实践和探索,公司初步实现了以资源的高效循环利用、清洁生产为核心的低消耗、低排放、高效率循环利用为基本特征的生产模式,通过对废水、废气、废渣的资源综合治理利用,基本实现了节能减排、综合利用的目标,具有显著的社会效益。同时,在"三废"治理过程中,收获了大量的再生资源和衍生物沼气、电力、有机肥、二氧化碳、再生水,节约了一次性化石能源,减少了温室气体的排放,取得了显著节能效果,收到了良好的经济效益、社会效益和环境效益,实现了双丰收。

2006年公司被江苏省确定为循环经济试点单位,2011年被江苏省确定为低碳经济试点企业,2012年被评为江苏省循环经济示范单位。企业实现节能减排、资源综合利用、低碳运行又好又快的做法,受到了省市领导的充分肯定和鼓励。

公司发展节能减排低碳指导原则:花厅酒业立足本行业的生产工艺特点发展循环经济。具体做法:① 立足在本企业的生产过程中,物质和能量在各个生产环节之间进行循环、多级利用,减少资源和能源浪费,做到节能减排、循环利用。② 对每一个生产环节废水、废气、废渣、余热再利用,把它作为下一个生产环节或另一部门的原料和能源,以实现资源和能源的使用最大化和再利用,提高利用率。减少排放量。

公司发展资源综合利用、节能减排指导思想:在激烈的市场竞争中,扎实有效地做好资源综合利用、科技创新、清洁生产、达标减排并保持领先水平是化解企业投资风险,站稳脚跟,长期持久健康发展的必要条件和根本保障,也是要"金山银山"更要绿水清山,建设节能环保、低碳型企业的必然选择。

二、工作与成效

1. 可再生能源发电

充分利用木薯酒精生产过程中的废弃物糟液厌氧接种发酵产沼气并发电,发展再生能源,年节约能源折标煤7万吨。

酒精糟液厌氧发酵产沼气及利用项目是以木薯为原料生产食用酒精过程中产生的有机废弃物进行大型工业化沼气生产和利用的探索和实践。该项目的实施一是使企业的产业链得到延伸，可在行业内推广一种低消耗、低排放、高效率的循环经济发展模式。二是可在行业内推行“负能酿造”计划，即通过提高沼气产量和锅炉燃烧质量，降低煤耗，通过热电联产，热力能源的二次利用等措施实施，最大限度地减少乃至最终完全取消一次性能源消耗。三是项目本身就是兼具环境治理和资源开发利用的项目，这对提高资源利用效率、开发利用可再生能源、保护生态环境、实现可持续发展、加速我国生物质能源开发利用技术的产业化进程、促进生物质能源开发工业化成套技术的集成和应用具有推广和示范作用。公司先后投资8 000万元，建造15只5 000立方厌氧发酵沼气罐及配套装备，投资4 800万元建造热电联产项目。生产规模为3×35 t/h次高压锅炉，配套2×3 MW背压式汽轮发电机组。热电联产工程是利用公司酒精生产过程中产生的废弃物糟液厌氧发酵产沼气为燃料，送入锅炉燃烧，产生蒸汽。蒸汽先用于汽轮机组发电，余热再供给酒精生产，实现蒸汽能源的二次利用。沼气发电工程的配套建成运行，极大地减轻了废弃物糟液对下道工艺环境处理的压力，节省了一次性能源。经初步计算，仅废气物糟液发酵产沼气这一环节就可去除污染物COD98%以上，减排污染物排放340吨，同时，可年产沼气7 800万立方，节省标煤近7万吨，并可年发电上网5 000万度。

2. 温室气体减排

充分利用酒精生产过程中的有害物“发酵气”生产食品级二氧化碳，年减少温室气体排放5万吨。

本项目是回收酒精发酵过程中产生的发酵气为原料，采用变压吸附法生产食品高纯度液体CO_2产品，以前由于资金及条件限制，没有及时回收利用，既对空气环境造成污染，同时这些废气没有充分利用对企业也是一定的经济损失。2008年11月，投资2 000万元，购置二氧化碳压缩机、洗涤循环泵、氨制冷机、二氧化碳储罐、过滤器等设备。年可减排二氧化碳5万吨。新增销售收入3 000万元，增加经济效益800万元。二氧化碳广泛应用于食品饮料、烟草和铸造等行业。这对企业开发“三废”产品，提高综合利用效益，提升企业市场竞争力具有显著的经济效益和社会效益。获得上级减排奖励资金50万元。

3. 水资源利用

对生产过程中废水和余热水集中处理循环利用，提高水资源重复利用率。年售再生水40多万吨，重复利用率达95%以上。

公司先后投资1 500万元建造了5 000 m^3的集中式循环水池一座，分散就地布置的循环水池五座，安装了总处理水量达2 700 m^3/h的各类大小冷却塔共22套，把生产过程中的废水及余热水集中处理，使生产过程中的工艺冷却用水实现了梯次闭路循环使用，水重复利用率达95%以上，吨酒精水耗降至11吨以下，居同行业领先水平。另外在生产过程中产生的一部分温度较高的间壁冷却热水处理后供给城区大小浴池作为洗浴用水，既节约了地下水资源，又减少了排放量，同时大大改善了新沂整个城区大气环境质量，杜绝小锅炉使用。年出售70度再生水35万吨，价值280万元。平均减少使用一次性地下水40万吨，经过近几年不断的投资节水改造和循环利用，水的重复利用率逐年提高，2008年为72%，2009年为95%以上，2010年为96%，2011年为96.5%。

4. 节能技术

充分利用生产过程中加热和降温相互转换、潜热闪蒸回收技术，节约能源。

蒸馏工段排出的废糟液经闪蒸后，温度仍达90℃，排到治污车间进行高温厌氧发酵，需要降至

60℃，而蒸馏醪塔进料温度虽经预热温度仍只有70℃。采用高效换热器将排醪与进塔醪换热，提高进塔醪温，降低排醪温度。经换热后，进塔醪温可以从70℃提高到85℃以上，排糟温度由90℃降到75℃。既节约治污车间冷却水，又节约蒸汽，提高经济效益和环境效益。

酒精生产过程升温、降温过程较多，蒸煮醪被升到120℃时，淀粉链断裂后需降到60℃，糖化酶才能发挥作用，这一过程需要大量新鲜水经过真空冷却才能达到。改用粉浆混合料间壁冷却降低蒸煮醪温度，既可节约冷却水又可节约加热粉浆的蒸汽。仅此两项节约地下一次性水100万吨，节约蒸汽折标煤1 500吨。

5. 废弃资源利用

充分利用生产过程中产生的废弃物沼渣生产有机肥，深度利用废弃资源。

在酒精糟液厌—好氧治理过程中，废液经离心机分离得到废物沼渣，而沼渣做为一种废渣，主要含有有机物、氨基酸及氮、磷、钾等营养成分，并有一定的刺激气味。具有潜在的做有机肥的价值，为了彻底解决沼渣污染问题，公司与南京农业大学联合研制利用高温腐熟微生物复合菌种，对固体废弃物酒糟沼渣进行高温快速腐熟发酵，生产系列高档商品有机肥料。这一项目的实施既保护了环境，又把可用物质全部资源化，实现了固体废弃物的零排放，达到了减量化、资源化、无害化的效果。年生产10万吨，销售4 500万元。

6. "差压蒸馏"节能技术

充分利用行业节能减排先进技术，采用"差压蒸馏"节能技术，不断提高科技创新水平。

花厅生物科技为了实现酒精产品的节能减排，科技创新，加快实现产业战略转型，2009年投资5 000万元上马建设10万吨优级食用酒精五塔差压蒸馏生产项目，着力打造和强化产品优势、技术优势和市场竞争优势，以开发高端产品为契机，实现产品创新工程，优化产品结构，减少能源使用，减少排放，提升企业核心竞争力，从根本上提升企业应对危机、抗击风险和稳定持续发展的能力，该项目2009年10月建成投产，节能减排效果明显，比常压蒸馏节约蒸汽40%以上，节约能量折标煤10 000吨。

7. 污水治理

为了进一步提高污水综合治理水平，提高排放标准，减少排放量，最大限度地提高水资源利用率，2008年6月，公司建设了酒精污水综合治理提标减排及中水回用项目，项目主要内容包括酒精生产工艺改造、污水处理工艺改造和中水回用系统建设。项目从2008年6月开始实施，计划投资2 000万元，截至2010年10月已累计完成投资2 100万元，并于2010年12月顺利通过专家验收，主要内容首先是提高发酵酒精度由平时8度提高到12度，减少配料用水量，其次是排放标准再提高由300 ml/l提高到200ml/l，进一步减少COD排放量，再次是排放的废水经过杀菌、过滤再回用30%～40%拌料。可减少一次地下水使用，年节约水资源20万吨，年减排COD300吨。

三、下一步打算

通过近几年的实践和探索，花厅生物科技有限公司初步实现了以资源的高效循环利用、清洁生产为核心的低消耗、低排放、高效率循环利用为基本特征的生产模式，通过对废水、废气、废渣的综合治理利用，基本实现了资源综合利用、节能减排、低碳运行的目标，具有显著的社会效益。同时，在治理过程中，收获了大量衍生物沼气、电力、有机肥、二氧化碳，节约了一次性能源，减少排放，取得了较大的经济效益，实现了双丰收。初步显示了强大的生命力和巨大的发展潜力，使我们增添了信心和力量，资源综合利用、节能低碳、科技创新是工业生产发展的趋势。展望未来，在现有规模和水平及效果上仍有资源综合利用空间和余地，我们决心在巩固"十一五"现有成绩的基础上，在现有的行业生产平台上，继续加大投入，采用新技术、新设备，完善工艺，提高标准，继续在"三废"上做文章，在资源综合利用上做精、做细、做强。尽快把花厅生物科技有限公司的资源综合利用、节能减排科技创新工作推到新高度，力争在酒精行业中做节能低碳资源综合利用的排头兵和示范，为社会经济发展作出应有贡献。

连云港三吉利化学工业有限公司2011年度绿色低碳发展概况

连云港三吉利化学工业有限公司

一、总体概况

1. 企业概况

连云港三吉利化学工业有限公司成立于1995年，位于连云港经济技术开发区，现有员工150人。2011年实现销售收入44 759万元，利税4 750万元，利润总额9 450万元。

公司的“10 000 t苯酚羟基化法生产邻苯二酚联产对苯二酚”项目被列入国家第三批“双高一优”计划，该项目的建成投产，使我国在该领域的产业总量及技术水平达到国际先进水平。作为国内唯一、亚洲第一、世界第二大的苯二酚生产企业，公司邻/对苯二酚产品的市场占有率达60%，为苯二酚产业的民族中坚力量，并且凭此先后获得市科技进步一等奖、省科技进步三等奖以及国家教育部科技进步二等奖等多项奖励，公司还先后通过了ISO9001、ISO14001、GB/T28001三体系认证，同时公司拥有“AAA”标准化、计量保证确认等认证资质，并于2007年通过省级企业技术中心验收。于2009年主持制定了“工业用邻苯二酚”和“工业用对苯二酚”两项国家标准，同年12月被认定为江苏省高新技术企业。2010年被评为省第三批创新型企业，2011年被评为省第三批科技型中小企业、省重点培育高成长型中小企业、省中小企业创新能力建设重点培育企业以及省两化融合试点单位，同年，被省发改委批准为“江苏省首批低碳经济试点企业”。

公司目前拥有发明专利2项，实用新型专利6项，这些专利在工艺技术提升、降低碳排放强度的应用上至关重要。

2. 节能降碳概况

连云港三吉利化学工业有限公司重视低碳循环经济工作，把发展低碳循环经济作为拓展企业发展空间的新途径。企业一方面通过提高产品质量和技术层次增强产品的竞争力，另一方面通过发展清洁生产、使用清洁能源、加大能源再利用，实现产品结构的优化升级。企业立足眼前，瞄准前沿，努力研发科技含量高、产品质量好、碳排放量少的新型产品，从而提高企业的竞争优势。三吉利公司结合公司自身状况，认真学习研究国家和地方的相关政策、法规，不断加深对低碳经济的认识，逐步完善企业自身的低碳经济运行状况。在低碳经济的运行中，一如既往地坚持如下原则：

（1）坚持可持续发展原则。以科学发展观为指导，坚持以人为本、可持续发展的原则；以构筑自然要素之间相互制约、相互依存关系，人与自然之间和谐共存发展关系来发展低碳经济，要在又好又快发展经济的同时，实现低排放、低污染、低能耗的目标。

（2）坚持低耗高效原则。追求能源、经济、环境系统的高效和持续运行，力求在减少物质和能源消耗的同时，保持较高的经济增长水平。

（3）坚持立足基础原则。企业的发展规划充分考察企业现有工艺水平、特征和产品情况，在优化现有产品结构的基础上发展低碳型产业。

（4）坚持技术创新原则。开发与使用低碳技术是实现减少温室气体排放的关键途径。通过自主研发、引进消化、技术创新等途径，将低碳技术应用于生产系统，进而降低温室气体的排放，实现企业从高效高耗发展模式向高效低碳发展模式转变。

(5) 坚持循序渐进、分步实施的原则。依据总体目标制定不同发展阶段的目标，分步实现，着力打造一批科学、成熟、经济上可行、低碳效果好的技术改造及新建项目，通过低碳经济项目的建设和实施，实现企业温室气体排放量的逐步下降。

二、工作与成效

1. 低碳生产的主要措施与成效

(1) 研究、应用低碳新工艺

连云港三吉利化学工业有限公司不断加强与科研院校的合作，提高企业自主创新能力。围绕资源高效循环利用，积极开展替代技术、减量技术、再利用技术、资源化技术、生物发酵技术等关键技术研究，突破制约循环经济发展的技术瓶颈。

公司采取了蒸馏高聚物无害化焚烧利用、中水回用等工艺改造措施进一步降低能源消耗，同时依托与各大科研院校的合作关系，进一步研究开发低碳技术。清洁、低碳技术的运用缓解了目前石化能源供应紧张的局面，减少二氧化碳的排放，同时拓宽了企业的发展渠道，为企业提供了经济新增长点。

(2) 深入实施低碳生产方案

按照循环经济理念，继续推进企业清洁生产，从源头减少废物的产生，实现由末端治理向污染预防和生产全过程控制转变，促进企业能源消费、工业固体废弃物、包装废弃物的减量化与资源化利用，控制和减少污染物排放，提高资源利用效率。

合理用电、节约用电、余热利用以及将一些废弃能源转化为电能是企业节能减排工作中的重中之重。运行期间公司节能减排措施取得了显著成效。公司将深入挖掘原有设备和工艺的节能潜力，新扩建项目尽量选择高效、节能的设备和工艺。

(3) 完善低碳生产管理体系

在低碳生产项目中，能源管理和温室气体排放管理系统是可以互换的。连云港三吉利化学工业有限公司温室气体排放源主要来自生产工艺排放和能源使用。公司已经建立了能源管理系统，目前正积极探索将能源管理和温室气体排放管理联系起来。

公司在运行期间，逐步建立温室气体管理系统，将温室气体管理和能源管理融合到一起，依据国家和地方相关行业标准制定相应的管理制度和考核制度，使公司的温室气体管理逐步走向规范化和制度化。

连云港三吉利化学工业有限公司成立了发展低碳经济建设管理机构，由该机构研究制定发展低碳经济的各项政策措施，把万元生产总值、化学需氧量和二氧化碳排放量列入企业发展年度计划；建立温室气体和环境保护相协调的指标体系，将降耗减排指标纳入主要领导和部门领导的责任考核体系。

2. 低碳办公的主要措施及成效

低碳办公是企业低碳文化建设的一个方面，连云港三吉利化学工业有限公司在低碳理念的指引下深入实施低碳办公措施。

(1) 配备低碳办公设备

根据需要配备办公用品，尽量选择能耗小、环保、质优、价廉的办公设备，减少纸质文件印发和使用频率，加快推进无纸化办公；文件和简报的发放，严格核定印发的份数，尽量避免多印；使用钢笔书写，减少圆珠笔或一次性签字笔的使用数量；一次性签字笔尽量做到换芯不换壳。

(2) 绿色出行

公司通过宣传教育等手段鼓励职工上下班及厂区内的出行活动选择电动车、自行车、步行等低碳环保的方式，以减少由于使用机动车而带来的大量碳排放。

（3）召开远程视频会议、进行项目协同

企业的总部位于北京，因此运用网络远程视频会议系统更具优势和基础。无论是董事会议还是全国销售等会议，都运用网络视频会议系统，在降低企业运营成本的同时，也可以迅速降低二氧化碳的排放量。公司通过有效的低碳办公指导，在每个职工心中树立起足够的低碳办公意识，全员培养更多的"低碳习惯"，全面实现办公环境的清洁、办公产品的安全、办公人员的健康，推进公司低碳办公得以尽快实现。

3. 低碳文化建设的主要措施及成效

（1）企业发展目标融入低碳理念

连云港三吉利化学工业有限公司把环境保护与可持续发展作为企业全体员工共同追求的目标，通过培养全体员工绿色、低碳和环保的价值观念，来统一员工的思想和行动。同时，注重培养员工低碳和环保行为习惯，通过管理文化的灌输和培育、渗透和暗示、情感交流与沟通，使员工牢固树立低碳和环保意识，发自内心地树立起服从和遵守的情感，自觉地遵章守纪，养成节约用水、节约用电、节省原材料、杜绝浪费的良好行为习惯。

（2）塑造良好的低碳形象

连云港三吉利化学工业有限公司自成立以来公司领导就把企业的社会责任纳入企业精神理念中，投入资金进行了蒸汽回收、多效蒸发、负压蒸馏以及污水治理等多个低碳项目。企业承担了社会责任，同时也为企业创造了良好的外部氛围。企业还通过推广和应用新技术、新工艺、新材料，大力开发清洁能源，减少二氧化碳排放以及社会对高碳化石能源的消耗，保护生态环境，从而使企业在社会公众面前树立良好的低碳形象。

（3）加强低碳宣传教育

组织开展经常性的节能减排、爱护环境的宣传，广泛宣传建设低碳企业的重要性、紧迫性，把节约资源和保护环境及低碳企业建设内容渗透到员工的教育中去，通过开展低碳企业、车间、班组等创建活动，培养员工的节约、环保和低碳意识。

三、发展低碳经济的保障措施

1. 成立低碳发展组织机构

切实加强对节能工作的组织领导，引导企业各级部门充分认识到节能工作的重要性和紧迫性，做规划、上项目时充分考虑对本企业能耗水平、排放量的影响。加强监督检查，促进节能工作组织体系、政策措施和能力建设的落实。

2. 成立低碳发展领导小组

成立低碳经济领导小组，全面推进低碳经济建设工作深入开展。结合企业实际，相关部门按实施要求，制定本部门详细的低碳实施计划，由工作小组组织制定低碳综合方案和总的实施计划，经领导小组批准后执行。工作小组每年度严格按照低碳工作推进表实施该项具体工作，组织协调年度内各阶段、各实施计划的完成。

3. 落实目标考核

把低碳发展约束性目标具体分解落实到各部门，建立目标考核。把低碳发展作为年度重点工作任务，把低碳指标完成情况和工作措施落实情况作为部门负责人业绩考核的重要内容，严格实施低碳发展目标责任评价考核，加强低碳目标的日常跟踪，根据实施方案的不断产生和研发成果的实际情况，实行低碳发展目标动态调整，原则上新制定目标不得低于既定的年初目标值，确保规划目标的如期实现。

4. 推行机制创新

合理控制能源消费总量,实施严于国家要求的主要耗能产品能耗限额标准、用能设备能耗标准,推动企业能效水平持续提升,积极响应省里实施差别电价制度,实现企业转型升级。健全约束机制,实施投资项目节能评估审查制度,将项目能耗水平影响作为评估和审查的重要内容。完善激励机制,加大资金投入,积极争取国家和省资金,重点进行节能技术开发和应用、节能技术改造等重点工程实施,结合国家出台的各项促进节能和发展循环经济的税收优惠政策,开展低碳经济工作,形成互动效应,对低碳目标完成好、节能工作成效显著的部门和在节能工作中作出突出贡献的个人,加大奖励力度。

5. 加强贯彻有关政策法规

在低碳经济运行的实践过程中,不断加深对低碳经济的认识,并借助国家和地方的相关法规和政策,逐步完善本单位的低碳经济运行状况。

6. 加大宣传培训教育

制定了宣传培训教育工作计划。在内部宣传发动上,重点对企业各级领导和员工阐明低碳发展的概念和程序,强调低碳发展与环境保护、末端治理和技术改造的区别与联系。组织开展多种形式的宣传活动,加强能源资源和生态环境国情宣传教育,进一步提高企业员工的能源忧患意识、节约意识和环保意识。利用信息简报、企业内部网站等宣传手段使员工积极投入到低碳发展审核工作中去。

宣传教育的重点是:进行低碳发展审核的必要性,低碳发展审核的内容和方法,每个员工在开展低碳发展中的作用,开展低碳经济需要解决的问题,本厂各部门通过低碳发展已取得的成果及具体实施情况。

企业将按照低碳发展的要求,工作小组下发低碳合理化建议表,组织全体员工结合本岗位的实际,提出低碳发展合理化建议。

四、对低碳经济发展的展望

公司将不断加强与科研院校的合作,提高企业的低碳技术水平。围绕资源高效循环利用,积极开展替代技术、减量技术、再利用技术、资源化技术、生物发酵技术等关键技术研究,突破制约低碳经济发展的技术瓶颈。紧紧围绕国家低碳经济发展政策与企业制定的“低碳经济发展规划”,加大低碳经济运行力度,切实体现“低碳经济示范企业”的示范效应,为国家发展低碳经济作出力所能及的贡献。

第四篇　国际合作

近年来，江苏充分利用国际社会和跨国机构对我国应对气候变化在项目、技术和资金等方面的支持，积极推动低碳国际项目合作，打造开放性的低碳发展工作平台，在加强对外宣传、强化能力建设合作、推动技术进步等方面做了有益的尝试和探索。本篇着重介绍了江苏省与德国、美国、英国部分低碳领域的项目合作近况，同时对 2011 年江苏 CDM 项目进展进行介绍。

一、开展实施中德合作江苏低碳发展项目

为积极运用中国和德国现有的温室气体减排技术和经验，努力推动江苏实现“十二五”期间单位 GDP 碳强度下降 19%的目标，并提高全省工业、建筑等重点领域节能降碳能力，国家发展和改革委员会与德国联邦环境、自然保护和核安全部(BMU)启动了为期四年的“中德合作江苏省低碳发展项目”。该项目由国家发改委和德国环保部指导实施，江苏省发改委和德国国际合作公司成立项目办公室组织实施，南京大学环境学院作为国内主要技术支持单位，并积极引进包括德国以及其他方面的先进技术和经验，各地方、企业和部门积极参与，形成一套有效的实施体系。

(一) 项目目标和总体思路

中德合作江苏省低碳发展项目围绕低碳发展的总目标，重点从低碳发展战略研究、能力建设与推广、试点项目与示范三个层面来开展，形成“一个目标、三个板块”的项目合作总体框架。

1. 项目总体目标

以落实“十二五”碳强度、推进江苏低碳发展、发挥示范带动作用为目标，从低碳发展战略研究、实施能力提升和试点示范三个方面开展合作项目，帮助江苏省进行低碳发展战略研究和政策咨询、能力建设和示范推广，通过不同载体的合作项目推进，将德国和中国现有的、具有良好经济效益的温室气体减排技术和经验，积极运用于江苏省的低碳发展实践，实施一系列旨在促进低碳发展的试点项目，努力推动江苏省“十二五”单位 GDP 碳强度下降 19%目标的实现，并将江苏的成果和经验积极应用于外省其他三个城市。

2. 项目总体思路

一个总体目标：围绕国家关于低碳发展的方针政策，通过合作项目的推进，有利于探索促进低碳发展的经验和模式，为面上工作推进先行先试、积累经验、示范带动。

三大任务板块：整个合作项目分为战略研究与政策咨询、能力建设与推广、试点项目与示范三大板块。

三个载体平台：将合作项目的三大任务与城市、行业、企业三个载体平台更好地结合起来，形成整体推进和落实的项目合作思路。

三类目标群体：提升政府机构、市场机构和相关企业的低碳发展能力，着力提升政府层面的决策管理能力、市场中介服务机构的服务能力和企业的操作能力。

通过上述几个方面的交错与互动，有利于形成较为系统的低碳经验和知识积累，并以此指导江苏省积极开展低碳建设，实现低碳发展目标，并将此经验和知识向其他城市推广。

总体思路图如下所示：

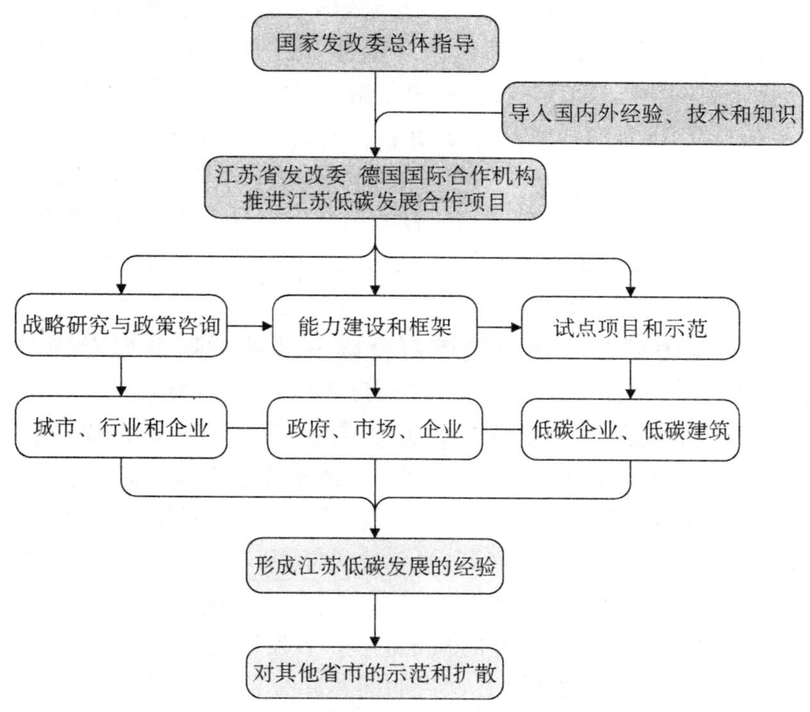

图 4-1　江苏省低碳合作项目总体思路图

（二）能力建设

本项目能力建设的重点是：全省发展改革系统、省有关部门以及 24 家低碳试点单位和行业协会、市场机构、园区、部分重点企业。项目将通过开展研讨交流会、专题培训、国外学习等形式提供完善的能力建设培训课程。项目将结合战略研究的内容和成果以及其他相关知识，整理设计一套完善的培训教材，并制定合理有效的培训机制，通过系统的培训，提高领导者、管理者、技术人员和公众实施低碳发展的能力。能力建设包括低碳发展的形势和相关知识、低碳发展政策、低碳发展规划、碳排放核算、碳减排技术、低碳城市、低碳园区和低碳企业管理、重点领域低碳发展路径和方案（主要针对农业、工业、建筑、交通、废弃物处置等）、案例研究和试点示范项目剖析等模块。

1. 召开省级温室气体排放清单编制培训班和碳排放交易体系研讨会

江苏省发展改革委于 2011 年 11 月 29～30 日在南京分别召开省级温室气体排放清单编制培训班和碳排放交易体系专题研讨会。为落实“十二五”碳强度下降目标，摸清全省温室气体排放家底，探讨碳排放交易体系，促进全省绿色低碳发展，培训班邀请参与江苏省温室气体清单编制工作的专家解读了《省级温室气体清单编制指南》，介绍了能源活动、工业生产过程、农业、林业、废弃物处理等五大领域温室气体排放清单编制的基本方法、重点难点和数据需求。研讨会邀请了国内外低碳研究领域的专家学者就欧美碳排放交易体系、国内碳排放交易体系政策制度框架、温室气体监测报告体系建设等做了专题报告，并就建立碳排放交易市场面临的关键性问题进行了专题研讨。省发展改革委王汉春副主任出席会议并致辞。省有关部门和单位业务处室分管处长、省行业协会和相关重点企业业务负责人、省辖市发展改革委业务处室处长共 100 多人参加了会议。

2. 召开全省低碳能力建设—碳交易体系(ETS)专题研讨会

2011 年底，国务院正式印发《“十二五”控制温室气体排放工作方案》，明确了今后一段时期我国控制温室气体排放的目标、重点任务和政策导向，这是指导我国应对气候变化的重要指导性文件。为帮助指导全省发展改革系统全面了解当前形势，落实碳强度下降目标，明确各项任务，进一步做好控制温室气体排放工作，省发展改革委于2012年3月20日在南京举办了全省低碳发展能力建设培训班。培训主要围绕国务院《"十二五"控制温室气体排放工作方案》解读、低碳规划编制、低碳标准标识、碳排放交易、碳资产开发等方面的内容，邀请了来自国家发展改革委能源研究所、柏林自由大学、爱丁堡低碳创新中心、南京大学环境学院等国内外学术研究机构的相关专家对参会人员做专题讲解。其中，碳排放交易体系作为会议核心议题。来自全省各市县发展改革委负责资源节约、环境保护和应对气候变化工作的业务负责人，24家低碳经济试点单位和江苏省武进高新区相关部门负责同志约130人参加了此次培训。

3. 开展全省低碳能力建设—建筑领域对低碳发展的贡献系列专题培训

低碳能力建设是"中德江苏低碳发展国际合作项目"中的一个重要工作内容。根据"十二五"规划要求，江苏省到2015年底必须通过建筑节能实现节约1 300万吨标准煤，减少二氧化碳排放3 000万吨。为确保目标实现，2012年6月5日，省发展改革委联合江苏省住建厅、德国国际合作机构在南京召开了"建筑领域节能减排对低碳发展的贡献系列专题培训"的第一期培训班。此次培训从国内外相关政策研究与实践、低碳城市规划、绿色建筑标识、建筑领域碳交易等政策性较强的专业领域，对全省发改系统和城乡建设系统近170名绿色低碳工作的负责人进行了培训。讲课专家来自国内外各高校、研究机构以及设计行业的知名企业。省发展改革委王汉春副主任、省住建厅刘大威副厅长出席了开幕式并做了重要讲话。课后的问卷调查表明，学员们对这样的专题培训非常欢迎，大部分学员表示此次培训对将来的工作有很大的帮助并希望以后能继续参加类似的活动。

4. 召开全省园区循环化改造专题研讨会

2012年6月28日，为了贯彻落实国家发展改革委和财政部联合印发的《关于推进园区循环化改造意见》(发改环资〔2012〕765号)中关于"十二五"期间对园区循环化改造的工作部署，确保完成"十二五"期间50%以上国家级园区和30%以上省级园区完成循环化改造的工作目标，加快转变经济发展方式，推进园区绿色低碳循环发展，省发展改革委与德国国际合作机构在南京联合召开了全省园区循环化改造专题研讨会。各省辖市发展改革委、省内26家国家级开发区和102家省级开发区共160多位代表参加了研讨会。会议着重强调了国家推进园区循环化改造的目的意义、任务要求和政策导向，并邀请来自中国社科院、英国国际共生关系组织(International Synergies)、德国国际合作机构(GIZ)相关专家学者介绍了国内外园区循环化发展理论知识、实践经验以及一些循环化改造的成功案例。会议还特别邀请了国家发展改革委环资司循环经济处赵怀勇调研员做了主题发言，省发展改革委资环处张宪华处长做了会议总结发言，并对全省园区循环化改造工作进行了动员部署。

5. 召开能源管理理论与实践研讨会暨欧洲能源管理师管理者证书培训会议

2012年8月13～17日，由省发展改革委与德国国际合作机构(GIZ)共同主办的"能源管理理论与实践研讨会暨欧洲能源管理师管理者证书培训会议"在南京召开。来自全省各相关政府部门、企事业单位和国际组织的45名学员参加了培训，其中包含节能及能源管理部门的负责人以及来自技术岗位的从业人员。此次为期5天的证书培训由德国国际合作机构委托EUREM(欧洲能源管理师)国际联盟中国项目全权组织，活动邀请了来自中科院、知名高校、知名企业、研究机构及学术组织的能源管理相关领域的专家，为学员们作了内容详实的专业报告。报告涉及国际能源管理体系及相关法规标准、能源管理经济性分析及核算、节能减排的交易和风险控制、能源管理的相关技术和应用等专业领域。通过培训，学员们对节能减排的国内外趋势和相关技术有了清晰全面的认识，能源管理工作所需的基本技能，如分析用能现状、提出项目建议、项目组织与协调、评估和保障预期节能目标的实现等等，也都得到了系统的提高。培训结束后，学员们获得了由 GIZ 和 EUREM 联合认证的欧洲能源管理师研修证书，并可继续申请欧洲能源管理师管理者资格证书。此次培训活动的成功举办，对于全省相关政府部门和企事业单位提高能源管理水平，加快与国际先进经验和技术的接轨将起到较大帮助。

6. 召开被动式建筑设计理念及相关节能技术专题研讨会暨中国“绿色三星”绿建体系研讨会

继成功举办了“建筑领域节能减排对低碳发展的贡献系列专题培训”的第一期针对政府相关主管部门决策者的培训班后，省发展改革委与德国国际合作机构一起再次策划组织了该系列能力建设活动的第二期研讨会。2012 年 8 月 23 日，“德国被动式建筑设计理念及相关节能技术”研讨会在宁召开，来自全省 30 多家设计院所、企业的专业设计师，住建系统以及省级绿色建筑示范区的技术岗位负责人共 50 余人参与了此次研讨。与会者与来自中国建科院、省建科院、上海市太阳能学会、德国设能(Energy Design)建筑咨询公司等国内外知名机构的专家一起，讨论学习了德国被动式建筑设计理念、外围护结构的气密性、建筑外遮阳及其智能控制、建筑光伏一体化、空调系统热回收技术等建筑节能专业课题。通过此次合作，德国国际合作机构还和科技发展中心达成了在“中德合作江苏省低碳发展项目合作协议”框架内，进一步在能力建设、示范项目等方面长期合作的初步共识。8 月 24 日，召开了中国“绿色三星”绿建体系专题研讨会，来自住建系统各职能部门、省级建筑节能及绿建示范区等单位的 200 余人参加会议。

(三) 研究成果

自 2011 年 9 月项目启动以来，德方承担机构为德国国际合作机构(GIZ)，目前已与江苏省发展改革委联合成立项目协调办公室，重点围绕低碳发展战略、低碳发展能力建设和低碳发展试点项目开展了一系列政策研究、学术研讨和国际会议等活动。目前在无锡市低碳发展综合路线图、江苏化工行业绿色低碳发展战略研究等课题方面开展了大量前期工作，已取得阶段性成果。

1. 无锡市低碳发展现状研究

低碳城市建设作为人类应对气候变化的重要途径，已成为国际社会关注的热点。2011 年初无锡被省发展改革委确定为第一批 24 家省级低碳试点单位中的试点城市。为协助无锡市做好低碳城市规划，中德合作江苏省低碳发展项目委托南京大学环境学院编制了“无锡市低碳发展现状研究报告”。该研究以江苏省无锡市为例，对无锡市能源消费结构和碳排放特征进行了简要分析，详细阐述了低碳发展的相关政策法规和项目推进情况，并对政策实施效果以及部分项目推进效果进行了评估。该研究为无锡市低碳发展研究提供第一手材料，同时也对国内其他城市发展低碳经济具有一定的参考价值。

2. 江苏省应对气候变化和低碳发展的能力建设需求研究

低碳发展不但需要技术和资金的支持，同样需要创造一个有益于解决问题的软环境，更重要的是个人、组织机构和整个社会体系都要有解决气候变化问题所需的各项能力。为了切实有效地帮助江苏省各政府职能部门进行与应对气候变化和低碳发展相关的能力建设，“中德合作江苏省低碳发展项目”委托厦门大学中国能源经济研究中心进行“江苏省应对气候变化和低碳发展的能力建设需求研究”。项目通过分析调查获取的第一手资料，研究发现来自省内各级政府部门官员对应对气候变化和低碳发展的能力建设有很强需求：一是急需提升在减缓和适应气候变化最新的理论和实践以及实用管理技术方面能力；二是进一步提高国家重要气候政策理解、分析、解读和评估能力。就能力建设的方式和方法，报告建议采用互动性强、能够从实际问题入手、理论联系实际、边学边实践的参与性能力建设方法，并对成功案例进行分析。报告还指出，在应对气候变化能力建设方面要有长远的目标和规划，应尽快建立、健全政策和制度，加强专业能力建设机构建设，建立能力建设网络，并将国际经验与中国的实际状况相结合。该项研究分析了江苏低碳发展应对能力中存在的问题，为有针对性地制定"十二五"期间江苏省低碳发展相关能力建设的计划提供了依据和富有建设性的建议。

3. 江苏省绿色建筑节能减排潜力研究

江苏省一直把推进绿色建筑的发展作为建设领域发展模式转型升级、推动建筑节能向更高层次发展的重要内容。截至 2011 年底，全省已累计完成绿色建筑标识项目 60 项，占全国的 27%，在各省中总量位居全国第一。在大力发展绿色建筑的同时，还需评估绿色建筑的实际节能减排潜力，预测发展绿色建筑产生的节能减排效益，这对"十二五"以及之后更长时间段内绿色建筑的发展有着重要的指导意义。为此，中德合作江苏省低碳发展项目委托南京大学环境学院开展江苏省绿色建筑节能减排潜力的研究。研究以苏州工业园为案例，预测了未来（至 2020 年）整个工业园区绿色建筑的节能减排潜力，并解析了个别绿色建筑的节能减排绩效。结果显示，如园区政府进一步推进绿色建筑总量发展，并在 2020 年实现绿色建筑节能率 65%的强制性要求，则将实现 44.08 万吨标煤的节能潜力，折合减排 CO_2 108.30 万吨。研究结果表明，除了推进绿色建筑面积总量发展外，提升绿色建筑节能效果对于拓展园区整个建筑节能空间同样重要。

4.《低碳园区发展指南》编制

工业是重要的温室气体排放源。通过建设"低碳园区"发展低碳经济，减少工业园区碳排放成为城市可持续低碳发展的有效途径之一。国务院发布的《中国应对气候变化的政策和行动(2011)》中，明确指出要"组织试点省区和城市编制低碳发展规划，积极探索具有本地区特色的低碳发展模式，率先形成有利于低碳发展的政策体系和体制机制"，并计划在园区、社区和商业层面进行试点。编制一套可以为规范低碳城市、园区、社区的建设提供必要指引，并且可操作性强的指南意义十分重大。基于此，德国国际合作机构(GIZ)与多家国际机构共同资助了由美国可持续发展社区协会(ISC)联合广东省建筑科学研究院共同组织的《低碳园区发展指南》编制工作。同步发布的还有《使用手册——如何评估和构建低碳园区》和《国外工业园区低碳发展案例分析报告》。该报告介绍了美国、英国、阿联酋、丹麦、加拿大和日本六国的工业园区低碳发展优秀案例，以期从这些实际案例中获得一些启示，促进中国园区的低碳发展。

5. 江苏省低碳发展政策及战略研究大纲编制

为协助支持政府和行业决策层进行低碳发展的战略研究，对低碳发展的政策制定提供相关理论研究依据，2011 年 11 月和 2012 年 5 月，省发展改革委和德国国际合作机构分别委托多家研究机构编制了江苏省低碳发展宏观战略研究以及个别具体行业发展策略的若干研究大纲。这些工作包括：委托亚洲开发银行能效领域独立专家安周先生编制了《江苏省低碳发展和应对气候变化战略研究大纲》、《2020 江苏省能源和碳排放预测及情景分析研究大纲》以及《提高能效对江苏省碳减排的贡献潜力研究大纲》，委托中国石油和化工联合会与 COWI 咨询(北京)有限公司共同编制了《江苏省化工行业低碳发展战略研究大纲》。这些研究大纲的编制，为江苏"十二五"期间以政策制定为导向的相关科学理论研究指出了总体方向，为具体的调查和研究工作搭建了框架，同时也对其研究成果作了明确的要求，即为低碳发展制定政策和战略提供坚实的数据及理论支撑。而化工行业战略研究大纲的编制，也为全省其他生产行业将来进行这类工作总结了经验和教训，起到了示范作用。

6. 江苏省温室气体排放(2005)清单编制

编制省级温室气体排放清单，是摸清江苏温室气体排放家底、履行全省控制温室气体排放工作的重要基础。为完成此工作，2011 年下半年开始，由省发展改革委牵头，德国国际合作机构资助，组织了由国家电网环境保护研究院、南京大学、江苏省农业科学研究院、中国科学院南京土壤研究所、南京林业大学、江苏省环境科学研究院等机构组成的江苏省清单编制小组，分别开展以 2005 年为基准的能源活动、工业生产过程、农业、土地利用变化、林业、废弃物等领域的温室气体清单编制工作，省工程咨询中心负责数据质量控制。清单编制小组通过实地调查，分部门、分行业、分设备进行数据收集，准确识别了各领域的活动水平和排放因子，核算温室气体排放水平，并根据《IPCC 国家温室气体清单编制指南(2006)》及国家发展改革委颁布的《省级温室气体清单编制指南(试行)》等资料推荐的方法，初步提出 2005 年的省级温室气体排放清单。

7. 江苏低碳发展现状研究

近年来，江苏将促进绿色低碳发展作为转变发展方式、实施可持续发展战略的重要机遇，在应对气候变化工作方面取得了积极成效，积累了一些经验，并形成了自己的特色。为此，“中德合作江苏省低碳发展项目”委托江苏省信息中心进行了江苏省低碳发展现状研究。研究报告从减缓和适应气候变化、能力建设、示范项目、社会参与、国际合作等方面分析了全省目前低碳发展工作的现状，系统分析江苏省“十一五”期间节能目标的任务分解和履行情况，并以此为基础为“十二五”规划的碳强度目标任务分解作了相应的建议。该研究成果可为下一步全面启动江苏低碳的战略框架、政策体系和推进机制等工作开展进行有效的铺垫和支撑。

8. 江苏省建筑能耗及碳排放核算体系研究

建筑是与工业和交通并列的三大温室气体排放源。然而当下，江苏乃至全国，建筑节能工作尚处在“情况不明，任务不清”的状态。建筑能耗统计方面现有的统计模式、统计口径及统计指标等难以为建筑节能工作服务。为完成“十二五”期间建筑减排的任务目标提供准确有效的数据参考，“中德合作江苏省低碳发展项目”特委托东南大学能源与环境学院和南京大学环境学院共同进行了江苏建筑能耗及碳排放核算体系的研究工作。研究团队基于公开资料和实地调研一手数据，综合国内外当前建筑能耗及碳排放核算已有体系和方法，提出适合江苏省的建筑能耗及碳排放核算方法，并给出较为全面、准确的建筑能耗水平数据，为江苏省“十二五”建筑节能和减排工作提供基础数据。

9. 江苏省县市级层面碳减排潜力研究

县域经济在国民经济中扮演着重要的角色，其可持续发展状况对于全省低碳发展目标的实现也有着举足轻重的影响。为此，“中德合作江苏省低碳发展项目”特委托南京大学环境学院做了江苏省县市级层面碳减排潜力专项研究。该研究分别选取苏南、苏北各一个县级市(常熟、如皋)为案例城市，系统核算了这两个县级市 2005～2010 年的能源消费和二氧化碳排放现状。在此基础上，研究小组通过情景分析方法开发出一整套适用于分析县级市减排潜力的计算方法，利用此计算方法预测两县的碳排放趋势，并通过对比得出苏南、苏北县域在发展低碳经济和减排重点领域方面的异同。

10. 在全省园区建设中引入产业共生的研究报告

国家发展改革委和财政部联合印发的《关于推进园区循环化改造意见》(发改环资〔2012〕765 号)对“十二五”期间园区循环化改造做了明确的工作部署，要求 50%以上国家级园区和 30%以上省级园区完成循环化改造。而实现循环化经济的一条重要措施在于在园区企业间发展可闭合的“产业共生链”，使原材料和废弃物得到有效的循环利用。为了在全省的园区循环经济建设中引入“产业共生”的理念，借鉴英国在这方面多年来成功实践所积累经验，2012 年 6 月，省发展改革委和德国国际合作机构邀请了英国产业共生国际机构(International Synergies)对江苏部分园区做了实地考察。来自产业共生国际机构的国际项目协调员 Woodcock 先生与发展改革委代表、园区的管理者、工作者就循环经济改造的方法及遇到的问题进行了交流，并在此基础上，结合该组织多年来在全球范围内发展产业共生的先进经验，提出"在江苏省引进产业共生概念的研究报告"。该报告回顾了中国发展循环经济的历程，强调了中国执行循环经济政策的七大支柱，指出了产业共生链如何提高资源利用效率，产业共生促进计划能够对中国的生态园区发展产生什么样的影响。同时结合江苏循环经济的现状，对定位"产业共生促进计划"的介入方式和位置提出了建议，并指出了引入这种促进计划所附带的风险及规避措施。该研究成果还在省发展改革委和德国国际合作机构联合组织的"全省园区循环化改造专题研讨会"上进行了宣讲。

11. 与北京师范大学合作出版两部低碳能力建设相关著作

由省发展改革委和德国国际合作机构联合执行的"中德合作江苏省低碳发展项目"的一项重要内容，就是为江苏的地方城市和行业决策层进行能力建设相关培训。目前，对决策层和其他群体来说，低碳发展都还是一个全新的理念，因此在促进地方城市对低碳发展的认识和能力建设方面，项目着重通过知识传播、政策提升以及技术引入推动其进行决策并采取行动。为此项目将为各级政府部门、市场机构、行业协会及生产企业举办一系列的培训活动，以提升他们的决策力并更好地开展低碳发展相关行动。为配合办好这些能力建设活动，为培训提供书面资料，德国国际合作机构赞助北京师范大学并参与编著了《气候变化风险背景下的低碳社会与绿色发展：理论与实践》及《气候变化百问》两部介绍低碳发展有关理论知识的书籍。《气候变化风险背景下的低碳社会与绿色发展》一书是在庆应大学浜中裕德教授论著的基础上，增加了编著者们近年的个人研究成果和会议报告，回顾了欧盟特别是德国低碳发展过程中的经验和教训，并引用了大量国内外低碳发展的成功案例编著而成。《气候变化百问》则搜集了能力建设目标人群在低碳发展工作中常见的问题，并根据国内外最新的专业信息给予解答。这两部书的出版，有助于提升地方政府官员的低碳发展意识，了解更多低碳发展相关知识，也有助于生产企业人员了解气候变化的相关议题。

（四）示点示范

江苏通过筛选典型行业，实施试点项目，在重点领域提高实施节能降碳解决方案的能力，并通过试点项目的示范作用，带动更多的企业采取行动实施部署节能方案。试点主要内容包括：减排潜力评估、低碳技术应用、企业管理重构、项目融资、碳资产开发和管理等。

目前，江苏已组织召开全省 24 家低碳试点单位低碳规划方案专家评审会。江苏省发展改革委于 2011 年初启动了省级低碳城市试点工作部署，确定了全省范围内包括 4 家市级、10 家园区级和 10 家企业级在内的 24 家低碳试点单位，并要求各试点单位制定发展规划和行动计划。9 月 26～30 日，省发展改革委在南京组织专家评审会对 24 家试点单位低碳规划进行了集中评审，德国国际合作机构参与了此次会议组织。来自国家发展改革委能源研究所、中科院、南京大学环境学院、东南大学、国家电网环境保护研究所等机构的 25 名专家对不同层面的试点单位进行了针对性评议。评审结束后，各试点单位根据评审意见对规划方案做了进一步修改完善，并在 2011 年底前提交最终方案。省发展改革委正式启动省级低碳试点的执行和督查工作。

二、有效推进与美国政府和协会间合作交流

（一）与美国可持续发展社区协会（ISC）的合作

江苏省发展改革委与美国可持续发展社区协会（ISC）共同签署了“江苏省低碳发展能力建设项目2年合作框架协议”。根据协议，省发展改革委与美国可持续发展社区协会就推动低碳经济工作开展一系列活动，取得了一定成绩。

1. 开展低碳发展高级干部培训班

2010年7月，由江苏省委组织部和省发展改革委联合组织，可持续发展社区协会承办的江苏省低碳发展战略培训班在南京召开。全省13个地级市分管市领导和发展改革委主任全部参加培训。培训配备与学员数量相当的国内外一流专家，采用国际先进的同行互动学习法，加深了地方领导对低碳发展理念的理解，为随后江苏省低碳试点工作开展奠定一定基础。

2011年9月，和中国浦东干部学院（以下简称“浦干”）合作，举办第二期高级干部培训班，邀请江苏省各地发展改革委官员参加。培训班成果《低碳发展案例汇编》成为浦干高级干部专业教材。2012年10月，第三期高级干部培训班在浦干召开。

2. 编制低碳园区和低碳社区指南

在德国国际合作机构（GIZ）和中美气候行动伙伴计划的联合资助下，ISC组织国内外一流专家组编制《低碳园区开发指南》和《低碳社区行动指南》。在2011年6月～7月，在省发展改革委组织下，开展低碳园区需求调研。在调研基础上，确立了指南开发的框架。通过先后4次外部专家讨论会、地方初试测评，目前《低碳园区开发指南》已经完成，《低碳社区行动指南》已经进入送审阶段。项目成果等待试点园区和社区进一步实践后，进一步全省推广。

3. 开展低碳老城更新试点项目

结合ISC自身专业特点，在江苏省发展改革委指导下，与扬州市政府合作，在扬州5平方公里老城区正在开展低碳更新项目。旨在探索保持老城低碳特色的基础上，通过低碳改造实现居民生活品质提升。项目采取“软硬兼施”的做法，抓住社区居民参与和适度技术运用两条主线，使得整个社区碳排放降到最低。目前，试点项目已经开工建设，2012年内能够在扬州老城区内建成低碳示范社区。

4. 开展企业碳盘查培训

鉴于当前工业企业对于EHS方面日益提高的需求，为进一步扩展EHS理念和专业知识技能，立足江苏辐射华东，以推动长三角地区工业企业与供应链在EHS方面的能力建设。2011年5月，美国可持续发展社区协会（ISC）和南京大学环境学院联合建立的南京大学-ISC环境、健康与安全中心（江苏EHS中心）正式落户中新生态科技城，中心旨在为中国工业企业和供应链培养大批高素质的专业环境、健康与安全（EHS）经理人。

中心通过提供符合企业实际的EHS能力培训，让学员，特别是来自工厂的一线EHS经理，能够了解并掌握国际先进的EHS管理模式；提高他们在EHS政策和标准上的自我管理意识及执行

能力，以帮助他们的企业提高并达到国家环境法规的标准；减少工伤导致的工作中断；降低能耗，同时减少温室气体和有毒气体的排放。这些举措同时也将帮助企业提高员工工作效率和产品质量，降低运营成本，提升其在国际市场中的竞争优势，并有更多的机会成为跨国公司的合作伙伴，为企业营造一个长效多赢的模式。

通过提供建筑和交通能效、减缓气候变化及应对措施、社区可持续发展的专业课程培训，旨在为企业培养一批高素质的EHS职业经理人。从2010年开始，陆续开展39次企业碳盘查培训，累计培训江苏企业340家，600余人次中高级管理人员受训并获得证书。这一服务极大推动了江苏EHS管理人才的培养和发展，并得到了地方政府、跨国公司和供应链企业一致的好评和认可。

（二）与加利福尼亚州政府的合作

加利福尼亚州是江苏省重要的贸易伙伴和投资来源地，双方自上世纪80年代开始友好交往。近年来，两省州在科技、教育、经贸和新能源等领域的交往日益密切，特别是在新能源和环保领域的合作成果显著。2009年10月，江苏省人民政府和加利福尼亚州政府签署了新能源与生态环境战略合作框架协议，标志着双方将共同应对全球气候变暖问题。这是中美两国政府继2009年7月草签《加强气候变化、能源和环境合作的谅解备忘录》后，第一个省州之间达成的有关新能源与生态环境战略合作的框架协议，标志着两国间签署的谅解备忘录已在省州层面开始具体实施。根据框架协议，双方同意进一步加强政府对于新能源、能效和环保领域的支持和服务，加强这些领域的技术交流合作、标准建设、企业创新能力的提升。协议的内容非常具体，具有较强的操作性，双方还商定今后每年将定期举行高层会晤，审查协议的进展情况，批准协议项下的具体方案。

2011年7月，江苏省委书记罗志军与美国加利福尼亚州参议院临时议长达瑞尔·斯坦伯格共同签署了《中国江苏省与美国加利福尼亚州新能源领域合作框架协议》，为两省州进一步加大新能源领域的合作力度、提升合作层次创造了条件。

（三）与美国自然资源保护委员会（NRDC）的合作

1. 签署中新生态科技城低碳发展合作协议

江苏与美国自然资源保护委员会在节能领域开展合作已有多年，并取得了良好成效。2010年9月由苏州工业园区管委会、NRDC和南京大学三方共同发起"苏州工业园区中新生态科技城低碳发展合作项目"，这是国内首个围绕低碳社区、绿色建筑、碳排放核算的低碳发展合作项目。苏州工业园区管理委员会、NRDC和南京大学将中新生态科技城作为示范区域，共同探索与实践低碳发展的路径，三方还签署了中新生态科技城低碳发展合作协议，以中新生态科技城为平台，借鉴NRDC在美国低碳发展的成功经验，共同探索与实践低碳发展的路径，推进园区"生态优化行动计划"的实施。根据协议，三方合作的主要宗旨是"减少温室气体排放"，具体合作内容为：制定中新生态科技城低碳发展评估指标体系，提出在建筑、交通、区域集中供能、供水、废水处理、垃圾分类等方面的具体项目和政策保障措施，编制低碳示范区发展指南；研究建立示范区低碳核算体系，提出针对示范区工业、交通、居民生活、商业和废弃物处理的温室气体排放核算方法，并建立区域碳排放的核算和削减潜力分析模型；推广绿色建筑，提出园区最适宜的绿色建筑技术目录；实践低碳社区建设，借鉴先进经验，在中新生态科技城内确定若干住宅小区为低碳生活试点社区，提出适合当地的低碳社区模式；组织开展国际交流与培训。该协议不仅标志着苏州工业园区中心生态科技城低碳示范区建设进入一个崭新的阶段，同时也展现了地方、科研院校和国际组织在社会经济发展中成功的多方合作模式。

2. 在 DSM 领域开展研究与合作

江苏省建筑科学研究院有限公司与美国自然资源保护委员会为应对气候变化在能源需求侧管理(DSM)领域开展了共同研究和合作。内容包括江苏地区建筑门窗节能性能标识推广应用的总体规划,标识产品在江苏省省优工程、"扬子杯"工程等评奖项目中的试点示范应用,开展节能门窗和外遮阳产品推广认定管理。DSM 能源需求侧管理是通过采取有效的激励和引导措施,以及适宜的运作方式,引导能源用户提高用能效率、改变用能方式,在满足同样用能功能的同时,减少能源效率需求。

美国自然资源保护委员会、江苏省建筑科学研究院有限公司、国家电网公司电力需求侧管理指导中心三方签署了《DSM 在江苏省既有建筑节能改造中的应用研究》的合作协议。该项目基于江苏省既有公共建筑节能改造的平台,借鉴江苏省工业行业的经验,研究 DSM 在既有公共建筑节能改造中的应用策略和机制,探讨 DSM 在建筑节能领域研究、实施、推广途径,形成了一系列研究成果。

3. 应用 DSM 技术对公共建筑进行节能潜力分析

"十一五"期间,江苏完成了 900 余栋机关办公建筑和大型公共建筑和 76 所高校全部建筑的基本信息调查和能耗统计工作,在省本级和南京、常州、无锡建立了建筑能耗监测平台,对 110 余栋机关办公建筑和大型公共建筑实施建筑能耗动态监测。2010 年 6 月,江苏开始实施《公共建筑节能设计标准》,相比国家标准,江苏省《公共建筑节能设计标准》分类更细,标准更严,并融入了国内外适合江苏自然气候条件的最新节能技术。

"十一五"以来,江苏新建公共建筑执行建筑节能标准,累计节约 393.9 万吨标准煤[①]。

(四) 与美国能源基金会(EF)的合作

江苏与美国能源基金会为应对气候变化在许多领域展开了广泛合作。2009 年迄今,江苏省建筑科学研究院已与美国能源基金会合作开展了两期美国能源基金会中国可持续能源项目(CSEP),对适合江苏地区气候特点的建筑及用能模式进行了深入研究,形成了江苏省居住建筑节能技术发展方向。

通过国际交流和项目合作,江苏省建筑科学研究院提出了适合江苏省发展的建筑节能技术指南,先后主编和参编了《江苏省居住建筑热环境和节能设计标准》、《江苏省绿色建筑评价标准》、《夏热冬冷地区居住建筑节能设计标准》等多部标准,出台了《江苏地区建筑门窗节能性能标识推广应用的总体规划》。江苏省住房和城乡建设厅下发了《关于加强建筑节能门窗和外遮阳应用管理工作的通知》,在全省范围内开展节能门窗和外遮阳产品推广认定。"十一五"期间,因实施新标准、新措施,累计节约标煤 393.9 万吨,减少二氧化碳排放 1 024.1 万吨。

---

① 数据来源:《江苏省建设领域经济运行统计报表制度》。

三、有力支持英国在江苏的合作项目

英国是世界领先的低碳政策创新者和实践者，近年来，江苏充分借鉴英国低碳发展经验，通过投资研发、合作研发、技术交流和相关人才培训等方式加强国际间项目合作，促进全省低碳、可持续和耐受性强的经济增长。

（一）常州武进低碳垃圾处理繁荣基金项目

为了加强中英政府间的交流和合作，英国外交与联邦事务部设立了繁荣基金，其中应对全球气候变化的英国战略项目基金（SPF）旨在通过为中国项目提供支持的方式，促进低碳、高增长的全球化经济。英方委托英国有关机构，与江苏积极开展合作，在武进开展了中英低碳垃圾处理繁荣基金项目，成为中英合作的首个低碳试点项目。

通过常州市科技局的推荐，在武进区政府大力支持和武进区城管局的积极参与下，江苏现代低碳技术研究院、南京工业大学与英国伊尔姆环境资源管理咨询有限公司联合申报了“常州市武进区低碳垃圾管理项目”，获得了 SPF 项目资助，并获江苏省发改委和国家发改委的批准。项目旨在通过对常州武进区的垃圾碳足迹追踪，分析研究和探索垃圾低碳管理最具可行性的办法，进而在全国乃至国际推广。这是中英两国在低碳垃圾处理领域开展的全新合作，该项目的启动，不仅为中国城市垃圾管理模式提供借鉴经验，还将为常州市、江苏省乃至全国的温室气体减排目标作出贡献。作为中国的第一个低碳示范区，武进区将成为低碳垃圾处理及管理的示范基地。武进区目前约 90％的垃圾采用焚烧处理，10％采用安全填埋。日均处理生活垃圾 1 000 吨。

该项目将会就常州市武进区的垃圾产生流进行收集、分析、计算的工作，并通过专家指导、交流研讨的形式与常州市武进区的当地官员进行交流，提供常州的垃圾流的温室气体清单。项目将于 2012 年年底之前提交一份有关中国垃圾政策提议最终的报告。其中，常州的垃圾类别的温室气体清单会为未来的比较提供一个基准，而最终指导废物管理技术和政策建议的技术报告将为常州提供对未来最佳的废物管理的投资、技术等方面的科学建议。

项目开展时间为 2011 年 9 月～2012 年 12 月，目前已完成了对武进区的固体废弃物碳足迹计算以及国际和国内固废经验总结报告，正针对常州武进的固废管理政策编写建议报告。

（二）苏州“能效之星”创建活动

“能效之星”活动是 2006 年苏州市在落实国家发改委等五部门开展“千家企业节能行动”，继而对苏州市 500 余家重点用能单位全面开展能源审计，基本“摸清节能现状”和“提出努力方向”的基础上，结合苏州实际创造性开展的一项工作，目的是为彻底解决“建立节能管理体系”和“落实节能技改项目”两个问题，真正取得节能效果。通过该项活动，促使政府与企业联手，建立起一种有效的、具体的机制，改变过去以行政为主的组织方法，让企业把提高能源利用效率视为履行社会责任、提高自身形象和竞争力的重要途径，让政府也将其作为提高行政管理效能的积极措施，从而探索出一种新机制，建立起一个节能互动平台，真正做到全方位推动节能降耗。

"能效之星"活动在苏州开展以来，已取得显著成效。2010 年 12 月通过对首期"能效之星"活动试点单位评审，评选出江苏沙钢集团有限公司等 5 家 4 星企业，常熟三爱富中昊化工新材料有限公司等 14 家 3 星企业。活动产生节能量 70.2 万吨标准煤，减少 CO_2 排放 175.5 万吨，产生经济效益 7.0 亿元。

"能效之星"活动在国际上产生了广泛的影响。美国能源部劳伦斯伯克利实验室、英国政府战略基金对"能效之星"产生了浓厚的兴趣，与苏州合作，共同打造"能效之星"这一品牌。

2011 年 10 月，在英国外交部繁荣基金的支持下，苏州市经信委、苏州市节能技术服务中心和安元易如国际科技（北京）有限公司邀请国内外专家在吴江市分别举办"苏州'能效之星'活动纺织、服装、化纤行业能效提高培训研讨会"和"苏州'能效之星'活动印染行业能效提高培训研讨会"，旨在深化"能效之星"活动，提高创建企业能源利用效率，降低生产成本，帮助企业解决在工业节能方面存在的技术和管理困难。

项目开展时间为 2010 年 9 月～2012 年 6 月，目前已完成"能效之星"开发、推广，开办了针对企业的节能培训。

（三）苏州工业园区低碳发展工具开发与应用项目

"南京大学环境与低碳技术研究中心"落户于苏州工业园区中新生态科技城。中心自启动以来，已经承担了包括国家重大科技项目、国际合作项目、地方咨询项目等在内的数十项科研及服务项目。2011 年 8 月，中心启动"工业园区温室气体核算工具开发"项目，该项目作为英国外交与联邦事务部中国繁荣战略项目（SPF）之一，通过借助中英两国低碳合作政策框架，引入国外的资金和实践经验，结合南京大学低碳领域研究能力，为企业强化低碳发展和管理能力提供资金、技术和能力支持。项目开展时间为 2011 年 8 月～2013 年 3 月，目前已完成两次分别针对园区电子企业和建筑减排的大型培训会，正在开发基于工业园区的温室气体测量工具。

（四）江苏低碳能力发展培训班

为普及江苏低碳经济教育，提高低碳经济建设能力，编制"十二五"低碳经济发展规划，由江苏省发展改革委主办，国家发展改革委能源研究所支持，江苏布鲁斯达低碳研究中心 2012 年 3 月举办了"全省低碳经济能力建设培训班"。来自全省政府机关、研究机构和大企业共计两百余位代表参加。

会议阐述了国内外低碳发展形势，分析了我国的碳足迹及对全球减排目标的影响和我国发展低碳经济面临的问题和挑战，解读了我国低碳发展的战略和政策。介绍了当前省级低碳规划的相关知识与背景，指出了编制省级温室气体清单和"十二五"低碳发展规划的思路和方法。介绍了智能电网、快速公交、先进煤气化、碳地质贮存、信息通讯节能等应对气候变化的解决方案，从产业、规划、能源、水资源、交通、废弃物、建筑、生态与环境等领域展示了先进的低碳生态城市的应用技术。探讨了市场机制在碳排放、碳足迹、低碳认证到碳资产管理整个过程中的作用，分析了国内外碳交易市场的现状及各种碳交易方式的区别与利弊，展望了国内碳交易市场发展趋势，提出了对国内碳资产开发与交易的行动建议。

通过培训，大家认清了当前国内外低碳经济和碳交易市场的发展现状和趋势，开阔了视野，拓宽了思路，熟悉了我国低碳发展的战略和政策，了解了低碳规划的编制思路和方法，为提高江苏省低碳经济建设能力和开展"十二五"低碳经济发展规划工作起到了良好的推动作用。

四、积极开展清洁发展机制(CDM)项目合作管理

江苏是工业和能源需求大省,也是 CDM 项目开发起步较早的省份之一,“十一五”期间,江苏以节能降耗工作为契机,根据省情,采取了一些卓有成效的措施,有力地推动了江苏省 CDM 工作的开展。

(一) 江苏省 CDM 项目开发总体情况

1. CDM 项目获批数

截止到 2011 年底,江苏获批 CDM 项目 104 个,项目获批数占全国项目获批总数的 2.5%,估计二氧化碳年减排量 4 191.5 万吨,位居全国第五。其中在 2011 年内全省获批 CDM 项目 20 个,估计二氧化碳年减排量 241.8 万吨。①

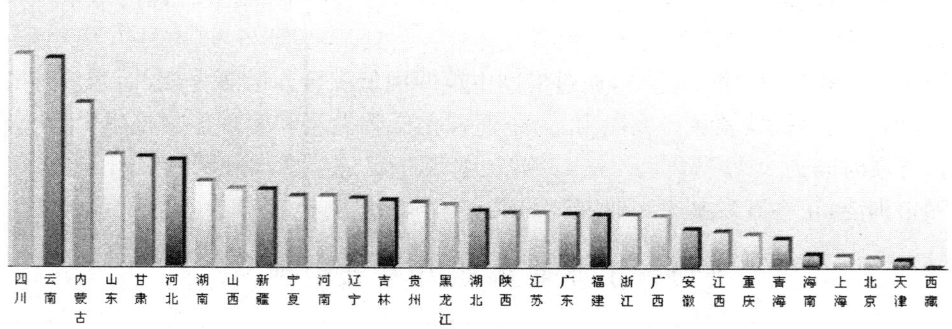

图 4-2 CDM 批准项目数按省市区分布图②

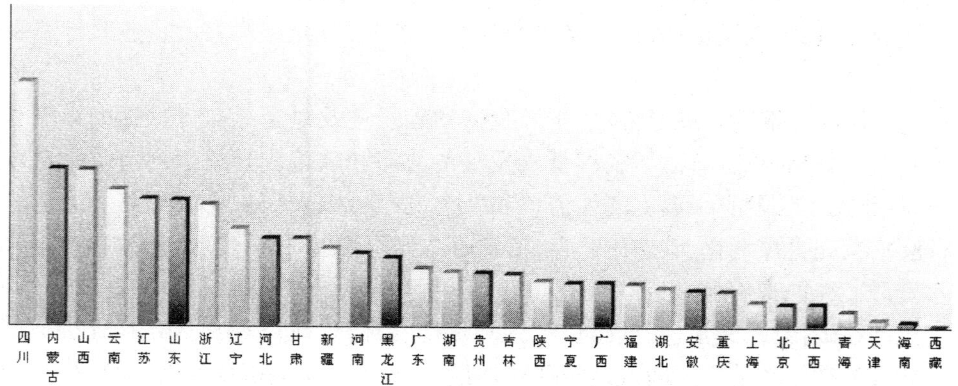

图 4-3 CDM 批准项目估计年减排量按省区市分布图③

① 数据来源:中国清洁发展机制网 CDM 项目数据库系统。

② 图片来源:中国清洁发展机制网。

③ 图片来源:中国清洁发展机制网。

表 4-1 2011 年江苏省获批的 CDM 项目表[①]

序号	项目名称	所在地	减排类型	国外合作方注册所在国	估计年减排量
1	江苏国信东凌风力发电有限公司东凌风电场二期(48 MW)工程	江苏	新能源和可再生能源	法国	78 642
2	光大光伏能源(镇江)有限公司利用废弃宕口建设 3.5 MW 薄膜光伏电站项目、光大光伏能源(镇江)有限公司利用屋顶建设 9.8 MW 光伏电站打包项目	江苏	新能源和可再生能源	英国	13 022
3	江苏华电灌云风电场项目	江苏	新能源和可再生能源	英国	165 522
4	徐州协鑫光伏电力有限公司 20 兆瓦光伏发电项目	江苏	新能源和可再生能源	荷兰	20 202
5	华能启东风电场二期工程	江苏	新能源和可再生能源		161 235
6	江苏如东风电项目三期(150 兆瓦)工程	江苏	新能源和可再生能源	奥地利	248 469
7	华电尚德东台太阳能发电项目	江苏	新能源和可再生能源	瑞典	9 157
8	龙源如东潮间带风电场示范项目	江苏	新能源和可再生能源	奥地利	305 170
9	江苏海丰奶牛场粪便处理和沼气利用项目	江苏	甲烷回收利用	英国	47 037
10	江苏龙源潮间带风电项目	江苏	新能源和可再生能源	荷兰	60 706
11	江苏宏东生物质热电联产项目	江苏	新能源和可再生能源	英国	170 479
12	2×15 MW 生物质热电联产项目	江苏	新能源和可再生能源	芬兰	166 780
13	太仓金诸种猪场大型沼气工程项目	江苏	甲烷回收利用		31 243
14	无锡东沃硫磺制酸余热回收项目	江苏	节能和提高能效		19 775
15	江苏省节能灯发放规划类项目	江苏	节能和提高能效		31 956
16	徐州中联水泥有限公司水泥生产中增加混材项目	江苏	其他	英国	136 088
17	连云港中联水泥有限公司水泥生产中增加混材项目	江苏	其他	英国	230 377
18	南京中联水泥有限公司水泥生产中增加混材项目	江苏	其他	英国	241 857
19	宿迁中联水泥有限公司水泥生产中增加混材项目	江苏	其他	英国	141 036
20	淮海中联水泥有限公司水泥生产中增加混材项目	江苏	其他	英国	139 002

① 数据来源:中国清洁发展机制网。

2. CDM 项目注册数

截止到 2011 年底，江苏注册 CDM 项目 55 个，占全国项目注册数的 2.34%，估计二氧化碳年减排量 3 455.2 万吨，居全国第三。其中在 2011 年内注册 CDM 项目 9 个，估计二氧化碳年减排量 106.2 万吨。①

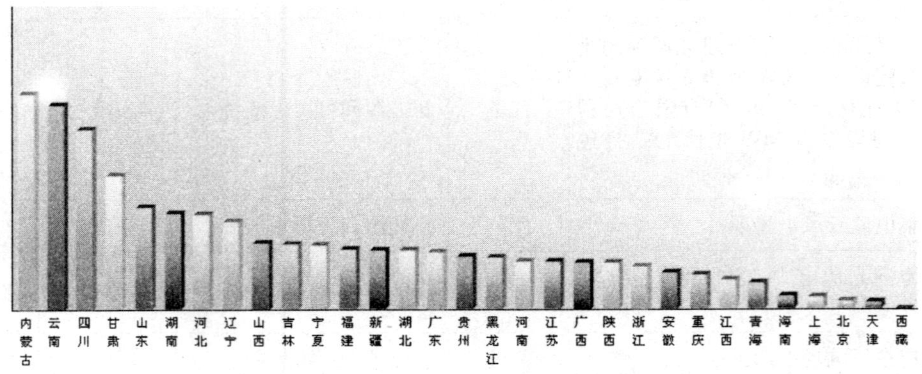

图 4-4　CDM 注册项目数按省区市分布图②

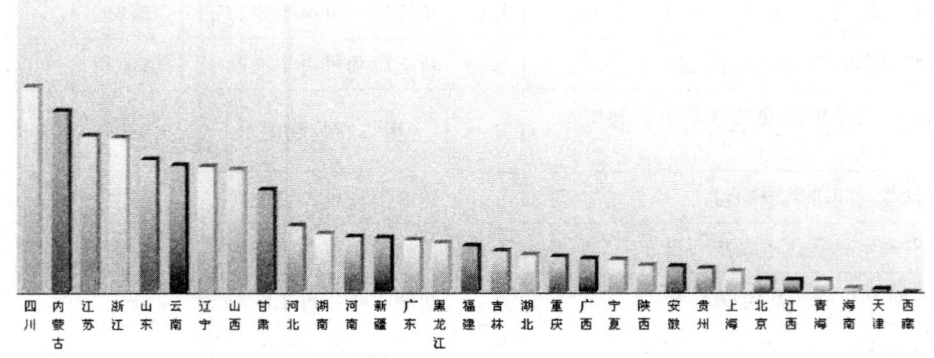

图 4-5　CDM 注册项目估计年减排量按省区市分布图③

表 4-2　2011 年江苏省注册的 CDM 项目表④

序号	项目名称	所在地	减排类型	国外合作方注册所在国	估计年减排量
1	江苏国信东凌风力发电有限公司东凌风电场二期(48 MW)工程	江苏	新能源和可再生能源	法国	78 642
2	光大光伏能源(镇江)有限公司利用废弃宕口建设 3.5 MW 薄膜光伏电站项目、光大光伏能源(镇江)有限公司利用屋顶建设 9.8 MW 光伏电站打包项目	江苏	新能源和可再生能源	英国	13 022
3	江苏华电灌云风电场项目	江苏	新能源和可再生能源	英国	165 522

① 数据来源：中国清洁发展机制网 CDM 项目数据库系统。

② 图片来源：中国清洁发展机制网。

③ 图片来源：中国清洁发展机制网。

④ 数据来源：中国清洁发展机制网。

（续表）

序号	项目名称	所在地	减排类型	国外合作方注册所在国	估计年减排量
4	徐州协鑫光伏电力有限公司 20 兆瓦光伏发电项目	江苏	新能源和可再生能源	荷兰	20 202
5	华能启东风电场二期工程	江苏	新能源和可再生能源		161 235
6	江苏如东风电项目三期(150 兆瓦)工程	江苏	新能源和可再生能源	奥地利	248 469
7	华电尚德东台太阳能发电项目	江苏	新能源和可再生能源	瑞典	9 157
8	龙源如东潮间带风电场示范项目	江苏	新能源和可再生能源	奥地利	305 170
9	江苏龙源潮间带风电项目	江苏	新能源和可再生能源	荷兰	60 706

3. CDM 项目签发数

截止到 2011 年底，江苏签发 CDM 项目 30 个，占全国项目注册数的 3.23%，估计二氧化碳年减排量 3 167.1 万吨，居全国第二。①

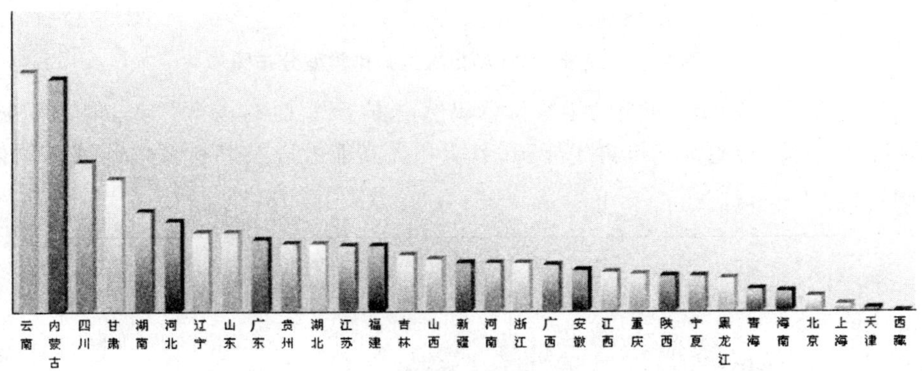

图 4-6　CDM 签发项目数按省区市分布图②

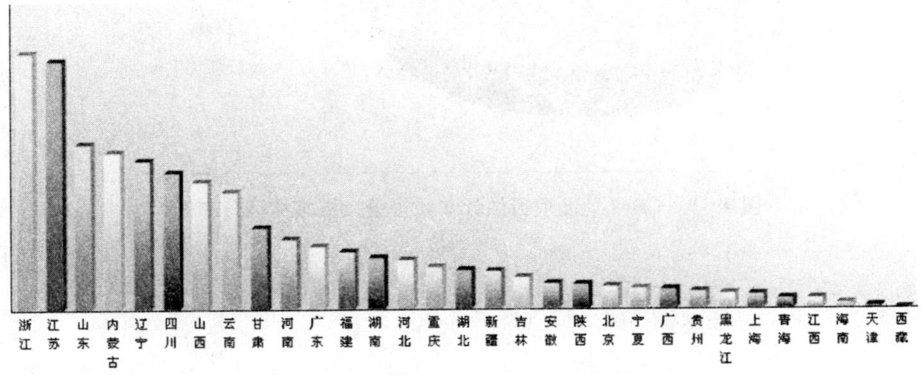

图 4-7　CDM 签发项目估计年减排量按省区市分布图③

① 数据来源：中国清洁发展机制网 CDM 项目数据库系统。
② 图片来源：中国清洁发展机制网。
③ 图片来源：中国清洁发展机制网。

（二）江苏省 CDM 项目减排类型

截至 2011 年，江苏获批的 CDM 项目重点分布在新能源和可再生能源、垃圾焚烧发电、节能和提高能效、甲烷回收利用、燃料替代、HFC－23 分解等领域，尤其是新能源和可再生能源，以风电和生物质发电为主，占 39.4%，节能和提高能效占 33.7%，甲烷回收利用占 10.6%。

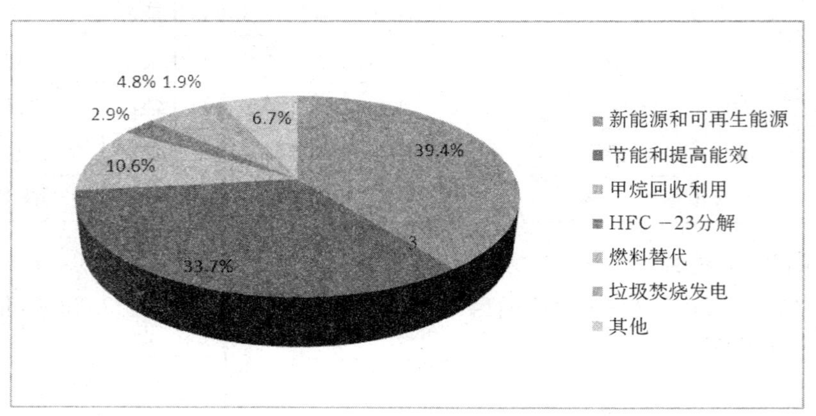

图 4－8　获批 CDM 项目数按减排类型分布图[①]

而从减排量来看，甲烷回收利用的年减排量仍然占据半壁江山，占 55.3%，但近年来，其他领域的 CDM 项目不断增长，新能源和可再生能源、节能和提高能效以及燃料替代领域二氧化碳年减排量都已达到 10%以上。

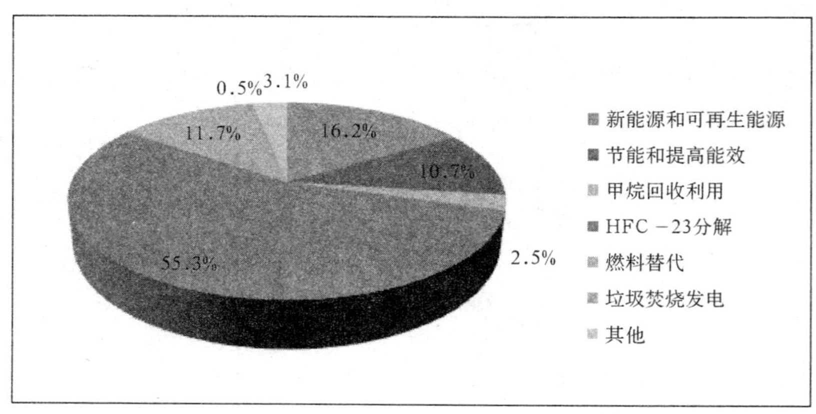

图 4－9　CDM 批准项目估计年减排量按减排类型分布图[②]

① 根据中国清洁发展机制网数据加工整理。
② 根据中国清洁发展机制网数据加工整理。

五、与其他国家开展交流合作

(一) 中国湿地生物多样性保护与可持续利用项目

“中国湿地生物多样性保护与可持续利用”项目是由全球环境基金(GEF)资助,由联合国开发计划署(UNDP)负责项目管理,由中国国家林业局负责实施的湿地保护项目。GEF 赠款总额为 1 168.9 万美元,江苏盐城沿海滩涂湿地是全国四个项目区之一。在项目支持下,盐城沿海湿地区域在湿地能力建设、湿地人才培养,尤其是湿地宣教方面取得了可喜的成绩,有力地推动区域湿地保护事业的发展,为全省湿地保护树立了典范,特别是在项目的支持带动下,大丰麋鹿、盐城珍禽两个国家级自然保护区基础设施得到充实完善,管理人员业务素质得到加强,保护管理水平显著提升。项目实施以来,各级相关人员积极行动,各项项目活动均走在全国四个项目区前列,获得了国家林业局领导、相关国际组织及国家 GEF 项目办的肯定。

目前,该项目已完成丹顶鹤和麋鹿两个国家级自然保护区的湿地修复、湿地宣传教育中心、湿地资源调查等全部内容,并通过国家林业局和联合国开发计划署、全球环境基金组织的联合验收,为实现“确保中国具有全球重要意义的湿地生物多样性得到保护”的长远目标作出了积极贡献。

(二) 和瑞士合作建设无锡中瑞低碳生态城

无锡中瑞低碳生态城是中瑞两国政府间的合作示范项目,位于无锡市南部的太湖新城,规划面积 2.4 平方公里,混合布局文化体育、商业休闲、生活居住等功能。计划通过 3 至 5 年的努力,在可持续城市功能、可持续生态环境、可持续能源利用、可持续固废处理、可持续水资源管理、可持续绿色交通、可持续建筑设计等七个方面,在全国范围内率先完成生态城建设,将中瑞低碳生态城打造成为中国一流、世界有影响力的低碳生态精品工程、样板工程和示范工程。

2010 年 7 月 3 日中瑞低碳生态城成功签约奠基,在奠基仪式上,国家住房和城乡建设部与无锡市人民政府签订了《共建“国家低碳生态城示范区——无锡太湖新城”合作框架协议》,无锡太湖新城被国家住房和城乡建设部授予“国家低碳生态城示范区”,无锡中瑞低碳生态城被瑞典王国环境部授予“中瑞合作示范项目”。

(三) 与韩国签订双边气象科技合作协议

2002 年 10 月,江苏气象代表团赴韩国访问,根据中国气象局和韩国气象厅的合作协议,与韩国济州地方气象厅正式签订了双边气象科技合作协议书,通过代表团互访、专家交流和出版研究文集等方式,一直保持着广泛的交流与合作。在暴雨预报、交通气象、风能资源和多普勒雷达研究等领域取得了一定的成果,并围绕精细化预报与灾害性天气预警进行了深入的技术交流。

(四) 与芬兰共同组建环境研究中心

环境问题是一个全球性问题,需要国际间的合作。东芬兰大学在人类发展研究、森林和环境科学、新材料和创新技术以及边疆研究等领域具有很强的科研优势，与南京大学环境学院形成良好的互动合作。

2009 年 5 月，南京大学、芬兰 University of Joensuu 和 University of Kuopio，共同组建中芬环境研究中心，关注气候变化研究，该研究中心的成立是南京大学与北欧高水平大学建立实质性交流合作关系的新起点。“中芬环境研究中心”可以推动和加强两国高校在环境和相关学科领域内的教学和科研合作，倡导多学科和跨学科研究项目、交换科研信息、为师生提供国际学术交流和培训机会，发展成一个为中芬两国科研人员从事联合科研的学术和教育交流平台。

第五篇　研究成果与案例

近年来，江苏省积极开展了全省和城市级别应对气候变化的战略和政策研究，各部门、大专院校、科研院所和广大企业也积极行动，参与各领域低碳研究，为全省低碳绿色转型提供了坚实的理论和技术保障。

在本篇中，我们遴选出近年来江苏省低碳研究领域中有代表性、具典型意义的成果，进行专门性概要介绍，分别是江苏应对气候变化能力建设需求分析研究、江苏碳交易市场建设的思路研究、江苏省建筑能耗及碳排放核算体系研究报告、江苏低碳交通运输发展状况与政策建议、无锡市低碳发展综合路线图研究、县域层面碳减排潜力研究和低碳园区发展指南。限于篇幅，我们无法将所有优秀成果一一陈列，在此表示歉意。

江苏应对气候变化能力建设需求分析研究

厦门大学,2012 年 1 月 28 日

该调查以江苏省为案例,研究了江苏省政府官员应对气候变化和低碳发展能力建设的需求。研究发现来自地方各级政府部门的官员,对应对气候变化和低碳发展的能力建设有很强的需求:他们在减缓和适应气候变化最新的理论和实践以及实用的气候变化和低碳管理技术方面急需提高能力。此外,结果也显示地方政府官员对国家重要气候政策理解、分析、解读和评估的能力也需要进一步提高。就能力建设的方式和方法而言,互动性强,能够从实际问题入手,理论联系实际,边学边实践的参与性能力建设方法被普遍认可,而且应对气候变化成功的案例分析也被认为是能力建设必不可少的有效方法。

(一) 江苏省应对气候变化能力建设的需求

这项研究从个人能力建设以及个人对机构组织影响的角度,将重点放在政府官员应对气候变化和低碳发展能力建设的需求方面。调查问卷主要包括参与者基本信息,对以往气候变化相关培训的评价,今后气候变化培训内容、方式、教材、时间以及地点等需求。调查问卷随后请气候领域的专家、能力建设评估专家以及项目的执行者做了评估,并和江苏省发展改革委的官员进行了沟通,在开放问题中,最后还让参与者对这份调查问卷进行评估。其中 35 人对于调查问卷做出了评价,大部分认为调查问卷设计合理全面,针对性强。

1. 气候变化和能源问题的认知和理解

参与者对气候变化的知识有比较好的了解,尤其是对全球气候变暖的趋势认同度非常高,91.1%的参与者都听说过这个科学事实。此外,对国际应对气候变化的行动,特别是《联合国气候框架公约》和《京都议定书》分别只有 7.3%和 6.8%的参与者从来没有听说过。参与者对中国温室气体排放的现状、2020 年的减排目标、低碳发展的实践、能源安全、适应和减缓策略、土地利用变化、碳排放交易等认知度也较高,至少 40%的参与者知道这些状况。不过,近 40%的参与者从来没有听说过低碳技术、碳捕获和封存技术。虽然中国的 CDM 在国际碳市场占据重要的份额,有 34%的参与者不知道 CDM 机制。森林碳汇的认知度也比较低,接近 30%的参与者从来没有听说过碳汇。

对于气候变化问题的认识和态度,参与者对气候变化的原因有比较好的理解,92.6%的调查者感觉到了当地明显的气候变化,91.2%认为砍伐森林会导致温室气体排放,84.4%知道温室气体来源于化石燃料燃烧,82.7%能够理解人类活动与温室气体排放的关系,81.7%知道二氧化碳来源于能源活动。

针对气候变化产生的影响,92.7%的参与者认同气候变化对社会和经济生活产生影响,89.5%认为海平面上升导致洪水,81.7%相信气候变化会带来灾难性的后果,77.6%认为气候变化影响中国北方水资源的可得性,5.8%的参与者回答不知道。83.7%的参与者认为会给中国带来健康威胁,5.2%回答不知道。这两项内容回答不知道的比例是最高的。

对于解决气候变化问题的途径,87.4%和 93.7%的参与者分别认同及早行动控制温室气体和节约能源是解决气候问题的方案,80%的参与者对于未来气候问题的解决也持比较乐观的态度,认

为可以找到解决方案。但是，对于碳税和支付更高的油价以支持应对气候变化的行动方案，只有50%的参与者愿意支付碳税，21.4%的参与者反对实施碳税。只有55%的参与者愿意支付高油价以支持气候保护，19%的参与者不愿意支付。将江苏省收集的资料和以前全国收集的资料做了对比，结果发现，江苏省的参与者气候变化知识和意识水平均高于全国其他的参与者，而且他们比普通公众有更高的支付碳税和高油价的支付意愿以支持气候保护行动。

除了气候问题，这项研究还设计了几个中国能源问题，希望了解参与者的认识和态度。结果显示，调查者对中国以煤炭为主的能源结构有明确的认识，92.1%的参与者知道中国的能源主要来源于煤炭，只有少数(3.7%)认为中国的能源主要来源于水力发电。此外，96.9%的参与者认为中国未来会发生能源短缺，而且89.5%认为过度依赖石油进口对中国的能源安全有很大的影响。对于中国未来核电的发展，特别是日本福岛核事故发生后，多数参与者(62.3%)认为安全问题是中国核电的主要问题，不过37.7%的参与者还是认同加速核电发展以满足能源需求。对使用清洁的可再生的“绿色电力”，参与者关注最多的是绿色电力的价格，其次是绿色电力供给的稳定性和对温室气体减排的贡献，而影响最小的因素是绿色电力对绿色就业和当地经济的影响。

参与者获取气候变化相关信息最主要的渠道是参加会议及培训和互联网络，其次是大众媒体(广播、电视、报纸等)，而从政府的文件中得到的气候变化的信息则比较少。

2. 不同能力建设方式的评价

在参与者对各种能力建设的方法在气候变化应用有效性的评价中，大多数参与者认为从实践和经验的角度进行能力建设的方法比较有效。例如，参与者认为实地考察国内外气候政策和实施(75.4%)，和经验丰富的地区的交流(76.9%)，与同行分享低碳实践经验(67.5%)，座谈和交流分享节能的实践经验(67.9%)的方法是比较有效的。60%的参与者分别认为培训班以及聘请专家咨询的方法比较有效，而不到50%的参与者则认为通过远程教育参加气候管理课程比较有效。

3. 以往能力建设培训班的评价

191位参与者中，58人以前参加过各种形式的气候变化和低碳发展相关的培训，占总参与者人数的30.4%。其中45位参与者参加过1次培训，7位参加过2次培训，6位参加过3次培训。以往参加培训的时间主要集中在2008～2011年间，其中2011年有50人次参加了培训，是参加培训人次最多的年份。培训的主题绝大多数和低碳发展有关，其次是节能减排，还有碳排放以及排放清单的编制工作以及CDM等。除了少数培训班是由非政府机构以及国际机构和企业组织的以外，政府组织的培训占了绝对数量。

以往参加气候变化和低碳发展培训的参与者中，领导和单位委派参加的占多数(30人次)，其次是主动要求参加(18人次)，还有少数是被邀请参加(6人次)。参加培训的主要目的是为了提高工作能力(26人次)和学习相关知识(29人次)。

参与者还要求就以往的气候变化和低碳发展的培训对他们工作和气候变化认识的帮助做出评价。73.8%的参与者认为培训对他们工作有帮助，69.2%认为以往的培训对他们气候变化知识和认识水平的提高有帮助。

参与者认为，培训专家清晰的讲解(29人次)以及培训内容和他们工作的相关性(28人次)是最为重要的决定能力建设培训成功的因素，其次是培训主题(25人次)和培训方式的选择(23人次)，而对专家和学员之间的交流以及学员之间的沟通和交流则不是重要因素。

4. 应对气候变化和低碳发展的能力需求

应对气候变化和低碳发展能力建设的需求被分为了三个部分，即基本知识和信息的需求、技术和技能的需求以及政策和决策的需求。参与者认为减缓和适应气候变化的科学、气候变化的影响包括对中国的影响、绿色经济增长的战略和成功的实践是能力建设有用的内容(平均值在 4.17～4.19),其次是适应气候变化的原理和成功的经验(M=4.12)和气候变化发生的原因、过程和结果(M=4.02)。不过,参与者对国外低碳发展的理论和实践(M=3.85)和气候变化风险和管理(M=3.86)的内容的需求相对比较低。这个结果或许和低碳发展在中国得到很好的宣传,而且实践活动开展得比较广泛有关系。作为应对气候变化的重要策略,应对气候变化的风险则没有得到高度的重视。

在参与者对于应对气候变化和低碳管理的技术和技能需求调查中,参与者认为国家政策和实际工作紧密相关的管理技术对提高应对气候变化的能力比较实用。例如,国家和地方“十二五”碳强度和能源强度的指标分解的方法、低碳政策和策略设计、绿色核算方法、温室气体排放和“三可制度”、能源管理和核算都被认为是有用的能力建设的培训内容(平均值都大于 4)。相对来讲,参与者认为碳市场和低碳融资的一些技术和技能等内容对应对气候变化的能力建设培训实用性相对比较低,例如 CDM 开发、碳市场和碳交易、国际低碳融资等(平均值小于 3.9)。主要原因或许是中国的碳市场刚开始起步,发展速度比较缓慢,低碳发展的融资机制等还不健全,大多数人对碳市场还在持观望态度。

参与者对不同应对气候政策实用性评价的差别比较明显。参与者认为详细、准确地了解国家正在实施和将要实施的减排政策和规划对气候变化的能力建设比较实用。例如和国家的发展密切相关的节能减排的政策解读平均值最高(M=4.17),其次是国家应对气候变化方案和行动及实践经验(M=4.15),还有国家能源和应对气候变化的规划和实施(M=4.10)。此外,参与者认为国家的新能源政策、中国重要气候政策的经济评价、国际谈判的进程以及政策走向等政策分析能力也对气候变化能力建设比较实用。不过,参与者认为对国外气候政策的评估能力实用性不是很强(M=3.72),其次分析决策过程和决策实施具体行动等(M=3.89)能力对应对气候变化的实用性也相对较弱。

5. 气候变化和低碳发展能力建设培训的方法

应对气候变化能力建设培训方法中,参与者给予实践性强、理论与实际相结合的方法以好评。例如,80%的参与者分别认为引入实际问题在干中学、透彻的实际案例分析、结合培训实地考察是好的帮助提高气候变化能力的培训方法。此外,利用现代化的多媒体教学手段被 70%的参与者认可。不过,互动性比较差的讲座和小组讨论的学习方法相对来讲赞同的参与者比较少,仅被 60%左右的参与者评价为好方法。因而,今后在能力建设培训项目的设计当中,应该加强实用案例分析和详解,让参与者带着问题和设计解决方案参与实践性的培训设计就非常必要。

对于能力建设培训教材开发的问题,90%或者以上的参与者认为培训班应该配备相应的教材,认为教材可以作为实际工作的参考手册和参考资料来使用,赞同教材在科学性和系统性上应该有透彻的论述。70%的参与者希望教材包含经典的低碳和应对气候变化的案例分析,64%认为教材不一定和培训班内容匹配,只是作为参考资料就可以。近 30%的参与者认为没有教材不重要。另有 30%的参与者认为可以选择现成的网络和气候变化、低碳发展的书籍作为培训班的参考资料,不必编写教材。

关于培训专家的选择和配备,来自第一线的实业家和经验丰富的有实践管理经验的专家,受到了 85%参与者的普遍欢迎。此外,78.1%的参与者希望国内的专家和学者参与培训,通过与他们的交流,了解气候变化科学最新的进展和成果。71.7%的参与者认为还要多请国外的专家加入培训,及时了解国外低碳发展经验和动态。这项结果的启示是:今后气候变化能力建设的培训需要引入不同经验和专业背景的多元化培训专家团队。

关于气候变化能力建设培训内容的选择，多数参与者(62%)认为培训班应该以专题培训为主，75%的参与者认为培训应该加大学员的覆盖面，让不同的人员有机会轮流参加培训，而不是个别人员经常参加培训。绝大多数(93%)调查者支持政府官员必须要接受气候变化和低碳发展相关的培训，因为气候变化涉及到社会和发展的各个层面，应该提高气候保护的意识。

对于能力建设培训班时间的安排，虽然这个问题和经费的关联度比较大，但也是实施培训目标的重要考虑因素。多数参与者(62%)认为应该随着具体的培训内容来设计培训时间，少部分认为2～3天比较合理，时间太短或者太长的培训班支持率均比较低。

对于气候变化能力建设培训班地点的选择，选择交通方便地点的参与者比选择安静郊区的参与者多，还有一部分认为地点选择没有关系(36%)。将近60%的参与者认为参加培训后没有必要进行考核。但是，53%的参与者认为颁发培训证书是非常必要的，虽然有一部分(40%)认为只要学习到想要的内容就可以了。这个问题需要具体问题具体分析，如果培训的专业性比较强，可以通过考核颁发证书，以此证明参与者在这一专业拥有的能力，许多从事气候变化相关工作的年轻人晋级可能需要以此证明其专业水平和业务能力。

6. 应对气候变化能力建设的需求和建议

本研究还设计了开放问题，与参与者就气候变化能力建设进行深入的交流。

第一个问题是希望参与者就气候变化和低碳发展能力建设提出一些意见和建议。有102人对第一个问题给出了简单的回答。归纳起来，参与者对于气候变化能力建设的建议主要包括：定期举办有系统性、科学性的培训，将气候变化培训系统化；在培训案例的介绍方面，需要进一步提高案例分析的质量；对于提出的问题希望能够给出具有可操作性的建议；针对具体的培训问题和内容，培训内容增加与国外的主要低碳和排放指标等的对比，认识中国的差距。

第二个问题是关于地方政府在执行国家气候政策中遇到的困难和障碍，以及当地政府应该采取哪些措施克服这些障碍和困难。根据江苏省114位参与者反馈的信息，地方政府执行国家相关气候政策最大的障碍是国家气候政策和当地经济发展之间的矛盾。对于当地政府克服执行国家气候政策障碍的策略包括：加大资金的投入和政策的扶持；强化节能减排目标责任制度和管理机制；建立气候政策的执行绩效和考核机制，量化考核；从观念上重视气候变化问题和低碳发展；成立专门的基金，鼓励科研创新与科研合作，支持节能减排；将各项政策落到实处，特别是对于重点污染和排放大的企业要治理，提出减排目标和时间表；地方要将节能减排制度化，设立专门的机构和人员负责实施国家的政策，有法律化的文件约束地方的政策执行行为。

第三个问题是关于政府官员能力亟待提高的方面和措施。115位参与者反馈了信息。参与者认为，要加强政府官员应对气候变化能力建设，提高政府官员对气候变化和低碳发展的认识水平和意识。此外，大多数参与者认为政府官员还要培养大局意识，有创新能力，形成合理的知识和专业结构，具备科学决策的能力、综合协调能力、合作交流和沟通能力、执行政策的能力。再有，政府官员要熟悉国家气候和低碳发展政策，对当前的减排形势有判断和认识能力，有加强和应用各种措施的能力、调研实际问题和解决问题的能力。最后，许多参与者还认为政府官员需要强化服务意识，带头实施低碳行动。

(二) 江苏省低碳发展能力建设的建议

江苏省政府部门在气候变化特别是低碳发展能力建设方面取得了成就，特别是近两年来开展了不同层次的培训和研讨等活动，但是要完成“十二五”的低碳和能源效率目标，今后还需要加强能力建设。

第一，强化各级政府官员、各类企业管理者、商业部门主管以及利益相关者群体对国家气候政策理解的能力，特别要熟悉这些政策对江苏省发展的要求以及各个部门和行业发展的要求，从而明确江苏如何执行国家的气候政策，具体的部门如何确定实施方案。

第二，针对地方“十二五”规划和经济转型的战略，开展创新能力建设的专题培训，包括可再生能源和清洁能源技术的开发、应用和管理，创新气候政策的实施和效益，气候执政和治理以及从政府到企业创新低碳管理能力的建设等，为实施江苏低碳战略转型做好准备。

第三，建立和健全能力建设的政策和制度。对于新开发的国外新能源等技术投资项目，必须要有政策强调这些投资或者项目包括能力建设的活动，例如对技术人员和管理人员进行培训等，以促进技术转化、吸收和技术的本地化，提高当地工程技术人员驾驭新技术的能力和管理水平，特别是要强化低碳意识，将应对气候变化纳入企业发展战略等方面进行能力建设的提高，而且相关的主管部门也需要介入到能力建设的过程中，以督促能力建设的实施。

第四，江苏省级政府部门在应对气候变化能力建设方面还要有长远的目标和规划，使能力建设成为与低碳发展战略实施相配套的行动和措施，避免硬件超前发展，而软实力落后和不足的局面，让新的技术和发展模式得到及时的发展和应用。

第五，江苏省能力建设还要朝着系统化的方向发展。江苏已经利用各种资源开展了气候变化的能力建设，但是还需要加强能力建设项目的评估，了解能力建设项目的实施是否实现了预期的能力提高和发生变化的目的，在此基础上总结符合当地实际的好的能力建设的实践经验，在未来的能力建设活动中加以应用，提高能力建设项目的效率和效果。

附件：

江苏省政府官员应对气候变化和低碳发展能力建设需求调查表

一、调查对象的一般信息

1. 性别：□ 男　□ 女

2. 年龄：__________

3. 教育背景：

□ 高中（包括职业学校）

□ 大学（包括专科）

□ 硕士研究生

□ 博士研究生

□ 其他（请注明）__________

4. 所学专业：__________

5. 工作单位：________________　工作部门：__________

6. 职称/职务：________________

7. 日常主要负责的工作：________________

8. 参加工作的时间：__________

9. 政治面貌：□ 中共党员　□ 民主党派　□ 群众

10. 您是任何环境保护组织的成员吗？□ 是　□ 否

11. 近几年您义务参加过任何与环境保护、气候变化有关的活动吗？□ 是　□ 否

12. 您的工作和气候变化以及低碳发展有关系吗？

□ 直接相关　□ 有一些关系　□ 间接有点关系　□ 关系不大　□ 根本没有关系

二、对气候变化和低碳发展的认识和理解

1. 下面列出了一些与气候变化和低碳发展相关的内容，请选择您对其了解的程度。

内　　容	知道	听说过	从来没有听说过
全球气候近百年来呈变暖的趋势			
碳捕获和封存(CCS)技术			
碳汇(或者固碳)			
《联合国气候变化框架公约》			
《京都议定书》			
CDM(清洁发展机制)			
碳排放交易机制和碳市场			
气候安全/能源安全			
低碳发展和中国5省8市低碳试点			
2007年开始中国成为世界上最大的温室气体排放国			
中国2020年碳强度降低40%～45%(2005年基准)			
土地利用变化也是导致温室气体排放的主要原因			
适应和减缓是应对气候变化的重要策略			

2. 以下是关于气候变化的一些论述和观点,请选择最能代表你赞同程度的选项。

气候变化的陈述	强烈不同意	不同意	不同意也不反对	同意	强烈同意	不知道
气候变化正在发生,因为我明显地感觉到了当地气候也在变化						
燃烧化石燃料如煤炭、石油和天然气释放出大量的温室气体						
人类活动排放的温室气体是导致气候变化(变暖)最主要的原因						
二氧化碳(CO_2)是最主要的温室气体,来源于与能源相关的排放						
大面积砍伐森林也是导致温室气体排放增加的原因						
如果气温继续升高,可能引起海平面上升,我国沿海一些地区出现洪水等灾害						
气候变化会对中国许多地方的经济和社会发展以及人们的生活产生影响						
气候变化会加剧中国北方地区的缺水状况,导致水资源供给出现问题						
气候变暖会引发疾病传播,给中国一些地方人们的健康带来威胁						
正如科学家预言的那样,气候持续变暖最终将带给人类无法避免的灾难性后果						
节约能源能够减少温室气体的排放,是减缓气候变化的重要方法						
中国应该借鉴一些发达国家的政策,如向个人征收CO_2排放税(即碳税),以激励个人参与CO_2减排						
我愿意为汽油和其他化石燃料的使用支付更高的价格,如果增加的收入是用来支持阻止气候变化的活动						
尽管控制气候变化会付出很大的代价,中国还是应该立即采取行动,行动越早,就越有机会将损失减少到最小						
气候变化问题的确变得十分严重,不过我相信人类能够找到解决问题的办法						

3. 以下是关于一些能源问题的论述，请按照问题选择您的选项。

a. 你知道中国的电力最主要来源于以下哪种能源吗？

□ 石油 □ 天然气 □ 煤炭 □ 水力 □ 核电

b. 你认为中国今后会面临能源短缺吗？□ 会 □ 不会

c. 目前，中国石油对外的依赖度超过了50%。估计到2050年中国石油进口的依赖度将达到75%。过度依赖进口石油对中国的能源安全有影响吗？

□ 没有影响 □ 影响不大 □ 影响很大

d. 日本福岛核电事故后，你认为中国还应该大力积极发展核电吗？

□ 应该放缓核电发展速度，安全为主 □ 应该继续大力发展核电以满足不断增长的能源需求

e. 可再生能源例如风能和太阳能等能源被称为“绿色能源”。来源于这些清洁的可再生能源的电源被称为“绿色电力”。作为一个绿色能源的消费者，你认为下面那些因素对你选择使用绿色电力最重要(选择一个答案)？

□ 绿色电力的价格 □ 绿色电力供给的稳定性 □ 绿色电力对减排温室气体的贡献

□ 绿色电力的发展对当地经济和就业的影响

4. 您主要通过下列哪个渠道了解以上气候变化和低碳发展的有关知识？

□ 相关的培训或者会议

□ 互联网络

□ 中央和上级机关的相关文件

□ 大众媒体(广播、电视和报纸)

□ 其他(请具体说明：____________________)

三、关于能力建设的一般性问题

以下列出的是常用的增强能力建设不同的渠道和方法。您认为这些途径对提高地方政府官员应对气候变化和低碳发展能力的有效性如何？

增强能力建设的途径	很有效	比较有效	一般	不太有效	无效
举办培训班，集中讲授气候变化和低碳专题					
到不同的机构座谈和交流，分享成功的低碳和节能减排的实践经验					
实地考察国内和国外应对气候变化和低碳发展的政策、实施过程以及实用的措施					
和经验比较丰富的地区座谈和交流					
聘请气候变化和低碳专家咨询					
通过气候变化网络分享和交流信息，提高能力					
利用远程教育，参加气候变化管理课程的学习					
通过专题研讨会与同行分享低碳实践经验					

四、以往气候变化和低碳发展能力建设培训班或者项目的评价

如果您曾经参加过气候变化和低碳发展相关的培训，这里的相关是指任何和气候变化风险、国际和国内低碳发展、节能减排、碳排放核算、可再生能源政策、国际应对气候变化机制、绿色经济等有关联的培训，请您完成这部分的内容。如果没有参加过相关培训，请您继续第四部分。

请您回忆以往参加的气候变化和低碳发展相关的培训的情况：

☐ 参加过 1 次培训

参加时间__________

培训的组织或者主办机构______________________

培训主题包括① __________ ② __________ ③ __________ ④ __________

☐ 参加过 2 次培训

参加时间__________培训的组织或者主办机构______________________

培训主题包括① __________ ② __________ ③ __________ ④ __________

参加时间__________培训的组织或者主办机构______________________

培训主题包括① __________ ② __________ ③ __________ ④ __________

☐ 如果您参加过 3 次以上(包括 3 次)培训，请按照下列表格组织相关信息：

参加时间__________培训的组织或者主办机构______________________

培训主题包括① __________ ② __________ ③ __________ ④ __________

参加时间__________培训的组织或者主办机构______________________

培训主题包括① __________ ② __________ ③ __________ ④ __________

参加时间__________培训的组织或者主办机构______________________

培训主题包括① __________ ② __________ ③ __________ ④ __________

参加时间__________培训的组织或者主办机构______________________

培训主题包括① __________ ② __________ ③ __________ ④ __________

您以往参加气候变化和低碳发展相关的培训是因为：

☐ 被领导指定或者委派参加 ☐ 因工作需要而主动要求参加 ☐ 对培训主题感兴趣

☐ 受到培训组织者的邀请

您参加气候变化和低碳发展相关的培训的目的是：

☐ 学到相关知识 ☐ 想提高工作能力 ☐ 能够扩展人脉关系

您如何评价以往参加的气候变化和低碳发展相关的培训？

a. 从工作角度：参加培训对您工作的帮助有多大？

☐ 非常有帮助 ☐ 有帮助 ☐ 有点帮助 ☐ 帮助不大 ☐ 没有帮助

b. 参加培训对您提高气候变化和低碳发展相关问题的认识有多大的帮助？

☐ 非常有帮助 ☐ 有帮助 ☐ 有点帮助 ☐ 帮助不大 ☐ 没有帮助

c. 从您参加培训的经验来看，以往的培训在哪些方面是成功的(可以选择多项)？

☐ 针对培训对象选择合适的主题

☐ 培训内容和工作的关系非常密切

☐ 培训方式新颖、灵活多样(讲座，案例，考察，小组等结合)

☐ 培训专家的讲解非常到位

☐ 学员之间有机会交流

☐ 学员和培训专家之间的沟通和交流

☐ 其他，请说明____

五、应对气候变化和低碳发展能力建设的培训需求

1. 基础科学研究的成果是帮助我们提高认识气候变化和低碳发展问题的重要依据。请您就下列气候变化和低碳发展相关科学成果在能力建设培训中的实用性做出评价。

气候变化和低碳发展的科学	非常有用	有用	一般	不太有用	没有用
气候变化发生、发展和产生的原因					
气候变化风险和风险管理					
气候变化对社会经济发展的影响，包括对中国产生的影响					
应对气候变化的策略和减缓气候变化					
适应气候变化的原理和成功的实践					
绿色经济和增长的战略和实践					
国际低碳发展的理论和实践					

2. 管理气候变化和低碳发展，需要实用的管理技术和手段。请您就下列管理方法和技术对提高气候变化和低碳管理能力的有效性做出评价。

气候变化和低碳发展管理	非常有用	有用	一般	不太有用	没有用
能源审计的基本方法					
合同能源管理					
碳排放核算方法和数据库的管理					
温室气体排放监测方法，可测量的、可核准的和可报告的“三可”制度的建立					
国家和地方“十二五”能源强度和碳强度目标的分解以及实施途径分析					
应对气候变化战略规划编制的实用方法					
CDM项目开发的程序和步骤					
碳市场和碳交易的原理和实践					
国际低碳融资的方法及对中国的借鉴					
促进低碳技术发展的政策和策略设计					
低碳城市/发展的指标体系的建立					
绿色增长的核算方法和体系					

3. 应对气候变化和向低碳发展转型，需要强有力的政策推进。政府官员的决策水平和执行政策的能力对政策的有效实施影响非常大。您认为下列政策性相关的培训内容对提高政府官员执行气候政策的能力和决策水平有多大的帮助？

气候变化和低碳政策	非常有帮助	有帮助	一般	不大有帮助	没有帮助
国外气候政策具体的分析和评估					
国际和国内气候政策的决策和实施过程					
中国可再生能源发展的政策分析					
中国重要的气候政策的社会经济评价					
国际和国内应对气候变化的行动和成功的经验					
中国节能减排相关政策的详细解读					
中国能源和应对气候变化的规划和实施					
国际气候谈判进程、政策走向以及对中国气候政策的影响					

4. 如果举办气候变化和低碳发展相关的培训，您认为采用下列培训方法的效果如何？

方法	非常好	好	还可以	不太好	不好
气候变化和低碳发展的系统专题讲座					
详细和透彻地剖析实用的案例					
使用多媒体教学手段，增强感性认识					
根据培训内容，设计实地考察的活动					
分小组学习和讨论					
引入关注的实际问题，边做边学					

5. 针对气候变化和低碳发展培训教材的开发，您对下列说法的看法如何？

关于培训教材的论述	强烈同意	同意	中立	不同意	强烈不同意
培训班应该配备相应的教材，效果会非常好，便于预先准备					
培训教材紧密联系培训内容和主题，不需要有系统性，多总结和分析典型的低碳和应对气候变化的成功案例供参考					
培训教材不一定和培训内容完全吻合，可以作为参考资料					
网上的资料很丰富，现有气候变化和低碳发展的书籍非常多，指定一些作为参考，不必费时费力编写教材					
培训时间紧，回去工作忙，没有时间看教材，有没有无所谓					
培训教材应该在相关的主题上有透彻、科学和系统的论述					
培训教材应该对实际工作有指导性，能够作为实用性的操作手册和资料性读本					

6. 下面是关于培训专家的需求的论述，请选择您对以下观点的态度。

培训专家的论述	完全同意	同意	中立	不同意	完全不同意
多请国外专家加入培训班，介绍国际先进的低碳经验、行动和理念					
根据培训需要，请一些实践经验丰富的企业家或者第一线的工作人员，从实践的角度介绍气候变化和低碳的管理方法					
多请国内知名专家和学者加入培训，将最新的气候变化和低碳发展的研究成果及其应用和学员交流					

7. 关于应对气候变化和低碳发展培训项目或者培训班的组织，请您回答以下问题：

a. 您比较喜欢哪种类型的培训?

□ 专题培训 □ 综合性的培训

b. 您认为哪种培训参与的方式比较好?

□ 个别人员就相关专题参加多次培训,系统掌握相关知识和技术

□ 不同人员轮流出席相关的专题培训,扩大培训覆盖面,让更多人有机会参与

c. 您认为政府部门的官员必须接受气候变化和低碳发展相关的培训吗?

□ 是的,气候变化和低碳发展涉及到各个部门和领域,大家都要提高意识

□ 不用,和工作直接相关的人员参加培训,其他人员工作中用不到或者很少用

d. 您认为专题培训的时间以多长为宜?

□ 半天 □ 1 天 □ 2 天 □ 3 天 □ 4 天 □ 5 天 □ 7 天 □ 根据主题和需要定时间

e. 您认为集中培训的地点应该安排在哪里比较好?

□ 离开喧闹的城市放在郊区 □ 安排在交通方便的市区 □ 安排在哪里都没有关系

f. 您如何看待对参加气候变化和低碳发展培训的学员进行考核?

□ 有必要考核 □ 没有必要考核

g. 您认为有必要给参加气候变化和低碳专题培训的学员发放培训证书吗?

□ 非常有必要 □ 没有必要 □ 证书不重要,只要学到想要的内容就可以了

六、开放问题

下面的问题,我们想了解您真实的想法、观点和看法,以帮助我们针对政府官员设计气候变化和低碳发展能力建设项目,提高项目的有效性和培训的实用性。

1. 您对于气候变化和低碳发展相关的培训有什么具体的意见和建议?

2. 您认为地方政府在执行国家各项气候政策过程中面临哪些困难? 当地政府应该采取哪些措施保障各项政策的顺利实施?

3. 在应对气候变化和低碳发展的进程中,您认为地方政府官员在哪些方面亟待提高和加强能力建设,以适应低碳社会发展的需要?

4. 如果您对于这份调查问卷或者研究有任何评论和建议,请您写在这里。

江苏碳交易市场建设的思路研究

江苏省发展和改革委员会，2011 年 12 月

“十二五”是推动江苏碳交易发展的重要阶段，本调研报告总结归纳国外建立碳排放交易体系的先进经验、国内发展碳排放交易体系的有关实践，提出江苏建立碳排放交易市场面临的关键性问题，进而为加快全省碳排放交易市场建设，探索创新符合江苏省情的碳排放交易体系提出若干建议。

(一) 国内外碳交易市场建设的现状综述

1. 国际经验

(1) 欧盟排放交易体系(EU-ETS)

欧盟排放交易体系于 2005 年初试运行，2008 年初开始正式运行，其主要特征有以下四点：

一是属于总量交易(cap-trade)。欧盟各成员国根据欧盟委员会颁布的规则，为本国设置一个排放量的上限，确定纳入排放交易体系的产业和企业，并向这些企业分配一定数量的排放许可权(EUA)。如果企业能够使其实际排放量小于分配到的排放许可量，那么它就可以将剩余的排放权放到排放市场上出售，获取利润；反之，它就必须到市场上购买排放权，否则，将会受到重罚。

二是突出统筹和协调机制的重要性。欧盟委员会发布的诸多指令(如 Directive 2003/87/EC)是欧盟排放交易体系的基础性法律文件，它确定了各成员国实施排放交易体系所遵循的共同标准和程序。各国所制定的排放量、排放权的分配方案需经欧盟委员会根据相关指令审核许可后才能生效。此外，欧盟委员会还建立了庞大的排放权中央登记系统，排放权的分配及其在成员国之间的转移、排放量的确认都必须在中央登记系统登记。

三是具有开放式特点，与《京都议定书》和其他排放交易体系可局部衔接。企业可在一定限度内使用欧盟外的减排信用(主要是 CDM 和 JI)。此外，通过双边协议，欧盟排放交易体系也可以与其他国家的排放交易体系实现兼容，如挪威二氧化碳总量交易体系与欧盟间的对接。

四是实施循序渐进。为获取经验、保证过程可控，欧盟排放交易体系分阶段实施。第一阶段是试验阶段(2005～2007 年)，此阶段目的不在大幅减排，而在获得经验，为后续阶段正式履行《京都议定书》奠定基础，仅涉及二氧化碳和能源产业。第二阶段(2008～2012 年)，借助所设计的排放交易体系，正式履行对《京都议定书》承诺。第三阶段(2013～2020 年)，在此阶段内，排放总量每年以 1.74%的速度下降，以确保 2020 年温室气体排放要比 1990 年至少低 20%。欧盟排放交易体系的实施效果超过其他总量交易机制，取得了相当成效：

一是反映排放许可权稀缺性的价格机制初步形成。价格信号已能准确反映碳排放许可权的供给与需求状况，即产量越大，排放权的需求就越多，排放权的价格就越高；同时，排放权价格已经影响到企业的生产决策，企业如果不采取减排措施或降低产量，则需要承担更多的减排成本。

二是为运用总量交易机制解决气候变化问题积累了丰富经验，并不断改进完善。排放权从超额发放到合理下调、排放权免费分配向许可权拍卖过渡、微观数据从估计工厂排放到建立庞大的企业碳排放数据库。

三是促进了欧盟碳金融产业的发展，带动了柜台交易、期货、期权交易等商品，吸引了金融机构

和私人投资者的加入，使得碳市场容量不断扩大，流动性进一步加强，市场也愈加透明，整体提高了欧盟金融产业的竞争力。

四是提升了欧盟在新一轮国际气候谈判中的话语权。

（2）美国区域性排放交易体系

美国区域性排放交易体系包括美国区域温室气体行动（RGGI）、美国西部气候行动倡议、中西部温室气体减排协议、加州总量控制与交易计划等。该体系是目前世界上减排力度最大的强制温室气体总量控制与交易体系，是“西部气候倡议（WCI）”温室气体交易体系的重要组成部分，计划2012年起开始实施，其特征包括：一是严格的配额控制，二是强调成本控制和市场灵活机制，三是允许进行碳抵消，四是强制报告规则。

美国区域排放交易体系的特点和借鉴包括：一是电力行业是区域排放交易体系关注的焦点，二是配额拍卖的分配方式日益普及，三是灵活履约机制不断发展。

（3）全球自愿减排市场

自愿减排（VER）是随着《京都议定书》强制型市场的发展，伴随形成的碳市场。在自愿型市场中，公司、政府、非政府组织或个人为了对自己排放的温室气体进行各种形式的抵偿，力图实现“碳中和”，自愿交易碳信用额。从总体来讲，自愿市场有以下特点：一是买方市场特征显著，整体自愿减排信用供大于求；二是标准繁多，竞争激烈；三是价格浮动较大，定价整体比强制性交易低；四是交易规模小，流动性不足。

（4）碳税

碳税是以环境保护为目的，通过对燃煤和石油下游的汽油、航空燃油、天然气等化石燃料产品，按其碳含量的比例征税来实现减少化石燃料消耗和二氧化碳排放。与总量控制和排放贸易等以市场竞争为基础的温室气体减排机制不同，征收碳税只需要额外增加非常少的管理成本就可以实现。征收碳税的目的在于校正市场失灵带来的效率损失，以实现资源的优化配置。目前，欧盟、澳大利亚、加拿大卑诗省已开展了碳税政策实践。

2. 国内情况

（1）二氧化硫和水体排污权交易

我国排放交易最早是从控制二氧化硫排放开始，2002年，原国家环保局确定在山东省、陕西省、江苏省、河南省、上海市、天津市、柳州市以及中国华能集团公司，开展二氧化硫排放总量控制及交易政策实施的示范工作（简称“4＋3＋1”项目）。2007年，国内第一个排污权交易中心在浙江嘉兴挂牌成立，标志着我国排污权交易逐步走向制度化、规范化、国际化。不过从实际效果来看，也遭遇到政策可执行性差、行政手段挤压交易空间等问题。

江苏自2007年太湖大规模暴发蓝藻事件后，开始加大了对太湖流域的治理。2008年8月，财政部、环境保护部和江苏省政府联合确定，在江苏省太湖流域启动排污权有偿使用和交易试点，2010年时列入排污权有偿使用范围的排污单位为1 357家（年排COD100吨以上），COD指标申购量达到了4.97万吨/年，2009～2010年，排污权有偿使用费达到了1.75亿元。从2010年10月起，太湖流域水污染物排污权交易市场正式登台亮相，COD、总磷、总氮等污染物排放指标均可用于交易。

（2）CDM机制

2004年，国家发展改革委等三部门联合发布《清洁发展机制项目运行管理暂行办法》，标志着中国CDM项目开发开始运行。截止到2011年12月2日，我国有1 690个CDM项目成功注册，占东道国注册项目总数的46.56%；预计产生的二氧化碳年减排量共计34 805万吨，占东道国注册项目预计年减排总量的63.94%。而江苏方面，截止到2011年底，获批CDM项目104个，签发二氧化碳减排量419.2万吨，其中在2011年内我省获批CDM项目20个，签发二氧化碳减排量241.8万吨。中国政府和企业的CDM意识在逐步增强，通过CDM也取得了广泛的效益，包括环境、经济、社会和国际方面等等，发展的优先领域主要包括：节能和能效提高、开发利用新能源和可再生能源、回收利用甲烷和煤层气。但是CDM在中国发展过程中存在的问题也比较多，主要涉及几个问题：第一是CDM对于清洁发展理念的局限性；第二是CDM对技术转移和传播方面，有一定的局限性，CDM缺少刺激技术自我创新的激励因素；第三是CDM在后京都时代具有不确定性；第四是项目实施存在风险和意外性。

(3) 自愿碳市场和环境交易所

2011年，国家发展改革委办公厅下发了《关于开展碳排放权交易试点工作的通知》(发改办气候〔2011〕2601号)，批准北京、天津、上海、重庆、湖北、广东、深圳等7省市开展碳排放权交易试点工作。目前各试点省市均开展了前期基础研究和能力建设，制定了试点工作方案，并计划于2013年左右启动排放权交易。北京环境交易所与纽交所和Blue Next交易所启动了熊猫标准的开发研究，这也是第一个由国内自主研发的碳交易标准。上海环境能源交易所、天津排放权交易所等也积极行动，河北、湖北、浙江、云南、大连等非试点省市也提前布局，积极挂牌碳排放交易所。

目前，国内碳交易所存在的困扰是：碳交易量不足，规模最大的北京环境交易所近三年碳交易量约300万吨，还不到欧洲气候交易所一天的交易量；交易所运营成本高；仅限于自愿减排项目；绝大多数为国内买方；碳交易加大企业成本，动力不足；成本转移到消费终端；数据审核方法与国际标准不统一；缺少有效第三方监管；缺少金融机构参加、流动性不足；二级市场有待培育。

(二) 碳排放交易试点的关键性问题考虑

建立碳排放交易市场是一项庞大的系统工程，也是一项难度很大的工作。

1. 从长远发展看

一是推动碳交易符合国家的政策取向，从长远看是大势所趋。二是推动碳交易有利于促进企业碳资产开发，为未来储备排放空间。三是推动碳交易有利于发挥市场机制的作用，促进碳强度目标下降。四是推动碳交易有利于增强企业减排的内在动力，催生低碳技术和低碳产业的发展，培育新的经济增长点。五是推动碳交易将逐步带动低碳标准认定、核证体系、碳基金、碳金融发展，这些领域将是未来竞争的战略制高点。

2. 从困难制约看

一是由于江苏总体上仍然处于工业化、城镇化加快发展的重要阶段，温室气体排放总量仍将继续增长，近期还难以实行总量控制下的碳排放交易机制，这对整个交易制度的设计和运作带来很大难度。二是企业的社会责任意识尚不强，减排的内在动力还不足。三是核证体系在碳交易中居于十分重要的地位，如何制定一个既具有自身特色、又具有广泛权威性和认同度的核证制度难度很大。四是与碳交易相关的一系列交易工具开发和支撑体系建设，专业人才支撑不足。

综合分析，虽然推动碳交易存在不少困难，但从长远和全局看，江苏在这方面应有所作为、积极探索，加快行动，将其放在重要的战略地位统筹谋划。初步考虑，建立江苏省碳排放交易市场得把握好以下几方面要求：

(1) 集中资源、整合力量，建立全省性的碳排放交易市场

考虑到天津、北京、上海等中心城市影响大、辐射力强，如果从市级等较小区域层面推动碳交易试点，无论是从地方自身的力量看，还是从未来的交易规模看，都难以支撑碳交易市场的发展。因此，建立全省统一的碳排放交易市场。

(2) 整体谋划、分步实施,率先启动自愿减排交易

碳排放交易是一项系统性工程,需要着眼长远,做好整体制度设计和交易体系建设。考虑到目前还很难实现总量控制下的交易机制,建议可考虑从自愿减排交易起步,率先推动石油、化工等高排放行业的重点直接排放源企业,建立自愿减排联盟,确立自愿减排目标,采取自愿减排行动。

(3) 开放合作、循序渐进,促进核证体系建设

核证制度在碳交易市场体系中居于十分重要的地位,是审核和认定碳减排成果含金量的重要检查和验证手段。目前,除北京交易所在相关国际标准的基础上开发出国内第一个核证标准,即熊猫标准,其他国内主要交易市场如天津、上海等基本采用目前的国际标准(相关国家标准正在制定之中)。制定自主标准从长远来看固然具有十分重要的意义,但要建立一个被市场广泛接受的核证标准是一项长期性的工作。建议可先行采取相关国际标准,待碳交易市场逐步成熟、条件具备时,再自主开发相关核证标准。

(三) 关于开展碳交易试点的建议

1. 强化省政府对碳交易市场的顶层设计和统筹推动

加强省政府对碳排放交易工作的宏观指导和全面部署,把碳交易工作列入政府工作议程,做好顶层的设计,有序推进江苏省碳排放交易市场建设。

一是明确领导机构及其职权范围和责任,协调各方利益,加快推进工作衔接进程,建立相应的职能部门间长期有效的协调合作机制,切实简化审批环节,规范收费行为,提升服务质量,提高办事效率,推动碳排放交易工作的快速开展。另外还要改变现行政府官员绩效考核标准,将区域经济发展战略与环境的总量控制相结合,同时发挥政府的导向作用,让更多的机构认识到碳排放交易的重要性。

二是完善有关碳排放交易的政策法规。要建立规范化的碳排放权交易市场,就必须有法律保障,从而将碳排放交易的进行置于法律的框架下。理解碳排放交易的国际法和国内法规范,借鉴国际经验的同时,必须立足江苏省情,借鉴太湖排污权交易相关制度,创建一系列的碳排放交易法律政策及绿色金融服务配套政策,营造有利于碳交易发展的政策环境。奠定江苏省碳排放交易健康发展的基础。

三是建立相应激励和惩罚机制。对积极减少排放、积极出售碳排放权的企业,政府应从资金、税收、技术等方面加大对其支持力度,以激励更多的项目企业参与到碳排放权交易市场中来。对于违法者,要采取相应的惩罚措施,以刺激项目企业进入到碳排放交易市场行为。

2. 及早启动省内碳排放交易试点

2011 年我国启动了部分省市的碳排放权交易试点,江苏不在其列,但对于身处发展转型关键期,而且拥有巨大减排潜力的江苏而言,也是难得的发展机遇。江苏要充分借鉴国内外经验教训,尽早开展碳排放交易试点工作,坚持"快速行动,并在行动实践中不断学习"的原则,以提前布局换取未来发展的空间,积极开发碳资产,经营碳信用,谋求绿色竞争力。建议由省发展改革委牵头,联合有关部门和企事业单位,开展碳排放交易试点工作。

建议在碳交易试点过程中,要注意以下几点问题:一是要建立企业强制报告制度;二是受控排放源选择上采取分阶段递进式,循序渐进;三是配额分配要兼顾各行业的实际情况,考虑企业可承受度;四是要设立专门机构监督市场交易。

3. 组织力量成立碳排放交易研究组

组织全社会多方力量,成立省级碳排放交易课题研究小组,为启动江苏碳交易建设进行前期研究筹备工作,主要负责全省碳交易政策制定和发展战略研究,为政府及其有关部门的政策和规划制

定提供建议，同时与碳交易领域的专家学者、知名企业、咨询机构和媒体紧密合作，发挥桥梁和纽带作用，共同促进江苏省碳交易的建设和发展。在全省碳交易研究和实践过程中，坚持高效率，把握关键，整体推进江苏省碳排放交易研究。

研究小组主要研究内容包括：一是设计碳交易基本制度框架，提出试点工作方案，出台管理办法；二是研究重点行业和企业的温室气体排放核算方法，对重点企业进行初始碳盘查；三是对配额分配方法学进行专题研究，并研制初期配额方案；四是对监测、报告、核证和惩罚等执行机制进行专题研究。

4. 策划成立江苏省碳交易专门性工作机构

在省发展改革委的业务指导下，整合致力于低碳发展的企事业单位、大专院校、科研院所，组建从事碳交易的专门性工作机构。

该机构主要职能包括：一是研究并推动全省碳交易注册登记平台的建设；二是作为政企联合的纽带，开发利用我省的碳交易平台，积极与省外和国际交易平台对接；三是发挥银企联合的作用，辅助碳金融的整体实施推进，为企业提供绿色融资渠道和担保；四是辅助实施碳交易和碳金融相关的第三方机构的认证和人才培养；五是开展配额发放和监督管理等常规性工作。

5. 加强宣传、提高认识，调动各方参与积极性

目前，很多企业对节能减排、发展绿色经济重视不够，对通过市场化机制来促进节能减排不是很了解；商业银行在对碳金融业务没有较为充分把握的情况下也不敢贸然介入其中。一方面要加强对项目企业进行碳减排、碳交易、碳金融市场等相关理念的宣传，提高企业界对节能减排的重视程度，和企业一起把潜在的碳资产、碳覆盖等这些“家底”搞清楚；另一方面，要鼓励金融业尽快介入碳交易市场，充足的资金注入和流动才能保持碳交易市场的活跃性，通过采取有效措施鼓励金融业的介入对于碳交易市场来说必不可少。

6. 加强碳交易的能力建设

相关机构和人才的缺失，能力建设水平的不足是我国在碳交易、碳金融方面滞后的主要原因之一。碳核证服务方面，目前国内市场大多是国外机构，国内核证机构仅有北京的3家，需要强化相关的能力培训，并且加大培育核证市场中的道德、诚信、法制体系建设。同时，要加强金融行业对企业碳资产评估能力建设，推动企业强化自身碳排放技术支撑能力。因此，培育人力资源优势成为我国及我省发展碳交易市场的重中之重，一是要完善本土碳交易人才培养机制与支持体系构建，二是要鼓励技术交流与合作，以实现人才交流，并通过人才引进的辐射作用，培育和造就更多的本土人才。

江苏省建筑能耗及碳排放核算体系研究报告

东南大学能源与环境学院、南京大学环境学院，2012年2月

《江苏省应对气候变化专项规划（低碳建筑）》（2011～2020年）明确提出了“十二五”期间，江苏省全省低碳建筑累计节能1 300万吨标煤，减排二氧化碳3 000万吨。在住房和城乡建设系统内，单位GDP碳排放强度到2015年达到下降47个百分点（与2005年比较）。建筑能耗及碳排放统计与核算工作是建筑节能减排的基础。然而当下，江苏乃至全国，建筑节能工作尚处在“情况不明，任务不清”的状态。尽管学者及政府专门机构对我国民用建筑能耗方面的各项研究，涵盖了不同层次、不同尺度、不同研究范围以及不同的侧重点，但问题同样明显，或不够规范，或偏零散未成体系。在建筑能耗统计方面现有的统计模式、统计口径及统计指标等难以为建筑节能工作服务，这也使得进一步的建筑能耗碳排放研究缺乏数据基础。本研究将基于公开资料和实地调研一手数据，综合国内外当前建筑能耗及碳排放核算已有体系和方法，提出适合江苏省的建筑能耗及碳排放核算方法，并给出较为全面、准确的建筑能耗水平数据，为江苏省“十二五”建筑节能和减排工作提供基础数据。

（一）江苏建筑领域节能减排工作背景介绍

随着全球气候变化问题的日益凸现，温室气体（Greenhouse gas，GHG）的排放控制与削减成为近年来世界各国关注的热点问题。建筑作为与工业和交通并列的三大温室气体排放源，在建筑领域开展节能减排工作将是人类应对气候变化、推进能源可持续发展的有效途径。

1. 江苏省建筑业发展现状

根据《江苏省统计年鉴》的相关结果显示，自2000年至2009年间，江苏省建筑竣工面积稳步增长，由每年1.23亿平方米增长到4.33亿平方米，近五年来的年均增幅为15%。竣工面积占到全国的14.04%～18.01%。与此同时，每年竣工面积占开工面积的43.46%～58.67%。随着江苏沿海开发战略的进一步推进，以及江苏省社会经济的全面发展和城镇化进程的不断加速，未来江苏省建筑业还将持续发展。在建设过程中，用能包括电耗和成品油，主要用于机械设备的运行。2000年至2009年间，建筑业电耗增长了3.6倍，近五年来年均增长6%。

2. 江苏省建筑能耗现状

在城市化、工业化的进程中，江苏省建筑能耗不断增长。根据《江苏省统计年鉴》结果显示，2000年至2009年，全社会建筑能耗由355万吨标煤增长至893万吨，增长了2.5倍。在各类型建筑能耗消费中居民生活用电占建筑能耗比重最大，达到整个建筑能耗的38%～46%。与此同时，居民住宅能耗占到建筑能耗的61%～74%，尽管近年来该比例有所下降，但一直稳定在60%以上。

（二）国内建筑能耗及碳排放现状调研分析

根据中国建筑能耗模型（China Building Energy Model，简称CBEM）对我国建筑能耗现状和逐年发展过程的研究结果表明，1996～2008年，我国总的建筑商品能耗从2.59亿吨标准煤（tce）增长到6.55亿tce，增加了1.5倍。其中，2008年的建筑能耗为6.55亿tce（不含生物质能），约占2008年社会总能耗的23%，其中，建筑用电消耗为8 230亿kWh，约占2008年全社会总电耗的21%。

考虑到我国不同地区的气候、经济发展水平和建筑功能的差异，根据建筑用能的特点，可将我

国的建筑能耗分为北方城镇采暖能耗、夏热冬冷地区城镇采暖能耗、城镇住宅除采暖外能耗、公共建筑除采暖外能耗、农村能耗这五类。具体来说，我国各类建筑能耗在 1996～2008 年的变化情况分别是：

北方城镇采暖能耗：是我国城镇建筑能耗比例最大的一类，且单位面积能耗高于其他各类；其能耗强度在 13 年间有了显著下降，但随着建筑面积的成倍增长，其总能耗由 0.72 亿 tce 增长至 1.53 亿tce，增加了一倍。

夏热冬冷地区的城镇采暖能耗：尽管目前的绝对数量不大，能耗强度也不高，但能耗强度在不断攀升，随着建筑面积的增加，其能耗从 1996 年的 40 万 tce 迅速增长到 2008 年的 1 490 万 tce，并有继续快速增长的趋势。

城镇住宅除采暖外能耗：能耗强度持续增长，建筑面积迅速增加，其能耗从 0.34 亿 tce 增加到 1.20 亿 tce，是我国建筑能耗中增幅最快的一类。

公共建筑除采暖外能耗：能耗强度持续增长，建筑面积迅速增加，其能耗从 0.41 亿 tce 增加到 1.41 亿 tce。

农村建筑能耗：单位面积商品能耗和建筑总面积都略有增加，但初级生物质能（秸秆、薪柴）的消耗逐步被商品能源取代，造成农村商品能耗从约折合 1.11 亿 tce 增加到 2.26 亿 tce。

（三）建筑能效评估方法体系

1. 全社会建筑能耗核算的宏观方法体系汇总

（1）国家能源统计相关标准与准则

该部分主要对国家建筑能耗统计体系囊括的建筑类型、能耗类型、相关要求进行了细述。

当前，对于建筑的分类主要包括两大类：民用建筑和工业厂房。由于工业厂房的能耗通常被归入工业能耗，因此本研究主要针对民用建筑。

能耗类型方面，根据《国家机关办公建筑和大型公共建筑能源审计导则》（2007）的相关指导说明，主要包括电力、燃料油、燃气、燃煤、市政热水（或蒸汽）及水等。同时还包括低热值燃料、生物质能和太阳能等的利用。对此，《国家机关办公建筑和大型公共建筑能耗监测系统分项能耗数据采集技术导则》（2008）进一步明确了需要统计的建筑能耗类型，包括：电、水、燃气（天然气或煤气）、集中供热耗热量、集中供冷耗冷量和其他能源类型，包括集中热水供应量、煤、油、可再生能源等。

电耗分项计量方面，根据《国家机关办公建筑和大型公共建筑能源审计导则》（2007）的相关指导说明，对于建筑能耗中的用电应单独进行分项计量分析，电量应分为 4 项分项，包括照明插座用电、空调用电、动力用电和特殊用电。电量的 4 项分项是必分项，各分项可根据建筑用能系统的实际情况灵活细分为一级子项和二级子项，是选分项。其他分类能耗不应分项。

（2）学术机构研究结果

目前建筑能耗占社会总能耗 25%是较为广泛接受的提法。其计算方法是：根据统计年鉴中能源消费的表格，将下列几项能耗相加，作为建筑总能耗：① 电力、煤气及水生产和供应业；② 建筑业；③ 批发零售贸易餐饮业；④ 其他；⑤ 生活消费。上述建筑能耗与当年能源消费总量相除，即得到建筑能耗比例。但是，根据统计年鉴上宏观数据的计算方法，多算了建筑业能耗和能源转换消耗，少算了建筑供热能耗和一部分民用建筑能耗，造成了建筑能耗数据的出入。

2. 建筑能耗核算的微观方法体系汇总

所谓建筑能耗核算的微观方法即根据建筑能耗特点分类，调查得到每类建筑的面积和能耗强度，并计算总能耗进行统计。近 20 年来，清华大学、同济大学、哈尔滨工业大学、西安建筑科技大学、重庆大学等科研机构在北京、上海、深圳、重庆等城镇做了大量的建筑能耗调查工作。

3. 建筑能耗统计的终端电器使用状况模型分析

建筑用电分为电器用电和照明用电，分别按其使用状况对其能耗进行计算，而城镇住宅炊事的终端用能模型尚未建立。根据中国统计年鉴，分别统计城镇居民、农村居民以及全社会的用电设备情况，包括：房间空调器、电冰箱、彩色电视机、黑白电视机、电饭锅、电风扇、电热水器、燃气热水器（折合用电）、抽油烟机、微波炉、洗衣机、家用电脑。

建筑用煤应通过热电联产集中供热、大型供热锅炉、区域锅炉房、分散燃煤和天然气采暖等各种方式的使用比例和能耗量算出，目前缺乏有效的统计渠道。

（四）现有建筑能耗碳排放核算评估体系

1. IPCC 和 GHG Protocol

《IPCC》(2006)和《温室气体议定书》并未专门针对建筑提供详细的核算方法或体系，而是将其融合在固定源碳排放部分。尽管如此，其中的温室气体排放核算框架体系也为本项目提供了优良的方法学以及结构体系。

2. DGNB

以德国 DGNB 为代表的世界上第二代可持续建筑评估技术体系，首次对建筑的碳排放量提出完整明确的计算方法，在此基础之上提出的碳排放度量指标(Common Carbon Metric)计算方法已得到包括联合国环境规划署(UNEP)在内的多方国际机构的认可。

DGNB 可持续建筑评估技术体系对于建筑碳排放量的计算原则是：分别计算建筑材料在生产、建造、使用、拆除及重新利用过程中每个步骤的碳排放量并相加，形成建筑全生命周期的碳排放总量。计算单位是每年每平方米建筑排放的二氧化碳当量公斤数。

3. 中国绿色低碳住区减碳技术评估框架体系

2010 年伊始，全国工商联房地产商会推出了 10 个中国住宅项目的碳减排量排名。同时，《中国绿色低碳住区减碳技术评估框架体系(讨论稿)》(以下简称《框架》)也正式发布。《框架》提出了量化建筑业碳排放而制定的评估指标。在该指标中，与住宅及其使用者相关的碳排放核算范围囊括了以下几点：建筑建造期(包括了原材料的生产过程)碳排放，建筑运行能耗碳排放，水的全生命周期碳排放，住区交通碳排放以及小区绿化碳汇。同时，《框架》对住区建造期及运行使用期的碳排放分别做了评价。

与各类标准类似，《框架》只提供了一些容易量化的减碳建议及其减碳量的计算方法，没有考虑如何对建筑的整体碳排放进行核算。《框架》中所使用的电、煤、污水处理以及建筑材料的 CO_2 排放因子和绿化系统对 CO_2 的固定量没有给出来源。

（五）江苏省建筑能耗及碳排放核算体系构建

1. 核算边界与方法

本研究将建筑运行阶段的资源消耗分为两大类：能耗及水耗。其中能耗主要核算建筑在运行过程中的能耗，例如电、天然气、液化石油气、集中供冷供热等，以及其对应的碳排放。水耗分别从生命周期的角度考虑水的生产、运输、分配及处理中的能耗及其碳排放。

(1) 建筑能耗及碳排放核算范围

建筑能耗是指采暖、空调、照明、炊事、办公等伴随着建筑运行使用的能耗，是社会终端消费的概念。当前，针对宏观层面的数据应用主要采用政府部门提供的可公开的统计数据(主要为统计年鉴)。基于数据的可得性，本项目结合江苏省、国家能耗统计年鉴，参考国内外相关科研机构及学者的研究成果，调研不同建筑、不同终端能耗类型的单位面积能耗(本项目将其称为能耗强度)，通过微观计算的方法，构建具有江苏省特定能耗强度系数及排放因子的建筑能耗及碳排放核算体系。

根据《国家机关办公建筑和大型公共建筑能耗监测系统分项能耗数据采集技术导则》、《中国建筑节能年度发展研究报告》(2011)以及江苏省住建厅有关文件中的分类方法，本项目中对建筑类型的划分如下表：

表 5-1 江苏省建筑类型划分

一级分类	二级分类
A 住宅建筑	A1 城镇住宅建筑
	A2 农村住宅建筑
B 公共建筑	B1 政府机关办公建筑
	B2 一般办公建筑
	B3 商场超市建筑
	B4 宾馆饭店建筑
	B5 文化教育建筑
	B6 医疗卫生建筑
	B7 综合建筑
	B8 体育类建筑
	B9 其他类建筑
C 工业非生产建筑	C1 办公建筑
	C2 住宅建筑

参照《国家机关办公建筑和大型公共建筑能源审计导则》(2007)和《国家机关办公建筑和大型公共建筑能耗监测系统分项能耗数据采集技术导则》(2008)的相关分类方法，主要核算的能源类型包括：电力、天然气、集中供冷供热、液化石油气、其他能源类型(热力、煤、成品油等)。其中，根据终端使用的类型，用电又分为：照明与插座用电、空调和采暖用电、动力用电和其他特殊用电(信息中心、厨房设备用电等)四大类，对《国家机关办公建筑和大型公共建筑能源审计导则》(2007)中的分类稍作调整，即增加了室内设备用电的专项。具体如下表所示：

表 5-2 建筑用电分项

一级分类	二级分类	解释说明
照明与插座用电	照明用电	包括普通照明、应急照明和景观照明。
	室内设备用电	指除单体空调外通常从插座取电的各类常规设备，如办公设备、家庭电器等。
空调和采暖用电	—	用于供暖、通风、空调系统的常规能源消耗。
动力用电	—	包括电梯系统、给排水系统、热水加热系统等。
特殊区域用电	—	特殊区域，是指采用特殊专业设备且终端能耗密度高的区域，包括厨房、信息中心、洗衣房、实验室、洁净室等。

对此，进一步构建建筑能耗核算模型，如下所示：

$$E_B = \sum_i \sum_j \sum_n (EUI_{i,j,n} \times S_i \times F_j)$$

其中，各参数解释如下：

E_B＝建筑总能耗

i＝建筑类型，如城镇住宅建筑，公共建筑等

j＝能源类型，如电力，天然气等

n＝终端使用类型，如照明用电，空调采暖用电等

$EUI_{i,n}$＝建筑类型 i 的终端能耗类型 n 的单位面积能耗，kWh/m²，m³/m²

S_i＝建筑类型 i 的总面积，m²

F_j＝能源 j 的折标煤系数

若将上述公式中的 F_j 改为 EF_j，即能源 j 对应的温室气体排放因子，则计算出建筑总的能源相关碳排放量。

活动水平数据的输入形式有两类：一类直接输入建筑能耗数据；一类主要输入面积参数，前提是认为各类型建筑的能耗水平参照表 5－3 中的数据。在整个核算体系中，核算方法和结果的展现形式与数据的粗细程度及表现形式直接相关。如果有建筑的分项能耗数据，建议直接输入分项能耗数据；如果没有，可用面积作为代用参数。

(2) 建筑水耗及其生命周期能耗与碳排放核算范围

从全生命周期的角度考虑水的能耗及碳排放，主要包括两方面：一方面是水在生产、运输过程中的能耗及其相关碳排放；另一方面是水处理工程中的动力能耗碳排放及碳源转化（即污水降解处理过程中）所产生的 CH_4、N_2O 等温室气体。

建筑用水的全生命周期的能耗可表示为以下公式：

$$E_W = Q_1W_1 + Q_2W_3$$

其中，

E_w＝水全生命周期的能耗

W_1＝单位体积水的生产运输能耗，通常取 0.857 kgce/m³

W_2＝单位体积水的处理能耗，通常取 0.307 kgce/m³

Q_1＝年生活用水量，m³/年

Q_2＝城市生活污水处理量，m³/年

建筑用水的全生命周期的碳排放可表示为以下公式：

$$C_W = Q_1EF_1 + Q_2EF_2$$

其中，

C_W＝水全生命周期的碳排放

EF_1＝单位体积水的生产运输碳排放，通常取 5.05 tCO_2/10 000 m³

EF_2＝单位体积水的处理碳排放（包括动力能耗及降解排放），通常取 7.30 tCO_2/10 000 m³

Q_1＝年生活用水量，m³/年

Q_2＝城市生活污水处理量，m³/年

2. 能耗强度系数

本项目在对江苏省建筑能耗调研的基础上，结合国内外文献结果，总结江苏省各建筑类型、各终端类型的能耗强度，作为核算方法中重要的参考因子。基于数据的可得性，下表中的部分因子参考了全国平均水平，部分因子参照了上海市水平。

表 5-3 江苏省建筑能耗强度系数 单位:kWh/(m^2 · 年)①

分项 建筑类型	耗电指标	照明与插座		空调和采暖	动力	特殊区域
		照明	室内设备			
城镇住宅	30.0	15.0	—	10.5	0.0	4.5
农村住宅	15	—	—	—	—	—
大型行政办公	87.7	21.9	26.5	35	1.7	2.6
大型商务办公	114.6	22.9	22.9	51.6	11.5	5.7
一般办公	40.0	8.0	8.0	18.0	4.0	2.0
大型商场超市	146.1	36.5	17.5	87.7	2.9	1.5
一般商场超市	68.5	10.3	23.9	30.8	1.4	2.1
大型宾馆饭店	125.9	18.9	18.9	69.2	12.6	6.3
一般宾馆饭店	51.9	7.8	7.8	28.5	5.2	2.6
文化教育建筑	83.1	8.3	20.8	41.5	4.2	8.3
医疗卫生建筑	190.8	19.1	28.6	66.8	9.5	66.8
综合类建筑	115.0	46.0	—	51.8	11.5	5.8
体育类建筑	75.0	37.5	—	22.5	7.5	7.5
其他类建筑	168.0	—	—	—	—	—
工厂办公建筑	—	—	—	—	—	—
工厂住宅建筑	—	—	—	—	—	—

3. 折算系数及排放因子

本项目中所用的能耗折标煤系数主要采用国家统计局的数据。能源温室气体排放因子主要参照 Bi 等人的研究成果，其中二次能源(电力、热力)排放因子主要参照 2009 年数据。水生产的能耗折标煤系数主要参照《综合能耗计算通则》(GB/T 2589 - 2008)的相关要求。相关能源的折标煤系数以及碳排放系数见下表：

表 5-4 能耗折标煤当量系数及排放因子

能源类型	折标煤系数	单位	碳排放因子	单位
电力	1.229	tce/10 000 kWh	7.26[1]	tCO_2/10 000 kWh
热力	0.034 1	tce/1 000 000 kJ	0.10[1]	tCO_2/1 000 000 kJ
天然气	13.3	tce/10 000 m^3	21.84	tCO_2/10 000 m^3
人工煤气	5.714	tce/10 000 m^3	7.42	tCO_2/10 000 m^3
液化石油气	1.714 3	tce/t	2.98	tCO_2/t

① 城镇住宅、综合类建筑和体育类建筑的数据来自于江苏省建筑科学研究院，其中照明插座用电未细分；农村住宅数据来自于《中国低碳生态城市发展战略》中的全国水平数据；其他建筑的数据参考了《中国建筑节能年度发展研究报告》(2011)中的上海数据。

（续表）

能源类型	折标煤系数	单位	碳排放因子	单位
液化天然气	1.757 2	tce/t	2.84	tCO_2/t
煤	0.714 3	tce/t	1.98	tCO_2/t
水的生产及供应	0.857[2]	tce/10 000 m^3	5.06	tCO_2/10 000 m^3
水的处理	0.307[3]	tce/10 000 m^3	7.30	tCO_2/10 000 m^3

1：采用江苏省 2009 年电力和热力碳排放因子。

2：参照《综合能耗计算通则》(GB/T 2589－2008)中的主要耗能工质折标系数表，水的生产运输折标煤 0.0857 千克标煤/吨。

3：目前，我国二级污水处理平均耗电指标为 0.25 kWh/m^3。

（六）建筑能耗及碳排放案例分析

基于已有数据，对江苏省某市的一个酒店和四个机关办公建筑的能耗及其碳排放参照以上方法进行了核算，其中原始数据如下表所示。需要说明的是，建筑 A～D 纳入该市的能耗监测平台系统，仅统计了耗电，其他能耗未做统计。而建筑 E 为实地调研数据，未作分项统计。

表 5－5　江苏省某市部分建筑能耗样本 2011 年能耗情况

建筑名称	总用电 (kWh)	照明插座 (kWh)	空调用电 (kWh)	动力用电 (kWh)	特殊用电 (kWh)	燃气 (m^3)	水 (m^3)
酒店 A	4 568 371	1 271 188	1 696 723	193 536	1 406 924	—	—
机关建筑 B	1 457 705	327 885	604 883	57 643	467 295	—	—
机关建筑 C	3 145 288	817 706	1 184 014	514 604	628 965	—	—
机关建筑 D	553 305	198 722	253 186	45 690	55 707	—	—
机关建筑 E	7 993 220	—	—	—	—	76 417	44 957

以建筑 A～D 为例，对比其电力终端用能结构，结果如图 5－1 所示。照明插座用电占总用电的比例为 22.5%～26%，空调用电比例为 37.1%～45.8%，动力用电的比例为 4.0%～16.4%，特殊区域（信息中心、厨房、洗衣房）的用电比例在 10.1%～32.1%。

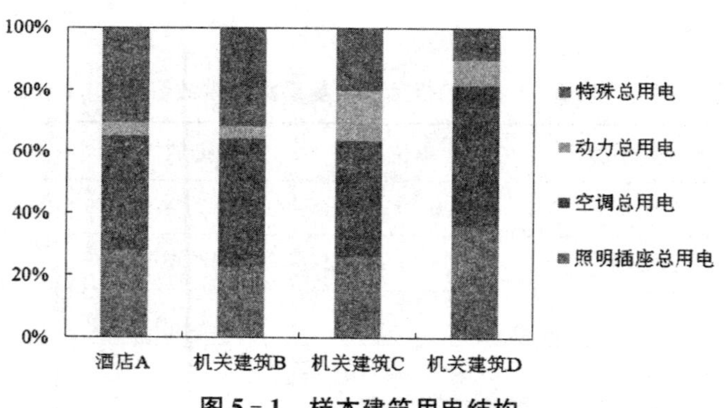

图 5－1　样本建筑用电结构

分析五个建筑 2011 年的碳排放情况如图 5－2 所示，其中机关办公建筑 E 的碳排放最大（其耗电量也是最大），达到 6 025.54 吨 CO_2e；其次是酒店 A，其碳排放量达到 3 316.64 吨 CO_2e。进一步分析其单位面积电耗，其中机关办公建筑电耗强度在 43～108 kWh/m^2之间，即有些建筑样本为一般办公建筑，有些属于大型办公建筑，这与建筑的办公人数、大小等因素相关。单位面积碳排放强度为 31～78 $kgCO_2e/m^2$。

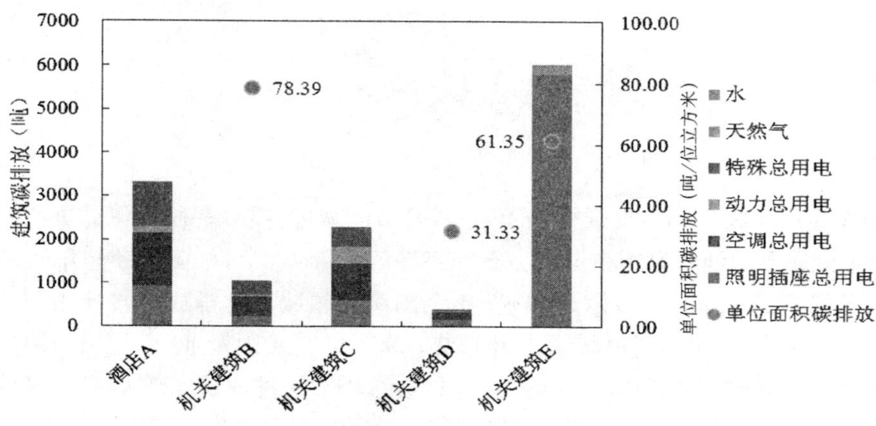

图 5－2　建筑样本 2011 年碳排放

（七）总结

本研究在综合国内外当前建筑能耗及碳排放核算已有体系和方法的基础上，提出了适合江苏省的建筑能耗及碳排放核算方法，并进行了案例研究。但是，由于样本数量的限制以及研究时间有限等因素，该项研究还存在以下不足，主要表现在：① 江苏省相关政府部门的建筑能耗统计工作近年来才开展，一来对于建筑的统计分类不全面，二来用电分项计量统计工作处于起步阶段，相关建筑的用电分项数据不足，因此部分数据参考了全国和上海的数据；② 针对工业非生产类的办公和员工住宅建筑能耗强度数据完全缺失；③ 非电能耗（天然气、供冷供热、煤、水等）的强度数据稀缺；④ 关于建筑用水的能耗及碳排放数据主要来自于文献调研，需进一步做详细的实地调研。

针对当前研究的不足，今后完善江苏省建筑能耗及碳排放核算体系的深入工作包括：① 地方政府层面需进一步加快完善各类型建筑的能耗统计工作制度，同时做好电耗分项计量数据上报工作；② 逐步将工业非生产类建筑能耗纳入建筑能耗抽样、统计范畴内；③ 加强非电能源的统计工作；④ 逐步将农村住宅建筑能耗（电力、煤、液化天然气）纳入调查范畴内。在此基础上，江苏省各类建筑的终端能耗强度数据将不断修正和完善，核算体系将更加科学、合理。

江苏低碳交通运输发展状况与政策建议[①]

南京交通职业技术学院　陆礼　南京市江宁区环保局　赵志凌，2012 年

交通运输作为用能大户和主要碳排放源之一，是节能减排、缓解气候变化的重要领域。有关研究表明，2010 年交通石油消费量约占全社会石油终端消费量 43%，2020 年将上升至 57%。根据各省各类交通运输燃料消耗量和排放因子，2007 年全国交通领域 CO_2 排放量共计 4.36 亿吨，其中道路运输占 86.32%，且这一比例仍呈缓慢上升趋势；2005 年在我国营业性道路运输中，CO_2 排放量占全部石油消费 CO_2 排放量的 21%，已经超过全社会车辆 CO_2 排放量 18%的世界平均水平。2009 年交通碳排放占全社会 12%，2020 年有可能升至 30%～40%。因此，建设低碳交通运输体系，不仅是落实应对气候变化国家战略的迫切要求，也是转变交通发展方式、实现交通可持续发展的必然战略抉择。

低碳交通运输是指在交通规划、运行、生产建设与管理的各个环节全面关注碳排放问题，通过合理引导运输需求，优化运输装备、运输结构与用能结构，提高营运与能源效率，并从政策导向、技术创新、社会伦理文化培育等方面，共同并最大程度地减少碳排放总量，最终实现交通运输全周期、全产业链的低碳发展的理念、方式、体系与实践。

2007 年英国运输部出台《低碳交通创新战略》，最早提出低碳交通概念。近年来，欧美日等典型国家及地区运用市场化手段，围绕“开发与推广替代能源、改进交通工具技术、调整运力结构、提供并促进低碳的出行选择”，积极控制交通运输碳排放。2010 年全国交通工作会议上，交通运输部首次提出我国“将加快建立以低碳为特征的交通运输体系”；2011 年，交通运输部先后发布《建设低碳交通运输体系指导意见》、《建设低碳交通运输体系试点工作方案》、《公路水路交通运输节能减排“十二五”规划》等，明确了“十二五”时期交通运输行业节能减排工作的总体目标、主要指标、重点任务和保障措施。

（一）江苏低碳交通运输建设发展现状

1. 主要成果

江苏省交通运输节能减排工作起步较早。“十一五”以来，江苏交通运输行业紧紧围绕提高能源利用效率和降低污染排放水平，积极推进技术进步，加强节能减排监督管理，扎实推进节能减排各项工作。

组建节能减排专门机构，加快完善制度环境。省交通运输厅先后成立节能减排工作领导小组、省低碳交通运输与节能减排工作办公室、省交通节能减排工程技术研究中心等机构，加强对节能减排工作的组织领导和公共技术服务平台建设，在全行业内逐步建立起领导有力、协调顺畅、上下联动的节能减排工作机制。相继出台《江苏省公路水路交通节能规划》、《关于进一步加强港口行业节能减排工作的实施方案》、《江苏省推进长江干线船型标准化实施意见》、《江苏省交通运输行业节能减排工作要点》、《江苏省交通运输节能减排“十二五”规划》、《江苏省公路水路交通运输节能减排“十二五”规划纲要》、《江苏省长江干线船型标准化船舶拆改工作管理办法》、《汽车驾驶节能行动纲

① 系江苏省交通厅招标课题《低碳交通运输发展动态与政策建议研究》部分成果。

要》等政策意见。积极争取中央、省财政和交通运输部的资金投入，从2010年开始，省交通运输厅节能减排专项经费专项列支，为节能减排工作试点、宣传培训、技术研发提供了资金保障。

优化运输结构，探索构建全国领先的综合交通运输体系。率先探索构建综合交通运输体系，从战略层面占领节能减排制高点，是江苏交通运输节能减排的最鲜明特点。在全省公路交通基础设施建设已率先基本实现现代化的情况下，加大对铁路、水运、综合客运枢纽等低碳节能集约运输方式的基础建设投入，“十一五”累计约1 150亿元，占同期交通建设总投资的39%。干线航道建设明显提速，沪宁城际、京沪高铁等重点铁路及其沿线综合客运枢纽相继建成，加快完善港口、机场集疏运体系，显著减少了无效交通流量。

坚持“公交优先”战略，引导公众低碳出行。全省公共交通快速发展，公交投入、通达率、城市轨道交通总里程和服务质量不断提高。目前全省城市居民每万人拥有公交车辆已达12.1标台(2005年为8.6标台)，宁、苏两市地铁营运总里程已达110公里，常州、盐城、连云港开通了BRT(大容量快速公交)，常州市公交获得全国唯一的“国际推动公共交通贡献大奖”，全省城市公交分担率已达20%(2011年底为18.9%)。装配公交GPS定位系统和电子智能站牌，苏锡常与泰州等市建成出租车电召中心，公交、出租车积极推进“油改气”，在南京、无锡、扬州等地发展与示范使用新能源汽车。加快推进城乡客运一体化，全省行政村客运班车通达率已达98%，镇村公交覆盖率已达33.6%。

加强重点领域和关键技术研究，注重示范引领，推进科技创新与应用推广。一是加大资金投入，强化技术创新。省交通运输厅节能减排科研项目专项资金对51个项目共资助600多万元，近两年组织申报的57个项目获财政部、交通运输部9 000多万元专项资金支持，居全国前列，另有39个项目获省专项资金支持。二是加强低碳交通运输示范试点工作。组织49家交通企业参加交通运输部“车、船、路、港”千家企业低碳专项行动以及全国万家企业节能减排行动，有13个项目被部列为示范项目，无锡、淮安两市作为全国低碳交通运输体系试点城市，正在为全省低碳交通建设探索规律，作出示范。三是加强绿色港航建设。连云港研发使用全球首套“高压变频数字化码头岸电系统”、太仓港三期工程资源节约型集装箱港口建设被列为部重点项目在全国推广，连云港港成为全国首个“一城一港”节能减排专项资金区域性和主题性管理试点港；开展港口轮胎式集装箱门式起重机(RTG)“油改电”工作，探索靠港船舶使用岸电技术；推广生态护坡技术，建成京杭运河两淮段、宿迁城区段等一批生态景观航道。四是加快交通运输信息化。建成省运输管理综合服务等信息平台，开通高速公路不停车收费(ETC)车道731条，按其通行服务能力计算每年可节约燃油392万升，减少二氧化碳排放近1万吨。五是推进运载工具与基础设施建设的低碳化。积极引导运输车辆、船舶逐步向技术先进、高效低耗型转变；交通工程建设大力推广沥青再生、温拌沥青、橡胶沥青及水泥混凝土再生利用等技术；推广应用计算机仿真模拟、LED照明改造等先进、适用节能减排技术、产品。六是大力开展节能驾驶操作示范与培训，承办全国“汽车节能驾驶技术全民体验活动暨交通运输节能减排研讨会”，由省厅运输管理局和交通运输部公路科学研究院联合制定的全国首部地方标准《汽车驾驶节能操作规范》(DB32/T 2075－2012)于2012年8月8日起开始实施。

创新交通营运模式，提高运输效率，促进运输业转型升级。发展先进的运输组织方式，加快运输市场结构调整，努力改善车船运力和工程机械装备结构。积极推进客运班车公司化经营改造，提高营运班线实载率与车辆运行效率，对营运班线实载率低于70%的不再新增运力，运力严重过剩的班线大幅度削减运力，每年节油近10万吨。推广使用天然气车船，天然气汽车推广列入全国试点，全省近4 000辆公交车采用压缩天然气，3.1万余辆出租车采用双燃料，近1 000辆城际客运和货运车辆使用LNG(液化天然气)，内河LNG动力船改造加快推进。运用物联网技术，扎实推进信息化服务体系建设，推广应用地理信息系统（GIS）、港口电子数据交换（EDI）、车辆智能化运营管理系统等现代通讯和信息技术，建成省运输管理综合信息服务平台，在全国率先开通道路客运联网售票系统，苏北运河实现了"一票通"，船舶全程耗时由15～20天缩短为5～7天。积极发展甩挂运输，部省两级甩挂运输试点企业达20家，其中国家试点项目7个，数量居全国第一，单位运输周转量能耗下降近18%。

加强能力建设，强化交通运输能耗与排放监管。启动统计监测考核工作，研究制定全省公路水运交通运输节能减排考核办法并组织试点，逐步建立交通能源消耗统计、评价和调查监测工作体系。严格执行营运车辆综合性能检测、营运客车类型等级评定制度和营运车辆燃料消耗量限值标准，加强车辆用油定额考核工作，全省共有1 700多台车辆未予批准进入运输市场，节油4.3万吨，减少碳排放13.9万吨，加快淘汰"黄标车"，及时更新节能环保车型；完成京杭运河船型标准化改造，减少油污排放300多万吨，长江干线船型标准化改造即将完成。制订《绿色汽修手册》，对营运车辆实行"定期维护、强制检测、视情修理"的车辆技术管理制度，严格尾气排放检测。2011年全省培育"绿色汽修"创建试点示范企业30家，至2013年底，江苏全部一、二类维修企业"绿色汽修"创建工作将全面开展，并拓展到部分快修和三类专项维修企业。推进地方海事船舶电子巡航，提高航道船闸通行效率，加强船舶污染防治。严格执行交通固定资产投资项目节能评估和审查、规划与建设项目环境影响评价等级制度，节能减排监管能力得到提升。

近年来江苏低碳交通运输建设唱出了丰富多彩的"低碳戏"、"节能经"，受到交通运输部的好评。在客货运输保持较快增长的同时，2011年列入省政府节能规划和考核要求的营运客车、货车、船舶的单位周转量能耗，分别比2005年下降1.43%、3.11%、5.38%，港口生产单位吞吐量能耗比2005年下降1.81%，全面完成年度目标。

2. 存在问题

节能减排统计监测工作基础薄弱。与全国其他省份类似，江苏交通运输节能减排统计、监测工作基础薄弱，缺少长期的数据积累，运输、基础设施建设和运营各环节能耗计量缺乏较为准确、可信的数据来源，尚难以科学全面地评价行业节能水平和节能减排相关工作的成效。

节能减排长效管理机制尚未建立，能力建设有待进一步加强。节能减排监督、检查和考核体系建设需进一步推进和完善，对交通运输生产企业节能减排的动态监测和管理工作尚待加强，综合管理能力有待进一步提升。节能减排的政策、激励保障体系尚不完善，各项具体工作的执行缺乏细致有效的管理政策指引。低碳交通文化建设滞后，节能减排的重要性尚未形成行业各级从业人员的普遍共识。低碳交通人才短缺，全行业节能减排技术与管理水平有待提高。

节能减排结构性矛盾突出，集约运输方式所占比重较小。结构性矛盾在交通基础设施方面，主要是道路交通快速增长使节能减排压力加大；运输结构方面，集约型运输方式所占比例较小，运输成本和资源能耗相对较高；运力结构方面，单位载运工具的运输能力较低，高层次的运输供给能力相对不足；能源结构方面，清洁能源、可再生能源占总能耗比重较低；运输市场结构方面，运输生产的集约化程度远低于国外发达国家。这些矛盾在一定程度上制约了交通运输节能减排目标的实现。

节能减排科技、制度创新与服务能力较弱。行业节能减排技术服务体系尚不完善，节能减排技术产品的认证、检测等缺乏规范指导，节能减排技术产品和服务市场需进一步规范；节能减排科研资金和人员投入不足，节能减排的金融支持缺乏；节能新技术相对滞后，节能减排技术和产品的创新、研发、应用推广力度不够，节能产品信誉和使用效果有待进一步提高，技术创新与制度创新亟需突破；行业管理者与社会专业机构间的信息、技术、人才交流不够紧密。当前江苏低碳交通运输体系建设技术与制度创新不足，主要表现为：低碳交通科技研发的投资渠道过度依赖政府，行政化色彩仍较明显，市场化机制尚未完善；节能减排专项资金数额偏低且“以奖代补”，中小企业很难入围；交通运输与运载工具制造、交通清洁能源研发、个体机动车调控等部门相互脱节，影响低碳交通科技创新的力度；各地区低碳交通运输体系建设规划创意与特色不够鲜明。

交通运输节能减排的全社会组织、综合、协调体制机制还需完善。从系统视角考量，低碳交通建设包括运输结构调整、能源结构调整、城乡总体规划与基础性建设、城市绿化、超标车船强制淘汰、汽车产能、个体机动车出行需求管理、运输装备制造标准与供需衔接等系统性问题，涉及到公路、水运、铁路、民航以及能源、城建、运输装备制造、公安、环保、财税、金融等多部门、多方面的行政权限、政府许可等体制性机制矛盾。而目前，大交通管理体制的实质性推进以及交通运输部门与其他多部门的组织、协调还有相当的体制性障碍。

上述状况如不改变，将影响“十二五”交通运输节能减排目标的实现，影响交通发展方式的科学转变与应对气候变化国家战略的有效推进。因此，低碳交通建设实践迫切需要政策工具的进一步完善。

(二) 进一步推进江苏低碳交通运输发展的政策建议

1. 明确交通运输节能减排的重点和发展线路，自加压力，更好更快地实现江苏交通运输“十二五”节能减排目标

鉴于道路运输占交通领域 CO_2 排放总量比例大且仍呈上升趋势这一特点，宜明确道路交通尤其是个体机动车的节能减碳与使用控制，是低碳交通建设、管理与政策调控的重点，跟踪汽车能源变革趋势，按近期—中期—远期排序，分别明晰各阶段硬性技术与柔性技术的发展线路，并使这两条发展线路既各自前行，又相互交叉融合共同推进，使低碳交通运输体系建设有针对性、分阶段地有序展开。鉴于《江苏省公路水路交通运输节能减排“十二五”规划纲要》确定的 2015 年公路水路运输能源强度及 CO_2 排放强度下降指标与交通运输部《公路水路交通运输节能减排“十二五”规划》基本一致，作为经济与社会发展的发达省份，建议江苏再次发扬“两个率先”传统，实际工作中争取超前实现江苏交通“十二五”节能减排目标。

2. 出台综合性的政策工具

一是加强低碳交通建设的政策指导与服务。研究制订《江苏交通运输行业建设低碳交通运输体系实施意见》，抓好低碳交通城市试点和项目示范的推广运用。二是深化低碳交通投融资体制改革。充分运用市场机制，改变低碳交通建设资金渠道狭窄、投入不足的局面；积极发挥银行、债券、担保、金融证券、创业板、中小企业板、碳交易等金融市场的作用，引导吸引各类创业投资企业、股权投资企业、社会捐赠资金、国内外风险投资和国际援助资金对低碳交通体系建设的投入；破解金融支持难题，探索与开发创新型的低碳交通金融产品——保付代理；创新财政资金使用方式，把国家拨给的节能减排专项资金，从直接投入转变为银行坏账准备金，从而刺激金融机构向交通运输节能减排项目融资；提升全省碳资本与碳金融的发展水平，提高金融机构介入国际金融市场的能力，争取在国际碳金融领域的话语权。三是抓好城市低碳交通运输体系建设试点。实施“公交优先”战略，必须坚持低价公益、“磁性票价”，大中城市优先考虑并加快发展轨道交通，大幅度提高全省公交出行率。积极发展“零碳”交通、慢行交通，把自行车出行率指标纳入城市低碳交通运输体系建设总体规划，重视和推行 TOD(步行化)模式，倡导市民“一公里内步行、三公里内骑自行车、五公里以上乘坐公交”。实施更为严格的交通需求管理，借鉴国内外差别化停车收费、汽车尾号限行制、合乘制、拥挤收费、高燃油税率、碳税、车辆配额制、小汽车限购令等经验，实现(小)汽车交通总量削减。四是推行环境污染责任保险，提高交通高耗能、高排放企业贷款门槛，建立交通企业节能环保水平

与企业信用等级评定、贷款联动机制和银行绿色评级制度。五是建设低耗高效的服务型政府，改革公务用车制度，注意发挥政府部门低碳减排的示范作用。

3. 加大低碳交通技术与制度的创新力度

充分认识“创新驱动”在交通运输转型升级、科学发展中的关键作用，树立“创新驱动”的紧迫感、使命感，学习推广 TRIZ 理论，着力营造创新环境，激发创新活力，建立完善多元投入、技术创新、服务创新、管理创新、文化创新“五位一体”的科技创新体系，制订《江苏省低碳交通运输体系建设科技创新激励办法》，设立低碳交通科技与管理创新奖，建立江苏省低碳交通运输体系建设基金，规模为 8 000 万～1 亿元，用于支持部省级低碳交通运输体系建设试点城市与低碳交通运输企业创新研发应用，力争出一批低碳交通科技创新成果，实现低碳交通非线性的发展跨越。强化全国低碳交通运输体系建设试点城市无锡、淮安低碳交通理念、科技与体制机制的创新，研究与支持建设 1～2 个确有特色的创新项目，在低碳交通建设方面进一步提升质量、领先全国。自建江苏省低碳交通运输体系建设试点城市或试点企业 3 个(苏南、苏中、苏北各 1 个)，南京市争取新一轮绿色公交、新能源汽车或其他相关试点城市，把低碳交通建设在面上进一步推开。

建议关注更大范围的低碳交通技术创新品种，做好低碳交通项目储备：如探索清洁发展机制(CDM)项目开发；合同能源管理；抓住全球太阳能光伏产业不景气的有利商机，加快推进高速公路服务区、收费站、隧道等公路辅助设施太阳能与风能技术的应用，积极推广太阳能一体化航标灯、LED 太阳能路灯、太阳能停车棚；探索、研发应用甲醇汽车、空气动力车、氢能源汽车、液化天然气(LNG)船、太阳能动力船、现代风帆船、立体快巴、干线货运重载汽车列车化、飞机机身与材料的低碳化等清洁能源运载工具。建议国家、省发改委对交通运输与高效低耗新型运载工具制造、氢燃料等交通清洁能源研发、个体机动车调控、绿色金融推动技术创新等低碳交通关键环节进行高起点、前瞻性的统筹协调、整体规划；建议交通运输部强化“创新驱动”在低碳交通建设中的核心地位，规定各低碳交通运输体系建设试点城市申报与规划中必须有一到两个国内创新的特色项目。

4. 用系统最优方法来评价和处理低碳交通运输体系建设的成效

应当看到，仅仅从单个低碳交通项目或仅仅局限于公路水运行业来实施节能减排，其总体低碳效果可能是极其有限、远远不够的。为此：一是要注意交通节能减排项目的全生命周期评价；二是要注意避免某些项目实施后相对排放量有下降，但可能导致更多的运输工具(如私家车)被投入使用，从而使总排放不降反升的情况出现；三是要立足综合运输体系推进大交通管理体制建设，进一步调整和优化运输结构，改变偏重道路发展的行业局限；四是要加强宏观统筹协调，把低碳交通作为一个跨行业的系统工程来思考与建设，政府要积极组织交通部门推动和参与跨行业跨部门的新能源开发、低碳城市规划、公交与自行车系统建设、绿道与碳汇建设、运输结构调整、轿车产销规划、运输需求管理、运输装备制造企业与交通企业供需与标准的协调、运输装备制造标准与车船检验发证安全监督的协调等综合性政策的制订。

5. 加强低碳交通法规体系与节能减排统计、监测、考评体系建设，强化约束机制

尽快研究制订科学、可信的交通节能减排统计、监测、考评体系。推进碳税制度建设，严格执行节能环保法律法规和标准，立法禁止苯、酚类等有毒化学品水运。低碳交通法治建设的基本思路是：科学确定和调整、提升低碳交通运输的法律定位；以立法促进低碳交通政策法律一体化与建设综合交通运输体系的互动；低碳交通运输专门立法，可借鉴英国的做法，以可再生交通燃料义务作为切入点统领低碳交通运输；立法上应整合相关产业和经济活动；加快完善节能减排法律体系并在相关法律修订中适时引入低碳交通运输的要素。

6. 营造浓厚的低碳交通文化氛围，使低碳交通建设"形神"皆备，"点面"结合，向纵深发展

值得注意的是，在全社会低碳文化普遍形成之前，尽管部分项目能降低单位产品的能耗和排放，但是交通总能耗、总排放的趋势仍可能是持续增加的。因此，要围绕低碳交通物质文化、低碳交通制度文化、低碳交通标识文化、低碳交通行为文化、低碳交通伦理文化五个方面的建设，使节能减排成为从业人员和社会公众的自觉行动。要完善低碳交通建设的标识与展示，发布"公交优先"、"低碳出行"公益广告与宣传画，尽快建设江苏低碳交通运输网或江苏交通运输节能减排网，在省交通运输厅网站上应建有低碳交通网页，各市局也应建有本地区的低碳交通网。

低碳交通伦理文化是低碳交通建设的精神核心，当前低碳交通伦理的培育，要着重树立五个观念、解决四大认识问题、实现两大转变，即树立"可持续发展观"、"生物链依存观"、"生态危机观"、"生态责任主体观"、"生态经济效益观"。正确认识"人类与自然界的关系，当代与未来的关系，经济理性与生态理性的关系，个人交通消费'自由、权利'与责任、义务的关系"。交通企业应从"经济理性"向"生态理性"转变，确立基于环保责任、与节能减排相适应的企业低碳化经营战略，构建低碳化的现代交通企业模式；社会公众应从出行选择的"自由、权利"向关注责任、义务的伦理取向转变，形成公众低碳出行的普遍文化自觉。

7. 从战略高度重视低碳交通运输人才体系建设

加强前瞻性规划，对交通行业干部、从业人员普遍开展交通运输节能减排方针政策、目标任务、技术研发与应用推广的培训，开展交通运输节能减排合作与交流，加大交通节能减排工程技术人员和专业技能人才的培养力度。从中长期看，各级各类交通院校应树立绿色、低碳理念，紧密跟踪低碳交通发展足迹，加强低碳交通人才市场调研，面向交通行业需求，深化教育教学改革，在教学内容、专业设置、校企合作、实验实训等环节新增、补充交通运输节能减排相关内容，实施交通环保教学战略，培养一大批懂技术、会管理、善研发的交通运输节能减排专业人才。研究型（本科）交通院校应主动对接行业需求，在研究生和本科生教育中加快培养和造就一支政治思想素质过硬、责任心强、熟悉低碳交通业务、能够参与国际交流合作的低碳交通建设技术和管理专业人才队伍。交通、水运类职业技术学院、职业技术学校和技工学校应普遍开展交通节能减排理念、知识技能和课程的教育教学，着重培养具有较高环境保护素质的宽口径、复合型应用性技术与管理人才。省交通运输厅应对交通院校低碳交通教育情况进行专门调研、规划和督查，使学校培养的学生能适应低碳交通运输体系建设的需要。

城市低碳发展综合路线图研究——以无锡为例

南京大学环境学院，2011 年 11 月

低碳城市建设作为人类应对气候变化的重要途径，已成为国际社会关注的热点。本研究以江苏省无锡市为例，对无锡市能源消费结构和碳排放特征进行了简要分析，详细阐述了低碳发展的相关政策法规和项目推进情况，并对政策实施效果以及部分项目推进效果进行了评估。该研究为无锡市低碳发展研究提供第一手材料，同时对国内其他城市发展低碳经济具有一定的参考价值。

(一) 环境发展

1. 环境发展现状

"十一五"时期，无锡市大力实施可持续发展战略，加强生态环境建设，制定出台了一系列节约资源、保护环境的地方性法规和规范性制度，在加快产业升级、推进节能减排、发展循环经济、建设低碳生态城市等方面迈出了重要步伐。

节能减排力度持续加大。在 2005 年基础上，2010 年全市单位地区生产总值能耗累计削减 20%以上，化学需氧量、二氧化硫排放量累计削减 32%以上。5 年累计关停"五小"、"三高两低"企业 1 900 多家。无锡市、江阴市被列为省循环经济试点城市，全市建设循环经济试点企业 72 个，试点园区 11 个，累计实施重点节能与循环经济项目 459 个，形成了独具特色的 10 条循环经济产业链。

专栏 5-1 "五小"、"三高两低"企业

"五小"：小化工、小钢铁、小水泥、小电镀、小印染；

"三高两低"：高消耗、高污染、高危险、低产出、低效益。

生态建设迈上新台阶。持续开展大规模植树造林工作，大力加强森林、湿地和水体保护修复力度，全市林木覆盖率达 24.5%，建成区绿化覆盖率达 43.35%，分别比 2005 年提高 4.2 和 3.35 个百分点。无锡跻身国家生态文明建设试点城市行列，建成国家节水型城市、全省首个国家森林城市，率先建成国家生态市和生态城市群。

新能源利用取得突破。"十一五"期间，无锡市大力发展以太阳能、风能等为重点的新能源产业，涌现了一批以尚德太阳能和远景风能为代表的具备自主知识产权和品牌的骨干龙头企业，太阳能热水系统和太阳能照明、沼气利用等新能源应用规模持续扩大。其中太阳能电池及组件位居全国首位，转换效率处于国际领先水平，设计总产能已经达到了 5 500 MW；83 家风电及设备制造企业的整机生产能力已经达到了 20 万千瓦。全市天然气管道运输整体能力显著提升，清洁能源和新能源使用范围不断扩大。

2. 能源消费与碳排放现状

(1) 能源消费现状

无锡市综合能源消费量保持逐年增长趋势，由 2 580.62 万吨标准煤(2005 年)增长为 2010 年的 3 847.52 万吨标准煤(2010 年)，"十一五"期间全社会能源消费总量累计增幅 49.1%，年均增速 8.3%，分别低于同期全市 GDP(现价)累计增幅、年均增速 55.9 个百分点和 7.1 个百分点。通过

“淘汰落后产能”和“关闭五小企业”为重点的节能减排专项行动，单位 GDP 能耗保持逐年下降趋势，由 0.918 吨标准煤/万元(2005 年)下降为 0.726 吨标准煤/万元，“十一五”期间全市单位 GDP 能耗累计下降 20.9%。

(2) 碳排放现状

无锡市温室气体排放总量由 7 037 万吨 CO_2e(2005 年)增长到 9 921 万吨 CO_2e(2009 年)，较 2005 年增长 40.98%，保持逐年增长趋势。单位 GDP 碳排放基本保持逐年下降趋势(2007 年单位 GDP 温室气体排放出现反超)，由 2.51 吨 CO_2e/万元(2005 年)下降为 1.99 吨 CO_2e/万元(2009 年)，下降 20.67%。

(二) 低碳发展政策法规推进情况

1. 低碳发展规划、政策、法规总结

从 2009 年开始，无锡市将碳减排目标纳入无锡市国民经济和社会发展第十二个五年规划纲要，编写了《无锡市碳足迹现状及低碳城市建设对策研究》、《无锡市低碳城市发展战略规划》报告，制定了《无锡市“十二五”低碳城市建设规划》、《无锡市低碳城市建设实施方案》以及有利于低碳发展的规章和文件，基本形成了较为完备的政策法规体系。无锡市低碳政策法规支持体系主要涵盖以下几个方面的政策内容：

工业低碳发展：工业低碳发展相关政策出台主要包括《无锡市“十二五”工业发展规划》、《市政府办公室关于下达 2011 年全市淘汰落后产能目标任务的通知》、《市政府关于加快淘汰落后产能工作的实施意见》、《无锡市节能监察办法》、《无锡市清洁生产审核工作管理办法》、《无锡市政府投资项目后评价管理暂行办法》、《无锡市固定资产投资项目节能评估审查实施细则(暂行)》、《无锡市 2011 年整治违法排污企业保障群众健康环保专项行动工作方案》，等等。

能源低碳发展：能源低碳发展相关政策出台主要包括《无锡市“十二五”能源发展规划》、《无锡市能源结构调整实施方案》、《无锡市清洁能源区建设达标活动工作方案》、《无锡市加强电力需求侧管理工作意见》、《关于加快推行合同能源管理促进节能服务产业发展实施意见的通知》、《2011 年无锡市节能降耗工作意见》、《无锡市甲醇汽油推广应用实施方案》、《无锡市区“十二五”污水处理及再生利用专项规划》，等等。

公共机构与机关低碳发展：公共机构与机关低碳发展相关政策出台主要包括《无锡市 2011 年政府集中采购目录政府采购限额标准和公开招标数额标准》、《无锡市“十二五”公共机构节能规划》，等等。

建筑低碳发展：建筑低碳发展相关政策出台主要包括《无锡市墙材革新和建筑节能“十一五”规划》、《市政府办公室关于明确建筑节能工作目标责任的通知》(锡政办发〔2008〕56 号)、《关于转发住房与城乡建设部〈公共建筑室内温度控制管理办法〉和〈民用建筑节能信息公示办法〉的通知》(锡建总〔2008〕207 号)、《关于印发无锡市光伏太阳能推广应用实施方案的通知》(锡政办发〔2008〕259 号)、《关于加强建筑节能工作的通知》(锡政办发〔2009〕132 号)、《市政府办公室关于成立无锡市建筑节能领导小组的通知》(锡政办发〔2009〕136 号)、《无锡市建筑节能管理办法》(锡政办发〔2010〕118 号)、《关于加强在民用建筑中推广应用可再生能源技术的通知》(锡建总〔2010〕124 号)、《关于印发〈无锡市可再生能源建筑应用示范工程管理办法〉的通知》(锡建总〔2010〕126 号)、《无锡市光伏太阳能推广应用示范工程实施方案》(锡政办发〔2011〕151 号)、《无锡市“十二五”建筑节能和可再生能源应用专项规划》，等等。

交通低碳发展：交通低碳发展相关政策出台主要包括《无锡市“十二五”综合交通发展规划》、《无锡市区无车日活动实施方案》，等等。

从无锡市目前政策涵盖范围来看，建筑方面的低碳政策出台较早，工业、能源、建筑方面的低碳政策已经逐步健全；公共机构和机关作为无锡市低碳城市建设的行政带头单位，进行了详细的能源统计工作，相关政策已经逐步开始建立；低碳发展在交通规划中得到凸显，但交通方面的低碳政策覆盖范围还不够全面，有待细化深入地讨论低碳交通的具体实践方案；由于低碳社区的建设在很大程度上依靠居民的自主行动，因此，无锡市没有社区低碳发展方面的政策内容，低碳社区建设方面的政府行为大多是宣传、鼓励、教育等行为。

2. 政策实施效果评估

本报告从碳排放强度目标完成情况、低碳发展覆盖范围推进情况、产业结构调整情况、能源结构变化趋势、新能源发展情况、低碳建筑发展情况、低碳交通发展情况、低碳机关建设情况等方面对无锡市低碳政策进行评价。

（1）碳排放强度目标

由于“十一五”期间无锡市没有碳排放强度减排目标，因此“十一五”期间，无锡市碳减排发展情况以国家标准衡量。无锡市国民经济和社会发展第十二个五年规划纲要中提出，2015年无锡市单位GDP碳排放较2010年下降20%，比国家减排目标高出3个百分点。根据国家碳减排目标“2020年碳排放强度较2005年下降40%～45%”，默认“十一五”期间国家碳减排目标为15%，并以此作为无锡市“十一五”标准。以不变价GDP作为核算标准，2010年无锡市单位GDP碳排放较2005年下降18.6%，比国家目标高出3.6个百分点，比“十二五”的预期高出幅度（3%）高0.6个百分点。无锡市“十一五”期间已经完成碳减排预期目标。

（2）低碳发展覆盖范围

几年来，无锡市低碳发展的覆盖范围日益广泛，由以工业节能实现低碳发展转变为工业和其他部门低碳发展措施并举，从能源效率、产业结构、综合交通、建筑标准、机关建设、示范区建设、碳汇建设等方面展开了低碳城市建设的工作。

（3）产业结构调整情况

2010年无锡市地区生产总值5 758亿元，全市服务业增加值占地区生产总值比重达到42.8%，高新技术产业增加值占规模以上工业增加值比重45.7%，高效农业占农业用地面积比例提升到53.9%。三次产业就业人员比重由11.8∶55.1∶33.1调整为6.5∶54.8∶39.0。战略性新兴产业快速崛起，微电子、新能源、软件与服务外包等产业发展达到国际国内先进水平。低碳产业呈现蓬勃发展的良好势头。

科技创新取得重大突破：预计2010年全社会R&D经费支出占地区生产总值比重达到2.5%，比2005年提高0.85个百分点；五年累计专利申请量达83 080件，是“十五”期间的6倍。引进海外归国领军型人才工作开创全国先河，落户“530”项目超过1 200个，集聚海归高层次人才6 000多名；累计完成政府主导的“三创”载体500万平方米，集聚科技型企业3 400多家，涌现了尚德太阳能、美新半导体等一大批高新技术企业。无锡成为全国科技创新先进城市、唯一的国家传感网创新示范区和传感网高技术产业基地、首批国家海外高层次人才创新创业基地，跻身国家创新型城市、国家云计算服务创新发展试点城市行列。

（4）能源发展趋势

“十一五”期间，无锡市大力发展以太阳能、风能等为重点的新能源产业，涌现了一批以尚德太阳能和远景风能为代表的具备自主知识产权和品牌的骨干龙头企业，太阳能热水系统和太阳能照明、沼气利用等新能源应用规模持续扩大。其中太阳能电池及组件产量和产能均位居全国首位，转换效率处于国际领先水平；新能源汽车、风电及设备制造、生物质能及核能装备等市场潜力巨大。

此外，随着“西气东输”和“川气东送”工程的全线开通，全面提升了无锡市天然气管道运输的整体能力，极大地推进了以天然气出租车为标志的清洁能源使用，清洁能源和新能源使用范围不断扩大。

加大以电力为主体的能源工程建设力度。有效扩大地区电网装机容量，基本形成以大电厂和500千伏变电站为电源，220千伏输电网和变电站为骨干，110千伏及以下配电网为支撑的网架结构，供受电能力全面增强。2010年底，无锡地区共有电厂60家，149台发电机组，总装机容量721.85万千瓦；有热电联产电厂46家，124台发电机组，总装机容量321.55万千瓦。建立了宜兴抽水蓄能电站，有效提高了电力调峰能力。

能源体制改革稳步推进。能源生产企业与能源消费企业的现代企业制度基本建立健全，能源供需的市场化运营机制基本建立，电力需求侧管理技术不断提高，节能调度体制与煤电联动机制不断完善。

(5) 低碳建筑发展情况

“十一五”期间，无锡市建筑节能总体目标是全市实现建筑节能总量82.9万吨标准煤，实际完成101.2万吨标准煤，超额完成了建筑节能总量目标，超额完成率为22.1%。“十一五”期间，全市完成新建民用建筑节能建筑面积5 580万平方米，其中节能住宅建筑面积4 034万平方米，节能公共建筑面积1 546万平方米。

(6) 低碳交通发展情况

“十一五”期间，无锡市低碳交通和智能交通建设成效显著，水路、公路、铁路运输低碳化程度不断提高，并于2011年第二季度开始推广甲醇汽油。

轨道：《无锡市城市快速轨道交通近期建设规划》获得国务院批准，轨道交通1号线和2号线线路总长度56公里，其中1号线29.4公里，2号线26.6公里，构筑无锡市区东西向和南北向的“十”字形轨道交通骨架。

公交：无锡市区公交场站个数已达102个，占地面积82.5万平方米；公交线路条数已达220条，线路总长度4 354.3公里，分别比“十五”期末增加了91.3%和229.2%；公交车拥有量已达3 821标台，每万人拥有量为16.1标台，分别比“十五”期末增加96.2%和37.5%；符合欧(国)Ⅲ排放标准的公交车为1 381辆，“低碳交通”取得了新进展；日均公交运量109.17万人次，比“十五”期末增加了45%。

出租：无锡市区新增出租汽车200辆，更新出租汽车3 840辆；天然气汽车数量不断增加。

(7) 公共机构节能和低碳机关创建

2010年底，无锡市共有公共机构(含院校、医院、学校、金融机构等)521家，总建筑面积665.3万平方米，用能人数67 518人，公车5 012辆。2010年，全市公共机构总耗电量20 243万千瓦时，人均用电2 998千瓦时；总耗水量510.4万吨，人均用水75.5吨；汽车总耗油量1 314万升，单车平均年油耗2 622升。与2005年相比，人均用电量下降24.20%，人均用水量下降26.48%，车均耗油量下降20.20%。从总体看，全市公共机构能耗总量偏大、能源利用率不高的状况还没有根本扭转。

在摸清公共机构能源消费情况、限定机关办公用品采购的同时，公共机构的低碳发展还存在如下不足：依法履行公共机构节能管理的范围、内容还没有实现全覆盖，各市(县)区机关事务工作部门节能管理机构还没有全部建立，教科文卫体系统的节能管理工作还没有充分发挥，部分公共机构还没有设置专门的节能管理岗位和专职人员，节能管理制度及激励政策有待进一步完善，尚未建立全市公共机构节能信息化管理平台。

(三) 低碳发展项目推进情况

1. 已有低碳项目汇总

结合低碳规划、低碳方案中所列低碳项目及其他低碳类项目调研，本报告将无锡市开展或已经完成的低碳类项目主要分为低碳工业、新能源及能源高效利用、低碳建筑、低碳交通、低碳机制体制建设、碳汇能力建设和低碳样板示范区等 7 个方面，共 47 个项目。

2. 项目进展情况及效果

(1) 工业领域

工业行业整改项目。“十一五”期间，无锡市累计关停“五小”、“三高两低”企业 1 900 多家。累计整改达标 567 家，关停并转迁沿湖企业累计 126 家。到 2011 年底，已累计关停 1 996 家“五小”和落后产能企业，整改达标 756 家，关停并转迁沿湖企业 244 家。

淘汰落后产能设备项目。无锡市淘汰落后工业锅炉、电力变压器、风机、水泵、电机等主要耗能设备 1 565 台(套)。在省内率先拆除 32 台水泥机立窑，共淘汰落后熟料生产能力约 284 万吨/年。截至 2011 年 9 月底，全市已完成 22 项燃煤工业炉窑节能技术改造(其中涉及燃煤工业炉窑 75 座)，完成淘汰燃煤工业炉窑 277 座(其中燃煤锅炉 36 台)，每年可以减少原煤消费 40 万吨。

火电行业整改项目。围绕化工、冶金、建材、电力和纺织等高耗能行业，大力组织实施以工业锅炉(窑炉)改造、余热余压利用、电机系统节能、能量系统优化为重点的节能改造。停建火电厂，限制现有火电厂扩能，推进火电厂节能技术改造，提高机组发电效率。实施“以大代小”、“上大压小”和小机组淘汰退役，提高单机容量。提高火电厂大气污染物排放标准，全面收严污染物排放限值。

能源审计项目。2010 年对 310 家重点用能企业实施专项监察审计，对超过国家或省能耗限额的 3 家企业实施了惩罚性电价。2006～2009 年累计施行能源审计项目企业为 280 个。

固定资产投资项目节能评估和审查项目。2010 年无锡市对 276 个年综合能耗 1 000 吨标准煤以上的新上项目进行了节能评估。其中，2009 年已对 170 个新上项目实施了节能评估审查(年综合能源消费 1 000 吨以上的项目 75 个、1 000 吨以下的项目 95 个)。2009 年投资总额为 168.5 亿元，综合能耗为 84.3 万吨标煤，产值能耗均低于全市平均水平，有效遏制了高耗能项目在无锡市的发展。

清洁生产审核项目。无锡市已有 1356 家企业实施并通过清洁生产审核验收，2010 年 306 家企业通过清洁生产审核。“十一五”期间累计完成清洁生产项目 459 项，争取省级以上国家财政奖励资金 1.4 亿元，实现节能 150 万吨标准煤，相当于降低全市单位 GDP 能耗 3%左右。

资源回收利用项目。截至 2010 年，110 家企业被认定为资源综合利用企业，全市废弃物利用率达到 99%以上。

循环经济试点项目。无锡市、江阴市被列为省循环经济试点城市，全市建设循环经济试点企业 72 个，试点园区 11 个，其中，省级以上试点企业 12 个、试点园区 4 个，累计实施重点节能与循环经济项目 459 个，形成了独具特色的 10 条循环经济产业链。2010 年，全市新增循环经济试点企业和园区 16 个。

合同能源管理项目。至 2010 年底无锡市已累计实施合同能源管理项目 80 项。投资 7 850 万元，包括高压变频改造、电力拖动、绿色照明和余热回收利用等项目。实现年节约电力 2 500 万千瓦时，节约热力 18.6 万吨，节水 128 万立方米，综合折算后年节能约 5 万吨标煤，直接增加经济效益 4 230 万元，投资回报率达到 40%。

(2) 新能源及能源高效利用

智能电网建设项目。至 2010 年 5 月 7 日，无锡已完成市区及江阴、宜兴地域内 33 000 户低压用户的系统建设勘察任务，2010 年年底前完成 43 万用户的勘察工作。5 月底，无锡供电公司总计完成 706 项城市配电网工程建设任务，其中新增配网布点 276 项，投入资金 2.56 亿。预计该系统将于 5 年内完成。作为智能电网用户侧子系统之一的用电信息采集系统，目前已开始在无锡七区两市范围内建设。

太阳能应用重点工程。① 陆马线太阳能示范工程：本工程可实现每年节约用电 15.939 万度，相当于节约燃烧标准煤 63.76 吨，减少二氧化碳排放 158.91 吨，减少二氧化硫排放 4.78 吨。② 尚贤河绿地太阳能电站：2010 年已建成，并于 2010 年 5 月启用，共配备 192 块高效单晶硅太阳能板，年平均发电量约 37 960 千瓦时，年节约标煤 13.66 吨，年减排二氧化碳 33.14 吨、二氧化硫 108 千克、氮氧化合物 92 千克。

百万平方米光伏屋顶发电工程。2010 年无锡市向学校、医院、政府机关等公共建筑，以及工业厂房、研发大楼、公用设施等场所规模化推广应用光伏屋顶发电；到 2011 年，逐步开展居住建筑的示范试点，拓展光电建筑应用市场。

"太阳城"项目。由无锡新区与无锡新加坡工业园合作的中新光伏"太阳城"于 2009 年 11 月 26 日启动。2010 年有 5 个项目入驻，分别为香港昌盛光伏的太阳能电池及组件、WONIK 产业的光伏设备、美国麦达科技的储能器件、西安隆基股份的 1.5 GW 单晶硅片以及尚德网版等，均可在年内陆续投产，预计新增产能 2 GW，销售额达百亿元。

太阳能路灯照明。无锡市已建成一批应用太阳能新能源、LED 新光源等新技术的城市照明项目共 21 项，总计安装各类太阳能路灯 1 572 盏，太阳能电站 4 座，年节电 31.49 万度。

无锡风电产业园项目。目前核心区建设用地达 900 亩，区内的道路、供电、燃气、供热、排水、排污、邮电、通信、有线电视和地块平整等"九通一平"工程已全部完成。目前，全区拥有工业企业 6 000 多家，从业人员 20 多万人，其中规模以上企业 913 家，亿元企业 104 家。

生物质能项目。目前无锡市生物质能研发生产公司有无锡华宏生物燃料有限公司、正洋生物燃料有限公司、江阴高吉生物燃料有限公司、瑞之源生物燃料有限公司等。到 2011 年，生物质能产业的销售收入达到 20 亿元。在生物质发电和供热领域，华光锅炉、双良集团进行生物质直燃和掺烧发电、秸秆发电、垃圾发电、沼气发电和余热回收利用技术研发并示范应用。

（3）建筑类低碳项目

绿色建筑创建项目。2011 年，无锡市有 3 个项目获得绿色建筑二星设计标识，8 个绿色建筑一星标识。

"4610"计划项目。2010 年起无锡市将实施绿色建筑"4610"计划，设立建筑节能专项资金，扩建、改造和加层的既有住宅、机关办公用房和大型公共建筑必须进行建筑节能改造，每一份用地合同中都要增加建筑节能条款。

专栏 5-2 "4610"计划

"4610"计划指，实施 4 项扶持政策：可再生能源开发利用的政策奖励、获国家绿色建筑星级标准的政策支持、既有建筑节能改造的政策支持、绿色节能公共建筑的政策支持；6 项节能技术：地源热泵应用、太阳能利用、雨水收集与水资源利用、新型墙体材料应用、节能门窗应用、地下空间利用；10 项亮点工程：选择并培育公共建筑、住宅项目、既有建筑改造工程等 10 个项目作为市级建筑节能亮点工程。

节能型校园建设。江南大学成立水电管理与节能领导小组和节能研究所等建设研究机构，组建专家型管理队伍，出台《江南大学水电管理办法》等多项管理制度。目前已初步建成"数字化节约型校园节能监管平台"。

公共机构节能行动。每年通过定期组织能源体验日活动、公共机构节能知识竞赛活动、组织学习贯彻《江苏省公共机构节能管理办法》等，形成了政府机关带头、社会共同推动的发展格局。

老新村节能改造。2010年以来，本着居民自愿原则，由居民出资100元/平方米，政府部门补助250元/平方米，试点支持老新村的住宅节能改造。目前，五河新村、震泽二村、金海里小区部分住户的旧钢窗改成了双层中空玻璃的节能窗。震泽一村、二村、三村、四村改装了太阳能楼道灯，40多万元费用由政府买单。

高效照明产品推广项目。2008～2010三年累计推广节能照明产品130万套。截至当前累计推广节能照明产品160万套，累计节能量约7亿千瓦时。

其他节能产品惠民项目。2009年推广节能设备19万套，2010年推广节能设备20万套。

（4）交通类低碳项目

地铁修建。地铁1号线盾构施工已全面展开，地铁2号线在建设当中。3、4号线处于规划阶段，并已赴国家发改委汇报建设规划。

电动公交车及辅助设施。2011年8月8日，无锡江阴投放6辆柴电动混合公交车；2011年初，江阴市在西外环路内建设了一座电动汽车充电站。根据电动公交车的成本及节能情况，计算一辆电动公交车在全额购买（不含国家补贴）情况下的投资回收期，公交公司需要7年左右的时间才能收回成本。

天然气公交车及辅助设施。至2011年5月1日，无锡市区纯天然气公交车达到了462台，天然气公交车占所有车辆的17.4%，所有车辆均达到国Ⅲ排放标准。截至2010年12月，全市已有14座加气站投运。

天然气公交车平均百公里节约燃料费约60元。按2010年度公交柴油空调车行驶一年计算，使用燃气空调车与柴油空调车相比，CO排放可减少15.3吨、HC排放可减少10.7吨、颗粒物排放可减少3.3吨，年节约成本5 000多万元。

天然气出租车和私家车。2010年12月全市有出租车经营单位34家，运营车辆4 260辆，2 200辆改装为双燃料车使用天然气，社会车辆（驾校车、私家车等）有200辆使用天然气。

使用天然气可以节省五分之二的费用，每辆车每天节省50多元钱，油改气一次性成本投入是7500元，3～4个月可收回成本。

鼓励电动自行车。无锡市城镇居民家庭每百户助力车（包括“小毛驴”和电动自行车）拥有量达到72.1辆。

公共自行车系统建设。江阴公共自行车交通系统二期工程的10个服务网点、200辆公共自行车已正式投入运行，到2010年，全市100个公共自行车服务网点、5 000辆自行车全部投放使用。

太湖新城慢行系统建设。太湖新城按照2011年年底投用慢行道路的要求，几乎所有道路都按照“绿色慢行”的标准进行布局，河道、湿地边的慢行路径也已见雏形。

智能公交系统建设。2010年年底前，锡城的智能公交系统全面建成并投入使用。据统计，经过近1年的试运行，目前公交车的违章得到有效遏制，去年市民有责投诉率同比下降98%；事故频率、事故数量等同比下降37%；车辆全天运行准点率达90%以上；利用这套系统的智能公交调度等功能，全年节油443万升。

道路照明系统节能管控。目前无锡市共有16条太阳能路灯道路，安装了976套LED光源灯具；对全市266个夜景照明设施实行节能控制。

（5）碳汇能力建设项目

无锡全市林木覆盖率达到24.5%，建成区绿化覆盖率达到43.35%，综合碳汇能力约为70万吨/年（以碳元素计）。快速碳汇示范工程——蓝藻高密度培养及高效碳汇技术示范2010年内建成，年生产藻类100吨、吸收CO_2 300吨。另外，无锡市多处湿地公园的湿地能够贮存有机碳最多可达258吨/公顷，有效降低大气中的CO_2。其中梁鸿湿地公园成为全国首批12个正式授牌的国家级湿地公园之一。到2010年底无锡总投资26亿元，已经开展了17个湿地修复工程，修复湿地面积达到1 520公顷，最高碳汇能力达到39.2万吨CO_2e。

（6）低碳机制体制建设：区域碳排放交易平台

从2010年开始，无锡市着手探索建立包括初始碳排放分配、市场交易价格和惩罚价格等各种制度，预计到2015年后逐步建立一个区域性开放式的碳交易市场。无锡已在着手建立碳排放交易平台，一旦国家确定相应的评价考核标准，相应的法律、法规和制度建立健全后，这一交易平台将在第一时间启动。

（7）低碳样板示范区

太湖新城暨中瑞低碳生态城

2010年7月，开工建设无锡零碳生态展示馆。2011年国际学校、世博会瑞典展馆和生态技术展示中心建成投运，开工建设社区医院、公办学校和社区服务中心。到2012年，基本完成生态小区建设，建成社区医院、公办学校和社区服务中心等公共建筑。

宜兴新能源产业园

2009年12月宜兴新能源产业园成功获得江苏省商务厅批准，到2010年底，开发区新能源板块中，太阳能光伏可以实现1 300兆瓦的产能。中国国电投资80亿的太阳能电池一体化项目已落户该产业园。

无锡光伏产业园

总规划面积约6 600亩，建成后总建筑面积近150余万平方米，光伏产业园的开发建设工作预计将在2015年左右完成，并将成为世界领先、国内首屈一指的光伏产业高地。尚德太阳能P5项目、隆基单晶硅片项目等已入驻该产业园。

江阴临港新城低碳产业园

江阴临港新城低碳产业园最终将构建1个基地，3个中心，1个特区。以远见风能为核心，形成全明星制造中心、技术工程服务中心，并创建世界级的风电综合研究中心，目前已引进远见风能等8个高新企业。

惠山开发区风电科技园

2008年10月28日无锡风电科技产业园开园，目前已聚集了中国航天万源公司永磁直驱式风电机项目、中国运载火箭技术研究院新型整机总装项目等。

山语银城小区

山语银城小区安装3.15 KWP太阳能电站1座，将原有的48套70W高压钠庭院灯改为36 W LED庭院灯，采用光电互补形式供电。通过改造，预计每年可节电1.05万千瓦时，相当于节约标准煤4.21吨，减少二氧化碳排放10.49吨。

长江国际花园

长江国际花园中的153套80 W高压汞庭院灯更换为36 W LED庭院灯，并在小区东出入口安装4套36 W LED庭院灯，6套景观灯光源改为LED，小区东出入口门卫房顶安装1.62 KWP太阳能电站1座，供应小区东出入口新装的4套LED庭院灯及门口6套景观灯用电。通过改造，预计每年可节电2.83万千瓦时，相当于年节约标准煤11.31吨，减少二氧化碳排放28.19吨。

3. 项目低碳发展评估

根据数据可得性，对部分项目的成本效益进行分析，结果如下表所示：

表 5-6 无锡市部分低碳项目经济效益分析表

序号	项目名称	项目投资收益情况
1	固定资产投资项目节能评估和审查	2009 年投资总额为 168.5 亿元，综合能耗为 84.3 万吨标煤，产值能耗均低于全市平均水平，有效遏制了高耗能项目在无锡市的发展。
2	无锡锡兴钢铁股份有限公司带钢加热炉油改气节能减排技改项目	项目投资 2 100 万元，每年可利用回收高炉煤气 1.28 亿立方米，折合标煤 1.8 万吨/年；可回收蒸汽 2 万吨，折合标煤 4 800 吨；每年减少排放 SO_2 约 312 吨，减少烟尘 41 吨。
3	无锡华润微电子有限公司中央空调系统节能技术改造项目	项目投资 983.57 万元，每年可节约能源 5 695 吨标煤。
4	无锡市中欣塑料厂废塑料回收利用项目	项目投资 1 212 万元，每年可回收废旧塑料 6 000 多吨，再生塑料造粒 5 500 多吨。
5	合同能源管理项目	投资 7 850 万元，包括高压变频改造、电力拖动、绿色照明和余热回收利用等项目。实现年节约电力 2 500 万千瓦时，节约热力 18.6 万吨，节水 128 万立方米，综合折算后年节能约 5 万吨标煤，直接增加经济效益 4 230 万元，投资回报率达到 40%。
6	老新村节能改造	居民出资 100 元/平方米，政府部门补助 250 元/平方米。震泽一村、二村、三村、四村改装了太阳能楼道灯，政府共出资 40 多万元。
7	高效节能照明产品推广项目	2008～2010 三年累计推广节能照明产品 130 万套。截至当前累计推广节能照明产品 160 万套，累计节能量约 7 亿千瓦时。
8	电动公交车项目	一辆电动公交车成本价 260 万元，和柴油车相比，百公里省 200 元，其投资回收期为 7 年左右。
9	天然气公交车项目	LNG 公交车比同等规格的燃油公交车的价格高出 8 万～10 万元，投资回收期为 6 年左右。
10	出租车油改气项目	出租车油改气的成本投入为 7 500 元，每辆车每天节省成本 50～80 元左右，成本回收期 3～4 个月。
11	智能公交系统建设项目	项目总投资达 3 000 万元，建设周期 3 年，实现全年节油 443 万升。
12	湿地修复项目	到 2010 年底无锡总投资 26 亿元，已经开展了 17 个湿地修复工程，修复湿地面积达到 1 520 公顷。
13	山语银城和长江国际花园一期 LED 灯安装项目	总投资约为 110 万元，安装 200 多套 36 瓦 LED 灯。

根据上表结果分析及部分项目调查显示：固定资产项目节能评估与审查项目、合同能源管理项目、工业类节能技改项目、高效照明产品推广项目、出租车油改气项目、天然气及油电混合动力公交车项目等具有较为明显的经济及低碳环保效益。

当前，无锡市各项经济发展工作以节能低碳理念为前提，相关工作取得了一定成效，但还需进一步推动各项工程、项目的深入开展，力争到 2015 年，初步建成以政府为主导、以企业为主体、全社会共同参与的低碳城市。

县域层面碳减排潜力研究——以常熟、如皋为例

南京大学,2012 年 3 月

县域是二氧化碳排放目标执行的重要载体,在减排工作中具有举足轻重的地位。本研究分别选取苏南、苏北各一个县级市常熟、如皋为案例县域,系统核算了这两个县级市 2005～2010 年的能源消费和二氧化碳排放现状,在此基础上,本研究基于情景分析方法开发出一整套适用于分析县级市减排潜力的计算方法,利用此计算方法预测两县的碳排放趋势,并通过对比得出苏南苏北县级市在发展低碳经济和减排重点领域方面的异同。

(一) 方法学

1. 碳排放量核算方法

本研究将整个县级市的温室气体排放系统作为研究对象,并将系统内的排放源分为能源消费单元和非能源消费单元两个部分。其中,能源消费单元包括工业能源、交通能源、居民和商用建筑能源(包括建筑施工、商用建筑运行期、居民建筑运行期)、农业能源四个子单元,非能源消费单元包括工业过程和废弃物处理两个子单元。

2. 情景分析方法

本研究采用情景分析的方法,基于各县级市"十一五"期间经济、社会、技术发展情况和"十二五"规划设定的目标,分三个不同的情景,来预测"十二五"期间能源消耗和碳排放情况。三个情景分别为基准情景、综合减排低方案情景、综合减排高方案情景,并分别给出这三个情景的减排潜力区间。

(二) 常熟市、如皋市案例分析

1. 能源消费现状

(1) 能源消费总量

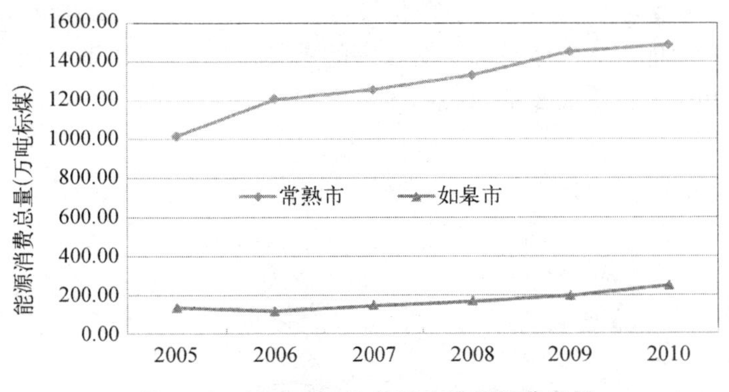

图 5-3 2005—2010 年两市能源消费总量

对两市全社会能源消费量进行分析(图 5-3),可见常熟市和如皋市单位 GDP 能耗分别从 2005 年的 1.50 吨标煤/万元、0.86 吨标煤/万元增长到 2010 年的 1.93 吨标煤/万元、1.08 吨标煤/万元,大体呈逐年上升趋势。常熟市和如皋市全社会能源消费总量呈现逐年增长趋势,分别从 2005 年的 1 015.08 万吨标煤、132.61 万吨标煤增长到 2010 年的 1 487.23 万吨标煤、247.16 万吨标煤,

年均增长率分别为 7.94%、13.26%。

（2）分类型能源消费

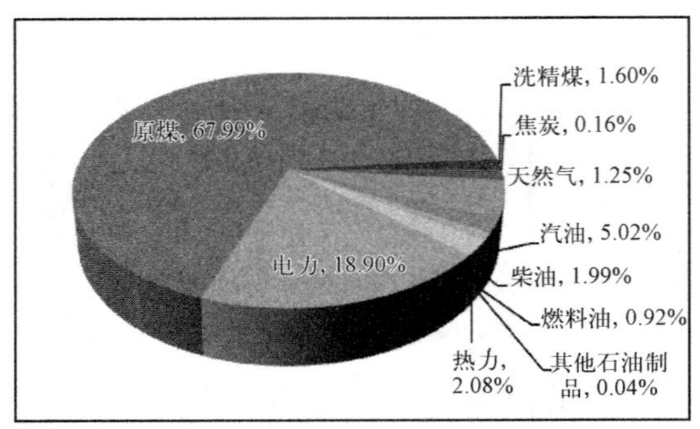

图 5-4 常熟市能源消费结构

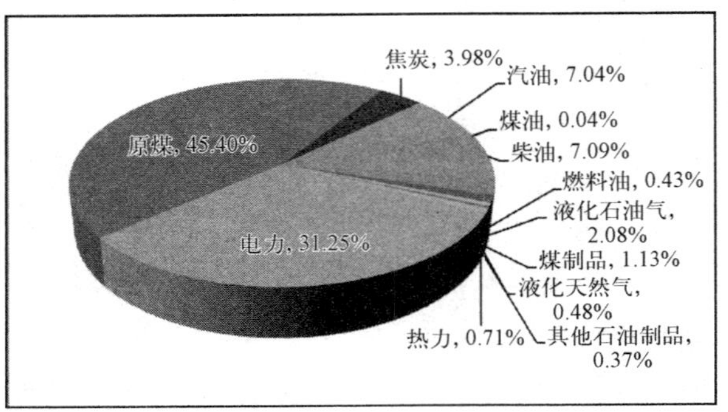

图 5-5 如皋市能源消费结构

从图 5-4 和图 5-5 中能源种类来看，两市的能源仍然以原煤和电力为主，尤以常熟为典型，原煤和电力两种能源占总能源消耗的 86%左右。

（3）分部门能源消费

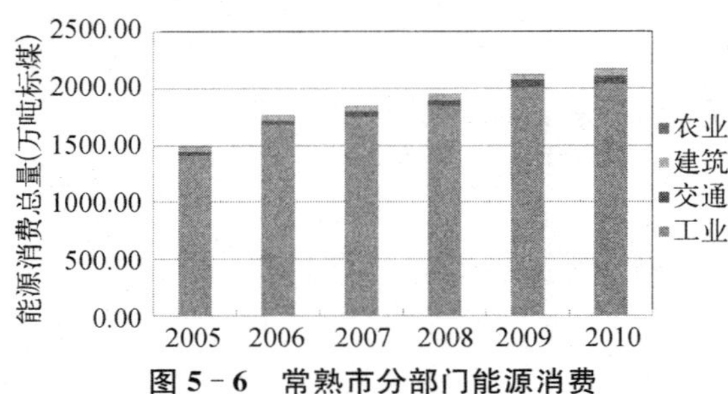

图 5-6 常熟市分部门能源消费

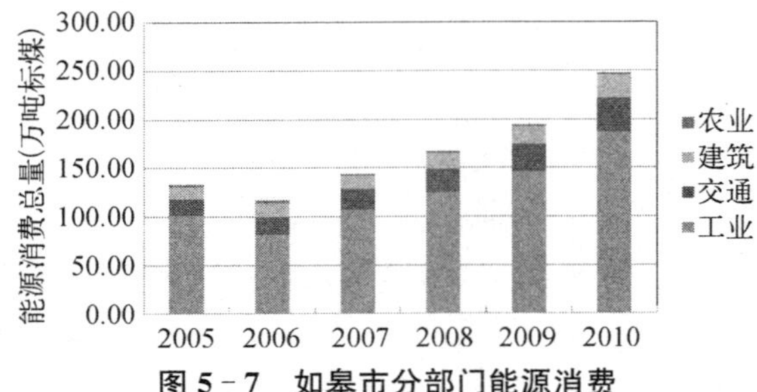

图 5-7 如皋市分部门能源消费

分析图 5-6 和图 5-7，可以看出：两市工业、交通、建筑的能源消费总体均呈上升趋势，如皋市的增速明显大于常熟市。以工业部门为例，常熟和如皋市的工业部门能源消耗均呈上升趋势，年均增速分别为 7.61%和 12.95%。对于农业部门，如皋市农业能源消费年均减速为 11.50%，远大于常熟市。

这显示如皋市是典型的苏北工业化中期县级市，经济发展迅猛，能源消费高速增长；常熟市是典型的苏南发达县级市，能源消费维持在一个较高的水平，但是增加速度放缓。两市的工业能源消费均为贡献率最大的部门，其次是交通、建筑，最后是农业。

2. *碳排放现状*

（1）碳排放总量现状

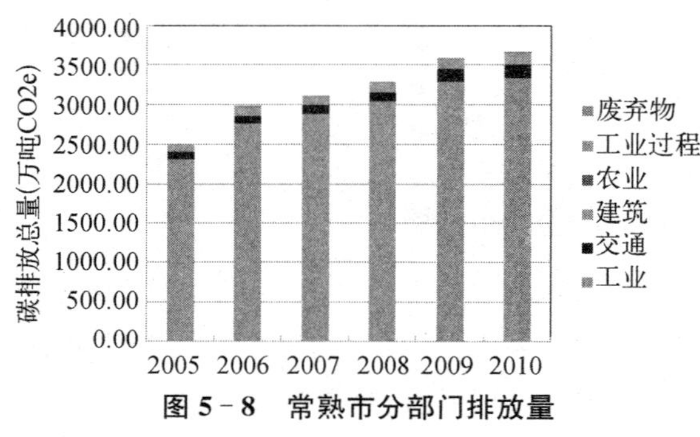

图 5-8 常熟市分部门排放量

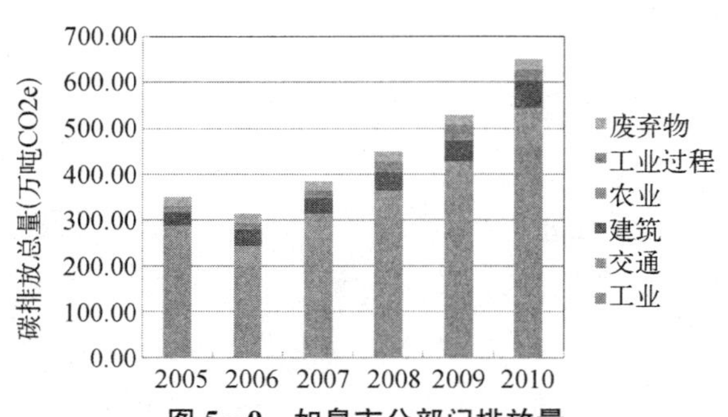

图 5-9 如皋市分部门排放量

由图5-8、图5-9可以明显看出，两市的排放总量呈上升趋势。常熟市的排放总量由2005年的2 510.40万吨增至2010年的3 671.18万吨，年均增速为7.90%；如皋市的排放总量由2005年的351.22万吨增至2010年的648.68万吨，年均增速为13.06%。如皋市排放总量增速高于常熟市，这是由于如皋属于苏北工业化中期城市，经济的迅猛发展导致能源需求快速增长。

由图可知常熟市工业部门的排放量占总排放量的90%左右，如皋市工业部门的排放量占总排放量的70%左右，两市工业部门的排放均占最大比重，这反映两市依然是以工业为主导。但是，常熟市工业部门的排放比重在逐年下降(由2005年的92.16%下降到2010年的90.95%)，如皋市工业部门的排放比重在70%左右徘徊。这说明常熟市工业转型升级工作执行得相对较好。

常熟和如皋交通部门的排放量占总排放量的比重均为第二，分别为5%左右和13%左右，且呈逐年上升的趋势，交通部门的排放量增长与经济发展、生活水平升高导致的机动车的保有量增加有关。由于如皋的经济增长率较常熟大，这导致了如皋交通部门碳排放的增长率也大于常熟。

两市的农业和废弃物部门的排放比重基本维持在一个较低的水平。如皋市的工业过程的排放比重在2005～2009年有所增加，而在2010年有所下降，这与如皋市政府控制高排放的工业企业生产有关。

(2) 碳排放强度现状

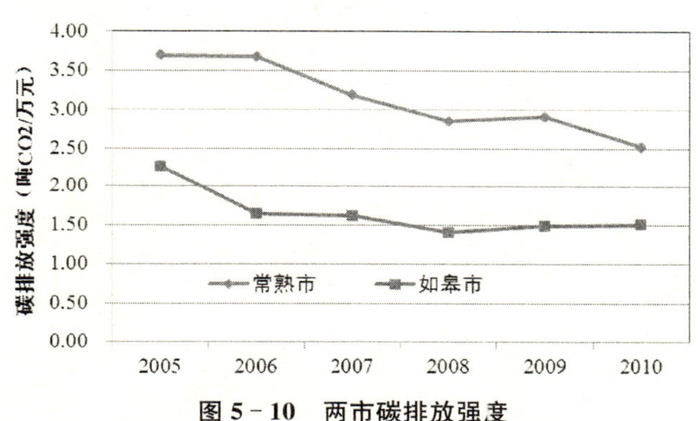

图5-10　两市碳排放强度

图5-10为两市碳排放强度图，由图可知，两市碳排放强度均呈下降趋势。常熟市碳排放强度由2005年的3.70吨/万元降至2010年的2.53吨/万元，年均递减7.35%；如皋市碳排放强度由2005年的2.27吨/万元降至2010年的1.51吨/万元，年均递减7.86%。

3. 减排潜力分析

(1) 城市碳排放趋势

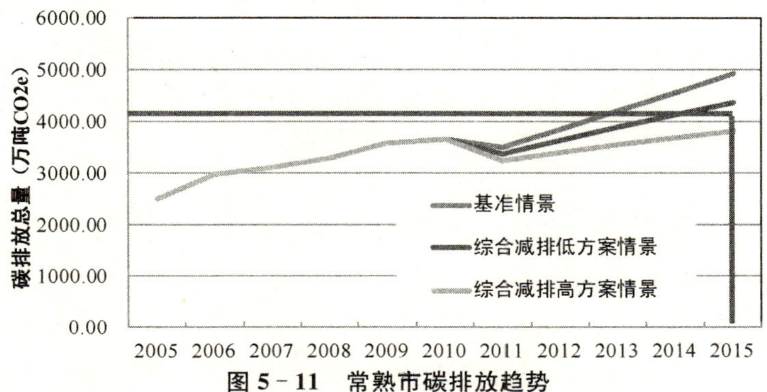

图5-11　常熟市碳排放趋势

注：图中虚线为常熟市2015年的减排目标值，是根据国家2015年碳排放强度较2010年下降17%的减排目标计算得出，下同。

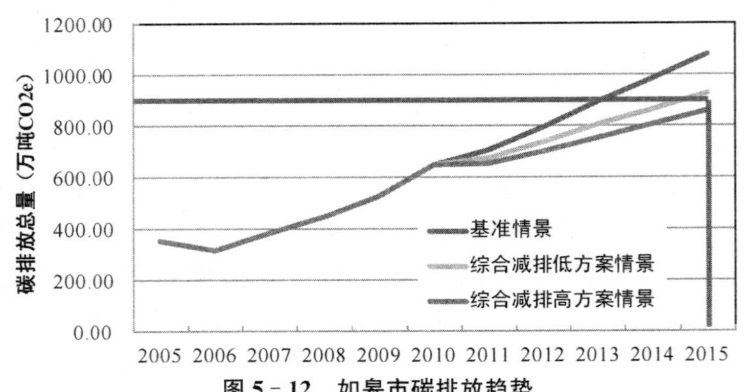

图 5-12　如皋市碳排放趋势

由图 5-11、图 5-12 可知，常熟市和如皋市“十二五”期间碳排放仍呈逐年增长趋势。基准情景下，常熟市碳排放量由 2010 年的 3 671.18 万吨 CO_2e，增长到 2015 年的 4 927.88 万吨 CO_2e，年均增长率为 8.95%，综合减排情景的低方案和高方案下分别增长到 4 396.19 万吨 CO_2e 和 3 832.23 万吨 CO_2e，年均增长率分别为 6.94% 和 4.22%；基准情景下，如皋市碳排放由 2010 年的 648.68 万吨 CO_2e，增长到 2015 年的 1 094.76 万吨 CO_2e，年均增长率为 11.57%，综合减排情景的低方案和高方案下分别增长到 925.90 万吨 CO_2e 和 878.96 万吨 CO_2e，年均增长率分别为 8.81% 和 7.60%。

由于如皋市作为苏北典型县级市，仍处于经济高速发展阶段，而常熟市作为苏南典型发达城市，经济发展已经达到一定高度，因此“十二五”期间，如皋碳排放量仍将维持在远小于常熟碳排放量的水平，但其年均增长率大于常熟。

工业

基准情景下，2015 年，两市工业碳排放将达 4 250.28 万吨和 774.43 万吨；综合减排低方案情景下，2015 年，两市工业碳排放将达 3 807.22 万吨和 661.75 万吨；综合减排高方案情景下，2015 年两市工业碳排放将达 3 354.38 万吨和 646.60 万吨。由此可见，常熟市工业部门的排放仍然远大于如皋市。所以常熟市在从工业主导型县级市转型之际，应该尽可能降低单位工业产值带来的排放；如皋市在大力发展工业的同时，也应该同时注意降低能耗，减少排放。

交通

交通部门排放是两市第二大排放源。考虑到“十二五”期间外来人口的不断涌入以及城乡经济快速增长带来的居民收入和消费水平稳步提高，生活质量进一步改善，因此居民出行人数和次数大幅增加，客货两运的需求大大增加，私家车拥有量进一步增多，因此交通部门排放总量在“十二五”期间仍将呈快速增长趋势。

基准情境下，到 2015 年，常熟、如皋的交通部门的碳排放将达到 540.29 万吨和 210.59 万吨；综合减排低方案情境下，两市交通部门的碳排放将达 453.05 万吨和 170.90 万吨；综合减排高方案情景下，两市交通部门的碳排放将达 343.65 万吨和 122.80 万吨。

建筑

基准情境下，到 2015 年，常熟、如皋的建筑部门的碳排放将达到 116.01 万吨和 63.86 万吨；综合减排低方案情境下，两市建筑部门的碳排放将达 114.62 万吨和 67.36 万吨；综合减排高方案情景下，两市建筑部门的碳排放将达 112.90 万吨和 63.68 万吨。

其中，常熟市商用建筑的预测量远高于如皋市，这是由于两市经济差异所致，常熟市已逐步从发达的工业化城市转而步入大力发展服务业。如果两市在经济发展的同时不注意降低建筑部门单位产值的排放，则由于服务业的迅猛发展，该单元的排放也会迅猛增加。

同时，由于经济发展，生活水平的提高，居民对生活能源的需求日益增加，虽然居民建筑的排放贡献目前不算大，但是也在迅猛增长。因此，必须加强对市民的节能减排的教育和宣传，以达到居民建筑节能减排的目的。

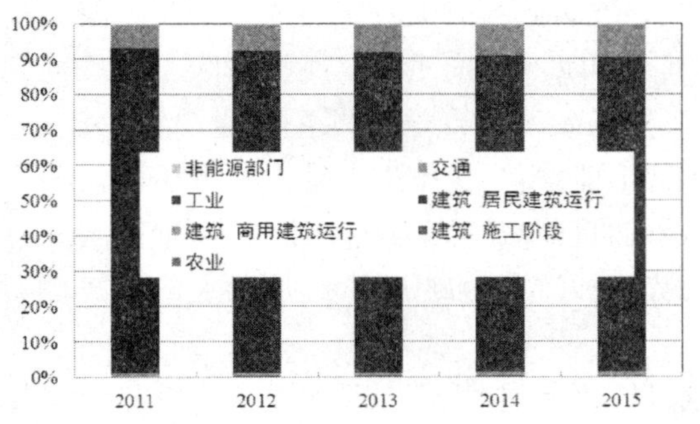

＊综合减排高方案情景

图 5－13 常熟市分部门碳排放比重图

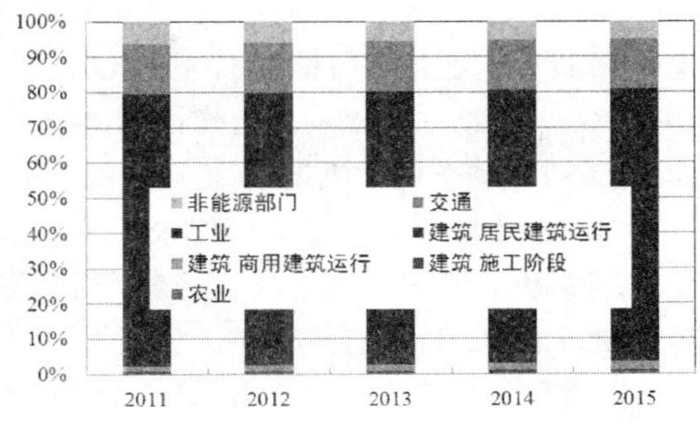

图 5－14 如皋市分部门碳排放比重图

由图 5－13 和图 5－14 可知，“十二五”期间，两市工业碳排放仍是本市最大排放源，随着产业结构的深入调整，两市工业碳排放比重逐年减小，常熟、如皋工业碳排放比重分别由 2010 年的 90.95%、70.66%下降到 2015 年的 87.53%、73.56%，交通碳排放比重逐年增加，分别由 2010 年的 4.71%、13.08%上升到 2015 年的 8.97%、13.97%。

（2）城市碳减排潜力

到 2015 年，常熟市减排潜力区间为 531.69 万吨 CO_2e～1 095.65 万吨 CO_2e；如皋市减排潜力区间为 148.86 万吨 CO_2e～215.79 万吨 CO_2e。

常熟市减排潜力大的原因是，常熟作为苏南经济发达县级市，对能源的需求基数较大，碳排放总量较大，如果常熟优化调整产业结构，淘汰高能耗、高排放的工业企业，推广节能减排新技术，大力推行节能减排的相关政策，则有巨大的减排空间；而如皋市正处于一个追赶的时期，各行业正处于蓬勃发展的阶段，虽然能耗需求增长较快，但总体基数较常熟市小，因此减排潜力空间较小。如果如皋在发展经济的同时，注意优化产业结构，推行节能减排，则不仅可以发展经济，也能够将碳排放维持在一个较低的水平。

（3）减排潜力对比

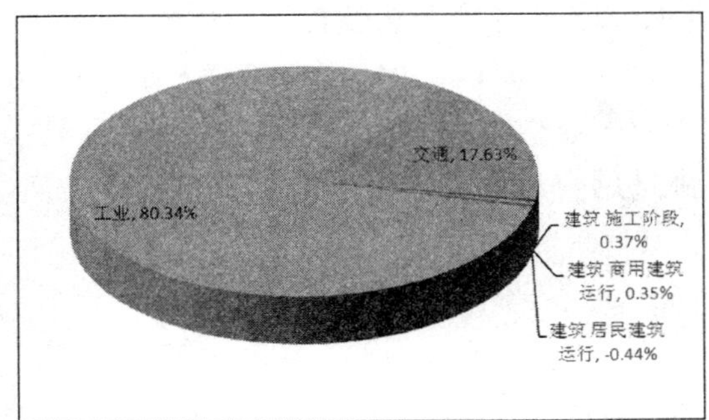

图 5－15 常熟市部门减排贡献率

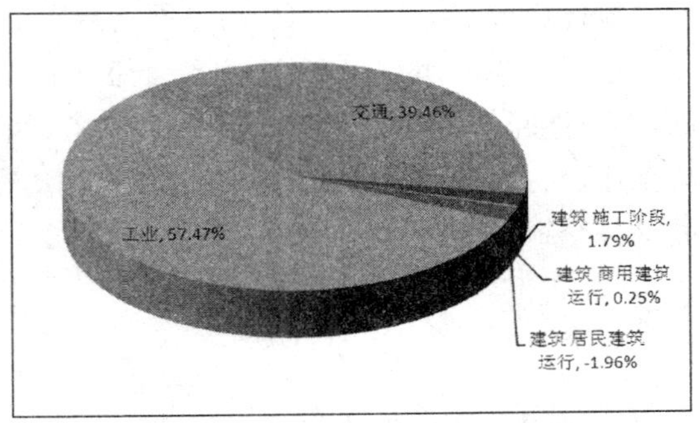

图 5－16 如皋市部门减排贡献率

由图 5－15 和图 5－16 可以看出，常熟、如皋两市各部门减排潜力从大到小依次为工业部门、交通部门、建筑施工阶段、商用建筑运行阶段、居民建筑运行阶段。

由于两市目前仍为工业主导型的县级市，因此，工业的减排潜力最大，常熟、如皋工业部门减排贡献率分别为 80.34%、57.47%，由此可见，两市“十二五”期间减排工作的重心仍应放在工业部门上，一方面应进一步调整三产布局，加快以服务业为主的第三产业发展，使之逐步成为两市国民经济的主导产业，逐步形成“三二一”的产业格局，另一方面应采用新技术提高能源利用率，做好减少能源消耗工作，逐步淘汰整改高污染、高排放企业，扶持战略性新兴产业。

同时，未来经济发展带来的汽车保有量的迅猛增加，导致交通部门碳减排也应该得到重视。根据预测数据，交通部门的减排潜力也相当巨大，尤其是如皋市，交通部门的减排贡献率达到39.46%。因此，一方面应大力建设和推行公共交通，并积极鼓励公众选择绿色交通出行；另一方面，应改进机动车发动机技术，提高能源利用率，或改用清洁能源，积极推进电动汽车市场化。

对于两市服务业（本报告中即商用建筑运行能耗），虽然目前减排潜力贡献不够大，但随着三产比重逐步提高，服务业排放增长趋势以及服务业的发展势头和政府的鼓励政策，服务业的减排也不容忽视。

随着居民生活水平的提高，居民建筑运行部门的碳排放仍将明显增长，其对全社会减排潜力具有负贡献，如皋市的负贡献率比常熟市更高，这是由于常熟市属于苏南发达县级市，加强了对市民节能减排宣传教育以及进行了家庭能源消费设施技术改造等原因。

（三）结论

常熟市、如皋市 2005～2010 年能耗及碳排放均呈明显增长趋势，其中常熟市碳排放量从 2005 年的 2 510.40 万吨 CO_2e 增长到 2010 年的 3 671.18 万吨 CO_2e，如皋市碳排放从 2005 年的 351.22 万吨 CO_2e 增长到 2010 年的 648.68 万吨 CO_2e。通过对“十二五”期间碳排放趋势的分析，表明到 2015 年，两市碳排放总量仍呈逐年增长趋势，其中在无作为的基准情景下，常熟、如皋碳排放总量将分别增长到 4 927.88 万吨 CO_2e、1 094.76 万吨 CO_2e，年均增长率分别为 8.95%、11.57%，两个综合减排情景下的减排潜力分别为 531.69 万吨 CO_2e～1 095.65 万吨 CO_2e 和 148.86 万吨 CO_2e～215.79 万吨 CO_2e。其中常熟市减排潜力主要由工业贡献，其贡献率为 80.34%，其次为交通，为 17.63%；而如皋市减排潜力由工业(57.47%)和交通(39.46%)共同支撑。

苏南、苏北县级市“十二五”期间碳排放总量仍呈增长趋势，其中苏北县级市增长趋势明显大于苏南县级市，这与苏北的高经济增长率挂钩。由于苏南的工业经济明显比苏北发达，因此“十二五”期间，苏南的减排压力主要在工业部门，而苏北则由工业和交通共同支撑。

本研究的不足之处主要在于：① 能耗统计数据来自两市统计年鉴，因此工业能耗数据均为规上工业能耗量，规下部分均由估算得出，因此有较大的不确定性；② 本报告中的单位 GDP 能耗中的总能耗为各部分能耗之和，不是严格意义上的全社会综合能耗，不能作为指标值衡量。

在下一步的工作中，一方面要加强数据统计的准确性，做好规下工业的能耗统计工作；另一方面，在节能减排工作上，苏南城市应把重心放在工业和调整产业结构上，逐步淘汰整改高污染、高排放企业，扶持战略性新兴产业，苏北城市则应在调控工业部门的基础上，大力建设和推行公共交通，鼓励公众绿色出行。

低碳园区发展指南

可持续发展社区协会(ISC),2012 年 5 月

摘要:在中国多数沿海发达城市,工业排放占城市总排放的 60%以上。建立"低碳园区"模式,发展低碳经济,减少工业园区碳排放强度,是城市可持续低碳发展的有效途径之一。《低碳园区发展指南》是一套量值评估体系和技术指引,旨在为中国各地开展的低碳园区示范提供技术支撑,并提供可参考、有操作性的优秀案例。本指南适用于综合类园区和以制造业为主体的县、区一级行政区域。

城市作为生产和生活活动高度密集的地区,从终端需求角度计算,碳排放量占全社会排放总量的 90%。而在许多城市,工业排放占总排放的 60%以上。工业园区是我国城市的基本组成单元之一,成片集合大量的工商业企业。通过建设"低碳园区"发展低碳经济,减少工业园区碳排放成为城市可持续低碳发展的有效途径之一。国务院 2011 年 11 月 22 日发布的《中国应对气候变化的政策和行动(2011)》中,明确指出"组织试点省区和城市编制低碳发展规划,积极探索具有本地区特色的低碳发展模式,率先形成有利于低碳发展的政策体系和体制机制",并计划在园区、社区和商业层面进行试点。由于国家应对气候变化的政策标准框架正在建设中,目前从中央到地方尚未形成一套成熟统一的规划和实践规范,具体指导这方面的探索和实践。然而这项工作又极为重要,一套可操作性强的指南可以为规范低碳城市、园区、社区的建设提供必要指引。基于此,可持续发展社区协会(ISC)在美国国际开发署(USAID)、德国国际合作机构(GIZ)和英国外交与联邦事务部-全球繁荣基金(FCO-SPF)的多方资助下,联合广东省建筑科学研究院组织国内外专家共同起草了《低碳园区发展指南》。

(一) 低碳园区指南概述

1. 低碳园区产生背景和定义

温室气体排放导致的全球气候变暖,对人类的生存和发展提出了严峻挑战。针对气候变化对各国可持续发展带来的挑战,2003 年英国首先提出低碳经济概念:通过更少的自然资源消耗和更少的环境污染,获得更多的经济产出。低碳经济的核心是能源技术创新、制度创新和人类生存发展观念的根本性转变。本质是生产、生活方式的转变。从城市管理的角度出发,发展低碳经济的目的是转型发展、改善民生质量、应对气候变化并实现可持续发展。

低碳园区是指园区系统在满足社会经济环境协调发展的目标前提下,以系统产生最少的温室气体排放获得最大的社会经济产出。低碳园区具有完善的温室气体管理体系;大力调整产业结构,延伸发展三产服务业;努力实践循环经济,实现土地、资源和能源的高效利用。低碳园区的构建将是运用碳交易等市场化手段发展区域低碳经济的前置条件。

低碳园区具有如下特征:低碳园区具有完善的温室气体管理体系,能够实现碳排放强度持续下降。这类园区的碳排放强度处于地区领先水平,或碳排放强度下降幅度处于地区领先水平;低碳园区具备高效高附加值产业组合,大力延伸发展生产配套服务业,逐步形成多功能混合使用布局,实现园区社区协调发展模式;低碳园区达到土地、资源和能源的高效利用。

2. 适用范围

本指南主要适用于综合类园区，用于指导低碳发展规划、管理和绩效评估。本指南使用对象为省、市(区县)级政府、园区管委会和辖区政府相关部门工作人员，园区内工商企业和事业单位专业人员，以及第三方咨询服务与各类研究机构人员等。专家组根据实际情况定期对指南进行修订，并逐步增加对各行业类园区的适用性。

3. 原则

《低碳园区发展指南》遵循以下原则：

(1) 相关性：选择适合评估和促进园区低碳发展的温室气体排放源、基础数据和计算方法，选择和低碳相关的发展策略、实施方案等。这些应包括园区管理部门、企业、居民和园区外部(可能是政府、企业、居民等)进行决策所需要的信息，这些信息应及时更新和发布。所有活动都应考虑当地的文化、经济、资源、甚至气候条件。

(2) 完整性：完整性包括3方面：第一是相关数据的完整性，应包括所有与低碳核算、监测与管理相关的数据；第二，应包括所有与低碳相关的策略；第三，应包括所有低碳相关方。在数据方面，可能会遇到数据缺乏的问题，根据数据的重要性和收集费用，尽可能使用统计、测量数据，其次使用经验估算数值，应注明数据来源和质量。低碳策略需要充分考虑可行的环境、技术、经济条件，提高在园区内活动的人们的低碳意识，引导公众在生产、生活中有越来越多的行动。低碳发展不仅仅是园区管理部门的责任，也需要园区内企业、各种组织机构、居民的真正参与。

(3) 一致性：评估指标、基础数据等的一致性，能够在与低碳园区相关的信息中进行有效的比较。低碳园区的信息(尤其是指标评价体系)使用者(园区内外)希望跟踪和比较不同时期的数据，以确认园区的发展趋势。因此这些信息在统计、测量、技术、分析的方法学上应一致，以便与不同时期具有可比性。如果数据、方法学、或者其他影响因素发生了变化，应当及时具体说明。

(4) 准确性：尽可能地减少数据误差和各种不确定性。数据的准确性有利于提高信息的可信度，增强信息的公开度和透明度。在不得不使用估算数据时，应当保守，即倾向于降低评估指标的分值，这样可以避免制定最终难以实现的目标。

(5) 透明性：在披露结果时，为园区内外、第三方提供足够的信息，确保信息是明确、具体、实际、中立、容易理解的，注明相应的参考资料。信息的公布还应充分，使第三方能使用这些数据得出相同的结论。透明的低碳园区信息，能够使人清楚了解园区之前的问题、取得的业绩、未来的发展方向。

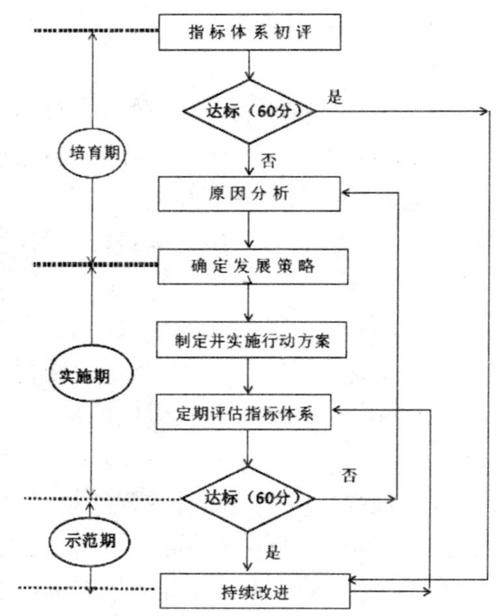

图5-17 低碳园区创建过程

(二) 低碳园区创建过程

低碳园区的创建划分为三个时期：培育期、实施期、示范期，如图5-17所示。

培育期：从低碳园区初评至确定低碳发展策略为培育期，该阶段主要是为了评估园区低碳现状，进行原因分析并确定未来发展方向。

实施期：在实施期需要落实园区低碳发展的目标、行动方案。

示范期：指标体系评价为合格，即可获得低碳园区授牌，这个阶段称为示范期。按照低碳指标评价体系分值，示范园区分为三个等级。示范期是阶段性而非永久性的，因为技术、信息、社会在不断发展变化中，一个园区进入示范期，仅表明这个园区在一定时期内（在区域碳排放强度总体水平有阶段性降低之前）是低碳园区状态，对当前其他园区有示范作用。在示范期间，园区需进行年度评估，若出现不达标情况则回到培育期，重新开始创建。

（三）低碳园区评价指标体系

1. 低碳园区评价指标体系构建框架

低碳园区评价指标体系从四个准则层进行构建，包括：

规划布局与土地利用；

能源利用与温室气体管理；

循环经济与环境保护；

园区管理与保障机制。

综合考虑定性和定量指标，对园区的低碳建设、低碳管理进行考核，以建立低碳园区建设的长效保障机制。四个准则层之间的关系如图 5－18 所示。

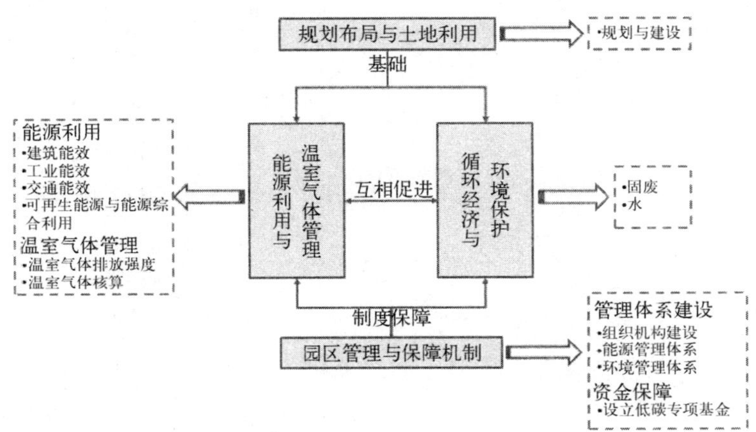

图 5－18 四个准则层

2. 低碳园区评价指标体系技术路线

低碳园区评价指标体系是根据低碳园区的定义，对照我国低碳现状和未来发展目标，参考国外低碳发展的经验，逐层制定和选取指标。在制定各指标评分标准时，考虑了数据收集的难易程度、相关数据的重要性、分值的公正性、技术和经济的可实现性。具体技术路线和方法详见图 5－19。

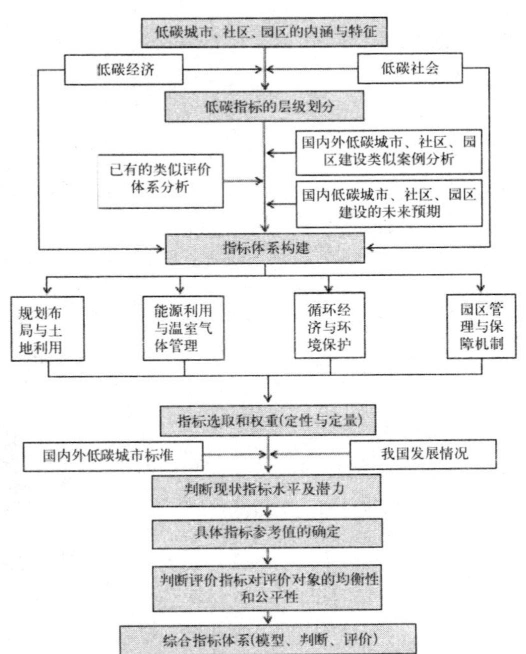

图 5－19 低碳园区评价指标体系技术路线图

3. 低碳园区评价指标体系构成与权重确定

根据低碳园区的特征及建设目标，本体系将低碳园区的评价指标体系划分为四个层次，第一层为目标层，即低碳园区评价指数；第二层为准则层（包括子准则层），分别对应低碳发展的四个主要范畴，即规划布局与土地利用、能源利用与温室气体管理、循环经济与环境保护、园区管理与保障机制；第三层为要素层，是对准则层的具体化；第四层为指标层，分为基本指标和绩效指标，以满足不同低碳试点阶段园区的低碳评估需求。低碳园区指标体系共包含 23 个指标，具体内容见下表。

指标的权重是综合专家评分意见和碳排放分部门排放比例进行设置，其中能源利用与温室气体管理占指标权重的 60%，循环经济与环境保护占 15%，园区管理与保障机制占 15%，规划布局与土地利用占 10%。

表 5－7　低碳园区评估指标体系

<table>
<tr><td colspan="2">前置条件</td><td colspan="4">园区符合国家产业发展政策，第三产业比重不低于 40%；按照国家和地方法律法规要求进行建设和管理，近一年内无重大环保安全责任事故；承诺二氧化碳强度下降幅度不低于地方的“十二五”分项指标</td></tr>
<tr><td>目标层</td><td>准则层</td><td>子准则层</td><td>要素层</td><td rowspan="2">指标层</td><td rowspan="2">总分</td></tr>
<tr><td>A</td><td>B</td><td>C</td><td>D</td></tr>
<tr><td rowspan="23">低碳工业园区评价指数(A)最高100分</td><td rowspan="3">规划布局与土地利用(B1)最高10分</td><td rowspan="3">规划布局与土地利用(C1)最高10分</td><td rowspan="3">规划布局与土地利用(D1)最高10分</td><td>(1) 容积率</td><td>3 分</td></tr>
<tr><td>(2) 土地类型多样性指数</td><td>4 分</td></tr>
<tr><td>(3) 绿地率</td><td>3 分</td></tr>
<tr><td rowspan="12">能源利用与温室气体管理(B2)最高60分</td><td rowspan="9">能源利用(C2)最高35分</td><td rowspan="2">建筑能效(D2)最高6分</td><td>(4) 公共建筑单位面积电耗</td><td>4 分</td></tr>
<tr><td>(5) 绿色建筑认证比重</td><td>2 分</td></tr>
<tr><td rowspan="3">工业能效(D3)最高18分</td><td>(6) 单位工业增加值能耗</td><td>8 分</td></tr>
<tr><td>(7) 工业综合能耗弹性系数</td><td>5 分</td></tr>
<tr><td>(8) 单位产品能耗</td><td>5 分</td></tr>
<tr><td rowspan="2">交通能效(D4)最高6分</td><td>(9) 营运货车单位运输能耗下降率(或新能源车占公用车数量比重)</td><td>3 分</td></tr>
<tr><td>(10) 绿色出行比例</td><td>3 分</td></tr>
<tr><td rowspan="2">可再生能源与能源梯级利用(D5)最高5分</td><td>(11) 绿色电力消费量占总电耗比重</td><td>3 分</td></tr>
<tr><td>(12) 工业余热回收利用率(或多联供系统发电量占总电耗比例)</td><td>2 分</td></tr>
<tr><td rowspan="3">温室气体管理(C3)最高25分</td><td rowspan="2">温室气体排放强度(D6)最高16分</td><td>(13) 单位工业增加值二氧化碳排放量</td><td>8 分</td></tr>
<tr><td>(14) 碳排放强度下降率</td><td>8 分</td></tr>
<tr><td>温室气体核算(D7)最高9分</td><td>(15) 园区完成温室气体盘查的企业比例</td><td>9 分</td></tr>
<tr><td rowspan="4">循环经济与环境保护(B3)最高15分</td><td rowspan="2">固废(C4)最高9分</td><td rowspan="2">固废(D8)最高9分</td><td>(16) 工业固体废弃物综合利用率</td><td>5 分</td></tr>
<tr><td>(17) 生活垃圾分类收集率</td><td>4 分</td></tr>
<tr><td rowspan="2">水(C5)最高6分</td><td rowspan="2">水(D9)最高6分</td><td>(18) 工业用水重复利用率</td><td>3 分</td></tr>
<tr><td>(19) 单位工业增加值新鲜用水量</td><td>3 分</td></tr>
<tr><td rowspan="4">园区管理与保障机制(B4)最高15分</td><td rowspan="3">管理体系建设(C6)最高8分</td><td>组织机构建设(D10)最高4分</td><td>(20) 设立低碳园区领导和工作机构</td><td>4 分</td></tr>
<tr><td>能源管理体系(D11)最高2分</td><td>(21) 建立能源管理体系的企业比例</td><td>2 分</td></tr>
<tr><td>环境管理体系(D12)最高2分</td><td>(22) 建立环境管理体系的企业比例</td><td>2 分</td></tr>
<tr><td>资金保障(C7)最高7分</td><td>设立低碳专项资金(D13)最高7分</td><td>(23) 设立低碳发展专项资金</td><td>7 分</td></tr>
</table>

第六篇　低碳技术

低碳经济是当今世界经济发展的方向，而发展低碳经济的支撑是低碳技术。本篇从国际低碳技术发展背景、意义入手，在阐述我省低碳技术发展现状以及当前面临困难的基础上，列举出"十二五"期间我省亟待突破，也行之有效的关键低碳技术。

一、低碳技术发展背景和意义

低碳经济要求建立与低碳发展相适应的生产方式、消费模式和市场机制，其核心就是技术创新。低碳技术包括在节能、煤清洁利用、油气资源勘探开发、可再生能源开发利用、二氧化碳捕获与埋存等领域，涉及电力、交通、建筑、冶金、化工、石化、汽车等多部门。低碳技术决定国际低碳技术市场的控制权，是国家核心竞争力的标志之一，只有拥有低碳技术的支撑，低碳经济才能真正实施，才能赢得发展的"话语权"。为此，世界主要发达国家近年来都在致力于新能源技术和清洁能源技术的研发利用，大力推进向低碳经济转型的战略行动，以抢占产业先机。"十二五"期间，江苏要率先发展低碳技术十分必要，意义包括以下六点。

1. 加强低碳技术研发有利于提高地区核心竞争力

技术水平参差不齐、研发和创新能力有限是我国由"高碳"经济向"低碳"转型的最大挑战。尽管《联合国气候变化框架公约》和《京都议定书》要求发达国家向发展中国家转让技术，但执行情况并不乐观，绝大部分的关键技术很难从发达国家通过专利强制许可制度免费获得，必须付出高昂的技术许可使用费或被迫接受苛刻的附加条件。改革开放以来我国实施"市场换技术"政策，但并没有得到多少核心技术和知识产权。"拿钱买不到核心技术"、我国要自主开发技术等，成为有识之士共识。发展低碳能源技术、二氧化碳收集储存技术研发等已纳入我国"973 计划"、"863 计划"等科技支撑计划。

2. 低碳技术创新引领科技发展的前进方向

发展低碳经济的关键步骤之一就是实现低碳技术的突破，一系列节能减排技术的创新和应用是实现低碳社会的中心环节。为此，江苏"十二五"战略新兴产业规划将重点围绕加快新能源、电动汽车、智能电网等低碳技术的开发利用展开。注重关键、共性技术的研发、集成、示范及产业化，建设有中国特色的低碳技术体系。如果上述政策措施得以顺利实施，我国在节能减排领域的技术优势将得到进一步强化，在获得巨大经济利益的同时，还能大大提升国际影响力。

3. 低碳技术创新是产业结构转型的关键抓手

发展我国低碳经济，不仅需要调整能源结构，而且需要调整产业结构。长期以来，中国经济发展呈现粗放式的特点，对能源和资源依赖度较高，单位 GDP 能耗和主要产品能耗均高于主要能源消费国家的平均水平。我国电力、钢铁、有色、石化、建材、化工、轻工、纺织八个行业主要产品单位能耗平均比国际先进水平高 40%；机动车油耗水平比欧洲高 25%，比日本高 20%；单位建筑面积采暖能耗相当于气候条件相近发达国家的 2～3 倍。因此，要发展我国的低碳经济，必须通过低碳技术创新，促进传统产业的升级换代，并大力发展低能耗、低污染、高效益的战略性新兴产业。

4. 发展低碳技术是优化能源结构的重要途径

我国能源结构具有以煤炭为主且生产和消费比重较大，石油产量低、消费高，新能源利用率低的特点。我国经济的飞速发展使得对能源有着更大的需求，但是我国能源现状不容乐观，煤炭石油产量已经接近极限，对它们的过度依赖将会成为我国经济发展的瓶颈。因此，必须大力加强低碳技术的研发，增大水电、核电、新能源在我国能源结构中的比例，降低对煤炭、石油等化石能源的依赖，才可以有效地改善我国的能源结构，促进我国可持续发展战略的实施。

5. 发展低碳技术是参与国际合作的准入门槛

虽然我国工业化享有全球化、制度安排、产业结构、技术革命等后发优势，但我们不得不接受发达国家主导的国际秩序和规则，在国际分工体系中处于“微笑利润曲线”下端，在资本和技术上处于依附地位，有被资源密集、污染密集、劳动密集的特征锁定的威胁。发展低碳技术过程中，不仅涉及到国与国之间的技术合作以及技术贸易，还可以直接参与新的国际游戏规则的讨论和制定，以利于我国的中长期发展和长治久安。如果我们不掌握相当的低碳技术，就会在将来的合作及贸易中处于被动地位，经济的发展水平及其稳定性必然会受到影响。

6. 发展低碳技术是企业在未来生存的基础

成本投入是企业低碳发展无可回避的难点。实践说明低碳技术和措施可以产生额外经济效益，能够有助于提高企业盈利水平和企业竞争力。麦肯锡公司研究报告认为，在已经发布的200多种低碳技术中，有超过三分之一的技术是“负成本”的，采用这些技术的收益大于投入。企业只有致力于低碳技术的研发，进而应用并使其市场化，实现企业的转型升级，才能在未来的国际经济环境中得以生存、发展。

二、江苏低碳技术发展现状和面临的问题

随着“低碳经济”概念的提出，中国以及世界各地相继探寻适合本地情况的低碳经济发展道路。在我国现有的低碳技术中，有的处于产品推广阶段，已初具产业规模；有的尚处于技术研发阶段，需要资金和政策支持；有的技术处于国际领先地位，正进入示范阶段，可以建立专利池予以保护；有的已经具备一定技术基础但还不掌握核心技术，处在国际低碳技术转移的中低端。作为中国沿海经济大省同时也是能耗大省，江苏大力发展低碳技术，引领支撑低碳经济势在必行。近年来，江苏从自身实际出发，结合现状中的成就与问题，着力进行产业调整，引进人才研发技术，提倡低碳理念，在建设低碳生态城市、试点工业园区及低能耗企业以实现低碳转型的过程中取得了较大成效。

（一）江苏低碳技术发展现状

1. 推进低碳领域技术研发

“十一五”以来，江苏省充分发挥科技进步在低碳发展领域的促进作用，围绕低碳建设总体目标，以项目为抓手，在重点行业、重点领域、重点企业加大低碳技术的研发、集成、推广和应用步伐，实施了一大批节能降碳技改工程，累计实现节能 1 400 多万吨标准煤，约减排二氧化碳 3 200 多万吨。2010 年实施省级科技项目 122 项，总投入 53.5 亿元，省拨经费 2 亿多元。目前，“10111”工程已顺利完成，围绕高效清洁燃烧、工业余热利用、高效机电节能、半导体照明、建筑节能、新能源应用、工业清洁生产、工业废水处理、烟气控制治理、固废物资源化等十大节能减排关键技术领域，重点攻克 100 项制约节能减排的关键共性技术及装备并实现转化应用，开发推广 100 项潜力大、应用面广的节能减排先进实用技术，培育扶持 100 家创新能力居国内前列或能耗与排放指标属省内先进的节能减排科技创新示范企业，使江苏重点行业、重点企业、重点工程节能减排的技术瓶颈取得突破，明显提高科技进步对节能减排工作的支撑作用。

2. 建设技术支撑平台

根据低碳发展的需求，近年来江苏积极推动低碳发展领域相关服务、技术平台建设，通过组织开展重大课题研究、合作举办专题研究班、委托召开专家咨询会、促进国际交流合作等多种方式支持引导更多社会力量投身低碳咨询服务业发展。

(1) 培育低碳中介咨询服务机构

江苏现代低碳技术研究院是江苏较早从事低碳技术研究的非营利性科研机构，围绕低碳技术研发的各领域，全面开展相关技术路线、技术开发、技术集成等方面研究，以及相关成果的孵化、推广应用和产业化工作；开展国内外低碳技术的交流与合作。曾投入大量人力对世博园区的设计规划、场馆建设、运营管理、理念展示、应用企业等进行了数据调研、分析和总结，系统收集整理了 2010 年上海世博会场馆的所有低碳技术，并于 2011 年 9 月全球发布了《2010 上海世博低碳技术研究报告》。

江苏省布鲁斯达低碳研究中心是一家专门从事低碳领域研究的公益性技术咨询服务机构，主要业务范围涵盖低碳政策和发展战略研究、碳排放交易及政策研究、低碳技术推广与应用研究、清

洁能源应用与政策研究、低碳规划编制、低碳实施方案编制、低碳信息传播等领域。2011 年以来，在美国能源基金会的支持下完成了江苏省“万家企业节能低碳行动”实施方案的研究，提出了省内“万家企业节能低碳行动”中分领域、分行业的节能目标分解模式；对参与行动的“万家企业”目前的节能管理制度和管理体系进行了分析，为节能主管部门提供了参考。2012 年以来，还启动了英国繁荣基金会资助的“江苏省重点排放源企业调查及碳管理能力建设”项目。

江苏省低碳发展技术服务中心隶属于江苏省科技厅，近年来积极开展 CDM 技术服务、碳交易、低碳发展规划、碳盘查、节能低碳技术引进推广、低碳政策咨询等服务及研究工作。举办各类低碳技术培训和研讨会 10 余场，培训人次 500 多人；组织低碳技术咨询、投融资、政策咨询等服务百余次。

江苏省低碳技术学会由南京工业大学和南京鼓楼科技产业有限公司联合成立，为企业提供信息、咨询、培训等低碳经济技术有关服务。

(2) 强化产学研合作

2009 年，国内首家低碳城市研究中心——无锡低碳城市发展研究中心依托江南大学率先成立；2010 年，由江南大学“无锡低碳发展研究中心”为主体组织申报的江苏省生物质能与减碳技术工程实验室批复建设。工程实验室主要研究内容和目标包括：通过城市废弃物生物质以及碳汇技术，进行研究及产品开发，打造以微藻固碳技术、厌氧产沼气无碳技术等为主的核心技术研发创新平台，提升行业的创新能力，形成生物质能与减碳技术、低碳经济与低碳技术的研发、评价和技术输出公共服务平台，力争使中心成为无锡市低碳城市建设的智囊团和技术库。

2010 年 11 月，苏州市依托苏州大学组建了低碳经济研究中心，中心目前在无碳能源与技术、节能减排技术、低碳示范工程建设、吸附回收技术、低碳经济与产业、低碳政策与法规和低碳城市发展中的关键问题七个重点领域开展研究工作。

2011 年 5 月，低碳型建筑环境设备与系统节能教育部工程研究中心依托东南大学成立，中心主要从事低碳型建筑环境可持续控制技术、可再生能源建筑高效利用和系统节能、城市人居环境改善的关键技术开发、咨询、技术服务，新型高效建筑环境设备及材料的研发，建筑节能设计、改造及优化运行等技术与工程服务。

2010 年 9 月，江苏低碳经济与技术研究所依托河海大学成立。研究领域为低碳技术经济管理。主要研究内容为：低碳经济理论、江苏低碳经济建设、江苏低碳产业发展、碳计量方法学。

2011 年 3 月，南京大学环境与低碳技术研究中心成立，为一家以低碳理论研究、科研合作、技术转让和咨询服务为一体的综合性研究机构。中心建设目标是在基础理论研究、技术转让、人才培养、社会服务、国际交流和能力建设等多个方面为我国环境及低碳领域的发展提供有效的决策参考、技术引导、人才储备和地方服务，形成立足长三角、面向世界的国际化、综合性的智力和技术平台。该中心不仅承担国家低碳发展项目，更结合江苏省实际情况将相关研究成果用于地方的低碳发展路径及规划方面，为地方政府发展低碳经济和应对气候变化提供技术支持。

2011 年 3 月，苏州工业园区管委会与梦兰集团、南京大学等单位联合筹建了苏州环境交易所。苏州环境交易所填补了江苏省环境交易领域空白，通过网络化交易平台，以市场化手段为客户提供高效的交易和交流服务。主要开展污染物排放权、环境权益类产品、静脉资源、能源能效管理、低碳技术及温室气体等产品的交易、交流和创新研究，为政府、企业、金融机构、研究机构等多个市场主体提供优质的增值服务。

2011 年 5 月，南京大学－ISC 环境、健康与安全中心（江苏 EHS 中心）正式落户苏州，该中心由美国可持续发展社区协会（ISC）和南京大学环境学院联合组建，通过提供建筑和交通能效、减缓气候变化及应对措施、市区可持续发展的专业课程，旨在为中国企业培养一批高素质的环境、健康与安全(EHS)职业经理人。

同时，南京大学依托综合地学优势，成立二氧化碳封存实验室，开展不同地质体与地质原料(岩体、矿物)的二氧化碳封存能力评价与封存试验，编制中国地质与矿物二氧化碳路线图。

目前，江苏正积极筹建江苏省低碳发展协会，以搭建政府和企业良好的互动平台，支持帮助企业走低碳绿色发展道路。初期协会将以省内低碳发展的标杆企业、相关机构和业内专家为主体，广泛吸纳各界力量，长期将致力于推进低碳技术研发应用、促进低碳产业发展。

(二)江苏低碳技术发展面临的问题

近年来，江苏大力发展节能减排技术并初有成效。但也应当看到，江苏与世界平均水平仍有较大差距，自主创新能力仍不强，以目前的整体科技水平难以支持低碳经济发展。因此，缺乏核心技术、研发力量不足以及技术转让障碍是江苏低碳技术的发展瓶颈。

1. 产业发展缺乏核心技术支撑，市场竞争能力较弱

江苏是光伏产业大省，近年来发展势头强劲，生产规模已成为我国光伏产业发展的主导力量。目前，拥有10家上市企业，6家海外上市，其中无锡尚德、常州天合、南京中电、苏州阿特斯等企业在全国乃至世界有重要影响。然而在新一轮的国际低碳产业大发展中，我们依然存在重产能扩张、轻核心技术的倾向。

在太阳能光伏电池领域，我国产量居世界第一，江苏占全国产量比重在50%以上，但是多晶硅太阳能电池的硅材料制备生产技术落后，与美、日、欧盟存在较大差距。江苏自产的高纯度多晶硅，仅能满足需求量的一半，关键技术与设备多数依赖国外引进，系统集成技术是产业链中较为薄弱的环节，急需优化系统设计与配置技术、跟踪系统技术(单轴系统、双轴系统)、发电系统平衡技术、伺服系统技术及光伏电站并网安装技术等。由于不注重内涵式发展而过于粗放式扩张，加之对市场预期的不理性，造成了2012年以来严重的光伏行业危机，产能过剩、价格滑坡和债台高筑等问题集中凸显。

在风力发电领域，风力设备整机制造业是风电产业的核心，目前江苏省通过多种渠道引进了风电机组整机制造，由于一些核心零部件，如轴承、变流器、控制系统、齿轮箱等的生产技术依旧掌握在外国企业的手中，自身缺乏研发能力，对引进的技术消化吸收不够，尚未形成批量生产的能力，市场竞争能力较弱。

在节能LED(发光二极管)领域，发光材料的外延生长技术和芯片技术是整个产业链的技术关键，占行业利润的70%。外延片方面，国际上只有德国、美国、英国、日本等国的少数企业能够进行商业化生产，行业内最领先的日本企业对技术严格封锁;芯片方面，核心技术同样也只掌握在美国、德国的几个大企业手中。由于没有很好地掌握LED核心技术，企业主要是做下游的封装和应用。国产芯片大多只能应用在中低端的产品中，大功率、高亮度LED芯片80%以上依靠进口。

2. 企业低碳技术的自主创新能力薄弱

从科技投入强度看，2011年江苏的研发支出占GDP达到2.2%，与发达国家3%左右还有较大差距。从企业创新能力来看，江苏乃至全国的企业在技术研发方面能力不足，企业在一定程度上存在“重生产，轻研发”的倾向，掌握核心技术的企业较少，有相当一部分企业从事着产品的简单加工和组装活动，还处于整个产业链的低端环节。在加快部署战略性新兴产业的大背景下，面对产业发展对核心技术和装备的迫切需求，企业仍以技术引进为主，创新还是以外围技术和外观设计为主，核心技术的创新数量较少，特别是在一些高新技术领域，国外拥有的有效发明专利数量数倍于国

内，如在半导体、光学和发动机领域，国外拥有的有效发明专利数量依次为国内的2.2倍、2.9倍和3.1倍。虽然先进技术的引入推动了我国新兴产业的快速发展，但也压缩了我国自主技术创新空间，从长远来看，这种局面不利于我国在国际低碳产业链中占据领先位置，如果没有核心技术的支撑，低碳产业将会成为新的低端产业，可能和此前的制造业一样，沦为世界低碳业的“制造工厂”，成为发达国家污染和能耗的转移地。可见，技术创新能力不足已成为低碳经济的软肋。

3. 低碳技术研发成果转化不足

由于科技体制长期与市场脱钩，导致我国的科技成果转化率普遍偏低。按全国平均水平来说，目前，我国科技成果的市场转化率不到20%，最终形成产业的只有5%左右，远远低于发达国家70%～80%的水平。根据1996～2004年的《全国科技成果统计年度报告》，资金问题、市场不成熟、技术成果本身质量不高等因素是制约我国应用技术成果转化推广的主要障碍。另外，由于我国基础科学发展失衡，在材料、控制、系统集成等基础技术方面差距显著，导致在某些领域中即便出现了高端技术创新，但是由于缺乏共生技术支持，仍然不能形成系统技术，高科技成果转化困难。最后，国内低碳技术的研发成果比较零碎，缺乏系统化和工程化，这些先进技术成果转化为现实生产力水平较低。在核心技术或相关配套技术不到位的情况下，低碳产业的发展必然受制于他国，不仅压缩了企业利润空间，也削弱了我国低碳技术自主创新的动力。

4. 低碳技术成本和信息障碍，国际转让受制约

低碳技术的研发和示范需要高额的投资；同时，由于技术尚不成熟，生产成本较高，即便引进先进的低碳技术，在短时间内也难以实现商业化应用。根据IEA预测，到2050年我国在风电技术上的投资总额高达1.1万亿美元。2008年，欧洲陆上风电项目风力发电投资费用（包括风机、并网、基座、基础设施等）在145万～260万美元/兆瓦之间。在北美，投资费用的范围在140万～190万美元/兆瓦之间；中国在100万美元/兆瓦左右（全球风能理事会，2009）。风电、太阳能、CCS和LED技术的商业推广都存在不同程度的成本障碍。在低碳技术应用方面，以CCS技术为例，目前国内CO_2捕集成本最低的IGCC电厂即使能够通过强化采油（EOR）和清洁发展机制（CDM）取得收益，也不能获得净利润，常规煤粉电厂（PC）和NGCC更是入不敷出。在发达国家向中国转让先进低碳技术的问题上，技术转让方和技术接收方均存在阻碍技术转让的障碍。技术转让方，即发达国家方面，基于国家战略利益的考虑，发达国家缺乏向发展中国家转让先进低碳技术的政治意愿；掌握先进低碳技术的企业缺乏转让技术的经济动力。技术接收方，人才缺乏、技术转让费高昂、产业结构分散、政策和法律不完善等都是国际技术转让的障碍。

三、江苏可用的低碳技术

在国际能源署发布的《世界能源技术展望 2008》中，列出了 17 项关键低碳技术。其中，供给端共有 9 项关键技术，分别是：电力 CCS 技术、整体煤气化联合循环发电技术、煤炭超超临界发电技术、第三代和第四代核能技术、太阳能光伏技术、聚热式太阳能发电技术、风能技术、生物质气化发电和混烧技术、第二代生物燃料技术；在需求端，共列出了 8 项关键技术，分别是：建筑节能技术、引擎系统能效技术、高效制冷技术、热泵技术、串联式混合动力汽车技术、燃料电池汽车技术、工业 CCS 技术、太阳能加热技术。可以看出，低碳技术领域十分广泛、门类繁杂。对于发展中国家和地区，资金保障能力有限，就必须科学部署，选择合适的低碳技术进行研发、示范并推广，以寻求低碳技术应用的最大成本效益。

不同低碳技术的适用性和经济性不尽相同，其降碳成本和降碳潜力差别很大。麦肯锡咨询公司的全球温室气体减排成本曲线 2.0 重点关注其成本低于每吨二氧化碳当量 60 欧元的技术性减排机会，其将技术性减排机会定义为：不会对消费者的生活方式产生实质性影响的减排机会（如下图所示）。对于江苏，在有限的时间和经费保障下，需要结合省情，找准目标，有的放矢地研究攻关一批共性关键技术、示范推广一批低成本可复制技术，切实挖掘降碳潜力，优化减排的成本效益，为江苏低碳绿色转型作出实实在在的贡献。

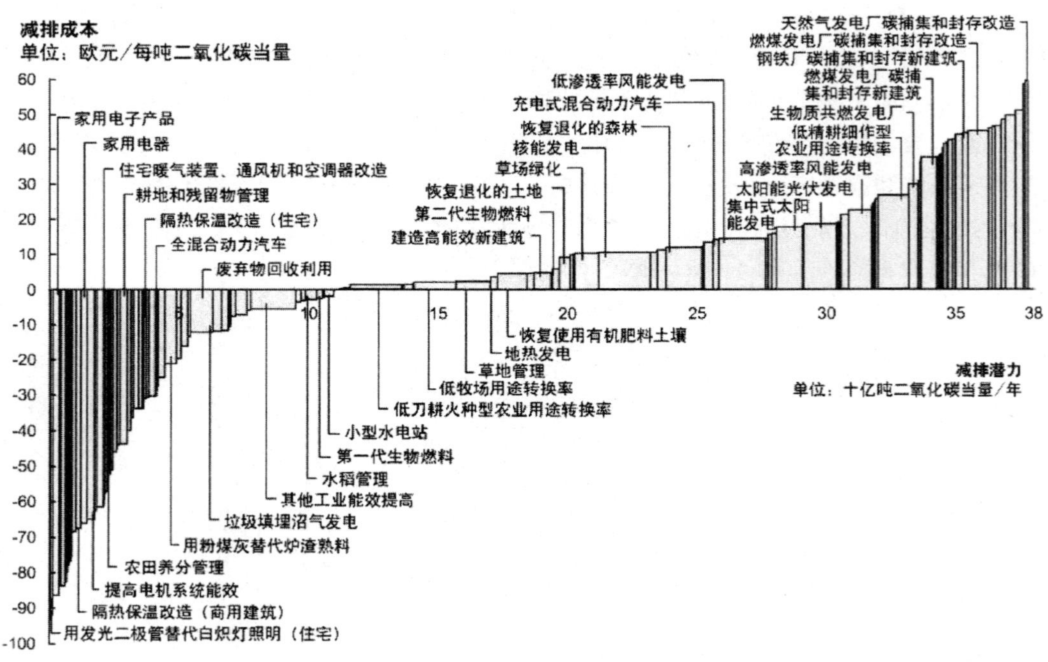

图 6-1　不同技术减排成本与潜力图

这里，我们根据江苏目前的科技支撑能力和资源特点，切合“十二五”江苏低碳发展的要点，列出部分适合江苏低碳发展的可用关键技术。

(一)能源领域

1. 化石燃料清洁化利用技术

高参数超临界发电技术:工程力学将水的临界状态点的参数定义为:压力为22.115 MPa,374.15℃。当水的状态参数达到临界点时,在饱和水和饱和蒸汽之间不再有汽、水共存的二相区存在。与较低参数的状态不同,这时水的传热和流动特性等也会存在显著的变化。当水蒸气参数值大于上述临界状态点的压力和温度值时,则称其为超临界参数。随着技术的进步,大机组的蒸汽参数逐步提高,遂出现了超超临界机组,我国电力百科全书将超超临界机组定为:蒸汽参数高于27.5 MPa及与之相配的蒸汽温度的机组,超超临界发电技术是目前国际上最先进的燃煤发电技术。超超临界机组蒸汽参数愈高,热效率也随之提高。我国发展超临界火电机组的起步容量定为600 MW,为了提高发电效率,我国发电机组逐步进入大容量、高参数的发展阶段,1 000 MW等级超临界发电机组正逐渐成为主导我国今后一段时间电源建设和发展的主力机组。

2012年5月,国家能源局以国能电力〔2012〕164号文件,同意江苏国电泰州电厂二期百万千瓦超超临界二次再热燃煤发电示范项目(2×100万千瓦)开展前期工作。该项目是国内首批采用二次再热技术的示范项目,主蒸汽压力31 MPa,主蒸汽温度600℃、再热温度610℃/610℃。通过采用烟气余热利用、高压变频、热力系统优化、双尺度低氮燃烧、高效脱硫等国内外成熟新技术,该项目比常规超超临界一次再热机组效率提高2.12%,煤耗降低14 g/kWh,主要技术指标达世界领先水平。项目建成后,我国将完全拥有百万千瓦超超临界二次再热高效燃煤发电关键技术的自主知识产权,彻底摆脱国外知识产权束缚,实现我国火力发电制造技术的突破,为加快700℃超超临界机组的开发和实施奠定良好基础;同时对于促进我省节能减排,提升能源利用效率,满足"十二五"中后期电力供需平衡和经济社会可持续发展也具有重要意义。

整体煤气化联合循环技术:煤气化联合循环(IGCC)发电技术是煤气化和燃气—蒸汽联合循环的结合,是当今国际正在兴起的一种先进的洁净煤(CCT)发电技术,其具有高效、低污染、节水、综合利用好等优点。整体煤气化联合循环发电系统,是将煤气化技术和高效的联合循环相结合的先进动力系统。它由两大部分组成,即煤的气化与净化部分和燃气—蒸汽联合循环发电部分。第一部分的主要设备有气化炉、空分装置、煤气净化设备(包括硫的回收装置),第二部分的主要设备有燃气轮机发电系统、余热锅炉、蒸汽轮机发电系统。

2009年8月,总投资130亿元的中电投江苏滨海IGCC热电项目正式签约。中电投江苏滨海IGCC项目建设规模为4×40万千瓦,总投资130亿元,一期为2×40万千瓦。项目采用先进的整体煤气化联合循环技术,将煤气化后用来发电,剩余部分用来供给多联产系统进行化工原料生产,可以合成甲醇、乙烯、丙烯、合成胺、醋酸、二甲醚、汽油、柴油等重要的化工产品,直接带动化纤、工程塑料等后续产业的发展,连产生的灰渣都可加工成良好的建筑材料。该项目临港布局,将为临港产业发展进行配套,在发电的同时,可产生大量热能。一期2×40万千瓦建成后,每小时即可供应蒸汽1 100吨,完全可以满足港区企业的供汽、供热需求,将有力促进其他临港产业的发展。该项目产生的煤气,在用来发电和合成化工产品的同时,还可通过管道向港城提供清洁的煤气,为港城居民的生产生活提供优质、安全、环保、低价的燃气保障。

煤洁净燃烧技术:煤炭可以通过燃前净化来达到减少污染排放的目标,但也可以通过燃烧过程的控制来实现污染物的排放量减少,包括改变燃料性质、改进燃烧方式、调整燃烧条件、适当加入添加剂等方法来控制污染物的形成,从而实现减排,这就称为煤洁净燃烧技术。其包括超(超)临界发电、循环流化床(CFB)燃烧发电、增压流化床燃烧联合循环(PFBC-cc)发电、整体煤气化联合循环

(IGCC)发电、低 NOx 燃烧等洁净发电技术,还包括工业锅炉高效燃烧技术。我国受富煤、贫油、少气的资源禀赋限制,煤炭在一次能源消费中占比较高。一旦全球碳减排步伐加快,无疑会对中国的经济与社会发展产生较大影响。因此,如何通过煤的清洁高效转化,实现高碳能源的低碳利用,关乎中国在国际社会的声誉、地位以及经济社会的可持续发展。

2011 年 9 月,由江苏中国矿业大学和河北省新奥气化采煤有限公司共同申报的煤炭地下气化产业化关键技术项目被列为国家“863”计划,科技部拨款 7 443 万元,项目总投资 2.1 亿元。该项目依托工业试验装置,拟解决地下煤气化技术瓶颈问题,掌握气化过程稳定控制技术、污染物监测预警及防治技术等煤炭地下气化关键技术,建立气化过程模拟和评价系统,形成工业化生产装置工艺包。项目实施及成果推广利用将用于回收老矿井遗弃煤炭资源,对调整全省能源结构与保障能源安全供应具有重要的战略意义。

天然气分布式供能技术:天然气分布式能源是指以天然气为初始能源,经过能源转化设备转化,可以向特定临近用户提供热、冷、电等能源产品,具有分散布局、梯级利用特征的能源供应系统,通常综合能源利用效率在 70%以上。一般而言,系统所采用的发电设备主要有燃气轮机、燃气内燃机和微型燃气轮机等,所采用的余热利用设备主要有余热锅炉以及蒸汽型吸收空调机、热水型吸收空调机和烟气型吸收式空调机等。从系统流程来看,除通过“燃气轮机—发电机”提供电力负荷外,一是通过“燃气轮机—余热型溴化锂机组”,提供制冷负荷、供热负荷、热水负荷;二是通过“燃气轮机—余热锅炉—蒸汽轮机—蒸汽型溴化锂机组”,提供制冷负荷、供热负荷、热水负荷。按照供应范围,它可以分为楼宇型(BCHP)和区域型(DCHP)两种。具有能效高、清洁环保、安全性好、削峰填谷、经济效益好等优点。天然气分布式能源在国际上发展迅速,但我国天然气分布式能源尚处于起步阶段。2011 年 10 月,国家发改委、财政部等四部委专门下发的《发展天然气分布式能源的指导意见》,明确要推动天然气分布式能源大规模发展,将在“十二五”期间建设 1 000 个左右天然气分布式能源项目,并拟建设 10 个左右各类典型特征的分布式能源示范区域。

2012 年 6 月,国家发改委、财政部、住建部、国家能源局《关于下达首批国家天然气分布式能源示范项目的通知》(发改能源〔2012〕1571 号),确定“华电集团泰州医药城楼宇型分布式能源站工程”为国家首批四个天然气分布式能源示范项目之一。泰州医药城中医药教学区规划用地面积 2.50 平方公里,规划居住人口 2 万人,规划建筑总面积 181.5 万 m^2,考虑到其医药类工业厂房采暖空调能源需求的特殊性,夏季空调负荷大,冬季采暖负荷小,同时工艺生产的蒸汽负荷较大,用能相对集中,因此在该区域建设一个集中供能的分布式能源站。该站建成后,将满足现有研发企业的冷、热需求以及工业蒸汽需求,还可以为该区域提供生产所需电力。项目投产后,年综合能源消费量折合约 2 365 吨标准煤(电力折算系数按当量值),其中年输入能源折合标准煤 1.47 万吨,年输出能源折合标准煤 1.23 万吨。项目年消耗的能源包括天然气 1 298.44 万立方米、新鲜水 31.85 万吨;年输出电力 2 600 万度、供热 27.18 万吉焦。项目全年综合热效率 83.82%,满足全年综合利用率大于 70%要求。项目为热、电、冷三联供项目,采用天然气与空气燃烧混合驱动燃气轮机组发电、高温烟气进入余热锅炉加热热水或作为吸收式溴化锂制冷机组冷源。

热电联产技术:热电联产,是指在同一电厂中将供热和发电联合在一起,简称 CHP。热电联产将普通电厂本来废弃的热量加以利用,为工业和家庭提供廉价的取暖用热,大大提高热效率。热电联产通常采用蒸气轮机驱动发电机发电,而将废气用来对现有锅炉装置补充加热,是一种热电同时生产、高效的能源利用形式,其热效率可达 80%~90%,能源利用效率比单纯发电约提高一倍以上。具有节约能源、改善环境、提高供热质量、增加电力供应等综合效益。热电联产的技术有多种,其中供热机组的类型有背压、抽汽背压、单抽汽、双抽汽、凝汽机打孔抽汽、凝汽机低真空运行循环水供热等。另外还有如热、电、冷联产，以热电厂为热源，采用溴化锂吸收式制冷技术提供冷水进行空调制冷，可以节省电制冷的空调用电量。热、电、气联产，则是以循环流化床分离出来的800～900 ℃热灰作为干馏炉中的热源，干馏新煤中挥发份生产煤气。

近年来，江苏能源局加快推进热电联产新技术。鼓励靠近负荷中心的大型机组进行供热改造，鼓励凝汽式机组改造为背压式机组，推广热网长距离传输技术和集中供热技术，推进供热设施联网，鼓励链条炉改造为流化床锅炉，加强政策扶持，充分挖掘热电联产行业促进节能减排的能力，鼓励先进、限制落后，实现结构节能、管理节能、技术节能的有效统一。

2011年6月，国家发改委核准批复了实联化工（江苏）有限公司热电厂新建工程。这是国家"十一五"严控热电机组审批以来，核准江苏的第一个背压供热项目。该项目新建2台5万千瓦背压供热机组以及4台260吨/小时循环流化床锅炉等配套设施。项目安装高效布袋除尘、脱硫、脱硝和在线烟气连续监测等装置，并与发电调度机构联网。该项目动态投资约13.4亿元。投产后，将形成约800吨/小时供汽能力，可有效满足淮安工业园盐化工新区实联化工公司年产100万吨联碱项目及园区其他企业生产用汽需求。

2. 可再生能源技术

分布式能源微电网技术：分布式能源系统微型电网技术，是当代电力系统新技术之一，是电力系统应用的最新科技成果之一，它是将现代能源转换技术、电网技术、电力电子技术和自动控制技术相结合而发展起来的。分布式能源微电网模式包括风能、光伏（天然气）互补系统，天然气、风能、光伏、生物质（沼气、生物质发电）互补系统，风能、光伏、水能（小水库）互补系统，村镇型光伏、太阳能热水器工程互补系统，光伏滴灌、灌溉系统，垃圾填埋气发电及垃圾填埋场光伏系统，光伏大棚、灌溉、供热、照明系统。

2011年底，多能互补耦合供能系统示范工程落户在江苏溧阳经济开发区城北工业新区，项目总投资6.5亿元，首期投资1亿元，建筑物面积30万平米。该项目由南京国睿博拉贝尔环境能源有限公司、江苏现代低碳技术研究院及溧阳经济开发区管理委员会三方联合成立项目运营公司，根据区内不同类型建筑供能需求，结合实际可再生资源情况，因地制宜利用多能源系统，实现各种能源间的能量关系互相补充耦合，为城市建设提供多种能源系统解决方案。多能互补耦合就是将电能、太阳能、风能、生物质能等多种能源以耦合的形式来利用，该项目建成后，濑江新城区域内将实现光伏/风电市政照明，通过光伏/风电并网等项目建设实现能源自给，并实现智能交通、安全联网控制。

大型海上风电机组技术：2011年5月，由华锐风电自主研发的中国首台6兆瓦风电机组在其江苏盐城综合产业基地正式出产。这是目前国内单机容量最大的风电机组。此次下线的6 MW风电机组是我国第一台自主研发、拥有完全自主知识产权、全球技术领先的电网友好型风电机组。大功率风机的下线将推进我省海上风电发展，而且可以广泛应用于陆地、海上、潮间带各种环境和不同风资源条件的风场。

2011年12月，6 MW海上风力发电机组在国电联合动力技术（连云港）有限公司成功下线。国电联合动力技术有限公司生产的6 MW产品是在消化吸收1.5 MW、2 MW和3 MW技术及公司3 000多台风机成功运行的基础上，自主设计研发的变速变桨恒频双馈海上风力发电机组，具有完全自主知识产权。6 MW风力发电机组采用外齿圈偏航轴承、大型双列圆锥主轴承，以及短主轴的紧凑结构形式，大大减轻了机组的重量；具有独自变桨功能的控制系统，有效降低了大兆瓦风机承受的不均匀载荷；同时还具备低电压穿越能力及动态功率调节功能，使机组具备良好的电网适应性。机组轮毂中心高95米，主机舱重量约230吨，扫风面积为14 519平方米，相当于两个标准足球场，同时下线的还有与自主研发生产的 6 兆瓦风电机组配套的叶片。

3. 智能电网技术

新能源并网技术：风电、太阳能、氢能、核能、化学能、生物质能、地热能和海洋能发电等新能源，并入电力系统中运行。柔性交流输电技术是新能源、清洁能源大规模接入电网系统的关键技术之一，它将电力电子技术与现代控制技术结合起来，通过对电力系统参数的连续调节控制，大幅降低输电损耗、提高输电线路输送能力，保证电力系统稳定水平。柔性交流输电技术能有效提高交流系统的安全稳定性，满足电力系统长距离、大功率、安全稳定输送电力的要求，柔性交流输电技术从根本上改变了交流电网过去基本上只依靠缓慢、间断以及不精确设备进行机械控制的局面，为交流输电网提供了控制快速、连续和精确的控制手段以及输送优化潮流功率的能力，保证了系统稳定性，有助于在事故发生时防止连续反应造成的大面积停电。

2012 年 5 月，由国电南瑞总承包建设的 2012 年江苏（溧阳、溧水）农网智能化建设试点工程完成现场工程建设阶段性任务，并通过验收。农网智能化建设是中压配电自动化向低压自动化的延伸。该项目包括智能化低压管理系统、农网动力用户能效管理、供电所营业厅智能化改造以及清洁能源建设（光伏发电）等系统。主站采用国电南瑞 RPM3000 农村供电所低压电网运行监视与管理系统，主要包括配电台区监视与管理、小动力用户能效分析、分布式电源监控等主体功能模块等。配电台区终端采用的是 PDZ 配电监测终端，通过 GPRS 通信方式实现配电台区监测。经过一个多月的努力，项目组完成了营业厅智能化改造、光伏发电系统调试投运、低压管理系统全部现场开发，所有台区配电箱安装以及溧阳、溧水现场各两个重点示范型台区的安装调试工作。

中国电力投资集团公司江苏分公司研发建设的全国首个“渔光互补”光伏发电项目在建湖县建阳镇 700 亩鱼塘上建设，工程投资 2.5 亿，容量为 20 MW。中电投建湖“渔光互补”光伏电站经过百余天的建设，在塘高 1.8 米的位置安装了 8.4 万块多晶硅太阳能板，通过汇流箱、逆变器等设备送入电网，并于 2011 年 12 月 29 日并网发电。建湖光伏发电站，在万亩鱼塘上，每隔 6.4 米，就是一列泛着蓝光的多晶硅太阳能发电装置，如阅兵方阵，整齐划一。目前，该电站的运行稳定，产能符合研发要求，年发电量约为 2 500 万度，每年节约标煤 8 320 吨、减少温室气体排放 2 万吨，减少污染气体 1 114 吨。项目的建设改写了荡滩鱼塘单一利用的历史，开辟了一条内陆地区如何利用空间资源发展新能源的道路，对在河网地区综合发展新能源产业起到了积极的示范作用。

高压直流输电技术：是电力电子技术应用中最为重要、最为传统，也是发展最为活跃同时也较为成熟的技术。高压直流输电是将三相交流电通过换流站整流变成直流电，然后通过直流输电线路送往另一个换流站逆变成三相交流电的输电方式。从结构上看，高压直流输电是交流-直流-交流形式的电力电子转换电路。高压直流输电的主要设备是两个换流站和直流输电线。两个换流站分别与两端的交流系统相连接。具有经济性、互联性、控制性等优点。

锦屏—苏南±800 千伏特高压直流输电工程从 2011 年 3 月正式签署主设备合同开始，到 2012 年 3 月已开始双极带电运行，直流电压±400 千伏，直流电流 450 安，功率 36 万千瓦，在工程输送能力、技术水平、自主化水平、工程建设质量和进度上创造了新的纪录。该工程额定输送功率 720 万千瓦，线路全长 2 058 千米，包括裕隆换流站（含接地极及其线路）、同里换流站（含接地极及其线路）和±800 千伏输电线路（含大跨越），是国家电网公司投资建设的第二回特高压直流工程。工程对促进西南地区水电开发、缓解华东地区电力供应紧张状况、保障社会经济持续发展具有重要意义，对落实国家能源战略、促进节能减排、实现能源资源更大范围优化配置也具有重要意义。送端电源建设也按期推进。锦屏二级水电站位于雅砻江干流锦屏大河湾上，总装机 480 万千瓦，由国家开发投资公司和四川省投资集团组建的二滩水电开发公司负责开发，是雅砻江上水头最高、装机规模最大的巨型水电站，同时也是四川第二大水电站。

特高压输变电技术：特高压电网是指交流 1 000 千伏、直流正负 800 千伏及以上电压等级的输电网络，它的最大特点就是可以长距离、大容量、低损耗输送电力。据测算，1 000 千伏交流特高压输电线路的输电能力超过 500 万千瓦，接近 500 千伏超高压交流输电线路的 5 倍。±800 千伏直流特高压的输电能力达到 700 万千瓦，是±500 千伏超高压直流线路输电能力的 2.4 倍。特高压输电具有提高输送容量、缩短电气距离、提高稳定极限、降低线路损耗、减少工程投资、提高单位走廊输电能力、节省走廊面积、改善电网结构、降低短路电流、加强联网能力等优点。

江苏首个“外电入苏”特高压输电工程项目锦屏—苏南直流工程线路施工进展顺利，同里换流站综合楼及电气材料库主体施工已经结束。2012 年 4 月，江苏省电力公司顺利完成锦屏-苏南±800 千伏特高压直流工程同里换流站极 II 首台换流变局放、绕组变形等试验。同里换流站为江苏境内首个特高压换流站，是世界上单位换流容量造价最低的换流站，也是世界上单位换流容量占地最少的换流站。全站低端高端换流变共计 29 台，其中 5 台为备用相。同时，锡盟—南京和淮南—南京—上海工程也已完成项目核准所对应的全部前期工作，力争年内开工。根据规划，“十二五”期间，江苏省的区外来电接纳能力将达到 2 000 万千瓦以上，“北电南送”过江输电能力超过 1 400 万千瓦，苏南电网“西电东送”能力约 1 000 万千瓦。

（二）工业领域

1. 钢铁行业

钢铁工业是国民经济重要基础产业，能源消耗量约占全国工业总能耗的 15%，废水和固体废弃物排放量分别占工业排放总量的 14%和 17%，是节能减排的重点行业。

烧结余热发电技术：炼铁系统（烧结、球团、焦化和炼铁工序）占总能耗的 69.41%。炼铁系统是钢铁企业节能工作重点。烧结工序余热资源量约占吨钢余热资源总量的 19.3%，烧结余热回收是降低烧结工序能耗、提高能源利用效率的重要途径。基本原理为：烧结矿在带冷机或环冷机上是通过鼓风进行冷却，由底部鼓入的冷风在穿过热烧结矿层时被加热，成为高温废气。将这些高温的废气通过引风机引入锅炉，加热锅炉内的水产生蒸汽，蒸汽推动汽轮机转动带动发电机发电。烧结余热发电工艺流程主要包括三部分：烟气回收及循环系统，锅炉系统，汽轮机及发电机系统。烟气回收系统主要由烟囱、烟气引出管、烟气流量控制阀和烟筒的遮断阀构成，主要功能是利用锅炉引风机产生的负压将带冷机烟罩内温度较高的烟气引到锅炉内，同时避免外界的冷风进入锅炉。锅炉系统是余热回收的核心，在锅炉受热面上，高温烟气将热量逐级传递给受热面内的水，生成蒸汽。汽轮机及发电机系统将蒸汽携带的能量转化成电能，最终完成余热能向电能的转化。烧结余热资源具有品质较低、波动大等特点，回收的关键技术包括烧结机烟气余热回收与烟气处理、烧结余热源参数预测、烧结余热回收工艺与废气温度调节、废气循环对烧结矿质量影响与烧结冷却制度优化、冷却机余热回收锅炉、发电系统选型与优化等。烧结余热回收应以冷却机废气余热回收为主，并重点保证系统稳定运行、提高回收效率，其中，热源参数预测技术是基础，热风循环技术是有效手段，余热锅炉和发电系统热力参数优化、参数匹配和动态特性优化是核心。

2009 年，沙钢淮钢集团利用其两座烧结机（144 m^2 和 162 m^2），烧结车间的带冷机烟气余热由两台余热锅炉产生蒸汽送到一台 7 MW 补汽凝汽式汽轮发电机组发电。项目建成后，年外供电 5 740 万 kWh，电价按 0.55 元/kWh，经测算供电利润 0.383 元/kWh，每年供电利润总额 3 157 万元。按节能量等于一年供电量×全国平均供电标煤耗计算，节能量可达 2.2 万 t（即综合利用后年可节约标煤量约 2.2 万 t），节能效益明显。

高炉煤气余压透平发电(TRT):TRT高炉煤气余压透平发电装置,是利用高炉冶炼的副产品——高炉炉顶煤气具有的压力能及热能,使煤气通过透平膨胀机做功,将其转化为机械能,驱动发电机或其他装置发电的一种二次能源回收装置。该装置既回收减压阀组泄放的能量,又净化煤气、降低噪音、稳定炉顶压力,改善高炉生产的条件,不产生任何污染,可实现无公害发电,是现代国际、国内钢铁企业公认的节能环保装置。高炉产生的煤气经重力除尘、净化除尘后,压力为140 kPa左右,温度低于200 ℃。含尘量小于10 mg/Nm^3的带一定能量的煤气,经过TRT的进口蝶阀、启动阀、全封闭液压入口插板阀、紧急切断阀和可调静叶进入透平膨胀做功,透平带动发电机发电。膨胀后的煤气经过全封闭液压出口插板阀,送到减压阀组后的煤气主管道上。这样,TRT与减压阀组就形成并联关系,实现对高炉顶压的控制。在入口插板阀之后、出口插板阀之前,与TRT并联的地方,有一旁通管及快开慢关旁通阀(简称旁通快开阀),作为TRT紧急停机时TRT与减压阀之间的平稳过渡之用,以确保高炉炉顶压力不产生大的波动,从TRT和减压阀组出来的低压煤气再送到高炉煤气柜和用户。

早在2006年,沙钢宏发炼铁厂3号大高炉TRT系统就并入沙钢内部电力网,开始发电,标志着沙钢首套TRT系统投入使用。高炉TRT系统投运后,日发电量可达20.4万千瓦时,发电成本只有每度5分钱,以每度电0.55元的市场价格计算,每日产生效益可达10万元。TRT系统投运后还可以代替戴维塔戴维锥调节高炉顶压的作用,戴维锥的寿命也可以从原来的1～2年提升到一代炉龄,从而降低备件费用。

干熄焦(CDQ)余热发电技术:干熄焦是采用惰性气体将红焦在无氧的环境下降温冷却的一种熄焦方法。干法熄焦能够提高焦炭强度和降低焦炭反应性,可回收83%的红焦显热,有效降低排放污染,并产生大量余热可以用来发电。2006年,沙钢干熄焦工程采用了高压余热锅炉技术,每座干熄焦焦处理能力达140吨/小时,锅炉蒸发量为91吨/小时,蒸汽压力高达12.8千帕,蒸汽温度为450摄氏度,在当时国内自动化程度和锅炉压力最高。2010年,沙钢引进5套由日本JSP提供的大型干熄焦装置(140 t/h),实现全干熄。干熄焦产生的蒸汽实施高、低压蒸汽两次发电,即干熄焦高压蒸汽发电后产生的低压蒸汽再次发电,解决了低压蒸汽难以大量利用的技术难题。2010年干熄焦蒸汽共发电3.77亿kWh。焦化工序能耗也大幅度下降,从2005年的176.6公斤标准煤/吨焦下降到2010年的98.8公斤标准煤/吨焦。

高炉渣余热回收技术:钢铁企业余热资源主要集中在炼焦、烧结、炼铁、炼钢和热轧工序,表现为产品余热、烟(煤)所余热、废渣显热以及冷却水显热等。而作为高品位余热资源的炉渣显热占高温余热资源的30%左右,回收价值极高。回收高炉渣的显热对钢铁工业节能减排、提高能源利用效率至关重要。高炉渣的回收利用主要有两种方式:一是将炉渣显热通过余热锅炉转化为过热蒸汽进行回收,然后通过发电装置将热能转化为电或机械能;二是直接利用炉渣余热传递给换热介质来预热、干燥、供热、供暖等。目前,我国的高炉渣有90%以上采用水淬法制取水渣,水渣一般用于水泥和混凝土原料。渣处理方法主要包括:底滤法、环保底滤法、因巴法、图拉法、拉萨法、名特克法等等。水淬渣处理工艺虽在技术方面比较成熟,但对于高炉渣余热回收技术的发展与应用具有一定的局限性,熔渣大量的高品质余热不能得到合理利用,另外水淬渣处理工艺也不利于节能减排工作的开展。目前干法渣处理及回收技术是余热回收开发的热点。

沙钢高炉采用无料钟炉顶、铜冷却壁、薄壁炉衬、软化水密闭循环、炉渣英巴法处理、富氧喷煤和专家系统等技术,有效地降低了高炉综合焦比,提高了高炉的利用系数和炉渣的利用价值。高炉专家系统通过采集大量的数据(一般3～6个月高炉正常生产的数据)来建立模型,以此来达到高炉生产的最优化,实现配料和喷煤闭环操作。高炉炉顶配置了煤气余压发电装置(TRT)。通过采用以上技术和管理措施，炼铁工序能耗明显下降。2010 年炼铁工序能耗为 425.6 kgce/t，比“十五”末下降 6.9%。

2. 建材行业

纯低温余热发电技术：与大中型的火力发电不同，低温余热发电技术是通过回收钢铁、水泥、石化等企业向大气环境中排放的温度低于 300～400 ℃的中低温的废蒸汽、烟气、废渣所含的低品位的热量来发电，它将企业在生产环节产生的低品位的或废弃的热能转化为高级能源——电能，因此它是一项变废为宝的高效节能技术。

水泥纯低温余热发电技术是指在新型干法水泥熟料生产线生产过程中，通过余热回收装置——余热锅炉将水泥窑窑头、窑尾排出大量的低品位废气余热进行热交换回收，产生过热蒸汽推动汽轮机实现热能向机械能的转换，从而带动发电机发出电能，所发电能供水泥生产过程中使用。水泥窑余热发电技术是直接对水泥窑在熟料煅烧过程中窑头窑尾排放的余热废气进行回收，通过余热锅炉产生蒸汽带动汽轮发电机发电。一条日产 5 000 吨水泥熟料生产线每天可利用余热发电 21～24 万度，可解决约 60%的熟料生产自用电，产品综合能耗可下降约 18%，每年节约标准煤约 2.5 万吨，减排二氧化碳约 6 万吨。

“十一五”以来，江苏溧阳金峰水泥先后淘汰了 4 台生料磨、4 台立窑和 4 台熟料磨等落后生产设备；同时相继投资 4 亿元，分别为 7 条新型干法旋窑水泥熟料生产线配套建设了纯低温余热发电设备。到 2009 年，金峰水泥 3 台发电机组累计发电 3.12 亿度，减去自用电后发电量为 2.91 亿度，年节约标准煤 10.18 万吨。仅此一项就为金峰水泥解决 1/3 的自用电量，并让金峰水泥企业吨水泥成本降低 12～15 元，3 至 4 年内就可回收投资设备的成本。

胶凝材料技术：通过物理、化学作用，能从浆体变成坚固的固体，并能胶结其他物料，形成有一定机械强度的固体物质。根据胶凝材料的化学组成，一般可分为无机胶凝材料和有机胶凝材料两大类。与传统的建筑胶凝材料水泥相比，新型建筑胶凝材料凝石在能耗、环保、强度、成本、耐腐蚀性等许多方面表现抢眼，展现出十分广阔的应用前景。以各种工业废弃物（如冶金渣、粉煤灰、煤矸石、赤泥以及其他工业固体废弃物等）为主体原料，配以少量成岩剂，在常温常压条件下生产出高性能的新型建材——硅铝基类水泥产品。与普通水泥相比，新型凝胶材料凝石具有多种优点，如：生产过程属于“冷操作”，节省大量能源；生产过程减少大量烟尘，不污染环境；以各种废渣、河沙为原料，不破坏天然资源；在强度、密度、耐腐蚀、抗冻融等方面，产品性能优良；生产工艺简单，对传统水泥生产线稍作改造就可用于生产等。

3. 化工行业

二氧化碳化工利用技术：以二氧化碳为原料的无机化工产品主要有：尿素、二氧化硅、一氧化碳、碳酸钡、晶体碳酸钙等。尿素以二氧化碳和合成氨在一定压力下合成；二氧化硅可用作橡胶补强剂、塑料填充剂、润滑剂和绝缘材料等，其生产原料为水玻璃和二氧化碳；二氧化碳容易转化为一氧化碳，可以用于很多有机合成，一氧化碳是一个重要的化工原料，通过费一托反应制备碳氢化合物。以二氧化碳为原料的有机化工产品有：水杨酸、双氰胺、甲醇、乙醇、碳酸酯等。水杨酸主要用于药剂（其中包括阿司匹林）中间体，以及食品防腐剂、染料、香精工业中间体；双氰胺主要用于制造酒石酸、柠檬酸、三聚氰胺、胍及其盐类，在染料工业用于制造固色剂、固色膏及固色粉，还用于作橡胶硫化促进剂、人造革填料以及粘合剂等。二氧化碳化学利用的目标是取代源自石油和天然气的大量原材料和用作绿色溶剂。近年来，研发重点主要是合成包括甲醇、二甲醚以及碳酸乙烯酯、碳酸二甲酯、碳酸丙烯酯等碳酸酯在内的众多绿色化学品。

泰兴的中科金龙股份有限公司积极采用中科院广州化学所技术，直接用回收的废弃二氧化碳固化制备新材料的高科技项目来替代聚氨酯工业和高分子塑料行业产品，大量减少使用原油，真正意义上减少温室排放，获得气候组织专家的积极评价。气候组织是一家独立的国际非营利机构，积极鼓励和促进企业及政府探索有效的低碳解决方案，发展低碳经济。公司长期致力于循环使用废弃二氧化碳制备化工新材料，拥有一条万吨级二氧化碳基树脂生产线，并拥有该生产线完整的、原创性的知识产权，包括催化剂制备等15项中国发明专利。能够利用电力、化肥、水泥等高排工业排放的废弃回收二氧化碳，把二氧化碳固化，生产出无污染、可降解的泡沫塑料和低碳化学新材料。这种新材料主要用于制造手提袋、垃圾袋、农用薄膜、轮胎、鞋底等，除了能减少污染外，还能大大降低产品价格。据悉，江苏中科金龙化工股份公司采用中科院广州化学所技术，现已形成了一条2 000吨/年和一条20 000吨/年的二氧化碳树脂生产线，总产能为2.2万吨/年。公司计划在2015年前实现10万吨/年的二氧化碳树脂产能。2011年3月，气候组织邀请部分专家参观了江苏中科金龙股份有限公司二氧化碳制备全生物降解塑料项目，并做出积极评价。

化工过程强化技术：化工过程强化技术是指能显著减小工厂和设备体积，高效节能、清洁和可持续发展的化工新技术。化工过程强化包括设备强化和过程集成两个方面。

设备的强化也就是设备的小型化微型化，主要包括反应器和单元操作设备两个方面，如撞击流式反应器、静态混合反应器、超重力吸收反应器、微分反应器、超声波反应器等。随着科技的不断进步，近些年来开发了许多新型的反应器和单元操作设备，其中有不少已经应用于工业生产，并取得了显著的效果。这些新型的反应器被运用于合适的化工过程中，可以显著减小设备的体积，并能够显著增加设备的生产能力，从而强化了生产过程。

过程集成主要是指化工过程集成化，主要包括化学反应与分离、换热、物质相变的集成，组合分离，还有替代能源、超临界流体和离子液体、非定态操作等新技术。过程集成的技术实质是反应-分离多序的综合，质量交换网络、热量交换网络等多种综合优化，不仅要考虑稳态过程的综合，同时又考虑动态过程的特性，是一项系统的生产优化和设计优化技术。典型的化工生产中的过程强化技术有静态混合反应器、膜催化反应器、反应蒸馏、超临界萃取等。

工业排放气高效利用技术：各种工业排放气数量巨大，种类繁多。部分工业排放气已得到回收利用，但大部分利用效率与水平低，更多行业排放气仍然没有得到回收利用。工业排放气合理有效利用，对各种工业生产过程的节能、减排和增效都具有重要意义。

含甲烷排放气的高效利用。煤炭生产、垃圾填埋、有机废物(水)厌氧发酵处理等工业生产过程中排放大量富含甲烷的排放气。甲烷是天然气的主要成分，是优质的清洁能源。从整体的能源使用效率和效益而言，以煤直接发电、富含甲烷的排放气提纯回收甲烷用作燃气应该是更好的选择。从工业排放气中回收的甲烷作为一种比较理想的制氢原料，可为就近的用氢企业制氢。从长远来看，氢气用于氢燃料电池汽车潜力也十分巨大。鉴于许多煤层气、垃圾填埋气、大型沼气等燃气由于管网缺乏、外输比较困难，一些高耗能的产品可以在这些燃气的产地就近建厂，开展互利合作。一方面利用了这些燃气，另一方面也降低了这些高能耗产品的生产成本，提高竞争力。

含氢排放气的高效利用。焦炉气、合成氨尾气、甲醇尾气、炼厂气、甲醛尾气等许多工业排放气富含氢气，氯碱和氯酸盐生产也副产大量高纯度氢气。中国每年产生的各种工业排放气中含氢气达近千亿立方米(约800～890万吨)，基本上与目前工业消耗的氢气量相当。有效合理地利用工业排放气中的氢气，对节能减排和企业增效意义重大。合成氨尾气回收氢增产氨或生产双氧水等化工产品已被普遍采用。焦炉气已被大量用于生产甲醇、合成氨等。甲醇尾气也已越来越多地回收用于增产甲醇、制氨等。炼油原料的重质化和对油品质量要求的提高，促进了炼厂对氢气需求的快速增长，从炼厂气中回收氢已被炼厂广泛采用。由于氢气是一种远距离输送比较困难的产品，对氢气回收和合理有效利用必须要结合企业本身的具体情况和周边企业的需求。当企业自身或周边企业无法对所产氢气进行充分有效利用时，可引进一些耗氢产品到当地落户。

含一氧化碳排放气的高效利用。转炉气、高炉气、电石炉气、黄磷尾气、铁合金尾气等许多工业排放气富含 CO，每年排放量达约 2 000 亿立方米，目前主要被当作燃料使用，也有相当部分直接燃烧放空，未得到合理利用。与此同时，在化工、冶金等领域又大量通过煤炭、焦炭和天然气等生产所需的一氧化碳。由于原料与能源价格上涨，CO 生产成本目前已高达 2 元/Nm^3 以上，而从一些富含一氧化碳的工业排放气回收 CO 只有 0.60～0.80 元/Nm^3。因此，对于消耗一氧化碳量大的产品，可显著降低成本。一氧化碳作为碳一化工的基本原料，可以用来合成众多的化工产品：可以与氢气混合用于生产甲醇和氢甲酰化产品；经变换可以制氢；可用于羰基合成醋酸、醋酐、DMF、甲酸甲酯、叔碳酸、苯乙酸、丙烯酸等；可偶联合成草酸酯，进一步氢化为乙二醇；可与碱反应合成甲酸盐；可用于生产光气，进一步合成聚碳酸酯、TDI、MDI、氨基甲酸酯类农药等众多重要产品；可替代光气，直接以一氧化碳为原料合成许多原来以光气为原料合成的产品。如果在有富含一氧化碳的排放气资源的附近，有以焦炉气或天然气为原料生产甲醇的装置或其他大量的过剩氢源，将回收的一氧化碳用于甲醇合成，可优化甲醇合成过程和增产甲醇，实现一氧化碳的高效利用。黄磷尾气、电石炉气等副产的一氧化碳已被用于生产甲酸钠或甲酸等产品，但这些产品消耗的一氧化碳仅占如此大量的一氧化碳排放气很小的一部分，应开发耗 CO 资源量大的大宗产品。一氧化碳偶联合成草酸酯-氢化生产乙二醇是一条潜力较大的工业排放气利用途径。乙二醇目前主要以石油乙烯为原料生产，中国自 2002 年以来乙二醇对外依存度一直高达 70%。采用该路线可在一氧化碳气源（如黄磷尾气等）丰富的地方合成草酸酯，再把草酸酯运输到有大量廉价副产氢气的地方（如焦炉气）转化为乙二醇，成本优势明显。

（三）城建领域

被动式住宅技术：被动式住宅起源于 20 世纪 90 年代的德国，这类住宅使用超厚的绝热材料和复杂的门窗，主要通过住宅本身的构造达到高效的保温隔热性能，并利用太阳能和家电设备的散热为居室提供热源，减少或不使用主动供应的能源，即便是需要提供其他能源，也尽量采用清洁的可再生能源。建筑师为房子设计了密封的外壳，所以房屋几乎没有任何热量散失，也没有任何冷风吹进来。“被动式房屋”不仅能够通过阳光加热，甚至可以利用家电或居住者身体释放的热量保温。从关键技术参数来看，被动式住宅要求供热能耗特性值最大为 15 kWh/（年 m^2）；压力测试换气指数最大 0.6 h^{-1}，所有能耗的一次能源消耗总计最大为 120 kWh/（m^2；a），包括家用电器、热水、制冷、供热等等所有耗能。所有热桥的热桥损失系数要求＜0.01 W/（mK）。

南京工业大学和江苏绿建中心在扬州市开展了小规模的实验性的被动屋项目。其设计概念分为三类：第一类是被动措施，包括减少供热制冷供应需求：采用创新性绝缘系统对地基以下部分、外砖墙、木质房顶实施隔热保温；南向窗使用低导热 PVC 型材，采用双层镀膜低导热（Low-e）玻璃窗户；冬天可被动吸收太阳热量；四合院上方搭遮阳棚，用于夏季被动降温。第二类是可再生性措施，包括 20 平方米太阳能收集系统，用于冬季供暖；在地基下的地热交换系统，用于夏季降温；地板和房顶附近的通风口，用于夏季自然通风。第三类是主动措施，包括高能效支持系统；备有电辅助加热器的存储罐，用于冬季高峰时刻的供暖；以及低能耗照明。从技术可行性来看，被动式建筑并非高科技建筑。外围结构进行保温隔热并全面避免热桥，另外配置简单而效率高的新风技术；从气候可行性来看，扬州的试点项目以及上海世博会汉堡馆项目表明被动式建筑也适用于中国夏热冬冷地区。从经济可行性来看，这类建筑 1990 年代开始在德国出现时成本很高，但是随着技术的发展和相应材料供应的增加，增加成本仅为5%～15%，5～7年即可平衡。扬州的规模小的实验性项目，额外成本也仅需要15～20年即可平衡。

光伏建筑一体化技术：即BIPV(Building Integrated PV)。光伏建筑一体化(BIPV)技术是将太阳能发电(光伏)产品集成到建筑上的技术。光伏建筑一体化(BIPV)不同于光伏系统附着在建筑上(BAPV:Building Attached PV)的形式，是应用太阳能发电的一种新概念，简单地讲就是将太阳能光伏发电方阵安装在建筑的围护结构外表面来提供电力。根据光伏方阵与建筑结合的方式不同，光伏建筑一体化可分为两大类：一类是光伏方阵与建筑的结合。这种方式是将光伏方阵依附于建筑物上，建筑物作为光伏方阵载体，起支承作用。另一类是光伏方阵与建筑的集成。这种方式是光伏组件以一种建筑材料的形式出现，光伏方阵成为建筑不可分割的一部分，如光电瓦屋顶、光电幕墙和光电采光顶等。在这两种方式中，光伏方阵与建筑的结合是一种常用的形式，特别是与建筑屋面的结合。由于光伏方阵与建筑的结合不占用额外的地面空间，是光伏发电系统在城市中广泛应用的最佳安装方式，因而倍受关注。光伏方阵与建筑的集成是BIPV的一种高级形式，它对光伏组件的要求较高。光伏组件不仅要满足光伏发电的功能要求，同时还要兼顾建筑的基本功能要求。

2009年，为了进一步规范太阳能光伏与建筑一体化系统的设计、施工、监理、验收的规范，确保太阳能光伏与建筑一体化工程的工程质量，江苏省工程建设标准站组织江苏省建筑设计研究院、江苏省电力设计院以及各光伏企业联合编制了江苏省太阳能光伏与建筑一体化应用技术规程(DGJ32/TJ87—2009)。2011年2月，由中电电气集团、南京铁路投资公司共同建设运营的"南京铁路南站太阳能屋顶项目"成为当时世界上最大的光伏建筑一体化(BIPV)项目，已铺设近8万平方米太阳能电池板。南站太阳能屋顶电池板及站房内发电设备，是一个设计容量10兆瓦的太阳能发电系统。这套系统的使用寿命为25年，期间可发电2.28亿度，相当于节约原煤8.5万余吨。如果按平均每天每户用电量2千瓦时计算，每天屋顶所发电量可以满足1.2万户家庭用电。

OLED(有机发光二极管)技术：目前市面上可购买到的灯具产品有灯泡、荧光灯、发光二极管(LED)等产品种类，另外还有一种高发光效率的产品种类就是OLED。其具有主动发光、无需背光源、色彩鲜艳、功耗低等优点。OLED具有高发光效率(200 lm/W)、低热产生、高电光转换效率、量轻等优异的特性，又属于面光源的照明装置，无论是美国或欧洲均投入OLED特性提升的研究，并且以最终应用于照明环境中为目标，希望能够减缓地球的能源需求，以及减少CO_2的排放，来为地球降温。目前照明装置的发光效率均在100 lm/W以下，根据美国能源部的固态照明(Solid State Lighting, SSL)项目的研发规划蓝图，在2025年，将可研发出发光效率达到200 lm/W的白光OLED照明装置，同时，可量产发光效率达到160 lm/W的白光OLED照明装置，届时在照明装置耗电的程度上，将可比目前节省一半以上的电量，省电、减碳的效益非常显著。市场研究机构NanoMarkets于2012年10月发布了一份有关OLED照明材料市场的报告，报告中预测2018年OLED照明材料营收将超过13亿美元，届时，OLED照明将被广泛应用到通用照明市场。

江苏在OLED产业发展方面起步早，2005年就开始引进了清华大学的OLED项目，2008年昆山维信诺在江苏省建成了我国第一条OLED大规模生产线，2010年6月我国首条AMOLED中试线在江苏昆山落成。2010年10月，江苏省OLED产业联盟成立大会在昆山市举行，联盟由江苏省内积极推动OLED技术与产业发展，致力于OLED产业链相关技术和产品的研发、生产、应用、服务的企事业单位自愿组成。联盟将为各成员企业提供一个合作、交流、创新的平台，并建立起联盟成员之间互惠互利、共同发展的环境和机制。联盟活动主要内容包括促进联盟成员合作，推动技术标准体系的建立和产业链的形成；推动建立公共的技术、原材料和产品的测试与认证机制；发展与省内外和国内外相关企业的联系和交流；发挥行业自律职能，协助政府对政府支持的OLED示范工程或项目进行评议和稽核；发挥联盟组织的能动性，向政府反映行业状况及联盟成员的意愿和需求，为政府推动新型平板显示和新型照明技术与产业提供建议或决策依据，等等。联盟成员将共同推进OLED技术研发、应用和产业化，最终在江苏省内形成具有重要影响力的OLED产业群，将自主创新能力转化为新的经济增长点。

低碳智慧城市管理技术：智慧城市是新一代信息技术支撑、知识社会创新环境下的城市形态，通过物联网、云计算等新一代信息技术的应用，实现全面透彻的感知、宽带泛在的互联、智能融合的应用为特征的可持续创新。而低碳智慧城市就是低碳化、服务化与泛在化三大创新核心动力的技术集成，其低碳化主要表现为三个方面：排放的可视化、风险的可控化以及能源的可再生。

无锡新区太科园的清华大学信息科学与技术国家实验室物联网技术中心，正在研究可视化碳排放监测系统，准备利用在周边区域部署的超过1 200个传感器节点，该系统可以高效稳定地对周围环境温度、适度、碳排放量等数据进行实时统计，制作出直观的可视界面。南京擎天科技有限公司自主研发了城市碳排放监测监管系统软件，以帮助城市管理者科学合理地制定城市节能减排目标。该软件主要包括碳排放计算和监管查询两大平台，目前实现了工业排放和城市碳汇的数据归集，以后该公司计划将综合利用RFID、微波监测、电子标签、红外传感等物联网，实时监测城市公共交通、私家车、建筑物、天然气使用等碳排放情况。

（四）交通领域

混合动力汽车技术：混合动力汽车（Hybrid Electrical Vehicle，简称HEV）是指同时装备两种动力来源——热动力源（由传统的汽油机或者柴油机产生）与电动力源（电池与电动机）的汽车。通过在混合动力汽车上使用电机，使得动力系统可以按照整车的实际运行工况要求灵活调控，而发动机保持在综合性能最佳的区域内工作，从而降低油耗与排放。混合动力汽车的优点是：一是采用混合动力后可按平均需用的功率来确定内燃机的最大功率，此时处于油耗低、污染少的最优工况下工作。需要大功率内燃机功率不足时，由电池来补充；负荷少时，富余的功率可发电给电池充电，由于内燃机可持续工作，电池又可以不断得到充电，故其行程和普通汽车一样。二是电池可方便地回收制动时、下坡时、怠速时的能量。三是在繁华市区可关停内燃机，由电池单独驱动，实现“零”排放。四是可让电池保持在良好的工作状态，不发生过充、过放，延长其使用寿命，降低成本。

2011年，江苏省政府印发《江苏省“十二五”培育和发展战略性新兴产业规划》，提出要重点发展新能源汽车产业，以多种动力技术为主导方向，重点发展新能源客车、乘用车和专用车，初步形成部分类别重点整车和重要部件国内领先优势，将江苏打造成多种动力的新能源汽车和零部件的研发生产基地。2012年初，江苏省发改委核准了3项汽车制造项目。其中一项就是江苏常隆客车有限公司城市客车项目。该项目由江苏常隆客车有限公司投资建设，项目总投资179 116万元，其中固定资产投资127 496万元。项目拟选址江阴临港新城机械装备产业园，一期用地500亩，计划年新增节能和新能源客车2万辆，其中电动客车13 000辆、快速公交车2 400辆、天然气客车4 600辆。建成后，项目将有力地提升江苏汽车产业整体发展水平。

电动汽车充放电技术：随着配电网智能化水平的提高和需求侧管理技术的进步，未来电动汽车的车载电池可能作为智能电网中的移动储能单元。车电互联（V2G）就是指电动车辆作为移动储能单元接入电网，在受控状态下实现与电网之间的信息与能量双向互动，电动汽车充放电站建设是智能电网用电环节的重要内容。汽车平均每天仅行驶1小时，95%的时间处于停驶状态；接入电网的电动汽车数量足够多时，作为可移动的分布式储能装置可以有效地用于削峰填谷、平衡负荷等。特别是在将来可能形成的可再生能源发电比例较高的微电网系统中，通过电动汽车的合理充放电，可以有效平衡可再生能源波动性，帮助电网有效接纳可再生能源发电。目前电动汽车充放电技术主要有单向无序的VOG模式、单向有序的TC和V1G模式、双向有序的V2G模式。

《江苏省新能源汽车产业发展专项规划纲要》(2009—2012)提出要建设国内重要的电动汽车基地。2012年3月，省政府印发《江苏省新能源汽车推广应用指导意见》，提出要在2012～2014年重点加快南京、苏州、南通新能源汽车应用试点城市建设，推广应用新能源汽车1 000辆以上(其中纯电动汽车在50%以上)，并优化充换电站建设布局，以后逐步扩大试点推广范围。作为业内共知的电动汽车发展瓶颈，电池价格昂贵和充电不便一直亟待破解。在盐城，电力部门与当地开发区合作组建了新能源汽车示范运行公司，尝试一种乘用车底盘换电的盐城模式。这样，市民购买电动汽车只需到充电站租赁电池，一块用完还给充电站再换一块充满电的电池继续上路。盐城的充换电基础设施建设也在快马加鞭，东环路充电站和松江路换电站建成投运，南郊变充电站即将竣工。全省的充换电基础设施也在有计划的布局之中，2012年将完成南京江宁药科大学、漓江路大型智能充换储放一体化示范电站等16座充换电站，其中还包含4座高速公路服务区充换电站，在苏州、上海、杭州去年实现城际互联的基础上，再将无锡和南通纳入其中。

智能交通系统技术：智能交通系统是将先进的信息技术、通讯技术、传感技术、控制技术及计算机技术等有效地集成运用于整个地面交通管理系统而建立的一种在大范围内全方位发挥作用的，实时、准确、高效的综合交通运输管理系统。ITS可以有效地利用现有交通设施、减少交通负荷和环境污染、保证交通安全、提高运输效率，因而，日益受到各国的重视。智能交通系统具有以下两个特点：一是着眼于交通信息的广泛应用与服务，二是着眼于提高交通设施的运行效率，节能减碳。一般而言，智能交通系统可包括交通信息服务系统(ATIS)、交通管理系统(ATMS)、公共交通系统(APTS)、车辆控制系统(AVCS)、货运管理系统、电子收费系统(ETC)、紧急救援系统(EMS)等子系统。

南京作为全国第二个采用电子环保标志的城市，截至2012年5月已免费安装近60万张电子卡，建设360个基站，采集到数十亿条车辆运行数据。到青奥会举办前，南京市环保部门计划联合公安交管，将全市机动车纳入统一的交通联网系统，方便环保控污，实现智慧交通与低碳减排的联动。通过电子卡的安装，基于物联网建设的智能交通系统形成框架，届时，当车辆在南京城区主要道路上行驶时，路边建设的数百个基站，实时获取通行车辆信息，并在后台管理平台的支持下，实现对各类排放标准车辆信息的“抓取”，及时控制污染源的走向。

中兴智能交通(无锡)有限公司利用物联网技术研发的智能交通系统，已经成为国内多个城市构建智能立体化城市交通模式的主要解决方案供应商。该系统利用遍布城市的传感器监测数据，进行实时的流量监测、布控，瞬时计算出信号灯转换的时间，提高路口通行能力。加上轨道交通系统、高清探头监控、治安卡口监控等立体化的设备，可以将一座城市与交通相关的方方面面都“物联”起来。

(五) 碳捕集、利用与封存技术

碳捕获和封存(以下简称CCS)是一种将工业和能源排放源产生的CO_2进行收集、运输并安全存储到某处使其长期与大气隔离的过程。CCS主要由捕获、运输、封存三个环节组成。CO_2的捕获，指将CO_2从化石燃料燃烧产生的烟气中分离出来，并将其压缩的过程，主要目标是化石燃料电厂、钢铁厂、水泥厂、炼油厂、合成氨厂等CO_2的集中排放源。目前针对化石燃料电厂的捕获分离系统主要有三种，即燃烧后捕获系统、燃烧前捕获系统和氧化燃料捕获系统。CO_2的运输，指将分离并压缩后的CO_2通过管道或运输工具运至存储地。碳封存是指将捕获、压缩后的CO_2运输到指定地点进行长期封存的过程。目前，主要的封存方式有地质封存、海洋封存和碳酸盐矿石固存等。

二氧化碳地质封存技术：碳的地质封存技术是直接将 CO_2 注入地下的地质构造当中，如油田、天然气储层、含盐地层和不可采煤层等都适合 CO_2 的储存。地质封存是最有发展潜力的一种方案，据估算全球贮量至少可以达到 2 000 Gt。其中，二氧化碳驱油技术比较成熟。就是把二氧化碳注入油层中以提高采油率。由于二氧化碳是一种在油和水中溶解度都很高的气体，当它大量溶解于原油中时，可以使原油体积膨胀、黏度下降，还可以降低油水间的界面张力。与其他驱油技术相比，二氧化碳驱油具有适用范围大、驱油成本低、采油率提高显著等优点。油田二氧化碳封存是减少温室气体排放量最有效的途径之一，油藏中封存 CO_2 主要有构造地层储存、束缚气储存、溶解储存和矿化储存等四种方式。

中石化华东分公司在东台市草舍油田进行了二氧化碳压注混相驱油工艺流程试验，取得了良好的经济效益。江苏省有色金属华东地质勘查局对苏北盆地油田封存二氧化碳潜力进行了探索，研究人员结合江苏省苏北盆地的地质和构造条件，对苏北盆地油田进行 CO_2 封存潜力研究和可行性试验。苏北盆地油田多为低渗透和含水油藏，在储存 CO_2 的潜力上，东台坳陷优于盐阜坳陷，次级单元中又以高邮凹陷、金湖凹陷封存 CO_2 潜力最大，一系列小型构造单元比较适合于 CO_2 封存，并有利于后期的保存。在封盖能力上，苏北盆地在垂向上有明显的两分性，下部上白垩系和古新统盖层相对上部始新统盖层对 CO_2 封盖性更好。估算得到苏北盆地油田埋存 CO_2 的理论储存容量为 $1.505\,4\times10^8$ t，有效储存容量为 $0.082\,8\times10^8$ t～$0.442\,1\times10^8$ t，表明苏北油田封存 CO_2 的潜力较大。

二氧化碳矿物封存技术：CO_2 矿物封存主要是模仿自然界中钙/镁硅酸盐矿物的风化过程，即利用通常存在于天然硅酸盐矿石中的碱性氧化物，如氧化镁和氧化钙将 CO_2 固化成稳定的无机碳酸盐从而达到固定 CO_2 的目的。与其他封存方式相比，二氧化碳的矿物封存具有许多优点：一是由于碳酸盐的热稳定性及其对环境无任何影响，因此二氧化碳矿物封存是一种最安全、最永恒的固定方式；二是用于二氧化碳矿物封存的原料来源丰富、储量巨大、价格低廉，因此具有大规模固定的潜力和经济效益。由于碳酸盐的自由能比二氧化碳的要低，因此，矿物碳酸化反应从理论上来讲是可行的，但在自然条件下，矿物与二氧化碳的反应速率相当缓慢，因此矿石碳酸化应用于二氧化碳封存需要通过过程强化，加速二氧化碳气体与被采掘矿石之间的化学反应，达到工业上可行的反应速率并使工艺流程更节能。

南京大学表生地球化学教育部重点实验室以地球化学方法为特色和优势，开展不同地质体与地质原料（岩体、矿物及尾矿）的二氧化碳封存能力评价与封存试验，重点围绕富镁矿物溶解速率、镁碳酸盐矿物快速结晶、微生物自然淋滤和镁法固碳联合工艺等方面进行创新性研究，取得了突破性进展：提出利用可重复使用的浸取液来提取镁离子的工艺流程，具有低能耗、高利用率等优点，促进了矿物固碳的进一步发展；研发新型添加剂，使得镁碳酸盐只需数十秒乃至数秒即可结晶，并揭示其成核机理，具有重要科学意义；筛选并培养噬镁微生物，利用其产生的有机酸以及菌丝的物理剥蚀作用，将矿物中的镁元素提取出来作为原料固定二氧化碳，此方法具有投资少、规模大、环境友好、能耗极低等优点，可能是将来矿物固碳的主要方向；采用鼓泡以及喷淋相结合的吸收方式，研究富镁矿物固碳工艺流程的最佳操作参数，计算工艺能耗、效率以及物料需求，进而得出该方案的粗略成本，为大规模工业应用提供参考。该实验室承担了多项国家和省部级有关矿物封存的科研项目，包括 863 专项课题、中国地质调查局“地质碳汇”专项、江苏省重点基金和创新学者攀登项目及产学研联合前瞻性研究项目，初步形成特色明显、优势发展的二氧化碳矿物封存研究团队及科研协作平台，为今后发展低碳经济、碳减排决策与途径方面发挥重要作用。

盐穴储碳技术:盐穴是指利用水溶开采方式开采地下较厚的盐层或盐丘后形成的地下洞穴,体积巨大且密封良好。欧美等国利用地下盐穴来进行石油、天然气以及相关产品的战略储备。中盐金坛盐化有限责任公司与中国石化共同合作,在江苏金坛建立“川气东送”以及“西气东输”的天然气储气库和高压蓄能电站的建设。由于其所具有的地质特点,可将地下盐穴作为地下二氧化碳储库,通过盐井将二氧化碳下注实现温室气体减排。由于盐穴埋藏深,盐壁孔隙度几乎为零,在高压下具有裂缝自修复等特点,利用盐穴储存二氧化碳与传统的地质储存方法相比更加安全可靠。此外岩盐与二氧化碳不发生反应,可实现二氧化碳的持续输入以及无损输出,更符合可持续发展的要求。长三角地区二氧化碳排放源众多,受地质条件限制,可供选择的二氧化碳封存方式十分有限。中盐金坛盐化有限责任公司下属的金坛盐矿地处发达地区,目前正与南京大学表生地球化学教育部重点实验室合作,研究盐穴封存二氧化碳适宜性及相关技术难点。

第七篇　政策文件

“十二五”时期是国家和江苏省加快转变经济发展方式和调整经济结构的关键时期，也是节能降碳和应对气候变化的攻坚阶段。本篇收集了 2011 年和 2012 年上半年，国务院和相关部委出台的一系列积极应对气候变化的相关政策、规划和文件，以及江苏省促进低碳绿色发展的政策措施。

国家政策

关于开展低碳省区和低碳城市试点工作的通知

国家发展改革委,发改气候〔2010〕1587号,2010年7月19日

各省、自治区、直辖市及计划单列市和新疆生产建设兵团发展改革委:

去年11月国务院提出我国2020年控制温室气体排放行动目标后,各地纷纷主动采取行动落实中央决策部署。不少地方提出发展低碳产业、建设低碳城市、倡导低碳生活,一些省市还向我委申请开展低碳试点工作。积极探索我国工业化城镇化快速发展阶段既发展经济、改善民生又应对气候变化、降低碳强度、推进绿色发展的做法和经验,非常必要。经国务院领导同意,我委将组织开展低碳省区和低碳城市试点工作。现将有关事项通知如下:

一、目的意义

气候变化深刻影响着人类生存和发展,是世界各国共同面临的重大挑战。积极应对气候变化,是我国经济社会发展的一项重大战略,也是加快经济发展方式转变和经济结构调整的重大机遇。我国正处在全面建设小康社会的关键时期和工业化、城镇化加快发展的重要阶段,能源需求还将继续增长,在发展经济、改善民生的同时,如何有效控制温室气体排放,妥善应对气候变化,是一项全新的课题。我们必须坚持以我为主、从实际出发的方针,立足国情、统筹兼顾、综合规划,加大改革力度、完善体制机制,依靠科技进步、加强示范推广,努力建设以低碳排放为特征的产业体系和消费模式。开展低碳省区和低碳城市的试点,有利于充分调动各方面积极性,有利于积累对不同地区和行业分类指导的工作经验,是推动落实我国控制温室气体排放行动目标的重要抓手。

二、试点范围

根据地方申报情况,统筹考虑各地方的工作基础和试点布局的代表性,经沟通和研究,我委确定首先在广东、辽宁、湖北、陕西、云南五省和天津、重庆、深圳、厦门、杭州、南昌、贵阳、保定八市开展试点工作。

三、具体任务

(一)编制低碳发展规划。试点省和试点城市要将应对气候变化工作全面纳入本地区"十二五"规划,研究制定试点省和试点城市低碳发展规划。要开展调查研究,明确试点思路,发挥规划综合引导作用,将调整产业结构、优化能源结构、节能增效、增加碳汇等工作结合起来,明确提出本地区控制温室气体排放的行动目标、重点任务和具体措施,降低碳排放强度,积极探索低碳绿色发展模式。

(二)制定支持低碳绿色发展的配套政策。试点地区要发挥应对气候变化与节能环保、新能源发展、生态建设等方面的协同效应,积极探索有利于节能减排和低碳产业发展的体制机制,实行控制温室气体排放目标责任制,探索有效的政府引导和经济激励政策,研究运用市场机制推动控制温室气体排放目标的落实。

（三）加快建立以低碳排放为特征的产业体系。试点地区要结合当地产业特色和发展战略，加快低碳技术创新，推进低碳技术研发、示范和产业化，积极运用低碳技术改造提升传统产业，加快发展低碳建筑、低碳交通，培育壮大节能环保、新能源等战略性新兴产业。同时要密切跟踪低碳领域技术进步最新进展，积极推动技术引进消化吸收再创新或与国外的联合研发。

（四）建立温室气体排放数据统计和管理体系。试点地区要加强温室气体排放统计工作，建立完整的数据收集和核算系统，加强能力建设，提供机构和人员保障。

（五）积极倡导低碳绿色生活方式和消费模式。试点地区要举办面向各级、各部门领导干部的培训活动，提高决策、执行等环节对气候变化问题的重视程度和认识水平。大力开展宣传教育普及活动，鼓励低碳生活方式和行为，推广使用低碳产品，弘扬低碳生活理念，推动全民广泛参与和自觉行动。

四、工作要求

低碳试点工作关系经济社会发展全局，需要切实加强领导，抓好落实，务求实效。试点地区要建立由主要领导负责抓总的工作机制，发展改革部门要负责做好相关组织协调工作；辖区内有试点城市的省级发展改革部门，要加强对试点城市的支持和指导，协调解决工作中的困难；试点工作要结合本地实际，突出特色，大胆探索，注重积累成功经验，坚决杜绝概念炒作和搞形象工程。试点地区要抓紧制定工作实施方案，并于 8 月 31 日前报送我委。

我委将与试点地区发展改革部门建立联系机制，加强沟通交流，定期对试点进展情况进行评估，指导开展相关国际合作，加强能力建设，做好服务工作。对于试点地区的成功经验和做法将及时总结，并加以推广示范。

特此通知。

关于完善太阳能光伏发电上网电价政策的通知

国家发展改革委，发改价格〔2011〕1594 号，2011 年 7 月 24 日

各省、自治区、直辖市发展改革委、物价局：

为规范太阳能光伏发电价格管理，促进太阳能光伏发电产业健康持续发展，决定完善太阳能光伏发电价格政策。现将有关事项通知如下：

一、制定全国统一的太阳能光伏发电标杆上网电价。按照社会平均投资和运营成本，参考太阳能光伏电站招标价格，以及我国太阳能资源状况，对非招标太阳能光伏发电项目实行全国统一的标杆上网电价。

（一）2011 年 7 月 1 日以前核准建设、2011 年 12 月 31 日建成投产、我委尚未核定价格的太阳能光伏发电项目，上网电价统一核定为每千瓦时 1.15 元（含税，下同）。

（二）2011 年 7 月 1 日及以后核准的太阳能光伏发电项目，以及 2011 年 7 月 1 日之前核准但截至 2011 年 12 月 31 日仍未建成投产的太阳能光伏发电项目，除西藏仍执行每千瓦时 1.15 元的上网电价外，其余省（区、市）上网电价均按每千瓦时 1 元执行。今后，我委将根据投资成本变化、技术进步情况等因素适时调整。

二、通过特许权招标确定业主的太阳能光伏发电项目，其上网电价按中标价格执行，中标价格不得高于太阳能光伏发电标杆电价。

三、对享受中央财政资金补贴的太阳能光伏发电项目，其上网电量按当地脱硫燃煤机组标杆上网电价执行。

四、太阳能光伏发电项目上网电价高于当地脱硫燃煤机组标杆上网电价的部分，仍按《可再生能源发电价格和费用分摊管理试行办法》（发改价格〔2006〕7 号）有关规定，通过全国征收的可再生能源电价附加解决。

《清洁发展机制项目运行管理办法》(修订)

国家发展改革委、科技部、外交部、财政部，令第11号

为进一步推进清洁发展机制项目在中国的有序开展，促进清洁发展机制市场的健康发展，我们对《清洁发展机制项目运行管理办法》进行了修订。现予以发布，自发布之日起施行。2005年10月12日施行的《清洁发展机制项目运行管理办法》同时废止。

清洁发展机制项目运行管理办法
(修订)

第一章　总　则

第一条　为促进和规范清洁发展机制项目的有效有序运行，履行《联合国气候变化框架公约》(以下简称《公约》)、《京都议定书》(以下简称《议定书》)以及缔约方会议的有关决定，根据《中华人民共和国行政许可法》等有关规定，制定本办法。

第二条　清洁发展机制是发达国家缔约方为实现其温室气体减排义务与发展中国家缔约方进行项目合作的机制，通过项目合作，促进《公约》最终目标的实现，并协助发展中国家缔约方实现可持续发展，协助发达国家缔约方实现其量化限制和减少温室气体排放的承诺。

第三条　在中国开展清洁发展机制项目应符合中国的法律法规，符合《公约》、《议定书》及缔约方会议的有关决定，符合中国可持续发展战略、政策，以及国民经济和社会发展的总体要求。

第四条　清洁发展机制项目合作应促进环境友好技术转让，在中国开展合作的重点领域为节约能源和提高能源效率、开发利用新能源和可再生能源、回收利用甲烷。

第五条　清洁发展机制项目的实施应保证透明、高效，明确各项目参与方的责任与义务。

第六条　在开展清洁发展机制项目合作过程中，中国政府和企业不承担《公约》和《议定书》规定之外的任何义务。

第七条　清洁发展机制项目国外合作方用于购买清洁发展机制项目减排量的资金，应额外于现有的官方发展援助资金和其在《公约》下承担的资金义务。

第二章　管理体制

第八条　国家设立清洁发展机制项目审核理事会(以下简称项目审核理事会)。项目审核理事会组长单位为国家发展改革委和科学技术部，副组长单位为外交部，成员单位为财政部、环境保护部、农业部和中国气象局。

第九条　国家发展改革委是中国清洁发展机制项目合作的主管机构，在中国开展清洁发展机制合作项目须经国家发展改革委批准。

第十条　中国境内的中资、中资控股企业作为项目实施机构，可以依法对外开展清洁发展机制项目合作。

第十一条　项目审核理事会主要履行以下职责：

(一)对申报的清洁发展机制项目进行审核，提出审核意见；

(二)向国家应对气候变化领导小组报告清洁发展机制项目执行情况和实施过程中的问题及

建议，提出涉及国家清洁发展机制项目运行规则的建议。

第十二条　国家发展改革委主要履行以下职责：

（一）组织受理清洁发展机制项目的申请；

（二）依据项目审核理事会的审核意见，会同科学技术部和外交部批准清洁发展机制项目；

（三）出具清洁发展机制项目批准函；

（四）组织对清洁发展机制项目实施监督管理；

（五）处理其他相关事务。

第十三条　项目实施机构主要履行以下义务：

（一）承担清洁发展机制项目减排量交易的对外谈判，并签订购买协议；

（二）负责清洁发展机制项目的工程建设；

（三）按照《公约》、《议定书》和有关缔约方会议的决定，以及与国外合作方签订购买协议的要求，实施清洁发展机制项目，履行相关义务，并接受国家发展改革委及项目所在地发展改革委的监督；

（四）按照国际规则接受对项目合格性和项目减排量的核实，提供必要的资料和监测记录。在接受核实和提供信息过程中依法保护国家秘密和商业秘密；

（五）向国家发展改革委报告清洁发展机制项目温室气体减排量的转让情况；

（六）协助国家发展改革委及项目所在地发展改革委就有关问题开展调查，并接受质询；

（七）企业资质发生变更后主动申报；

（八）根据本办法第三十六条规定的比例，按时足额缴纳减排量转让交易额；

（九）承担依法应由其履行的其他义务。

第三章　申请和实施程序

第十四条　附件所列中央企业直接向国家发展改革委提出清洁发展机制合作项目的申请，其余项目实施机构向项目所在地省级发展改革委提出清洁发展机制项目申请。有关部门和地方政府可以组织企业提出清洁发展机制项目申请。国家发展改革委可根据实际需要适时对附件所列中央企业名单进行调整。

第十五条　项目实施机构向国家发展改革委或项目所在地省级发展改革委提出清洁发展机制项目申请时必须提交以下材料：

（一）清洁发展机制项目申请表；

（二）企业资质状况证明文件复印件；

（三）工程项目可行性研究报告批复（或核准文件，或备案证明）复印件；

（四）环境影响评价报告（或登记表）批复复印件；

（五）项目设计文件；

（六）工程项目概况和筹资情况说明；

（七）国家发展改革委认为有必要提供的其他材料。

第十六条　如果项目在申报时尚未确定国外买方，项目实施机构在填报项目申请表时必须注明该清洁发展机制合作项目为单边项目。获国家批准后，项目产生的减排量将转入中国国家账户，经国家发展改革委批准后方可将这些减排量从中国国家账户中转出。

第十七条　国家发展改革委在接到附件所列中央企业申请后，对申请材料不齐全或不符合法定形式的申请，应当场或在五日内一次告知申请人需要补正的全部内容。

第十八条　项目所在地省级发展改革委在受理除附件所列中央企业外的项目实施机构申请后

二十个工作日内，将全部项目申请材料及初审意见报送国家发展改革委，且不得以任何理由对项目实施机构的申请作出否定决定。对申请材料不齐全或不符合法定形式的申请，项目所在地省级发展改革委应当场或在五日内一次告知申请人需要补正的全部内容。

第十九条 国家发展改革委在受理本办法附件所列中央企业提交的项目申请，或项目所在地省级发展改革委转报的项目申请后，组织专家对申请项目进行评审，评审时间不超过三十日。项目经专家评审后，由国家发展改革委提交项目审核理事会审核。

第二十条 项目审核理事会召开会议对国家发展改革委提交的项目进行审核，提出审核意见。项目审核理事会审核的内容主要包括：

（一）项目参与方的参与资格；

（二）本办法第十五条规定提交的相关批复；

（三）方法学应用；

（四）温室气体减排量计算；

（五）可转让温室气体减排量的价格；

（六）减排量购买资金的额外性；

（七）技术转让情况；

（八）预计减排量的转让期限；

（九）监测计划；

（十）预计促进可持续发展的效果。

第二十一条 国家发展改革委根据项目审核理事会的意见，会同科学技术部和外交部作出是否出具批准函的决定。对项目审核理事会审核同意批准的项目，从项目受理之日起二十个工作日内（不含专家评审的时间）办理批准手续；对项目审核理事会审核同意批准，但需要修改完善的项目，在接到项目实施机构提交的修改完善材料后会同科学技术部和外交部办理批准手续；对项目审核理事会审核不同意批准的项目，不予办理批准手续。

第二十二条 项目经国家发展改革委批准后，由经营实体提交清洁发展机制执行理事会申请注册。

第二十三条 国家发展改革委负责对清洁发展机制项目的实施进行监督。项目实施机构在清洁发展机制项目成功注册后十个工作日内向国家发展改革委报告注册状况，在项目每次减排量签发和转让后十个工作日内向国家发展改革委报告签发和转让有关情况。

第二十四条 工程建设项目的审批程序和审批权限，按国家有关规定办理。

第四章 法律责任

第二十五条 本办法涉及的行政机关及其工作人员，在清洁发展机制项目申请过程中，对符合法定条件的项目申请不予受理，或当项目实施机构提交的申请材料不齐全、不符合法定形式时，不一次告知项目实施机构必须补正的全部内容的，由其上级行政机关或者监察机关责令改正；情节严重的，对直接负责的主管人员和其他直接责任人员依法给予行政处分。

第二十六条 本办法涉及的行政机关及其工作人员，在接收、受理、审批项目申请，以及对项目实施监督检查过程中，索取或者收受他人财物或者谋取其他利益，构成犯罪的，依法追究刑事责任；尚不构成犯罪的，依法给予行政处分。

第二十七条 本办法涉及的行政机关及其工作人员，对不符合法定条件的项目申请予以批准，或者超越法定职权作出批准决定的，由其上级行政机关或者监察机关责令改正，对直接负责的主管人员和其他直接责任人员依法给予行政处分；构成犯罪的，依法追究刑事责任。

第二十八条　项目实施机构在清洁发展机制项目申请及实施过程中，如隐瞒有关情况或者提供虚假材料的，国家发展改革委可不予受理或者不予行政许可，并给予警告。

第二十九条　项目实施机构以欺骗、贿赂等不正当手段取得批准函的，国家发展改革委依法处以与项目减排量转让收入相当的罚款，罚款收入按照《行政处罚法》等有关规定，就地上缴中央国库。构成犯罪的，依法追究刑事责任。

第三十条　项目实施机构在取得国家发展改革委出具的批准函后，企业股权变更为外资或外资控股的，自动丧失清洁发展机制项目实施资格，股权变更后取得的项目减排量转让收入归国家所有。

第三十一条　项目实施机构在减排量交易完成后，未按照相关规定向国家按时足额缴纳减排量交易额分成的，国家发展改革委依法对项目实施机构给予行政处罚。

第三十二条　项目实施机构伪造、涂改批准函，或在接受监督检查时隐瞒有关情况、提供虚假材料或拒绝提供相关材料的，国家发展改革委依法给予行政处罚；构成犯罪的，依法追究刑事责任。

第五章　附　则

第三十三条　本办法中的发达国家缔约方是指《公约》附件一中所列的国家。

第三十四条　本办法中的清洁发展机制执行理事会是指《议定书》下为实施清洁发展机制项目而专门设置的管理机构。

第三十五条　本办法中的经营实体是指由清洁发展机制执行理事会指定的审定和核证机构。

第三十六条　清洁发展机制项目因转让温室气体减排量所获得的收益归国家和项目实施机构所有，其他机构和个人不得参与减排量转让交易额的分成。国家与项目实施机构减排量转让交易额分配比例如下：

（一）氢氟碳化物（HFC）类项目，国家收取温室气体减排量转让交易额的65%；

（二）己二酸生产中的氧化亚氮（N2O）项目，国家收取温室气体减排量转让交易额的30%；

（三）硝酸等生产中的氧化亚氮（N2O）项目，国家收取温室气体减排量转让交易额的10%；

（四）全氟碳化物（PFC）类项目，国家收取温室气体减排量转让交易额的5%；

（五）其他类型项目，国家收取温室气体减排量转让交易额的2%。

国家从清洁发展机制项目减排量转让交易额收取的资金，用于支持与应对气候变化相关的活动，由中国清洁发展机制基金管理中心根据《中国清洁发展机制基金管理办法》收取。

第三十七条　国家发展改革委已批准项目2012年后产生的减排量，须经国家发展改革委同意后才可转让，项目实施按照本办法管理。

第三十八条　本办法由国家发展改革委商科学技术部、外交部、财政部解释。

第三十九条　本办法自发布之日起施行。2005年10月12日起实施的《清洁发展机制项目运行管理办法》即行废止。

附：可直接向国家发展改革委提交清洁发展机制项目申请的中央企业名单（略）

关于开展第一批绿色低碳重点小城镇试点示范工作的通知

财政部、住房城乡建设部、国家发展改革委，财建〔2011〕867号，2011年9月26日

北京、天津、江苏、安徽、福建、重庆、广东省(市)财政厅(局)、住房城乡建设厅(局)、发展改革委：

根据《财政部住房城乡建设部关于绿色重点小城镇试点示范的实施意见》(财建〔2011〕341号)，按照绿色低碳重点小城镇建设评价指标要求，经实地考评与认真研究，现将××镇(名单见附件1)确定为第一批试点示范绿色低碳重点小城镇，并将有关事项通知如下：

一、加快编制工作方案。请按照绿色低碳重点小城镇试点示范有关文件要求，组织试点示范镇编写执行期2—3年的绿色低碳重点小城镇试点示范总体实施方案与专项实施方案。总体实施方案应包括试点示范镇建设发展目标，以及加强基础设施、公共服务，降低单位GDP能耗和碳排放强度、减少主要污染物排放的主要措施、资金概算和政策保障等内容。专项实施方案应包括推广应用可再生能源和新能源实施方案、建筑节能及发展绿色建筑实施方案、城镇污水管网建设实施方案、环境污染防治实施方案、商贸流通服务业发展实施方案等五项(详见附件2)。

二、抓紧组织实施。在编制总体和分项实施方案之后，应按现行资金管理办法申请相应中央财政补助资金。省级财政、住房城乡建设与发展改革部门要高度重视绿色低碳重点小城镇试点示范工作，加强组织领导，加大支持力度。相关市县要按照有关要求抓紧开展工作，积极推动绿色低碳重点小城镇建设发展。

三、加强监督考核。财政部、住房城乡建设部及国家发展改革委将实时动态监测试点示范小城镇建设发展进度，并组织专家进行经常性技术指导。建立健全激励约束机制，对试点示范工作进展较好的小城镇将给予奖励并及时总结宣传经验；对工作进展不理想的小城镇将取消试点示范资格，以切实保证绿色低碳重点小城镇试点示范工作的质量和水平。

附件：1. 第一批试点示范绿色低碳重点小城镇名单(略)

2. 专项实施方案编写提纲(略)

关于开展碳排放权交易试点工作的通知

国家发展改革委办公厅，发改办气候〔2011〕2601 号，2011 年 10 月 29 日

北京市、天津市、上海市、重庆市、广东省、湖北省、深圳市发展改革委：

根据党中央、国务院关于应对气候变化工作的总体部署，为落实"十二五"规划关于逐步建立国内碳排放交易市场的要求，推动运用市场机制以较低成本实现 2020 年我国控制温室气体排放行动目标，加快经济发展方式转变和产业结构升级，经综合考虑并结合有关地区申报情况和工作基础，我委同意北京市、天津市、上海市、重庆市、湖北省、广东省及深圳市开展碳排放权交易试点。

请各试点地区高度重视碳排放权交易试点工作，切实加强组织领导，建立专职工作队伍，安排试点工作专项资金，抓紧组织编制碳排放权交易试点实施方案，明确总体思路、工作目标、主要任务、保障措施及进度安排，报我委审核后实施。同时，各试点地区要着手研究制定碳排放权交易试点管理办法，明确试点的基本规则，测算并确定本地区温室气体排放总量控制目标，研究制定温室气体排放指标分配方案，建立本地区碳排放权交易监管体系和登记注册系统，培育和建设交易平台，做好碳排放权交易试点支撑体系建设，保障试点工作的顺利进行。

特此通知。

关于印发“十二五”控制温室气体排放工作方案的通知

国务院，国发〔2011〕41号，2011年12月1日

各省、自治区、直辖市人民政府，国务院各部委、各直属机构：

现将《“十二五”控制温室气体排放工作方案》(以下简称《方案》)印发给你们，请认真贯彻执行。

控制温室气体排放是我国积极应对全球气候变化的重要任务，对于加快转变经济发展方式、促进经济社会可持续发展、推进新的产业革命具有重要意义。要围绕到2015年全国单位国内生产总值二氧化碳排放比2010年下降17%的目标，大力开展节能降耗，优化能源结构，努力增加碳汇，加快形成以低碳为特征的产业体系和生活方式。

各地区、各部门要充分认识控制温室气体排放工作的重要性、紧迫性和艰巨性，将其纳入本地区、本部门总体工作布局，将各项工作任务分解落实到基层，并制定年度具体实施办法，进一步加强组织领导，健全管理体制，明确工作责任，完善政策法规，加大资金投入。地方各级人民政府对本行政区域内控制温室气体排放工作负总责，政府主要领导是第一责任人。有关部门要在各自职责范围内做好控制温室气体排放工作。要充分发挥市场机制作用，增强企业和社会各界控制温室气体排放的意识和自觉性，形成以政府为主导、企业为主体、全社会广泛参与的控制温室气体排放工作格局，确保完成“十二五”控制温室气体排放目标。

附件：

“十二五”控制温室气体排放工作方案

一、总体要求和主要目标

（一）总体要求。坚持以科学发展为主题，以加快转变经济发展方式为主线，牢固树立绿色、低碳发展理念，统筹国际国内两个大局，把积极应对气候变化作为经济社会发展的重大战略、作为加快转变经济发展方式、调整经济结构和推进新的产业革命的重大机遇，坚持走新型工业化道路，合理控制能源消费总量，综合运用优化产业结构和能源结构、节约能源和提高能效、增加碳汇等多种手段，开展低碳试验试点，完善体制机制和政策体系，健全激励和约束机制，更多地发挥市场机制作用，加强低碳技术研发和推广应用，加快建立以低碳为特征的工业、能源、建筑、交通等产业体系和消费模式，有效控制温室气体排放，提高应对气候变化能力，促进经济社会可持续发展，为应对全球气候变化作出积极贡献。

（二）主要目标。大幅度降低单位国内生产总值二氧化碳排放，到2015年全国单位国内生产总值二氧化碳排放比2010年下降17%。控制非能源活动二氧化碳排放和甲烷、氧化亚氮、氢氟碳化物、全氟化碳、六氟化硫等温室气体排放取得成效。应对气候变化政策体系、体制机制进一步完善，温室气体排放统计核算体系基本建立，碳排放交易市场逐步形成。通过低碳试验试点，形成一批各具特色的低碳省区和城市，建成一批具有典型示范意义的低碳园区和低碳社区，推广一批具有良好减排效果的低碳技术和产品，控制温室气体排放能力得到全面提升。

二、综合运用多种控制措施

（三）加快调整产业结构。抑制高耗能产业过快增长，进一步提高高耗能、高排放和产能过剩

行业准入门槛，健全项目审批、核准和备案制度，严格控制新建项目。加快淘汰落后产能，完善落后产能退出机制，制定并落实重点行业“十二五”淘汰落后产能实施方案和年度计划，加大淘汰落后产能工作力度。严格落实《产业结构调整指导目录》，加快运用高新技术和先进实用技术改造提升传统产业，促进信息化和工业化深度融合。大力发展服务业和战略性新兴产业，到2015年服务业增加值和战略性新兴产业增加值占国内生产总值比例提高到47%和8%左右。

（四）大力推进节能降耗。完善节能法规和标准，强化节能目标责任考核，加强固定资产投资项目节能评估和审查。实施节能重点工程，加强重点用能单位节能管理，突出抓好工业、建筑、交通、公共机构等领域节能，加快节能技术开发和推广应用。健全节能市场化机制，完善能效标识、节能产品认证和节能产品政府强制采购制度，加快节能服务业发展。大力发展循环经济，加强节能能力建设。到2015年，形成3亿吨标准煤的节能能力，单位国内生产总值能耗比2010年下降16%。

（五）积极发展低碳能源。调整和优化能源结构，推进煤炭清洁利用，鼓励开发利用煤层气和天然气，在确保安全的基础上发展核电，在做好生态保护和移民安置的前提下积极发展水电，因地制宜大力发展风电、太阳能、生物质能、地热能等非化石能源。促进分布式能源系统的推广应用。到2015年，非化石能源占一次能源消费比例达到11.4%。

（六）努力增加碳汇。加快植树造林，继续实施生态建设重点工程，巩固和扩大退耕还林成果，开展碳汇造林项目。深入开展城市绿化，抓好铁路、公路等通道绿化。加强森林抚育经营和可持续管理，强化现有森林资源保护，改造低产低效林，提高森林生长率和蓄积量。完善生态补偿机制。“十二五”时期，新增森林面积1 250万公顷，森林覆盖率提高到21.66%，森林蓄积量增加6亿立方米。积极增加农田、草地等生态系统碳汇。加强滨海湿地修复恢复，结合海洋经济发展和海岸带保护，积极探索利用藻类、贝类、珊瑚等海洋生物进行固碳，根据自然条件开展试点项目。在火电、煤化工、水泥和钢铁行业中开展碳捕集试验项目，建设二氧化碳捕集、驱油、封存一体化示范工程。

（七）控制非能源活动温室气体排放。控制工业生产过程温室气体排放，继续推广利用电石渣、造纸污泥、脱硫石膏、粉煤灰、矿渣等固体工业废渣和火山灰等非碳酸盐原料生产水泥，加快发展新型低碳水泥，鼓励使用散装水泥、预拌混凝土和预拌沙浆；鼓励采用废钢电炉炼钢—热轧短流程生产工艺；推广有色金属冶炼短流程生产工艺技术；减少石灰土窑数量；通过改进生产工艺，减少电石、制冷剂、己二酸、硝酸等行业工业生产过程温室气体排放。通过改良作物品种、改进种植技术，努力控制农业领域温室气体排放；加强畜牧业和城市废弃物处理和综合利用，控制甲烷等温室气体排放增长。积极研发并推广应用控制氢氟碳化物、全氟化碳和六氟化硫等温室气体排放技术，提高排放控制水平。

（八）加强高排放产品节约与替代。加强需求引导，强化工程技术标准，通过广泛应用高强度、高韧性建筑用钢材和高性能混凝土，提高建设工程质量，延长使用寿命。实施水泥、钢铁、石灰、电石等高耗能、高排放产品替代工程。鼓励开发和使用高性能、低成本、低消耗的新型材料替代传统钢材。鼓励使用缓释肥、有机肥等替代传统化肥，减少化肥使用量和温室气体排放量。选择具有重要推广价值的替代产品或工艺，进行推广示范。

三、开展低碳发展试验试点

（九）扎实推进低碳省区和城市试点。各试点地区要编制低碳发展规划，积极探索具有本地区特色的低碳发展模式，率先形成有利于低碳发展的政策体系和体制机制，加快建立以低碳为特征的工业、建筑、交通体系，践行低碳消费理念，成为低碳发展的先导示范区。逐步扩大试点范围，鼓励国家资源节约型和环境友好型社会建设综合配套改革试验区等开展低碳试点。各省（区、市）可结合实际，开展低碳试点工作。

（十）开展低碳产业试验园区试点。依托现有高新技术开发区、经济技术开发区等产业园区，建设以低碳、清洁、循环为特征，以低碳能源、物流、建筑为支撑的低碳园区，采用合理用能技术、能源资源梯级利用技术、可再生能源技术和资源综合利用技术，优化产业链和生产组织模式，加快改造传统产业，集聚低碳型战略性新兴产业，培育低碳产业集群。

（十一）开展低碳社区试点。结合国家保障性住房建设和城市房地产开发，按照绿色、便捷、节能、低碳的要求，开展低碳社区建设。在社区规划设计、建材选择、供暖供冷供电供热水系统、照明、交通、建筑施工等方面，实现绿色低碳化。大力发展节能低碳建材，推广绿色低碳建筑，加快建筑节能低碳整装配套技术、低碳建造和施工关键技术及节能低碳建材成套应用技术研发应用，鼓励建立节能低碳、可再生能源利用最大化的社区能源与交通保障系统，积极利用地热地温、工业余热，积极探索土地节约利用、水资源和本地资源综合利用的方式，推进雨水收集和综合利用。开展低碳家庭创建活动，制定节电节水、垃圾分类等低碳行为规范，引导社区居民普遍接受绿色低碳的生活方式和消费模式。

（十二）开展低碳商业、低碳产品试点。针对商场、宾馆、餐饮机构、旅游景区等商业设施，通过改进营销理念和模式，加强节能、可再生能源等新技术和产品应用，加强资源节约和综合利用，加强运营管理，加强对顾客消费行为引导，显著减少试点商业机构二氧化碳排放。研究产品“碳足迹”计算方法，建立低碳产品标准、标识和认证制度，制定低碳产品认证和标识管理办法，开展相应试点，引导低碳消费。

（十三）加大对试验试点工作的支持力度。加强对试验试点工作的统筹协调和指导，建立部门协作机制，研究制定支持试点的财税、金融、投资、价格、产业等方面的配套政策，形成支持试验试点的整体合力。研究提出低碳城市、园区、社区和商业等试点建设规范和评价标准。加快出台试验试点评价考核办法，对试验试点目标任务完成情况进行跟踪评估。开展试验试点经验交流，推进相关国际合作。

四、加快建立温室气体排放统计核算体系

（十四）建立温室气体排放基础统计制度。将温室气体排放基础统计指标纳入政府统计指标体系，建立健全涵盖能源活动、工业生产过程、农业、土地利用变化与林业、废弃物处理等领域，适应温室气体排放核算的统计体系。根据温室气体排放统计需要，扩大能源统计调查范围，细化能源统计分类标准。重点排放单位要健全温室气体排放和能源消费的台账记录。

（十五）加强温室气体排放核算工作。制定地方温室气体排放清单编制指南，规范清单编制方法和数据来源。研究制定重点行业、企业温室气体排放核算指南。建立温室气体排放数据信息系统。定期编制国家和省级温室气体排放清单。加强对温室气体排放核算工作的指导，做好年度核算工作。加强温室气体计量工作，做好排放因子测算和数据质量监测，确保数据真实准确。构建国家、地方、企业三级温室气体排放基础统计和核算工作体系，加强能力建设，建立负责温室气体排放统计核算的专职工作队伍和基础统计队伍。实行重点企业直接报送能源和温室气体排放数据制度。

五、探索建立碳排放交易市场

（十六）建立自愿减排交易机制。制定温室气体自愿减排交易管理办法，确立自愿减排交易机制的基本管理框架、交易流程和监管办法，建立交易登记注册系统和信息发布制度，开展自愿减排交易活动。

（十七）开展碳排放权交易试点。根据形势发展并结合合理控制能源消费总量的要求，建立碳排放总量控制制度，开展碳排放权交易试点，制定相应法规和管理办法，研究提出温室气体排放权分配方案，逐步形成区域碳排放权交易体系。

（十八）加强碳排放交易支撑体系建设。制定我国碳排放交易市场建设总体方案。研究制定减排量核算方法，制定相关工作规范和认证规则。加强碳排放交易机构和第三方核查认证机构资质审核，严格审批条件和程序，加强监督管理和能力建设。在试点地区建立碳排放权交易登记注册系统、交易平台和监管核证制度。充实管理机构，培养专业人才。逐步建立统一的登记注册和监督管理系统。

六、大力推动全社会低碳行动

（十九）发挥公共机构示范作用。各级国家机关、事业单位、团体组织等公共机构要率先垂范，加快设施低碳化改造，推进低碳理念进机关、校园、场馆和军营。逐步建立低碳产品政府采购制度，将低碳认证产品列入政府采购清单，完善强制采购和优先采购制度，逐步提高低碳产品比重。

（二十）推动行业开展减碳行动。钢铁、建材、电力、煤炭、石油、化工、有色、纺织、食品、造纸、交通、铁路、建筑等行业要制定控制温室气体排放行动方案，按照先进企业的排放标准对重点企业要提出温室气体排放控制要求，研究确定重点行业单位产品（服务量）温室气体排放标准。选择重点企业试行“碳披露”和“碳盘查”，开展“低碳标兵活动”。

（二十一）提高公众参与意识。利用多种形式和手段，全方位、多层次加强宣传引导，研究设立“全国低碳日”，大力倡导绿色低碳、健康文明的生活方式和消费模式，宣传低碳生活典型，弘扬以低碳为荣的社会新风尚，树立绿色低碳的价值观、生活观和消费观，使低碳理念广泛深入人心，成为全社会的共识和自觉行动，营造良好的舆论氛围和社会环境。

七、广泛开展国际合作

（二十二）加强履约工作。按照《联合国气候变化框架公约》及其《京都议定书》的要求，及时编制和提交国家履约信息通报，继续推动清洁发展机制项目实施。广泛宣传我国控制温室气体排放的政策、行动与成效。坚持“共同但有区别的责任”原则和公平原则，建设性参与气候变化国际谈判进程，推动公约和议定书的全面、有效、持续实施。

（二十三）强化务实合作。加强气候变化领域国际交流和对话，积极开展多渠道项目合作。在科学研究、技术研发和能力建设等方面开展务实合作，积极引进并消化吸收国外先进技术，学习借鉴国际成功经验。积极支持小岛屿国家、最不发达国家和非洲国家加强应对气候变化能力建设，结合实施“走出去”战略，促进与其他发展中国家开展低碳项目合作。

八、强化科技与人才支撑

（二十四）强化科技支撑。加强控制温室气体排放基础研究。统筹技术研发和项目建设，在重点行业和重点领域实施低碳技术创新及产业化示范工程，重点发展经济适用的低碳建材、低碳交通、绿色照明、煤炭清洁高效利用等低碳技术；开发高性价比太阳能光伏电池技术、太阳能建筑一体化技术、大功率风能发电、天然气分布式能源、地热发电、海洋能发电、智能及绿色电网、新能源汽车和储电技术等关键低碳技术；研究具有自主知识产权的碳捕集、利用和封存等新技术。推进低碳技术国家重点实验室和国家工程中心建设。编制低碳技术推广目录，实施低碳技术产业化示范项目。完善低碳技术成果转化机制，依托科研院所、高校和企业建立低碳技术孵化器、中介服务机构。

（二十五）加强人才队伍建设。加强应对气候变化教育培训，将其纳入国民教育和培训体系，完善相关学科体系。积极开展应对气候变化科学普及，加强应对气候变化基础研究和科技研发队伍、战略与政策专家队伍、国际谈判专业队伍和低碳发展市场服务人才队伍建设。

九、保障工作落实

（二十六）加强组织领导和评价考核。各省（区、市）要将大幅度降低二氧化碳排放强度纳入本地区经济社会发展规划和年度计划，明确任务，落实责任，确保完成本地区目标任务。要将二氧化碳排放强度下降指标完成情况纳入各地区（行业）经济社会发展综合评价体系和干部政绩考核体系，完善工作机制。有关部门要根据职责分工，按照相关专项规划和工作方案，切实抓好落实。各省级人民政府和相关部门要对本地区、本部门控制温室气体排放工作负总责。加强对各省（区、市）“十二五”二氧化碳排放强度下降目标完成情况的评估、考核。对控制温室气体排放工作实行问责和奖惩。对作出突出贡献的单位和个人按国家有关规定给予表彰奖励。

（二十七）健全管理体制。加强应对气候变化工作机构建设，逐步健全国家温室气体排放控制监管体制。推动建立应对气候变化领域的相关服务、咨询机构。强化应对气候变化工作与优化产业结构和能源结构、节能提高能效、生态保护等工作的协同作用，完善部门间的沟通协调机制，深化相关领域改革，加强财税、金融、价格、产业等政策的协调配合。

（二十八）落实资金保障。各地区、有关部门要围绕实现“十二五”控制温室气体排放目标，切实加大资金投入，确保各项工作落实。从节能减排和可再生能源发展等财政资金中安排资金，支持应对气候变化相关工作。充分利用中国清洁发展机制基金资金，拓宽多元化投融资渠道，积极引导社会资金、外资投入低碳技术研发、低碳产业发展和控制温室气体排放重点工程。调整和优化信贷结构，积极做好控制温室气体排放、促进低碳产业发展的金融支持和配套服务工作。在利用国际金融组织和外国政府优惠贷款安排中，加大对控制温室气体排放项目的支持力度。

附件：“十二五”各地区单位国内生产总值二氧化碳排放下降指标

“十二五”各地区单位国内生产总值二氧化碳排放下降指标

地　区	单位国内生产总值二氧化碳排放下降（%）	备注：单位国内生产总值能源消耗下降（%）	地　区	单位国内生产总值二氧化碳排放下降（%）	备注：单位国内生产总值能源消耗下降（%）
北　京	18	17	湖　北	17	16
天　津	19	18	湖　南	17	16
河　北	18	17	广　东	19.5	18
山　西	17	16	广　西	16	15
内蒙古	16	15	海　南	11	10
辽　宁	18	17	重　庆	17	16
吉　林	17	16	四　川	17.5	16
黑龙江	16	16	贵　州	16	15
上　海	19	18	云　南	16.5	15
江　苏	19	18	西　藏	10	10
浙　江	19	18	陕　西	17	16
安　徽	17	16	甘　肃	16	15
福　建	17.5	16	青　海	10	10
江　西	17	16	宁　夏	16	15
山　东	18	17	新　疆	11	10
河　南	17	16			

关于印发万家企业节能低碳行动实施方案的通知

国家发展改革委、教育部、工业和信息化部、财政部、住房城乡建设部、交通运输部、商务部、国务院国资委、国家质检总局、国家统计局、银监会、国家能源局，发改环资〔2011〕2873号，2011年12月7日

各省、自治区、直辖市及计划单列市、新疆生产建设兵团发展改革委、经贸委(经信委、经委、工信委、工信厅)、教育厅(局)、财政厅(局)、住房城乡建设厅(建委)、交通运输厅(局)、商务厅(局)、国资委、质量技术监督局、统计局、银监会、能源局：

为贯彻落实“十二五”规划《纲要》，推动重点用能单位加强节能工作，强化节能管理，提高能源利用效率，根据《国务院关于印发“十二五”节能减排综合性工作方案的通知》(国发〔2011〕26号)要求，国家发展改革委、教育部、工业和信息化部、财政部、住房和城乡建设部、交通运输部、商务部、国务院国资委、国家质检总局、国家统计局、银监会、国家能源局制定了《万家企业节能低碳行动实施方案》(见附件一，以下简称《方案》)，现印发给你们，请认真组织实施。并就有关事项通知如下：

一、各地区、各部门及各单位要从全面贯彻落实科学发展观，加快转变经济发展方式，建设资源节约型、环境友好型社会，增强可持续发展能力的战略高度，充分认识开展万家企业节能低碳行动的重要性，加强组织领导，制定切实可行的具体方案，狠抓落实，确保万家企业节能低碳行动取得实效。

二、请各地节能主管部门会同统计等相关部门按照《方案》规定的万家企业范围，审核提出本地区纳入万家企业节能低碳行动的企业(单位)名单，并根据本地区万家企业节能量目标(见附件二)和各企业的具体情况分解确定每个企业“十二五”节能目标。按照附件三的格式将本地区万家企业(单位)名单和“十二五”节能目标于2011年12月30前报送国家发展改革委(环资司)，国家发展改革委汇总后对外公布。

三、请各地节能主管部门确定1名万家企业节能低碳行动联系人，将联系人姓名、职务、联系方式一并报国家发展改革委(环资司)。

附件：一、《万家企业节能低碳行动实施方案》(略)

二、各地区“十二五”万家企业节能量目标(略)

三、万家企业(单位)情况汇总表(略)

省级政策

关于印发《固定资产投资项目节能评估和审查实施办法（试行）》的通知

江苏省发展改革委，苏发改规发〔2011〕1号，2011年1月20日

各市、县发展改革委：

为了贯彻实施《固定资产投资项目节能评估和审查暂行办法》（国家发展改革委令第6号），进一步加强固定资产投资项目节能评估和审查工作，从源头上抓好能源节约，提高能源利用效率，我委制定了《固定资产投资项目节能评估和审查实施办法（试行）》，经委办公会议讨论通过，现予印发，望遵照执行。

附件：固定资产投资项目节能评估和审查实施办法（试行）

附件：

固定资产投资项目节能评估和审查实施办法（试行）

第一条　为了进一步加强固定资产投资项目节能评估和审查工作，从源头上杜绝能源浪费，提高能源利用效率，根据《中华人民共和国节约能源法》、《国务院关于加强节能工作的决定》和《固定资产投资项目节能评估和审查暂行办法》（国家发展改革委令第6号）（以下简称“6号令”），制定本办法。

第二条　本办法适用于本省行政区域内县级以上地方人民政府发展改革部门管理的固定资产投资项目。

第三条　固定资产投资项目节能评估和审查工作，按照科学、合理、高效和分类、分级管理的原则进行。

第四条　项目建设单位应当根据下列情形，分别编制节能评估报告书（报告表）或者填写节能登记表：

（一）年综合能源消费量3 000吨标准煤以上（含3 000吨标准煤，电力折算系数按当量值，下同），或年电力消费量500万千瓦时以上，或年石油消费量1 000吨以上，或年天然气消费量100万立方米以上的固定资产投资项目，应当单独编制节能评估报告书；

（二）年综合能源消费量1 000至3 000吨标准煤（不含3 000吨，下同），或年电力消费量200万至500万千瓦时，或年石油消费量500至1 000吨，或年天然气消费量50万至100万立方米的固定资产投资项目，应当单独编制节能评估报告表；

（三）年综合能源消费量在前两项规定以下的固定资产投资项目，应当填写节能登记表。

第五条　节能评估报告书（报告表）的编制内容、要求和深度，以及节能登记表的填写内容，分别按照6号令的附件1、附件2和附件3的格式文本执行。

第六条　达到本办法第四条第（一）项规定标准的固定资产投资项目的节能评估报告书，应当

由具有相应专业和服务范围的乙级及以上工程咨询资格的机构编制，其中：由国家发展改革委核报国务院审批或核准的项目以及由国家发展改革委审批或核准的项目，其节能评估报告书（报告表）应当由具有相应专业和服务范围的甲级工程咨询资格的机构编制；达到本办法第四条第（二）项规定标准的固定资产投资项目的节能评估报告表，应当由具有相应专业和服务范围的丙级及以上工程咨询资格的机构编制；节能登记表，由项目单位自行填写。

国家另有规定的从其规定。

第七条　项目建设单位按照固定资产投资项目管理权限，向有关发展改革部门提交项目可行性研究报告或者项目申请报告（含外商投资项目，下同）时，应当一并提交节能评估报告书（报告表）或节能登记表一式五份，并附电子文档一份。

第八条　项目建设单位在提交项目可行性研究报告、项目申请报告时，未按规定一并提交固定资产投资项目节能评估报告书（报告表）或者填写节能登记表的，县级以上地方人民政府发展改革部门不予受理；未依法进行节能审查，或节能审查未获通过的固定资产投资项目，县级以上地方人民政府发展改革部门不得审批或核准。

实行备案制的固定资产投资项目，属于市、县级发展改革部门备案权限的，按照项目所在地市级人民政府有关规定进行节能评估和审查。属于省级发展改革部门备案权限的，其节能评估审查办法另行制定。

第九条　县级以上地方人民政府发展改革部门收到项目节能评估报告书（报告表）或节能登记表后，应当根据有关规定进行形式审查，并在收到节能评估报告书（报告表）或节能登记表后5个工作日内一次性告知项目单位需要补充、更改的内容。

第十条　由国家发展改革委核报国务院审批或核准的项目以及由国家发展改革委审批或核准的项目，省发展改革委在对项目可行性研究报告或项目申请报告进行初审时，一并对其节能评估报告书（报告表）或节能登记表进行初审；由省发展改革委审批或核准的项目，市、县级发展改革委在对项目可行性研究报告或项目申请报告进行初审时，一并对其节能评估报告书（报告表）或节能登记表进行初审。

第十一条　县级以上地方人民政府发展改革部门受理项目节能评估报告书（报告表）后，应当委托具有相应专业和服务范围的工程咨询资格的机构或者市级及以上具有节能评估能力的专业服务机构进行评审，形成评审意见。承担评审工作的机构，其资质和专业服务能力不得低于项目节能评估报告书（报告表）的编制机构。

节能评审机构管理办法，另行制定。

第十二条　受委托的节能评审机构应当在委托评审机关规定的期限内，组织节能评审，提交节能评审意见，并对评审结果承担责任。固定资产投资项目节能评审意见应当包括以下内容：

（一）项目概况；

（二）节能评估依据是否正确适当；

（三）节能评估报告书（报告表）的内容和深度是否符合要求；

（四）项目用能分析是否全面客观准确，评估方法是否科学，评估结论是否正确；

（五）项目是否符合国家、地方和行业节能设计标准及规范，项目用能总量、用能种类和结构是否合理，单位能耗指标是否满足国家或地方规定的能耗定额或限额；

（六）项目主要设备和工艺是否采用先进适用技术和节能新技术，耗能结构、主要用能工程节能设计是否合理；

（七）有无采用明令禁止和淘汰的落后工艺、设备；

（八）各项节能措施是否科学、合理、可行，节能措施效果评估是否客观；

（九）节能方面的相关意见和建议；

（十）评审结论。

第十三条 根据6号令第十二条“固定资产投资项目节能评估文件评审费用应由节能审查机关的同级财政安排，标准按照国家有关规定执行”的规定，固定资产投资项目节能评估文件的评审费用，由县级以上地方人民政府发展改革部门商同级财政部门解决。

第十四条 县级以上地方人民政府发展改革部门主要依据以下条件对项目节能评估报告书（报告表）进行审查，并出具节能审查意见：

（一）准确适用节能评估所依据的法律、法规、标准、规范、政策等；

（二）节能评估报告书（报告表）的内容和深度符合要求；

（三）项目用能分析客观准确，评估方法科学，评估结论正确；

（四）节能评估报告书（报告表）提出的措施建议合理可行；

（五）有关评审机构出具的节能评审意见。

第十五条 实行审批制或核准制的项目，其节能审查工作（包括委托评审和出具审查意见）应当在受理后的15个工作日内完成，其中节能登记表应在收到后的5个工作日内予以登记备案，并出具登记备案意见。

第十六条 固定资产投资项目的节能审查意见（含登记备案意见）单独成篇，并作为项目批准或核准文件的附件。

第十七条 用能工艺、设备及能源品种等建设内容发生重大变更，或者年综合能耗总量超过节能审查意见规定的能耗总量15%（含）以上，且由此使得项目建设规模变化幅度超过10%的，项目建设单位应当重新办理有关审批或核准手续以及节能评估和审查手续。对项目建设规模影响幅度在10%以下的，项目建设单位应重新编制节能评估报告书（报告表）或重新填写节能登记表，并向原节能审查机关重新申请节能审查。经重新评估和审查并获得通过的，方可继续组织项目实施。

第十八条 项目竣工验收时，县级以上地方人民政府发展改革部门可以组织对达到本办法第四条第（一）项规定标准的节能内容进行专项验收。竣工验收报告中应有专项记录。未通过节能验收的，要根据验收意见进行整改。达到整改要求后，方可投入使用。

第十九条 县级以上地方人民政府发展改革部门应当加强对固定资产投资项目节能评估报告书（报告表）及其节能审查意见、节能登记表及其登记备案意见的落实情况进行监督检查，并将检查结果在一定范围内通报。督促节能评估机构加强行业自律，依法开展节能评估业务，确保节能文件质量。

第二十条 对违反固定资产投资项目节能评估和审查规定的行为，应当按照6号令第四章的有关规定，采取相应措施或者予以处罚。情形严重的应当予以通报。

第二十一条 本办法自2011年3月1日起施行。

第二十二条 此前印发的《关于印发〈江苏省固定资产投资项目节能评估和审查暂行规定〉的通知》（苏发改投资发〔2007〕1038号）、《关于印发〈江苏省工业类固定资产投资项目节能评估和审查实施办法〉的通知》（苏发改工业发〔2007〕1137号）和《江苏省工业固定资产投资项目节能分析专章（或者专篇）编制大纲》（苏发改工业发〔2007〕1138号）同时废止。

关于在建设领域积极推进合同能源管理实施意见的通知

江苏省住房城乡建设厅,苏政办发〔2011〕15号,2011年2月18日

省住房城乡建设厅《关于在建设领域积极推进合同能源管理的实施意见》已经省人民政府同意,现转发给你们,请结合实际,认真贯彻实施。

关于在建设领域积极推进合同能源管理的实施意见

江苏省住房城乡建设厅

合同能源管理是由节能服务公司与用户签订技术和能源管理服务合同,为用户实施和管理节能项目,通过节能效益收回投资、获得合理利润,并在合同完成后将节能项目无偿交付给用户使用的服务方式。积极推进建设领域合同能源管理,进一步健全建筑节能服务体系,完善激励扶持政策,形成适应市场要求的合同能源管理机制与模式,对拓展建筑节能项目投资渠道、促进建筑节能产业化发展、推动节约型城乡建设,具有重要意义。近年来,江苏省建设领域合同能源管理工作取得了初步成效,组织实施了一批合同能源管理项目,涌现出一批节能服务企业。但从总体上看,建设领域合同能源管理模式的应用仍处于起步阶段,与节约型城乡建设和节能服务产业发展的要求还不相适应。为加快推进建设领域合同能源管理,根据《国务院办公厅转发发展改革委等部门关于加快推行合同能源管理促进节能服务产业发展的意见》(国办发〔2010〕25号)精神,结合江苏省实际,现提出如下实施意见:

一、明确建设领域合同能源管理的总体目标和主要任务

(一)总体目标。到2015年,在全省建设领域实施100个左右省级合同能源管理示范项目(区),培育100个左右重点节能服务企业。通过加大扶持和培育力度,使合同能源管理成为建设领域用能单位实施节能改造的主要方式之一,建筑节能工作由主要靠政府推进转向运用市场机制推动,形成较为集聚的节能服务产业基地和较为完善的节能服务体系。

(二)主要任务

1. 加快推进合同能源管理示范试点。在政府和社会投资的大中型公共建设项目(包括行政机关办公楼、高校、医院、商场等公共建筑,旧厂房、旧工业区改造项目以及城市照明等市政公用设施项目)中,先行开展合同能源管理示范试点。对综合节能达到20%以上且保持长期稳定的合同能源管理项目,给予政策扶持。

2. 积极培育建设领域节能服务产业。发展壮大建设领域合同能源管理服务企业,大力培育前景广阔、充满活力、规范有序的节能服务市场,逐步形成规模化的产业集群。

二、加大对建设领域合同能源管理的政策扶持力度

(三)实行奖励政策。对建设领域合同能源管理项目的奖励,按《江苏省节能减排(建筑节能)专项引导资金管理暂行办法》(苏财规〔2010〕19号)以及江苏省合同能源管理财政奖励资金管理有关规定执行。

(四)落实税收优惠政策。对从事建设领域合同能源管理的节能服务企业,根据国办发〔2010〕25号文件以及国家和省的相关实施细则,享受税收优惠。

（五）完善财务会计制度。政府机构、企事业单位实施的合同能源管理项目，其会计事项处理办法按国办发〔2010〕25号文件执行。对列入政府采购的行政事业单位合同能源管理项目，在项目合同期内，财政部门不调减年度用能经费预算（单位用能需求发生变化的除外）；因实施节能改造而节约的能源费用，除与节能服务公司分享外，可用于弥补本单位除人员经费以外的其他工作经费支出。

（六）拓宽企业融资渠道。鼓励各商业银行拓宽服务领域，创新信贷产品，为建设领域合同能源管理项目提供信贷支持，及时满足企业资金需求。政府投资的担保机构，优先为合同能源管理项目提供担保。鼓励社会投融资机构比照国家和省对中小企业担保的相关优惠政策，为合同能源管理项目提供担保服务。

三、完善建设领域合同能源管理服务体系

（七）推进节能服务产业基地建设。紧紧围绕节能减排目标任务，结合城乡建设实际，通过培育合同能源管理示范项目和重点企业，加快建设节能服务产业示范基地，形成一批具有代表性、示范性，可复制、能推广的技术和工程项目，推动建设领域节能服务产业快速发展。

（八）构建合同能源管理项目节能评估体系。建立建筑和工程能耗定额，开展建设领域合同能源管理项目节能量评估认定方法研究，建立完善节能量第三方评估制度，依托具有节能能效测评资质的机构开展节能量评估工作。合同能源管理项目的节能量经第三方机构评估后，方可享受相关扶持政策。加强合同能源管理项目的实际能耗监测，政府扶持项目应安装必要的能耗分项计量装置，建成后与省、市建设领域节能监测中心进行对接，在项目合同期内按规定上传项目的能耗分项计量数据。

（九）开展合同能源管理服务培训。充分发挥各级住房城乡建设部门和行业组织的作用，开展建设领域合同能源管理政策法规、专业技术、项目服务等培训。根据建设领域合同能源管理的不同类型，研究制订参考示范合同文本，组织编制合同能源管理项目案例集，不断提高合同能源管理服务水平。

（十）建立完善合同能源管理交易市场。在开展试点的基础上，尽快建立建设领域合同能源管理交易市场，完善合同能源管理的市场化机制，为建设领域合同能源管理持续健康发展创造良好条件。

（十一）健全组织领导和统筹协调机制。各市、县（市、区）人民政府要把推行建设领域合同能源管理作为落实全社会节能降耗任务的一项重要举措，加强领导，精心组织，务求取得实效。各级住房城乡建设部门要广泛宣传推进建设领域合同能源管理的重要意义，主动加强与相关部门的沟通协调，统筹实施合同能源管理示范项目，着力推进体制机制创新，采取措施有针对性地解决工作中遇到的问题。各地可根据工作需要建立相应的组织协调机制，合力推进建设领域合同能源管理各项工作。

关于进一步加强节能工作的意见

江苏省政府,苏政发〔2011〕99 号,2011 年 7 月 26 日

各市、县(市、区)人民政府,省各委办厅局,省各直属单位:

节能降耗是经济社会发展的刚性约束指标,是转变经济发展方式、加快经济转型升级的重要举措。为进一步加强节能工作,确保完成 2011 年和"十二五"节能目标任务,现提出如下意见:

一、充分认识节能工作面临的严峻形势和艰巨任务

2011 年是"十二五"开局之年,做好节能工作,确保完成全年节能任务,对实现"十二五"节能目标至关重要。2011 年以来,在各地、各部门和各单位的共同努力下,全省节能工作扎实推进,取得了一定成效。但上半年全省单位地区生产总值能耗降幅与完成全年下降 3.5%的目标相比差距较大。工作中,少数地区和单位还存在思想认识与措施落实不够到位等突出问题。同时,影响节能降耗的产业结构偏重、增长方式粗放等深层次矛盾尚未得到根本改变,全省节能工作面临的形势还很严峻,任务十分艰巨。各地、各部门、各单位一定要从加快推进经济转型升级的高度和又好又快推进"两个率先"的全局出发,充分认识完成节能约束性指标的重要性,切实增强紧迫感和责任感,狠下决心、倒排进度、强化措施、严格责任,综合运用经济、行政、技术等多种手段,进一步建立健全法规制度,扎实有效地推进节能工作,既全力保障经济社会发展必需的能源供应,又确保完成国家和省下达的节能目标任务。

二、严格落实节能目标责任

各市要进一步细化分解节能目标责任,切实将省下达的节能目标任务逐级分解落实到各县(市、区)、有关部门和重点用能单位。进一步完善能耗指标公报制度,省按月公布各市相关能耗指标,按季公布各市单位地区生产总值能耗和单位工业增加值能耗指标,对能耗增长过快和完成目标进度滞后的地区及时发出预警。将节能政策措施落实情况作为监督检查转变经济发展方式的主要内容之一,开展节能专项督查,针对发现的问题,督促有关地区明确整改目标,制定整改措施,落实整改责任,确保整改到位。将节能目标任务完成和工作措施落实情况作为地方政府及部门领导班子、领导干部综合考核评价的重要内容,对未完成任务、工作不力的地区和单位,在创优评先中实行"一票否决",并严肃追究相关责任人的责任。鼓励相关地区、单位和个人为完成节能目标任务多作贡献,并对先进单位和个人予以表彰。(责任单位:各市人民政府,省委组织部,省经济和信息化委、发展改革委、监察厅、财政厅、统计局)

三、切实抓好重点领域和重点企业的节能工作

工业领域:加快构建节能型产业体系。启动实施"万吨千企节能行动",制定考核办法,公布企业名单,逐户开展能源审计,指导督促企业采取综合性措施,挖掘节能潜力,力争全年节能 500 万吨标准煤。加强对年耗能 5 000 吨标准煤以上重点用能单位的节能监管,落实能源利用状况报告制度,建立重点耗能企业能耗信息平台,推进重点耗能行业能效水平对标活动。积极推行能源管理体系认证,开展清洁生产先进企业创建工作,促进工业能效水平整体提升。继续推进电力工业"上大压小",进一步提高热电企业能源效率。采取综合措施,更大力度淘汰落后产能,督促有淘汰任务的企业于当年 11 月底前完成关停、拆除落后产能主体设备、生产线,年底前完成现场检查和验收。鼓

励和支持各地结合推进产业转型升级，提高淘汰落后产能标准，扩大淘汰落后产能范围，更大力度地淘汰和关闭高能耗、高污染、高危险、低效益的劣势企业。（责任单位：省经济和信息化委、发展改革委、科技厅、财政厅、环保厅、质监局、总工会）

建筑领域：加快发展绿色建筑。严格建筑节能监管制度，确保新建建筑设计、施工全过程执行节能标准。大力推进建筑能效测评标识工作，逐步推行建筑能耗限额管理。研究制定全省绿色建筑行动方案，推动既有建筑节能改造，进一步完善建筑节能市场服务机制。2011 年，全省新建节能建筑 8 000 万平方米，新增太阳能热水系统应用面积 2 000 万平方米、地（水）源热泵系统应用面积 120 万平方米，既有建筑节能改造面积达 200 万平方米。（责任单位：省住房城乡建设厅）

交通运输业：积极打造低碳运输体系。加快发展城市公共交通和甩挂运输，积极引导运输企业淘汰高耗能、高污染车辆，严格执行总质量超过 3.5 吨的道路车辆燃料消耗量限值标准，全面推进“绿色汽修”创建工作。积极推进综合交通运输体系建设，运用先进科技手段提高运输组织管理水平，促进各种运输方式的协调和有效衔接。2011 年，全省新开辟和优化调整公交线路 300 条以上，新增和更新节能环保公交车 3 000 辆以上。新建高速公路 ETC（电子不停车收费系统）专用车道 216 条，形成甩挂牵引车 500 辆、挂车 1 000 辆的专业甩挂车队。（责任单位：省交通运输厅，江苏交通控股有限公司）

公共机构：大力创建节约型机关。强化公共机构基本信息采集和能源消耗统计分析，完善公共机构能耗数据库，实现公共机构节能管理全覆盖。继续推进公共机构能源消耗分户、分类、分项计量，强化能耗监管。严格执行政府优先和强制采购节能产品制度。建立科学的政府机构节能目标责任和评价考核制度。加强公共机构重点耗能设备节能更新改造。开展节约型公共机构示范单位创建活动，党政机关带头节能节电，确保 2011 年人均综合能耗下降不低于 2%。（责任单位：省级机关管理局）

四、努力从源头上控制能耗过快增长

进一步完善固定资产投资项目节能评估和审查制度，将固定资产投资项目对区域能耗水平影响作为节能评估审查的重要内容，实行能源替代、区域限批，坚决把住能耗过快增长源头关。将节能评估文件和审查意见作为前置性条件，未经节能评估和审查的项目，一律不得业扩报装接电；对未通过节能评估和审查的项目，一律不准开工建设；对建成后未通过验收的项目，一律不得投产；对违规在建的项目，责令停止建设；对违规建成的项目，责令停止生产。严格控制高耗能行业过快增长，进一步提高行业准入门槛，强化能耗、环保、安全、质量等指标的约束作用。对节能目标完成进度滞后、被列入一级预警的地区，暂停审批、核准和备案钢铁、有色金属、化工、造纸、建材及单（多）晶硅等高耗能新建及扩能项目。对列入一级和二级预警地区已建成的高耗能项目暂缓接电。继续制定实施严于国家标准的高耗能行业节能强制性地方标准，2011 年，制定发布平板玻璃、建筑陶瓷、印染等 15 项单位产品能耗限额地方标准，倒逼高耗能行业单位能耗持续下降。（责任单位：省经济和信息化委、发展改革委、环保厅、住房城乡建设厅、水利厅、质监局、安监局、统计局、法制办，江苏电监办，省电力公司）

五、大力推进节能技术改造和节能新技术、新产品的推广应用

在冶金、化工、建材、纺织、电力等重点行业，加快实施锅炉（窑炉）、电机系统、余热余压利用、能量系统优化等节能技术改造工程，推进重点企业能源中心建设，力争形成 200 万吨标准煤的节能能力。鼓励用电企业加强技术改造，2011 年，完成 20% 高耗能变压器的更新改造。组织实施节能减排关键和共性技术攻关，选择一批技术先进、推广应用范围宽、节能效果显著的节能新技术、新产品，组织实施示范项目，创建一批节能示范工程，带动高新技术和先进适用技术集成化应用。大力

推广应用高效照明产品、高效节能空调、电冰箱、洗衣机、节能和新能源汽车等，城市道路照明、公共场所、公共机构要加快淘汰低效照明产品。2011 年，全省推广应用节能灯 500 万只。进一步加大财政资金投入，重点支持节能技术开发和应用、节能技术改造、能效电厂建设、合同能源管理等重点工程实施和节能执法能力建设。鼓励和引导金融机构加大对节能项目的信贷支持，推动建立政府引导、企业为主、金融机构贷款和社会资金积极参与的节能投入机制。（责任单位：省经济和信息化委、发展改革委、教育厅、科技厅、财政厅、住房城乡建设厅、商务厅、卫生厅、文化厅、省级机关管理局、体育局、旅游局，人行南京分行，省电力公司）

六、进一步加强用能管理和节能执法监督

加强节能发电调度和电力需求侧管理，坚持区别对待、有保有限，将有序用电与节能降耗、促进发展方式转变相结合，确保城乡居民生活用电，确保医院、学校、金融机构、交通枢纽、农业生产等涉及公共利益和国家安全的用电，优先保障战略性新兴产业、服务业和能耗低、污染少的优势产业合理用电需求。重点限制高能耗、高排放和产能过剩企业用电。开展发电权交易，实施“以大代小”替代发电。加强城市照明管理，严格控制公用设施和大型建筑物装饰性景观照明用电。加强对节能法律法规贯彻落实情况特别是产品能耗限额标准、固定资产投资项目节能评估和审查、落后用能设备淘汰等方面执行情况的监督检查，将监督检查结果作为年度目标管理和依法行政考核的内容，坚决查处违法违规行为。深入开展节能专项执法行动，对年综合能耗 3 000 吨标准煤以上的企业主要产品能源消耗情况进行监察审计，对其主要用能设备和工艺开展拉网式排查，提出单位产品能耗超限额标准和使用落后用能设备的企业名单。加大差别电价实施力度，进一步提高淘汰类、限制类差别电价的加价标准，继续对能源消耗超过国家和省能耗限额标准以及违规使用落后用能设备的企业实施惩罚性电价。（责任单位：省经济和信息化委、发展改革委、监察厅、住房城乡建设厅、质监局、物价局、省级机关管理局，江苏电监办，省电力公司）

七、不断增强全社会节能意识

加大节能宣传力度，广泛开展形式多样的节能宣传活动，努力提高全社会节能意识。组织主要新闻媒体在重要版面、重要时段进行系列报道，刊播节能公益广告，大力宣传各地、各单位节能降耗的好做法、好经验，树立先进标杆，曝光反面典型，充分发挥舆论的宣传和监督作用，营造节能工作的良好社会氛围。继续深入开展“节能全民行动”，围绕节约能源资源、保护生态环境、保障安全健康、促进创新创造，推进家庭社区、青少年、企业、农村、学校、政府机构、科技和媒体等节能专项行动，广泛开展科普周、全国科普日等主题科普宣传活动，宣传推介节能新技术、新产品，普及节能知识和方法，倡导绿色消费、适度消费理念。发挥企业职工节能减排义务监督员的作用，开展重点行业职工节能减排对标竞赛活动，促进资源节约型和环境友好型社会建设。党政机关单位带头节能，为全社会做出表率。（责任单位：省委宣传部，省经济和信息化委、发展改革委、教育厅、科技厅、商务厅、农委、国资委、广电局、省级机关管理局，总工会，团省委，省妇联，省科协）

《关于推进生态文明建设工程的行动计划》的通知

中共江苏省委、江苏省政府，苏发〔2011〕26 号，2011 年 8 月 30 日

各市、县(市、区)委，各市、县(市、区)人民政府，省委各部委，省各委办厅局，省各直属单位：

现将《关于推进生态文明建设工程的行动计划》印发给你们，请结合实际认真抓好贯彻落实。

生态文明建设工程的行动计划

生态文明建设工程是省委、省政府落实“六个注重”，实施“八项工程”的重要内容，是“十二五”期间推进生态省建设的首要任务和核心内容，对化解资源环境约束，实现可持续发展具有十分重要的战略意义。为贯彻落实《中共江苏省委关于又好又快推进“两个率先”，在新的起点上开创科学发展新局面的决定》(苏发〔2011〕9 号)和《中共江苏省委、江苏省人民政府关于加快推进生态省建设，全面提升生态文明水平的意见》(苏发〔2010〕24 号)，现就实施生态文明建设工程，推进生态省建设，提出以下行动计划。

一、指导思想

以邓小平理论和“三个代表”重要思想为指导，深入贯彻落实科学发展观，以推动科学发展、建设美好江苏为主题，以转变经济发展方式为主线，以生态省建设为载体，坚持环保优先、节约优先方针，坚持污染防治与生态建设并重，加快推进生态文明建设工程，大力创新体制机制，着力构建资源节约型、环境友好型社会，加快形成符合生态文明要求的生产方式、生活方式和消费模式，走出一条经济又好又快发展、人民生活富裕、生态环境良好、社会文明进步、人与自然和谐相处的发展道路。

二、总体目标

通过全省上下的共同努力，“十二五”期间，推动全省进入环境质量的全面改善期，大力提升全社会的生态文明意识，持续提高人民群众对生态环境的满意度，生态省建设 80%的指标达到考核要求，确保江苏生态文明建设继续走在全国前列，为又好又快推进“两个率先”提供坚实的环境保障。

到 2015 年，资源利用效率显著提高，单位 GDP 建设用地占用率下降 8%，非化石能源占一次能源消费比重达到 7%左右，单位工业增加值用水量降低 25%，农业灌溉用水有效利用系数达到 0.58，城市再生水利用率提高到 20%以上。节能减排任务全面完成，单位 GDP 能耗下降 18%，主要污染物化学需氧量、氨氮、二氧化硫、氮氧化物排放总量分别削减 11.9%、12.9%、14.8%和 17.5%。控制温室气体排放取得明显进展，单位 GDP 二氧化碳排放强度下降 19%，控制非能源活动二氧化碳排放和甲烷、氧化亚氮、氢氟碳化物、全氟碳化物、六氟化硫等温室气体排放取得成效。城乡环境基础设施基本覆盖，城市和县城污水处理率分别提高到 90%和 80%，建制镇污水处理设施覆盖率达 90%，苏南地区规划布点村庄和苏中、苏北地区规模较大的规划布点村庄生活污水处理设施覆盖率分别达到 50%、25%、15%；城市和县城生活垃圾无害化处理率分别提高到 100%和 95%，建制镇生活垃圾收运体系基本全覆盖，镇村生活垃圾集中收运率达到 80%以上；各类工业开发区、集中区建成较为完善的污水处理和集中供热设施。环境质量持续改善，集中式饮用水水源地水质达标率 100%，重点流域国控考核断面水质好于Ⅲ类比例提高到 50%，劣Ⅴ类水质比例低于 15%；城市空气质量良好以上天数比重达 92%以上，其中空气质量为优的比重提高到 25%，城市灰

霾天数明显减少。生态系统服务与保障功能逐渐增强，耕地保有量保持475万公顷，受保护地区占国土面积比例20%以上，林木覆盖率提高到22%。

三、重点任务

全面实施“六大行动”，在环境优化发展、构建生态经济体系、打造城乡宜居环境、绿色江苏建设、恢复生态系统功能、夯实生态文明建设基础等六个方面实现新的突破。

（一）深入推进节能减排行动，在环境优化发展方面取得新突破

1. 落实节能减排各项措施。把节能减排放在生态文明建设的首要位置，采取更加过硬的措施，确保完成“十二五”节能减排目标任务。制定全省热电整合计划，开展电煤总量控制，调整能源消费结构，提高非化石能源比重，提高能源利用效率。严格控制高耗能高排放行业过快增长，着重抓好工业、建筑、交通运输、公共机构等重点领域，以及钢铁、水泥、电力等重点行业和年耗能3 000吨标准煤以上的重点用能单位节能工作。健全总量监测预警、统计、考核三大体系，强化结构减排，落实工程减排，完善管理减排，实施一大批重点减排项目，进一步提升减排能力、扩大减排空间、提高减排效益，确保江苏节能减排工作保持在全国“第一方阵”。

2. 加快城镇环境基础设施建设。重点推进城镇污水处理厂及其配套管网、垃圾处理设施建设。继续实施污水处理厂和重点工业企业提标改造工程，进一步提高城镇和工业园区污水处理水平。到2015年，城镇污水、垃圾处理设施基本实现全覆盖。

3. 深化资源环境价格改革。实行差别化环境价费政策，形成能够反映环境稀缺程度、供求关系和污染治理成本的环境价格机制。在全省积极推进排污权有偿使用和交易。实行最严格的水资源管理制度，逐步提高水资源费征收标准，促进水资源优化配置和高效利用。经国家有关部门批准，逐步扩大污染物排污费征收范围，适当提高排污费和污水处理费征收标准，实施区域供水的乡镇开征污水处理费。改进污水处理经费拨付办法，推进城镇污水处理运营经费拨付与出水水量、水质达标情况相挂钩。继续实施脱硫电价补贴政策，严格考核，对脱硫设施投运率、效率不达标的电厂扣减相应补贴电价。落实节能环保项目税收优惠政策。将企业节能减排、环保法律法规执行情况与金融信贷政策挂钩，作为信贷评估的重要内容。扩大化工、印染、造纸等高环境风险行业企业环境污染责任保险推行范围，加强企业环境风险管理。

（二）大力推进绿色增长行动，在构建富有活力的生态经济体系方面取得新突破

4. 实施严格的环境准入和土地管理制度。实行差别化区域开发和环境管理政策，逐步形成主体功能区定位清晰和经济与人口、资源、环境相协调的城乡建设与国土开发格局，全面推动区域协调发展。加强规划环评工作，建立项目环境影响评价与规划环境影响评价的审批联动机制和责任追究制度。进一步严格建设项目环评审批，推行工程环境监理试点，实施项目建设的全过程环保管理，确保建设项目环保“三同时”执行率达到100%。推进建设项目“入园进区”，提高化工、涉重金属等重点防控行业环境准入门槛。实施最严格的耕地保护制度和节约用地制度，控制城乡建设用地总规模，不断提高单位土地投入产出效率。

5. 积极发展循环经济与促进清洁生产。以提高资源产出率为目标，推进生产、流通、消费各环节循环经济发展，加快构建覆盖全社会的资源循环利用体系。全面总结国家级和省级循环经济试点经验，大力推广循环经济典型模式。按照循环经济要求规划、建设和改造各类产业园区，构筑链接循环的产业体系。实施资源综合利用、废旧商品回收体系、城市矿产示范基地、再制造产业化、餐厨废弃物资源化、产业园区循环化改造、资源化利用技术示范推广等循环经济重点工程，省级以上开发区要建成生态工业园。制订再生水价格标准和支持管网预设、改造的激励政策，大幅度提高再生水利用率。进一步扩大“限塑”范围，严格限制商品过度包装。积极推动垃圾分类回收利用，完善

废旧物资回用网络，培育再生资源回收产业，全省再生资源回收利用率提高到70%以上。全面推行清洁生产，研究编制推进规划和审核方案，进一步加强冶金、化工、纺织、建材等行业和涉重金属企业的清洁生产审核，对超标或超总量排污企业、使用和排放有毒物质企业全面实施强制性清洁生产审核，全面提升清洁生产水平。

6. 大力发展低碳经济。全面推进低碳经济试点示范，加快形成一批各具特色的低碳城市、低碳园区、低碳企业和低碳社区，研究开发一批共性关键低碳技术，应用示范一批典型低碳产品，加快建立以低碳排放为特征的工业、能源、交通、建筑等产业体系、生产方式和消费模式。进一步完善控制温室气体排放的政策体系和体制机制，基本建立温室气体排放统计核算体系，建立健全低碳产品标准、标识和认证制度，积极探索碳排放交易，深入推进低碳全民行动，切实加强应对气候变化综合能力。

7. 积极发展生态农业。按照减量化、资源化、再利用的发展理念，以农业废弃物资源循环利用为切入点，推广种养相结合、循环利用的生态健康种养生产方式。全面推广测土配方施肥，实施农药化肥减施工程，着力提高化肥农药利用率。推进农村面源氮磷生态拦截系统工程建设。实施农村户用沼气、大中型沼气工程和秸秆气化集中供气工程。加强秸秆综合利用，在全国率先建立完善的秸秆收集贮运体系，形成布局合理、多元利用的产业化格局。大力推广稻麦秸秆机械化还田。到2015年，全省农作物秸秆综合利用率达90%以上。大力推进无公害农产品、绿色食品和有机食品种植基地建设，到2015年全省“三品”基地占耕地比例达85%。

8. 培育壮大节能环保产业。重点扶持南京、无锡、苏州、常州、盐城、宜兴等六大节能环保产业集聚区建设，加快培育一批节能环保产业基地。重点发展节能装备、水污染防治装备、大气污染防治装备、固体废弃物处理和资源综合利用装备、环境监测仪器、环保材料和药剂等六大产品集群，提高节能环保产品附加值和市场占有率。加强节能环保服务支撑体系建设，大力发展合同能源管理、环境咨询、设施运营、工程设计和承包等节能环保服务业，促进节能环保制造业和服务业协调推进、互动发展。到2015年，建成全国重要的节能环保产业基地，节能环保产业成为江苏省新兴支柱产业，实现主营业务收入8 500亿元。

9. 推进环保科技创新。着力培育自主知识产权、自主品牌和创新型环保企业，大幅度提高科技进步对环境保护、生态建设和绿色增长的贡献率。加强生态环境基础研究，组织开展与生态文明建设相关的基础理论、宏观战略研究，重点加强水、大气、土壤污染防治、海洋环境保护、生物多样性保护、环境政策机制创新等研究。加大环保科技投入，省科技支撑计划、科技成果转化资金优先支持环境保护、生态建设研究和成果转化项目。精心组织实施国家水体污染控制与治理等科技重大专项。加强环保重点实验室和工程技术中心等基础平台建设。深化产学研合作，加强生态文明建设工程人才培养和使用。到2015年，建成20家省级以上环保重点实验室和工程技术中心，各省辖市均要建成土壤污染防治工程技术中心。

（三）全面推进碧水蓝天宜居行动，在打造城乡优美环境方面取得新突破

10. 推动太湖流域水质持续改善。把太湖治理作为生态文明建设的重中之重，坚持应急防控与长效治理并重，深入实施太湖治理国家总体方案和省实施方案，全面推进以太湖一级保护区、西部沿岸区、望虞河西岸区及主要入湖河流为重点的环境综合整治。加快产业结构调整，促进重污染行业转型升级。深化工业污染防治，重点实施化工、印染、造纸、电力等高耗水行业节水减排行动。继续加强分散式农村生活污水处理设施建设，提高乡镇和农村生活污水处理率。加快太湖引排通道建设，完成走马塘、新沟河延伸拓浚工程，建设新孟河延伸拓浚工程，扩大引江济太规模。全面开展太湖湖体、出入湖河道和农村河浜生态清淤。积极推进治太关键技术研究，完善应急防控机制，

加强蓝藻打捞、湖泛巡查、调水引流等工作。确保太湖饮用水安全、确保不发生大面积湖泛，促进太湖湖体水质总体保持稳中趋好。

11. 加快推进长江、淮河流域和大型湖泊水污染防治。全面开展长江沿岸化工园区和入江支流的整治，加强入江排污口的治理和监管；强化水质监控预警和应急处理能力建设，加强有机毒物和重金属污染防治，确保饮用水源安全。进一步提高淮河流域污水集中处理率，以控制氨氮为重点，做好跨省界河流达标治理工作；加大南水北调东线工程沿线污染治理力度，完善污水收集管网和截污导流工程，解决徐州、宿迁等城市尾水出路问题，确保2013年通水时水质稳定达到Ⅲ类水标准；落实《通榆河水污染防治规划》和《通榆河沿线城镇生活污水处理规划》，推进通榆河西岸尾水导流工程建设。保护洪泽湖、骆马湖、高邮湖等大中型湖泊，遏制富营养化加重趋势。到2015年，淮河流域跨省界断面水质达到国家考核要求，洪泽湖水质达到Ⅳ类标准，高邮湖、骆马湖水质达到Ⅲ类标准。

12. 扎实开展海洋生态保护。强化沿海发展过程中的水环境管理，保证沿海发展战略顺利实施。按照“陆海统筹、河海兼顾”的原则，以化工园区治理为重点，实施新沂河、射阳河、通吕运河等主要入海河流水环境综合整治规划，减轻陆域污染。开展近岸海域水产养殖业污染防治，调整水产养殖结构和布局，积极推行生态养殖模式。严格执行涉海工程建设项目海洋环境影响评价制度，严格执行海洋倾倒区建设的论证审批程序，以海洋环境容量为基础，控制达标尾水排放。开展海洋生态系统与生物多样性保护，增殖优质生物资源，建设好海州湾、牡蛎礁国家海洋公园和一批海洋类型保护区。实施生物护岸、入海河流水质净化、海生植被重建等示范工程，开展重点河口的湿地保护和受损滨海湿地修复。建设入海河口及直排口在线监测系统，构筑近岸海域环境监测网络平台。完善海洋灾害预报体系，提高对突发性环境事件的应急处理能力。到2015年，近岸海域海洋功能区水质达标率达到80%，海洋特别保护区面积占总面积10%。

13. 深入实施蓝天工程。努力控制灰霾污染，切实改善大气环境质量。加快实施钢铁、水泥等非电行业烟气脱硫工程、13.5万千瓦以上燃煤机组烟气脱硝工程。完成加油站、储油库、油罐车油气回收治理工作，机动车实施国Ⅳ排放标准，全面淘汰黄标车。继续推进城市施工工地扬尘排污收费试点工作，加强建筑工地、道路运输、裸地、堆场扬尘防治管理。加大对各类工业园区、工业集中区和能源、钢铁、化工、建材等重点行业粉尘、烟气和无组织排放的废气及恶臭气体的治理。到2015年，加油站、油库、油罐车油气回收治理率达到100%，酸雨发生频率控制在30%以内。

14. 强化重金属、固体废物和辐射污染防治。加强对金属表面处理及热处理加工业、含铅蓄电池制造业、化学原料及化学品制造业、电子元器件制造业、重有色金属冶炼业等企业的监管，建立重金属污染防治体系、事故应急体系、环境与健康风险评估体系，全省重金属污染得到有效控制。加强危险废物产生和处置单位规范化整治，到2015年，规范化整治率分别达到95%和100%；合理规划建设全省危险废物处理处置设施，医疗废弃物安全处置覆盖所有乡镇，有条件的地区向村庄延伸；推进餐厨垃圾利用、垃圾发电、污泥处置等项目建设。强化放射源安全管理，实现放射源实时在线监控，全省废弃放射源安全处置率达100%；加强伴生放射性矿开发利用过程中产生的低放射性废渣的管理，建设城市低放射性废渣处置场；完善核电站环境监测和预警系统，加强流出物监测和电磁环境监管，确保核与辐射环境安全。

15. 全面实施农村环境综合整治。把农村环境保护作为生态文明建设工程的重要阵地和工作重点，坚持以农村环境连片整治为抓手和突破口，每年选取20个左右的县(市、区)作为示范片区，全面推进生活污水、垃圾、畜禽粪便等污染治理及河道整治，稳步改善农村环境质量。力争到2015年，全省规划布点村庄环境基本整治一遍，太湖一、二级保护区规划布点村庄连片整治全覆盖，农村环保工作实现“三清两化一长效”(清洁家园、清洁田园、清洁水源,村庄绿化、环境美化,环境长效管理)的目标。加快农村环境基础设施建设,因地制宜,在苏南地区规划布点村庄和苏中、苏北地区规模较大的规划布点村庄建设生活污水处理设施,不断提高覆盖率。加快建立完善“组保洁、村收集、镇运转、县市集中处理”的生活垃圾城乡统筹处理体系,推进城乡生活垃圾无害化处理设施建设。大力推进规模化养殖场、散养密集区固体废物和污水处理设施建设。到2015年,规模畜禽养殖场粪便无害化处理及资源化利用率达到85%。积极开展土壤污染防治,建立污染土壤风险评估和环境现场评估制度,加强被污染工业场地的环境监管,禁止未经评估和无害化治理的污染场地进行土地流转和二次开发。加强农村环保机构队伍建设和体制机制创新,推进环境监测、执法监管、污染减排、宣传教育等工作向农村延伸,全面提升农村环保工作水平。

16. 持续改善城市人居环境。大力推进城市居民区社区环境和城市内河水环境综合整治,加强城乡噪声污染防治管理,解决机动车排气污染、城市扬尘污染、油烟污染、交通和商业噪声污染扰民问题。到2015年,城市主要河流基本消除“黑臭”,城市声环境质量明显改善。

(四) 扎实推进植树造林行动,在绿色江苏建设方面取得新突破

17. 构筑绿色屏障。按照绿色江苏建设总体布局,实施次生天然林、重要生态公益林保护等重点工程。突出抓好沿海、沿江、沿湖、沿河生态防护林建设,进一步提升公路、铁路、航道两侧绿化品质,在产业集中区周围建设绿化隔离带,加强机关、企事业单位庭院绿化,形成生态屏障。以增加森林资源总量和提高森林质量与效益为主攻方向,加强沿海耐盐碱树种优选培育、丘陵岗地健康森林构建、生态防护林建设和森林火灾预警处置、林业有害生物预防控制的技术研究和成果推广,全面推进森林抚育经营工作。强化森林防火和森林病虫害防治,保护林地、林木资源和古树名木,初步形成以森林为主体的高效稳定安全的城乡生态系统。加快实施丘陵岗地、荒山、滩涂植被恢复工程,努力减少水土流失。到2015年,全省新增造林面积300万亩,森林抚育改造750万亩,重点公益林面积增长到605万亩。

18. 加强村庄绿化建设。结合农村环境综合整治,深入开展“千村示范、万村行动”绿色村庄建设活动。充分利用现有自然条件,做到见缝插绿、应栽尽栽。因地制宜,把村旁、宅旁、路旁、水旁作为绿化重点,形成点线面相结合的村庄绿化格局。苏南地区选用高大乔木树种造林,增加村庄整体绿量;苏中地区加植常绿或半常绿树种,实现村庄冬季增绿。大力推广应用乡土树种、珍贵树种造林,鼓励农户选择多品种、不同季相的林果花卉、经济林木,大力开展庭院绿化,发展庭院经济。到2015年,全省规划布点村庄绿化覆盖率,苏南平原地区达到25%以上,苏南丘陵地区和苏中地区达30%以上,苏北地区达35%以上。

19. 提高城市园林绿化水平。贯彻国家《城市园林绿化评价标准》,在城市绿化总量保持平稳增长的基础上,进一步完善城市绿地布局的均衡性,提升园林绿化品质,提高城市绿地系统综合效益。积极扩大乡土、适生植物的应用,彰显城市个性特色,丰富季相景观,优化城市生态环境。城市园林绿化由质量普遍提升向绿地系统效应有效发挥转变。到2015年,城市建成区绿化覆盖率达到41%。

(五) 积极推进生态保护与建设行动,在逐步恢复生态系统功能方面取得新突破

20. 强化重要生态功能区保护和建设。落实全国生态功能区划,调整和优化江苏省重要生态功能区。严守“生态红线”,控制生态空间开发强度,加强生态空间管制,确保受保护地区占全省国土面积20%以上。加强不同水域功能分类管理和保护,开展重点河湖健康评估,定期公布河湖健康状况。

21. 加大湿地建设和保护力度。开展全省湿地资源调查,制定实施湿地资源保护规划和湿地

保护条例，以沿海湿地、太湖流域湿地、里下河湿地、淮河流域湿地和沿江湿地为重点，保护自然湿地，逐步修复退化湿地，大力建设湿地公园，扩大湿地保护面积。优化滩涂围垦布局，合理避让重要珍禽栖息地和觅食地，实施退耕退渔退养、还林还湖还湿地工程，开展农业湿地综合利用示范区建设。严格水面保护，努力做到占补平衡。到2015年，建设和恢复湿地25万亩，沿海滩涂围垦生态用地比例不少于20%，全省水面率不低于16.9%。

22. 加强矿山宕口整治和修复。加强地质灾害防治，开展山体保护复绿、工矿废弃地恢复治理工程，苏南地区全面完成关闭露采矿山地质环境治理工作，苏北地区基本完成禁采区内关闭露采矿山的治理工作，治理关闭露采矿山宕口500个，矿区恢复治理面积3万亩，采煤塌陷稳沉区土地复垦率达到40%以上。

23. 加大生物多样性保护力度。实施生物多样性保护战略与行动计划，开展生物物种资源本底调查和评估，建立生物物种资源数据库和信息共享平台。实施珍稀濒危野生动植物拯救与地方园艺品种等特有物种保护工程。加强外来入侵物种的防范和控制。加强自然保护区、森林公园、地质公园、海洋公园建设。编制实施全省自然保护区发展规划，组织开展省、市级自然保护区核查和确认，明确每个自然保护区的范围、界限和功能区划。重点建设盐城珍禽、大丰麋鹿、泗洪洪泽湖湿地等国家级和省级自然保护区。科学构建并优化以自然保护区为主体，以森林公园、湿地公园、地质公园为辅的保护地网络体系。加强风景名胜资源保护与培育，全面完成国家级风景名胜区详规编制工作，有效发挥风景名胜区及城市综合公园在生物多样性保护中的积极作用。到2015年，所有珍稀濒危物种及其栖息环境得到有效保护，国家级自然保护区管护能力全部达到国家规范化建设的要求。

24. 完善生态补偿机制。结合实施全省主体功能区规划，选择国家级自然保护区进行试点，逐步建立生态保护转移支付制度。完善太湖流域及通榆河流域补偿办法，建立重点河流上下游污染补偿机制。建立风景名胜资源保护公共财政转移支付制度或补偿机制。开展湿地生态补偿。进一步完善生态公益林补偿制度，全面建立地方森林效益补偿制度，逐步提高森林生态效益补偿标准。研究落实相关财税政策，鼓励农业废弃物综合利用、生态修复和清洁生产。

（六）继续推进生态示范创建行动，在夯实生态文明建设基础方面取得新突破

25. 深入开展生态市县创建。更大规模、更高质量地开展国家环保模范城市、生态市县等示范创建活动，无锡、苏州、常州等省辖市率先建成国家生态市。苏南所有城市建成环保模范城市，并基本达到生态市建设标准；苏中地区每个省辖市有2～3个城市达到环保模范城市和生态市县的考核标准；苏北地区要积极推进国家生态市县和环保模范城市建设。到2015年，全省3/4左右的城市达到国家环保模范城市考核标准，40%的市县达到国家生态市县考核要求。苏南地区全部、苏中地区50%、苏北地区20%的建制镇建成国家级生态乡镇，力争建成全国最大的生态城镇群。积极创建全国生态文明建设试点地区，生态文明建设试点城市（县、区）达到20～30个。

26. 提高全社会生态文明意识。广泛开展生态文明宣传教育和知识普及活动，建立健全生态文明建设新闻发布制度，积极倡导低碳生活和绿色消费方式，逐年降低各级党政机关人均综合能耗。推行绿色采购制度，建立并完善激励购买无公害、绿色和有机产品的政策措施和服务体系，政府绿色采购比例逐年扩大。完善污染损害的司法救济制度，支持环境公益诉讼。广泛开展文明城市、卫生城市、森林城市、国家园林城市（县城、镇）、节水型城市、生态农业县、生态旅游示范区、生态工业园区、生态军营、生态村、绿色学校、绿色社区、绿化模范单位等各层面的创建活动，不断推动生态文明建设向纵深发展。开展"生态江苏在行动"大型群众性环保公益宣传活动，制订发布"江苏生态文明行为规范"，设立"生态文明号"、"生态文明使者"荣誉称号，树立和宣扬生态环境保护典型，

引导社会生态环境行为。开展企业法人生态环境法治和知识培训，将生态文明有关课程纳入国民教育体系和各级党校、行政学院教学计划，开展生态文明教育基地建设，提高各级领导生态文明建设的决策水平。大力推广企业环境行为信息公开，建立环境行为诚信制度和环境监督员制度，实行有奖举报，鼓励检举揭发各种环境违法行为。

四、保障措施

（一）加强组织领导。充分发挥生态省建设领导小组作用，统筹组织实施全省生态文明建设工程，领导小组办公室负责日常组织协调工作。把节能减排、污染治理、城乡环境综合整治、生态建设等方面的任务和工程，逐一分解到各地、各有关部门，明确责任，齐抓共管。形成省市县分级负责、各部门协作联动、全社会广泛参与的工作机制。各级各有关部门要按照职责分工，各司其职、各负其责，确保工作落实到位。

（二）健全法规体系。抓紧修订《江苏省环境保护条例》、《江苏省机动车排气污染防治条例》，出台《江苏省通榆河水污染防治条例》，研究制定大气污染防治、农村环境保护、土壤污染防治、耕地质量管理、自然保护区管理等地方性法规，加快制定南水北调江苏段水污染防治、城镇排水与污水处理、排污许可证管理、环境突发事件应对、环境监测管理、生态补偿、循环经济等政府规章或规范性文件，制订流域性、区域性地方行业污染物排放标准。

（三）坚持分类指导。坚持统筹规划与分类指导相结合，切实发挥主体功能区划、城乡规划、土地利用规划和环境保护规划的基础性、指导性作用，切实加强分类指导，实行差别化环境管理政策。根据不同区域的发展状况、资源环境现状和生态功能特点，突出重点，因地制宜，明确保护与建设的方向、重点和要求，统筹制订推进生态文明建设工程的监测指标体系、考核办法和重点推进项目方案，增强监测的科学性、考核的针对性和工程的导向性，全面推动生态文明建设工程不断取得新成效。

（四）强化执法监管。加大环保、节能、节水、海洋、林业、国土、水资源管理等方面的执法监督力度，加强部门联动配合，严厉打击浪费资源、污染环境、破坏生态的违法行为。深入开展整治违法排污企业保障群众健康环保专项行动，对重大违法案件实行挂牌督办，对环境问题突出地区实施区域限批，积极营造良好的环境秩序。健全环境纠纷定期排查、领导带案下访、环保局长接访等制度，维护社会和谐稳定。加快建设环境要素更加齐全、技术设备更加先进、信息集成度更高的全省生态环境监控平台，提高监测预警能力。进一步加强环境监测、监察、宣教、信息、应急、核与辐射、固废管理标准化建设。完善环境应急四级预案管理体系，建立健全环境重点风险源数据库，有针对性地加强监管，逐步搬迁改造或关停并转位于环境敏感区的环境高风险企业，有效防范和遏制重特大污染事故的发生，加强危险化学品运输管理。

（五）拓宽投入渠道。强化政府对生态文明建设工程的主导作用，逐年加大投入，确保财政用于环境保护和生态建设支出的增幅高于经济增长速度。大幅度增加省级环保引导资金，支持重点流域、区域污染防治、生态保护、污水和垃圾处理等环境基础设施和监管能力建设。各地都要安排环境保护、生态建设方面的引导、专项资金。进一步完善政府引导、市场运作、社会参与的多元投入机制。

（六）严格监督考核。把生态文明建设工程作为全面小康、科学发展、基本实现现代化、市县党政主要领导干部实绩等考核的重要内容。制定推进生态文明建设工程指标体系和考核办法，对各地各部门实施生态文明建设工程情况进行督办。各地各部门要根据本实施意见，制定具体的年度工作推进计划，明确责任和进度要求，列出重点工程项目，加强典型示范培育。定期将进展情况按要求向省委、省政府报告，自觉接受人大法律监督和政协民主监督。

关于加强气象灾害监测预警及信息发布工作的实施意见

江苏省政府办公厅，苏政办发〔2011〕131号，2011年9月13日

各市、县(市、区)人民政府，省各委办厅局，省各直属单位：

加强气象灾害监测预警及信息发布，是做好防灾减灾工作和减轻灾害损失的重要基础。经过多年建设，江苏省气象灾害监测预警及信息发布能力有了明显提升，但局地性、突发性气象灾害监测预警能力不够强，信息快速发布传播机制不够完善。为切实加强气象灾害监测预警与信息发布工作，有效发挥气象灾害预警信息作用，提升全社会防灾避险能力，最大程度减轻气象灾害损失，保障人民生命财产安全，促进全省经济社会可持续发展，根据《国务院办公厅关于加强气象灾害监测预警及信息发布工作的意见》(国办发〔2011〕33号)，结合江苏省实际，现提出如下实施意见：

一、总体要求和目标任务

(一)总体要求。深入贯彻落实科学发展观，坚持以人为本、预防为主，政府主导、部门联动，统一发布、分级负责，以保障人民生命财产安全为根本，以提高预警信息发布时效性和覆盖面为重点，依靠法制、依靠科技、依靠基层，健全完善气象灾害监测预报网络，加快推进信息发布系统建设，积极拓宽预警信息传播渠道，着力健全预警联动工作机制，努力做到监测到位、预报准确、预警及时，为最大程度减轻灾害损失、促进经济社会发展创造良好条件。

(二)目标任务。构建气象灾害实时监测、短时临近预警和中短期预报有效衔接，预警信息发布、传播、接收快捷高效的监测预警体系。到2015年，力争灾害性天气预警信息提前15～30分钟以上发出，气象灾害预警信息公众覆盖率达到95%以上。到2020年，建成功能齐全、科学高效、覆盖城乡和沿海的气象灾害监测预警及信息发布系统，气象灾害监测预报预警能力和预警信息发布时效性进一步提高，基本消除预警信息发布“盲区”。

二、大力提高气象灾害监测预警能力

(三)推进气象灾害综合观测网络建设。统筹规划布局，加强气象监测设施建设，建立健全气象、水利、海洋、国土资源等部门联合共享的监测预警信息平台，完善气象灾害综合观测网络，实现对气象灾害的全天候、高精度连续监测。完善沿海、沿江、重要河湖、水利工程、重点林区、旅游区、经济开发区、生态保护区以及交通、通信、输电线路沿线地区气象灾害综合监测体系，重点强化灾害易发区的监测设施建设，加密监测布点，实现全覆盖。充分利用卫星遥感等技术，加强湖泊蓝藻、森林火险监测。加强应急移动观测和通信保障系统建设，提高对气象灾害及其次生、衍生灾害的综合监测能力。

(四)提升气象灾害预报预警水平。开展气象灾害调查，加强气象灾害的发生、发展及致灾机理研究。完善气象灾害预报系统，重点加强城市、乡村、江河流域、海洋等区域气象灾害预报，着力提高对中小尺度灾害性天气的预报精度，强化灾害性天气的预测、预报和预警。在台风、强降水、暴雪、冰冻、浓雾、高温等灾害性天气来临前，及时做好滚动预报。对突发性强降水、强对流天气等，切实加强短时临近预报预警，提高预报精细化水平。加强对重大气象灾害、极端气候事件的动态诊断及风险影响分析，完善气象灾害及其次生、衍生灾害会商机制，科学研判灾害发生时间、强度、影响区域及变化趋势，及时发布灾害预警信息，努力提升重大气象灾害预报准确率和预警时效。

三、强化气象灾害预警信息发布与传播

（五）建立发布与传播长效机制。健全完善政府主导、部门联动、社会参与的预警信息发布与传播机制，抓紧制定气象灾害预警信息发布管理办法，明确发布权限、流程、渠道和工作职责。加强预警信息发布规范管理，气象灾害预警信息由各级气象部门负责制作，气象次生、衍生灾害预警信息由相关部门和单位制作，根据政府授权按照预警级别分级发布，其他组织和个人一律不得自行向社会发布。建立气象灾害预警信息快速传播机制，各级广电、通信部门和电视、报纸、广播、互联网等社会媒体以及电信、移动、联通等通信企业要切实承担起社会责任，及时、准确、无偿地向社会公众传播预警信息。有效整合传播资源，强化部门之间合作联动，整顿气象灾害预警信息发布秩序，规范媒体和信息服务单位的传播行为，确保预警区域内气象灾害预警信息一致和传播顺畅。

（六）加强发布与传播系统建设。各级气象部门要会同有关部门，加快构建突发公共事件预警信息发布平台，形成国家、省、市、县(市)四级相互衔接、规范统一的预警信息发布体系。各地、各有关部门要加快气象灾害预警信息接收传递设备设施建设，在学校、社区、机场、车站、港口、旅游景点等公共场所和人员密集区域显著位置设置传播设施，逐步建成广播、电视、手机短信、互联网、声讯电话、电子显示屏、大喇叭等多种手段的气象预警信息综合发布传播网络。有线电视网络运营企业要做好气象频道落地工作，各级人民政府要积极支持将中国气象频道纳入公共基本节目。基础电信运营企业要根据应急需求，升级改造发布预警信息的手机短信平台，实现在紧急情况下向灾害预警区域内手机用户免费发送预警信息。拥有电子显示屏的单位要与气象灾害预警信息发布系统进行连接，免费发布预警信息。

（七）提高传播时效和覆盖率。各地要尽快建立健全台风、暴雨、暴雪等气象灾害预警信息快速发布的“绿色通道”，拓宽传播通道，实现快速发布。各级广电、新闻出版、通信主管部门以及有关媒体、企业要大力支持预警信息发布工作。具有实时传播能力的广播电视台站、基础电信运营企业以及政府门户网站，在收到预警信息以后，要及时采取增播、插播、增加播报频次和滚动字幕等形式予以发布，气象预警信号达到较重级别时，应在电视节目中悬挂相应图标，加大传播力度。气象部门要会同有关信息传播单位细化气象灾害预警信息发布流程，并与相关媒体和信息服务单位建立固定、可靠、快速的传递方式，防止气象灾害预警信息传递延误和失真。各地、各有关部门要因地制宜，采取多种传播方式，增强基层接收气象灾害预警信息的能力，重点健全向基层社区传送机制，形成直通到户的传播渠道。

四、有效发挥气象灾害预警信息作用

（八）健全预警联动机制。各级气象部门要与经济和信息化、公安、民政、国土资源、环保、交通运输、水利、农业、卫生、教育、安监、林业、旅游、地震、海洋渔业、海事、通信、电力等部门以及军队有关单位建立气象灾害监测预报预警联动机制，实现监测预警信息互联互通。建立部门间气象灾害预警联席会议制度，定期沟通预警联动情况，会商重大气象灾害预警工作，协调解决气象灾害监测预警及信息发布中的重要事项。县(市)、乡镇人民政府有关部门，学校、医院、社区、工矿企业、建筑工地等，要指定专人负责气象灾害预警信息接收传递工作，重点健全向基层社区传递机制。居民委员会、村民委员会等基层组织要在第一时间传递预警信息，迅速组织群众防灾避险。加强气象信息员、灾害信息员、群测群防员等队伍建设，给予必要的经费支持，充分发挥其在预警信息传播中的作用。

（九）落实防灾避险措施。各级人民政府和有关部门要修定完善气象灾害应急预案，组织开展气象灾害风险评估和区划工作，增强预案的针对性和有效性。在城乡规划编制和重大工程项目、基础设施建设、区域性经济开发项目建设以前，要严格按照规定开展气候可行性论证。预警信息发布以后，各级人民政府及有关部门要及时采取防范措施，做好队伍、装备、资金、物资等应急准备，加强交通、供电、通信等基础设施监控和水利工程调度等，对高风险部位进行巡查巡检，并根据应急预案适时启动应急响应。要运用现代科技应对和防范气象灾害，充分发挥人工影响天气在防灾抗灾中的重要作用。

（十）加强舆论引导与防灾知识宣传。各级气象等部门要加强同广电部门和新闻媒体的联系沟通，及时准确提供信息，做好气象灾害监测预警工作宣传报道，引导社会公众正确理解和使用气象灾害预警信息，防止歪曲报道、恶意炒作。要加强气象防灾避险知识的宣传，预警信息发布以后，要通过专栏、字幕等形式向社会公众传播避灾知识，提醒注意事项，及时报道政府决策部署，充分调动社会公众参与气象防灾减灾的积极性。要面向社区、学校、企事业单位，加强对中小学生、农民工、海上作业人员等重点人群的防灾避险知识教育，提高公众自救互救能力。

五、加强组织领导和保障能力建设

（十一）强化组织领导。各级人民政府要切实加强组织协调，明确部门职责分工，将气象灾害防御工作纳入政府绩效考核，加强气象灾害监测与预警设施建设，大力推进气象灾害监测预警及信息发布工作。要认真落实气象灾害防范法律法规和气象灾害应急预案，定期组织开展专项检查，做好预警信息发布、传播、应用效果评估工作，提升气象灾害预警信息发布规范化管理水平。

（十二）加大投入力度。各地要把气象灾害监测预警和信息发布工作纳入当地经济社会发展规划，建立多渠道的投入机制。各级发展改革、财政部门要加大扶持力度，保证气象灾害监测预警发布系统建设和运行维护。积极探索财政支持的灾害风险保险体系建设，充分发挥保险等金融政策在支持气象灾害预警预防工作中的作用。

（十三）增强科技支撑。各地、各有关部门要全面实施创新驱动战略，加强国际国内合作交流，发挥高等院校和科研机构在气象灾害防御科技创新中的作用。各级科技管理部门要将气象灾害监测预警和信息发布的关键技术纳入科研计划，加强适合江苏省情特点的精细化气象灾害监测预报预警、信息发布与传播、防御应急服务等技术研究，切实增强科技创新支撑能力。

关于印发《转型升级工程推进计划》的通知

中共江苏省委、江苏省政府，苏发〔2011〕33号，2011年10月16日

各市、县(市、区)委，各市、县(市、区)人民政府，省委各部委，省各委办厅局，省各直属单位：

现将《转型升级工程推进计划》印发给你们，请结合实际认真贯彻落实。

转型升级工程推进计划

实施转型升级工程是全面落实"六个注重"、全力实施"八项工程"的首项任务，是加快转变经济发展方式的核心内容，是又好又快推进"两个率先"的迫切需要。根据省委十一届十次全会的部署，为进一步明确加快发展方式转变和经济转型升级的新任务、新举措和新要求，努力开创科学发展新局面，特制定转型升级工程推进计划。

一、总体要求和主要目标

(1) 总体要求。坚持以邓小平理论和"三个代表"重要思想为指导，深入贯彻落实科学发展观，全面落实"六个注重"新要求，以加快转变经济发展方式为主线，以经济结构战略性调整为主攻方向，以科技进步和自主创新为重要支撑，以建设资源节约型、环境友好型社会为重要着力点，以改革开放为根本动力，大力推进转型升级，组织实施现代产业体系构建、需求结构调整、自主创新能力提升、城乡区域协调发展、"两型"社会建设等"五大行动"，形成有利于经济转型升级的体制机制，促进经济发展方式的根本性转变，为如期实现"两个率先"奠定坚实基础。

(2) 主要目标。通过5年的努力，转型升级"五大行动"取得明显成效。突出发展服务经济，推动产业结构向"三二一"转变；突出扩大消费需求，推动经济增长向消费主导、内外需协调拉动转变；突出提高科技创新能力，推动经济增长向创新驱动为主转变；突出节约资源和保护环境，推动经济发展向集约节约、环境友好型转变；突出调整城乡区域关系，推动城乡区域发展向协调互动转变，努力在经济结构调整、经济发展方式转变上走在全国前列。

现代产业体系初步形成。到2015年，服务业增加值比重达到48%左右，基本形成"三二一"的产业结构；战略性新兴产业发展取得重大突破，新兴产业实现销售收入超过7万亿元，占规模以上工业销售收入比重达到33%，高新技术产业产值占规模以上工业产值比重达到40%；高效设施农业面积比重达到15%。

三大需求结构更加合理。到2015年，内需增长动力明显增强，消费、投资、出口协调拉动经济增长的格局基本形成，消费对经济增长的贡献率达到60%，成为全国消费增长较快、人均水平较高的地区。

自主创新能力显著增强。到2015年，区域创新能力保持全国前列，自主创新逐步成为经济发展的主要动力，研发经费支出占地区生产总值比重提高到2.5%，人才贡献率达到43%，百亿元GDP专利授权数提高到400件，科技进步贡献率提高到60%以上。

城乡区域发展更趋协调。到2015年，城乡发展一体化取得重要实质性进展，城乡差距更趋缩小，城乡关系更趋协调；沿海开发取得突破性进展，初步建成我国东部地区重要的经济增长极和新亚欧大陆桥东方桥头堡，区域经济发展差距进一步缩小，苏北人均主要经济指标超过全国平均

水平。

“两型”社会建设成效明显。到2015年，资源节约利用水平明显提高，节能减排任务全面完成，生态环境明显改善，单位地区生产总值能源消耗降低18%，单位工业增加值用水量降低25%，主要污染物排放总量减少10%以上，耕地保有量保持475万公顷，森林覆盖率提高到22%。

二、现代产业体系构建行动

坚持先进制造业与现代服务业“双轮驱动”，新兴产业加快发展与传统产业改造提升“两手并重”，信息化与工业化“两化融合”，现代农业、现代工业、现代服务业“统筹并举”，着力推动产业结构高端化、产业布局合理化、产业发展集聚化。到2015年，初步建成以高新技术产业为主导、服务经济为主体、先进制造业为支撑、现代农业为基础的现代产业体系。

(3) 推动现代服务业加速发展。深入实施服务业提速计划，重点发展金融、现代物流、科技服务、软件和信息服务、服务外包、商务服务、文化创意、商贸流通、旅游、家庭服务等十大产业，突出发展电子商务、云计算服务、物联网服务、数字文化、工业设计、环境服务等六大新兴行业，做大产业规模，带动产业升级。推动现代服务业与先进制造业互动发展，以先进制造业配套服务为方向，大力发展生产服务业，加快产业链向高附加值服务环节延伸，以网络、科技、软件和信息服务提升制造业技术和产品创新能力，以产业金融、现代物流和商务服务增强制造业企业自我发展能力，构建比较完善的制造业服务体系，到2012年，生产服务业增加值占全省服务业增加值比重力争达到40%，2015年力争达到43%。加快制造业企业分离发展服务业，每年从制造业分离1 000家左右服务业企业，加快发展第三方社会化、专业化服务。推动服务业行业内部融合发展，以信息服务、金融服务、科技服务发展促进传统服务业优化升级，支持科技投融资体系建设，推进科技金融产品和服务创新。积极培育服务业新业态，鼓励商业模式创新、技术手段创新和服务理念创新，着力开拓能源需求管理、企业后勤服务、金融租赁、人力资源等专业服务，开拓电信增值、广播影视、新兴媒体、数字多媒体、动漫游戏等新兴服务市场，发展供应链管理、企业流程再造、精益服务等整体方案解决服务。抓好重点领域和新型业态服务标准的制(修)订、实施与推广，组织制定省级服务业地方标准100项，新建国家级、省级服务业标准化试点120个。支持南京开展国家服务业综合改革试点，积极开展省级试点工作。深化江苏与新加坡以及苏港、苏澳、苏台服务业合作，加快苏台(昆山)经贸合作区和苏通产业园发展，推进苏州工业园区国家级“创新型服务贸易示范区”建设。

(4) 推动战略性新兴产业规模发展。坚持高端引领，深入实施新兴产业倍增计划，突出发展战略性新兴产业，重点发展新能源、新材料、生物技术和新医药、节能环保、新一代信息技术和软件、物联网和云计算、高端装备制造、新能源汽车、智能电网、海洋工程装备等十大产业，打造具有国际竞争力的产业基地，确立优势新兴产业在全国的领先地位。到2012年，新兴产业增加值占GDP比重超过15%，2015年达到18%。明确不同区域新兴产业发展的主攻方向，实现错位有序发展。坚持自主创新与发展新兴产业相结合、自主发展与开放合作相结合，以200项关键核心技术为突破口，发挥企业创新主体地位，搭建高端产学研合作创新平台，促进学科链、创新链和产业链的对接，形成具有自主知识产权的系统解决方案。实施自主创新“双百工程”，力争70%以上的新兴产业企业建有研发机构，大中型企业均拥有发明专利。充分利用国际先进技术，吸引重大项目落户，鼓励企业对购买、引进的专利技术等产业化，提升企业消化、吸收和再创新能力。以应用促发展，组织实施屋顶并网发电、建筑一体化并网发电、地面并网电站、节能产品、新能源汽车等绿色发展型、惠民服务型产品应用示范工程，积极推行合同能源管理，落实新能源发展全额保障性收购制度。加强重要技术标准研制，推动有条件的企业、高校、科研院所、产业技术创新战略联盟和行业协会等积极参与制定国际标准、国家标准活动。推进南京、无锡、苏州、常州、镇江、连云港等国家创新型城市试点工作，开展省级创新型城市试点。

(5) 推动制造业提升发展。深入实施传统产业升级计划和主要产业调整振兴等规划，积极组织实施"万企升级行动计划"，加快装备制造、电子信息、石油化工等主导产业向价值链高端攀升，培育形成一批千亿元级、百亿元级品牌企业和十亿元级品牌产品。大规模改造纺织、冶金、轻工、建材等优势传统产业，合理调整布局，提升装备和工艺水平。以"百项千亿"技改工程滚动计划为抓手，大规模开展企业技术改造，围绕重点产业链、重点产业集聚区、重点产业带和重要经济增长点，建立重大技术改造项目库。积极推进信息技术与制造技术紧密结合，深入开展企业产品研发设计、资源计划管理、供应链管理等整个业务流程的信息化系统建设，促进信息技术在企业的集成创新与协同应用。以苏州工业园区为标杆，发展一批"两化融合"示范区和示范(试点)企业，每年选取1～2个"两化融合"示范性行业，实施信息化改造示范。扶持具有较大影响的行业门户网站和电子商务平台建设，发展第三方信息化服务平台，力争5年新增重点服务平台40家。

(6) 推动农业现代化进程。围绕提升农业规模化、产业化、标准化、集约化、信息化水平，努力在全国率先实现农业现代化。推进现代农业产业体系建设，严格保护耕地，推广普及高产技术，稳定粮食生产，力争粮食亩产年递增1%；突出发展高效设施农业、生态循环农业和休闲观光农业，推动现代农业产业园、农产品加工集中区和农产品市场体系建设，扶持龙头企业，实现产业化经营；建立健全农产品质量安全追溯和质检体系，保障农产品质量安全。推进农业科技创新体系建设，实施重大农业技术创新和推广计划，加快现代农业人才引进培养，每年推广50项重大技术，提高科技成果转化率。推进农业基础设施体系建设，加强农田水利建设，实施中小河流治理和圩区综合治理，推广应用节水灌溉技术，实施土地整治和中低产田改造，每年建设高标准农田150万亩；运用现代装备提高农业生产机械化水平，运用信息技术培育发展智能农业、精确农业。推进农业社会化服务体系建设，实施农业信息服务全覆盖工程，建立多元化农业服务组织，提供面向农业经营全过程的综合服务。推进农业支持保护体系建设，加大"三农"投入力度，建立健全财政支农投入稳定增长机制；加快农民合作组织发展，鼓励发展多种形式的适度规模经营，深化农村土地使用制度和金融改革。到2015年，农林牧副渔增加值达到2 800亿元，适度规模经营比重达到60%，农业科技进步贡献率提高到65%。

(7) 推动产业集聚集约发展。以新兴产业和优势产业为重点，依托专业园区、科技园区和开发区，加强创新平台建设，推动产业高端发展，着力打造骨干企业支撑型、科技创新推动型、产业链条带动型等三类特色产业基地，实现规模快速扩张，培育一批重点基地，提升示范带动效应，到2015年，打造100家省级特色产业基地，销售总规模超过5万亿元，基本形成"一县一基地"的发展布局。提升省级现代服务业集聚区发展质量，打造六大公共服务平台，完善配套服务功能，引进行业龙头企业和"旗舰"项目，创新运行管理模式，推动南北共建服务业集聚区，加快沿海地区服务业集聚区建设，重点培育南京软件谷、昆山花桥商务服务集聚区、无锡太湖国际科技园等20～30家省级现代服务业示范区，到2015年，营业收入超1 000亿元的省级现代服务业集聚区3家，超500亿元的10家。

(8) 推动企业增强竞争力。坚持市场主导与政府推动相结合，鼓励企业突出主业、延伸产业链，支持企业跨行业、跨地区兼并重组，形成一批龙头型、旗舰型大企业大集团。鼓励企业开展商业模式创新，广泛运用信息技术，拓展更大市场空间。推进企业家队伍建设，重点培育一批科技型、管理型企业家，提升创新发展才能。实施品牌工程，培育驰名商标300件，著名商标3 000件。发展特色经济品牌，大力培育地理标志知名品牌，努力打造集体商标品牌，支持企业申请商标国际注册，提升自主品牌国际影响力。加大对中小企业的扶持力度，推动科技型、高成长型中小企业走"专精特新”发展之路。到2015年，在先进制造业领域，培育100家主业突出、具有全球影响力的重点企业和500家创新型骨干龙头企业；在现代服务业领域，培育营业收入超千亿元的企业3～5家，全省百强企业中服务业企业达到40家。

三、需求结构调整行动

把扩大消费需求作为调整需求结构的战略重点，发挥投资对扩大内需的重要作用，提升开放型经济发展水平，加快形成消费主导、内外需协同拉动经济增长的新格局，增强经济发展的稳定性、协调性。到2015年，社会消费品零售总额超过2.8万亿元，消费对经济增长的贡献率达到60%左右，全社会固定资产投资达到4.87万亿元，进出口总额超过6 500亿美元，利用外资的质量和水平显著提升。

(9) 扩大消费需求。发展文化、体育健身、娱乐、旅游、信息等消费业态，实现消费结构升级。推行网络消费、租赁消费等新型消费，促进网络购物、电子商务、远程服务等新型消费方式发展，网络购物额占社会消费品零售总额的比重每年提高1个百分点以上，到2015年连锁经营额达到1.35万亿元。大力挖掘农村消费潜力，鼓励商贸连锁企业进镇进村，加快构建农村商品流通网络体系，积极开拓农村消费市场，到2012年家电下乡产品销售额达到90亿元。组织实施居民收入七年倍增计划，提高居民消费能力，建立企业利润、政府税收与职工工资增长的平衡机制，制定分行业的企业工资指导线，建立完善低收入人群收入随经济增长、物价上涨而增长的机制。加强消费政策研究，使经济政策的重点从过多集中于生产领域逐步向生产与流通领域并重转移，形成有利于扩大消费的经济运行机制。强化基本公共服务保障，形成良好的居民消费预期，增加即期消费，稳步提高居民消费率。加快发展现代流通方式，完善现代流通体系。在流通领域组织实施农超对接、生产服务业创新示范、特色商业街区创新示范等有利于扩大消费的重点工程，使城乡居民消费更便捷、更安全。进一步强化政府监督责任，规范市场秩序，加大消费者权益保护力度。建立健全消费信用体系，打击假冒伪劣产品，打击不正当竞争行为。到2012年建成110个国家级、省级社区商业示范区，2015年达到200个。

(10) 优化投资结构。大幅提高服务业投资，加大生产服务业投资力度，支持新兴服务业项目建设，推动服务业与制造业互动发展。继续扩大先进制造业投资，加大新兴产业投入，促进规模化发展；引导主导产业通过突破和掌握一批核心技术，推进高端化发展；加大传统优势产业技术改造力度，提高产业技术含量和装备技术水平。加大现代农业投资和农业科技投入，积极发展高效设施农业，推进现代农业园区和农产品加工集中区建设，促进农业结构调整。到2012年，二产和三产投资分别达到17 150亿元、14 500亿元，2015年分别达到25 100亿元、23 000亿元，第三产业投资比重明显提高。优化投资布局，引导科技创新投资向创新平台和载体集中，制造业投资向各类特色产业基地集中，服务业投资向服务业集聚区集中。突出三大区域特色，加强区域间投资互动和产业合作。加大沿海区域性、功能性基础设施投资，鼓励各类资金投向临港产业和海洋产业。“十二五”期间，苏北地区投资增速高于全省平均水平，沿海地区投资增速高于全省2个百分点以上。

(11) 建设现代化基础设施。充分发挥现代化基础设施建设对转型升级的支撑保障作用。加强现代综合交通运输体系建设，加快推进综合交通大通道、大枢纽和大网络建设项目，构建全省“四纵四横”综合交通通道骨架。加快公路、铁路、内河干线航道、轨道交通及枢纽建设，推进时速200公里以上的电气化铁路建设。基本建成长江南京以下—12.5米深水航道。加强连云港港和太仓港建设，初步形成高等级航道网，提升沿海港口集疏运能力。重点建设南京禄口和苏南硕放两个枢纽机场，构建广域航空网络。积极推进以新一轮治淮为重点的流域防洪工程，加快建设防洪减灾工程体系。实施南水北调、江水东引、引江济太等调水骨干工程，增强水资源供给保障能力。加强重点河湖水资源保护和“清水通道”工程建设，保障饮用水源地水质。统筹推进农村防洪除涝、水资源供给、水环境保护治理，推进农村水利标准化、现代化。加强能源供应和储备基地建设，推进新能源开发利用和电源点建设，构建稳定经济清洁安全的能源体系。加快沿海大规模风电基地建设，加大太阳能和生物质能等可再生能源投资力度，调整能源供应结构。加强高水平信息通信网络和信息通信公共服务平台建设，积极优化网络结构，拓展网络服务功能，推进物联网、云计算“三网融合”发展，到 2015 年，信息通信基础设施整体达到国家一类地区水平。

（12）转变外贸发展方式。优化进出口贸易结构，扩大高端化、品牌化和低碳化产品出口，大力发展服务贸易，多元化拓展国际市场。注重引进先进技术设备，提升国内产业发展水平，扩大稀缺短缺资源性产品进口，促进进出口协调发展。到 2015 年，拥有自主知识产权的高新技术产品出口额比重明显提高，服务贸易总额达到 600 亿美元。加快贸易载体建设，推进出口基地建设，提升综合保税区、出口加工区等海关特殊监管区的发展水平，发展一批进口产品集散地。加快贸易平台建设，提升重点口岸功能，增强口岸服务辐射功能，加快推进电子口岸建设和长三角地区通关一体化，打造一批具有一定影响力的国际展会、国际电子商务平台，到 2015 年应用国际电子商务的外贸企业超过 60%。

（13）推进“引进来”与“走出去”相结合。大力吸引世界 500 强企业总部、技术研发机构、营销中心入驻，鼓励外资投向现代农业、现代服务业、战略性新兴产业和苏中苏北特别是沿海地区，引导外资以参股、并购等方式参与企业改组重组。实施跨国公司培育计划，鼓励具有核心竞争力的企业建立境外研发机构、国际营销网络、境外资源开发基地和生产加工基地，培育一批具有一定国际竞争力的本土跨国公司。制订相关鼓励政策，支持有条件的企业“走出去”，增加境外投资。加快境外合作区建设，重点推进柬埔寨西港特区和埃塞俄比亚东方工业园区两个国家级外经贸合作区建设，积极争取在有相对比较优势的国家和地区设立省级境外产业集聚区。

（14）加快开发园区转型升级。建立开发园区科学发展考核评价制度。打造创新型、集约型园区，支持开发园区通过引进创新人才和团队、开展国内外研发合作等多种途径增强自主创新能力，促进开发园区扩容提升和功能整合，提高创新发展和集约发展水平，真正建设成为创新能力强、科技含量高、集聚效应强、集约程度高的转型升级先导区，到 2015 年，开发区高新技术产业产值占比提高到 50%，创业园区孵化面积实现翻番；加快保税区、出口加工区等海关特殊监管区发展，推动功能叠加和区域联动。打造特色型、功能性园区，加快南京国际商务中心建设，以会展、软件产业为基础，形成商业服务、总部经济的主要特色；加快苏州国际商务中心建设，以花桥商务城和苏州工业园区为基础，形成生产性服务的主要特色；加快连云港国际商务中心建设，以港口为基础，形成现代物流的主要特色。打造生态型、宜居型园区，加快开发园区社会管理服务功能创新，拓展城市配套、产业服务、环境保护等功能，建设成为生态环境优、管理服务优的转型升级示范区。

四、自主创新能力提升行动

围绕发展创新型经济，全面实施科技创新工程“六大计划”，加快构建和完善区域创新体系，强化企业创新主体地位，建设创新人才高地，完善创新服务体系，使自主创新成为转型升级的主要驱动力。到 2015 年，力争在“十一五”基础上实现全社会研发投入、研发人员数量、高新技术产业增加值三个“翻一番”，发明专利授权总量、创业投资规模、科技企业总数三个“翻两番”，率先基本建成创新型省份。

（15）构建和完善区域创新体系。着眼于持续提升区域创新能力，坚持以企业为主体、市场为导向、应用为重点、产学研相结合，加快形成比较完善的区域创新体系。继续加强创新载体建设，优化创新资源配置的空间布局。重点加强苏南自主创新示范区建设，建设一批具有国际竞争力和影响力的科技产业园，培育一批规模大、功能完备、海外人才高度集聚的国际创业园，提升留学生创新园、高新技术创业服务中心、科技创业园等建设水平。加强产学研合作载体建设，集中力量建设 20 个以上产学研合作创新集聚区，形成产业技术创新战略联盟。引导高新园区集聚创新资源和高层次人才，加快研发和转化先进科技成果，做强做大主导产业，全面提升内生发展能力和辐射带动能力。加大科技体制改革力度，开展科技体制改革试点省份建设，推进高校、科研院所科研体制改革，增强创新动力。深化南京科技体制综合改革试点，支持南京建设长三角地区科技创新中心。围绕新兴产业等重点领域，推进重大产业技术研发，攻克一批重要关键技术，形成一批先进技术储备。突出关联性大、带动作用强的重大共性技术，集中力量攻关，取得明显进展。积极引进高端技术，通过消化吸收再创新形成自主知识产权。积极争取国家创新资源，努力形成一批具有自主知识产权和广泛应用前景的重大原始创新成果。到 2015 年，国际 PCT 专利超过 1 000 件，主要产业领域的整体技术水平进入国际先进行列，全省高新园区研发投入占生产总值的比重达 5%。

(16) 强化企业创新主体地位。引导创新要素向企业集聚，推动企业成为创新需求、研发投入、技术开发和成果应用的主体。推进国家技术创新工程试点。支持企业建设技术研究院、技术研究中心、技术中心、研究生工作站、博士后工作站、院士工作站等研发平台。实施自主创新技术和产品示范推广工程。瞄准世界一流水平，加快培养具有国际眼光、战略思维的创新型企业家，支持建设具有世界一流技术条件和研发水平的企业重大创新平台，掌握一批产业级重大原创性技术成果，造就能在国际上引领行业发展的创新型领军企业。到 2015 年，在重点产业领域培育 100 家以上营业收入超百亿元的创新型领军企业。

(17) 建设创新人才高地。深入实施十大人才工程，加快培养和引进一大批创新创业人才。实施"江苏高校优势学科建设工程"，支持高校、企业联合建设一批新兴产业等领域的重点学科和研发机构，加快培养高层次创新创业人才。着力引进海外领军人才、拔尖人才、紧缺人才和创新创业团队，推动高校、科研院所、科技园区联合引进和使用海外人才，促进高校、科研单位和企业之间的人才互动交流。加快建设"人才特区"和国家"千人计划"人才基地，使之成为高端人才密集区、创新创业人才首选区。到 2015 年，引进 100 个达到国际先进水平的创新团队、2 000 名创新创业领军人才，重点培养 1 000 名科技企业家、4 000 名中青年创新型科技人才。

(18) 完善创新服务体系。继续大力推进各类科技公共服务和专业技术服务平台建设，提高科技服务专业化、社会化和网络化水平。加快知识产权示范省建设，强化科技创新的知识产权导向，大力提升企业自主知识产权创造能力，加大对创新成果获取知识产权的扶持力度。完善知识产权维权保护机制，加强跨地区执法协作，严厉打击知识产权侵权行为。完善知识产权、技术等作为资本参股的制度，创新科技成果评价机制，激发科技人员创新创业积极性。大幅度增加科技投入，积极创新科技投入机制，着力促进科技与金融结合，强化支持自主创新和成果转化的财税金融政策，加快发展创业投资，引导更多社会资本投向自主创新。深化国际科技交流与合作，提升开放创新能力和水平。营造鼓励创新、崇尚创业的文化氛围，形成有利于创新创业的社会土壤。

五、城乡区域协调发展行动

协调推进工业化、城市化和农业现代化，建立以工促农、以城带乡的长效机制，逐步缩小城乡差距，加快形成城乡发展一体化的新格局。充分发挥三大区域特色优势，着力培育沿海新经济增长极和区域新经济板块，促进区域经济合理布局、互动发展，形成"区域间协调、区域内集聚"的新格局。

(19) 建设全国城乡发展一体化先行区。大力推进城乡规划、产业布局、基础设施、公共服务、就业社保、社会管理"六个一体化"，加快户籍管理、土地使用、农村金融、社会管理和公共财政等领域改革，提高城市管理水平，有效破除城乡二元结构，构建城乡发展一体化体制机制。到 2015 年，生产要素在城乡间的流动更加自由，公共资源在城乡间的配置更加均衡，城乡空间形态更加合理，城乡关系更加协调，在推进城乡发展一体化上走在全国前列。

（20）提升新农村建设水平。坚持科学规划，根据工业化、城市化发展趋势和城乡人口结构变化特点，合理规划村庄布局，优化资源配置，科学引导村庄建设和整治。组织实施“美好乡村建设行动”及“村庄环境整治行动计划”。到2015年，全省建成1 000个省级“康居示范村”，2 000个“社会主义新农村建设示范村”。推进农村基础设施建设，实现城乡客运一体化、农村客运公交化和区域供水一体化，全面改善农村交通、饮水、环境、信息、防灾等基础设施条件。大力推进村级组织“四有一责”建设，强化医疗、文化、商贸等服务功能，拓展就业社保、民政事务、综治警务等功能，全面提高农村公共服务水平。

（21）打造三大区域发展新优势。加快苏北新型工业化进程，以优势特色产业为主攻方向，突出重大产业项目、产业集群的引导和培育，做强做大主导产业；实行“一市一策”的分类指导原则和支持办法，推进苏北五市特色发展；加快新型城市化，大力发展区域性中心城市，壮大县城和重点中心镇，强化城市辐射带动作用；推进借港出海，加强苏北腹地与沿海的联动，在沿海开发中提升苏北发展水平。加快苏中经济国际化进程，发展壮大具有竞争优势的新兴产业，高起点发展现代服务业，打造临港产业走廊，形成高水平、高附加值现代装备制造业基地；引导外资投向高端制造、高技术产业以及现代服务业，创新外商投资管理方式，提高承接国际产业转移的技术水平，增强吸纳国际资源和要素的能力。加快推动苏南创新发展，重点发展生产服务业为主的现代服务业，培育发展新业态，促进现代服务业做大规模，率先形成以服务经济为主的产业结构；重点引进龙头型、科技型大项目，加快培育本土跨国经营企业，拓展境外投资领域，全面提升开放型经济质量；着力提高自主创新能力，努力打造全国创新驱动的先导区、战略性新兴产业的示范区、转型升级的先行区，主要创新指标达到国际先进水平。

（22）加快培育沿海地区重要经济增长极。在实现沿海开发三年阶段性目标的基础上，到2015年，把沿海地区建设成为全省规模高效农业、先进制造业、高新技术产业和现代服务业特色基地，地区生产总值和人均地区生产总值分别达到1.2万亿元和6.3万元。坚持网络布局，加强基础设施建设，推进以连云港港为龙头的沿海港口群建设，打通江海交通大通道，加快连盐、沪通等铁路通道和崇启大桥、临海高等级公路建设，构建新型交通网络。坚持项目带动，促进临海产业集聚发展，以高端技术、高端产品、高端产业为引领，加快培育优势主导产业，形成汽车、船舶、风电装备、光电、复合纤维等一批链条长、配套全、布局合理、特色鲜明、竞争力强的千亿元级产业。坚持点轴结合，完善沿海城镇体系，做大做强连云港、盐城、南通三个中心城市，强化带动作用；推进港城互动，加快建设连云新城、大丰港城、如东长沙镇等新城镇；配合沿海节点开发，建设一批特色鲜明的临海小城镇。坚持陆海统筹，加快突破海洋经济，推进海洋科技创新，培育壮大海洋工程装备制造、海洋生物医药、海洋新能源、海水综合利用、现代海洋商务服务等新兴产业，形成新的经济增长点，努力建设全国重要的海洋经济示范区，到2015年力争海洋生产总值突破6 800亿元，占全省经济比重达到10%以上。坚持循序渐进，科学开发土地后备资源，加快8个滩涂综合开发试验区建设，完成条子泥40万亩省级重点围垦工程，推进部省合作农村土地整治6个重大工程。

（23）构建区域一体化发展新格局。积极参与长三角经济一体化进程，共同构建世界级城市群，助推江苏转型发展，提升在长三角区域的地位和作用。进一步推动苏南融入国际、苏中融入苏南、苏北融入长三角，深化区域间产业分工协作，提升整体发展水平。加强南北合作和江海联动，创新产业合作模式，提升南北共建开发园区水平，鼓励支持苏南参与沿海开发，支持沪苏合作共建园区建设，实现共建共享。推动苏锡常、宁镇扬等重要经济板块一体化发展，加快淮海经济区一体化进程，打造要素集聚、资源共享、互动发展的新经济板块，培育区域经济新增长点。加快建设连云港国家东中西区域合作示范区，提升出海通道功能，建设产业合作基地，完善合作服务体系，强化对新亚欧大陆桥沿线地区的服务和支撑作用。

(24) 实施主体功能区战略。加快形成全省主体功能区，以主体功能区的要求指导国土空间的有序开发，使城市化地区、工业化地区进一步集聚生产要素、提高开发效率、增强综合实力；使农产品主产区和重要生态功能区得到有效保护，实现可持续发展。在市县层面上，以县城镇和少数重点镇为依托，集中推进大规模、高强度的工业化和城市化，使建设用地使用更加集中、产出更加高效，成为承载经济发展的主体。根据主体功能区规划要求调整完善现行政策和制度安排，从财政、投资、产业、土地、环境等方面制定差别化政策，建立科学的绩效评价体系，有效引导各地按照主体功能区要求进行建设和发展，提高区域内集聚集约发展水平，增强区域协调发展与管理能力。到2020年，形成主体功能定位清晰的国土空间格局，开发强度控制在19.3%。

六、“两型”社会建设行动

坚持节约优先、环保优先方针，提高资源利用效率，发展低碳经济和循环经济，加强环境保护，提升生态功能，强化节能减排，形成转型升级的倒逼机制。到2015年，资源利用效率显著提高，环境质量明显改善，生态省建设取得重大进展，人民群众对生态环境的认同感和满意度持续提高。

(25) 提高资源利用效率。实施最严格的耕地保护制度和节约用地制度，控制城乡建设用地总规模，提高土地配置市场化程度，建设用地向新兴产业等转型升级重点项目倾斜，不断提高单位土地投入产出效率。合理利用和节约水资源，大力推进节水技术进步，改革水资源管理机制，提高水资源利用效率。加强重点行业原材料消耗管理，鼓励发展再生型材料。开展固定资产投资项目节能评估审查，开发应用节能技术，在高效清洁燃烧、工业余热利用、高效机电节能等10大领域，加快攻克100项关键共性技术及装备，开发推广100项潜力大、应用广的先进实用技术，培育扶持100家节能减排科技创新示范企业。到2015年，单位工业增加值用水降低25%，一般工业固体废弃物综合利用率达到95%以上。

(26) 淘汰落后产能。以钢铁、水泥、化工、造纸、制革、印染等行业为重点，按照国家要求，落实限制类和淘汰类企业差别电价等政策，加快淘汰落后产能。结合江苏实际，主动提前淘汰相对落后产能、低端产品制造能力，转移不具备比较优势和竞争优势的一般性产业，继续推进太湖流域工业污染治理，坚决关闭不能稳定达标排放的企业。对未完成节能减排目标和未完成淘汰落后产能任务的地区实行高耗能行业项目“区域限批”。

(27) 发展低碳经济和循环经济。积极发展清洁能源和可再生能源，大力提高能源利用效率、非化石能源比重和天然气接收能力，加快低碳技术的研发、集成、推广和应用步伐，积极探索碳排放管理、低碳产品认证、碳交易等相关制度，支持4个城市、10家园区和10家企业开展低碳经济试点，形成低碳示范效应，带动全省低碳经济的发展。开发应用源头减量、循环利用、再制造、“零”排放和产业链接技术，推进重点流域和重点行业开展清洁生产对标创先活动，开展工业园区生态化改造，省级以上开发园区要建成生态工业园区。加快改造提升传统产业，强化结构减排、落实工程减排、完善监管减排，实施一批重点减排项目。

(28) 强化环境保护。实施“清水工程”，保障城乡饮用水源水质安全，坚持“控源截污”和生态修复相结合，推动太湖流域水质持续改善，加快太湖引排通道建设，开展全面清淤工作，推进长江、淮河流域和南水北调江苏段水污染防治工作，扎实开展海洋生态保护，加强县城、乡镇生活污水收集处理、提标改造及养殖业减排，提高现有污水处理厂的负荷率和城镇污水管网覆盖率，重点流域城市污水处理厂必须增加脱氮除磷设施。实施“蓝天工程”，抓好燃煤电厂脱硫改造工程，加快实施钢铁、水泥等非电行业烟气脱硫工程，全面实施电力、水泥、钢铁等行业脱硝工程，加强城市扬尘和机动车尾气污染防治，推进大气污染联防联控，开展灰霾污染监测，建立全省大气联防联控机制，明显减少主要城市灰霾天气天数。全面实施农村环境综合整治，以农村环境“连片整治”为抓手，加强农村生活污染源治理，完善农村生活垃圾收运体系，推进农村生活污水处理设施建设，加强秸秆综合利用，全面推广测土配方施肥，建立污染土壤风险评估和环境现场评估制度。

(29) 提升生态服务功能。深入实施“绿色江苏林业行动”，构筑绿色屏障，抓好沿海、沿江、沿湖、沿河、沿路生态防护林和湿地建设及保护，在产业集中区周围建设绿化隔离带，推进城市园林建设，提高人工林的生态效益和经济效益，到2015年，新增造林300万亩，城市建成区绿化覆盖率达到41%。强化14类重要生态功能区保护和建设，加强生态空间管制，严守“生态红线”，确保受保护地区占全省国土面积20%以上。

七、保障措施

进一步创新有利于转型升级的体制机制，加强组织领导，完善政策措施，强化监督考核，确保推进计划的顺利实施。

(30) 加快体制机制创新。强化市场在转型升级中的主导作用，发挥行业协会和商会职能，减少政府微观干预，建立与市场经济相适应的经济运行调节机制。进一步精简行政审批事项，推进并联审批服务，缩短审批流程。积极营造不同所有制企业公平发展、公平竞争的环境。继续深化国有企业股份制改革，推动国有资本加快向重要行业、关键领域和新兴产业集聚。全面落实促进非公有制经济发展的政策措施，消除制约非公有制经济发展的制度性障碍，支持非公有制企业参与国有企业改制重组，支持有实力的民营企业加快“走出去”步伐，在省外、国外建设生产基地、资源基地。优化财政资金配置，对分散在各部门的省级财政性专项资金进行整合，改进专项资金的分配方式，建立普惠性的产业升级优惠政策，对鼓励发展的行业和领域，更多地采用税收抵扣和优惠税率的方式加以支持，提高财政资金的使用效率。开展股权激励试点，制定支持产业投资基金和创业投资资金发展的金融政策，鼓励发展各类创业投资机构。大力发展产业金融和科技金融，支持企业上市融资和发行债券。整合现有产权交易平台，加快组建产权交易服务中心。深化水价、电价改革，完善水权、排污权、矿业权交易和土地市场制度，建立反映市场供求关系、资源稀缺程度和环境损害成本的生产要素和资源价格形成机制，充分发挥市场机制在推动转型升级中的基础性作用。

(31) 加强组织领导。各级党委、政府要把转型升级工程作为“十二五”时期一项重大战略任务来抓，加强组织协调，完善工作机制，细化工作方案，推动工作落实。省有关部门要结合自身职责，明确分工，强化责任，制定措施，在政策落实、项目安排、体制创新等方面给予积极支持。各地要根据转型升级的总要求和本计划，结合自身实际，研究制定具体办法，明确实施步骤、计划安排和责任主体，形成一级抓一级、层层抓落实的工作格局。

(32) 建立考核督查体系。研究制定转型升级相关评价指标体系，建立健全转型升级工程推进计划年度评价机制和奖惩激励机制，加强对加快转变经济发展方式的监督检查，强化责任追究，确保推进计划有效实施。

(33) 健全社会参与机制。发挥企业的市场主体作用，运用市场机制调动企业加快转型升级的积极性。充分调动社会组织和公众力量，形成全社会共同关注、支持、参与实施转型升级工程推进计划的强大合力和良好氛围。建立社会监督制度，委托社会中介机构对推进计划实施情况进行评估，开展社会满意度测评。

关于印发江苏省“十二五”能源发展规划的通知

江苏省政府，苏政办发〔2012〕71号，2012年4月17日

各市、县(市、区)人民政府，省各委办厅局，省各直属单位：

《江苏省“十二五”能源发展规划》已经省人民政府同意，现印发给你们，请认真组织实施。

江苏省“十二五”能源发展规划

序言

“十二五”时期(2011～2015年)是江苏全面建成小康社会并向率先基本实现现代化迈进的关键时期，是加快转变发展方式、推动经济转型升级的攻坚时期，也是推动能源又好又快发展、开创能源工作新局面的重要时期。

根据《江苏省国民经济和社会发展第十二个五年规划纲要》，结合国家《可再生能源中长期发展规划》(2007～2020)、《核电中长期发展规划》(2005～2020)等，编制《江苏省“十二五”能源发展规划》。

本规划围绕“推动科学发展、建设美好江苏”主题和加快转变经济发展方式主线，主要阐明“十二五”期间江苏省能源发展战略、发展目标、基本原则、重点任务和保障措施，是未来5年江苏省能源发展的总体蓝图和行动纲领。

根据《江苏省发展规划条例》，在本规划指导下，省能源主管部门编制和实施煤炭、电力、电网、新能源、天然气、石油基础设施发展规划，作为本规划的补充和细化。

本规划以2010年为基期，规划期为2011年～2015年。

第一章　发展现状

第一节　取得的成绩

“十一五”时期，江苏省紧紧围绕富民强省、“两个率先”目标，全面贯彻落实科学发展观，积极应对国际金融危机挑战，抢抓机遇，锐意进取，抓规划、促投资、稳生产、保供应，推进能源快速发展，为全省经济社会又好又快发展提供了有力保障。

(一) 能源供应稳定。全力以赴推进能源发展，加强开源节流，增强保障能力。到“十一五”末，省内累计建成发电装机6 458万千瓦，形成“四纵四横”500千伏主网架和“分层分片”220千伏次输电网。2010年，实现76亿立方米天然气和1 680万吨成品油(指汽油和柴油)供应规模。2010年，能源消费总量2.58亿吨标准煤，“十一五”期间年均增长8.47%。

表7-1　全省“十一五”能源消费总量及变动情况

指标	计算单位	2005年	2006年	2007年	2008年	2009年	2010年
能源消费总量	万吨(标准煤)	17 167	18 742	20 948	22 232	23 709	25 774
能源消费增速	%		9.2	11.8	6.1	6.6	8.7
地区生产总值	亿元(当年现价)	18 599	21 742	26 018	30 981	34 457	41 425
地区生产总值	亿元(2005年价)	18 599	21 377	24 571	27 691	31 139	35 100
地区生产总值环比增幅	%(可比价)		14.9	14.9	12.7	12.4	12.7

注：能源消费总量、地区生产总值、地区生产总值环比增幅(可比价)来源于2011年《江苏统计年鉴》；能源消费增速依据前述数据计算而得。

（二）能源结构优化。在稳定煤炭生产、增加煤电供应的同时，突出加强核能利用，加大可再生能源开发力度，优化能源结构。2010年，全省一次能源生产总量2 700万吨标准煤，其中化石能源1 789万吨标准煤，非化石能源911万吨标准煤，分别占66.26%和33.74%；可再生能源405万吨标准煤，占一次能源生产总量的15%。全省一次能源消费总量中，煤炭、石油、天然气和非化石能源分别占75.44%、15.52%、3.54%和5.5%；可再生能源占3%。到"十一五"末，非煤发电装机并网规模达到1 024万千瓦，5年净增700万千瓦，占全省发电装机的比重由7%上升到15.9%；太阳能光热利用建筑面积达到6 887万平方米。电力消费结构继续优化，服务业和居民用电占比上升。

表7-2　全省"十一五"能源生产和消费结构变化情况

	计算单位	2005年			2010年		
		实物量	折标量	占比(%)	实物量	折标量	占比(%)
一次能源生产总量	万吨标煤		2 268	100.00		2 700	100.00
煤炭	万吨	2 817	1 963	86.55	2 122	1 516	56.15
石油	万吨	165	235	10.36	186	266	9.85
天然气	亿立方米	0.45	6	0.26	0.5	7	0.26
核能	亿千瓦时				157	506	18.74
其他	万吨标煤		64	2.82		405	15.00
一次能源消费总量	万吨标煤		17 167	100.00		25 774	100.00
煤炭	万吨	19 155	13 682	79.70	27 220	19 445	75.44
石油	万吨	2 072	2 960	17.24	2 800	4 000	15.52
天然气	亿立方米	9	108	0.63	76	912	3.54
核能	亿千瓦时	40	141	0.82	200	644	2.50
其他	万吨标煤		276	1.61		773	3.00

注：(1)一次能源生产总量及其构成，指省域范围；一次能源消费总量及其构成，包括外部调入因素。(2) 2005年，区外净来电101亿千瓦时，其中，核电40.4亿千瓦时，水电60.6亿千瓦时。2010年，区外净来电356亿千瓦时，其中，煤电205亿千瓦时，核电43亿千瓦时，水电108亿千瓦时。(3)核电、水电等电量折算标煤时，供电煤耗取值为2005年350克，2010年322克。(4)其他是指风能、光能、水能、生物质(秸秆、垃圾)能。

（三）能源效率提高。积极推进"上大压小"，累计关停小火电机组728.6万千瓦。加快大容量、高参数、低排放发电机组建设步伐，60万千瓦及以上机组占比由"十五"末的12.8%提高到46.2%。燃煤电站供电煤耗由350克下降到322克，低于全国平均水平13克。加强电网建设与改造，降低电网损耗，全省线损率由8.7%下降到7.6%。加强能效电厂建设，推进合同能源管理，提高用户能效。坚持"以热定电"原则，推进热电联产建设和区域供热方式优化，提高综合热效率。按不变价计算，全省万元地区生产总值能源消费由2005年0.923吨下降到2010年0.734吨，累计下降20.45%。加强脱硫设施建设，125兆瓦以上燃煤机组(总容量4 318万千瓦)纳入在线监控，系统投运率由2006年60.2%提高到97.9%，脱硫效率由51.4%提高到93.4%，平均排放浓度由952毫克下降到130毫克。在5年净增发电装机2188万千瓦的同时，电力行业二氧化硫排放量累计削减13.4万吨。

表 7-3 全省"十一五"万元地区生产总值能耗变动情况

地区	单位	2005 年	2006 年	2007 年	2008 年	2009 年	2010 年
全国	吨标煤	1.276	1.241	1.179	1.118	1.077	1.032
江苏	吨标煤	0.923	0.891	0.853	0.803	0.761	0.734

注:全国数据依照统计年鉴、统计公报推算;江苏数据 2006 年—2009 年来自国家统计局等三部门公报,2010 年为国家公告数据。

(四)能源装备提升。"十一五"以来,煤矿采煤综合机械化程度显著提高;百万千瓦超超临界机组建成投产,核电、风电等新型发电机组陆续投运;特高压电网装备快速发展,电网自动化控制水平进一步提高。新能源产业加速发展,初步形成 3 000 亿元产业规模。风电装备领域,3 兆瓦双馈式海上风机设备实现批量生产,2.5 兆瓦直驱式海上风电机组研制成功并顺利下线,风力发电机、高速齿轮箱、回转支承等关键部件产量占全国 50%,形成了较为完善的产业链;光伏制造领域,多晶硅、太阳能电池组件产量分别占全国的 50%和 70%,形成了较强的国际竞争力。以管道、阀门等为主的核电用配套设备、材料加快发展,竞争能力逐步提升。

(五)对外合作深化。以煤炭、电力、天然气等为重点,加强多层次、多形式合作。"十一五"期间,江苏省与山西、陕西、新疆等省(区)政府和中国石油、中国石化等大型能源企业分别签署战略合作协议。煤炭方面,积极拓展安徽、内蒙古、陕西等市场,省外矿点增加到 20 个,基本形成 2 000 万吨生产能力。区外来电方面,山西阳城电厂二期工程建成投产,皖电东送规模逐步扩大,国信集团山西高平和古城项目加快推进,全省区外来电协议容量由 400 万千瓦增加到 750 万千瓦。油气方面,如东 LNG 项目一期工程于 2011 年上半年投入商业运行,如东 LNG 二期、连云港 LNG、盐城(滨海港)LNG、连云港炼化一体化基地和徐矿新疆煤制气等项目前期工作逐步展开。

第二节 存在的问题

(一)能源资源严重匮乏。在原煤、原油、天然气、水能、核能、风能、太阳能、地热能、生物质能等一次能源中,原煤、原油、天然气等主要一次能源储量少、产量低。全省主要一次能源资源以外调为主,92%以上的煤炭、93%以上的原油和 99%以上的天然气依靠外省或者进口,保障供需平衡的难度很大。

(二)外部约束明显增大。受地质储量、开采技术、民居和重大基础设施布局等多种因素影响,原煤、原油等自给率持续下降。风能、太阳能利用受到土地资源、海上施工技术、投资成本以及近海布局规划的影响,部分项目难以顺利实施。严格控制和持续削减二氧化硫、氮氧化物排放,对布局和发展燃煤机组产生制约。可选"过江通道"岸线资源减少,对电网和油气管网建设带来严峻挑战。

(三)能源效率尚待提高。虽然全省能源效率已达到全国平均水平的 1.41 倍,但能源强度仍高于北京、广东、浙江和上海,与发达国家相比差距更大。按现行汇率计算,能耗水平约为美国的 3 倍、欧盟的 4 倍、日本的 8 倍。虽已建成"四纵四横"500 千伏主干网架,但配网相对薄弱,线损较高,调峰成本较大,"削峰填谷"、提高效率的任务很重。

(四)应急保障亟待健全。全省日均耗煤约 70 万吨(其中发电用煤 40 万吨),亟需形成布局更加科学、分工更加合理的煤炭中转、储备、配送体系。日均消费成品油近 5 万吨,急需科学合理、安全高效的输送管网和储备体系提供支撑。日均消费天然气约 0.21 亿立方米,但部分地区尚未纳入主干管网,储备能力尚不足 2 亿立方米。发电用煤和天然气运输能力、区外来电接纳能力、新能源接纳能力、电力需求侧管理能力和电网供需互动智能调峰能力等有待进一步加强。

(五)体制机制有待创新。能源市场体系还不够健全,缺乏科学的准入制度和有效的竞争机制,民间资本进入能源领域还受到不同程度的限制。煤炭、电力等上下游企业之间尚未形成良性协调机制。能源价格未能充分反映市场供求关系和外部成本。能源监管处于起步阶段,制度不够健全,手段较为缺乏。可再生能源的发展需要更加有力有效的政策支持。

第三节 面临的形势

“十二五”时期,全省能源发展进入合理控制消费总量和调整优化结构的新阶段。要准确把握新要求,紧紧抓住新机遇,积极应对新挑战,努力化解新风险。

(一)新要求。国家“十二五”规划纲要以构建安全稳定经济清洁的现代能源产业体系为目标,明确提出了新阶段能源发展的新要求:调整优化能源结构,推动能源生产和利用方式变革;合理控制能源消费总量,积极应对全球气候变化;坚持节约优先战略,切实加强能源节约和用能管理。省委十一届十次全会作出了坚决贯彻“六个注重”,全力实施“八项工程”,又好又快推进“两个率先”的战略部署。城市化快速发展,工业化加速推进,信息化全面渗透,低碳化广泛兴起,也对能源种类、产品质量、供给方式和空间布局等提出新要求,电力、蒸汽、热水、冷源等二次能源需求将快速增长,居民生活能源消费比重将逐步提高。

(二)新机遇。“低碳经济”、“低碳技术”、“近零排放”日益受到全球关注。发达国家和主要发展中国家加快开发新一代能源技术,努力推动传统能源向“低碳能源”和“近零排放能源系统”转变。以煤为重点的化石能源清洁高效利用技术、节能减排技术,以新能源和可再生能源为重点的经济性规模化开发利用技术不断取得突破,政策支持力度不断加大,将为能源发展增添新动力、创造新机遇。

(三)新挑战。20世纪80年代以来,国际社会持续高度关注气候变化,先后通过《联合国气候变化框架公约》和《京都议定书》,达成“巴厘路线图”,确定“两轨”谈判进程,召开气候变化大会,确立“共同但有区别”的责任原则。国家将非化石能源占比、能源消耗强度和碳排放强度作为约束性指标,纳入“十二五”规划纲要。环境对能源发展的约束力不断增强,要求将发展重心转向优化能源结构,发展低碳能源;强化节能行动,提高能源效率;发展低碳产品,倡导低碳消费。

(四)新风险。能源发展面临资源、价格等多重风险。原油、天然气进口依存度仍将提高,资源获取难度逐步加大,安全保障面临挑战。全球主要能源价格上升趋势逐步显现,国际油价可能进入新一轮上升通道,并对国内油价形成压力。进口天然气比重上升,出口国谋求油气价格挂钩,以及推进国产天然气定价机制改革,将对天然气价格形成压力。煤电价格矛盾持续积累,火电环保成本增加,新能源发电比重上升,可能加大电价压力。新能源产业规模化发展面临革命性技术“替代”的潜在压力。

第二章 指导思想、基本原则与发展目标

第一节 指导思想

以中国特色社会主义理论、“三个代表”重要思想和科学发展观为指导,以“推动能源科学发展、构建现代能源体系”为主题,以加快转变能源发展方式为主线,着力加强能源建设,着力优化能源结构,着力推动科技创新,着力深化区域合作,着力提高能源效率,加快构建安全稳定经济清洁的现代能源产业体系,为江苏省在新的起点上开创科学发展新局面提供可靠的能源保障。

第二节 基本原则

(一)节约优先。把节约能源和应对气候变化作为转变能源发展方式的重要突破口,深入贯彻节约资源和保护环境基本国策,因地制宜,合理开发,推动建立科学合理的能源资源综合利用体系。坚持双向调节、差别化管理,合理控制能源消费总量,加快实现从偏重能源生产供应向能源供应和需求管理并重的转变。

(二)多元开发。把内部挖潜与外部开拓、化石能源清洁利用与非化石能源加快发展结合起

来，加快建立以煤炭、电力、天然气为主，内外并举、品种多样的稳定的生产供应基地，构建主体多元、多层互补的能源储备体系，提高能源保障能力。

（三）创新驱动。把科技进步作为转变能源发展方式的重要支撑，深入实施创新驱动核心战略，增强能源科技创新能力，培育壮大新能源产业，推动和引领能源产业变革，加快实现能源利用方式从粗放向高效的转变。

（四）绿色发展。把调整能源结构作为转变能源发展方式的关键措施，加快发展新能源和可再生能源，加快提升传统能源低碳利用水平，加快实现从主要依靠化石能源向清洁高效、低碳优质能源结构转变。

（五）惠民优先。把改善人民群众用能条件作为转变能源发展方式的根本出发点和落脚点，按照基本公共服务均等化要求，统筹城乡、区域能源协调发展，加强城乡用能基础设施和能源普遍服务能力建设，完善应急保障体系，提高服务水平。

第三节　发展目标

"十二五"时期，全省能源发展总体目标是以科学发展观为统领，合理控制总量，调整优化结构，创新体制机制，变革供能模式，保障经济社会发展，促进经济转型升级。

（一）能源总量

坚持一手抓总量控制，一手抓结构调整，积极引导全社会科学合理高效利用能源。2015 年，全省一次能源消费总量力争控制在 3.36 亿吨标准煤(包括国家政策允许的非化石能源"增量")，年均增长 5.44%。到 2015 年，全省全部电力可供装机容量达到 11 000 万千瓦(包括风电 600 万千瓦等省内可再生能源发电装机以及各类区外来电装机)。

（二）能源结构

能源生产结构。结合江苏省一次能源资源禀赋、发展基础、开发条件，稳定发展煤炭、石油，推进发展核能，大力发展风能、太阳能、生物质能等可再生能源。2015 年，全省一次能源生产量力争达到 3 250 万吨标准煤，年均增长 3.78%。其中，非化石能源 1 415 万吨标准煤，占 43.53%，比重提高 9.79 个百分点，年均增长 9.21%；可再生能源 908 万吨标准煤，占 27.93%，比重提高 12.93 个百分点，年均增长 17.52%。

表 7-4　全省一次能源生产结构

	计算单位	2010 年			2015 年		
		实物量	折标量	占比(%)	实物量	折标量	占比(%)
总　计	万吨标煤		2 700	100.00		3 250	100.00
一、化石能源			1 789	66.26		1 835	56.46
煤炭	万吨	2 122	1 516	56.15	2 200	1 571	48.34
石油	万吨	186	266	9.85	180	257	7.91
天然气	万立方米	5 000	7	0.26	5 000	7	0.22
二、非化石能源			911	33.74		1 415	43.53
核能	亿千瓦时	157	506	18.74	160	507	15.60
可再生能源	万吨标煤		405	15.00		908	27.93

能源消费结构。在积极推动省内一次能源生产结构调整的同时，积极开发利用天然气、核电、水电等外部清洁能源，增加供给，优化结构。2015 年，全省一次能源消费总量中，力争非化石能源

达到 2 350 万吨标准煤，占 7%，比重提高 1.5 个百分点，年均增长 10.65%；可再生能源达到 1 706 万吨标准煤，占 5.08%，比重提高 2.08 个百分点，年均增长 17.16%。

表 7－5　全省一次能源消费结构

	计算单位	2010 年			2015 年		
		实物量	折标量	占比(%)	实物量	折标量	占比(%)
总　计	万吨标煤		25 774	100.00		33 600	100.00
一、化石能源			24 357	94.50		31 250	93.00
煤炭	万吨	27 220	19 445	75.44	32 010	22 867	68.06
石油	万吨	2 800	4 000	15.52	3 600	5 143	15.31
天然气	亿立方米	76	912	3.54	270	3 240	9.64
二、非化石能源			1 417	5.50		2 350	7.00
核能	亿千瓦时	200	644	2.50	203	644	1.91
可再生能源	万吨标煤		773	3.00		1 706	5.08

（三）节能减排

能源消费强度。通过调整优化产业结构，提高新兴产业比重，推广先进节能技术，淘汰落后产能等措施，万元地区生产总值能耗按 2005 年不变价计算，由 2010 年 0.734 吨标准煤，下降到 0.594 吨标准煤左右（按 2010 年现价计算，由 0.622 吨标准煤下降到 0.504 吨标准煤），5 年累计下降 18%以上，力争下降 19%，继续保持全国领先水平。

发供电效率。2015 年，发电厂供电煤耗下降到 317 克/千瓦时以下，全口径线损率（包括配电损耗）下降到 7.3%以下。

二氧化硫排放。扩大脱硫范围，加强脱硫监管，提高脱硫效率，2015 年，二氧化硫排放量累计削减 14.8%。

氮氧化物排放。采用低氮燃烧技术，推行脱硝改造，13.5 万千瓦以上燃煤机组全部建成烟气脱硝设施，脱硝率达到 90%，氮氧化物排放量比 2010 年累计削减 17.5%。

能源行业碳排放强度。2015 年，力争比 2005 年下降 30%以上。

（四）能源服务

居民生活用电。城乡居民人均生活用电 800 千瓦时，年均增长 10%。

绿色能源示范县。2015 年达到 8～10 个，新增 3～5 个。

城镇燃气普及率。城市和建制镇全部纳入全省天然气管网，实现县县通气、重要乡镇通气。按人口计算，天然气、液化石油气、煤制气、沼气等燃气普及率达到 80%以上，其中，城镇和农村分别达到 90%、65%以上。

农网改造覆盖面。全面完成新一轮农网改造升级工程，农网改造率达到 100%。

第三章　重点任务

紧紧把握合理控制总量、积极调整结构、强化能源约束“三个导向”，始终坚持资源开发、节能优先、绿色能源“三大战略”，以千万千瓦区外来电基地、千万千瓦核电基地、千万千瓦风电基地、千万吨级 LNG 接收基地和千万吨级炼化一体化基地等“五个千万”工程为重要抓手和标志，全面推进落实“十二五”能源发展重点任务。

第一节　积极开拓重要能源资源

坚持“内稳外扩”，统筹规划能源布局，积极开展多层次、多形式国际、国内能源合作，努力开拓煤炭、石油、天然气和电力等能源资源，提高资源控制力、保障力。

（一）煤炭

主要任务是稳定省内企业煤炭产量，开拓省外煤炭供应渠道，提升煤炭中转储备能力，实现煤炭来源多元化、运输通道多样化。

稳定省内企业煤炭产量。据预测，2015年，全省煤炭需求3.2亿吨（实物量，包括区外煤电折算的耗煤，下同），5年累计增加4 800万吨。通过“内稳外扩”，新建4个省外生产基地，力争江苏省煤炭企业2015年煤炭产量（省内外合计）达到9 000万吨左右。加强本地煤炭资源勘探，提高开采效率，稳定省内煤炭产量，稳定自产率，确保2015年省内煤炭产量达到2 200万吨，占本省煤炭企业供应总量的24.4%。支持跨地区联合开发、独资新建，积极利用省外资源，提高本省企业外省资源自供率，力争2015年省内企业实现省外煤炭产量达到6 800万吨。

开拓省外煤炭供应渠道。大力实施“走出去”战略，巩固老渠道、拓展新渠道，鼓励省内煤炭企业“走出去”，取得一定规模的采矿权、探矿权，增强煤炭资源控制能力。加强与产煤大省合作，扩大与山西、陕西、新疆的合作规模，拓展内蒙古、安徽、宁夏、甘肃等地煤炭资源。采用联合开发、直接交易等方式，相机开拓澳大利亚、印尼、越南等进口煤炭，形成煤炭来源多元化。

提升煤炭中转储备能力。以电煤运输为重点，充分挖掘和利用“海进江”、大运河和铁路等运输能力，形成以京沪、东陇海、宁西等线路为主的铁路运输体系，以海运、“海进江”、京杭大运河为主的水路运输体系。以改造提升为手段，增强连云港港、南通港、徐州港、南京港煤炭接卸中转能力。以增强保障能力为目标，结合建设国家煤炭出海通道、实施《江苏沿海地区发展规划》，在沿海、沿江和沿大运河地区规划建设6个煤炭中转储备基地，形成1.75亿吨中转储备能力，其中沿海地区5 000万吨。

专栏7-1　重点煤炭中转储备基地

煤炭中转、储备事关稳定发电。“十二五”时期，按照政府引导、企业为主、市场运作的发展模式，坚持中转与储备相结合、现货储备与资源储备相结合，布局和建设6个煤炭中转储备基地。

北部中转储备基地。依托徐州港，建设以苏北腹地为主要服务对象、兼顾苏南，以大运河等内河运输为主要疏散方式，年吞吐量达到5 000万吨的北部中转储备基地。

沿海中转储备基地。依托滨海港、大丰港，建设以沿海地区为主要服务对象、兼顾苏南，以铁路、水路运输为主要疏散方式，年吞吐量分别达到2 500万吨的沿海中转储备基地。

沿江中转储备基地。依托太仓港、靖江港、镇江港，建设以苏南地区、扬泰地区为主要服务对象，以内河运输为主要疏散方式，年吞吐量分别达到2 500万吨的沿江中转储备基地。

促进骨干企业做大做强。依托徐州矿务集团、上海大屯能源和华润天能煤电等骨干企业，以省外资源为重点，加快实施改扩建和新建工程，到2015年，煤炭产量分别达到6 000万吨、2 500万吨、500万吨。

（二）石油

主要任务是积极引入外部资源，逐步扩大炼油能力，加快完善输送储备设施。

积极引入外部资源。稳定苏北油田原油产量，保持一定的原油自给率。根据国家石油储备战略和“进油方便、出路通畅、靠近炼厂、快速反应”的布局原则，充分利用港口、航道、后方场地等条件，以沿海为重点，建设千万吨级石油储备基地。进一步加强与中石化、中石油等大型能源企业的合作，推进建设连云港、南通等大型原油码头和储油设施，扩大进口原油“一程”到港、“一管”到厂输送能力。加快实施中石油“长江基地项目”，确保“十二五”建成成品油集散中心，形成多元保供格局。按照《国务院关于鼓励和引导民间投资健康发展的若干意见》，支持和鼓励各类企业“走出去”，开辟省外原油资源，提高国际市场直接获取资源的比重。

逐步扩大炼油能力。加快扬子石化、金陵石化“油品升级”改造工程建设步伐，确保“十二五”中期建成投产，到2015年，新增原油一次加工能力900万吨。推进中石化连云港千万吨级炼化一体化基地项目，争取“十二五”开工建设。

表7-6　炼化“一体化”及油品改造升级工程

项目名称	主要内容	总投资	备注
中石化连云港炼化一体化	千万吨级炼油	200	争取“十二五”开工
扬子石化油品升级改造工程	新建、改造17套生产装置	73	2012年建成
金陵石化油品升级改造工程	增加550万吨一次加工能力	51	2012年建成

完善输送储备设施。结合油品升级改造工程建设，加快日照、连云港-仪征“Y型”原油管道建设进度，实现原油输送管道化。立足减少损耗、降低运费、保护环境、确保运输畅通，统筹成品油管网布局，推动有序建设，形成布局合理、覆盖全省的成品油输送网络，到2015年，成品油干线管道突破1 000公里，成品油一次输送管道化率提高到85%以上。根据市场需求和油库合理保障半径，努力构建以炼厂和成品油接收基地为龙头，地区中心库、区域配送库、县级分销库为主体的成品油四级储备体系，到2015年，形成600万吨储备能力，保持200万吨基本储备。

（三）天然气

主要任务是增加气源，引导消费，强化储运基础设施，提高天然气安全、稳定、增供能力，提高天然气利用经济、社会效益。

积极增加气源。按照国家天然气资源配置政策以及省政府与中石油、中石化等资源企业签订的供气协议和《战略合作协议》，加强天然气年度计划衔接，积极增加“西气东输”一号线、二号线、冀宁联络线和“川气东送”管线等入苏管道协议用气实际供应量。积极落实苏新《清洁能源战略合作协议》，推动江苏省能源企业发展新疆煤制天然气，并通过中石油天然气管道“代输专送”。到2015年，确保供气270亿立方米，力争达到300～330亿立方米，其中，中石油260亿立方米，中石化20亿立方米以上。

专栏7-2　天然气分布式能源（系统）

分布式能源，一般是指以天然气为初始能源，经过能源转化设备转化，可以向特定临近用户提供热、冷、电等能源产品，具有分散布局、梯级利用特征的能源供应系统。

分布式能源，一般采用两种系统流程。除通过“燃气轮机——发电机”提供电力负荷外，一是通过“燃气轮机——余热型溴化锂机组”，提供制冷负荷、供热负荷、热水负荷；二是通过“燃气轮机——余热锅炉——蒸汽轮机——蒸汽型溴化锂机组”，提供制冷负荷、供热负荷、热水负荷。

分布式能源，因其服务范围不同，一般分为两类。一是为独栋楼宇客户提供服务的楼宇分布式能源系统（BCHP）。二是为同一区域多栋建筑用户提供服务的区域分布式能源系统（CCHP）。

《国家中长期科学和技术发展规划纲要》(2006—2020)明确,能源为科技发展的第一重点领域,工业节能为第一优先主题。能源梯级综合利用技术为工业节能的重要内容。

国家发展改革委、财政部、住房城乡建设部、能源局《关于发展天然气分布式能源的指导意见》提出,"十二五"时期建设1 000个分布式能源项目,10个示范区域,2020年,在全国规模以上城市推广使用分布式能源系统,形成5 000万千瓦装机规模。

引导合理消费。在加强计划衔接和管理,确保天然气计划逐年增加的同时,按照天然气利用政策,科学有序地推进天然气利用项目。在保障城乡居民和公共服务用气的前提下,适度发展燃气发电和工业用气。研究制定天然气分布式能源专项规划,推进分布式能源示范工程和示范区建设。加强城乡统筹和区域协调发展,逐步扩大苏中、苏北地区用气范围,提高用气比重,推进城市化。统筹规划建设城镇天然气利用支线管网和配套储气设施。

强化储运设施。立足增加气源、提高稳定性、扩大覆盖面,进一步加强和完善天然气基础设施。遵循"统筹规划、分步实施、多元供应、互联互通、安全稳定"的原则,制定实施《江苏省"十二五"天然气发展专项规划》,统筹布局和规范管理天然气接收、输送、储备、终端服务设施。重点支持中石油、中石化、中海油等企业加快建设"西气东输"二号线、三号线、冀宁复线、"川气东送"等干线管道及金坛、刘庄、赵集等配套储气工程,扩大入苏天然气输储能力。全面建成中石油如东LNG一期接收站及外输配套工程,力争2012年开工建设二期工程,确保"十二五"建成投产。加快推进中石化连云港、中海油滨海港LNG接收站和新疆广汇启东LNG转运分销站项目前期工作,力争"十二五"建成投产,努力形成多气源、多形式供气格局。支持城市、开发区(园区)以及终端服务商建设应急调峰储气设施。鼓励天然气经营企业管网互联、应急代供。

(四)电力

主要任务是坚持省内与省外相结合、输煤与输电相结合,着力优化省内煤电布局,有效利用区外来电,切实提高电网水平,适应经济发展和城乡居民生活用电需求。

优化省内电源结构。在推进核电建设、加强海上风电开发、推进光伏发电应用的同时,科学规划、有序发展煤电。根据国家东部沿海地区严格控制新建、扩建燃煤发电项目,继续实施"上大压小"的煤电发展政策,在国家和省电力规划指导下,优化燃煤电厂区域布局,重点向沿海、苏北地区倾斜,规范有序地重点建设大容量、高参数、低排放燃煤发电"上大压小"项目,为"十二五"初期和中期全省电力平衡提供重要条件。根据"区外来电"实际进展,及时启动电源储备项目。同时,在气源保障的前提下,主要在负荷中心地区有序发展先进、大型、高效天然气热电联产和调峰发电。在沿江、沿海地区交通、水资源等条件适宜的地点布局建设一体化煤气化联合循环多联产示范工程。

积极利用区外来电。加强跨省合作,推动省外煤电基地建设,扩大区外来电规模。到2015年,控制月(指每年8月迎峰度夏高峰期间)区外来电规模达到2 250万千瓦左右,比2010年增加1 500万千瓦。研究新增区外来电布局、开发模式和输电方式,充分利用西南水电、三峡水电等"西电东送"电力,逐步扩大内蒙古、山西、陕西等"北电南送"规模,确保稳定安全受电,促进跨区合作,实现互利共赢。

切实提高电网水平。按照电源与电网协调发展、供电与用电智能互动、服务与价格统筹兼顾的要求,以跨区电网、区域电网主干网架为重点,加强电网建设,提升输送能力,提高管理水平,改善服务质量,降低社会成本。突出加强特高压输电能力,加快锦屏-吴江同里直流特高压工程建设,确保2012年建成;推进内蒙古锡盟、山西晋东南、陕西榆林、蒙西鄂尔多斯等地区至江苏省送电工程前期工作,力争尽早报批和建设,形成4条1 000千伏交流、3条800千伏直流"区外来电"通道。继续完善并形成500千伏"五横五纵"核心主网架，加强和完善省内"北电南送"和苏南地区"西电东送"通道，提高与华东电网的输电交换能力。新增"北电南送"过江通道一条，增加输电能力400万千瓦。加强配网建设，解决城市电网薄弱环节，降低网损和售电成本。开展新一轮农村电网改造升级，着力解决重点地区、重点环节的突出矛盾和问题，改善农村用电条件，促进县域经济发展。到2015年，农村电网供电可靠率、综合电压合格率分别达到99.87%和99.695%。

第二节　着力发展非化石能源

把加快发展新能源和可再生能源作为优化能源结构的重要抓手，重点发展核电、风电、太阳能和生物质能等清洁能源，同时配套开发抽水蓄能，示范建设风光储能，为2020年建成千万千瓦核电基地和千万千瓦风电基地奠定基础。

（一）核能

主要任务是加强建成机组运营管理，推进项目建设，努力打造全国重要的千万千瓦级沿海核电基地。

按照国务院常务会议精神，坚持把安全放在核电发展的首要位置，一手抓好在役机组安全运行，一手抓好田湾核电站扩建工程。积极做好田湾核电站3～6号机组扩建工程项目核准、配套条件准备等工作，力争开工400万千瓦装机，推进7～8号机组扩建纳入国家规划。

（二）风能

主要任务是有序开发陆上风电，突出开发海上风电，促进海上风电规模化，努力打造千万千瓦风电基地。到2015年，形成600万千瓦装机容量；到2020年，形成1 000万千瓦以上装机容量；远期形成2 100万千瓦装机容量（其中，陆地风电300万千瓦），建成江苏沿海风电"海上三峡"。

专栏7-3　江苏沿海风电"海上三峡"工程

江苏沿海风电工程，是国家确定的重点风电工程。该工程遵循"统筹规划、示范先行"的原则，实行"陆地-潮间带-海上"梯次开发，最终将达到2 000万千瓦以上装机规模，堪称"海上三峡"。

时　间	合　计	陆　地	海　上
2010年	137	137	
2015年	600	240	360
2020年	1 000	300	700

加快推进海上风电项目建设。风电发展的潜力和重心在海上。坚持科学规划、综合协调、区域控制、合理利用原则，以建设射阳、滨海、大丰、东台等4个国家海上风电特许权招标项目（合计100万千瓦）为契机，加快推进响水、如东等7个海上风电示范项目（合计120万千瓦）的核准和建设进度，力争到2013年建成项目12个，形成238万千瓦发电装机。

积极推动陆上风电项目建设。按照《江苏省沿海地区能源发展三年实施方案》，加大协调推进力度，着力推动12个陆上风电项目前期工作和建设进度，确保到2013年形成134万千瓦装机容量。同时，在加强内陆测风的基础上，开展低风速风力发电示范。

（三）太阳能

主要任务是坚持因地制宜、形式多样，推动太阳能光热利用、光伏发电协同发展，逐步形成较大规模。

加快发展光伏发电。全面贯彻落实《江苏省光伏发电推进意见》和《江苏省"十二五"新能源产业发展规划》，以校区、园区、成片公共建筑、成片厂房、沿海滩涂等设施和场地为重点，实施一批具有一定规模的示范工程，建成80万千瓦光伏发电装机(其中，地面光伏电站50万千瓦，屋顶和建筑一体化光伏电站30万千瓦)，力争达到100万千瓦。

积极推动光热利用。将太阳能光热利用纳入建筑设计标准规范，对12层以下住宅以及有热水需求的公共建筑，统一设计、建设太阳能热水系统，加快普及太阳能热水器。结合新农村建设，引导和鼓励建设太阳能热水器、太阳能暖房、太阳能暖棚、太阳能暖圈，并通过聚焦、聚热实现太阳能炊事利用，优化农村用能结构。到2015年，力争形成2亿平方米光热利用建筑面积。

(四) 生物质能

主要任务是创新机制，加强示范，推动生物质直燃发电、生物质沼气发电、沼气直接利用等多种形式的综合应用，形成适应不同条件和不同需要的生物质能利用体系。

不断完善收储流通机制。积极推广和应用泗阳县"三抓三建"秸秆收储机制，"抓网络"，建立秸秆收储流通机制，"抓奖补"，建立秸秆收储激励机制，"抓考核"，建立秸秆收储保障机制，确保生物质发电原料充分收储，及时供应。结合城乡生活环境整治，完善垃圾收集、处置体系，开展资源化、能源化利用。结合餐饮行业废弃油脂清理整治，以生物柴油示范企业所在地为重点，依托骨干企业，建立废弃油脂收储流通体系，促进生物柴油稳定发展和推广利用。

专栏7-4 泗阳县秸秆收储流通机制

泗阳县面积1 418平方公里，人口100万，可用耕地105万亩，年产秸秆总量65万吨。2007年，江苏国信集团在泗阳县投资3亿元建设秸秆发电项目。该项目于2009年3月投入运行，当年消耗秸秆23万吨，发电1.1亿千瓦时，实现产值8 200万元、利税1 000万元，带动200多人本地就业，促进农民增收5 000多万元。

为推动秸秆综合利用，保障电厂稳定运行，泗阳县政府出台《关于秸秆收储与综合利用工作的意见》，建立了"3+1"秸秆收储流通机制。"3"是指2个县级收储基地—14个乡镇收储中转站—数十个村级收储点构成的3个层次，"1"是指以农机手为主体的秸秆运输队。

有序发展生物质发电站。加强资源调查评估，科学规划布局，有序建设生物质直燃发电、生物质气化发电和垃圾焚烧发电项目。到2015年，建成40～50个发电项目，形成装机容量100万千瓦。原则上每个县或100公里半径范围内不重复建设同类生物质发电项目。继续做好已核准生物质发电项目推进工作，确保按期建成。积极推进大型畜禽养殖场沼气发电。继续推进垃圾焚烧发电和垃圾填埋气发电。

积极开展秸秆沼气集中供气示范。秸秆气化直接利用是发展农村能源的重要方面。在继续稳步推进农村家庭户用沼气的同时，积极创新秸秆沼气发展模式。充分发挥村级秸秆集中气化供气投资省、运行稳、见效快、收益大的优势，结合规划建设社会主义新农村，通过政府引导、政策扶持，采取秸秆代收、秸秆换气等方式，加快秸秆集中气化应用。到2015年，形成500个秸秆气化集中供应示范点。

(五) 抽水蓄能

主要任务是加强前期研究，推进重点项目，努力适应风力发电、光伏发电等新能源加快发展的需要，保障电网安全、平稳运行。

"十二五"期间，加快溧阳抽水蓄能电站建设，组织开展抽水蓄能电站规划选址，重点加强句容、连云港抽水蓄能电站前期工作。

第三节　合理控制能源消费总量

正确认识合理控制能源消费总量的必要性，以更加强烈的紧迫感和责任感，综合运用经济、法律和必要的行政手段，合理有效地控制能源消费总量。

（一）转变能源平衡思维模式

积极破除能源发展单纯保供的片面认识，努力增强“三种意识”，加快实现“三个转变”。增强前瞻意识，改变长期以来“先用后算、用了再算”的传统平衡方式，充分认识本地资源生产能力、外部资源控制能力、重要能源输储能力，系统分析供能方式、消费结构，充分考虑资源节约潜力、回收利用能力，加快实现从事后平衡向前瞻平衡转变。增强从紧意识，改变长期存在的“能源发展需要适度超前等同能源平衡可以适度宽松”的片面认识，充分认识当前技术条件下能源资源的短缺性，重要一次能源跨国贸易的不确定性，“保障供给、引导转型”的能源发展目的“双重性”，加快实现从宽松平衡向从紧平衡转变。增强主动意识，改变能源平衡责任在国家、在政府和能源平衡单纯依靠市场机制的片面认识，加快从被动平衡向主动平衡转变。

（二）合理分解能源消费控制目标

按照“统筹兼顾、区别对待”的基本原则和“核定基数、分解增量”的基本思路，在深入研究的基础上，合理分解2015年能源消费总量控制目标。依据较长时期不同地区和主要行业实际消费情况、发展特征，合理核定消费基数，充分体现基数真实性、可靠性。统筹兼顾不同地区经济规模、产业结构、发展阶段、人口变动、资源禀赋、地理位置等客观因素，发展预期和实际可能、能耗水平和弹性趋势、节能空间和实际能力等相关因素，合理分解消费增量，体现增量公平性、可行性。同时，适当兼顾能源生产消费布局，特别是新能源开发进程，适当体现能源产区消费优先权和差别性。

（三）加强产业层面能源消费源头控制

产业结构是影响能源消费的主要因素。目前，第二产业单位增加值能耗约为一、三产业的五倍。扎实推进转型升级，大力培育发展高技术含量、高附加值、低污染、低消耗产业，严格控制高耗能产业发展，加快构建三次产业协调拉动、服务经济为主的现代产业体系，从源头上抑制较高的能源消费刚性增长势头。

（四）突出重点领域能耗控制

加大工作力度，继续遏制工业、交通、建筑等领域耗能增长偏快的势头。工业领域。据统计，2010年，工业占全省能源消费总量的79.9%，七大高载（耗）能行业占规模以上工业耗能总量的76.3%。在继续推进煤电“上大压小”、提高能源转化效率、加快发展非化石能源的同时，突出加强钢铁、水泥、石油、化工、造纸、纺织六大高载（耗）能制造行业的能耗控制，提高能源准入门槛，推进淘汰落后产能，开展重点节能工程，严格用能管理，保障合理用能，鼓励节约用能，限制过度用能。加大力度，对高载（耗）能行业实行分时电价、差别电价。到2015年，单位工业增加值能耗比“十一五”末下降20%。交通领域。着力推广节能环保型交通工具，优化运力结构，使用替代燃料。建筑领域。贯彻落实《民用建筑节能条例》和《江苏省建筑节能管理办法》，加强新建建筑立项、设计、施工全过程节能监管，推进可再生能源在建筑领域的规模化应用，稳步推进既有建筑节能改造步伐。逐步实施建筑用能定额管理，大力推行合同能源管理机制。公共机构方面。开展能源统计、能效公示和能源审计，发挥节能示范和导向作用。

（五）强化企业层面重点耗能大户能源消费全过程监管

以“百户千家”为重点，对年耗能5 000吨标准煤以上的重点耗能企业普遍开展能效审计，评价公示能耗指标，推进建设企业能源管理中心。加大节能执法力度，严格能源消费奖惩制度，对能耗高于行业平均水平、审计结果高于节能评价结论的耗能大户，实行限制供电，同时依法责令停产改造，并限制建设除节能减排以外的其他项目。

（六）深入开展全民节能行动

增强全民节能意识，培养自觉节能习惯，自觉控制室内空调温度，主动使用节能家用产品，积极参与能源资源回收利用。

第四节 持续提高能源使用效率

认真贯彻落实国家能源法规、政策、规划，通过产业升级、加强管理、技术创新等，进一步提高能源效率。

（一）加快转型，提高能效

认真贯彻关于又好又快推进“两个率先”，在新的起点上开创科学发展新局面的决定，坚持创新驱动、扩大内需、服务经济“三个为主”的方向，加快实施《转型升级工程推进计划》，着力构建有利于节约能源资源、保护生态环境的现代产业体系，实现“转型提效”。

推动战略性新兴产业规模发展。坚持高端引领，深入实施新兴产业倍增计划，重点发展新能源、新材料、生物技术和新医药、节能环保、新一代信息技术和软件、物联网和云计算、高端装备制造、新能源汽车、智能电网、海洋工程装备十大产业，主攻200项关键核心技术，实施重大产业化项目，培育重大自主创新产品，大幅度提高创新发展能力，显著增强集约集聚效应，打造具有国际竞争力的产业基地，确立优势新兴产业在全国的领先地位。到2015年，战略性新兴产业增加值占地区生产总值比重达到18%。

推动现代服务业加速发展。深入实施服务业提速计划，重点发展金融、现代物流、科技服务、软件和信息服务、服务外包、商务服务、文化创意、商贸流通、旅游、家庭服务十大产业，突出发展电子商务、云计算服务、物联网服务、数字文化、工业设计、环境服务六大新兴行业，做大产业规模，带动产业升级。到2015年，服务业占比提高到48%左右，生产服务业占服务业增加值比重力争达到40%。

推动制造业提升发展。深入实施传统产业升级计划、省级重点产业调整和振兴规划，促进传统产业加强自主创新和技术改造，加快品牌建设和兼并重组，实现两化融合和集聚发展。

（二）加强管理，提高能效

企业特别是工业企业耗能占全社会比重较大，是提高能效的重点领域。电力在能源消费中占有相当比重，电力需求呈现上升趋势，加强和改进电力调度，是提高能效的重要环节。“十二五”期间，要突出加强企业用能“全过程”管理，加强电力需求侧管理，实现“管理提效”。

加强能源消费准入管理。严格执行控制“两高”和产能过剩行业新上项目的规定，认真落实国家发展改革委《固定资产投资项目节能评估和审查暂行办法》，切实做到未经节能评估审查、未通过节能评估审查的项目，一律不予审批、核准，一律不得开工建设。

加强能源消耗过程监督。重点开展年耗能5 000吨标准煤以上重点用能单位能源审计，对超过能耗（包括电耗）限额标准的企业和产品，依法采取差别电价、限期改造等经济、行政和法律措施。

实施节能减排发电调度。认真执行国家节能调度办法，优先调度可再生能源和大容量、高效率以及脱硫硝设施建设早、运行好的燃煤机组发电上网，降低发电煤耗和环境影响。

强化需求侧管理。按照“有保有压、保控结合”的原则，制订有序用电和应急保障方案，坚持保民生、保重点，严格限制高耗能企业用电，实现有序用电。推行合同能源管理，促进节能服务业发展，提高用电效率。

（三）强化创新，提高能效

坚持一手抓供能方式变革，一手抓用能技术创新，实现“创新提效”。

变革供能方式。以分布式能源、热电联产、新能源汽车供能(电力、天然气等)设施、智能电网为重点,全面推动供能方式变革,努力提高电力、天然气、可再生能源等清洁能源比重,提高能源使用效率。一是分布式能源。按照"统筹规划、分散布局,区别对待、就近利用,多能协同、系统集成"的思路,发展分布式能源。2015 年达到 100 万千瓦,其中,天然气分布式能源 80 万千瓦,可再生分布式能源 20 万千瓦(不包括并网风电、光电、生物质发电)。以天然气、企业废弃能源和地热等为主,结合建筑光伏应用,发展楼宇型、区域型分布式能源系统。以风能、生物质能(包括垃圾)、太阳能为主,结合地热应用,因地制宜发展多种类别的村镇分布式能源系统。鼓励开发区、大型公共服务设施、大型成片住宅区同步规划、建设分布式能源。二是热电联产。按照"以热为主、依热定电,规划先行、布局合理"的原则,有序发展热电联产。重点在热负荷总量大的开发区发展煤为燃料的热电联产,在热负荷强度高的主城核心区发展天然气为燃料的热电联产。鼓励发展余热余压、废弃能源为主要燃料的小型热电联产。鼓励有条件的大型燃煤电厂进行集中供热改造。三是新能源汽车供能设施。按照"气电并举、适度超前"的原则,规划建设新能源汽车供能设施。坚持"换电为主、插充为辅",逐步建立集中充电站、电池配送站、充换电站共同构成的车用供电系统。加强城际服务体系建设,在新能源汽车保有量大、高等级公路密度高的苏南地区,率先形成"点线面协调、跨区域覆盖"的智能化充换电服务网络。到 2015 年,全省建成充换电设施 2 006 个,其中,集中充电站 110 座,电池配送站 440 座,充换电站 26 座,充电桩 1 430 台。按照适度超前规划、积极稳妥推进的原则,以城市公交车、出租车为主要服务对象,兼顾中短途城际客运需要,依托天然气分输站室、城市门站、高中压调压站布局建设车用加气设施。到 2015 年,建成 40 座 CNG 加气母站、400 座 CNG、LNG 加气站,形成 15 亿立方米左右供气能力。四是智能电网。坚持先试点、后推进,重点在用电负荷高、峰谷差异大和可再生能源发展速度快的南京、苏州、无锡、镇江、扬州、南通、盐城、常州、淮安等城市开展智能电网试点建设工作,提高配网配电效率,提高供用双方智能互动能力。到 2015 年,形成 1 000 万千瓦新能源接入能力,并为传统电网向现代电网升级创造条件。

创新用能技术。积极推广采用节能新技术、节能新产品、节能新装备。以冶金、化工、建材、电力、纺织等行业为重点,加快采用节能技术。以电机、窑炉、锅炉、变压器等用能设备为重点,加快淘汰更新,特别要结合区域供热设施建设,持续推进供热范围内小锅炉关停淘汰。以节能灯泡、节能空调、节能汽车、新能源汽车等为重点,继续实施"节能产品惠民工程"。

第五节　发展壮大能源装备产业

贯彻落实《国务院关于加快培育和发展战略性新兴产业的决定》,充分利用新能源加快开发应用的有利条件,以实施"新兴产业倍增计划"为契机,以加快产业化、集团化、国际化和形成未来支柱产业为目标,大力发展以新能源为重点的能源装备,力争 2015 年销售收入突破 1 万亿元。

(一) 突出重点发展领域

在不断提升传统能源装备产业竞争力和市场占有率的同时,把光伏发电装备、风力发电装备、生物质能源装备、核电装备、智能电网设备及系统、新能源汽车能源系统及材料六大领域作为"十二五"能源装备发展的重点。培育龙头企业和知名品牌,优化产业布局,形成从硅料、太阳能电池(组件)、发电系统应用到生产设备制造的完整产业体系。依托现有基础和优势,以风电场规模化建设带动风电装备产业化发展,实现风电装备型谱化、标准化、系统化,提高市场占有率,打造全国重要的风电装备研发制造基地。通过加强技术创新,加大政策扶持,努力提高生物质能源设备自主研发能力,在重点领域加快形成较为完善的产业体系。依托核电建设,通过引进消化、自主创新和集成创新,初步构建核电装备技术创新体系,形成具有一定规模和竞争能力的产业体系。结合推进建设智能电网,加强输变电、配电、用电、调度自动化等设备研发制造,加快形成具有国际竞争力的智能电网产业。紧紧抓住新能源汽车加快发展和应用的有利时机,突出车用能源部件、材料及控制系统研发,增加技术积累,增强配套能力。

(二)突破关键核心技术

根据六大领域发展基础和趋势,突出关键技术研发。光伏发电装备领域,重点研发高纯多晶硅提纯、冶金法制备多晶硅、高纯石英砂制备太阳能级多晶硅、大面积超薄硅片制造、浆料回收利用和非晶硅薄膜电池制造等新技术、新工艺,促进产业化。风力发电装备领域,主要立足发展海上风电,重点研发大功率双馈式、直驱式和液压式主传动发电机组、关键部件、特殊材料设计制造技术,提高本土化自主产品市场占有率。生物质能源装备领域,重点研发生物质固体燃料致密加工成型、生物质气化、热解液化、燃烧(直燃、掺烧)发电技术。核电装备领域,重点研发核电站用压力容器、蒸发器、稳压器、阀门、管道、主泵以及数字化控制系统设计制造技术。智能电网设备及系统领域,重点研发高温超导、高压直流、轻型直流等输电技术,电力电子、数字控制、通讯传感等配电技术,电网二次系统安全防护、广域相量测量运行控制等自动调度技术。新能源汽车能源系统及材料领域,重点研发纯电动汽车动力电池分选和一致性、电池包可靠性和耐久性、电池成组连接等关键技术。

(三)增强研发创新能力

完善创新平台,积极支持和鼓励骨干企业采取独立建设、联合建设等方式,形成一批国家级能源研发(试验)中心。制定专门办法推动省级能源研发(试验)中心建设,形成企业为主体、多层次的自主创新平台体系。壮大人才队伍,加大能源领域高技术创新、创业人才引进和培养工作力度,及时提出引进、培养人才计划,组织企业与高等院校建立专门人才培养机制。

(四)培育优势骨干企业

把能源装备制造规模化、经营集约化、创新自主化有机结合起来,加快发展一批具有自主知识产权的骨干企业,培育一批具有国际竞争力的大型能源装备企业集团。以光伏发电设备、风力发电设备领域为重点,推动优势企业实施"强强联合"、跨地区兼并重组、境外并购和合资合作,提高产业集中度;以骨干企业为龙头,加快"走出去"步伐,提高国际竞争力。以生物质发电设备、智能电网设备及系统领域为重点,依托技术优势,加强与风险投资、创业投资的合作,并通过加快推进示范应用,加快形成具有较大规模的行业龙头企业。以核电设备、新能源企业能源系统及材料领域为重点,鼓励和引导企业与整机制造、整车制造企业以及科研院所加强合作,努力培育一批重要部件、重要配套材料行业"小巨人"。

(五)打造特色产业基地

根据《江苏省省级特色产业基地建设工作指导意见》,以风电、光伏、核电装备为重点,以专业园区、科技园区、开发区为依托,围绕规模化、集约化、专业化,着力打造一批产业特色比较鲜明、主导产品竞争力较强、市场化机制较为健全、龙头企业带动作用明显、产业链条较为完整、创新能力较强的新能源领域省级特色产业基地。鼓励和引导相关地区根据自身特点,因地制宜地打造骨干企业支撑型基地、科技创新推动型基地和产业链条带动型基地。

第六节　强力推进节能减排

把节能和减排有机结合起来,在继续实行节能调度、加强需求侧管理、强化执法监督的同时,着力通过淘汰落后产能,实行预警调控,完善体制机制,实现节能减排目标。

(一)淘汰落后产能

继续推进煤电"上大压小"。按照国家要求,加大煤电行业落后产能淘汰力度,淘汰运行满20年、单机容量10万千瓦及以下常规燃煤机组,服役期届满、单机容量20万千瓦以下各类机组,供电标准煤耗高于全省2010年平均水平10%或全国平均水平15%的各类燃煤机组,以及未达到污染物排放标准的其他各类机组。充分挖掘省内潜力，积极开展跨省辖市关停。开展燃煤自备电厂、热电厂调查研究，引导和推动燃煤自备电厂、热电厂淘汰落后产能。

有序推进区域热源新老替代。在调查研究的基础上，编制和实施热电联产规划。大中型城市主城区和天然气管网覆盖范围内的开发区(园区)、大学城，结合城市功能调整、环保标准提高，逐步采用楼宇型、区域型天然气分布式能源系统，替代原有的小锅炉、小油炉。临近高效燃煤电厂、具有较大规模稳定热源需求的开发区(园区)等，鼓励通过燃煤电厂技术改造，逐步替代原有燃煤小锅炉。

(二) 实行预警调控

实施节能预警调控。在全省范围内持续开展节能预警调控，将"两高一低"企业和重点调控目标纳入预警调控范围，实施负荷控制，实现有序用电。

实施减排预警调控。认真贯彻落实《江苏省主要污染物排放总量减排监测和工作预警实施办法》，对减排工程实施缓慢、减排设施运行不正常的地区和单位，依照规定及时预警，开展应急控制。

(三) 完善体制机制

加强脱硫脱硝项目管理。坚持电厂脱硫设施同时设计、同时建设、同时运行"三同时"政策，确保新上燃煤电厂100%配套建设脱硫设施。严格执行脱硫改造政策，推动既有燃煤电厂和热电企业加快脱硫设施改造步伐，实现100%脱硫。对新上燃煤电厂项目，同步设计、建设、运行脱硝装置。推动既有电厂实施脱硝改造。

加强脱硫脱硝电价管理。强化脱硫设施在线监测，严格脱硫考核，力争电力行业综合脱硫效率提高到90%，对脱硫设施投运率达不到国家规定标准的燃煤电厂和热电企业，及时扣减脱硫电价。参照脱硫电价设计管理模式，积极探索和实施脱硝电价。

第四章　政策措施

第一节　投资政策

优化投资结构，以有效投资引导能源结构调整。坚持对内对外开放，严格项目管理，推进重大项目，提高服务水平，促进能源发展。

(一) 扩大对内对外开放

发挥大型企业支撑作用。充分认识煤炭、电力、石油、天然气等大宗基础性能源对稳定能源供应的关键性作用，继续坚持和实行对企业规模大、资源获取能力强的国内外大型能源企业开放政策，进一步加强相互合作，拓展合作领域，扩大合作规模，提升合作水平。积极引导和鼓励徐矿、国信等有实力的企业，采取参股、并购等方式开展省外、境外能源投资和开发，加快"走出去"步伐，获取稳定的能源资源和开发权益。

发挥非国有投资促进作用。充分认识民资、外资投资发展能源的积极性，规范设置公开透明、同等对待的投资准入门槛，积极创造公平竞争、平等准入的市场环境，鼓励非国有资本参与电力建设，特别是风能、太阳能、地热能、生物质能等新能源和能源装备发展；鼓励非国有资本参与石油、天然气建设，特别是成品油、天然气输送、储备、零售设施及储备网络建设和营运。

(二) 完善能源投资管理

强化规划引领作用。根据投资管理法规、政策、相关规划，制定和实施能源领域重点行业发展规划，实行"先规划、后项目"，坚持项目跟着规划走，资金跟着项目走。通过规划与项目的相互结合和有机统一，促进规划实施，推进项目建设。

完善前期工作规则。根据煤炭、电力、电网、石油、天然气、新能源产业准入门槛、管理方式、外部条件等不尽相同的客观实际，分别制定和完善相应的项目前期工作规则，指导和推进能源项目加快前期工作进度，提高前期工作水平。

改进项目过程管理。按照产业政策，对能源固定资产投资项目分别实行审批、核准、备案制度。对政府投资的能源项目，采用直接投资和资本金注入方式的，审批项目建议书、可行性研究报告、初步设计和概算；采用投资补助、转贷和贷款贴息方式的，只审批资金申请报告。实行中介机构评估、专家论证、项目公示等制度。对能源项目特别是政府投资和纳入规划的重大能源项目，试行新开工报备、竣工验收和后评价制度，切实加强“全过程”跟踪，掌握实施进展，评价投资效果，防止违规建设。

（三）推进重大项目建设

科学选择重点项目。省能源主管部门根据本规划以及煤炭、电力、电网、石油、天然气、新能源等规划，统筹考虑项目投资规模、影响大小、重要程度以及地区分布，逐年提出年度重点项目并公开发布。

协调推进重点项目。省能源主管部门制定出台《江苏省重点能源项目跟踪服务规则》，明确服务对象、服务内容和服务方式。会同国土资源、环保、住房城乡建设、海洋、水利、交通运输等部门，共同做好项目前期推进工作，为项目建设创造良好条件。

第二节　财税金融政策

围绕增加能源供给，调整能源结构，优化能源布局，促进能源节约，保护生态环境，推动自主创新，发展能源装备，调整和完善财税金融政策。

（一）财税政策

实行风力发电、垃圾发电、秸秆发电、太阳能发电等新能源发电企业增值税25%地方部分增量“省级不再集中，全额留给地方”政策，支持可再生能源发展。实行新办火电厂增值税25%地方部分“全部上交、区别返还”政策，支持燃煤电厂布局调整。将可再生能源领域技术创新、成果转化、创新平台、人才引进项目纳入地方各级各类科技专项资金，并给予重点支持，促进能源装备发展。在实行节能灯、新能源汽车补贴政策的同时，根据财力可能，逐步扩大补贴范围，促进节能和新能源产品应用。

（二）金融政策

创新合作方式。深化银企合作，鼓励能源企业与银行加强沟通，开展贷款融资、票据贴现、短期债券发行；支持企业与信托投资公司、证券公司、财务公司合作，开展证券发行、委托贷款、资金信托计划等融资业务。深化政银合作，省、市发展改革部门和能源主管部门与金融主管机关建立定期交流机制，共同组织重大项目融资对接活动，协调解决融资难题。创新融资方式。稳定间接融资支撑力度，政策性银行和商业银行继续发挥融资主渠道作用，加快贷前调查、贷款评审、贷款发放，并对符合条件的项目，实行利率优惠；增强直接融资补充能力，积极引进创业投资、风险投资，加大对新能源利用和能源装备研发制造的投资力度，支持和促进高技术、高成长性新能源企业更多地利用境内外资本市场，提升发展平台。

第三节　价格政策

稳步推进能源价格改革，建立更加充分反映市场供求关系、资源稀缺程度和外部成本的能源价格形成机制。

（一）实行促进可再生能源发展的电价政策

按照《关于加快转变经济发展方式的决定》和《江苏省光伏发电推进意见》等相关规定，继续足额收取可再生能源电价附加，对风力发电、垃圾发电、秸秆发电、水力发电等可再生能源上网电价给予补贴，支持可再生能源发展。

（二）实行推动脱硫脱硝的电价政策

根据实施“蓝天工程”、推进大气污染物减排的要求，对安装脱硫设施、投入运行并达到脱硫效果的燃煤机组包括自备火电厂、热电厂，继续执行脱硫电价政策。探索和实施脱硝补贴政策，促进电力行业清洁生产。

（三）实行引导居民节约用电的电价政策

根据国家统一部署，兼顾地方实际，把电量阶梯电价与峰谷分时电价结合起来，适时推出居民生活用电阶梯电价实施方案，既满足城乡居民不同层次的用电需要，又满足削峰填谷的需要。

（四）实行促进产业结构调整的差别电价政策

按照产业政策和能耗（电耗）限额标准，对高耗能行业限制类、淘汰类企业实行差别电价，并逐步提高差别电价幅度。对超过限额标准的，实行惩罚性电价。

第四节　土地环保政策

通过规划、政策相互衔接和部门之间相互配合，促进能源发展、用地节约和环境改善。

（一）加强规划衔接

能源发展规划要与土地利用规划、环境保护规划、城乡建设总体规划、海洋功能区划以及交通、水利规划等相互衔接，促进能源项目科学布局，顺利落地。

（二）加强用地用海预审和环评审批

严格执行固定资产投资项目用地用海预审、环评审批制度，对未经用地用海预审或者未依法取得国有土地使用权证、未通过环评审批的，一律不得审批、核准。土地、海洋、环保部门加快能源项目特别是省重点能源项目用地、用海预审、环评审批进度，提高服务效率。

（三）实行土地“点供”和排污总量统筹

各级投资主管部门、能源主管部门积极支持、配合土地资源管理部门适时修订和完善《江苏省建设用地指标》。对符合国家产业政策和点供计划条件的项目，国土资源管理部门予以优先安排用地计划，保障项目合理用地需求。针对能源行业结构性减排潜力越来越小的客观实际，地区之间污染物排放基数不同对调整能源布局产生的客观制约，环保部门加强排污总量统筹，支持能源发展和布局调整。

第五节　组织协调机制

全面落实机构改革方案，改革机构设置，加强能源工作组织领导，形成分工合理、运行协调的组织协调机制。

（一）加强能源行业管理

积极探索创新能源管理方式，以规划、政策、标准、项目管理和运行管理等为重点，加强对能源行业的宏观指导和服务，不断改善行业管理体制，提高行业发展水平。加强规划制定和实施工作，发挥规划导向作用。加强政策研究和落实工作，发挥政策促进作用。加强标准研究和推行工作，发挥标准引领作用。加强项目规范管理和推进实施工作，适时出台能源固定资产投资项目管理工作指导意见等管理规范，把管理和服务更好地统一起来，通过项目促进规划实施，促进行业发展。建立和完善能源预警体系和应急保障机制，及时跟踪监督能源运行态势，提高应急保障能力。不断深化主管部门与行业协会的联系，指导和促进行业协会更好地发挥桥梁、纽带作用。

（二）加强重点领域专题协调

省能源局根据省能源领导小组、新能源暨光伏产业推进协调小组、天然气开发利用领导小组的要求，依托 3 个小组形成的机制，会同有关部门专题协调重点领域相关事项。省能源局要协同统计、农林等部门和单位，以新能源和可再生能源为重点，加强能源统计，形成更加统一、完整、准确、及时的能源信息平台。

第六节　监督评估机制

根据规划实施和国家政策调整情况，及时组织规划评估和规划修订，促进规划实施。

（一）开展中期评估

2013年，省能源主管部门组织力量对本规划实施情况进行中期评估，检查规划落实情况，分析规划实施效果，查找规划实施中存在的问题，提出解决问题的对策建议，形成中期评估报告。

（二）健全调整制度

本规划实施期间，如遇国家和省发展战略、发展部署重大调整，或者经济社会发展出现重大变化，以及中期评估认为需要对规划进行调整或者修订的，由省能源主管部门提出调整或修订方案，并组织专家进行论证或征求意见，经省政府批准后实施。

（三）实行期末评估

2016年，省能源主管部门结合编制第十三个五年规划，组织力量对本规划进行期末评估，评估总体实施效果、存在主要问题，提出对策建议，形成评估报告。

第七节　应急保障机制

省能源主管部门会同电力、商务等部门，针对重要能源产品分别制定应急预案，建立保障队伍，形成保障机制。

（一）制定重点能源产品应急预案

根据江苏省能源消费结构，制定和完善电力、成品油、天然气等3个重要能源产品应急预案，明确应急启动条件、应急责任主体、应急保障措施、应急指挥系统、应急保障队伍等。

（二）建立重点能源领域应急队伍

按照“政府指导、企业为主”的原则，依托能源产品提供商分别建立电力、成品油、天然气等应急保障队伍。鼓励同一地区不同供应商联合建立应急保障队伍。

第五章　环境影响评价

第一节　规划实施环境影响分析

本规划按照国家履行“两个承诺”、完成“三大任务”（控总量、调结构、抓节约）的战略要求，结合省“十二五”规划纲要和省委十一届十次全会确定的具体部署，合理设定能源生产消费总量，统筹优化能源区域布局，合理配置能源资源，积极推动传统能源清洁利用，着力推进非化石能源特别是可再生能源发展，促进能源结构调整、能源效率提升和生态环境保护。

（一）通过合理控制能源消费总量，进一步推动节能减排

将合理控制能源消费总量作为“十二五”六大重点任务之一，提出2015年全省能源消费总量控制在3.36亿吨标准煤左右，年均增长5.44%，与“十五”和“十一五”实际增幅相比，分别降低9.35个和3.03个百分点，能源弹性系数相应由“十五”时期1.14和“十一五”时期0.63下降到0.54。

（二）通过不断优化能源生产消费结构，进一步推动节能减排

从优化一次能源生产结构、消费结构两个角度，明确提出了“积极开拓重要能源资源”和“着力发展非化石能源”两大重点任务。到2015年，一次能源生产总量中，非化石能源和可再生能源比重将由2010年的33.74%和15.00%提高到43.53%和27.93%；一次能源消费总量中，非化石能源和可再生能源比重也将由2010年的5.5%和3%，提高到7%和5.08%。

（三）通过持续提高能源使用效率，进一步促进节能减排

本规划将提高能效作为“十二五”能源发展六大重点任务之一，从加快转型、加强管理、加强创新3个角度明确了具体措施。与以往相比，首次将变革供能方式作为“创新提效”的重要内容，明确

提出了分布式能源(系统)、热电冷联产(系统)、新能源汽车供能设施和智能电网等4个领域的发展目标、发展原则和发展重点。

(四)通过强力推进能源行业节能减排,进一步促进全社会节能减排

本规划第三章第六节对此作出专门安排,突出推进煤电行业“上大压小”和区域供热“新老替代”,同时,突出推进燃煤电厂脱硫脱硝,并相应提出具体目标和措施。

当前技术经济条件下,化石能源生产和消费仍将产生二氧化碳和污染物排放,对环境带来一定程度的影响。基于本规划提出的目标、措施,初步测算,到2015年,全省能源行业二氧化硫排放量可控制在51.55万吨,比2010年削减14.8%;氮氧化物排放量可削减17.5%,达到国家下达的全省平均目标。

第二节　预防和减轻环境影响对策

节约资源、保护环境是基本国策。“十二五”时期,将积极采取法律、经济和行政措施,努力预防和减轻能源生产、利用等对环境的影响,为保护和改善环境作出贡献。

(一)加强能源生产和转化环节的环境保护

发挥能源规划引领作用。根据《江苏省发展规划条例》和省人民政府要求,在本规划基础上,将依照本规划制定和实施煤炭、电力、电网、新能源、天然气、石油基础设施6个发展规则。“十二五”期间,将根据规划布局和实施能源项目,通过规划引导能源项目。

发挥环保审批的控制作用。根据环保法规和固定资产投资管理规定,认真执行环境影响评价制度,加强能源项目节能评估审查制度,坚持未通过环保审批、未通过节能评估审查的项目,一律不予审批、核准,一律不得开工建设。同时,能源主管部门协助环保等部门,指导、督促能源企业制订切实可行的环境保护和污染治理措施,进一步加强生产运行过程中的环境监测和事故防范。

发挥先进技术的支撑作用。认真实施“创新驱动”核心战略,推动能源行业积极采用先进适用技术,特别是传统能源清洁利用技术、可再生能源开发技术和废弃资源利用技术,减少污染物排放,降低能源生产和转化对土地、水资源、生态环境的不良影响。

(二)加强能源运输和存储环节的环境保护

积极优化能源产品运输方式。以石油、天然气为重点,积极发展管道运输,到2015年,力争全省100%的原油、85%的成品油和95%的天然气实现管道化运输,最大限度地避免公路、水路运输方式条件下突发事件对环境的影响。煤炭运输更多地采取点对点直达运输,以减少中途过驳产生的损失浪费和环境影响。

积极完善能源产品存储设施。对液体能源产品存储设施,严格执行安全、卫生防护间距规定科学选址,严格执行工艺、材料和安全标准设计建造,并依法采取消防、绿化等防护措施。对固体能源产品存储设施,重点加强防尘集尘、截污治污、预防自燃等措施。

(三)加强能源消费和利用环节的环境保护

突出重点强化节能。依照节能法规,实行奖惩结合的节能政策,推进实施重点领域、重点行业、重点企业节能。对高于行业平均能耗水平、未能达到能源评价结论、存在落后产能的企业,实行限期整改、限供电力以及关停并转。

积极开展综合利用。大力开发和利用煤矸石、煤层气等伴生资源。大力推广油田伴生气回收利用技术、油田开采节能技术,促进LNG冷能利用。加快推进加油站油气回收利用。持续推动秸秆、垃圾等生物质能发电和气化利用。普遍推行钢铁、水泥等行业余热余压、废气废渣综合利用。预计到2015年回收能源可达1 000万吨标准煤。

（四）积极开展环境恢复和污染治理

煤炭行业。重点缓解地下水渗透、地表塌陷等问题，做好土地复垦和水土流失治理工作。

电力行业。严格实行新建火电机组同步设计、安装、运行除尘、脱硫设施，加快完成既有机组脱硫改造。推进火电机组脱硝改造。积极推进二氧化碳捕获、封存和综合利用试点，促进低碳技术发展。完善核电安全运行措施。采取措施降低风电运行噪音和电网电磁辐射等区域性环境影响。

油气行业。采用清洁生产工艺，促进废水循环使用和综合利用。合理规划布局油气管网，推进管道共建、委托代输或同廊设置，减少耕地占用，保护地形地貌。

第三节　环境保护预期效果

通过采取以上措施，预期到 2015 年，全省能源生产消费对环境的影响可以得到较好控制，节能减排目标可以实现。

第八篇　资料和数据

2011年以来，我省积极开展省级温室气体排放清单编制工作，启动温室气体排放统计核算的前期调研工作，探索省级温室气体排放控制和气候变化监测预警能力。当前，我省低碳绿色发展的信息归集机制仍有待建立，相关基础数据统计还不完善。对此，我们多方面收集各部门的公开发表数据，选取了与节能降碳和应对气候变化相关的内容，力求从定量角度来部分展现出我省在2011年的低碳绿色发展成效。

一、能源活动

表 8-1 综合能源平衡表

单位:万吨标准煤

项　目	2005	2007	2008	2009	2010	2011
可供消费的能源总量						
一次能源生产量	2 267.63	2 405.84	2 489.40	2 618.54	2 771.96	2 627.41
回收能	356.07	641.62	883.24	1 039.79	884.86	128.43
进口量	2 315.38	2 441.19	2 226.54	2 806.18	3 267.83	3 142.29
出口量	186.52	70.43	97.34	205.33	176.89	318.74
年初年末库存差额	−19.73	−128.23	−200.66	−26.50	−377.43	−119.56
能源消费总量	17 167.39	20 948.04	22 232.23	23 709.28	25 773.70	27 588.97
在总量中:						
农、林、牧、渔、水利业	321.59	330.16	330.89	360.96	394.68	451.96
工业	14 020.33	17 307.23	18 133.51	19 260.23	20 597.82	22 013.25
建筑业	204.68	227.77	232.93	249.09	281.22	328.45
交通运输、仓储及邮电通讯业	899.45	1 058.69	1 201.71	1 254.10	1 462.56	1 566.30
批发和零售贸易餐饮业	249.86	293.51	341.13	366.74	400.80	442.59
其他	373.21	476.52	538.59	628.20	753.80	850.81
生活消费	1 098.27	1 254.16	1 453.47	1 589.96	1 882.82	1 935.61
在总量中:						
终端消费	16 311.17	20 008.61	21 245.30	22 667.03	24 267.83	26 031.34
#工业	13 164.12	16 367.80	17 146.59	18 218.00	19 976.78	20 455.61
损失量	653.43	748.50	803.13	826.90	954.20	985.96

表 8-2　规模以上工业企业主要能源消费量

单位:万吨

名　称	2005	2007	2008	2009	2010	2011
煤炭	16 490.60	20 000.28	21 487.96	22 323.72	24 786.52	27 509.83
焦炭	1 562.66	2 270.20	2 356.47	2 519.04	2 784.16	3 151.45
原油	2 250.86	2 444.20	2 305.25	2 652.49	2 992.16	2 974.73
汽油	32.07	40.98	43.68	44.60	47.54	41.24
煤油	3.75	4.04	3.31	2.24	2.53	1.91
柴油	117.88	114.00	121.51	108.36	111.37	105.08
燃料油	212.52	177.44	138.58	116.47	110.60	87.32
液化石油气	53.40	43.37	45.56	44.64	38.03	42.03

表 8-3　规模以上工业企业平均每天主要能源消费量

单位:吨

名　称	2005	2007	2008	2009	2010	2011
煤炭	451 797	547 953	588 711	611 609	679 083	753 694
焦炭	42 813	62 197	64 561	69 015	76 278	86 341
原油	61 667	66 964	63 158	72 671	81 977	81 499
汽油	879	1 123	1 197	1 222	1 302	1 130
煤油	103	111	91	61	69	52
柴油	3 230	3 123	3 329	2 969	3 051	2 879
燃料油	5 822	4 861	3 797	3 191	3 030	2 392
液化石油气	1 463	1 188	1 248	1 223	1 042	1 152

二、工业生产过程

表8-4　主要年份工业主要产品产量

年份	原煤（万吨）	发电量（亿千瓦时）	钢材（万吨）	水泥（万吨）	农用化肥（万吨）
1995	2 650.72	700.41	787.89	3 966.42	191.85
1996	2 606.52	756.87	795.58	4 040.28	184.30
1997	2 506.01	777.00	856.79	4 031.73	187.98
1998	2 378.53	754.27	933.63	3 856.30	170.12
1999	2 291.97	787.06	1 170.25	4 378.32	171.27
2000	2 479.02	909.69	1 401.83	4 599.52	192.38
2001	2 451.14	986.64	1 754.13	5 135.59	187.62
2002	2 593.58	1 116.56	2 274.56	6 035.29	205.02
2003	2 760.40	1 277.88	2 876.80	7 225.14	190.90
2004	2 747.03	1 539.49	3 749.91	7 993.22	227.22
2005	2 817.56	1 789.53	4 328.32	9 579.15	284.63
2006	3 047.53	2 216.40	5 816.26	10 880.77	254.66
2007	2 480.20	2 674.43	7 276.33	11 787.42	259.93
2008	2 428.09	2 776.85	7 364.13	12 683.21	255.83
2009	2 397.44	2 928.21	7 859.69	14 434.14	317.34
2010	2 122.48	3 358.98	9 122.95	15 647.46	241.96
2011	2 100.27	3 755.63	9 994.01	14 899.69	243.70

表 8-5 主要工业品

产品	计量单位	2011年	比上年同期增长(%)
冶金			
生铁	万吨	5 303.54	5.31
粗钢	万吨	6 838.77	9.77
钢材	万吨	9 994.01	9.42
十种有色金属	万吨	69.25	20.31
煤电			
焦炭	万吨	1 710.89	26.74
原煤	万吨	2 100.27	−0.83
发电量	亿千瓦小时	3 755.63	10.75
石化			
天然原油	万吨	189.02	1.62
原油加工量	万吨	2 784.53	4.06
汽油	万吨	298.48	4.02
煤油	万吨	201.29	21.57
柴油	万吨	746.79	−7.57
液化石油气	万吨	161.47	17.45
烧碱	万吨	237.00	7.86
纯碱	万吨	318.94	19.44
电石	吨	7 693.00	−40.27
合成氨	万吨	321.71	6.10
化肥	万吨	243.70	2.84
#尿素	万吨	121.07	−1.02
乙烯	万吨	153.90	26.70
建材			
水泥	万吨	14 899.69	2.75
平板玻璃	万重量箱	7 157.62	16.02
卫生陶瓷	万件	7.51	−44.71

三、农业

表 8-6 农作物播种面积

单位：千公顷

年 份	总播种面积	粮食作物	#稻谷	经济作物	其他作物
2000	7 944.87	5 304.31	2 203.46	1 227.97	1 412.59
2001	7 777.42	4 886.66	2 010.25	1 347.53	1 543.23
2002	7 797.40	4 882.58	1 982.05	1 255.19	1 659.63
2003	7 681.49	4 659.47	1 840.93	1 315.37	1 706.65
2004	7 668.98	4 774.59	2 112.90	1 356.65	1 537.74
2005	7 641.20	4 909.48	2 209.33	1 237.36	1 494.36
2006	7 385.16	5 110.80	2 216.00	1 007.48	1 266.88
2007	7 407.73	5 215.59	2 228.07	876.25	1 315.89
2008	7 510.27	5 267.10	2 232.55	883.86	1 359.31
2009	7 558.15	5 272.04	2 233.24	862.07	1 424.04
2010	7 619.58	5 282.36	2 234.16	824.77	1 512.45
2011	7 663.25	5 319.20	2 248.63	806.93	1 537.12

表 8-7 畜牧业生产情况

指 标	1995	2000	2005	2010	2011
牲畜年末头数(万头)					
大牲畜	123.27	74.51	73.88	40.90	39.25
牛	99.06	59.14	64.61	35.70	34.05
#良种及改良乳牛	2.93	6.75	16.11	22.10	21.47
马	2.48	1.40	1.35	0.38	0.38
驴	18.79	12.57	6.39	3.73	3.73
骡	2.94	1.40	1.53	1.09	1.09
猪	2 118.97	2 015.42	1 927.20	1 728.52	1 745.49
羊	1 273.89	1 022.97	1 174.99	411.15	415.57
山羊	1 211.16	994.39	1 155.17	401.30	405.69
绵羊	62.73	28.58	19.82	9.80	9.88

表 8-8 农业现代化情况

指　标	1995	2000	2005	2010	2011
农业机械化情况					
机耕面积(千公顷)	3 639.43	4 096.55	3 923.66	5 537.78	5 622.49
机播面积(千公顷)	1 730.23	1 822.72	2 123.44	3 259.80	3 476.19
机械植保面积(千公顷)	2 730.54	4 573.06	4 653.00	5 202.20	5 116.25
机械收获面积(千公顷)	1 194.21	2 971.78	3 787.42	4 790.50	4 903.66
农村电气化情况					
农村用电量(亿千瓦时)	238.16	314.60	825.10	1 472.89	1 606.83
农用物资使用情况					
化肥施用量(折纯量)(万吨)	292.77	335.45	340.81	341.11	337.21
每亩耕地施用化肥(折纯量)(千克)	43.80	44.57	47.46	48.51	48.83
农用塑料薄膜使用量(万吨)	5.35	6.51	7.20	10.02	10.64
农用柴油使用量(万吨)	59.17	75.98	78.76	97.48	99.96
农药使用量(万吨)	8.87	9.15	10.33	9.01	8.65
农田水利情况					
有效灌溉面积(千公顷)	3 832.78	3 900.85	3 817.67	3 819.74	3 817.92
#机电排灌面积	3 803.50	3 727.55	3 543.06	3 447.68	3 390.48

四、林业、土地利用

表 8-9 林业生产情况

指标	1995	2000	2005	2010	2011
造林面积(千公顷)	27.20	51.25	54.67	89.89	57.29
用材林	12.44	40.83	14.20	4.69	7.60
经济林	11.30	7.28	7.69	6.58	7.68
防护林	3.36	2.95	32.77	78.63	41.08
其他林	0.10	0.19	0.01		0.92
育苗面积(千公顷)	8.89	16.56	79.34	112.57	109.44
当年苗木产量(亿株)			18.00	29.07	79.03
幼林抚育作业面积(千公顷次)	125.36	103.57	244.42	318.76	197.67
成林抚育实际面积(千公顷)	89.87	117.43	251.21	483.44	441.48
林木种子采集量(吨)	203	177	320	468	1 315
木材采伐量(万立方米)	153.02	136.16	57.90	150.70	166.14
竹材采伐量(万根)	732.38	646.60	555.00	391.90	359.11
四旁植树(万株)	14 633	12 435	13 445	12 184	9 476
林木种子园面积(公顷)	108	138	60	75	177

表 8-10 森林资源情况

项目	2010
森林覆盖率(%)	10.48
林地面积(万公顷)	128.64
森林面积(万公顷)	107.51
人工林面积(万公顷)	104.15
活立木总蓄积量(万立方米)	5 022.59
森林蓄积量(万立方米)	3 501.75
人工林蓄积量(万立方米)	3 407.83
乔木林单位面积蓄积量(立方米/公顷)	47.04

表 8-11 全部经营林生产情况

单位:公顷

项　　目	2010
荒山荒(沙)地造林面积	86 256
按造林方式分	
人工造林	73 234
#竹林面积	184
飞播造林	—
无林地和疏林地新封	13 022
按经济成分分	
公有经济造林	49 914
国有经济造林	17 706
集体经济造林	32 208
非公有经济造林	36 342
有林地造林面积	710
更新造林	1 871
四旁(零星)植树(万株)	14 554
年末实有封山(沙)育林面积	25 124
森林抚育	
低产低效林改造面积	1 061
幼林抚育作业面积(公顷次)	318 756
幼林抚育实际面积	234 078

表 8-12 林业重点工程造林面积

单位:公顷

项　　目	2010
全部造林面积	86 256
重点造林面积	
#三北及长江流域等重点防护林体系建设工程	37 645
其他造林面积	48 611

表 8-13 主要木材、竹材产品产量

单位:万立方米

木材	150.9
原木	145.01
#针叶原木	8.12
直接用原木	54.76
特级原木	0.09
等内加工原木(小计)	9.39
#针叶原木	3.13
造纸用原木	2.97
胶合板材	60.5
杉原条	0.8
其他原木	16.51
薪材	5.89
竹材	
竹材(万根)	436.55
毛竹	388.56
篙竹	47.99
小杂竹(万吨)	0.9

五、废弃物处理

表 8-14 环境保护基本情况

项 目	2011
污染排放与处理情况	
废水(亿吨)	59.18
工业废水排放量(亿吨)	24.96
生活污水排放量(亿吨)	34.20
化学需氧排放量(万吨)	124.62
#工业	23.93
生活	60.23
农业	39.93
氨氮排放量(万吨)	15.72
#工业	1.67
生活	9.99
农业	3.99
废气	
二氧化硫排放量(万吨)	105.38
#工业	102.56
生活	2.79
氮氧化物排放量(万吨)	153.58
#工业	119.58
生活	0.61
机动车	33.35
烟(粉)尘排放量(万吨)	49.14
#工业	45.29
生活	0.95
固体废物	
工业固体废物产生量(万吨)	10 398.90
#危险废物(万吨)	196.30
工业固体废物综合利用率(%)	
工业固体废物综合利用量(万吨)	9 894.40
#危险废物(万吨)	89.80
工业固体废物处置量(万吨)	361.20
#危险废物(万吨)	104.40
工业固体废物贮存量(万吨)	224.60
#危险废物(万吨)	1.20
危险废物排放量	0.00

六、气候、水文和自然灾害

表 8-15　主要城市月平均气温　(2011 年)

单位:摄氏度

市　名	1月	2月	3月	4月	5月	6月	7月	8月	9月	10月	11月	12月	年平均气温
南京市	−0.1	5.0	9.4	17.0	22.3	24.6	28.1	27.0	23.2	17.6	14.7	4.2	16.1
无锡市	0.0	5.0	9.2	16.3	21.8	24.3	27.6	26.6	23.0	17.7	14.8	4.4	15.9
徐州市	0.1	5.1	9.3	16.3	22.1	24.6	28.4	27.0	23.4	18.0	15.3	4.7	16.2
常州市	0.6	5.3	9.4	16.4	22.0	24.6	29.1	27.6	23.8	18.4	15.8	5.1	16.5
苏州市	1.1	5.7	9.4	16.2	21.8	24.6	29.8	28.1	24.5	19.0	16.3	6.0	16.9
南通市	−0.4	4.2	7.7	14.5	20.5	23.5	28.1	26.3	22.6	17.4	14.8	4.3	15.3
连云港市	−0.3	4.6	8.9	15.8	21.7	24.1	27.4	26.4	22.8	17.3	14.5	4.1	15.6
淮安市	−0.8	4.3	9.0	16.3	21.9	24.4	27.5	26.7	22.7	17.2	14.4	3.6	15.6
盐城市	−1.5	3.4	8.6	15.4	20.5	24.7	26.9	26.2	21.4	16.2	12.7	2.7	14.8
扬州市	−2.3	2.9	8.7	15.6	20.5	24.8	26.6	25.7	20.9	15.8	11.9	2.1	14.4
镇江市	−1.6	2.9	7.3	14.0	20.0	23.3	26.4	26.2	21.9	16.5	13.2	3.3	14.5
泰州市	−2.0	3.4	9.0	16.4	21.4	26.2	27.5	25.8	20.9	15.9	11.1	1.8	14.8
宿迁市	−2.4	2.1	7.4	13.8	19.1	23.5	26.3	25.8	21.2	15.6	11.6	1.9	13.8

表 8 - 16　主要城市月降水量　(2011 年)

单位:毫米

市　　名	1 月	2 月	3 月	4 月	5 月	6 月	7 月	8 月	9 月	10 月	11 月	12 月	全年累计
南京市	10.8	17.2	43.2	11.6	40.6	312.9	278.0	284.3	12.6	28.7	21.3	15.8	1 077.0
无锡市	9.8	13.5	50.8	21.3	43.3	232.2	197.4	362.0	16.4	46.0	27.2	23.2	1 043.1
徐州市	10.5	22.6	43.8	26.1	49.3	270.3	355.5	571.8	10.0	25.3	21.6	26.1	1 432.9
常州市	23.1	21.6	43.1	25.4	42.6	334.3	145.6	353.1	12.7	20.4	17.2	27.8	1 066.9
苏州市	19.4	17.1	48.8	55.4	52.7	300.8	111.3	187.9	8.9	61.0	21.8	25.9	911.0
南通市	5.5	24.5	29.3	25.9	52.0	297.3	230.0	257.1	16.4	25.1	46.3	25.9	1 035.3
连云港市	5.4	14.7	38.3	17.5	64.6	208.2	412.8	315.1	12.3	45.9	39.2	26.1	1 200.1
淮安市	11.5	14.9	37.1	22.9	102.6	295.5	449.3	292.1	14.2	48.8	35.8	23.9	1 348.6
盐城市	0.0	46.5	19.3	12.8	77.8	62.2	185.7	387.5	69.4	38.0	74.6	30.1	1 003.9
扬州市	0.0	43.0	14.2	10.7	37.5	49.8	166.0	282.8	49.8	12.3	61.0	24.3	751.4
镇江市	0.1	24.7	20.7	10.3	60.3	201.4	288.3	119.0	41.5	24.6	81.3	18.8	891.0
泰州市	0.0	42.4	8.5	6.7	89.2	69.0	179.5	172.6	46.3	24.4	92.8	19.8	751.2
宿迁市	0.0	28.8	13.6	11.0	68.2	61.6	221.1	162.6	41.8	10.2	54.5	33.2	706.6

表 8－17　水资源总量（2011 年）

单位:亿立方米

项目	水资源总量	地表水资源量	地下水资源量	地下水与地表水重复计算量	年降水量
合计	492.40	398.96	115.13	21.68	1 031.69
按流域区域分					
淮河流域	275.30	211.77	76.38	12.85	605.11
王家坝至中渡区	45.76	34.05	12.84	1.13	91.36
中渡以下	161.41	136.55	32.04	7.18	317.79
沂沭泗河区	68.13	41.17	31.49	4.53	195.96
长江流域	217.10	187.19	38.75	8.84	426.58
湖口以下干流	107.16	89.33	19.74	1.91	211.56
太湖流域	109.93	97.85	19.02	6.94	215.02
按行政区域分					
南京市	36.02	30.96	6.42	1.36	70.19
无锡市	37.59	34.18	4.51	1.10	58.26
徐州市	32.23	15.86	17.31	0.94	86.14
常州市	29.38	26.35	3.69	0.66	51.00
苏州市	32.06	27.76	8.16	3.86	88.66
南通市	50.64	42.41	8.92	0.69	101.00
连云港市	16.39	10.95	6.64	1.20	52.97
淮安市	58.88	46.78	16.10	4.00	110.74
盐城市	73.65	60.34	17.28	3.97	152.12
扬州市	39.26	34.03	5.53	0.30	77.52
镇江市	21.49	19.59	3.97	2.07	41.44
泰州市	33.13	27.80	5.48	0.15	65.24
宿迁市	31.67	21.95	11.10	1.38	76.41

表 8－18　农村自然灾害情况

单位:千公顷

指　标	2000	2005	2007	2008	2009	2010	2011
受灾面积	3 411.68	2 139.50	1 642.00	483.70	1 001.63	1 070.93	1 810.60
#旱灾	1 196.87	225.94	70.47		466.51	522.99	1 261.69
水灾	175.59	781.97	719.39	93.80	151.86	316.37	290.39

七、人口

表 8－19　全省人口数、户数(常住)

年　份	总户数（万户）	总人口（万人）	年平均人口（万人）	人口密度（人/平方公里）	自然增长率（‰）
1990	1 806.78	6 766.90		660	14.01
1991	1 859.70	6 843.70	6 805.30	667	10.55
1992	1 957.85	6 911.20	6 877.45	674	8.95
1993	1 893.28	6 967.27	6 939.24	679	7.36
1994	1 923.44	7 020.54	6 993.91	684	6.92
1995	2 066.09	7 066.02	7 043.28	689	5.76
1996	2 014.21	7 110.16	7 088.09	693	5.53
1997	2 133.69	7 147.86	7 129.01	697	4.59
1998	2 087.92	7 182.46	7 165.16	700	4.13
1999	2 121.51	7 213.13	7 197.80	703	3.56
2000	2 220.38	7 327.24	7 270.19	714	2.56
2001	2 314.00	7 358.52	7 342.88	717	2.41
2002	2 350.96	7 405.50	7 382.01	722	2.18
2003	2 345.19	7 457.70	7 431.60	727	2.01
2004	2 388.23	7 522.95	7 490.33	733	2.25
2005	2 463.60	7 588.24	7 555.59	740	2.21
2006	2 485.61	7 655.66	7 621.95	746	2.28
2007	2 507.51	7 723.13	7 689.40	753	2.30
2008	2 504.03	7 762.48	7 742.81	756	2.30
2009	2 519.44	7 810.27	7 786.38	761	2.56
2010	2 564.59	7 869.34	7 839.80	767	2.85
2011	2 572.90	7 898.80	7 884.07	770	2.61

表 8-20 全省市、镇、乡村人口数及其构成

单位:万人

年 份	总人口数	#城镇人口		市		镇		乡村	
		人口数	占总人口(%)	人口数	占总人口(%)	人口数	占总人口(%)	人口数	占总人口(%)
1978	5 834.32	800.77	13.7	570.14	9.8	230.63	3.9	5 033.55	86.3
1980	5 938.19	901.78	15.2	636.41	10.7	265.37	4.5	5 036.41	84.8
1985	6 213.48	1 099.79	17.7					5 113.69	82.3
1990	6 766.90	1 458.94	21.6	1 043.45	15.4	415.49	6.1	5 307.96	78.5
1991	6 843.70	1 587.74	23.2	1 163.43	17.0	424.31	6.2	5 255.96	76.8
1992	6 911.20	1 643.72	23.8	1 182.59	17.1	461.13	6.7	5 267.48	76.2
1993	6 967.27	1 673.58	24.0	1 199.26	17.2	474.32	6.8	5 293.69	76.0
1994	7 020.54	1 733.01	24.7	1 255.58	17.9	477.43	6.8	5 287.53	75.3
1995	7 066.02	1 929.09	27.3	1 331.30	18.8	597.79	8.5	5 136.93	72.7
1996	7 110.16	1 942.50	27.3	1 328.18	18.7	614.32	8.6	5 167.66	72.7
1997	7 147.86	2 133.64	29.9	1 465.31	20.5	668.33	9.4	5 014.22	70.1
1998	7 182.46	2 262.47	31.5	1 537.05	21.4	725.42	10.1	4 919.99	68.5
1999	7 213.13	2 520.09	34.9	1 685.84	23.4	834.25	11.6	4 693.04	65.1
2000	7 327.24	3 040.81	41.5	1 868.45	25.5	1 172.36	16.0	4 286.43	58.5
2001	7 358.52	3 134.73	42.6	1 927.93	26.2	1 206.80	16.4	4 223.79	57.4
2002	7 405.50	3 310.25	44.7	2 028.37	27.4	1 281.89	17.3	4 095.25	55.3
2003	7 457.70	3 487.97	46.8	2 137.38	28.7	1 350.59	18.1	3 969.73	53.2
2004	7 522.95	3 624.56	48.2	2 174.73	28.9	1 449.82	19.3	3 898.39	51.8
2005	7 588.24	3 832.06	50.5	2 307.80	30.4	1 524.26	20.1	3 756.18	49.5
2006	7 655.66	3 973.29	51.9	2 392.85	31.3	1 580.44	20.6	3 682.37	48.1
2007	7 723.13	4 108.70	53.2	2 474.33	32.0	1 634.37	21.2	3 614.43	46.8
2008	7 762.48	4 215.17	54.3	2 538.45	32.7	1 676.72	21.6	3 547.31	45.7
2009	7 810.27	4 342.51	55.6	2 619.43	33.5	1 723.08	22.1	3 467.76	44.4
2010	7 869.34	4 767.63	60.6	3 012.38	38.3	1 755.25	22.3	3 101.71	39.4
2011	7 898.80	4 889.36	61.9	3 095.45	39.2	1 793.91	22.7	3 009.44	38.1

八、宏观经济

表 8－21 主要年份地区生产总值

本表按当年价格计算

年 份	地 区 生产总值 （亿元）				地区生产 总值增速 （%）	人均地区 生产总值 （元）	人均地区 生产总值 增速（%）
		第一产业	第二产业	第三产业			
1990	1 416.50	355.17	692.59	368.74	5.0	2 109	1.4
1991	1 601.38	345.14	793.92	462.32	8.3	2 353	6.9
1992	2 136.02	393.82	1 119.26	622.94	25.6	3 106	24.3
1993	2 998.16	490.59	1 598.05	909.52	19.8	4 321	18.7
1994	4 057.39	683.98	2 186.77	1 186.64	16.5	5 801	15.6
1995	5 155.25	866.24	2 715.26	1 573.75	15.4	7 319	14.6
1996	6 004.21	989.18	3 074.12	1 940.91	12.2	8 471	11.5
1997	6 680.34	1 035.80	3 411.86	2 232.68	12.0	9 371	11.3
1998	7 199.95	1 047.16	3 640.10	2 512.69	11.0	10 049	10.5
1999	7 697.82	1 037.37	3 920.15	2 740.30	10.1	10 695	9.6
2000	8 553.69	1 048.34	4 435.89	3 069.46	10.6	11 765	9.5
2001	9 456.84	1 094.48	4 907.46	3 454.90	10.2	12 879	9.1
2002	10 606.85	1 110.44	5 604.49	3 891.92	11.7	14 369	11.1
2003	12 442.87	1 162.45	6 787.11	4 493.31	13.6	16 743	12.9
2004	15 003.60	1 367.58	8 437.99	5 198.03	14.8	20 031	13.9
2005	18 598.69	1 461.51	10 524.96	6 612.22	14.5	24 616	13.5
2006	21 742.05	1 545.05	12 282.89	7 914.11	14.9	28 526	13.9
2007	26 018.48	1 816.31	14 471.26	9 730.91	14.9	33 837	13.9
2008	30 981.98	2 100.11	16 993.34	11 888.53	12.7	40 014	11.9
2009	34 457.30	2 261.86	18 566.37	13 629.07	12.4	44 253	11.8
2010	41 425.48	2 540.10	21 753.93	17 131.45	12.7	52 840	12.0
2011	49 110.27	3 064.78	25 203.28	20 842.21	11.0	62 290	10.3

表8-22 分行业地区生产总值

本表按当年价格计算，单位:亿元

行　业	2005	2008	2009	2010	2011
地区生产总值	18 598.69	30 981.98	34 457.30	41 425.48	49 110.27
第一产业	1 461.51	2 100.11	2 261.86	2 540.10	3 064.78
农、林、牧、渔业	1 461.51	2 100.11	2 261.86	2 540.10	3 064.78
农业	918.16	1 213.69	1 355.07	1 556.23	1 809.83
林业	26.25	36.81	39.79	43.90	51.22
畜牧业	225.69	371.60	355.46	373.37	476.74
渔业	220.10	369.71	399.32	444.90	584.38
农、林、牧、渔服务业	71.31	108.30	112.22	121.70	142.61
第二产业	10 524.96	16 993.34	18 566.37	21 753.93	25 203.28
工业	9 440.18	15 271.20	16 464.94	19 277.65	22 280.61
采矿业	176.15	321.68	229.26	275.80	296.27
制造业	8 846.22	14 318.30	15 430.81	18 101.33	20 978.51
电力、燃气及水的生产和供应业	417.81	631.22	804.87	900.52	1 005.83
建筑业	1 084.78	1 722.14	2 101.43	2 476.28	2 922.67
第三产业	6 612.22	11 888.53	13 629.07	17 131.45	20 842.21
交通运输、仓储和邮政业	798.11	1 346.26	1 423.25	1 768.30	2 127.93
信息传输、计算机服务和软件业	294.20	503.63	526.52	605.28	910.86
批发和零售业	1 870.57	3 115.09	3 579.81	4 447.50	5 341.39
住宿和餐饮业	299.13	584.67	678.36	710.98	919.13
金融业	492.40	1 298.48	1 596.98	2 105.92	2 600.11
房地产业	799.73	1 626.13	2 025.39	2 600.95	2 747.89
租赁和商务服务业	225.44	504.89	555.72	868.34	1 191.29
科学研究、技术服务和地质勘查业	124.08	271.66	308.84	365.17	496.42
水利、环境和公共设施管理业	86.83	134.58	154.49	215.34	280.76
居民服务和其他服务业	240.92	276.60	293.65	447.86	568.78
教育	545.75	741.79	869.51	1 022.72	1 217.21
卫生、社会保障和社会福利业	207.17	374.68	416.40	500.72	664.54
文化、体育和娱乐业	96.01	128.99	150.17	220.80	268.01
公共管理和社会组织	531.88	981.08	1 049.98	1 251.57	1 507.89

九、社会发展

表 8－23　科技活动基本情况

指　　标	2000	2005	2009	2010	2011
科技机构数(个)	1 784	3 751	7 521	6 798	9 061
科研单位	355	159	135	135	136
大中型工业企业	968	1 193	2 249	2 734	6 726
高等院校	461	541	578	579	647
其他		1 858	4 559	3 350	1 552
科技活动人员数(万人)	19.42	38.17	67.17	73.69	81.62
＃大学本科及以上学历	11.03	23.08	24.41	25.54	32.72
研究与发展经费内部支出(亿元)	50.83	270.30	717.12	857.95	1 071.96
研究与发展经费支出占国内生产总值比重(%)	0.59	1.48	2.08	2.1	2.2

表 8－24　研究与发展课题情况

单位:项

指　　标	2000	2005	2009	2010	2011
研究与发展课题	12 962	29 610	67 590	71 815	73 992
＃科研单位	2 477	1 946	3 003	3 583	3 989
高等院校	7 857	13 503	31 334	44 668	39 700
大中型工业企业	2 628	9 241	15 647	10 234	15 043
其他		4 920	17 606	13 330	15 260
＃基础研究	2 214	5 152	14 700	16 594	17 609
应用研究	5 538	8 034	18 062	22 650	22 743
实验发展	5 210	16 424	26 595	32 571	33 640

表 8－25　高新技术产业产值

单位:亿元

项　　目	2005	2007	2008	2009	2010	2011
总计	7 928.17	14 689.96	18 402.19	21 987.23	30 354.84	38 377.76
按行业分						
航空航天制造业	10.42	51.19	52.58	53.73	64.84	76.42
计算机及办公设备制造业	1 447.91	2 124.76	2 174.27	2 209.28	2 634.34	2 940.80
电子及通信设备制造业	2 607.55	4 629.50	6 082.13	5 667.39	7 411.99	9 114.40
医药制造业	427.26	600.77	821.77	1 266.26	1 656.94	2 123.22
专用科学仪器设备制造业	309.92	657.58	1 004.17	1 097.68	1 697.01	2 233.28
电气机械及设备制造业	1 488.58	3 034.63	3 844.16	4 395.76	5 724.60	7 332.90
新材料制造业	1 636.54	3 591.53	4 423.11	5 627.22	7 486.61	9 791.83
新能源制造业				1 669.91	3 678.51	4 764.90
按地区分						
南京市	1 236.80	2 393.54	2 673.19	2 706.66	3 383.41	4 260.40
无锡市	1 312.16	2 386.46	2 671.87	3 288.65	4 429.91	5 337.22
徐州市	85.14	168.94	292.22	518.74	1 061.13	2 000.01
常州市	609.05	1 202.01	1 515.07	1 842.30	2 370.12	3 100.55
苏州市	3 085.17	5 245.91	6 501.80	6 921.52	9 022.65	10 530.84
南通市	426.15	966.96	1 401.01	1 847.78	2 599.99	3 250.83
连云港市	62.04	137.17	206.96	381.05	646.28	868.70
淮安市	46.93	100.55	140.61	245.83	479.17	580.70
盐城市	126.73	234.19	401.88	485.31	687.54	908.46
扬州市	272.07	578.57	870.36	1 533.31	2 341.29	3 093.06
镇江市	324.97	600.08	851.29	1 040.15	1 654.37	2 251.51
泰州市	334.82	660.92	853.22	1 137.55	1 591.51	2 063.19
宿迁市	6.15	14.65	22.71	38.37	87.46	132.30

十、卫生、气象

表 8-26　卫生事业基本情况　(2011 年)

项　目	机构数(个)	床位数(张)	卫生工作人员(人)	#卫生技术人员	#医师
总　计	31 680	296 390	481 818	350 544	134 683
医院	1 283	221 674	259 991	214 938	73 237
综合医院	849	149 049	176 906	148 068	50 762
中医医院	86	27 187	36 489	30 905	11 064
中西结合医院	14	2 446	3 880	3 164	1 094
专科医院	308	38 967	40 960	31 906	10 137
#肿瘤医院	11	2 972	3 924	3 317	932
妇产(科)医院	26	2 835	4 867	3 913	1 226
儿科医院	9	3 225	4 285	3 621	960
精神病院	46	13 200	8 316	6 172	1 959
传染病院	15	5 271	5 540	4 456	1 338
结核病院	4	642	322	282	117
职业病院	1	380	310	244	82
护理院	26	4 025	1 756	895	180
疗养院	2 551	16 431	37 396	31 058	12 668
社区卫生服务中心(站)	1 223	51 332	70 699	57 132	24 139
卫生院	708	228	7 732	6 234	3 009
门诊部	8 483	106	18 607	17 635	11 549
诊所、卫生所、医务室	16 694		57 709	2 710	2 297
村卫生室	32		1 045	417	245
急救中心(站)	30		1 701	1 125	113
采供血机构	106	2 956	7 448	6 096	2 549
妇幼保健院(所、站)	53	1 067	1 324	1 032	456
专科疾病防治院(所、站)	129		8 164	6 055	3 434
疾病预防控制中心(防疫站)	111		3 978	3 249	
卫生监督所	3		40	12	3
医学科学研究机构	241	2 593	5 305	2 630	918
医学在职培训机构	17	2 593	1 256	661	220
健康教育所(站、中心)	8		433	159	69
其他卫生机构	36		1 611	398	164

表 8 - 27 法定报告传染病发病及死亡情况 （2011 年）

病 名	发病率（1/10 万）	死亡率（1/10 万）	病死率（%）
鼠疫			
霍乱	0.003 8		
传染性非典型肺炎			
艾滋病	0.587 3	0.162 7	27.71
病毒性肝炎	29.522	0.026 7	0.09
脊髓灰质炎			
人感染高致病性禽流感			
甲型 H1N1 流感	0.523 8	0.002 5	0.49
麻疹	0.45		
流行性出血热	0.291 1	0.012 7	4.37
狂犬病	0.110 6	0.111 9	101.15
流行性乙型脑炎	0.019 1		
登革热	0.005 1		
炭疽			
细菌性和阿米巴性痢疾	9.412 7	0.001 3	0.013 5
肺结核	48.691 9	0.142 4	0.29
伤寒、副伤寒	0.343 3		
流行性脑脊髓膜炎	0.012 7	0.001 3	10.00
百日咳	0.089		
白喉			
新生儿破伤风	0.022 5	0.002 5	11.11
猩红热	2.597 3		
布鲁氏菌病	0.021 6		
淋病	8.278 7		
梅毒	30.047 1	0.006 4	0.0212
钩端螺旋体病	0.005 1		
血吸虫病			
疟疾	0.472 9	0.005 1	1.08